东安年鉴

2017

DONG'AN YEARBOOK

舜風楚韵

崇德尚武

中共东安县委
东安县人民政府 主办
东安年鉴编纂委员会 编

方志出版社
Publishing House of Local Records

图书在版编目（CIP）数据

东安年鉴. 2017/东安年鉴编纂委员会编. --北京：方志出版社，2017.12

ISBN 978-7-5144-2864-3

Ⅰ. ①东… Ⅱ. ①东… Ⅲ. ①东安县－2017－年鉴
Ⅳ. ①Z526.44

中国版本图书馆CIP数据核字（2017）第322601号

东安年鉴（2017）

编　　者： 东安年鉴编纂委员会
责任编辑： 陈　菁

出 版 人： 冀祥德
出 版 者： 方志出版社
地址　北京市朝阳区潘家园东里9号（国家方志馆4层）
邮编　100021
网址　http://www.fzph.org
发　　行： 方志出版社图书经销中心
（010）67110500
经　　销： 各地新华书店
印　　刷： 南京凯德印刷有限公司

开　　本： 889×1194　1/16
印　　张： 22.25
字　　数： 567千字
版　　次： 2017年12月第1版　2017年12月第1次印刷
印　　数： 001~800册

ISBN 978-7-5144-2864-3　定价：200.00元

东安年鉴编纂委员会

《东安年鉴》编辑部

编 辑 说 明

一、《东安年鉴（2017）》坚持马克思列宁主义、毛泽东思想、“三个代表”重要思想、科学发展观、习近平新时代中国特色社会主义思想为指导，坚持辩证唯物主义和历史唯物主义的立场、观点和方法，主要记载2016年1月1日至2016年12月31日东安县经济、政治、文化、社会、生态等方面的基本面貌和发展情况，为各级领导、决策者和管理者提供准确的情况，为社会各界了解、研究东安提供基本信息，并为编修地方志积累资料。

二、《东安年鉴（2017）》按分类编辑法，设类目、分目、条目三个层次，部分分目下设副分目，以字体、字号、色彩等版式设计区别不同层次。条目为记述的基本单位，其标题用色彩加【 】表示。

三、《东安年鉴（2017）》的初稿和图片由各单位提供，经编辑部整理修改后由供稿单位负责人审核定稿。统计资料由统计部门提供，气象、国土资料分别由气象、国土部门提供。有些地方性、部门性数据由于统计口径不同等原因，与统计部门公布的数据不尽一致，请读者在查阅和引用时注意。

四、《东安年鉴（2017）》所录县直各部门、各单位，省、市驻东安各单位和各乡镇场领导干部名录，原则上以2016年12月31日在职者为准。

五、为方便读者查阅，《东安年鉴》配备双重检索系统：书前刊有详细的中英文目录，书后配有主题分析索引。

东安县行政区划图

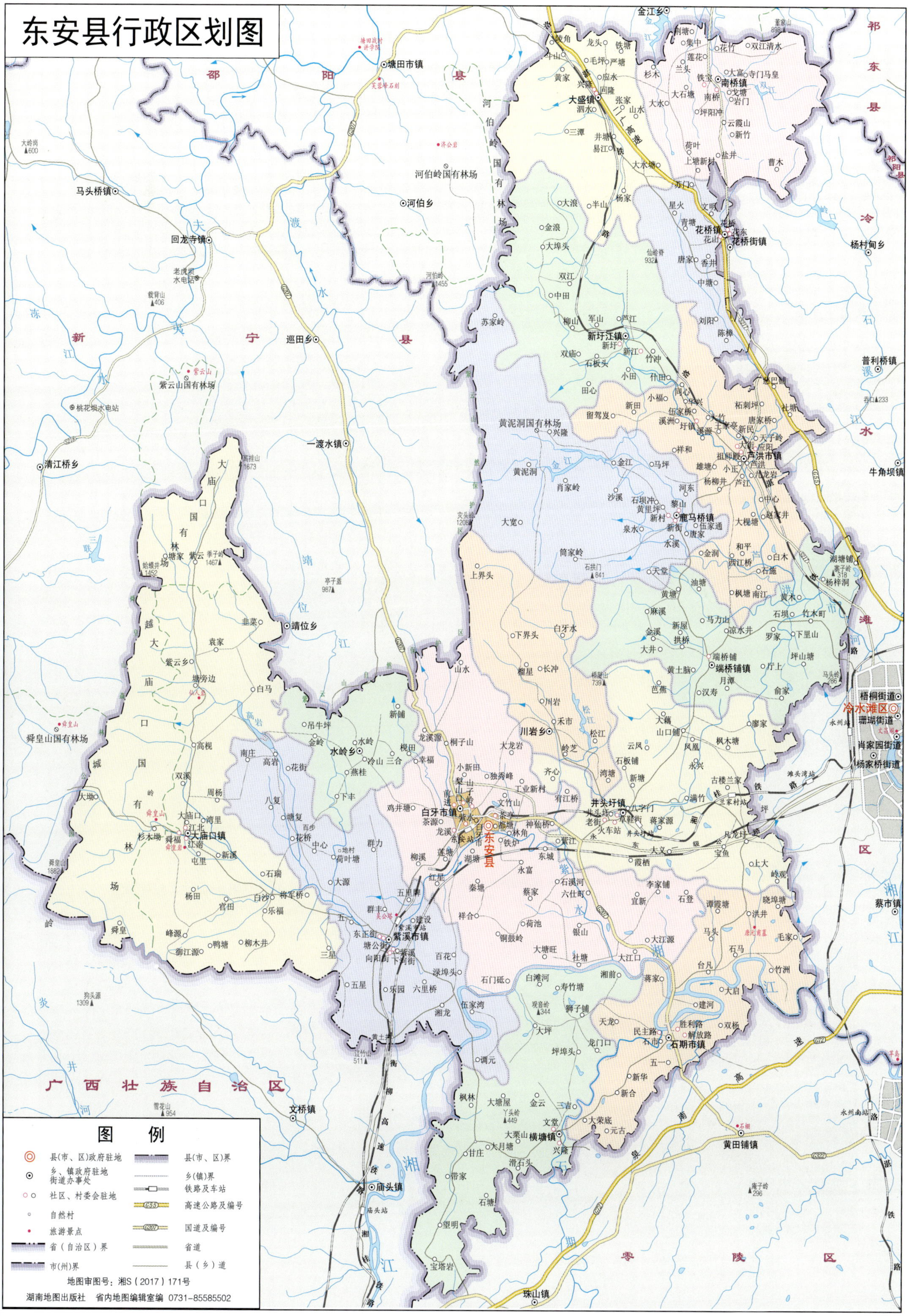

地图审图号：湘S（2017）171号

湖南地图出版社　省内地图编辑室编　0731-85585502

2016 年 10 月 16 日，省委副书记、代省长许达哲（前右二）深入东安调研神华国华永州电厂项目建设

2016 年 11 月 25 日，省委常委、省纪委书记傅奎（前左五）深入紫溪市镇荷叶塘村督导学习贯彻省第十一次党代会精神

2016 年 5 月 18 日，省人大常委会原副主任、省关工委主任杨泰波（前左二）深入东安调研指导工作

2016 年 8 月 11 日，省委副秘书长、省编办主任魏旋君（前左二）调研神华国华永州电厂建设

2016 年 1 月 19 日，市委书记陈文浩（前右五）到白牙市工业园调研

2016 年 5 月 16 日，市委副书记、市长易佳良（前左二）深入东安调研

2016 年 11 月 18 日，神华国华电力公司总经理李巍（前排左三）到东安考察项目建设情况

2016 年 7 月 11 日，省环境保护厅副厅长谢立（前左三）一行到东安调研大气污染防治工作

2016 年 5 月 26 日，市政协主席唐定（左二）到东安调研指导精准扶贫工作

2016 年 5 月 28 日，市委常委、常务副市长唐湘林（前排左一）调研神华国华永州电厂建设

2016 年 7 月 13 日，市委常委、市纪委书记杨永（前左二）到东安调研指导安全生产工作

2016 年 10 月 18 日，市委常委、市委组织部部长吴志雄（前左一）到东安调研换届和基层党建工作

中国共产党东安县第十二次代表大会

2016年8月28日，中国共产党东安县第十二次代表大会召开。图为大会会场

2016年8月30日，中共东安县第十二届委员会第一次全体会议召开。图为会议会场

冯德校在中共东安县第十二次代表大会上作县委工作报告

廖劲松在中共东安县第十二次代表大会上作县纪委工作报告

中共东安县第十二届常委会常委冯德校（左七）、龙向洋（右六）、陈丽（左六）、李四清（右四）、彭俊卿（左四）、蒋华（右三）、李觉会（左三）、唐华栋（右二）、廖劲松（左二）、唐振宇（右一）、唐伟文（左一），县人大常委会党组成员、副书记（排第一）张波（右五），县政协主席陈军（左五）合影

东安县第十七届人民代表大会第一次会议

龙向洋在东安县第十七届人民代表大会第一次会议上作县政府工作报告

文高平在东安县第十七届人民代表大会第一次会议上作县人大常委会工作报告

2016 年 11 月 27 日上午，东安县第十七届人民代表大会第一次会议召开。图为大会会场

东安县第十七届人大常委会正副主任合影（左起：刘劼、蒋永辉、胡慧川、张波、唐新柱、黄敏）

东安县政府县长、副县长合影（左起：张一波、张静、宋志雄、何锋、龙向洋、蒋华、李瑞霞、邹礼春）

东安县第一届武术文化旅游周

2016 年 12 月 18 日，东安县第一届武术文化旅游周开幕。县委书记冯德校（右二）在开幕式上致辞

武术文化旅游周开幕式

武术表演

武术比赛

欢迎蒋芬芬载誉归来

东安籍残疾运动员蒋芬芬在里约热内卢残奥会上 T35–38 级 4×100 米接力比赛中获得金牌，并打破世界记录。6 年 9 月 25 日下午，东安县举行仪式欢迎蒋芬芬归来，县委书记冯德校（右四）在仪式上致辞

社会各界为蒋芬芬捐助

2016 年 5 月 20 日，东安县举行数字东安地理信息基础工程建设项目设计书评审会暨共建共享合作协议签约仪式

2016 年 8 月 10 日晚，“美丽东安”形象大使选拔赛总决赛在县城和谐广场举行

2016 年 9 月 6 日，《元古村志》发行

2016 年 9 月 7 日，国家卫生县城技术评估专家组对东安县国家卫生县城创建工作进行考核评估

2016 年 10 月 11 日，全市中学生足球赛在天成学校举行

2016 年 9 月 27 日，湖南省“百岁健康县”创建活动经验交流会在东安召开

2016 年 6 月 29 日，东安县庆祝中国共产党成立 95 周年暨表彰大会

2016 年 11 月 4 日至 6 日，全县基层党组织书记暨党务骨干培训班

2016年6月29～30日晚，东安县举行七一歌咏比赛。图为比赛现场

2016年5月6日，全县举行庆五一工间操比赛。图为比赛现场

目　录

东安县人大常委会

东安县人民政府

政协东安县委员会

公安·司法·军事

人民团体·工商联

农　业

工 业

综合经济管理

基础设施建设

财政·税务·金融

商贸·旅游

国土资源·环境保护

城乡建设与管理

文　化

社会管理与服务

乡镇·场

附　录

Contents

Infrastructure Construction

Finance·Tax affairs· Banking

Land and Resources ·Environmental otection

Construction and Management of Villages and Towns

Social Management and Services

Towns

Appendix

Index

发挥优势 补齐短板
为全面建成小康社会而努力奋斗

——在中国共产党东安县第十二次代表大会上的报告

中共东安县委书记 冯德校

（2016 年 8 月 28 日）

中国共产党东安县第十二次代表大会，是在我县立足新起点、开启新征程的关键时刻召开的一次十分重要的大会。会议的主要任务是，回顾总结县第十一次党代会以来的工作，安排部署今后五年全县经济社会发展和党的建设的目标任务，选举产生中共东安县第十二届委员会和纪律检查委员会，动员全县各级党组织和广大党员干部群众，为全面建成小康社会而努力奋斗。

一、回顾五年工作，各项成就令我们倍感欣慰和自豪

县第十一次党代会以来，在省、市委的正确领导下，县委团结带领全县各级党组织和广大党员，坚持以邓小平理论、“三个代表”重要思想、科学发展观为指导，认真贯彻中共十八大及习近平总书记系列重要讲话精神，全面落实市委“四个三”的工作部署，深入推进绿色、小康、法治、创新、幸福东安建设，实现了

“十二五”圆满收官，经济社会发生了有深度、有品质的变化。

——综合实力大幅提升。五年来，我们牢牢把握发展第一要务，坚持经济建设这个中心不动摇，着力转变经济发展方式，综合实力跃上新台阶。地区生产总值突破百亿大关，由2010年的83.7亿元增加到2015年的152.2亿元，年均增长10.3%；财政总收入实现翻番，由3.4亿元增加到8.3亿元，年均增长19.6%；固定资产投资完成178.6亿元，是“十一五”期间的2.5倍，年均增长28.9%；社会消费品零售总额由23亿元增加到50.6亿元，年均增长14%。粮食生产实现九连增，2015年总产量突破40万吨，连续三年保持国家粮食生产大县称号，被评为全国农产品质量安全示范县，被列入全国生猪调出大县。格润新能源、凯翔鞋业、南方纺织、云生竹业、东安汽配等一批支撑经济发展的骨干企业正在崛起，全县规模工业企业总数65家，新型工业化进程全面提速。乡村旅游、农村电商成为新业态，信息、金融、商贸、物流等第三产业快速发展。全县全面小康总体实现程度达79.6%，其它各项经济指标均创历史最好水平。

——城乡面貌日新月异。五年来，我们始终坚持城乡一体化发展，以城带乡、协调并进，将县城打造成“潇湘第一生态城”的目标基本实现。县城建成区面积由2010年的14.7平方千米扩展到19.2平方千米，规划区人口由16.2万人增加到24.3万人，先后获省级文明县城、省级卫生县城称号，全国卫生县城和省级园林县城创建工作顺利推进，东安火车东站、崇德广场、步程桥、新吴公塔、新广利桥、沿江西路等一批城建项目成为县城新的风景线。乡镇建设取得长足进步，乡镇街道和冷东公路、S217东安段全部实现亮化，紫溪市镇被列入省际边界口子镇。美丽乡村建设亮点纷呈，以“水火交融，魅力应阳”为主题的芦洪市镇“一带八景”建设全面铺开，大江源等16个美丽乡村示范点建设来势喜人。坚持生态优先，新增造林20.6万亩，森林覆盖率达63.2%，东安舜皇山晋升为国家级自然保护区，紫水国家湿地公园进入国家试点，东安列入国家可再生能源建筑应用示范县。矿山整治、节能减排、污染防治等工作取得新成效，永久性封闭非法矿硐240个，县城饮用水水质达标率保持100%，城镇生活垃圾无害化处理达90%以上。

——基础设施日趋完善。五年来，我们着力加快交通、水利、能源等基础设施建设，发展的支撑保障能力不断增强。湘桂高铁开通运营，冷东公路二期建成通车，207国道全线改造完工，新东芦公路、冷东城际快线全面开工建设，全县公路通车里程达2271千米，100%行政村实现通水泥路。能源水利建设成效显著。永州市有史以来投资规模最大，三期总投资达240亿元的神华电厂落户东安并开工建设，已完成投资38.9亿元。新建220千伏变电站1座、110千伏变电站3座、35千伏变电站6座，架设高低压线路2925千米，完成电网建设投资6.2亿元，再创历史新高。4G通信网络覆盖城乡。兴建各类水利工程3万多处，完成投资6.1亿元，是“十一五”期间的5倍，全县人民期盼了50多年的芦江水库开工建设。园区平台取得突破，大力推进“135”工程，建成标准厂房22万平方米，园区承载力进一步增强。

——社会事业协调发展。五年来，我们统筹推进各项社会事业，不断提升基本公共服务水平，和谐稳定的局面进一步巩固。坚持科教兴县，被评为全国科技进步先进县和全省知识产权强县工程示范县，连续三届获全国科普示范县。坚持教育优先发展，新改扩建幼儿园42所，建成九年一贯制学校8所，合格学校36所，天成实验学校、舜德学校建成投入使用，校车运营线路实现全覆盖，被评为全省平安校园建设先进县。2016年高考再创佳绩，东安一中2名学生被清华大学录取。坚持就业优先，新增城镇就业2.4万人，失业人员再就业1.3万人。卫生计生工作得到加强，县级公立医院全部实施基本药物零差价制度，连续四年保持全省人口和计划生育工作先进单位。公共文化工程惠及城乡，“两馆一站”全部实行免费开放，成功创建首个“中国德文化之乡”。全面推行网格化管理，在全市率先建成“12345”公共服务平台，五年共受理群众来电6.3万次，办结率达99.8%，群众的合理诉求得到及时回应。深入开展大接访活动，化解各类信访积案175个。深入推进“省级平安县”创建，社会治安综合治理进一步加强，人民群众安全感不断增强，满意度不断提升，综治民调从2010年全省第119位进入全省第一方阵，连续3年排名省市前列，被评为全省综治工作先进县。

——*改革开放成效明显*。五年来，我们坚持以改革开放为动力，全面深化改革，努力扩大开放，发展活力进一步增强。政府机构改革和乡镇区划调整工作全面完成，精减政府工作部门4个，合并乡镇2个，合并行政村200个。农村产权制度改革深入推进，在全市率先建成县、乡、村三级土地流转服务平台，流转土地57.6万亩。社会治理体制改革落地见效，云数据指挥中心建成投入使用，“六位一体”推进农村网格化管理。国有林场改革全面完成，国企改革被评为全市先进。融资平台逐步建立，农村商业银行挂牌营业，组建了城建投、经建投等投资公司，五年共融资18.6亿元。招商引资成果丰硕，共引进项目195个，引进内资131亿元，阿里巴巴、京东商城、南华物流、东安汽配、温氏集团等企业扎堆入驻东安，实现外贸进出口总额8947万美元。

——*民本民生不断改善*。五年来，我们坚持以人为本，顺应人民群众对美好生活的向往，改革发展成果更多更公平惠及全县人民。“十二五”期间民生累计支出75.4亿元，占财政总支出的73%。城乡居民人均可支配收入分别从15517元和6224元提高到22948元和11388元。全县每百户家庭私人汽车拥有量达20辆，互联网进入千家万户。先后完成了高岩引水入城、东安大市场改造、县城主干道“白改黑”、农村安全饮水等一系列民生实事，人民群众喝上了放心水，走上了干净路，呼吸了新鲜空气。建成保障性住房5791套，改造农村危房6104户，累计完成房地产投资近百亿元，开发面积895.7万平方米。新农合参合率达99.2%，城镇居民医疗保险覆盖率达95.7%，被纳入新型农村养老第三批试点县。干部津补贴及时足额发放，城乡低保、农村五保保障水平均达到或超过省定标准。被省政府认定为革命老根据地。全县贫困人口由“十二五”初期的47007人，减少到33254人。农村安全饮水工程累计投资9360万元，解决了全县20多万农村人口安全饮水问题。

——*党的建设全面加强*。五年来，我们扎实开展党的群众路线教育、“三严三实”专题教育、“两学一做”学习教育，各级党组织的凝聚力和战斗力不断增强。充分发挥县委总揽全局、协调各方的领导核心作用，全力支持人大、政协认真履行职责，县人大的依法监督和县政协的民主监督作用得到充分发挥，“十有”乡镇人大创建工作经验在全国推广。党管武装和统战工作得到加强，连续七届被评为全省双拥模范县。工青妇等人民团体的桥梁纽带作用得到有效发挥。大力加强党的基层组织建设，创新开展星级党组织创建活动，评选各类星级党组织170个，村级组织活动场所实现全覆盖。坚持德才兼备、以德为先的用人标准，选拔任用了一批群众公认、实绩突出的优秀干部，优化了班子结构，增强了整体效能。大力推行领导干部实绩卡管理和执行力考核，干部队伍执行力进一步提升。认真落实党风廉政建设两个责任，以“零容忍”的态度着力惩处发生在群众身边的“四风”突出问题，五年来共立案查处442件，党纪政纪处分463人，其中科级干部57人。

成绩饱含心血，创业充满艰辛。各位代表、同志们，这些成绩的取得，是党中央和省委、市委坚强领导的结果，是历届县委班子不断努力的结果，是离退休老领导老同志、各条战线、各界人士信任、支持的结果，凝聚了全县人民的努力、智慧和力量。在此，我代表中共东安县第十一届委员会，向所有关心、支持、参与东安建设、发展的同志们、朋友们，表示衷心的感谢和崇高的敬意！

成绩来之不易，经验弥足珍贵。回顾五年来的工作成就和经历，我们深深体会到：一是必须坚持解放思想不动摇。五年来，我们始终以解放思想为先导，不断完善工作思路，创新工作举措，积极应对前进道路上的危机和挑战，创造性地开展各项工作，推动了经济社会发展。二是必须坚持项目建设不动摇。五年来，我们紧紧扭住项目建设这个“牛鼻子”，新上了神华电厂、红狮水泥、冷东城际快线、新东芦公路等一大批打基础、利长远的重大项目，夯实了发展基础。三是必须坚持创先争优不动摇。五年来，为激发广大干部群众干事创业的热情，我们提出了一系列的争创活动，先后获了9个国字号荣誉和17个省字号荣誉，进一步提升了东安形象。四是必须坚持以人为本不动摇。五年来，我们组织实施了一大批事关群众切身利益的民生工程，解决了一大批群众关心、关注的热点难点问题，赢得了广大群众的信任和支持，形成了推进发展的强大合力。五是必须坚持从严治党不动摇。五年来，我们始终坚持党要管党、从严治党，牢固树立重视基层、崇尚实干的用人导向，着力打造服务发展、服务群众的基层组织，持续保持正风肃纪的高压态势，全县上下形成了心齐气顺、共谋发展的良好局面。这些被实践证明行之有效的成功经验，是东安未来发展的基础保障，也是推动今后工作开展的宝贵财富。只要全县上下凝心聚力、同心同德，不断巩固和发扬这些优良传统和作风，东安各项事业发展就一定能够抢占先机、赢得主动，就一定能够阔步前进、扬帆远航。

在肯定成绩的同时，我们也要清醒地看到经济和社会发展还存在一些问题和不足，主要表现为“五个不适应”：一是思想解放程度与新形势新常态不适应。部分干部思想不够解放，发展观念、发展思路有待创新。二是经济发展速度与全县人民日益增长的需要不适应。经济总量不大，结构不优，财政收支矛盾突出，民生改善的压力较大。三是对外的影响力与发展水平不适应。虽然经济社会发展取得了长足进步，城乡面貌发生了较大变化，但对外的美誉度和影响力还不够强。四是城市集聚力、辐射力与区位优势不适应。虽然离中心城区越来越近，但县城的吸纳力、集聚力和辐射力没有相应增强。五是党员干部的整体素质与新任务新要求不适应。有的干部缺乏担当意识，想干事的动力不足，干成事的能力不强。对此，我们务必保持清醒头脑，采取有效措施，认真加以解决。

二、展望五年前景，新的目标新的任务催人奋进

今后五年，是全面建成小康社会的决胜期、经济转型升级的加速期、城镇化深入发展的提升期、全面深化改革的攻坚期，也是东安大有可为的机遇期。从全国来看，我国经济发展长期向好的基本面没有变，中央更加注重城乡区域协调，更加注重绿色发展，更加注重机会公平，不断加大对革命老区的转移支付，国家农产品质量安全县、国家湿地公园、革命老根据地等重大品牌有利于东安更多的争取国家层面政策支持；国家支持基础设施和公共资源配置向欠发达地区倾斜，鼓励政府和社会资本合作，大力发展直接融资，有利于我们更好的融资搞建设。从全省来看，省委、省政府高度重视县域发展，逐步完善省直管县管理体制，推进县域中心镇和次中心镇提质扩容，推进省际边界口子镇建设等，都是东安扩大投资、补齐短板，实施新战略构想的重大利好。从全市来看，市委深度实施“四个三”工作部署，重抓“八大计划”落实，深入推进湘南承接产业转移示范区建设，全力打造潇湘城市群，中心城市对内的辐射力和带动力不断增强，随着冷东快线建成和永东公路提质改造，东安与中心城市联系更加紧密，东安在全市大格局中地位更加凸显。从东安自身来看，高铁、高速、机场带来的区位优势已经释放并日益放大，神华电厂、湘江焊剂等一批重点项目逐步转化为现实生产力，在攻坚克难中形成的干事创业氛围越发浓厚，农村电商、乡村旅游在供需两端激活农村市场，经济运行稳的态势在持续和巩固，好的因素在呈现和叠加，今天的东安正面临着比以往任何时期都好的机遇，这些都是我们的优势所在。全县上下务必要进一步坚定信心决心，增强定力合力，发挥新优势，突破新瓶颈，再创新业绩。

今后五年工作的指导思想是：高举中国特色社会主义伟大旗帜，全面贯彻中共十八大和十八届三中、四中、五中全会以及习近平总书记系列重要讲话精神，大力践行“创新、协调、绿色、开放、共享”的发展理念，深入落实省、市委一系列重大决策部署，紧紧依靠全县各级党组织、广大党员和人民群众，大力实施“生态立县、工业强县、农业稳县、旅游活县、科教兴县、依法治县”六大战略，全力推进“752121”工程，即进一步完善大思路、培育大产业、推进大提质、构建大交通、繁荣大文化、改善大民生、推动大落实，着力开展“五城同创”（国家卫生县城、全国文明县城、国家园林县城、国家级生态县、全国绿化模范县），全力打造“两个中心”（把县城打造成永州的次中心、把芦洪市镇打造成县域的副中心），努力把东安建成全国知名的微旅游目的地，力争东安进入全省经济强县，把芦洪市镇建成全省的工业强镇，全面建成更高水平的小康社会。

今后五年全县经济社会发展的奋斗目标是：经济实力更加雄厚。经过五年努力，全县地区生产总值超过230亿元，固定资产投资超过380亿元，规模工业总产值突破200亿元，财政总收入突破16亿元。城市功能更加完善。经过五年努力，全县城镇化率达到全国平均水平，县城人口达到25万人，县城承载力显著提升，综合服务功能更趋完善，辐射带动能力明显增强。生态环境更加优美。经过五年努力，森林覆盖率达63.5%，空气质量优良率达90%，城市污水处理率达85%，垃圾无害化处理率达95%。社会发展更加和谐。经过五年努力，科教文化事业竞相发展，公民道德素质普遍提高，文明创建成果巩固扩大，社会大局持续和谐稳定。人民生活更加幸福。经过五年努力，城乡居民生活品质大幅提高，城乡居民人均可支配收入分别达到35300元和18340元，完成脱贫33254人，全面建成更高水平的小康社会。

实现上述发展目标，必须始终坚持五大发展理念：一是坚持创新发展。把创新作为主引擎，牢固树立高铁思维、高速思维、互联网思维、融合思维，充分利用“互联网+”和云数据平台，全力推进制度创新、科技创新、文化创新等各方面的创新，引领大众创业、万众创新，使之成为发挥优势、补齐短板的新动力。二是坚持协调发展。围绕“五位一体”总体布局，正确处理发展中的重大关系，促进新型工业化、信息化、城镇化、农业现代化、绿色化“五化”同步，努力实现城市乡村、经济社会、物质文明和精神文明等各方面更加协调发展。三是坚持绿色发展。牢固树立和深入落实“绿水青山就是金山银山”的理念，把生态建设贯穿于经济社会发展全过程，做好“生态+”文章，推进生产、生活、生态深度融合，促进生态文明和经济发展相辅相成、相得益彰。四是坚持开放发展。进一步扩大对内对外开放，坚持“引进来”与“走出去”并举、引资与引技引智并重，积极融入“一带一路”、长江经济带，加快扩总量、促转型，去库存、补短板步伐，跟上经济发展的时代浪潮。五是坚持共享发展。按照“人人参与、人人尽力、人人享有”的目标，加大民生投入，强化民生保障，努力让人民群众有更好的教育、更稳定的工作、更满意的收入、更可靠的社会保障、更高水平的医疗卫生服务、更舒适的居住条件、更优美的环境。

抓好今后五年的工作，必须不断强化七种意识：一是强化机遇意识。机会稍纵即逝，抓住了就是机遇，抓不住就是挑战。面对新形势新任务，各级党员干部要带头抢抓政策、交通、区位、发展等方面的机遇，真正把机遇转化为推动发展的正确思路和工作举措，推动东安在新一轮发展变革中赢得主动、赢得优势、赢得未来。二是强化大局意识。各级党组织和广大党员干部要牢固树立大局意识，始终站在为全县人民谋福祉的大局想问题、做决策，始终与党中央保持一致，对中央和省、市、县委的决策部署必须不折不扣落实到位，做到有令则行，有禁则止，确保政令畅通。三是强化团结意识。团结出凝聚力、团结出战斗力。广大党员干部要像爱护自己的眼睛一样爱护团结，始终把增强团结作为一种能力来锻炼和提高，作为一种文化来继承和弘扬，作为一条纪律来遵守和执行，做到胸襟开阔，光明磊落，公道正派，协作共事，大事讲原则，小事讲风格，思想上互相帮助，工作上互相配合，不断增强班子的凝聚力和战斗力。四要强化规矩意识。各级领导干部要牢固树立纪律和规矩意识，在守纪律、讲规矩上作表率。要坚持把纪律和规矩挺在前面，严格遵守政治纪律、组织纪律、廉洁纪律、群众纪律、工作纪律和生活纪律，牢牢把握“可为不可为”的界线。五要强化担当意识。干部就要有担当，有多大担当才能干多大事业，尽多大责任才会有多大成就。要做到把工作当快乐，当作一种兴趣爱好，大力弘扬“5+2”“白加黑”的精神，再苦再难的事也要做好。要敢于担当，敢于负责，该管的事要一定要管好管到位，定了的事要跟踪督查，不能只想当官不想干事，只想揽权不想担责，只想出彩不想出力。六要强化廉洁意识。广大党员干部要加强自身修养，不断增强廉洁自律意识，在思想上勤自警，始终保持头脑清醒；在工作上常自律，始终保持廉洁从政；在生活上多自重，始终保持慎独慎微；在作风上重自励，始终保持求真务实。七要强化争优意识。牢固树立“全省争先进、全国创一流”的工作理念，牢固树立“一日无为、三日不安”的忧患意识，不满足工作干过了，不满足纵看进步了，不满足任务完成了，努力干出“全省有影响、全国有名气”的亮点工作。

三、扬优势补短板，努力建成更高水平的全面小康

宏伟蓝图已绘就，奋发有为正当时。今后五年，全县重点要抓好以下六个方面的工作：

（一）突出解放思想，完善跨越大思路

思想是行动的先导。要进一步统一思想，把握方向，坚定信心，吹响开启新征程的集结号，奏响实现新发展的最强音，共同创造东安更加美好的明天。

统一思想，凝聚共识。民之所望，施政所向。我们所做的一切工作，就是要把东安建设成为物质生活丰裕、人民精神愉悦、社会平安和谐、生态环境舒适的幸福家园，让全县人民生活得更加富裕、更加安全、更有保障、更有尊严！形成符合科学发展要求，指导东安在全国乃至全球的大格局中选好位、定好位、争好位，在区域分工中占有一席之地的大思路、好思路，全县上下高度关注，充满期待。县委认真研判发展大势，深入调查研究，广泛征求意见，在充分认识县情的基础上，提出大力实施“六大战略”，全力推进“752121”工程，这是全县人民集体智慧的结晶，是今后一个时期全县经济社会发展的行动纲领。全县各级党组织和广大党员干部，必须进一步领会好、宣传好、实践好这个新思路、新要求，使之家喻户晓、深入人心，成为全社会的思想共识和广大干部群众的自觉行动。

准确把握，明确方向。“生态立县、工业强县、农业稳县、旅游活县、科教兴县、依法治县”是发展战略，涵盖了经济社会发展各个方面，是中央“五大发展理念”在东安的具体化，是推动东安经济社会发展必须遵循的基本准则。“完善大思路、培育大产业、推进大提质、构建大交通、繁荣大文化、改善大民生、推动大落实”是今后五年发挥优势、补齐短板的具体举措。“五城同创”是提升东安城市品位，增强吸纳力、承载力、辐射力的重要抓手。打造“两个中心”是推进城乡统筹发展，增强东安综合实力的重要路径。打造全国知名的微旅游目的地是搞活旅游、带动产业发展的现实选择。建设全省经济强县和全省工业强镇是我们的发展目标。全面建成更高水平的小康社会是全县人民的共同愿景。六大战略和“752121”工程是一个相互联系的有机整体，我们要深刻领会好基本内涵，牢牢把握住基本要求，使之贯穿于全县改革发展全过程，不断开创全县经济社会发展新局面。我们相信，经过全县上下的艰苦奋斗，这些目标一定会实现，一个繁荣富强的美丽东安一定会在三湘大地崛起！

坚定信心，大干快上。信心是干事之基、成事之本，做事有信心，事情就成功了一半，干事创业就能一往直前、所向披靡。要牢固树立“三类县干一流的事、创一流的业绩”的信心，树立“别人能干成的事，我们也能干成；别人不能干成的事，我们也要干成”的信心。我们的信心来自于省、市、县委的坚强领导，来自于历届县委打下的坚实基础，来自于勤劳智慧的东安人民和一批务实肯干的党员干部。要进一步保持定力，精准发力，在关键时刻敢于担当，在困难面前敢于“亮剑”，争分夺秒地“抢”、有胆有识地“闯”、千辛万苦地“拼”、脚踏实地地“干”，力争每年都多创一些亮点、多干一些实事。要进一步解放思想、敢于创新，打破“有多少钱、办多大事”的思维定势，树立“办多大事、筹多少钱”的全新理念，敢于负债搞建设，用国家的钱办东安的事，用明天的钱办今天的事，走好东安路径，再创东安辉煌。

（二）突出转型升级，培育特色大产业

产业发展不够是东安最大的短板，也是引爆东安未来发展的希望所在。要坚持以绿色化为引领，以互联网为平台，以微旅游为抓手，着力调结构、强基础、提质效，做强新型工业，做优现代农业，做活第三产业。

以绿色化为引领，做强新型工业。坚持主攻高端、提升低端，突出重点产业，做强重点企业，招引重大项目，打造一个“百亿龙头、十亿骨干、亿元基础”的企业梯队，形成一批有核心竞争力的标志性绿色工业品牌。突出重点产业。立足产业优势和基础条件，突出拳头产品，巩固优势产业，力争通过五年的努力，培育五大工业体系，即以火电、光伏为主的新能源，以新型焊剂、新型建材、精锑为主的新材料，以汽车配件为主的新装备，以毛纺、制鞋为主的轻纺制鞋，以银杏、东安鸡、竹制品深加工为主的农产品深加工。做强重点企业。新能源方面，按照神华电厂2017年底一期双机双投、2018年二期开工建设的目标全力推进，努力建成湘南地区最大的能源基地。新材料方面，全力确保红狮水泥年产200万吨熟料生产线2017年建成投产，加快湘江焊剂年产5万吨新型烧结焊剂生产线达产达效，支持东港锑品扩能扩产改造，实现产值60亿元以上。新装备方面，着力引进50家以汽车配件及其相关企业，建成华南地区品种最全、规模最大、工艺最先进的汽配产业基地，实现产值50亿元以上。轻纺制鞋方面，支持南方纺织、凯翔鞋业扩建并由贴牌生产向开发自主品牌转变，产值突破10亿元。农产品深加工方面，依托温氏集团、云生竹业、新开天等龙头企业，提高东安白果、东安鸡、舜皇山土猪、毛竹产业化程度，实现产值10亿元以上。招引重大项目。把招商引资作为新型工业化第一原动力，坚持大招商、招大商，发挥神华火电、京东商城、广硕集团等企业带动作用，突出产业集群和产业链招商，积极对接央企、国企、名企和上市公司，力争引进一批税收过千万的大项目、好项目。把项目建设作为新型工业化第一抓手，完善重点项目建设绩效考核办法，打造项目建设的“高速公路”。批复项目要加快由“备战”进入“实战”，力求第一时间开工；在建项目要加快由“持久战”转入“速决战”，力求最快速度推进；竣工项目要加快由“建设会战”转入“生产会战”，力求尽快投产达产。夯实园区平台。把新型园区作为新型工业化第一平台，打造两个百亿园区（白牙市工业园、芦洪市工业园）。继续加大园区建设投入，促进政策向园区倾斜、要素向园区集聚、产业向园区集中，打造宜业宜居、产城融合的现代城市工业综合体，通过五年努力，入园规模企业突破100家，经济体量、承载容量、发展质量跃上更高台阶。

以互联网为平台，做优现代农业。深化农村产权制度改革。深入推进以农村土地征收、集体经营性建设用地入市、宅基地制度改革为重点的“三块地”改革，以土地确权颁证推进农村土地流转，加快培育现代职业农民，发展专业大户和家庭农场，整县推进培育发展家庭农场试点示范。推进农业标准化建设。坚持精品农业发展方向，做精做强优质粮油、优质烤烟、有机果蔬、精品畜禽“四大特色农业”。以霞栖、永阳、新作为、金易德、瑞峰等现代农业科技示范园为示范，抓好大庙口、紫溪市、端桥铺、鹿马桥等乡镇标准化示范基地建设，发展市级以上农业产业化龙头企业20家以上。抓好烟叶基地单元建设，力争烤烟产量突破3万担。突出电商引领，大力实施电子商务进农村工程，实现农产品进城、工业品下乡，力争2017年成功创建全国电子商务进农村综合示范县。强化农产品安全监管，以国家农产品质量安全县为基础，建设满天星点亮中国农产品溯源系统，创建出口食品农产品质量安全示范区。加强农业基础保障。今后五年，要加快推进芦江水库及灌区配套建设，完成扬江河坝、紫江河坝除险加固，完成小山塘、小沟渠等五小水利工程建设3815处，农村安全饮水新增受益人口12万人，建设标准农田37万亩。有序推进电网建设，投资7.5亿元，建设35千伏以上变电站3座，全面完成农村电网升级改造。

以微旅游为抓手，做活第三产业。深入推进“互联网+乡村旅游”，实现景点全域、观念全域、服务全域，大力发展说走就走、快去快回、自助自理的微旅游，把东安打造成全国知名的微旅游目的地，努力争创国家全域旅游示范县。到2020年，全县年接待游客300万人次以上，实现旅游综合收入100亿元以上。加强微旅游信息平台建设。建设东安微旅游官方微信平台，开发东安微旅游APP，实现所有景区景点免费无线网络、智能导游、电子讲解、在线预订、信息推送等功能全覆盖，打造智慧旅游。加强微旅游景区平台建设。坚持内强外联相结合，打造一个开放包容的微旅游目的地。对内重点加强景区建设，力争舜皇山森林公园创AAAAA，紫水湿地公园创AAAA，黄金洞森林公园和应

阳古镇创AAA，创建3星级以上乡村旅游景点20个，建设湘江平湖、高岩平湖、芦江平湖等一批水利风景区，让画山绣水的东安处处皆诗画，全域是风景。对外紧密对接市内旅游景点和广西桂林、新宁崀山，全面拓展旅游空间。加强微旅游服务平台建设。规划建设东安鸡、水岭羊肉东安源味酒吧一条街，策划印象东安文艺表演，实现吃、住、行、游、购、娱全要素提升，让游客爱上东安。同时，以微旅游为龙头，整合旅游、文化、体育、健康、养老五大幸福产业，带动第三产业发展提速。

（三）突出融合融通，推进城乡大提质

坚持以新型城镇化推进城乡一体化，紧紧围绕打造两个中心和全国知名的微旅游目的地，推动产城融合、城乡融合、城城融合，加快建设美丽东安，重点突出“五个美丽”，即美丽县城、美丽集镇、美丽乡村、美丽机关、美丽通道。

建设美丽县城，打造永州次中心。今后五年，要按照现代生态文化园林休闲宜居都市的城市定位，把县城建设成为极具经济活力、极具文化魅力、极具承载能力的永州次中心。到2020年，城区人口达到25万人，城镇化率达到全国平均水平。策划规划提质。按照“扩容提质、提质为主”的原则，坚持先策划、再规划，注重融入文武双全的东安元素，聘请高水平、高资质的专业团队做好县城功能策划和绿化、亮化、美化策划，完成县城总规、控规和其他专项规划。扎实开展“城区提质大攻坚”行动，把城区当景区建，把街道当景点建，把机关当庭院建，努力打造一街一风景、一路一特色，实现一年一个样、三年大变样，让县城成为微旅游核心景区。基础设施提档。扎实开展“五城同创”，加快建设大商场、大市场、大公园、大酒店。今后五年，重点完成城东市场和湘桂市场改造提质，规划建设一批专业市场。加快推进紫水国家湿地公园和石林公园建设，建设一批主题公园。建设2家五星级大酒店，实现县城高档星级酒店“零”突破。完成棚户区、城中村改造57万平方米，建设综合管廊65千米，建好县城管道燃气，完成龙溪河防洪工程，完善城区污水管网。城市管理提效。强力推进控违拆违，坚决维护城市规划的权威性、严肃性。构建“互联网+城管”模式，强化小区综合整治，提升城市治理水平。进一步深化投融资体制改革，整合资源组建城投集团，力争总资产规模突破100亿元，争取五年内城投集团成功上市，每年通过银行融资10亿元以上，通过PPP模式融资30-50亿元。推进供给侧结构性改革，重点突出去库存，去库存又以去房地产库存为主。充分发挥住房公积金支持住房消费和改善民生的作用，每年投放贷款5亿元以上，助力房地产去库存。提高棚改货币化安置比例，鼓励进城落户农民农村土地承包权、宅基地使用权、集体收益分配权“三权”自愿有偿退出，鼓励易地搬迁贫困户进城购房安置，鼓励房地产企业适当让利，消化房地产库存。

建设美丽集镇，打造品质活力乡镇。一是按照工业强镇、旅游新镇的总体定位，全力将芦洪市镇建设成县域经济副中心。牢牢抓住神华电厂建设重大机遇做强工业，到2020年，工业总产值突破100亿元，成为全省第一工业强镇。深度挖掘应阳古镇文化底蕴做活旅游，做好“名镇、名人、名菜、名景”四篇文章，突出抓好“一带八景”建设，打造工业旅游的亮点，休闲度假的热点。二是按照县城标准规划建设做美城镇。组建芦洪市镇城建投资公司，采取资产“打捆”经营的方式，盘活资源，筹集资金。全面完成街道立面改造和管网、路网、线网改造，建设农贸市场、车辆站场、休闲广场，提高城镇集聚能力和辐射能力。力争通过五年的努力，芦洪市镇城镇面积突破5平方千米，城镇人口突破5万人，辐射带动周边乡镇20多万人口，成为全省工业强镇、旅游新镇，湖南第一镇，县域副中心。三是按照环境美、道路畅、产业强的标准推进品质活力乡镇建设。以环境整治为重点，分期分批推进“抓三线、做五化、治十乱”工程，即电线、网线、电话线全部下地，街道实现硬化、绿化、亮化、美化、净化，治理乱停乱摆、乱倒乱扔、乱贴乱画、乱搭乱挂、乱放乱拉，重点建好大庙口、紫溪市、石期市、井头圩、新圩江、大盛等美丽集镇示范乡镇，争取横塘镇列入省级边界口子镇，培育一批商贸重镇、旅游名镇、魅力小镇。

建设美丽乡村，打造山水田园风光。坚持生态优先。整县推进农村环境卫生整治，重点治垃圾、治污水，狠抓垃圾分类处理，逐步推进改水改厕，实现山更绿、水更清、天更蓝、空气更清新，让农民群众得到美的享受、养成美的习惯、过上美的生活。坚持统筹推进。创新“互联网+基层党建+美丽乡村+乡村旅游+精准扶贫”模式，结合地方资源禀赋、人文底蕴、产业特色，全方位推进美丽乡村建设，让乡愁有处归依。将美丽乡村建设与产业发展相结合，打造一批银杏村、百合村、山羊村、电商村。将美丽乡村建设与人文底蕴相结合，打造一批武术村、书画村、曲艺村、名人村。将美丽乡村建设与古村落保护相结合，保护好石期市桑家大院、横塘周家大院、川岩乐子冲古民居等传统村落，打造省级历史文化名村。坚持办点示范。按照“点线结合、以点带线”的要求，抓好“三个一工程”，建成水井、庙门口、渌埠头、简家岭、上界头、赵家井、芦江等美丽乡村示范村50个以上，逐步推进美丽乡村全覆盖，使最美溪流、最美公路、最美田园、最美村落各具特色、各美其美。

建设美丽机关，打造东安新名片。建设美丽东安，创建园林县城，机关单位要干在实处、走在前列。按照环境卫生美、整齐有序美、风貌协调美、庭院绿化美、节能环保美、文明新风美“六美”要求，突出房子、车子、院子、楼道、楼顶、楼院“六大要素”，实施绿化、美化、亮化“三大工程”，开展“门前三包”综合整治，打造和谐舒适的办公环境，提供优质高效的政务服务，全面树立“勤政、务实、高效、为民”的机关形象。按照“一年达标、三年巩固、五年提升”的思路，全面推进乡镇机关“五小”工程建设，实现食堂专业化、厕所卫生化、澡堂电气化、图书室规范化、文体室多样化，切实改善乡镇干部工作、生活条件，为乡镇干部“住读”创造条件，让乡镇干部安心基层工作。

建设美丽通道，打造靓丽风景线。美丽通道的本质就是美丽经济。大力实施“美丽通道”建设三年行动计划，将县城通往舜皇山、高岩湖、大江源、天元山庄等重点景区以及神华火电、芦江水库等重点项目的公路提质改造，加强养护保洁，整治乱堆乱放，把沿线的人文景观、特色小镇、精品村落等串联成线，着力打造“畅、安、舒、美”的风景走廊。重点实施旅游通道绿化提质，因地制宜种植桉树、柳树、桂花树，打造层次错落有致、色彩丰富美丽的景观通道，实现车在景中行、人在画中游。

（四）突出绿色畅通，构建循环大交通

交通仍是制约发展的瓶颈和短板。今后五年，要深入实施交通建设大会战，完成交通基础设施投资100亿元以上，打造主动脉，畅通微循环，全力构建“对外大畅通，对内大循环”的大交通格局。

打造对外的快速通道。加快推进冷东城际快线建设，启动冷东公路改造，确保2018年双线通车，把冷东城际快线和冷东公路建设成为东安连接中心城市的经济新干线、城市景观轴。实施县城至衡枣高速连接线、芦洪市至邵永高速连接线提质改造，建设永新高速公路东安段，争取东安至永州新机场公路进入省“十三五”规划调增计划，完成S238芦洪市至新圩江段、紫溪至零陵俞家段二级公路建设，实现与周边区域全面对接。配合做好洛湛线、湘桂线扩能改造和兴永郴赣铁路立项、开工、建设，积极争取开通东安经桂林至广州高铁，最大程度释放高铁效应。

疏通对内的城乡路网。狠抓县城公路提质，全面拉通县城“三横五纵一环”骨架路网，完善县城路网体系，彻底根治县城交通“肠梗阻”。配合建设副中心，全力推进新东芦公路建设，确保年内建成通车，打通南北两极的大通道。建成S348东安大庙口至紫花坪二级公路，完成东安至水岭、石期市经狮子铺至横塘（G207与G322连接线）、端桥铺至坪山塘、花桥至大盛、井头圩长冲至荷池等县内通道大中修改造，拉通东芦公路西江桥至黄泥洞景区连接线，完成县道、乡道、村道提质改造500千米以上，打通农村断头路。

完善配套的基础设施。加强交通站场建设，建好汽车总站和东安经济开发区物流园，建设大型停车场5个。完善乡镇客运站和招呼站建设，实现所有建制村通客班车，城乡一体化公交延伸到井头圩镇和石期市镇，推动公交惠民。实施城市公交电动化改造，规划建设充电桩15个，公交车全部换成纯电动车，打造绿色公交。在人流、车流集中路段实行机动车和非机动车分离，改造建设非机动车道，构建慢行交通系统，让市民出行更方便，让游客旅游更舒适。

（五）突出核心引领，繁荣先进大文化

坚持以社会主义核心价值观为引领，以德文化为载体，把德文化建设成为东安人的精神家园和展示软实力的一扇窗口，增强全县人民的认同感和归属感。

增强思想文化凝聚力。强化理想信念教育。抓好党委中心组学习，深入开展各类主题学习活动，坚持用党的科学理论指导实践、推动工作，用中国梦和社会主义核心价值观激发活力、凝聚共识、汇聚力量。突出舜德、树德、官德、民德、禅德、武德特色，大力开展以“爱、孝、诚、和”为主要内容的“美德工程”，努力形成县、乡、村三级德文化建设体系，使德文化建设上接天线，下接地气。加强公民道德建设。开设“道德讲堂”，评选“舜德人家”，建设舜德文化墙，营造“德在民间、德在青山绿水间、德在人心中”的文化氛围。深化精神文明创建。坚持以县城带乡村、以机关带基层、以干部带群众，深入推进文明单位、文明村镇、文明社区创建活动，努力创建全国文明县城。牢牢把握正确舆论导向，办好“东安德文化讲坛”，弘扬“崇德尚武、包容纳新、朴实诚信、敢于争先”的东安精神，宣讲东安故事，唱响主旋律、传播正能量、提振精气神。

提高公共文化服务力。推进文化设施一体化。建好文化馆、图书馆、博物馆、全民健身中心、青少年活动中心“三馆两中心”，高标准完成广播电视“村村响”“户户通”及“无线数字化覆盖”三大工程，实现乡镇综合文化站和农村小舞台、小广场全覆盖，让广大人民群众生活丰富多彩。推进文化项目系列化。大力发展群众基层文化，以“德文化”为主题，编排创作一批既具本土特色、又富德文化内涵、深受群众喜爱的节目，打造群众文化活动示范项目。推进群众文化活动常态化。广泛开展群众性文化体育活动，创新开展社区文化、村落文化，引导鼓励基层群众、业余团队广泛参与，形成“一社区一品牌、一村落一特色”，让文化活动成为群众日常生活元素。

扩大文化品牌影响力。丰富德文化内涵。广泛开展“写东安、唱东安、画东安”系列活动，编撰完成富有东安特色的德文化系列丛书，创建一批展现东安特色、东安元素、东安气派的文化品牌。激发武文化活力。以段位制进校园为重点，全面推进武术进学校、进社区、进乡镇、进企业、进机关、进军营“六进”工作，积极承办世界级、国家级武术比赛，努力将江东文武学校打造成国家级武术培训基地，让东安武术成为全国武术之乡的“精品板块”。突出地域文化特色。深入挖掘和有效保护各类历史人文资源，抓好以聚德湿地文化公园为核心，舜皇山、树德山庄、吴公塔、广利桥、沉香寺、江东文武学校和水岭冷山村为基地的德文化“一核心六基地”建设，把文化资源“原生矿”变为文化事业“活力源”。

（六）突出幸福生活，改善共享大民生

带领人民创造幸福生活，是我们始终不渝的奋斗目标。要始终将民生幸福作为发展方向和最高追求，让发展的成果更多更公平地惠及广大人民群众，让人民群众更有获得感。

全面完成扶贫攻坚。小康不小康，关键看老乡。全县脱贫工作已进入攻城拔寨的“冲刺期”，要把脱贫攻坚作为今后五年第一民生工程来抓，不让一个人掉队。全面落实“1+X+部门”政策文件，用好社会保障托底政策。全面落实党政一把手负总责的工作机制，层层压实责任，级级传导压力。统筹各级力量扶贫，全面完成水、电、路、业、房、优美环境“六到农家”，教育、医疗、养老、低保、五保、集体经济“六个落实”各项任务，做到贫困村不“摘帽”、贫困户不脱贫，工作队不撤离。创新扶贫方式，加大易地搬迁和金融扶贫支持力度，积极探索“电子商务+精准扶贫”模式，发挥少数人带少数人的关键作用，带动贫困群众创业致富。到2019年，全县38个贫困村全部摘帽，33254名贫困人口全部脱贫。

提升社会保障水平。坚持就业优先。实施更加积极的就业政策，持续推进大众创业、万众创新，建好县级创新创业孵化园，到2020年，新增创业主体3000户，农村剩余劳动力转移就业2.6万人以上，实现零就业家庭动态“清零”。完善社保体系。进一步加大扩面征缴力度，基本实现法定人员全覆盖。有序推进机关事业单位养老保险制度改革，完善城乡居民大病保险和医疗保险制度。发展养老事业，构建多元化养老服务体系，新增养老床位3500张。加强社会救助。大力开展扶危济困、扶残助残活动，深入推进农村留守儿童、空巢老人关爱行动。加强优抚安置，抓好退役士兵专业技术培训，大力发展慈善募捐、福利彩票等社会公益事业。

均衡发展社会事业。坚持科教兴县，推动教育优先发展，以“有书读、读好书”为目标，按照“提高基础教育，巩固职业教育，发展民办教育”的指导思想，大力实施“扩容、安心、提质”工程，深入开展“四明星一功臣”评选活动，提升教育质量，打造教育品牌。力争到2020年，全县34所中心幼儿园全部建成市级以上示范性幼儿园，建设标准化学校68所，新增城区学位8000个。强化科技创新，今后五年争取省级以上科技项目10个以上，专利授权300件以上。全面推进医疗卫生事业，完成县中医院搬迁，加强社区卫生服务中心和农村标准卫生室建设，基本建成城乡居民15分钟医疗服务圈。坚持计划生育基本国策，全面落实二孩政策，争创全国人口和计划生育优质服务先进县。注重发挥关工委、老科协、计生协会等组织的作用，统筹推进其他各项事业协调发展。

不断强化社会治理。坚持依法治县，深入推进司法体制改革，全力打造法治政府，大力营造办事依法、遇事找法、解决问题用法、化解矛盾靠法的浓厚氛围。加强社会治理创新，深化行政管理体制和社会治理机制改革，积极推进法治化治理、网格化管理、大数据处理，推进“互联网＋政务服务”改革，推行权力下放、干部下乡，让数据多跑路、让群众少跑腿。建立全县人口基础信息库，社区公共服务综合信息平台和农村便民服务中心覆盖率达100%。深入开展平安创建，完善城乡立体化、现代化社会治安防控体系，坚决打击违法犯罪，争创省级平安县。深入推进信访法治化建设，加大积案化解，打造阳光信访。严格落实安全生产责任制，积极开展“打非治违”，坚决杜绝重特大安全事故发生。加强食品药品安全监管，确保人民群众舌尖上的安全。

四、推动大落实，为全面建成小康社会提供坚强保障

全面完成今后五年的目标任务，关键在党，关键在人，关键在落实。要坚持全面从严治党不动摇，引领广大党员干部不忘初心、开拓前进、狠抓落实，为全面建成小康社会提供坚强保障。

坚持思想建党，争创一流的精神状态。推动大落实，首先要从思想上严起来，树立良好的精神状态。高度重视理论武装。坚持用习近平总书记系列讲话精神武装头脑，巩固拓展党的群众路线教育实践活动和“三严三实”专题教育成果，深入开展“两学一做”学习教育，不断增强广大共产党员的政治意识、大局意识、核心意识、看齐意识。高度重视民主政治。充分发挥县委总揽全局、协调各方的领导核心作用，支持人大及其常委会依法行使职权，支持政协围绕团结和民主两大主题履行职能。加强党管武装和统一战线、民族宗教、对台等工作，充分发挥工青妇等群团组织的桥梁纽带作用。高度重视党性教育。扎实开展党纪党规、道德法治教育，用革命理想高于天的精神力量来涤荡心灵，不断培植我们的精神家园，让广大党员干部树立正确的世界观、权力观、事业观，永葆共产党人的政治定力。

坚持鲜明导向，打造一流的干部队伍。推动大落实，需要打造一支忠诚、干净、担当、实干的干部队伍。以更好的导向选用干部。落实习近平提出的好干部标准，在项目建设一线、艰难繁重的任务面前识别干部、选用干部，真正把讲大局、敢担当、有本事、肯吃苦的好干部用起来，真正把懂规矩、守纪律的好干部用起来，让“干事创业、创先争优”成为全县上下的自觉行动和永恒主题。以更严的要求管理干部。深入推进干部实绩卡管理和执行力考核，力求考核评价更加公平公正和科学合理。完善干部培育机制，突出抓好“执行力+”系列培训，不断提高干部队伍执行力。全力抓好党外干部、妇女干部和后备干部的选拔培养工作，积极做好老干部工作。坚持党管人才原则，真诚关心人才、爱护人才、成就人才，营造有利于人才辈出、人尽其才、才尽其用的政策环境，引进各类人才200名以上。以更大的热情关心干部。广大基层干部长期处于工作一线，环境艰苦、工作辛苦、生活清苦，要从政治上、工作上、生活上进一步改善基层干部待遇和条件，充分调动基层干部的积极性和创造性。

坚持重心下移，建设一流的基层组织。基层组织是我们党全部工作和战斗力的基础。推动大落实，需要我们眼睛往下看、身子往下沉、劲头往下使，一切工作向基层倾斜。加强组织建设。从严落实基层党建工作责任制，全面推行“三级联述联评联考”制度，持续开展星级党组织创建活动，创建各类星级党组织250个，推进党的组织、党的工作、党员作用发挥“三个全覆盖”。加强队伍管理。大力推行村级党组织书记职业化管理模式，深入推进乡镇党代表工作室建设，深入开展党员固定日活动，严把发展党员“入口关”，畅通党员“出口关”，确保基层党组织有资源、有能力为群众服务。加强群众联系。大力推行“365”精细化服务，推进“党建＋产业”“党建＋美丽乡村”“党建＋精准扶贫”“党建＋互联网”“党建＋基层社会治理”等模式，把党建工作融入经济社会各方面、全过程。

坚持转变作风，培育一流的执行能力。作风建设永远在路上。转变工作作风，关键要把工作当快乐，不断提升执行力，狠抓工作落实。以大督查推动大落实。不断完善“大督查”机制，采取点面结合、上下联动、连环督查、零距离督查、新闻督查等方式，坚持从快、从紧、从严的要求，重点督查未落实的事、盯紧不落实的人，多搞随机抽查，多搞明查暗访，及时通报督查情况，建立健全重点工作、重点项目“一月一督查、一季一分析、半年一小结、年底总评估”的调度机制。以实考核推动大落实。发挥考核“指挥棒”作用，按照“2+3+X”的考核模式，把重点放在市委、市政府确定的目标任务和县委、县政府重大决策部署落实等内容上，把考核结果作为干部晋级、提拔的重要依据，与干部的“票子、面子、帽子”挂钩。以严问责推动大落实。严格按照考核结果兑现奖惩，既要重奖，也要重罚，特别是对缺乏责任心、执行力不强、作风不实的干部，坚决予以调整，真正让先进无上光荣，让后进无地自容，营造“以发展论英雄、凭实绩用干部、靠德才定位子”的浓厚氛围。

坚持廉洁从政，营造一流的政治生态。推动大落实，必须有一个良好的政治生态。要突出领导干部这个关键少数，全面落实党风廉政建设责任制，带头履行“一岗双责”，形成一级带一级、一级抓一级的示范效应。责任要落实。坚持把规矩和纪律挺在前面，全面落实“两个责任”，认真贯彻《中国共产党廉洁自律准则》《中国共产党纪律处分条例》和《中国共产党问责条例》，切实增强党章党纪党规意识，推动全面从严治党向基层延伸。制度要完善。以东安廉政教育基地为平台，强化廉政教育，建立健全公开述责述廉述德、签字背书、责任报告、廉政谈话、谈心提醒、诫勉谈话、领导干部报告个人有关事项等预防机制，不断完善制度链条。环境要优化。铁腕治理乱收费、乱摊派、乱罚款等歪风，重拳整治不作为、慢作为、乱作为等现象，坚决打击强买强卖、强揽工程、强行阻工等行为，营造良好的重商、亲商投资环境和安宁、安心的建设环境。惩处要严厉。以“零容忍”的态度严肃查处和整治发生在群众身边的不正之风和腐败问题，引导广大党员干部既要廉政、更要勤政，既要干净、更要干事，既要谨慎、更要担当，全力营造干部清正、政府清廉、政治清明的良好政治生态。

各位代表，同志们，扬帆风正好，巨笔绘宏图。全面建成小康社会，是群众对我们的殷切期望，也是时代赋予我们的光荣使命。让我们更加紧密地团结在以习近平为总书记的党中央周围，发挥优势，补齐短板，不忘初心，开拓前进，为全力打造永州次中心、全面建成小康社会而努力奋斗！

相关名词解释

1. 微旅游：是一种短时间、近距离，以休闲、体验为主的新兴旅游方式。

2. 永州次中心：是相对于中心城市而言，政治、经济、金融、文化都比较发达，集聚、辐射、带动能力都比较强的城市。

3. 县域副中心：是指县域内各方面比较发达，辐射能力较强，经济实力仅次于县城的重要城镇。

4. 乡镇机关“五小”工程：即小食堂、小厕所、小澡堂、小图书室、小文体室。

5. 芦洪市名镇、名人、名菜、名景：名镇即全省历史文化名镇，名人即席宝田、唐生智，名菜即东安鸡，名景即树德山庄、九龙碑刻。

6. “扩容、安心、提质”工程：

扩容是指增加中心城区学位，安心是指对边远山区教师按远近发放津补贴，加快教师周转房建设，加强对贫困学生的关爱和扶助，实施“农村学生营养餐计划”；提质是指对条件较差学校的厕所、食堂、课桌椅进行全面改造。

7.“365”精细化服务：即三条途径掌握民情、六个步骤办理民事、五种方式满足民需。

8.“2+3+X”考核模式：“2”是指综合绩效考核和全面小康考核，“3”是指计划生育、信访维稳、安全生产三个“一票否决”考核，“X”是指其它重点工作考核。

东安县人民代表大会常务委员会工作报告

——2016年11月28日在东安县第十七届人民代表大会第一次会议上

东安县人大常委会主任　文高平

一、工作及成效

东安县第十六届人大常委会自2012年以来，在市委、县委的正确领导和市人大常委会的精心指导下，坚持以马克思列宁主义、毛泽东思想和中国特色社会主义理论体系为指导，全面贯彻落实中共十八大、十八届三中、四中、五中、六中全会和习近平总书记系列重要讲话精神，按照“议大事、强监督、重民生、转作风、求实效”的工作思路，始终坚持“四心一加强”，力行“听党的话、让人民说话、为人民说话、说人民的话”“四句话”，切实履行“行三权、两加强、一指导”的工作职责，坚持走法治之路、创新之路和“强基”之路，主动适应经济发展新常态，展现人大工作新作为，大力推进依法治县进程，依法履行宪法和法律赋予的各项职权，为推动全县经济社会持续健康发展作出了应有的贡献。

（一）坚持走法治之路，推进民主法治建设不断进步

常委会始终坚持走法治之路，将法治这根红线贯穿人大工作的始终，坚定不移地贯彻“法定职责必须为、法无授权不可为”的法治精神，运用法治思维、法治方式、法律手段，围绕大局，服务中心，认真履行宪法法律赋予的职责，努力种好人大民主法治工作这块责任田，推动人大工作在法制轨道上不断前进。

1. 议大事、促发展，依法作出重大决定

坚持把听取和审议“一府两院”工作报告、审查批准计划和预算作为行使重大事项决定的重点，纳入年度工作计划，定期听取情况汇报，严格依法按程序作出相关决定、决议。常委会为推进立规工作科学化、规范化，启动建立了由法律、经济、财税等领域专家人才组成的立规工作专家人才库，为立规工作提供智力支撑和人才保障。充分发挥人大在立规中的主导作用，紧紧抓住提高立规质量这个“牛鼻子”，按照《东安县人民代表大会常务委员会讨论决定重大事项的规定》，紧紧围绕县委关于改革发展稳定的重大决策部署、关系人民群众切身利益的重大事项、关系社会进步的重大举措、关系经济社会发展的重大建设，适时、科学、民主作出决议、决定，将人民的意愿上升到法治层面，努力使所制订的规定、决定和办法立得住、行得通、真管用，确保重点工作顺利实施。2012年以来，审议通过了《紫水河流域保护管理办法（修订案）》《舜皇山国家级自然保护区管理办法》《黄金洞省级森林公园保护管理办法》《东安县人民代表大会常务委员会讨论决定重大事项的规定》和《东安县人民代表大会常务委员会预算审查监督办法（修订案）》等地方性“规定”7个，依法按程序就东安县农村信用联社的不良资产置换、芦江水库建设、永东城际快速通道建设等重大事项作出决定15项，指导各乡镇人大就乡镇行政区划调整、本区域内的河流保护管理、城镇规划编制、社会治安综合治理和城

镇基础设施建设等重大事项依法做出决定26项。

2. 求实效、敢亮剑，着力强化监督工作

坚持“权力民赋、用权为民”的理念，切实把保障和改善民生作为监督主线，坚持问题导向，敢于揭短亮丑，敢于较真碰硬，敢于“亮剑”问责，督重点，求实效。

一是认真听取和审议专项工作报告。全面贯彻落实监督法、新预算法等有关法律，围绕中心工作，选择事关改革发展稳定全局的重大问题、人民群众普遍关注的热点难点问题，有重点、有计划地听取和审议专项工作报告。2012年以来，共听取审议国民经济和社会发展计划、县财政预算编制执行、决算、紫水河保护管理工作、“两院”及县政府工作部门主要负责人年度工作目标承诺兑现情况、全县规划建设工作、普法工作、全县环境状况和环境保护目标完成情况和人大代表议案建议办理工作等专项工作报告48个，作出相应的审议意见和决定26个，着力加强审议意见办理落实的跟踪督办，严格督促落实。

二是认真开展执法检查和调研。常委会始终围绕事关群众切身利益的民本民生问题，重点开展了食品安全法、水土保持法、母婴保健法、动物防疫法、水污染法防治法、省新型墙体材料推广应用条例执法检查，有针对性地开展了大气污染、土壤污染和水污染等执法检查和调研活动，牵头组织相关职能单位，深入工厂企业、社区街道、村组农户，开展走访调查检查，形成调查报告。针对人民群众反映强烈、急需解决的重点突出问题，提出审议意见，交由县政府和相关部门认真办理，强力跟踪督办，力求实效。2012年以来，共开展执法检查和执法调研28起，积极配合省、市人大开展预算法、大气污染防治、农村环境综合治理、河道采砂等工作情况的执法检查和调研22起，解决了一批群众关注关心的热点、难点、重点问题。特别是在食品安全执法检查中，常委会成立6个执法检查组，深入到全县各乡镇场和县食品安全委员会成员单位进行调研、督查，对餐饮场所、农贸市场、生活超市、食品加工厂等重点场所进行重点抽查，坚持从源头到终端的每一个链条，全面查找食品安全工作存在的薄弱环节和突出问题，最后集中形成了14个较为突出的主要问题，于2013年6月29日开展食品安全专题询问，依法就食品安全工作对政府相关部门进行了询问，对食品安全存在的突出问题“亮剑”，保障人民群众“舌尖上”的安全。此次食品安全专题询问是强化人大监督工作的一次很好尝试，在东安尚属首次，取得了实实在在的监督成效，引起了社会各界的强烈反响，干部群众感到满意。

三是组织开展工作审议、专项审议及专题询问和特定问题调查。按照每年年初常委会的工作安排，2012年以来，常委会共对县发改委等16个部门开展工作审议，对全县墙改基金和散装水泥基金征收管理使用、安全生产工作、全县农村安全饮水、全县新型农村合作医疗基金管理使用情况等4个方面的工作进行专项审议，对食品安全、紫水河流域保护管理等工作进行了专题询问，并根据紫水河流域保护管理工作的需要，启动了特定问题调查。在工作审议、专项审议、专题询问和特定问题调查中，常委会各调查组认真制订实施方案，突出工作重点，深入到各自负责的被审议单位及下属机构、服务对象进行走访调查，在全面掌握情况的基础上，形成工作调查报告，召开专题会议，听取专项工作情况报告，提出一系列切合实际的审议意见予以交办，并加强对工作审议意见的跟踪督办工作，督促政府部门进一步改进工作，推动各项工作落实。特别是在加强紫水河保护管理的监督中，常委会积极顺应紫水河沿线广大群众的呼声，将紫水河保护管理作为2014年人大监督工作的“一号工程”，先后打出了提出议案交办、开展视察督办、专题询问促办和成立特定问题调查委员会查办等一系列“组合拳”，像保护自己的眼睛一样全力保护好紫水河的生态环境，督促县政府及相关部门高度重视，出重拳进行专项整治，依法取缔新老非法采矿点22处，水上餐饮经营店2处，网箱养鱼173口，查处非法采砂船2只，回填水塘4处，拆除非法建筑物23处，拆除非法搭建娱乐设施1处，关闭了紫水河上的五坝电站。通过整治，紫水河的水质有了明显改善，保障了沿线群众生产生活用水安全，为东安紫水国家湿地公园成功进入国家试点奠定了坚实基础，为整个湘江流域治理、构筑“绿色湖南”生态屏障作出了贡献。《人民代表报》《人民之友》分别以《“利剑出鞘”保卫绿色家园》和《守护紫水河的美丽》为题作了报道。

四是开展专项视察活动。按照“既要议、更要行”的要求，常委会紧密结合县委工作部署和人大工作实际，每年确定十个方面的重点工作作为专项视察的重点，开展“十大”专项视察监督行动，深入开展工作调研，推动问题解决。特别是结合县十六届人大三次会议提出的《关于推进紫水国家湿地公园与县城建设深度融合发展的议案》的办理，组织部分市县人大代表开展了“紫水湿地保护行”专项视察，深入县城城市建设重点项目进行实地视察，召开座谈会，就进一步加强紫水国家湿地公园与县城建设深度融合提出了很好的意见和建议，制订出台了督办工作方案，常态化深入到承办单位进行督办，取得了明显成效。在“农村公路建管行”视察活动中，代表们深入农村公路看现场、听汇报，针对农村公路建设管理特别是农村公路养护中存在的“无经费、无人管”的现象，进行认真研究，提出视察意见，促成县政府出台了《东安县农村公路养护管理办法》，将农村公路养护经费按每千米1000元的标准，纳入县财政预算，组织专门队伍进行定期养护，率先在全省实现农村公路“有经费、有人管”的目标。

五是认真开展规范性文件备案审查。依法开展规范性文件备案审查，促使备案审查进一步规范化。目前，共完善规范性文件审查14件。

六是认真做好群众来信来访工作。坚持把接待人民群众的来信来访，作为人大联系群众、拓宽类案监督的重要渠道，认真做好群众来信来访的接待，根据实际情况，进行分类处理，并加强督办。截止目前，共接待人民群众来信来访2150多件（不含重复信访）3280余人次。

3.严程序、重规范，任免国家机关工作人员

坚持党管干部和人大依法任免有机统一，严肃材料报送、法律知识测试、任前调研、任前发言、颁发任命书、向宪法宣誓等环节，依法规范做好人事任免事项的资格初审、任前公示、法律考试、任前考察或调研了解、任职发言、审议、投票表决、颁发任命书、向宪法宣誓、公布任免职人员名单等人事任免工作。进一步落实和创新人大任免干部管理手段，做好“任前民意调研、任中进行询问、任后建档监督”这篇文章。强化任前监督，推行任前民意调研，调研结果在投票测评前向常委会组成人员报告；对拟任命的国家工作人员实行任前法律知识测验，对任命干部认真落实向宪法宣誓制度；强化任中监督，在常委会会议上依法进行询问；强化任后监督，不断健全人大任命干部履职档案，有计划、分批次听取人大任命干部的履职情况报告。2012年以来，常委会共依法任免国家工作人员139人次，其中任免人大干部15人次，政府工作人员83人次，“两院”工作人员41人次，依法任命东安县人民陪审员65人。

（二）坚持走创新之路，推进代表工作和自身建设活力迸发

常委会始终坚持走创新之路，以作风建设为主线，以增强履职能力为手段，大力强化机制制度建设，使代表工作和自身建设得到进一步加强，依法履职的能力和水平得到进一步提高。

1.重民生、贴民心，加强代表工作

始终坚持以代表为主体，以学习培训、代表活动、联系服务、履职评价为抓手，强化代表履职管理，切实提高代表履职水平，充分发挥代表的积极作用。

一是深入开展“三走”活动。紧密结合党的群众路线教育实践活动和“三严三实”专题教育活动的开展，创造性地开展“走基层、走代表、走选民”“三走”主题实践活动，坚持做到“七进”，接地气、访民情、汇民智、释民惑、解民忧、惠民生，密切代表与人民群众的联系，扎实听民意、办民事。活动开展以来，常委会组成人员共走访联系代表2300余人次，代表共走访选民68000余人次，召开座谈会220场次，听取收集建议意见360余条，督办重点议案建议30件，帮助解决实际问题127个。省人大《人民之友》以《走基层，走代表，走选民》为题专门介绍了“三走”活动的做法和经验。

二是强化代表议案建议督办。常委会高度重视代表议案建议办理，对县十六届人大一次会议至四次会议期间代表提出的480件议案和建议进行整理归类，针对社会关注的重大民生问

题，采取分类交办、跟踪督办、重点查办等方式及时进行交办，每年确定十大重点议案、建议进行重点督办，健全县人大常委会主任、副主任督办重点议案建议机制，着力加强对办理情况的了解和督促，探索建立对承办单位绩效考评机制，切实解决重答复、轻落实的问题，力促代表议案建议办理从“答复型”向“落实型”转变，真正落到实处。特别是在办理县十六届人大二次会议期间易海清等12名代表、唐丰顺等18名代表提出的“关于扶持边远山区村组公路建设的建议”中，县人大常委会督促县政府及交通局等有关部门到实地进行调研、勘测，根据各村组的实际情况，采取“受益群众筹集一点、有关部门支持一点、交通部门补助一点、在外人员捐献一点、联系单位赞助一点”的办法，积极筹措资金，完成了鹿马桥镇简家岭村、芦洪市镇绿化村、大盛镇魏家村、大庙口镇韭菜村、横塘镇枧上村等边远山区村组公路水泥硬化65.66千米，为群众出行提供了极大的便利。特别是鹿马桥至简家岭到赤皮园22千米水泥路面硬化，既标志着东安最偏远贫困的山区村通了水泥路，又谱写了汉瑶民族团结共同发展的新篇章。

三是强化代表履职管理。常委会高度重视代表工作，先后制订了《东安县人民代表大会代表履职评价暂行办法》《东安县人民代表大会各乡镇代表小组工作考评办法》和《东安县人大代表在代表大会期间履职评价暂行办法》等规范性文件，建立不合格代表退出机制，并严格按制度规定执行，严格代表履职管理，规范管理代表履职行为，确保代表政治素质过硬、模范遵纪守法、认真负责履职。2013年，县人大常委会结合全县开展的涉砂涉矿专项清查工作，对县人大代表开展了涉砂涉矿专项清查工作，以乡镇代表小组为单位，以代表自查自纠、组织逐级核查为主要方式，深入查找县人大代表在采矿、采砂、办红砖厂、办冶炼厂等方面存在的问题。通过清查，共发现有“涉砂涉矿”情况的县人大代表5人，其中2人属持证施工，2人主动终止采矿活动，有1人因涉及非法采矿，经常委会第5次会议同意，由公安部门进行立案处理。

四是强化代表学习培训。按照全国人大和省人大的要求，为进一步提升代表自身素质，县人大常委会坚持集中学习培训和个人自学相结合，不断加强代表学习培训力度，增强代表自身素质和履职能力。2013年9月底组织乡镇人大正副主席和部分县人大代表举办为期2天的培训班，培训人员110余人次。2015年常委会分三批次组织常委会机关全体干部、乡镇人大主席及部分县人大代表共59人到全国人大会议中心小汤山培训基地进行了集中培训。

2. 建制度、转作风，切实加强自身建设

常委会高度重视自身建设，切实加强思想建设、组织建设和作风建设，从建章立制、绩效考核和规范管理入手，严格执行党风廉政建设责任制，切实履行“一岗双责”，落实“两个责任”，严守党的“六大纪律”，认真落实中央八项规定、省委九项规定、市委十项规定和县委有关作风建设的规定，进一步加强人大机关建设，着力打造地方国家权力机关为民、务实、勤廉、高效的良好形象。县人大办2012年至2015年连续四年被评为全县年度绩效考核先进单位。2014年，在党的群众路线教育实践活动中，县委开展“我当标杆，向我看齐”主题活动，县人大办被评为全县县直单位“标杆单位”。在学习型党组织创建工作中，县人大常委会机关被评为永州市十佳学习型机关。2015年县人大办被评为全县党风廉政建设先进单位。

一是强化“五型”机关建设。在机关自身建设上，坚持做到“五讲五型”，即讲学习，建设学习型机关；讲规矩，建设法治型机关；讲服务，建设服务型机关；讲创新，建设创新型机关；讲廉洁，建设廉洁型机关。同时，扎实开展党的群众路线教育主题实践活动、“三严三实”专题教育和“两学一做”学习教育，并结合人大工作实际，创新载体大力开展“三走”“八德”等主题实践活动，大力强化党性教育，增强党的意识、群众意识、规矩意识和创先争优意识，打造一流的队伍，争创一流的业绩。通过各类主题活动的开展，“能谋事、能揽事、能干事、能成事、能共事”和“不推事、不躲事、不敷事、不误事、不出事”成为了大家的共识和自觉行动，形成了工作上各司其职、团结干事的良好局面。

二是强化制度建设。坚持用严格的制度管人管事管物，特别是用创新了的制度管人管事管物。修订完善了常委会讨论决定重大事项规定、人事任免办法等16项规章制度，先后出台了进一步严肃会风的规定、会议询问规定等多项规章制度，新制订和完善的各项规章制度共37项，涵盖代表大会、常委会及机关人财物管理等各个方面。制度形成后，常委会领导及各办委负责人坚持率先垂范，以上率下，带头模范执行，严格按制度办事，对事不对人，收到了良好的效果。

三是强化工作考核。坚持以工作实绩论“英雄”，推行以领导点评、工作考评、群众测评为主要内容的目标管理绩效考核办法，每季度对常委会各工作机构的工作实效进行测评考核，实行一季一考核、一季一兑现、一季一通报，营造了创先争优、你追我赶、共同进步的良好工作氛围。

四是强化宣传力度。坚持讲好人大故事的舆论导向，充分整合常委会机关的人员力量，成立外宣组，针对县人大常委会各阶段的工作重点，及时梳理总结工作中的好做法，积极向国家、省、市各级媒体进行推介，宣传人民代表大会制度，传播人大工作的好声音，展现人大工作的新气象。在2014年人民代表大会制度建立60周年纪念活动中，县人大常委会精心组织开展了以“召开一个座谈会、举办一次展览、开展一次走访、出版一集特刊”为主要内容的“四个一”活动，全面回顾人民代表大会的光辉历程，深刻认识人民代表大会这一根本政治制度的重要性，进一步坚定道路自信、理论自信、制度自信，推动人民代表大会制度在东安的进一步发展和完善。在省人大组织开展的纪念人民代表大会制度成立60周年书画展览中，永州市人大系统共有9件作品获奖，其中东安人大获奖7件。同时，将《东安人大》季刊作为人大制度、人大工作和人大代表宣传的阵地、交流的平台、推介的载体，坚持高标准、高质量办刊。截至目前，共在《中国人大》《人民代表报》《人民之友》等中央、省、市级以上报纸、杂志及省人大网等新闻网站发表文章126篇，编辑出版《东安人大》季刊12期，刊发各类文章500余篇。

五是强化中心工作落实。常委会高度重视县委安排的各项中心工作，认真做好常委会班子成员所联系乡镇的党建、经济建设和党风廉政建设等各项工作，强化工作指导，深入开展精准扶贫、“一进二访”等活动，确保不折不扣得到落实。常委会机关所联系的精准扶贫点——井头圩镇晓岭村，精准扶贫工作扎实推进，成效明显，得到了省、市、县委的肯定。常委会领导联系的重点项目建设有序推进。尤其是中国德文化之乡和紫水国家湿地公园两个全县性重点创建项目，均取得了显著的成效。创建“中国德文化之乡”，县人大办是责任单位，在县中国德文化之乡创建领导小组和县人大机关全体人员的共同努力下，2015年9月17日，中国伦理学会在北京成功举行中国东安“中国德文化之乡”授牌仪式，标志着东安成为首个“中国德文化之乡”和全国唯一“文武双全县”。

（三）坚持走强基之路，推进县乡人大完善发展

常委会按照全国人大加强乡镇人大建设和省、市人大开展“双联”活动及建设人大代表联系群众工作平台的总体部署，认真贯彻落实《中共中央关于转发〈中共全国人大常委会党组关于加强县乡人大工作和建设的意见〉的通知》（中发[2015]18号）和《中共湖南省委关于加强县乡人大工作和建设的实施意见》（湘发[2015]26号）文件精神，督促指导各乡镇人大切实加强代表履职平台建设，深入开展以“有思路引领、有实践创新、有民情通道、有支撑载体、有丰富活动、有健全制度、有规范管理、有分类台账、有经费保障、有明显成效”为主要内容的“十有”乡镇人大创建工作，着力围绕如何夯实乡镇人大基层基础，突出乡镇人大在闭会期间的作用发挥这个重点，积极推行“一月一安排、半月一接待、双月一活动、一季一会议、一年一考评”的“五个一”工作机制，督促指导各乡镇人大全年按月制订工作安排，每半月至少集中接待一次群众，每两个月至少依法开展一次监督活动，每季度召开一次会议，每年进行一次考评，不断创新代表依法履职方式，探索加强乡镇人大建设和工作的长效机制，推进基层民主法治建设，提高乡镇人大整体工作水平，切实把“代表联系群众工作平台”建成了人大代表学习培训的重要基地、联系群众的重要渠道、履行职责

的重要场所、扩大影响的重要阵地。“十有”乡镇人大创建工作的有益探索和成功做法得到了全国、省、市人大的充分肯定，张德江委员长办公室专电要求上报创建工作的具体做法和有关文件资料；湖南省人大组织省内11家主流媒体到东安集中采访，称之为“东安经验”；《中国人大》先后以《一个乡镇人大工作的样本》和《“十有”乡镇人大创建，人大工作强基固本的东安经验》为题向全国进行推介。创建工作开展以来，广东省广州市、佛山市、山东省禹城市、浙江省杭州市等12省135个市、县、区及乡镇人大前来进行考察交流。

各位代表，回顾过去的一届，取得的成效值得充分肯定和引以自豪！这些成绩的取得，得益于市委、县委的正确领导，得益于市人大常委会的精心指导，得益于各级领导的关心和重视，得益于“一府两院”和全县各级各部门及广大人民群众的信任和支持，得益于全县各级人大工作者的辛勤劳动，得益于全体人大代表的认真履职和共同努力。在此，我谨代表县十六届人大常委会向大家表示衷心的感谢和崇高的敬意！

二、差距和体会

各位代表！过去一届常委会的各项工作虽然取得了一定成绩，但也存在一些问题和不足。主要是法定职权行使和职能作用发挥还不够充分；依法监督的工作实效还不够明显；为代表履职服务保障还不够全面；代表议案建议办理效果还不够理想。对此，必须引起高度重视，在以后的工作中认真虚心听取意见，自觉接受监督，不断改进工作。

2012年以来，常委会始终坚持党的领导、人民当家作主和依法治县有机统一，坚持探索、创新、发展的理念，坚持有所作为是工作最高境界的思想，推动地方人大工作与时俱进，积累了一些经验和体会。这些经验和体会来之不易，弥足珍贵。

一是必须在依法履职上主动作为。权力民赋、职权法定，是人民代表大会制度最根本的本质特征。2012年以来，常委会始终坚持把党的领导贯穿于人大依法履职的全过程和人大工作的各个方面，按照推进社会治理体系和治理能力现代化的要求，认真落实中央和省、市、县委关于推进社会主义民主政治建设、坚持和完善人民代表大会制度的一系列重大部署，依法履行职权，主动作为，广集民智，谋大局、议大事，在立规建制、依法监督、重大项目建设等各方面取得了明显成效，有力推动了东安经济社会持续健康发展。这充分说明，人大工作唯有坚持正确的政治方向，敢于担当，主动作为，善做善成，依法履行职权，充分发挥人大职能作用，才能取得好的工作成效。

二是必须在强化监督上积极作为。人大监督是代表国家和人民进行的具有最高法律效力的监督。增强实效是做好人大监督工作的关键。2012年以来，常委会认真贯彻落实监督法，始终紧扣全县工作大局，紧紧围绕县委重大决策部署，将人民群众关注关心、集中反映的热点难点问题作为监督重点，更加注重综合运用专题调研、执法检查、工作审议、专项审议、专题询问和特定问题调查等多种监督形式，创新监督方式方法，强化跟踪监督，反复督查，一抓到底，使监督工作更具针对性，更有力度，更具刚性。从而形成了通过有效监督，既积极回应人民群众所愿所盼，又有效监督和支持“一府两院”改进工作的良性互动的生动局面。

三是必须在民生改善上竭力作为。为民代言、改善民生是人大常委会工作的永恒主题。常委会始终坚持以民为本、民生至上的理念，顺应人民群众对美好生活的向往，围绕县委的重大决策，依托人大代表这个主体，主动察民情、听民意、解民忧、顺民心，先后推动解决了食品安全、紫水河保护管理、农村公路管护、城乡环境治理、美丽乡村建设、农村安全饮水等一批民生实事，取得了实实在在的成效，使人民群众喝上了放心水，走上了干净路，呼吸了新鲜空气，人民群众满意度不断提高，幸福感不断增强。人民代表大会制度的先进性和生命力，在于它深深植根于人民群众之中。实践证明，悠悠万事，民生为大。只有把人民的利益放在第一位，竭力改善民生，才能让人民群众更多更好地共享改革发展成果，才能使人民代表大会制度和人大工作永葆生机和活力。

四是必须在工作实践上创新作为。创新是一个民族不断进步的灵魂，也是人大工作不断完善发展的不竭动力。2012年以来，常委会始终坚持道路自信、理论自信、制度自信、文化自信，认真把握人大工作的规律和特点，积极拓宽人大工作的领域与渠道，切实改进人大工作的方式与方法，上接天线，下接地气，坚持思路创新、方法创新、机制创新和制度创新，着力在依法监督、代表履职评价、人事任免和自身建设等十多个方面进行有益探索和尝试。特别是在“十有”乡镇人大创建工作中，探索了一条强基固本、创新发展的新路子。生动的创新实践说明，坚持于法有据，开拓创新，就一定会不断开辟县乡人大工作的新局面。

五是必须在改进作风上干净作为。常委会始终坚持作风建设永远在路上，坚持党要管党、从严治党，大力加强政治建设、制度建设、队伍建设和廉政建设，牢固树立政治意识、大局意识、核心意识、看齐意识，自觉在政治上思想上行动上与党中央保持高度一致，与县委同心同德、同向同行，真正做到想干事、能干事、会干事、干成事、不出事，铸造了一支忠诚、干净、担当的人大干部队伍。有了这支作风务实过硬的队伍，才确保了人大工作在新形势下富有成效地顺利开展，真正做到把人民赋予的权力用来为人民谋利益。

三、展望与建议

各位代表，人民民主是社会主义的生命，人民代表大会是实现我国社会主义民主的根本途径。发展社会主义民主政治是我们党始终不渝的奋斗目标。坚持和完善人民代表大会制度，是实现我国民主政治的必由之路。中共十八大以来，以习近平为核心的党中央，以高超的政治智慧、宏大的历史视野、非凡的理论勇气，把握时代发展脉搏，立足理论发展实践，对坚持中国特色社会主义发展道路、推动人民代表大会制度和人大工作完善发展，提出了一系列新理论、新论断、新思想、新要求，规划了路线图，确定了任务书，开辟了中国特色社会主义道路、理论和制度发展的新境界。这既为我国社会主义民主政治建设指明了方向，又对县人大及其常委会的工作提出了新的更高的要求。我们一定要牢记历史使命，自觉担当起时代重任，站在新的历史起点，紧紧握住历史交给我们的“接力棒”，走好人民代表大会制度与时俱进、完善发展的“长征路”。

今后五年，新一届人大常委会应继续高举中国特色社会主义伟大旗帜，认真学习贯彻落实中共十八大和十八届三中、四中、五中、六中全会精神及习近平总书记系列重要讲话精神，紧紧围绕在以习近平为核心的党中央周围，坚定不移地走中国特色社会主义道路，全面贯彻落实县第十二次党代会精神，大力实施“六大战略”，致力打造“两个中心”，着力行使宪法和法律赋予的各项职权，充分发挥地方国家权力机关的职能作用，全面推进依法治县，努力提高依法履职水平，不断开创人大工作新局面。

一要进一步围绕大局推动发展。发展是第一要务。坚持以科学发展观指导人大工作，牢固树立大局意识和发展意识，坚持以经济建设为中心不动摇，深入贯彻落实中央和省、市委一系列重大决策部署，全面落实县第十二次党代会精神，大力践行“创新、协调、绿色、开放、共享”的发展理念，大力实施“生态立县、工业强县、农业稳县、旅游活县、科教兴县、依法治县”六大战略，全力推进“752121”工程，自觉服从和服务于发展主题，找准人大工作与经济建设的结合点，全面有效行使各项职权，为全县经济又好又快发展提供良好的法制环境和制度保障。

二要进一步强化监督增强实效。监督权是地方人大及其常委会使用最广泛、最频繁、最直接的权力之一，关系着人大工作的质量和权威。常委会要始终坚持围绕中心，服务大局，紧扣事关全局的重大问题、事关长远的难点问题、事关民生的热点问题，突出监督重点，创新监督理念、监督方式、监督手段，综合运用视察、执法检查、专题调研、询问、质询、特定问题调查等监督手段，积极回应社会关切，顺应民意。要加强跟踪监督问效力度，强化依法监督的纵深度，提高监督公开水平，着力增强监督的刚性和效力，严格落实工作责任，敢于碰硬，敢于亮剑，提高监督工作的实效。

三要进一步服务代表发挥作用。高度重视强基固本，继续走好“强基”之路。强化代表履职服务保障，加强对代表的初任培训和履职培训，提高代表政治素质、业务素质和履职能力，充分发挥代表参与国家事务管理的作用。切实加强对代表活动的组织，健全代表工作机制，改进代表活动方式，围绕经济社会发展中的重大问题和代表关注的热点问题，积极组织代表开展视察、执法检查和专题调研，坚持邀请代表列席常委会会议，建立推行代表履职长效机制建设，丰富闭会期间代表活动。建立和完善代表信息库，完善代表联系群众制度，认真开展省市人大常委会部署的常委会组成人员联系代表、代表联系选民的“双联”活动，建立健全代表联系群众工作平台，密切与代表的联系，努力形成代表联系选民的长效机制。积极开展代表回原选区述职活动，实行不合格代表退出机制，自觉接受原选举单位和人民群众的监督。认真做好代表建议办理工作，加强代表议案建议交办督办机制建设，强化跟踪督办力度，切实改变代表议案建议办理“被满意”的状况，努力推动代表议案建议办理向“落实型”转变，增强办理实效。

四要进一步加强自身树立形象。加强常委会思想建设、组织建设、作风建设、制度建设和队伍建设，坚持人大工作正确政治方向，在思想上政治上行动上同党中央保持高度一致，增强依法履职的政治责任感与使命感。坚持集体行使职权，民主决策，科学决策，发挥常委会各专门委员会和常委会各工作机构的作用，加强上下级人大联系，形成工作合力，提高依法履职能力，共同推进地方人大工作创新发展。坚持党要管党、从严治党的总体要求，严格遵守党的政治纪律、组织纪律、廉政纪律、群众纪律、工作纪律和生活纪律，进一步强化各项制度的完善与执行，进一步巩固提高党的群众路线教育实践活动和“三严三实”专项教育及“两学一做”学习教育成效，切实改进作风，着力提高机关干部综合素质和服务工作水平，树立良好队伍形象，擦亮人大工作牌子。

各位代表，中华民族实现伟大复兴的集结号已经吹响，“四个全面”谱写的崭新篇章激动人心。我们相信，新一届人大及其常委会将在中共十八大精神的指引下，在实现“两个一百年”奋斗目标、实现中华民族伟大复兴中国梦的新征程上，紧密团结在以习近平为核心的党中央周围，在中共东安县委的坚强领导下，牢记使命，不忘初心，继续前进，以改革创新的精神，为推动人民代表大会制度与时俱进、全力打造“两个中心”、全面建成更高水平的小康社会续写新的篇章！

相关名词解释

1.“四心一加强”，即始终围绕核心，坚持党的领导；始终服务中心，坚持科学发展；始终把握重心，坚持民主法治；始终贴近民心，坚持保障和改善民生；始终加强自身，坚持不断提高履职水平。

2.“四句话”，即听党的话、让人民说话、为人民说话、说人民的话。

3.“行三权、两加强、一指导”，即行使重大事项决定权、干部任免权和监督权，加强代表工作，加强自身建设，指导乡镇人大提升整体工作水平。

4.“双联”活动，是指省、市人大常委会组织开展的常委会组成人员联系代表、代表联系选民活动。

5.“八德”的主要内容是：忠、孝、公、廉，诚、和、友、俭。

6.“五讲五型”机关建设，即坚持讲学习，建设学习型机关；讲规矩，建设法治型机关；讲服务，建设服务型机关；讲创新，建设创新型机关；讲廉洁，建设廉洁型机关。

7.“五能五不”型干部队伍，即着力打造一支能谋事、能揽事、能干事、能成事、能共事和不推事、不躲事、不敷事、不误事、不出事的人大机关干部队伍。

8.“十有”乡镇人大创建的主要内容，即有思路引领、有实践创新、有民情通道、有支撑载体、有丰富活动、有健全制度、有规范管理、有分类台账、有经费保障、有明显成效。

9.“五个一”工作机制，即全年“每月一安排”安排好年度工作，每半月至少集中接待一次群众，每两个月至少依法开展一次监督活动，每季度召开一次会议，每年进行一次考评。

10.“752121”工程，即进一步完善大思路、培育大产业、推进大提质、构建大交通、繁荣大文化、改善大民生、推动大落实，着力开展“五城同创”（国家卫生县城、全国文明县城、国家园林县城、国家级生态县、全国绿化模范县），全力打造“两个中心”（把县城打造成永州的次中心、把芦洪市镇打造成县域的副中心），努力把东安建成全国知名的微旅游目的地，力争东安进入全省经济强县，把芦洪市镇建成全省的工业强镇，全面建成更高水平的小康社会。

政府工作报告

——2016年11月27日在东安县第十七届人民代表大会第一次会议上

东安县人民政府代县长　龙向洋

一、2012年以来政府工作回顾

2012年县十六届人大一次会议以来，是东安应对重大挑战、经受重大考验、取得重大成就、实现重大跨越的时期。面对错综复杂的宏观形势和经济下行压力，全县人民在县委的坚强领导下，始终坚持发展第一要务，凝心聚力、攻坚克难，较好地完成了各项目标任务。

发展态势持续向好。这几年，我们突出稳增长，转方式，经济发展呈现总量提升、速度加快、结构趋优的良好态势。总量大幅增加。2016年，全县地方生产总值完成166.2亿元（预计数，下同），总量是2012年的1.4倍，年均增长9.2%；财政总收入完成9.15亿元，总量是2012年的1.6倍，年均增长14.9%；社会消费品零售总额完成55.9亿元，总量是2012年的1.8倍，年均增长12.6%；固定资产投资完成196.4亿元，总量是2012年的2.1倍，年均增长23.7%。全面小康实现程度达到83.6%，比2012年提高23.8个百分点。结构有所改善。三次产业结构比为22.6∶36.2∶41.2，第一产业下降1个百分点，第三产业提高5.7个百分点。高新技术产业增加值占规模工业增加值的比重达27.5%。新业态快速崛起。电子商务蓬勃发展，注册中小电商企业43家、微商及淘宝店1000家，电商从业人员超过3000人，网上交易额突破4.8亿元，年均增长36%。乡村旅游、现代物流等新兴产业加速发展，累计完成旅游总收入32亿元，年均增长12%。

发展后劲明显增强。这几年，我们坚持从全局出发，往深处着力，办成了一批打基础、增后劲、利长远的大事。项目建设实现突破。实施重点项目195个，完成投资165亿元。永州市有史以来最大的投资项目—总投资240亿元的神华国华永州电厂落户东安，已完成投资43.8亿元。南方纺织、凯翔鞋业、云生竹业等一批重点项目相继竣工投产，白牙市工业园建成标准化厂房27.6万平方米。完成水利投资10亿元，全县人民期盼了50多年的芦江水库开工建设，大坝主体完成42%的工程量。完成电网建设投资6.2亿元，新建220千伏变电站1座、110千伏变电站3座、35千伏变电站6座。交通进入高铁时代。湘桂高铁开通运行，极大拉近了东安与沿线城市的时空距离。207国道改造、冷东公路二期建成通车。完成公路畅通工程445千米，行政村基本实现通水泥路。城乡面貌大为改观。县城建成区面积达到15.7平方千米。县城绿化覆盖率达36.5%。创建卫生县城工作连续跨越，实现由省级卫生县城向国家卫生县城华丽蝶变。创建“美丽乡村”重点示范村20个、清洁工程示范村112个，以“水火交融，魅力应阳”为主题的芦洪市镇“一带八景”建设全面铺开。生态优势日益凸现。新增造林20.6万亩，森林覆盖率达63.2%，舜皇山晋升国家级自然保护区，紫水湿地公园获批国家湿地公园试点。新圩江镇、川岩乡、水岭乡被评为省级生态乡镇。永久性封闭非法矿硐240个，关闭和淘汰高能耗企业21家，单位GDP能耗下降47.4%。

发展活力竞相迸发。这几年，我们坚持用改革的办法、市场的手段激发县域经济内生动力。改革释放新动能。政府机构改革和乡镇区划调整工作全面完成，精减政府工作部门4个，合并乡镇2个、行政村200个。农村产权制度改革加快推进，在全市率先建成县、乡、村三级土地流转服务平台，流转土地57.6万亩。社会治理机制改革落地见效，云数据指挥处置中心建成，“六位一体”农村网格化管理全面铺开。国企改革被评为全市先进，国有林场改革全面完成。投融资体制改革取得突破，农村商业银行挂牌成立，组建了城建投等投资公司，累计融资18.6亿元。开放聚集新势能。承接、对接、合作力度加大，共引进各类项目161个，实际利用外资2.85亿美元，内联引资92.8亿元，完成进出口总额8167万美元。创新激发新潜能。实施省市级以上科技项目42项，申请专利1028件，成功跻身国家知识产权强县工程试点县，被评为全国科普示范县和科技进步先进县。新增各类市场主体9309户。

发展环境不断改善。这几年，我们主动作为、奋勇争先，先后获得12个国字号荣誉和18个省字号荣誉，东安的品牌力、形象力大幅提升，投资洼地效应初步形成。要素保障提效。累计获批建设用地9789亩。金融机构贷款余额63.2亿元，年均增长21.5%，成功创建省级金融安全区。累计为县内企业招聘员工1.4万人次。行政效能提升。大力推进简政放权，减少行政许可事项105项，实现23个部门47个窗口统一办公。企业服务提质。深入开展“企业服务年”活动，大力推行重点项目“五个一”工作机制，对全县企业实行“无费无检查”管理，严厉查处各类损害经济发展环境的案件，营造了亲商、安商、稳商的良好环境。

发展成果贴心惠民。这几年，我们累计投入民生资金73.4亿元，占财政总支出的72.3%，人民群众就业难、就学难、就医难、住房难等问题得到缓解。扶贫开发取得新成效。累计投入资金3.8亿元，落实扶贫项目267个，对38个贫困村实施整村推进扶贫，落实搬迁移民509户1659人，全县农村贫困发生率由“十二五”初期的8.9%降低至6%，贫困人口由47007人减少到33254人。民生保障实现新提升。城乡居民人均可支配收入分别达到25240元和12520元，年均分别增长10.7%和12.2%。城乡低保、农村五保保障水平达到或高于省定标准。新增城镇就业2.4万人、农村劳动力转移就业2.9万人、帮助失业人员再就业1.3万人次。开工建设保障性住房5787套，改造农村危房6104户。为21万农村人口解决饮水安全问题。社会事业开创新局面。教育事业长足进步，被评为全国师德建设实践与创新基地，建成合格学校58所，天成实验学校、舜德学校建成招生，解决城区学位8400个。中考合格率、优秀率晋升到全市前列，二本以上上线率提高5.5个百分点，2016年东安一中2名学生被清华大学录取。高度重视食品药品安全，被评为全省食品安全县。计生工作连续四年保持全省先进。连续七届被评为全省双拥模范县。成功创建“中国德文化之乡”。文体惠民工程力度加大，建成农村文化广场和小舞台110个、农家书屋493家，建设农村“户户通”工程1.7万套。我县运动员蒋芬芬在里约残奥会携手队友打破世界纪录，实现我县奥运金牌零突破。社会管理得到新加强。平安东安建设深入推进，实现连续14年命案全破。综治民调连续3年排名省市前列，被评为全省综治工作先进县。

与此同时，政府自身建设不断加强。严格依法行政。县政府重大决策及时提请县人大及其常委会审议，主动与县政协协商，政府依法决策、科学决策、民主决策的能力和水平不断提高。强化执行落实。积极推进政府绩效考核和重点项目目标管理，加大领导干部实绩管理与执行力考核，加强行政问责追究力度，政府工作的推动力和执行力进一步增强。做到清正廉洁。深入开展党的群众路线教育、“三严三实”“两学一做”等专题教育，严格执行中央八项规定等有关作风建设规定，认真落实党风廉政建设“两个责任”，强化行政监察和审计监督，树立了清正廉明、干净干事的政府形象。人武、人防、统计、民宗、气象、史志、档案等工作均取得了新的成绩。此外，积极支持工会、共青团、妇联、工商联、残联、侨联、科协和其他社团组织开展工作。

2016年是“十三五”规划的开局之年。一年来，主要抓了五个方面的工作：

一是稳增长。今年以来，我们面对宏观经济下行压力，采取有效措施保持了全县经济的平稳增长。预计2016年地方生产总值比上年增长7%左右；固定资产投资比上年增长10%；财政总收入比上年增长10.1%；社会消费品零售总额比上年增长10.5%；城乡居民人均可支配收入比上年分别增长10%。

二是促投资。坚持以重点项目为主抓手，强力扩大有效投资。年初确定的64个重点财源项目，完成投资56.8亿元。红狮水泥、湘江焊剂、“135”工程等工业项目加快推进，沿江西路跨铁路立交桥、紫黄大道西段建成通车，新东芦公路、冷东城际快线等交通项目全面提速，温氏集团、凯翔鞋业三期等项目相继签约。开发储备“十三五”项目86个，总投资达1683亿元。

三是解难题。对经济社会发展中存在的突出问题，勇于直面、敢于担当，创新手段、寻求突破。在破解征地拆迁难题上，坚持公开透明、规范操作，鼓励和引导货币安置，确保了重点项目顺利推进。在盘活资源上，清理闲置土地12宗。出台《东安县化解商品房库存实施办法》，预计2016年销售商品房1300套，成交面积16万平方米。

四是抓争创。大力开展创先争优活动，顺利通过全国卫生县城评估验收，成功创建国家重点生态功能区，成功跻身全国全域旅游示范县，荣膺全国农产品质量安全示范县、全省出口食品农产品质量安全示范县，被省政府认定为革命老根据地。高岩湖入选省级水利风景区。

五是保民生。扎实办好民生实事，省市确定的为民办实事项目全面完成，县定十件实事年度任务基本完成。新增城镇就业4554人，失业人员再就业1902人，免费技能培训超过1万人。“五项保险”参保人数达56.2万人次，新农合参合率达99.2%。完成东安大市场和3个乡镇农贸市场改造。生态保护红线划定工作基本完成，各项环保约束性指标全面完成。

各位代表，回望征程，我们栉风沐雨，砥砺前行，既饱含了奋斗的艰辛，更收获了成功的喜悦。成绩的取得，得益于市委、市政府和县委的科学决策、正确领导，得益于县人大、县政协的有效监督、鼎力支持，凝聚着全县人民的辛勤汗水和社会各界的智慧力量，承载着历届县委、县政府打下的良好基础。在此，我代表县人民政府，向全县人民，向驻东安部队、武警官兵，向所有关心、支持、参与东安建设与发展的各界人士，表示衷心的感谢和崇高的敬意！

几年来的探索和实践，为我们奠定了坚实的发展基础，也积累了一些政府工作经验：

——必须唱响发展主旋律。这些年，我们坚持发展为大、发展为重、发展为先，以经济建设为中心，实现了经济总量和质量的双提升。实践证明，只有始终突出发展第一要务，才能凝聚力量、开拓前行。

——必须抢抓机遇上项目。这些年，我们坚持把项目作为发展的引擎、经济的命脉、赶超的根基。在重大机遇面前，我们见事早、出手快，争取到永州市有史以来最大的投资项目神华火电落户东安。实践证明，只有争取重大项目的新布局，才能奠定县域经济的大格局。

——必须攻坚克难求突破。这些年，我们坚持带着感情和责任干事，敢于直面矛盾、不畏压力风险，一级带着一级干，一级做给一级看。实践证明，面对发展中的矛盾和挑战，无私无畏才能无往不胜，迎难而上才能迎刃而解。

——必须立足长远增后劲。这些年，我们坚持从县情实际出发，着力夯实发展基础、增强发展后劲，不贪一时之功，不图一时之名，甘施铺垫之力，善抓利远之事。实践证明，只有树立“功成不必在我”的发展理念，才能传承精彩、成就基业。

——必须以人为本促和谐。这些年，我们坚持以人为本，民生优先，积极回应群众关切，不断增进民生福祉，让发展成果更多惠及全体人民。实践证明，只有真心实意为群众办实事、解难事，才能得到群众拥护，形成发展合力。

在总结成绩的同时，我们也清醒地认识到，前进中还存在不少问题和不足：工业支撑地位没有形成，产业转型、创新发展瓶颈依然存在;财政总量偏小、质量不高、结构不优,收支矛盾十分突出,发展深层次矛盾日益显现;重点领域改革阻力大、推进难;群众出行、教育、医疗、就业等难题尚未得到彻底解决,保障和改善民生的压力很大;作风建设有待加强,少数政府工作人员不敢担当,不作为、乱作为现象依然存在,与群众期待尚有差距。我们将直面问题,采取有效措施,切实加以解决。

二、未来五年政府工作新愿景

今后五年政府工作的指导思想:高举中国特色社会主义伟大旗帜,全面贯彻中共十八大和十八届三中、四中、五中、六中全会以及习近平总书记系列重要讲话精神,大力践行"创新、协调、绿色、开放、共享"的发展理念,深入落实中央、省、市一系列重大决策部署,大力实施"生态立县、工业强县、农业稳县、旅游活县、科教兴县、依法治县"六大战略,全力推进"752121"工程,即进一步完善大思路、培育大产业、推进大提质、构建大交通、繁荣大文化、改善大民生、推动大落实,着力开展"五城同创"(国家卫生县城、全国文明县城、国家园林县城、国家级生态县、全国交通管理模范县城),全力打造"两个中心"(把县城打造成永州的次中心、把芦洪市镇打造成县域的副中心),努力把东安建成全国知名的微旅游目的地,力争东安进入全省经济强县,把芦洪市镇建成全省的工业强镇,全面建成更高水平的小康社会。

主要奋斗目标:到2021年末,全县地方生产总值年均增长8.5%以上,工业增加值年均增长8%以上,固定资产投资年均增长16%以上,社会消费品零售总额年均增长11%以上,财政总收入年均增长12%以上,城乡居民收入年均增长9.5%左右。打造"两个中心",把县城打造成永州的次中心、把芦洪市镇打造成县域的副中心;建成"两个百亿园区",将白牙市工业园、芦洪市工业园打造成为两个产值超百亿元的园区;确保"两个全面",到2019年,确保全县38个贫困村全部摘帽、33254名贫困人口全部脱贫。确保2019年全面建成小康社会。

实现上述发展目标,必须始终把握以下关键:一是践行"五大"新理念。中央提出的创新、协调、绿色、开放、共享五大发展理念,是今后一个时期我国发展思路的集中体现,必须融汇到决策环节,贯穿于发展始终。二是实施"六项"大战略。县第十二次党代会提出"生态立县、工业强县、农业稳县、旅游活县、科教兴县、依法治县"六大发展战略,是东安经济社会发展的大方向,必须保持定力、深度用力、精准发力,抓出成效。三是聚焦项目主战场。始终把项目建设作为经济工作的主战场,筑牢抓项目就是抓发展的思想认识,坚持"项目为大",实现项目突破,推动项目提速,以项目建设带动经济发展转型升级。四是坚守生态硬底线。坚决守住生态底线,绝不以透支资源来换取一时的效益,绝不以破坏环境来换取一时的繁荣,绝不以牺牲老百姓健康和子孙后代的福祉来换取一时的政绩,让蓝天碧水永驻东安。五是营造争先好氛围。牢固树立"全省争先进、全国创一流"的工作理念,抓好"五城同创"等创建活动,让"全省有影响、全国有名气"成为激励全县上下争先进位、争创一流的强大正能量,把更多的不可能变成可能,把偶然变为必然。

具体做好以下六个方面的工作:

(一)围绕工业强县,补齐工业经济短板

工业发展不充分既是问题,也是潜力。我们将围绕打造两个"百亿园区"目标,坚持抓产业与抓项目并举,提质量与扩总量同步,努力推动东安工业新跨越。

1. 着力夯实平台。做大园区规模。白牙市工业园要完成整体规划修编,突出省级竹产业园、汽配产业园等"园中园"建设,重点发展新能源、新材料、新制造等产业。芦洪市工业园要充分利用神华优质、充裕的电能,实施关联招商。到2021年,白牙市工业园、芦洪市工业园核心区建成面积分别达到5平方千米、3平方千米,入园规模工业企业分别达到60家以上、40家以上,工业总产值均突破百亿元。完善园区配套。加快园区内水电路讯等基础设施建设,完善教育、医疗等公共服务配套,建设现代物流园,把园区建成产业新城和城市新区。创优园区环境。全面优化项目建设环境,确保政策最宽松、审批最简便、服务最到位。

2. 重点培育产业。抢抓"中国制造2025"的机遇,通过五年的努力，打造一个“百亿龙头、十亿骨干、亿元基础”的企业梯队，基本形成五大工业体系：即到2021年，以火电、光伏为主的新能源实现产值100亿元以上；以新型焊剂、新型建材、精锑为主的新材料实现产值60亿元以上；以汽车配件为主的新制造实现产值50亿元以上；以毛纺、制鞋为主的轻纺制鞋产值突破10亿元；以东安鸡、楠竹等为主的农产品深加工实现产值10亿元以上。确保神华火电2018年一期双机双投、二期开工建设，红狮水泥2017年建成投产，加快湘江焊剂达产达效，支持东港锑品提质扩能改造，支持凯翔鞋业做大做强。

3. 扩大开放引进。力争每年引进3～5个上亿元的大型项目。精准招商。紧紧围绕神华火电、“两个中心”精心包装项目，突出轻纺制鞋、农产品深加工、新材料、新能源等主导产业，大力推行产业链招商。高端对接。以湘南国家级承接产业转移示范区为平台，深化与珠三角、港澳台以及央企、国企、名企、上市公司等对接合作，积极引进一批税收过千万的大项目、好项目。发展外贸出口。继续实施外贸企业“破零倍增”计划，积极培育外贸经营主体，支持企业申办进出口经营业务，自主开展对外贸易，培育以技术、品牌、质量、服务为核心的出口竞争新优势。

（二）围绕农业稳县，转变农业发展方式

认真贯彻落实《全国农业现代化规划（2016-2020）》，筑牢现代农业产业体系、生产体系和经营体系“铁三角”，促进农业升级、农村发展和农民增收。

1. 推进结构调整。调整种养结构。做精做强优质粮油、优质烤烟、有机果蔬、精品畜禽“四大特色农业”，放大东安鸡、黑山羊、舜皇山土猪等畜禽品牌优势，抓好烟叶基地建设，力争烤烟产量突破3万担。促进产业融合。延伸农业产业链，创设公司+基地+农户、公司+合作社+农户等新模式，继续支持农村电商发展，建设“网上供销社”，营销农副产品。加快霞栖、金湘源、永阳、新作为、金易德、瑞峰等现代农业科技示范园建设，拓宽农民致富门路。扩大农产品加工。围绕我县优质大米、油茶、畜禽等开展精深加工，创建一批农业标志性企业和知名品牌，五年培育国家级龙头企业2家以上、省级5家以上。

2. 提升生产效能。强化科技支撑。加快农业科技转化应用，力争农业科技进步贡献率达65%。强化质量监管。扩大国家农产品质量安全示范县效应，加强农业标准示范和推广，加快主导农产品对接行业标准，五年申报国家级无公害农产品、绿色食品、有机食品总量达50个。强化基础保障。加快推进芦江水库建设，完成扬江河坝、紫江河坝除险加固，加大金江、松江等中型水库主干渠维修力度，完成“五小”水利工程建设3815处。农村安全饮水新增受益人口12万人。加快建设白滩河水电站。建设标准农田37万亩，确保粮食总产量稳定在43万吨以上。抓好大庙口、紫溪、鹿马桥等乡镇标准农田示范基地建设。

3. 创新经营方式。加强新型农民队伍建设。大力组织农机服务人员、种养大户和农产品质量安全监管员等农业从业人员培训，加快培育现代职业农民。发展适度规模经营。引导发展土地入股、托管等多种经营形式，推进土地经营权有序规范流转，减少耕地抛荒，新培育种养大户1万户、各类农民专业合作社50个、家庭农场200个，全县参与专业合作组织生产经营的农户达70%，耕地规模化经营水平达65%。推进农业品牌化创建。扶持一批本地名优产品，规划建设农产品专业批发市场，创建国家级出口食品农产品质量安全示范县。

（三）围绕生态立县，建设美丽宜居东安

持之以恒加强生态建设，厚植生态优势，擦亮生态品牌，统筹城乡发展，建设美丽新家园。

1. 推进品质县城建设。坚定不移推进与永州中心城区协同发展，把县城建设成为极具经济活力、极具文化魅力、极具承载能力的永州次中心。到2020年，城区人口达到25万人，城镇化率达到全国平均水平。实施县城“三年大提质行动”。坚持先策划再规划，聘请高水平、高资质的专业团队做好县城提质策划。对城区主次街道实施路面提质改造和绿化、亮化工程，努力打造一街一风景、一路一特色。对龙溪河、紫水河、官田河两岸及河道桥梁、景观坝实施美化提升工程，打造杨柳拂堤的依水景观。打通新旧城区之间的交通阻隔，推动城乡一体化公交延伸到井头圩镇和石期市镇。实施城市公交电动化改造，公交车全部换成纯电动车。强化创建抓手。巩固全国卫生县城创建成果，齐心创建全国文明县城、国家园林县城、全国交通管理模范县城。加强城市综合管理。全力抓好县城禁放烟花爆竹、“控违拆违”、渣土运输、环境卫生和交通秩序整治，打造整洁、文明、有序城市形象。

2. 推进精致城镇建设。建设县域经济副中心。芦洪市镇要以创建国家新型城镇化综合试点镇为契机，推动扩权强镇试点，按照“三年扩城、五年强镇”目标，到2020年，城镇面积突破5平方千米，城镇人口突破5万人，辐射带动周边乡镇20多万人口，成为县域副中心、永州市卫星镇、全省工业强镇和旅游新镇。突出乡镇品质特色。按照环境美、道路畅、产业强的标准，各乡镇要分期分批推进“抓三线、做五化、治十乱”环境整治，稳步有序推进农业转移人口市民化，全面提升小城镇综合发展水平。深入挖掘地方传统文化传承和历史底蕴，支持芦洪市镇争创全国历史文化名镇、大庙口镇争创湖湘文化风情旅游小镇、水岭乡和大盛镇创建全省民间文化艺术之乡，抓好紫溪市镇、大庙口镇、横塘镇省级边界口子镇建设。加快大盛、南桥、花桥等乡镇基础设施建设，促进均衡发展。加强全域统筹，支持乡镇因地制宜、差异发展，培育一批商贸重镇、旅游名镇、魅力小镇。

3. 推进美丽乡村建设。注重办点示范。每个乡镇都要选择2～3个基础条件较好、群众积极性高的村庄作为美丽乡村示范点，重点抓好大江源、赵家井、芦江、山水村等50个美丽乡村示范村，努力建设诗画乡村。注重点线结合。以“水火交融，魅力应阳”为主题，抓好“一带八景”建设。把铁路、国省道、高速公路沿线村庄作为重点区域，辐射引领全县美丽乡村建设。注重全面推进。整县推进农村垃圾、污水处理，大力整治农村污染源，禁止水库投肥养鱼，禁止电鱼毒鱼，禁止乱砍滥伐，禁止乱采乱挖，对重点路段实施绿化、亮化、美化工程，让农区变景区、田园变公园、农房变客房。

4. 推进现代通道建设。实施交通建设大会战，打造对外联通、对内贯通的绿色景观通道，力争五年完成交通基础设施投资100亿元以上。打通“主动脉”。加快冷东城际快线建设，启动冷东公路改造。全力推进新东芦公路，确保年内建成通车。积极推动县城至衡枣高速连接线、芦洪市至邵永高速连接线提质改造，促成永新高速公路东安段开工，争取东安至永州新机场公路进入省“十三五”规划调增计划，实施S238紫溪至零陵俞家、S238芦洪市至邵阳河伯岭、完成S348东安大庙口至新宁紫花坪二级公路建设，抓好湘江航道东安段前期工作。配合做好洛湛铁路邵永段复线电气化改造、湘桂铁路老线电气化改造和兴永郴赣铁路建设，积极争取开通东安直达广州高铁。畅通“微循环”。抓好农村公路养护，对县城通往舜皇山、高岩湖、大江源、天元山庄、上界头、塘家山等景点景区的公路进行提质改造，抓好芦江水库库区路桥建设，规划修建西江桥至黄金洞旅游公路。完成县道、乡道、村道提质改造500千米以上。

(四) 围绕旅游活县，做大做强第三产业

坚持“全域旅游，全景东安”理念，按照国家全域旅游示范县建设要求，打造全国知名微旅游目的地，形成以旅游业为龙头的现代服务业体系。

1. 掀起旅游发展新高潮。打响叫亮“微旅游”品牌。实施“微旅游”和美丽乡村建设“13215+X”计划，做大以舜皇山为龙头的大庙口、紫溪片区，以紫水河风光带为龙头的县城片区，以“一带八景”为龙头的芦洪市片区等三大旅游片区，建设沉香寺、塘家梯田、上界头等一批精品“微旅游”景点，打造50个美丽村庄景点。推进全域旅游。强化城区即景区理念，加快景区提质，推进紫水湿地公园、黄金洞森林公园等精品景区建设。规划建设东安鸡、水岭羊肉东安源味酒吧一条街。大力发展农家乐、乡村旅游示范点建设，推进广利桥、吴公塔、横塘周家大院、石期市桑家大院等景点景区串连成线，实现全域之内移步换景、路路通景，打造张崀桂旅游走廊新驿站。力争到2021年，舜皇山森林公园创AAAAA，紫水湿地公园创AAAA，黄金洞森林公园和应阳古镇创AAA，创建4星级以上乡村旅游景点20个。创新营销手段。加强“微旅游”

形象推介和主题营销，创设“互联网+”营销、体验式营销、品牌营销等模式，提升东安旅游市场品牌力。加快智慧旅游建设，利用互联网、云计算、智能手机等平台形成东安旅游新的卖点和特点。

2.培育现代服务新业态。创新金融服务。组建东安城投集团，力争五年内资产规模突破100亿元，通过PPP等模式融资80亿元～100亿元。支持东安农商行做强做大，组建长沙银行东安支行、东安村镇银行。开拓服务行业新领域。培育以体育、健康等“幸福产业”为代表的新兴服务业。积极引导社会资本投资建设养老托老服务机构，培育养老朝阳产业，力争养老床位达到3500张，积极创建“百岁健康县”。发展电子商务。鼓励全国知名电商企业进驻东安，重点培育京东电商产业园，大力实施电子商务进农村工程，争创全国电子商务进农村综合示范县。

3.加快文化产业发展。彰显文化特色。注重德武文化基地创建，即建设一个国家级紫水湿地公园、一个国家级武术训练基地、一个高档次德（武）文化活动中心、一个高品位武术文化节、一条德（武）文化长廊（街）、一批德（武）文化名村、名校、名乡（镇）。发掘文化品牌。发挥文化社团组织作用，广泛开展“写东安、唱东安、画东安、摄东安”系列活动，加强城乡历史文物、古村落、古街区和非物质文化遗产保护传承，挖掘一批展现东安特色、东安元素、东安气派的文化品牌。繁荣文化事业。建好文化馆、图书馆、博物馆、青少年活动中心等公共文化设施建设，抓好农村文化广场“村村响”“户户通”及“无线数字化覆盖”工程建设，实现乡镇综合文化站和农村小舞台、小广场全覆盖，持续弘扬“崇德尚武、包容纳新、朴实诚信、敢于争先”的东安精神。

（五）围绕科教兴县，推动创新驱动发展

把教育和科技摆在重要位置，依靠提高劳动者素质和科技进步推动经济社会持续健康发展。

1.坚持教育优先。大力实施学位“三年攻坚计划”，完成东安一中扩改建，通过新建和改造，解决城区学位紧缺问题。建设标准化学校68所。加快发展学前教育，办好乡镇公办标准化中心幼儿园和普惠制幼儿园，将全县34所中心幼儿园全部建成市级以上示范性幼儿园。推进均衡发展，努力补齐职业教育短板。继续实施名校名师名校长工程，落实《乡村教师支持计划》，提升教育质量，争创全国义务教育均衡发展示范县。

2.加强科技创新。五年新认定国家高新技术企业10家以上，高新技术产业增加值占GDP比重提升15%以上。争取省级以上科技项目10个以上。强化知识产权保护，大力支持新工艺、新材料、新产品的开发研究，专利授权在300件以上。充分发挥互联网应用创新的综合优势，激发以群众和市场为主体的创业创新活力。加强人才智力引进，调动全社会创新创业积极性，加强众创、众包、众扶、众筹等平台建设，提高“双创”成功率，建好县级创新创业孵化园。

3.全面深化改革。大力推进供给侧改革，深化行政管理体制改革，减少政府对微观经济活动的干预，最大限度释放市场活力。全面实施城乡网格化管理，形成“人在格中走，事在网上办”的便民服务体系。拓展农村产权制度改革，落实农村土地“三权分置”。推进财税投融资管理体制改革，全面完成国企改革和公车改革。争当全市改革创新的先行区，赢取更多改革发展的红利。

（六）围绕依法治县，加强政府自身建设

坚持讲法治、敢担当、重实干、守规矩的政府工作总体取向，不断改进工作方式，积极回应群众期盼，努力打造人民满意政府。

1.依法行政，建设法治政府。坚持依法履职，严格执行县委决定，坚决维护县委权威。自觉接受人大及其常委会的法律监督、工作监督和人民政协的民主监督，认真办理人大代表议案、建议和政协委员提案。坚持依法决策，完善重大事项公开听证、风险评估机制，提高决策科学化水平。坚持依法办事，做到规范、公正、文明执法。深入开展“七五”普法，加强司法监督和行政执法力度。

2.勇于担当，建设服务政府。增强担当精神，敢于在加快发展中担重任，在深化改革中涉险滩，在扶贫攻坚中啃硬骨头。坚持重诺守信，切实做到以诚招商，以信留商。提升服务效能，完善县乡便民服务中心功能，大力推进“365”精细化服务，深入基层、深入一线，打通服务群众“最后一千米”。

3. 争创一流，建设高效政府。强化执行落实，对县委作出的决策部署和县人大及其常委会作出的决议决定，雷厉风行、坚决执行；县政府抓工作做到议立决、决立行，定一件办一件，办一件成一件。强化争先意识，敢当改革先行者，争当干事急先锋，推动更多工作走在省市乃至全国前列。强化考核奖惩，加强工作调度和绩效考核，加大督查督办、行政问责，严厉查处不作为、慢作为、乱作为，确保政令畅通，确保推进有力，确保工作落实。

4. 不逾规矩，建设廉洁政府。持续正风肃纪，坚决执行《中国共产党廉洁自律准则》、国务院“约法三章”，严格落实中央八项规定和省市县有关作风建设规定。狠抓反腐倡廉，落实“一岗双责”，加大苍蝇式腐败治理力度，突出对重要领域、关键岗位的行政监察和审计监督，坚决查处干部违法违纪行为，切实做到干部清正、政府清廉、政治清明。

三、坚持共享发展，提升民生福祉

民之所望，政之所向。我们将全力办好民生实事，让发展更有温度、幸福更具质感。

1. 打赢精准扶贫攻坚战。确保到2019年末，全县38个贫困村全部摘帽，33254名贫困人口全部脱贫。加强扶贫队伍建设。扎实推进结对帮扶和扶贫队伍建设，做到单位帮扶到位、干部帮扶到户，确保每个贫困村都有帮扶单位，每户贫困户都有帮扶责任人。拓宽扶贫思路。以产业为支撑，制订贫困村产业发展规划，重点支持贫困村、贫困户因地制宜发展特色种养，鼓励和引导贫困户，以财政扶贫资金、扶贫小额贷款、土地等量化折股发展扶贫产业，多渠道增加收入。推进移民搬迁，有序引导贫困人口向县城、中心镇和中心村搬迁和转移就业。落实政策兜底，全面落实“1+X+部门”政策文件，实现贫困人口不愁吃、不愁穿，义务教育、基本医疗和住房安全有保障。强化扶贫保障。加大脱贫绩效考核力度，实行脱贫攻坚工作“一票否决”，贫困村不“摘帽”，贫困户不脱贫，工作队不撤离。健全投入增长机制，加大财政扶贫投入，统筹整合资金使用，发挥政策性金融和商业性金融的互补作用，撬动金融资金加大对扶贫开发的投放力度。

2. 织牢民本民生保障网。坚持就业优先。落实就业创业扶持政策，到2021年，新增创业主体3000户，城镇新增就业2.5万人以上，农村剩余劳动力转移就业2.6万人以上，实现零就业家庭动态“清零”。强化社会保障。落实全民社保登记计划，扩大社会保险覆盖范围，重点抓好失地农民、机关事业单位和新型农村养老保险工作，建立健全覆盖城乡、自由转接、优势互补的社会保障体系。落实城乡低保、优待抚恤、救灾救济、五保供养救助政策。加大对农村留守儿童的关爱力度，全面落实“合力监护、相伴成长”专项行动计划。加快推进医保城乡统筹，深化医保付费制度改革，抓好全民医保。完善保障性住房制度。结合“去地产库存”政策，完成棚户区、城中村改造57万平方米，抓好农村危房改造，基本解决低收入群体的住房困难问题。

3. 绘就社会事业新篇章。深化医疗卫生体制改革，提升医疗卫生服务质量。加强重大疾病防治，提高突发公共卫生事件处置能力，完成县中医院搬迁并建成二级专科医院，基本建成城乡居民15分钟医疗服务圈。强化食品、药品安全监管，确保人民群众“舌尖上的安全”。坚持计划生育基本国策，争创全国人口和计划生育优质服务先进县。发挥全国武术之乡品牌优势，推进“一场三馆一中心”建设，争创省级全民健身先进县。切实抓好安全生产，坚决遏制较大以上安全事故发生，争创全省安全生产示范县。加强应急管理、处突防变、防灾减灾、网络舆情监管体系建设，提高防范和处置突发事件的能力。大力推行以“网格化”为基本单元的末端化、个性化、数据化、制度化社会治理模式，完善城市社区标准化建设，确保综治民调工作保持省市先进行列，争创省级平安县。

4. 全力做好九件实事。①打通城区道路“肠梗阻”。建好宝田路、学院路、冷东公路绕城线3条城区连接通道；打通天成路、女英中路、仁廉路、建设北路至冷东公路、文明路至宝田路、金源路至冷东公路、官田北路到冷东公路等7条城区“断头路”；实施东安大道、文明路、红岭路、新建路、原消防大队路段、都川路接宝田路、舜皇大道经五监狱至井头圩晓江口、东安大道入城广场至井头圩晓江口等8条道路提质改造工程，拉通县城“三横五纵一环”骨架路网。完成背街小巷改造，铺好群众脚下路，点亮百姓门前灯，让广大居民舒心出行。②实施学位建设三年攻坚计划。结合国家全面实施二孩政策和解决城区学校大班额问题，实施城区学位建设攻坚计划，增加城区学位8000个，解决就学难。③实施农村公路提质改造。完成县城至水岭、石期市经狮子铺至横塘、端桥铺至坪山塘、芦洪市至新圩、花桥至大盛、井头圩长冲至荷池等乡镇连接主干道的大中修改造。有计划地实施农村公路加宽改造，由3.5米扩宽至4.5米。完成600千米农村公路生命防护工程，加装安全护栏。逐步打通村级断头路，让农村群众走上平坦路。④建成县城综合管廊。完成县城地下综合管廊主要建设任务，逐步完善城区给排水管网，建好县城管道燃气，让群众用上清洁能源。⑤全面开展小区整治。加强小区物业管理和配套设施建设，逐步解决小区遗留问题，提高物业服务保障水平，组织指导小区成立业主委员会，引进物业管理企业，建设4～6家样榜小区。⑥加强农村电网改造。扩改建110千伏变电站2座、新建35千伏变电站2座，完成农网升级改造231个行政村，提高农村电网运营质量。⑦推进农村环境综合整治。整县推进农村垃圾、污水处理，突出对水源地养殖业整治，全面治理农村水污染，实现整县垃圾无害化处理。⑧抓好农产品质量安全和放心食品工程。严格农产品基地准出监管，确保蔬菜、水果农残监测合格率达99%以上。全面打击非法生产加工销售劣质食用油、米粉黑窝点，规范食品经营和餐饮服务，让群众吃上放心食用油和米粉。⑨抓好农村综合服务平台和乡镇机关“五小”建设。按照“6+X”建设模式，实现农村综合服务平台100%覆盖，让群众办事更方便、更省心。全面推进乡镇机关“五小”工程建设，切实改善乡镇干部工作、生活条件。

四、2017年重点工作安排

各位代表，2017年是新一届政府的开局之年，做好明年的政府工作，对于贯彻县第十二次党代会精神、实施好“十三五”规划至关重要。综合考虑各方面因素，全县经济社会发展的主要预期目标是：地区生产总值增长8.5%以上，工业增加值增长8%以上，固定资产投资增长16%以上，财政总收入增长12%以上，社会消费品零售总额增长11%以上，城乡居民人均可支配收入增长9.5%以上。全面完成精准扶贫、安全生产、人口卫计、环境保护、资源节约等约束性指标。重点抓好五个方面工作：

一是全力推进项目建设。新建开工一批。年内开工建设大庙口至新宁紫花坪公路、温氏养殖等重点项目。加快进度一批。神华火电要按照2018年双机双投倒排工期，红狮水泥年内建成投产，新东芦公路完善设施配套，芦江水库完成大坝枢纽工程并下闸蓄水，冷东城际快线全线拉通路基。协调推进一批。对学院路、聚德沙洲湿地公园等未开工项目，要积极破解难题，促进项目尽快开工。

二是全力推进产业发展。加快工业新增长点培育。加快白牙市工业园、芦洪市工业园基础设施建设，年内新入园工业规模企业分别达10家、8家。争取台商工业园落户开工、凯翔鞋业二期竣工投产，优衣库项目开工建设。发展现代农业。抓好农村产权制度改革，完成农村土地确权颁证。大力推进农业标准化建设和商标、品牌发展战略，新增“三品一标”农产品5个以上。加快服务业热点领域拓展。顺应电子商务发展态势，加快培育一批省、市级示范电子商务企业，抓好阿里巴巴农村淘宝项目，争取创建全国电子商务进农村综合示范县。加快旅游基础设施建设，积极培育休闲游、度假游、乡村游等旅游业态，全年接待游客400万人次，综合收入达17亿元。

三是全力推进城乡建设。推进县城扩容提质。争取尽快拿到省政府对县城总体规划修编的批复，完成红岭路、东安大道、建设路铁路桥转盘提质改造，打通宝田路、仁廉路、女英中路，加快聚德沙洲湿地公园、官田河东岸风光带和紫水河北岸风光带建设。全面开展“美丽机关”建设。启动芦洪市镇副中心建设。2017年，实施镇区主干道“白改黑”，拉通芦新路、芦江路，改造芦花路，完成自来水厂扩容提质，完成垃圾转运站和垃圾收集站建设，标准化改扩建农贸市场。编制应阳古镇保护性开发设计，年内动工建设。加快“美丽乡村”建设。完成115个村庄专项规划，整县推动农村垃圾、污水处理工程，建成“美丽乡村”示范村20个以上，加快“一带八景”建设。

四是全力推进开放承接。积极扩大招商引资。全年实际利用外资8700万美元，内联引资20.7亿元。加快推进外贸发展。充分利用湘南承接产业转移示范区“桥头堡”优势，加大企业“走出去”力度，全年实现外贸进出口4000万美元以上。加大向上争资争项。全年争取国家项目96个，列入中央和省计划笼子资金32亿元。

五是全力推进和谐稳定。加快脱贫攻坚步伐，完成年度扶贫攻坚任务，确保全年减少贫困人口8800人以上。持续改善民本民生。继续实施就业优先计划，全年新增城镇就业0.5万人、农村劳动力转移就业0.53万人。持续推进教育优先战略，新增城区学位3000个。严格落实社会低保、医保等基本社会保障制度，申报实施棚改项目3750套。维护安全稳定。高度重视安全生产，从源头上消除各种安全隐患。严厉打击刑事治安、电信诈骗和非法集资等各类违法犯罪活动，确保社会大局和谐稳定。

各位代表！今年是长征胜利80周年，习近平总书记告诫我们，每一代人有每一代人的长征路，每一代人都要走好自己的长征路。在东安经济社会发展新长征中，我们将不以事艰而不为，不以任重而畏缩。让我们在县委的坚强领导下，团结一心，众志成城，为全力打造永州次中心、全面建成更高水平的小康社会而努力奋斗！

相关名词解释：

1. 一带八景：一带即永电新村沿芦江河至芦江平湖美丽乡村旅游带，八景即永电新村、神华电厂生态工业观光基地、芦江河风光带及赵家井美丽乡村建设示范区、树德山庄、应阳古镇、大皇岭生态植物园、芦江平湖、田园源塘。

2. “云数据”指挥处置中心：是指将110、119、120、122、“12345”公共服务平台、工商注册、税务登记、城市管理、社会治安、民生保障、房产交易、工程建设招投标、土地招拍挂、政府采购等公共服务和行政审批事项全部纳入中心管理。

3. 六位一体：即矛盾纠纷排查、研判、联调、化解、稳控、处置机制

4. “五个一”机制：即一个项目、一名领导、一套班子、一个考核标准、一包到底。

5. 两个责任：即党委负主体责任，纪委负监督责任。

6. 五项保险：养老保险、失业保险、医疗保险、生育保险、工伤保险。

7. 五城同创：县第十二次党代会提出的创建国家卫生县城、全国文明县城、国家园林县城、国家级生态县、全国绿化模范县。根据形势发展和需要，县委县政府后来将五城同创中的全国绿化模范县调整为全国交通管理模范县城。

8. 中国制造2025：是中国政府实施制造强国战略第一个十年的行动纲领，即到2025年迈入制造强国行列。

9. 破零倍增：“破零”企业实现进出口实绩零的突破，“倍增”企业实现进出口实绩成倍增长。

10. “五小”水利：即小山塘、小沟渠、小水窖、小水池、小泵站总称。

11. “抓三线、做五化、治十乱”工程：“三线”即电线、网线、电话线全部下地，“五化”即街道实现硬化、绿化、亮化、美化、净化，“十乱”即治理乱停乱摆、乱倒乱扔、乱贴乱画、乱搭乱挂、乱放乱拉。

12. 全域旅游：指在一定区域内，以旅游业为优势产业，通过对区域内经济社会资源有机整合，以旅游业带动和促进经济社会协调发展的一种新的区域协调发展理念和模式。

13. 微旅游：是一种短时间、近距离，以休闲、体验为主的新兴旅游方式。

14. “13215+X”计划：即建设1个美丽乡村入口（神华国华永州电厂入口）；“3”即条美丽通道（东大线、东冷线、东芦线）；2个美丽乡村特色村（赵家井村、冷山村）；1个美丽集镇（大庙口）；5个美丽乡村景点（一带八景核心区、大江源山庄、天元农庄、永阳农庄、高岩水库）；X个省市级美丽乡村示范村。

15. 互联网+：利用信息通信技术以及互联网平台，让互联网与其他行业进行深度融合，创造新的发展生态。

16.PPP模式：指政府与私人组织之间的一种合作关系。

17. 学位三年攻坚计划：

2017—2019 年，建设一批中小学和幼儿园，推进教育均衡发展。

18. 众创、众包、众扶、众筹平台：“众创”指通过创业创新服务平台聚集全社会各类创新资源；“众包”则是指借助互联网等手段，将传统由特定企业和机构完成的任务，向自愿参与的所有企业和个人进行分工；“众扶”指通过政府和公益机构支持、企业帮扶援助、个人互助互扶等多种途径，共助小微企业和创业者成长；“众筹”指通过互联网平台向社会募集资金。

19. “双创”：主要指大众创业、万众创新。

20. 农村土地“三权分置”：指集体土地所有权、承包权、经营权三权分置并行。

21. “365”精细化服务：即干部了解、居民反映、信息化手段采集 3 条途径；分析民情、建立台账、及时办理、反馈结果、群众评议、动态考核 6 个精细步骤；组团服务，数字服务，代办服务、预约服务、错时服务 5 种精细化服务方式。

22. 约法三章：即政府性的楼堂馆所一律不得新建，财政供养人员只减不增，公费接待、公费出国、公费购车只减不增。

23. 一岗双责：“一岗”就是个人职务所对应的岗位；“双责”就是相关人员不仅要对所在岗位承担的具体业务工作负责，还要对所在岗位承担相应的“其他管理责任”。

24. “1+X+ 部门”政策文件：“1”即《中共永州市委、永州市人民政府关于贯彻落实中央、省委精准扶贫战略部署的实施意见》；“X”主要包括《精准扶贫工作考核办法》《驻村帮扶工作队员管理考核办法》等 8 个文件；在此基础上，相关部门再出台具体的操作细则。

25. 一场三馆一中心：“一场”即标准体育场，“三馆”即标准游泳馆、标准体育馆、标准乒羽馆，“一中心”即集健身、娱乐为一体活动中心。

26. 网格化：就是将城区行政性地划分为一个个的“网格”，使这些网格成为政府管理基层社会的单元。

27. “三横五纵一环”骨架路网：“三横”即文明路和宝田路、迎宾大道、新东芦公路城区段，“五纵”即狮岩路、广利路、天成路、孔明路、建设北路延伸，“一环”即站前大道和工业大道为东环、冷东公路城区段为北环、西环，莲花路为南环。

28. “6+X”模式：“6”即便民服务、文体活动、农业服务、医疗服务、党建服务建设、网格化管理等设施建设；“X”即根据本地实际情况增加的设施。

29. 乡镇机关“五小”建设：即小食堂、小厕所、小澡堂、小图书室、小文体室。

30. 三品一标：无公害农产品、绿色食品、有机农产品和农产品地理标志。

中国人民政治协商会议
东安县第八届委员会常务委员会工作报告

——在政协东安县第九届委员会第一次会议上

东安县政协主席 陈 军

（2016年11月26日）

八届政协工作的回顾

八届政协在市政协的正确指导和中共东安县委的坚强领导下，高举“社会主义、爱国主义”两面旗帜，牢牢把握团结和民主两大主题，秉持“忠实履职、奉献东安”的工作理念，解放思想，求实创新，与时俱进履行政协职能，各项工作取得了新进展、新成效，为我县经济社会发展作出了积极贡献。

一、着眼全局，围绕中心，政治协商灵活有效

八届政协紧紧抓住县委、县政府重大部署和经济社会发展中的全局性问题，开展政治协商。

协商形式不断创新。县政协常委会自觉把县委、县政府的各项决策和工作部署作为政协工作的切入点，充分开展政治协商，形成了全体会议、常委会议、主席会议等多层次政治协商格局。八届一次会议以来，召开委员全体会议4次，常委会议22次，主席会议39次，其他的专题协商会议35次，先后就法治东安建设、食品药品安全、国家重点生态功能区争创、县政府提案办理、大会发言领导批示落实情况及“一带八景”项目建设等重大问题进行了广泛协商。在协商过程中，不断创新协商方式。比如，在协商法治东安建设时，先由县委政法委牵头介绍情况，再由检察院、法院等八个部门分别作情况介绍和工作通报。在委员建言献策阶段，由原来的一个调研组中心发言改为一个中心发言、八个专题辅助发言。同时，首次邀请部分相关专业人员和群众代表参与建言献策。整个协商活动有声有色，效果和反响都很好。

协商内容紧贴中心。在协商选题上，我们认真领会县委全会精神，积极对接政府年度工作报告，紧扣全县发展战略和总体部署，精心选择协商议题，并以年度工作要点的形式报县委批转。八届政协以来，我们开展了“县城总体规划修改(2013—2020)”、半年经济运行情况、文明卫生县城创建、县政府10件实事、“十三五”规划编制等一系列课题协商，做到与县委、县政府的中心工作同步同向。同时，我们还注重紧跟县委的中心工作，按照县委县政府出题，政协协商的方式，适时开展视察协商。2015年10月，我们及时增补“东安大市场改造”的视察协商，为县委县政府决策大市场的改造升级建有用之言，反响很好。2016年8月，在创国卫的关键时刻，我们根据县委常委会的意见，组织市县政协委员视察协商创国卫工作，再次为其鼓与呼，营造了浓厚的争创氛围和迎检共识。

协商成果注重变现。为防止协商意见的搁置和落空，我们注重在协商意见的落实上抓跟踪督办，通过电话催问、群众走访、回头视察等方式，力求协商成果得到转化落实。在协商“国家重点生态功能区创建”“加强我县古民居古村落保护”等课题中，组织委员进行持续跟进协商。今年，我县成功创建国家重点生态功能区，横塘镇周家大院也被收录为第四批中国传统村落名录。同时，“争创紫水国家湿地公园”“加强油茶保护”“加强饮用水源地保护”等协商意见都得到了采纳。

二、积极探索，认真实践，民主监督不断推进

八届政协以来，我们坚持把民主监督与委员视察、提案办理、民主评议相结合，有效推进了民主监督的开展。

专项视察有力推进。县政协常委会把组织委员视察作为加强民主监督的一种有效手段。近年来，我们组织委员深入有关单位和部门，先后对“通村公路管护”“新火车站广场及站前大道建设”“神华国华永州电厂建设”“舜皇山争创AAAA级旅游景区”“湘江流域综合治理”等热点问题和重点建设项目开展专项视察。形成专题视察报告52个，提出具体意见建议260余条，分送县委、县政府有关领导及部门，为推动相关问题的解决发挥了建设性作用。

提案办理注重实效。八届政协共收到提案463件，立案451件，委员提案答复率100%，委员满意和基本满意率达98%。县政协常委会积极争取县委、县政府重视，不断完善提案办理机制。从2013年开始，政协委员提案办理工作纳入全县绩效考核；从2014年开始，提案办理及委员大会发言领导批示落实情况由县委常委、常务副县长在政协全会上作说明。同时，通过印发提案参考题目、召开提案办理见面座谈会、开展提案督办月、正副主席督办重点提案、评选表彰优秀提案者和提案办理先进单位等形式，强化了办理实效，提升了办理水平。其中，《关于加强高岩水库水源区生态环境保护，确保县城居民饮水安全》《关闭紫五坝电站，推进湿地公园建设，提升县城品质的建议》等提案，县政协契而不舍，连续提办三年，终于取得了令委员和群众满意的效果。另外，《关于县城禁止燃放烟花爆竹的建议》《关于加强政策支持力度，推动我县房地产去库存的建议》等提案办理，得到了县委的高度重视，县政府的大力推进，效果明显。

民主评议深入开展。我们牢固树立“监督就是服务、监督就是支持”的理念，坚持帮忙不添乱，切实不表面的原则，转变民主评议思路，创新民主评议方式，将口头评议与票决评议相结合，力求在监督中加强交流，在评议中促进共识。八届一次会议以来，我们相继对卫生、国土、住建、食品药品监督管理、环保、民政、人社、城管等单位开展民主评议。通过走访调查、听取汇报、无记名投票、面对面协商等形式，不仅使评议工作严肃活泼，更有力地促进了部门工作作风的转变、工作效能和服务水平的提高。重视委员在行政执法、党风廉政建设中的监督作用，30余名委员担任了执纪执法部门和窗口行业单位的特邀监督员和行风评议员。同时，在领导干部测评推荐、党风廉政建设责任制落实情况测评和优化经济发展环境测评等工作中，履行了民主监督职能。

三、深入调研，服务发展，参政议政客观精准

八届政协以来，我们积极探索更加贴近实际、更加客观有效的参政议政形式和方法，努力做到在参与中议政、在议政中服务、在服务中建言。

专题调研深入客观。一是围绕全县重点工作开展调研。按照“队伍精干、调研深入、建议实用”的原则，以各专委会为依托，组织相关界别委员开展调查研究，完成了“美丽乡村”“劳动就业”“精准扶贫”等课题的调查研究。二是围绕上级政协安排的课题开展调研。配合市政协做好了“永州非物质文化遗产开发、利用、保护”“工业园区配套产业建设”“潇湘城市群建设”等课题调研工作。三是带着课题外出学习调研。政协常委带着重点课题开展异地调研，拓展了人民政协履职的新思路新方法。

社情民意及时精准。民情是

最亮的“信号灯”，民生是最灵的“晴雨表”，关注民生、体察民情始终是政协工作的出发点和落脚点。政协常委会充分利用政协自身优势，结合“三联制度”“精准扶贫”“一进二访”的开展，积极收集来自社会各方面的民意信息。八届一次会议以来，我们依托“东安政协网”和《东安政协》刊物中的社情民意信息专栏，就医疗卫生、矿产开发与治理、环境保护、城市管理、食品安全、交通监管等问题，提出了120余条建设性意见，供相关领导和部门参阅。其中，被省政协采用21条，市政协采用34条，有力地促进了一些群众关心的突出问题的解决落实。其中，“取缔紫水河县城流域网箱养鱼”“修葺抗日烈士王甲本将军墓”“关闭龙溪河上游养殖场”等建议，得到了县委、县政府及相关部门的关注和采纳。目前，紫水河县城流域网箱养鱼已全部取缔，王甲本将军墓已修葺一新，成为我县又一处爱国主义教育基地。

服务发展有智有为。坚持服从和服务于全县经济社会发展大局，充分发挥自身优势，努力把各方面的积极性、创造性引导到加快东安发展上来。八届一次会议以来，各界别委员跑项目、拓市场、通信息、乐服务，在项目建设、资金引进、劳动就业、岗位创业等方面作出了积极的贡献。县政协领导班子成员更是率先垂范、身体力行。按县委分工，联系舜皇城、东安四小、芦江水库等多个重点项目，为全县经济社会发展作出了应有的贡献。

四、发挥优势，凝心聚力，“团结民主”不断彰显

充分发挥政协联系面广、包容性强的特点，广泛凝聚社会各阶层和各界人士的力量，为维护稳定、构建和谐社会发挥了独特作用。

努力凝聚社会共识。八届政协常委会始终坚持与县委县政府思想同心、目标同向、行动同力，真心实意地认真做好团结各方、凝聚人心、协调关系、汇聚力量的工作，不折不扣地把县委县政府共建美好东安的战略部署传达到全体委员，并通过委员的带动作用，把各界群众的思想统一到县委、县政府确定的目标上来，努力形成大团结、大支持、大参与的社会氛围。一是密切与各界人士的合作。充分发挥政协平台优势，在政协常委会议、主席会议以及常委会组织的视察、协商活动，按照专业对口、工作相近的原则，邀请相关委员参加，听取他们的意见。在此基础上，政协常委会特别关注无党派人士建议和提案的办理，定期通报政协工作动态，主动征求意见建议。二是加强与各级政协组织的联谊。坚持“广交朋友、服务东安、互相学习、共同进步”的方针，密切与兄弟县区的交往联谊。2014年组织召开了纪念县政协成立30周年系列活动。2015年成功承办了“全市市县（区）政协第23次老主席文体活动邀请赛”。带着课题走访了市内外10多个县区政协，交流了经验，增进了友谊。三是建立了八届政协委员QQ和微信群，加强了委员的横向联系。通过这些活动，沟通了信息，增进了友谊，推动了协作，产生了良好的影响。

大力提升文史宣传。县政协常委会充分发挥文史资料的“存史、资政、团结、育人”作用，立足东安实际，着力抓系列、有特色、出精品，按照“讲好东安故事”的要求，不断拓展文史资料征集编撰工作。2012年编辑出版了以反映“土地改革”和“文化大革命十年”生活为主题的《东安文史》第9辑，结集出版了《建言东安》一书。2013年精心编辑了《美丽东安》《美食东安》丛书。2014年做好了《东安文史》第10辑和《东安德孝故事》的组稿编辑工作。2015年整理出版了《东安抗战》文史专栏。2016年做好了《东安文史》第11辑、《建言东安集锦》的编辑工作。不断加大宣传力度，密切与各新闻单位的联系合作，进一步做好政协全会、常委会、主席会、专题会议、调研视察等重要活动和委员风采的宣传报道工作。举办了3期委员书画、摄影作品展。编发《东安政协》15期，向上级政协刊物撰投稿件150余篇。其中，《东安县政协助推“美丽东安”建设》一文被省政协收入《忠实履职奉献湖南在基层》一书；《围绕中心工作建言，创新工作机制—东安县政协致力“五个东安”建设》被省政协收入“庆祝省政协成立65周年纪念特刊”。

倾力投入精准扶贫。2016年以来，我们积极响应党中央“精准扶贫”的号召，根据省市政协和县委县政府的统一安排部署，积极引导和鼓励委员参与精准扶贫工作。制发了东协办发[2016]2号文件《关于印发做好委员参与“三个一”扶贫行动工作方案的通知》，给每位委员发出了参与“三个一”扶贫行动的一封信。截至目前，我县政协委员与建档立卡的贫困户结对126户，实现脱贫63户。同时，我们坚持以推行“三联制度”为抓手，组织委员一以贯之地开展了“我为政协添光彩，我为发展作贡献”活动。八届一次会议以来，委员们共捐款200多万元，支助金江小学修建教学楼一栋，资助贫困学生300多名，帮扶残疾儿童、贫困群众500人次，受到社会各界和基层群众的广泛好评。

五、遵章守纪，注重学习，自身建设持续加强

主动适应作风建设从严从紧的新常态，坚持以作风建设为抓手，以队伍建设为核心，以制度建设为保障，全面加强自身建设，充分激发工作活力。

始终坚持党的先进性教育。按照从严治党的新要求，认真学习、组织开展“群众路线”“三严三实”“两学一做”等系列专题教育，形成了创先争优的浓厚氛围。特别是在今年的“两学一做”学习教育中，县政协党组高度重视，坚持早谋划早部署，驻会正副主席带头垂范，做到了规定动作“四个专题学习讨论”不走样，自选动作有特色。县政协机关结合工作实际提出了做合格党员两个“三个一”的目标要求，即“手抄一遍党章、写一篇心得体会（日记）、做一件实事好事”；“每位委员资助一名贫困家庭在校学生完成学业、结对一个贫困家庭增加收入、帮助贫困家庭一名成员解决就业”。今年“七一”，县政协组织开展的“两学一做”学习教育知识抢答赛，在市县两级网络媒介上进行了滚动播报。

始终坚持“学习型”组织创建。坚持把建设“学习型”政协组织，作为提高政协履职科学化水平的重要途径，坚持周五学习制度，开设“政协讲坛”，做到练口练笔练脑相结合。八届一次会议以来，我们撰写的调研报告、理论文章获省市以上奖励15篇次，其中《关于推进我县湘江源头生态文明先行示范区建设的调研》一文获省三等奖、市二等奖；《关于进一步加强我县新农合管理工作的调查报告》获省三等奖。

始终坚持队伍精细化管理。一是加强专委会建设。积极推行“积分区间管理”，突出专委会履职“专”的特色，从共性工作和个性工作两个方面量化专委会工作，确保了各项工作顺利开展。二是注重委员管理。出台了《政协东安县委员会委员履职管理办法》，推行了《委员持证视察办法》，建立委员履职档案，实行委员履职清单通报，强化对委员的动态管理。加强与委员联络服务，密切与委员所在单位的联系沟通，坚持不定期走访看望委员，进一步增强了政协组织的亲和力、凝聚力和向心力。三是大力加强制度建设。认真执行领导干部报告个人有关事项、党政正职“三个不直接分管”“末位表态”等制度。建立健全干部考勤、公务接待、公车管理等规章制度，如实填写《干部作风建设值班日志》。四是大力加强党风廉政建设。坚持领导干部上廉政党课制度，认真学习贯彻《中国共产党纪律处分条例》《中国共产党廉洁自律准则》和中央八项规定。强化“两个责任”，坚持讲政治、讲正气、讲规矩、讲原则，配合省委巡视第七组和县纪委开展了“四风问题”和“雁过拔毛式腐败问题”的专项整治，营造了风清气正的机关氛围。

各位委员、同志们，回顾过去的工作，我们深感成绩来之不易。这些成绩的取得，离不开县委坚强的领导和上级政协的关心与指导，离不开县人大、县政府的重视支持和各有关部门单位的鼎力相助，离不开县政协领导班子的精诚团结、开拓进取，更离不开全体政协委员和机关全体同志的共同努力。在此，我谨代表县八届政协常委会，向为八届政协工作付出不懈努力和辛勤劳动的全体委员和各界人士致以崇高的敬意！向长期以来关心、重视和支持政协工作的各级领导表示衷心的感谢！

在肯定成绩的同时，我们必须清醒地认识到，本届政协工作尽管取得了可喜成绩，但是与县委的要求和人民群众的期望相比，还存在一些差距和不足。主要是：政治协商的程序有待进一步规范，民主监督的力度有待进一步加强，参政议政的成果转化有待进一步提高，政协乡镇工委、县直工作组的职能作用有待进一步加强，界别和委员的主体作用有待进一步发挥。这些差距和不足，需要在今后的工作实践中继续认真研究，切实加以改进。

八届政协工作的主要体会

八届政协的履职和实践，为人民政协事业规范化、制度化发展积累了宝贵经验：

第一，必须坚持中国共产党的领导，保持正确的政治方向，这是做好人民政协工作的根本保证。坚持中国共产党的领导，是人民政协开展工作必须遵循的一项根本政治原则。必须始终与以习近平为核心的党中央保持高度一致，自觉接受党的领导，确保人民政协事业发展的正确方向。必须始终坚持将政协工作置于县委的统一领导下，充分发挥政协党组在政协组织中的领导核心作用，坚定不移地贯彻执行县委的决策和部署，确保政协工作与县委工作同心同步、同向同行。

第二，必须围绕中心，服务大局，为促进发展献计出力，这是人民政协工作富有成效的关键。

助推发展、服务发展是人民政协履行职能的第一要务。只有把发挥政协职能同服务大局有机结合起来，政协工作才能不断创造新业绩，彰显新作为。八届政协坚持围绕改革、发展、稳定的大目标，立足经济、政治、社会、文化、生态文明建设的大格局，突出美好东安建设的大方向，尽职不越位，帮忙不添乱，切实不表面。如我们编辑出版的《美丽东安》《美食东安》丛书，为推介东安促进发展起到了积极的作用。

第三，必须牢牢把握团结和民主两大主题，广泛凝聚人心，促进大团结、大联合，这是做好人民政协工作的根本所在。

八届一次会议以来，我们通过讲团结、扬民主，求大同、存小异，活跃了政治生活，增进了各界的共识，汇聚了发展的合力，促进了社会的稳定。实践证明，团结凝聚力量，民主可收众益，只有牢牢把握团结、民主主题，政协工作才能体现新特点，干出新特色，呈现新气象。

第四，必须坚持与时俱进、开拓创新，积极探索履行职能的新形式新方法，这是人民政协工作永葆生机的动力和源泉。

八届政协在履职工作实践中探索形成了“忠实履职、奉献东安”的工作理念，坚持做到继承与创新并重、常规与突破并举，突出工作特色，打造工作亮点。在政治协商上，吸收群众代表参与，拓展协商方式，丰富协商内容；在民主监督上，开展面对面协商沟通、心贴心民主评议，拓宽监督渠道；在参政议政上，不断深化调研方式，坚持现场调研与异地调研相结合，提高了建言立论的实效。多年的实践证明，只有在继承中创新，在实践中开拓，政协工作才能生机勃勃、充满活力、富有成效。

第五，必须大力加强自身建设，努力提高履职能力和服务质量，这是做好人民政协工作的重要基础。

八届政协的工作之所以开展得生动活泼、富有成效，一个重要的原因就是我们高度重视委员学习，不断提高委员素质；高度重视政协机关的思想作风建设、党员先进性建设、大力弘扬长征精神，着力打造一支信念坚定、为民服务、勤政务实、敢于担当、清正廉洁的高素质干部队伍。实践证明，只有不断加强自身建设，才能夯实工作基础，创新工作思路，提高工作实效，不断开创政协工作的新局面，展示政协新形象。

今后五年工作的建议

各位委员、各位同志，未来五年，是我县全面小康的建成期、经济转型的攻坚期和民生福祉的提升期，也是人民政协事业继往开来、实现新发展的重要时期。我们要高举中国特色社会主义伟大旗帜，坚持以邓小平理论、“三个代表”重要思想和科学发展观为指导，贯彻落实十八大、十八届三中、四中、五中、六中全会及习近平总书记系列重要讲话精神，在中共东安县委的坚强领导下，紧紧围绕县十二次党代会提出的大力实施“生态立县、工业强县、农业稳县、旅游活县、科教兴县、依法治县”六大战略，全面推进“752121”工程(即进一步完善大思路、培育大产业、推进大提质、构建大交通、繁荣大文化、改善大民生、推动大落实，着力开展“五城同创”(即创建国家卫生县城、全国文明县城、国家园林县城、国家级生态县、全国交通管理模范县城)，全力打造两个中心(即把县城打造成永州的次中心、把芦洪市打造成县城的副中心)，努力把东安建设成全国知名的微旅游目的地，力争东安进入全省经济强县，把芦洪市镇建成全省的工业强镇，全面建成更高水平的小康

社会。）履行职能，作出贡献。

一、以贯彻落实中共十八大、十八届三中、四中、五中、六中全会及习近平总书记系列讲话精神为动力，不断开创政协工作的新局面

中共十八届六中全会刚刚结束。明年，党的十九大即将召开，学习贯彻好两次会议精神，是各级组织今后一个时期的首要政治任务。新一届政协一定要结合工作实际，多层次、多形式地组织和推动政协委员和各界人士认真学习、深刻领会精神。通过学习，认清形势，明确任务，统一思想，坚定信心，把全体委员的思想和行动、智慧和力量统一到会议精神上来，统一到东安跨越发展的宏伟目标上来，使人民政协事业始终适应时代发展的需要，符合人民群众的根本要求，不断开创政协工作新的局面。

二、以促进经济社会可持续发展为第一要务，努力拓展履行职能的新作为

要把履行职能的着力点放在实施“六大战略”和全力推进“752121”工程的思考和把握上来。围绕县委、县政府的中心工作，强化全委会整体协商、主席会重点协商、常委会专题协商、专委会对口协商平台，在委员和决策者之间架设沟通桥梁，让各个方面、不同层次的意见都能得到充分发表，为党政决策的科学化、民主化提供依据和参考。认真落实《政协湖南省委员会关于政治协商、民主监督、参政议政的规定（试行）》，充分运用政协政治协商、民主监督、参政议政的多种方式和平台，通过委员提案、政协建议案、反映社情民意和政协视察、调研、评议等行之有效的方式，就经济社会发展中的重大事项在决策之前和执行之中的相关事宜提出意见和建议，努力促进经济社会又好又快发展。

三、以全面建成小康社会为目标，积极营造团结民主的新环境

将团结和民主两大主题贯穿于政协工作的各个方面和履行职能的全过程，更加注重调动各方面的积极性和主动性，广泛凝聚各方面的智慧和力量，促进我县第十二次党代会确定的目标任务的实现。我县当前正处于经济发展的转型阵痛期，各种利益矛盾的凸显期。积极发挥政协联系广泛、沟通各界的优势，围绕群众思想认识上的“困惑点”、各种矛盾的“易发点”，主动协助县委、县政府做好说服教育、理顺情绪、化解矛盾、鼓舞士气的工作，为减少阻力、增加动力、形成合力尽职尽责。

四、以“四化”建设为准绳，着力提高自身建设的新水平

新一届政协要以推进政协履职的制度化、规范化、程序化、信息化建设为抓手，切实加强机关自身建设。努力形成规范有序的工作机制，建设一支政治坚定、作风优良、学识丰富、业务熟练的高素质政协干部队伍。积极对接省政协云平台，推进“互联网＋政协”软硬件建设，创新履职载体，提高新时期政协履职水平。推进进一步完善界别工作机制，充分调动各界别委员参政议政的积极性，努力使县政协的各种界别活动更加经常、规范、有效。切实发挥政协委员在履行职能中的主体作用，完善委员的教育、培训和管理机制，积极为委员履行职责创造条件。尊重和依法保护委员的民主权利，不断提高委员的综合素质和参政议政能力。同时，要建立九届委员档案库和动态管理台帐，完善《委员履职管理考核办法》对委员履职进行动态考核，量化评比，对不称职的委员适时调整，保持委员的先进性和代表性。

2017年政协主要工作

各位委员、各位同志，银猴献瑞去，金鸡报晓来，我们即将迎来崭新的一年。新的一年里，县政协要紧紧围绕县委、县政府的中心工作，以县第十二次党代会精神为统领，秉承“忠实履职、奉献东安”的工作理念，按照年全会、季常委会、月协商会的工作要求，认真履行三大职能，为大力实施“六大战略”，全力推进“752121”工程，全面建成小康东安作出积极贡献。

——精心选题，积极开展政治协商。顺大势、谋大局，把履行职能的重点放在贯彻落实县十二次党代会精神上，发挥常委会议、主席会议和专委会议在协商中的主渠道作用，努力为县委、县政府的科学决策提供有见地、可操作的意见和建议。坚持党政所需、人民所盼、政协所长的选题方向，主要围绕“135”工程及两个百亿园区建设、“五城同创”、全国知名微旅游目的地以及神华国华火电建设、红狮水泥、芦江水库、宝田路、冷东城际

快速等重点项目建设等深入调研，开展视察协商。

——创新方式，大力推进民主监督。继续探索开展民主监督的有效途径和方法，充分运用例会、视察、提案、反映社情民意等多种形式，围绕社会各界人士和群众普遍关注的问题开展民主监督，有针对性地提出批评和建议，促进全县社会发展经济环境和机关作风建设的进一步好转。一方面要扎实推进提案办理。建立和完善提案收集、办理、督办制度。鼓励和推动委员在调查研究的基础上，提出有情况、有分析、有具体建议的提案。继续推行委员大会发言领导批示件、重点提案，党委政府领导领办、政协正副主席领衔督办、承办单位与提案人交流协商具体办，以及开门办理、现场办理等制度，确保提案办理件件有答复、事事有回音。另一方面要有效开展评议监督。围绕党委重视、政府关注、群众关心的热点、重点工作开展民主评议。在政协网站上建立“在线提案、社情民意”等窗口，及时了解社会各界的意愿和呼声。积极创新民主监督方式，借鉴省市政协经验，探索对相关执法部门开展委派民主监督小组进行民主监督活动。2017年，拟对县教育局、市场和质量监督管理局工作开展民主评议。

——发挥优势，努力搞好参政议政。紧贴县委、县政府工作重心，以专委会为依托，以对口联系单位为对象，以调研活动为载体，围绕“创新、协调、绿色、开放、共享”五大发展理念，结合东安实际，深入开展调查研究。2017年，拟对“两个中心”建设、财源建设、农村环境污染治理、失地农民保障、医疗卫生体制改革等课题开展调研。积极反映社情民意，不断完善社情民意网络，健全信息考核等制度，认真落实信息宣传工作的奖励办法，在办好《东安政协》刊物的同时，积极向省、市刊物多投稿、多上稿，宣传推介好东安。

——凝聚力量，大力弘扬特色主题。继续做好团结联谊工作。不断加强与各地政协的交流和联谊，运用好政协学习调研考察等平台，扩大联谊交友空间，多渠道、多形式地与外地政协交流经验。继续做好存史资政工作。切实把政协这一亮点工作做靓，要统筹好政协各界别和社会各方力量，挖掘整理好东安的特色文化和独特风俗，继续按照讲述好“东安故事”，书写好“东安历史”，描绘好“美丽东安”的要求，整理、考证发生在东安的人文故事。参照省市政协经验，尝试在县政协建立书画室，为打造德文化之乡，传承和推介东安文化进行有益探索。

——强化管理，切实加强自身建设。切实加强委员管理和考核，运用《东安政协网》、微信等媒介平台，创新履职载体，扩大参与面，提高新时期政协履职水平。认真落实委员“五个一”(联系一名群众、撰写一件提案、反映一份社情民意、参加一次调研视察、办一件实事好事)管理，继续推进“三个一扶贫”。切实加强专委会建设，充分发挥专委会在政协履职中的基础性作用，定期听取专委会汇报，支持专委会开展工作。按照“四有三严”要求，规范政协常委及专委会外出学习考察制度，推动履职能力提高。切实加强机关建设，创建美丽机关。坚持把学习作为提升机关形象的第一途径。认真组织学习十八大、十八届三中、四中、五中、六中全会及习近平总书记系列讲话精神，严格落实《机关内部管理考核办法》，巩固深化“两学一做”教育成果，大力推进党风廉政建设，强化“两个责任”，始终把纪律和规矩挺在前面，进一步营造风清气正、团结干事的良好氛围，建设委员之家，树立政协新形象。

各位委员，各位同志：新使命承载新希望，新征程开启新梦想。县十二次党代会确定的壮丽画卷已经绘就，全面建成小康社会的美好前景鼓舞人心。让我们高举中国特色社会主义伟大旗帜，在中共东安县委的领导下，依靠全体委员，团结各方力量，同心同德，群策群力，开拓进取，务实创新，为全面推进“752121”工程，创造东安幸福美好的未来而努力奋斗！

大事记

1月

1月4日上午，市委书记陈文浩深入芦洪市镇神华国华永州电厂、唐生智故居、芦江水库等地调研神华火电和美丽乡村建设。市领导张严、颜海林、荣燕明，县领导谢景林、张波、陈军、郑景学、陈丽、李晓宁、唐月程陪同调研。

1月8日上午，县委书记谢景林主持召开县委常委会议，传达贯彻省委全会、省委经济工作会议、市委全会、市委经济工作会议精神和市委书记陈文浩在芦洪市镇调研时的讲话精神，传达学习《中国共产党党组工作条例》(试行)和《中国共产党地方委员会工作条例》，听取县委全会筹备、东安大市场改造、苍子岭滑坡治理、春节前后群众文化活动、各项经济指标完成情况、市对县各项考核及县内考核等相关工作情况汇报。

1月9日下午，市委常委、市纪委书记朱映红带领市安监、教育、交通、旅游等相关部门负责人深入东安县检查指导安全生产工作。县委副书记张波，县委常委、县纪委书记李顺利等领导陪同检查。

1月12日上午，市考评组到东安，通过实地察看、查阅台账资料和听取汇报等形式，考评生态优先、就业优先和教育优先工作。县委常委、县委办主任郑景学，县政府副县长唐振宇、涂世国陪同。

1月13日上午，省环保厅监测处调研员陈光炎带领相关专家到东安考核重点生态功能区县域生态环境质量情况。市环保局副局长王宁军，县委副书记张波，县委常委、副县长李晓宁，县政府副县长唐振宇等出席汇报会或陪同检查。

1月18日上午，中国共产党东安县第十一届委员会第七次全体会议在县行政中心五楼会议室召开。全会由县委常委会主持，听取和讨论县委书记谢景林代表县委常委会所作的工作报告，审议并通过《中共东安县委关于制订国民经济和社会发展第十三个五年规划的建议》。

1月18日下午，市委组织部副部长、市人社局党组书记、局长唐树成带领市考核组到东安县，对县委、县人大、县政府、县政协领导班子和在职县处级领导干部进行年度考核，并召开民主测评会。县委书记谢景林主持会议，并作2015年度述职述德述廉工作报告和干部任用工作情况报告。

1月19日上午，市委书记陈文浩深入东安县调研。市政府副市长罗双全，县委书记谢景林，县委常委、常务副县长陈丽陪同调研。

1月20日上午，县委常委班子“三严三实”专题民主生活会在县行政中心常委会议室召开。市委常委、市纪委书记朱映红到会指导并讲话。县委书记谢景林主持会议。会议通报了县委常委班子“三严三实’民主生活会准备工作和2014年度县委常委班子成员党的群众路线教育实践活动后续整改落实情况。

1月21日，市政府副秘书长何德波率市绩效评估考核组到东安县考核2015年度绩效评估及“1511”重点投资计划、新型工业化和工业园经济、新型城镇化、开放型经济、重点民生实事、农业农村工作、党管武装等8项工作。

1月26日上午，市委常委、市纪委书记朱映红到东安检查指导安全生产工作，走访慰问困难群众，给他们送去党和政府的关怀，并送上新春的祝福和问候。县委书记谢景林，县委常委、县纪委书记李顺利陪同。

1月26日，县举行“德文化之乡说道德”主题演讲比赛。全县各乡镇场、县直各单位的22名参赛选手，通过发生在身边的一件件感人事迹，讲述东安经济社会发展取得的成绩和美德文化，诠释“德”的真正内涵。县委书记谢景林出席演讲比赛并为一等奖获得者颁奖，县委常委、县委宣传部部长欧阳冬子致辞。

1月27日上午，县委常委、常务副县长陈丽主持召开县政府全体会议，研究讨论《政府工作报告》，听取绩效考核、跑项争资、2016年度财政预算、东安大市场整治和管理、县城渣土和户外广告管理、紫水三桥项目结算等工作情况汇报。

1月28日上午，县委书记谢景林主持召开县委常委会，听取县委经济工作会议和县“两会”筹备工作、2016年财政收支预算（草案）编制说明等工作情况汇报，安排部署春节期间相关工作。

1月29日，东安大市场提质改造落成仪式在东安大市场西门举行。县委书记谢景林宣布提质改造后的大市场投入使用，县委常委、常务副县长陈丽致辞。

2月

2月2日，市委副书记、市长易佳良深入神华国华永州电厂走访慰问，向坚守在一线的神华国华永州电厂全体职工送去节日的问候和新春的祝福。市委常委、常务副市长唐湘林，市政府正厅级干部荣燕明，县委书记谢景林，县委常委、常务副县长陈丽，县正处级干部文德，县政府助理调研员邓亚林陪同走访慰问。

2月2日上午，县委常委、常务副县长陈丽就《政府工作报告》（征求意见稿）听取芦洪市镇、新圩江镇党政主要负责人和部分人大代表、政协委员意见和建议。

2月2日晚，由中共东安县委、县人民政府举办的2016年迎新春团拜会暨春节联欢晚会在东安会堂举行。县委书记谢景林，县委副书记张波，县人大常委会主任文高平，县政协主席陈军等县领导参加团拜会或观看晚会。全县各条战线的干部群众代表共1000多人，欢聚一堂，共贺新春。

2月3日上午，市人大常委会主任高建华到东安走访慰问全国劳模、退伍老兵和困难群众，为他们送去慰问金和市委、市政府的新春祝福。县人大常委会主任文高平，县委常委、县委组织部部长王名扬陪同走访慰问。

2月4日上午，县委书记谢景林主持召开县委常委扩大会议，听取2015年绩效考核和乡镇并村工作情况汇报，安排部署春节期间相关工作。

2月15日上午，县委经济工作会议在东安会堂召开，贯彻落实中央、省、市委经济工作会议精神，总结2015年工作，安排部署2016年工作。县委书记谢景林讲话，县委副书记张波宣读表彰决定，县委常委、常务副县长陈丽主持会议。

2月15日下午，全县党章党规和村级区划改革专题培训会在东安会堂召开。县委副书记张波作村级区划改革工作专题辅导报告，县委常委、县委组织部部长、县委统战部部长王名扬作《中国共产党党章》《中国共产党地方委员会工作条例》《中国共产党党组工作条例》等专题辅导报告。县委常委、常务副县长陈丽主持专题培训会。

2月17日上午，东安革命老区座谈会在县行政中心七楼会议室召开。省民政厅巡视员、副厅长李劲夫宣布东安县被省民政厅认定为革命老根据地。

2月18日，县十六届人大常委会第二十六次会议召开。县人大常委会主任文高平出席会议，会议审议通过2016年财政预算编制（草案），审议通过县十六届人大四次会议有关事项，审议通过县人大常委会工作报告和工作计划要点，听取县人大常委会财经工委、联工委等专委会述职。

2月24日上午，县委书记谢景林主持召开县委常委会，专题研究全县乡镇党委换届工作。县委副书记张波，县政协主席陈军等县领导出席。

2月24日上午，政协东安县第八届委员会第四次会议在东安会堂开幕。全县各族各界、各条战线的县政协委员齐聚一堂，履行政治协商、民主监督、参政议政职能，求真务实共绘东安发展蓝图。开幕大会由县政协副主席蒋燕平主持，县政协主席陈军向大会作工作报告。大会于2月26日下午闭幕。

2月25日上午，县第十六届人民代表大会第四次会议在东安会堂开幕。200余名县人大代表肩负全县人民的重托出席盛会，履行宪法和法律赋予的神圣职责。大会由主席团常务主席、执行主席文高平主持。

2月25日，按照省委巡视工作领导小组的安排，省委巡视第七组向东安县反馈巡视情况。省委巡视第七组组长郭树人、副组长张湘祥向东安县委书记反馈了巡视情况；巡视组组长郭树人代表巡视组组向东安县领导班子进行了反馈，市委副书记张严对东安县整改工作提出要求，县委书记谢景林主持会议并作表态发言。

2月27日上午，县第十六届人民代表大会第四次会议完成各项议程，在东安会堂闭幕。大会以举手表决的方式通过《关于东安县人民政府工作报告的决议》《关于东安县人大常委会工作报告的决议》《东安县国民经济和社会发展第十三个五年规划纲要的决议》《关于东安县2015年国民经济和社会发展计划执行情况与2016年计划草案报告的决议》《关于东安县2015年财政预算执行情况和2016年财政预算草案报告的决议》《关于东安县人民法院工作报告的决议》《关于东安县人民检察院工作报告的决议》。

3月

3月1日，全县乡镇领导班子换届工作动员大会在县行政中心五楼会议室召开。县委书记谢景林出席会议并讲话，县委副书记张波主持会议。县委常委、县纪委书记李顺利就换届纪律监督工作作讲话，县委常委、县委组织部部长、县委统战部部长王名扬就乡镇领导班子换届具体问题作说明。

3月3日，县委书记谢景林主持召开县委常委扩大会议。会议听取省委巡视第七组反馈意见任务分解落实、纪检监察、县委办、宣传思想、统战、政法、精准扶贫、全面小康、美丽乡村、温氏集团生猪养殖、重点项目责任分工和相关重点工作、信访维稳等工作情况汇报。

3月7日，县委书记谢景林在芦洪市镇政府会议室主持召开“一带八景”调度会。会议听取永电新村、芦洪市镇赵家井村和新圩江镇源塘村美丽乡村建设、唐生智故居维修、芦洪市镇神华国华永州电厂功能配套区和沿江河风光带等有关工作情况汇报，并就相关工作进行安排部署。

3月8日，县妇联举办以“家”为主题的系列庆祝活动，热烈庆祝第106个国际劳动妇女节。县委副书记张波致辞。县人大常委会主任文高平、县政协主席陈军等县领导出席活动。

3月10日，省人大常委会办公厅巡视员姚伟带领调研组，在市人大常委会副主任、巡视员程晨曦陪同下，到东安县调研县乡人大换届选举工作。县人大常委会主任文高平、副主任胡慧川陪同调研。

3月14日，全县并村工作业务培训会在县行政中心五楼会议室召开。县委副书记张波出席会议并讲话。县委常委、县委组织部部长、县委统战部部长王名扬主持会议。

3月21日，东安县组织2000余名机关干部职工和部分学生，在白牙市镇宥江桥村的一片荒山上，开展春季义务植树活动，为“绿色东安”建设再添新绿。县委副书记张波、县政协主席陈军，县领导郑景学、欧阳冬子、陈丽、李晓宁、苏建华等参加植树活动。

3月25日，县委书记谢景林主持召开县委常委会议，听取组织工作、“一带八景”建设、跑项争资、东安大市场改造、苍子岭公园地质灾害整治等工作情况汇报。

3月25日，东安县与东环机械工业有限公司“135”工程汽车配件城项目签约仪式在县行政中心五楼会议室举行。浙江台州优势汽配有限公司总经理李建与县委常委、常务副县长陈丽分别代表双方签约。县委书记谢景林出席签约仪式并讲话。

3月28日，县第十一届纪律检查委员会第八次全体会议在东安会堂召开。县委书记谢景林出席会议并讲话，县委常委、县纪委书记李顺利作工作报告，县委常委、县委办主任郑景学宣读表彰决定。会议由县委常委、常务副县长陈丽主持。

3月28日，全县落实省委巡视第七组反馈意见整改工作动员会在东安会堂召开。县委书记谢景林出席会议并讲话，县委常委、常务副县长陈丽主持会议，县委常委、县纪委书记李顺利宣读整改工作方案。

3月29日，东安县农村商业银行不良贷款清收工作动员会在县农村商业银行召开。县委常委、常务副县长陈丽出席会议并讲话，县委常委、县纪委书记李顺利宣读清收不良贷款相关工作纪律，县委常委、县委政法委书记苏建华宣读清收不良贷款工作方案。会议由县委常委、县委组织部部长王名扬主持。

3月30日，东安县2016年“五下乡”活动启动仪式在大庙口镇举行。县科经委、县农业委等19个单位，组成科普小分队，给农民群众送去了集文化、科技、卫生计生、法律、政策于一炉的精神大餐，吸引了上千名群众参与活动。

3月31日，县委书记谢景林深入芦洪市镇和新圩江镇就加快“一带八景”建设现场办公。县委常委、县委办主任郑景学，县委常委、常务副县长陈丽，县政协原主席杨绪耀及县国土、林业、住建、农办、环保和芦洪市镇、新圩江镇主要负责人参加现场办公。

4月

4月1日上午，县委常委、常务副县长陈丽主持召开县政府第39次常务会议，专题研究部署全县并村工作。

4月5日，县委书记谢景林主持召开县委常委扩大会议，传达贯彻全省“雁过拔毛”式腐败问题和“纠四风、治陋习”专项整治工作电视电话会议、全省加强换届风气监督工作视频会议、全省旅游工作会议和全市城乡网格化工作会议精神，听取精准扶贫、美丽乡村建设、并村工作和创建国家卫生县城等工作情况汇报，并对相关工作进行安排部署。

4月5日晚上，县委常委、常务副县长陈丽主持召开城建投工作计划会议，对2016年城建投工作计划进行安排部署。县财政、发改、城建投等部门负责人参加会议。

4月6日上午，县委常委、常务副县长陈丽带领县财政、发改委、住建、经济开发区等相关单位主要负责人深入白牙市工业园调研重点项目建设，县政府副县长唐振宇参加调研。

4月6日上午，省政府参事室参事戴菊芳到东安县调研基层中医现状和食品药品监管工作。

4月8日上午，县委县政府工作会议在东安会堂召开。会议主要任务是贯彻落实县委经济工作会议和县人代会精神，对2016年的重点工作进行安排部署。县委书记谢景林出席会议并讲话，县委副书记张波主持会议。

4月8日下午，东安县召开创建国家卫生县城推进会，对创国卫工作进行再动员、再部署、再安排、再落实，力争2016年成功创建国家卫生县城。县委书记谢景林出席会议并讲话，县委常委、县委宣传部部长欧阳冬子主持会议。

4月11日下午，县委常委、常务副县长陈丽带领县政府办、城管局、交警大队、城卫绿化局等单位负责人深入县城大街小巷、社区和城郊村，调研指导创建国家卫生县城工作。

4月12日，县工商业联合会第十三届代表大会在县行政中心五楼会议室召开。市工商联副主席蒋文辉，县委副书记张波出席开幕式。

4月13日下午，东安县十六届人大四次会议人大代表建议和政协八届四次会议政协委员提案交办会在县行政中心三楼会议室召开。会议回顾总结2015年全县政府系统办理代表建议、政协委员提案工作情况，安排部署2016年办理工作。

4月15日上午，全县政法工作暨上半年迎省市综治民调工作动员会在东安会堂召开。会议回顾总结2015年工作，安排部署2016年工作任务和上半年迎接省市综治民调工作。县委书记谢景林出席会议并讲话，县委副书记张波主持会议并宣读《2015年全县综治民调工作表彰情况通报》。

4月15日，市人大常委会副主任袁火林带领市环保、水利等相关部门负责人到东安调研指导水污染防治工作。

4月18日上午，县委书记谢景林深入白牙市镇莲塘村调研指导并村改革工作并为新组建的莲塘村挂牌。县委副书记张波参加调研。

4月19日上午，全省“两学一做”学习教育工作视频会议召开。县委书记谢景林和郑景学、欧阳冬子、李顺利、李晓宁、王名扬等县领导以及县直有关部门负责人、乡镇场党委书记在东安分会场集中收看会议视频。

4月19日下午，创建国家卫生县城建设路和都川路综合整治工作动员会在县卫计委召开。县委副书记张波出席会议并讲话。

4月20日上午，县委常委、常务副县长陈丽主持召开东安鸡产业化开发项目建设调度会。会议听取相关工作情况汇报，并对妥善解决东安鸡产业化开发项目建设存在的困难和问题进行安排部署。

4月21日上午，全县防汛工作会在县行政中心七楼会议室召开。县委书记谢景林出席会议并讲话。

4月22日上午，东安县“一带八景”核心区建设、汽车配件产业园集中开工。市政协主席唐定，市委常委、市纪委书记朱映红分别宣布项目开工。县委书记谢景林、县委副书记张波、县人大常委会主任文高平、县政协主席陈军以及郑景学、欧阳冬子、王名扬等县领导出席开工仪式。

4月26日下午，省委政研室副主任、省全面小康办常务副主任张伟达带领相关工作人员到东安调研指导全面建成小康社会工作。

4月27日上午，县委书记谢景林带领相关部门负责人深入云数据指挥中心广场项目建设工地调研。

5月

5月3日，县委书记谢景林深入白牙市镇大江源生态农庄调研指导乡村旅游。县委办、县农委、白牙市镇等相关单位负责人陪同调研。

5月4日，县委书记谢景林深入花桥镇唐家村、大盛镇三潭村、南桥镇马皇村调研指导美丽乡村建设。县委办、县农委等单位相关负责人陪同调研。

5月4日，东安县召开纪念五四运动97周年暨表彰大会。县委常委、县委组织部部长王名扬，县委常委、副县长李晓宁出席会议，团县委书记陈利志作共青团工作报告。

5月5日，县委副书记张波带领相关部门负责人深入水岭乡、紫溪市镇、大庙口镇、舜皇山国家森林公园管理局调研美丽乡村建设和精准扶贫工作。

5月6日，全县“庆五一”全民健身工间操比赛在县城和谐广场举行。全县各乡镇场、县直各单位的38支工会队伍1200多名干部职工参加比赛。

5月7日，县委常委、县委办主任郑景学在县水利局和南桥镇有关负责人陪同下，深入双江水库督查指导防汛度汛工作。

5月10日上午，中国城乡统筹发展中心副主任梁胜红到东安县调研农村淘宝工作。省委改革办改革督察处处长陈若扬，市委改革办副主任匡俊杰，县委常委、县委办主任郑景学陪同调研。

5月10日至11日，省人大常委会委员、教科文卫主任委员梁尔源带领调研组到东安调研农村基础教育师资队伍建设工作。

5月11日下午，县委副书记张波带领相关部门负责人深入川岩乡松江水库和白牙市镇大兴水库、龙溪水库检查指导防汛工作。

5月12日下午，县委副书记张波深入永州林博园东安园调研指导项目规划建设，实地查看永州林博园东安园区规划和施工情况。

5月12日，2016年县委干部

教育培训工作领导小组会议召开。学习《干部教育培训工作条例》，审议《东安县2016年党员干部教育培训计划(送审稿)》。县委常委、县委组织部部长、县委统战部部长王名扬出席会议并讲话。

5月13日上午，县委书记谢景林主持召开县委常委扩大会议，听取旅游发展、重点项目建设责任分工及新增重点财源建设项目绩效考核方案工作情况汇报，传达贯彻省委城市工作会议、省委人大工作会议和全市“两学一做”学习教育、全市县区领导班子换届工作会议精神。

5月13日下午，县委宣讲团深入白牙市镇开展《中国共产党廉洁自律准则》和《中国共产党纪律处分条例》集中宣讲活动。

5月15日上午，县委书记谢景林在白牙市镇大江源生态农庄主持召开乡村旅游发展座谈会。县委常委、县委办主任郑景学，县委常委、副县长李晓宁出席座谈会。

5月15日下午，县委常委、常务副县长陈丽主持召开专题会议，研究讨论汽车配件产业项目招商引资优惠政策(草案)。

5月16日，市委副书记、市长易佳良深入东安调研。市政府领导荣燕明、市政府秘书长文绍涛，县委书记谢景林，县委常委、常务副县长陈丽陪同调研。

5月17日上午，全县“两学一做”教育工作会议在东安会堂召开。会议传达学习贯彻习近平重要指示精神和中央、省、市委“两学一做”学习教育工作会议精神，就全县开展“两学一做”学习教育工作进行安排部署。县委副书记张波主持会议，县委常委、县委组织部部长、县委统战部部长王名扬作工作报告。

5月17日上午，中共东安县委党务工作会议在东安会堂召开。会议传达贯彻省、市办公室、组织、宣传、统战工作会议精神，回顾总结全县2015年度党务工作，安排部署2016年度党务工作。县委书记谢景林出席会议并讲话。县委副书记张波主持会议。

5月17日至18日，省人大常委会原副主任、省关工委主任杨泰波一行到东安调研关工委工作。市委常委、市委组织部部长、市委统战部部长、市关工委主任董石桂，市人大常委会原主任、市关工委常务副主任谢朝月，市政协原副主席、市关工委副主任盘玉花，县委书记谢景林，县委副书记张波，县委常委、县委组织部部长、县委统战部部长、县关工委主任王名杨等领导陪同调研。

5月18日，县委常委、常务副县长陈丽主持召开县政府第41次常务会议。会议听取东安县政府机构改革涉改单位职能调整及“三定”方案拟定、凯翔鞋业建设、东安与温氏集团合作、创建国家卫生县城、农村环境综合整治、中医院整体搬迁、创建省级出口食品农产品质量安全示范区、县城城区清扫保洁市场化运行等工作情况汇报，研究讨论《东安县“十三五”易地扶贫搬迁实施细则》、汽配产业园招商引资优惠政策及合同书等工作。

5月19日上午，全县人力资源和社会保障工作会议在县行政中心五楼会议室召开。县委常委、常务副县长陈丽出席会议并讲话。

5月19日下午，东安召开纪检监察干部座谈会，安排部署纪检监察干部监督工作。县委常委、县纪委书记李顺利出席会议并讲话。

5月20日上午，白牙市镇庙门口村党支部召开“两学一做”学习教育动员会暨集中培训会，对“两学一做”学习教育进行安排部署。县委书记谢景林参加会议并讲话。

5月20日上午，数字东安地理信息基础工程项目设计书评审会议在县行政中心三楼会议室召开。省国土资源厅基础测绘处处长邓玲出席会议，县委常委、常务副县长陈丽出席会议并与市国土资源局就数字东安地理信息基础工程共建共享合作协议签约。

5月20日，县政协主席陈军带领部分市、县政协委员视察舜皇山国家森林公园旅游开发工作。

5月20日下午，县委常委、常务副县长陈丽深入东安大市场和县城云数据指挥中心，督查项目建设进度。

5月23日上午，全县2016年科级干部培训班在县委党校举行开学典礼。县委常委、县委组织部部长、县委统战部部长王名扬出席典礼并讲话。

5月24日，“潇湘论剑”——永州北五县首届村淘合伙人电商论坛暨“6·18年中大促”共创交流会在东安举行。北五县的村淘合伙人参加交流会，共商农村电商发展大计。

5月24日，国家体育总局武术中心社会活动部副主任郑楠带领调研组，在省体育局副巡视员、省武协主席陈正培陪同下，到东安调研武术之乡建设工作。

5月26日，市政协主席唐定带领市扶贫办、市畜牧水产局等精准扶贫后盾单位负责人深入东安县川岩乡榴星村调研指导精准扶贫工作。县委书记谢景林、县政协主席陈军陪同调研。

5月26日，省商务厅党组成员、副厅长肖彬带领调研组在市商粮局主要负责人陪同下，到东安调研电商产业发展工作。

5月26日上午，《东安年鉴》编纂工作会议在县行政中心五楼会议室召开。市史志办副主任高波出席会议并讲话，县委常委、县委办主任郑景学主持会议，县委常委、副县长李晓宁作工作报告。

5月26日下午，县委常委、常务副县长陈丽主持召开闲置土地处置工作推进会，对全县6宗延期开工闲置土地处置工作进行安排部署。

5月26日，永州市乡镇区划调整改革检查组对东安县乡镇区划调整改革工作进行检查验收，至此全县建制村合并工作全部完成。

5月27日，市委常委、常务副市长唐湘林深入芦洪市镇调研神华国华永州电厂项目建设。市政府领导荣燕明、市政府副秘书长陈景茂，县委常委、常务副县长陈丽，县政府副县长唐振宇陪同调研。

5月30日，县委在县行政中心七楼会议室召开“两学一做”学习教育第一次专题学习讨论会，围绕学习党章党规和习近平系列重要讲话精神，在自学的基础上，进行深入学习讨论。县委书记谢景林主持学习讨论会。

5月30日，县委常委、常务副县长陈丽主持召开芦洪市镇“一带八景”项目建设协调会，对“一带八景”相关工作进行安排部署。

5月31日，东安与温氏集团在县行政中心七楼会议室就50万头生猪一体化项目签约，标志着东安县与温氏集团合作进入实质性阶段。市人大常委会副主任李俊湘、县委书记谢景林出席签约仪式。县委副书记张波在仪式上致辞，县委常委、副县长李晓宁主持签约仪式，并与温氏集团养猪事业部副总裁刘金发签约。

5月31日，县云数据指挥中心暨政务服务中心举行揭牌仪式。县委书记谢景林，县人大常委会主任文高平，县政协主席陈军，县委常委、常务副县长陈丽出席揭牌仪式并揭牌。县委副书记张波主持揭牌仪式。

5月31日，省公安厅党委委员、纪委书记周赛保到东安县调研指导公安工作。市政府副市长刘新良，县委书记谢景林，县委常委、常务副县长陈丽，县委常委、县委政法委书记苏建华，县政府副县长、公安局局长郑航陪同调研或参加座谈。

5月31日，县委中心组在县行政中心五楼会议室举行2016年第一次集中学习。市委讲师团主任周勇作题为《学习贯彻党的十八届五中全会精神，努力实现永州全面建成小康社会奋斗目标》的专题辅导报告，市纪委调研法规室主任唐阳陵就学习贯彻《中国共产党廉洁自律准则》和《中国共产党纪律处分条例》作专题辅导报告。

5月31日下午，白牙市镇桐子山村党支部开展“两学一做”学习教育集中学习讨论。县委副书记张波为桐子山村全体党员上党课，讲解“两学一做”学习教育的意义、目标和方法，使与会党员深受启发和教育。

6月

6月1日上午，白牙市镇大江源休闲农庄乡村旅游开园，全县乡村旅游建设正式拉开序幕。县委书记谢景林出席开园仪式并宣布大江源休闲农庄乡村旅游开园。县委副书记张波主持开园仪式。

6月1日上午，市人大常委会副主任袁满娥带领市金融办、环保局、供销社等单位负责人深入东安县水岭乡吊牛坪村调研指导精准扶贫工作。县委书记谢景林、县委副书记张波，县委常委、常务副县长陈丽等领导陪同调研。

6月2日，县政协主席陈军率部分市、县政协委员视察“一带八景”建设工作。县委常委、常务副县长陈丽陪同视察。

6月2日下午，县委常委、常务副县长陈丽主持召开东安一中扩改建项目建设协调会，听取项目建设情况汇报，对相关工作进行安排部署。县委常委、县委办主任郑景学出席会议。

6月3日，东安县分别与浙江省台州市正洲制冷设备有限公司、安徽池州格力特橡塑有限公司和玉环方氏机械有限公司签订招商引资合同书，三家汽车零部件产业项目企业落户东安。县委常委、常务副县长陈丽主持签约仪式，副县长唐振宇代表东安县分别与三家企业签约。

6月6日，永州市防汛抗灾调度视频会议召开。市委副书记、市长易佳良出席会议并讲话。县委副书记张波，县委常委、副县长李晓宁，县委常委、县人武部政委李党会以及县水利、民政、城管、国土等部门相关负责人在县水利局防汛抗旱指挥中心东安分会场收听收看视频会议。

6月6日下午，县委常委、常务副县长陈丽主持召开财税“双过半”调度会，听取财政、国税、地税三家相关工作情况汇报，并就财税“双过半”工作进行安排部署。

6月7日，湖南省创建国家卫生县城申报资料评审会在长沙召开，东安县顺利通过专家评审。

6月7日，县委书记谢景林主持召开县委常委扩大会议，会议听取县委十一届八次全会筹备、信访维稳、财税“双过半”、紫水新城项目建设等工作情况汇报，并对相关工作进行安排部署。

6月8日上午，神华国华清远电厂总经理刘建海到东安考察神华国华永州电厂项目建设。市政府领导荣燕明，县委书记谢景林陪同考察。

6月8日，东安县创建国家卫生县城知识抢答赛在县行政中心五楼会议室举行。全县各乡镇场、县直单位共32个代表队参加比赛。经过激烈的角逐，紫溪市镇代表队获得一等奖；石期市镇、县城卫绿化局、县环保局代表队获得二等奖；舜管局、大庙口镇、县房产局、井头圩镇、县教育局、县民政局代表队获得三等奖。

6月12日，县委副书记张波带领相关部门负责人深入川岩、井头圩、端桥铺等乡镇检查指导防汛和地质灾害防治工作。

6月13日上午，市人大常委会主任高建华带领执法检查组到东安开展《中华人民共和国预算法》执法检查，听取东安县《中华人民共和国预算法》贯彻落实情况汇报。县委书记谢景林，县人大常委会主任文高平出席座谈会。县委常委、常务副县长陈丽，县人大常委会副主任胡贤吉分别就相关工作进行汇报。

6月13日上午，中共东安县委第十一届八次全会在县行政中心五楼会议室召开。会议审议通过《中国共产党东安县第十一届委员会第八次全体会议关于召开中国共产党东安县第十二次代表大会的决议（草案）》。县委书记谢景林主持会议。

6月13日上午，东安分别与台湾吉米科技有限公司、杭州俊镁科技有限公司和江西优必特汽车配件有限公司签订招商引资合同书。县委书记谢景林，县政协主席陈军等县领导出席签约仪式。县委常委、常务副县长陈丽在签约仪式上致辞，副县长唐振宇代表东安县人民政府分别与三家企业签约，副县长李瑞霞主持签约仪式。

6月14日，市委常委、市纪委书记杨永到东安检查指导安全生产工作，实地察看现场，并听取相关工作汇报。县委书记谢景林、县委副书记张波、县人大常委会主任文高平、县政协主席陈军和郑景学等县领导陪同检查或参加情况通报会。

6月15日，双牌县政协主席唐彦带领考察组到东安县考察学习交流“德文化”建设工作。县人大常委会主任文高平、副主任胡慧川陪同考察。

6月15日，东安县与广硕集团就东安凯翔鞋业三期扩建项目签约。市政府副市长张常明，县委书记谢景林、县人大常委会主任文高平、县政协主席陈军等县领导出席签约仪式。县委常委、常务副县长陈丽在签约仪式上致辞，并代表东安县人民政府与广硕集团总裁张荣梧签约。

6月16日，县政协主席陈军率部分市、县政协委员视察湘江流域综合治理。县委常委、副县长李晓宁以及县环保局、畜牧水产局、水利局、国土资源局、林业局等单位主要负责人陪同视察。

6月16日下午，“中国德文化之乡”文化创意总体规划暨德文化课题研究成果评审会在县住建局会议室召开。中南大学国学研究中心主任刘立夫，中南大学客座教授黄晋，湖南科技学院杨金砖教授，县人大常委会主任文高平，县委常委、县委宣传部部长欧阳冬子出席会议。

6月16日，南宁铁路局总工

程师何曲波带领专家组到东安察看指导铁路危桥改造工作。县委书记谢景林，县委常委、常务副县长陈丽，副县长唐振宇等县领导陪同察看或参加座谈。

6月20日上午，东安分别与汽车零部件产业项目湖南星原高科材料有限公司和乡村旅游项目滴水岩生态农庄有限公司签订招商引资合同书。县委常委、常务副县长陈丽主持签约仪式，县政府副县长唐振宇代表东安县人民政府分别与两家企业签约。

6月21日上午，县召开“雁过拔毛”式腐败问题和“纠‘四风’治漏习”专项整治工作推进会。县委书记谢景林出席会议并讲话，县委副书记张波主持会议。县委常委、县纪委书记李顺利作工作情况通报。

6月21日上午，市纪委副书记黄薇带领市调研组到东安县调研指导纪检监察工作。县委常委、县纪委书记李顺利陪同调研。

6月22日上午，县委书记谢景林主持召开县委常委会，听取创国卫工作和“七一”表彰工作情况汇报。

6月22日下午，县委常委、常务副县长陈丽主持召开财税“双过半”工作调度会，安排部署财税“双过半”工作。

6月23日上午，县委书记谢景林带领县委办、县委组织部、白牙市镇相关负责人，深入白牙市镇走访慰问困难党员和老党员，为他们送去节日的问候。

6月23日上午，县委书记谢景林率领县委办、城管局、交警大队、人社局等相关单位主要负责人深入八角街就推进创国卫工作现场办公。

6月25日，湖南省2016年高考成绩公布，东安一中在2016年高考中取得优异成绩，实现重大突破，2人上线清华北大。

6月26日上午，“蓝结行动第六季——禁毒志愿者三湘行”暨东安禁毒志愿者环城骑行禁毒宣教活动启动仪式在县和谐文化广场举行。县禁毒委员会各成员单位相关负责人以及自行车户外爱好者、青年志愿者200余人参加活动。

6月29日上午，全县庆祝中国共产党成立95周年暨表彰大会在东安会堂召开。县委书记谢景林出席会议并讲话，会议由县委副书记张波主持。县委常委、县委组织部部长、县委统战部部长王名扬宣读表彰决定，47个“星级党组织”、77名优秀党务工作者和153名优秀共产党员受到表彰。

6月29日和30日晚，东安县庆祝建党95周年“党旗飘扬唱响东安”歌咏比赛在东安和谐文化广场举行。县委书记谢景林出席开幕仪式并宣布比赛开幕，县委副书记张波致辞。各乡镇场和县直机关的35支代表队共2000多名队员高唱红歌，共同庆祝中国共产党成立95周年。

7月

7月1日上午，市委常委、市纪委书记杨永带领市纪委、住房公积金管理中心、人民银行等单位负责人深入东安井头圩镇上大村调研指导精准扶贫工作。县委书记谢景林，县委常委、县纪委书记李顺利等领导陪同调研。

7月4日上午，县委书记谢景林深入县城各路段各单位，调研指导县城创国卫工作。

7月4日至5日，市人大常委会副主任袁满娥率领市人大检查组到东安县开展食品安全“一法一条例”执法检查。检查组一行深入食品加工企业、养殖基地、商品超市、学校等场所，对东安食品卫生安全工作进行全面检查。县人大常委会主任文高平陪同。

7月5日上午，县委书记谢景林深入紫溪市镇、大庙口镇调研乡村旅游和烤烟生产工作。

7月5日，县委副书记张波在白牙市镇党委主要负责人陪同下，深入山水村调研指导软弱涣散党组织建设工作。

7月6日上午，县委书记谢景林主持召开县委常委扩大会议，专题学习习近平在庆祝中国共产党成立95周年大会上的重要讲话精神。

7月6日和7日，省人大常委会委员、省人大环资委副主任委员姜玉泉在市人大有关负责人陪同下，到东安检查指导生态环境综合治理工作。

7月8日至10日，永州市美术馆和永州市美术家协会组织40多名知名画家走进东安开展“寻益故乡——中国德文化之乡”采风活动。县人大常委会主任文高平陪同。

7月11日，全县换届风气监督工作培训会暨谈话会在县行政中心六楼会议室召开。会议传达贯彻省、市委换届监督培训工作会议精神，对全县换届风气监督工作进行培训。

7月11日，神华国华永州电厂配套设施建设工作调度会在芦洪市镇永电新村召开。会议听取神华国华永州电厂功能配套区和“一带八景”建设工作情况汇报，并就相关工作进行安排部署。市政府领导荣燕明、神华国华永州电厂总经理李耀和、县委书记谢景林、县政府副县长唐振宇参加会议。

7月11日下午，省环境保护厅副厅长谢立一行到东安调研大气污染防治工作。市委常委、常务副市长唐湘林，市领导荣燕明、市政府副秘书长陈景茂、神华国华永州电厂总经理李耀和以及东安县委书记谢景林、县政府副县长唐振宇等陪同调研。

7月12日上午，东安与湖南中燃燃气有限公司燃气利用工程合作框架协议签约仪式在县行政中心三楼会议室举行。县委书记谢景林，县人大常委会主任文高平，县政协主席陈军等县领导出席签约仪式。

7月12日，县政协主席陈军率部分市、县政协委员视察创国卫工作。

7月12日上午，市委常委、市纪委书记杨永深入东安县调研指导安全生产工作。县委书记谢景林，县委常委、县纪委书记李顺利，县政府副县长唐振宇陪同调研。

7月12日下午，省委组织部机关党委专职副书记高湘桃带领省委督查组到东安县督查换届风气监督工作，召开座谈会并听取东安县相关工作情况汇报。县委书记谢景林，县委常委、县纪委书记李顺利，县委常委、县委组织部部长、县委统战部部长王名扬出席。

7月13日上午，县委书记谢景林在县委常委、县委办主任郑景学陪同下，看望慰问东安一中考上清华大学的学生伍小倩和席大鹏，为他们送去县委、县政府的勉励与祝福。

7月13日上午，《中国共产党东安历史(1921—1978)》和《中国共产党东安历史(1978—2006)》首发式在县行政中心七楼会议室举行。县委书记谢景林出席仪式，县委副书记张波主持首发式。

7月14日，县委副书记张波带领县委办、住建局、安监局、林业局等相关部门和白牙市镇党政负责人，深入白牙市镇检查指导安全生产工作。

7月21日上午，全县金融工作暨银企合作融资洽谈会在县行政中心五楼会议室召开。县委常委、常务副县长陈丽出席会议并讲话。

7月22日下午，县基层党建工作暨“两学一做”学习教育推进会在县行政中心五楼会议室召开。会议传达贯彻市委相关文件精神，安排部署全县基层党建工作。

7月25日上午，市农业委员会总农艺师胡秀良带领市检查组到东安检查指导食品安全工作。

7月25日上午，县委副书记张波在县民政局、白牙市镇等单位相关负责人的陪同下，深入白牙市镇看望慰问部分复退军人，为他们送去党和政府的关怀，向他们致以节日的问候和美好的祝福。

7月26日上午，县政协主席陈军深入川岩乡走访慰问复退军人，给他们送去党和政府的温暖和关怀。

7月26日上午，市纪委副书记、市监察局局长张国峰，市换届风气第一巡察组组长周建宏一行，与东安县“四大家”领导班子成员举行见面会，传达学习中央和省、市委关于换届工作的有关精神，对县级领导班子成员进行组织原则和换届纪律教育。县委副书记张波主持见面会，县委常委、县纪委书记李顺利汇报东安县换届工作及换届风气监督工作落实情况。

7月27日上午，县委常委在县行政中心七楼会议室召开“两学一做”学习教育第二次专题学习讨论会。县委副书记张波主持学习讨论会。

7月28日上午，县委书记谢景林到县人武部、消防大队、驻东安部队、武警中队和武警三中队看望和慰问驻东官兵，向他们致以节日的问候和祝福，感谢他们为东安经济社会发展做出的突出贡献。

7月29日上午，县委常委班子举行以“深刻反思衡阳破坏选举案教训，切实加强换届风气监督，努力营造良好政治生态”为主题的专题民主生活会。县委书记谢景林主持会议并作表态发言。县委副书记张波、县政协主席陈军等县领导出席。市委组织部、市纪委有关人员到会指导。

7月29日下午，县委书记谢景林带领县监察局、县财政局、县商粮局等部门主要负责人，现场调度永州源味街“东安三馆”建设工作。

8月

8月2日上午，东安县领导干部大会在县行政中心五楼会议室召开。市委组织部副部长李钢宣布省委、市委关于东安县委、县政府主要领导的职务调整，根据决定：冯德校任中共东安县委委员、常委、书记；龙向洋任中共东安县委委员、常委、副书记，提名为东安县人民政府县长候选人。因工作需要，谢景林不再担任中共东安县委委员、常委、书记。谢景林发表离职感言，冯德校、龙向洋作表态发言。

8月4日，县委书记冯德校，县委副书记、县长候选人龙向洋深入芦洪市镇调研神华国华永州电厂建设，随后在项目指挥部会议室召开座谈会。县委常委、常务副县长陈丽以及县委办、县财政、水利、林业、住建、国土、电力等相关部门负责人陪同调研和参加座谈。市政府领导荣燕明出席座谈会。

8月4日下午，县委书记冯德校主持召开县委常委会议，对县委常委和县政府领导班子成员自身建设提出要求，并对当前工作进行安排部署。冯德校强调，县委常委和县政府领导班子成员要讲政治、顾大局，讲团结、聚合力，讲规矩、守纪律，讲奉献、敢担当，团结一致，共谋东安发展。

8月4日下午，县委书记冯德校，县委副书记、县长候选人龙向洋带领县商粮局、东安经济开发区等部门主要人负责人深入企业、车间和建设工地，调研重点项目建设。

8月7日，县委副书记、县长候选人龙向洋在县安监局、交通运输局、交警大队、国土资源局等部门主要负责人陪同下，深入矿区和安全生产重点部位调研安全生产工作。

8月8日下午，县委书记冯德校，县委副书记、县长候选人龙向洋在县委办、县政府办相关负责人陪同下，深入白牙市镇、紫溪市镇、大庙口镇和舜管局走访调研。

8月9日，县人大常委会主任文高平带领县人大办相关负责人，深入井头圩镇开展美丽乡村、精准扶贫、基层党建、安全生产、乡镇人大换届选举等工作调研。

8月10日下午，县委书记冯德校，县委副书记、县长候选人龙向洋在县委办、政府办、农业委等部门负责人陪同下，深入水岭乡、横塘镇、石期市镇、井头圩镇等乡镇走访调研。

8月10日晚，2016永州文化旅游形象大使东安区选拔赛暨首届“电商杯”“美丽东安”形象大使选拔赛总决赛在县城和谐广场举行，邓若兰、唐亚特、颜超莉分别获得冠亚季军。市政府副市长罗双全，市文体广电新闻出版局局长李小星，市广播电视台台长蒋三秋，县委副书记、县长候选人龙向洋，县委副书记张波，县人大常委会主任文高平，县政协主席陈军等县领导出席并观看比赛，并为获奖者颁奖。

8月11日上午，县委中心组2016年（扩大）集中学习报告会在县行政中心五楼会议室举行。县政府副县长唐振宇组织学习中共中央总书记习近平、总理李克强、副总理马凯、中共湖南省委书记徐守盛关于安全生产工作重要讲话或批示精神。学习报告会还邀请市卫计委党组成员、副主任任水平作新修订的《湖南省人口与计划生育条例》专题讲座。县委书记冯德校主持学习报告会并讲话。

8月11日下午，省委副秘书长、省编办主任魏旋君到东安调研神华国华永州电厂建设。市委书记陈文浩，县委书记冯德校，县委副书记、县长候选人龙向洋等市县领导陪同调研。

8月12日，全县县乡两级人大换届选举工作培训会在县人大会议室召开。各乡镇场人大主席、副主席共40多人参加培训。

8月12日，省人大常委会机关刊物《人民之友》杂志永州行专题采访报道组有关人员到东安，对紫水河流域保护管理工作进行素材挖掘、采访报道。

8月12日上午，县委书记冯德校，县委副书记、县长候选人龙向洋在县委办、政府办、扶贫办等部门负责人陪同下，深入大盛镇、南桥镇、花桥镇、芦洪市镇走访调研。

8月15日上午，县委书记冯德校，县委副书记、县长候选人龙向洋在县委办、政府办、交通运输局等部门负责人陪同下，深入新圩江镇、黄泥洞林场、鹿马桥镇、端桥铺镇、川岩乡等地走访调研。

8月15日下午，县政府全体会议暨上半年经济形势分析会在县行政中心三楼会议室召开。会议总结分析上半年经济运行情况，对下半年经济工作进行安排部署。县委副书记、县长候选人龙向洋出席会议并讲话，县委常委、常务副县长陈丽主持会议。

8月16日上午，县委副书记、县长候选人龙向洋主持召开迎接全市重大项目建设流动现场会筹备工作会议，安排部署相关筹备工作。县委常委、常务副县长陈丽，副县长唐振宇参加会议。

8月16日上午，东安县十项基层党建工作大排查推进会在县行政中心五楼会议室召开。县委副书记张波出席会议。

8月16日上午，县委副书记、县长候选人龙向洋主持召开县长办公会，专题研究部署红狮水泥项目建设。县委常委、常务副县长陈丽出席会议。

8月16日下午，县委常委、常务副县长陈丽深入井头圩镇霞栖村东安现代农业园和“135”工程创新创业园，就全市重点项目建设流动现场会筹备工作进行调研。县政府副县长唐振宇陪同调研。

8月16日晚，全县安全生产工作集体谈话会议在县行政中心七楼会议室召开。会议传达贯彻省、市安全生产集体谈话会议精神，对安全生产工作进行安排部署。县委书记冯德校，县委副书记、县长候选人龙向洋出席会议并讲话。县委副书记张波主持会议。

8月18日上午，县委书记冯德校在县委办、县政府办等部门相关负责人陪同下，深入紫溪市镇百花村等地，调研“美丽乡村”建设和乡村旅游工作。县委副书记张波陪同调研。

8月18日下午，县委书记冯德校深入各个建设工地，调研城建规划项目进展情况。

8月22日下午，县委书记冯德校主持召开县委常委扩大会议，专题研究讨论中国共产党东安县第十二次代表大会报告起草和筹备工作。县委副书记、县长候选人龙向洋和县领导张波、陈军、陈丽等出席会议。

8月24日上午，县创建国家卫生县城攻坚推进会在东安会堂召开。县委书记冯德校，县委副书记、县长候选人龙向洋分别讲话，县委常委、常务副县长候选人蒋华主持会议。

8月24日下午，市委常委、市纪委书记杨永带领市督查组到东安督查指导县委换届工作。县委书记冯德校，县委副书记、县长候选人龙向洋和县领导文高平、张波、陈军等出席会议。

8月25日，中国共产党东安县第十一届委员会第九次全体会议在县行政中心五楼会议室召开。全会审议通过《中共东安县委十一届九次全会关于第十一届委员会工作报告的决议》《中共东安县委十一届九次全会关于中共东安县纪律检查委员会工作报告的决议》，推选出席市第五次党代会党代表候选人初步建议人选名单。全会由县委常委会主持，县委书记冯德校讲话。

8月25日，中铁第四勘察设计院专家组专家到东安县考察兴永郴赣铁路东安段设置车站预可行性研究工作。县委副书记、县长候选人龙向洋陪同。

8月26日下午，县委副书记陈丽在县委常委会议室集中调度中国共产党东安县第十二次代表大会筹备工作。

8月27日上午，中国共产党东安县第十二次党代会各代表团临时召集人和副科级以上的领导干部代表会议在县行政中心五楼会议室召开。会议邀请市委指导组组长、市委组织部副部长李钢到会指导。县委书记冯德校出席会议并讲话，会议由县委副书记、县长候选人龙向洋主持。

8月27日下午，县委书记冯德校，县委副书记、县长候选人龙向洋以及陈丽、文高平、张波、陈军等县领导看望慰问出席县第十二次党代会的党代表，向他们表示亲切的慰问和真挚的祝福。

8月27日下午，中国共产党东安县第十二次代表大会在东安会堂召开预备会议。县委书记冯德校主持会议。会议分两阶段进行。第一阶段，表决通过大会主席团成员和大会秘书长名单；通过代表资格审查委员会名单；通过代表提案审查委员会名单；通过中国共产党东安县第十二次代表大会议程；第二阶段，听取并通过代表资格审查报告；宣布大会主席团第一次会议通过的有关事项。

8月27日下午，中国共产党东安县第十二次代表大会第一次主席团会议在县行政中心县委常委会议室召开。县委书记冯德校主持会议。

8月28日上午，中国共产党东安县第十二次代表大会在东安会堂开幕。市委指导组组长、市委组织部副部长李钢到会指导。会议由龙向洋主持。会议应到代表297人，实到284人，符合规定人数。大会在雄壮的国歌声中庄严开幕。冯德校代表中国共产党东安县第十一届委员会作工作报告。

8月30日下午，中国共产党东安县第十二次代表大会完成各项议程，在东安会堂闭幕，冯德校在闭幕式上讲话。市委指导组组长、市委组织部副部长李钢到会指导。大会审议通过《中国共产党东安县第十二次代表大会关于第十一届县委工作报告的决议》和《中国共产党东安县第十二次代表大会关于第十一届纪委工作报告的决议》。

8月30日下午，中共东安县第十二届纪律检查委员会举行第一次全体会议。会议以举手表决的方式通过中共东安县第十二届纪律检查委员会第一次全体会议选举办法；通过监票人名单，指定计票人。选举产生中共东安县第十二届纪律检查委员会常务委员会委员和书记、副书记。

8月30日下午，中共东安县第十二届委员会在县行政中心七楼常委会议室举行第一次全体会议。市委指导组组长、市委组织部副部长李钢到会指导。会议以举手表决的方式通过中共东安县第十二届委员会第一次全体会议选举办法；通过监票人名单，指定计票人；选举产生中共东安县第十二届委员会书记、副书记和常务委员会委员；通过县纪委十二届一次全会的选举结果。

8月31日下午，县委书记冯德校，县委副书记、县长候选人龙向洋调研新东芦公路和“一带八景”建设。县委副书记陈丽陪同调研。

9月

9月1日上午，东安县举行不动产登记中心揭牌暨首证颁发仪式。市国土资源局党组成员、总工程师温小新出席仪式。县委常委、常务副县长候选人蒋华为权利人颁发东安县首本不动产权证书。

9月1日下午，县委书记冯德校，县委副书记、县长候选人龙向洋深入县财政局调研财税工作。县委常委、常务副县长候选人蒋华，县委常委、县委办主任唐振宇陪同调研。

9月2日，县委书记冯德校主持召开新一届县委常委班子第一次常委会，听取全县教育工作情况汇报，安排县委常委班子成员分工及县领导联系乡镇工作，研究《2016年9月份工作重要活动预安排》和《县第十二次党代会重点工作责任分解工作方案》，传达贯彻中央有关文件精神。

9月3日上午，县委书记冯德校，县委副书记、县长候选人龙向洋到县住建局调研城建口各单位工作。

9月3日下午，县委副书记、县长候选人龙向洋深入明德学校、茶源学校调研中小学秋季开学准备工作。县政府办、教育局、公安局、白牙市镇等单位相关负责人陪同调研。

9月5日上午，全县政法综治、民调、信访维稳工作暨农村网格化建设推进会在东安会堂召开。会议回顾总结2016年以来全县政法、民调和信访维稳工作，安排部署2016年下半年工作。县委书记冯德校出席会议并讲话，县委副书记、县长候选人龙向洋主持会议并宣读2016年上半年全县综治民调工作情况通报。

9月5日至7日，由湖南省爱卫办副调研员孙永忠带领的国家卫生县城技术评估专家组，对东安县国家卫生县城创建工作进行考核评估，一致认为东安县已达到创建国家卫生县城各项指标标准，待公示结束后，将向全国爱卫办正式申报，拟推荐东安县命名为“国家卫生县城”。县委书记冯德校出席反馈会并讲话，县委副书记、县长候选人龙向洋作工作汇报。

9月6日上午，《元古村志》首发仪式在东安县石期市镇元古村举行。中国邮政集团公司永州市分公司总经理曹小勇，市史志办副主任高波，县委常委、县纪委书记廖劲松出席《元古村志》首发仪式。

9月9日上午，东安县建设教育强县暨庆祝第32个教师节表彰大会在东安会堂召开。县委书记冯德校出席会议并讲话，县委副书记陈丽主持会议，县委常委、县委宣传部部长唐华栋宣读表彰决定。

9月9日下午，全县反腐败工作小组会议在县行政中心七楼会议室召开。

9月10日下午，县委书记冯德校，县委副书记、代县长龙向洋深入东安经济开发区，调研工业园区建设。县委副书记陈丽等县领导陪同调研。

9月14日上午，东安县召开“雁过拔毛”式腐败问题和“纠‘四风’、治漏习”专项整治工作推进会。县委书记冯德校出席会议并讲话，县委常委、县纪委书记廖劲松作工作情况通报。

9月16日北京时间6点31分结束的第十五届残奥会田径女子T35-38级4×100米接力的比赛中，东安县川岩乡残疾人运动员蒋芬芬携手三名队友以50秒81的成绩获得金牌，并打破该级别的世界纪录，这是东安县残疾人运动员首次参加残奥会并夺取金牌。

9月18日，由县科协主办，县教育局、县老科协、东安一中协办的东安县2016年全国科普日大型科普进校园活动启动仪式在东安一中举行。

9月19日，市委常委、市纪委书记杨永到东安征求市第五次党代会报告意见。县委书记冯德校，县委副书记、代县长龙向洋，县人大常委会主任文高平和廖劲松、唐振宇等县领导以及部分参加市第五次党代会的党代表参加座谈。

9月19日上午，全县城乡居民社会养老保险征缴推进会在县人社局召开。会议通报全县城乡居民养老保险工作进展情况，对下阶段工作进行安排部署。

9月20日下午，市纪委副书记黄薇带领市纪委调研组到东安调研纪检监察工作。

9月21日上午，全市重大项目建设流动现场会暨创建百岁健康省现场会工作调度会在县行政中心七楼会议室召开。县委副书记陈丽主持会议。

9月22日上午，永州重大项目建设流动现场推进会考察团到东安参观。市委书记陈文浩，市领导张严、高建华、唐定等市领导以及各县区、市直相关部门主要负责人到东安现代农业综合产业园、县创新创业园“135工程”标准厂房建设现场，实地参观、点评、督导项目建设工作。县委书记冯德校，县委副书记、代县长龙向洋参加流动现场会。

9月22日晚，县委书记冯德校主持召开县委常委会议，听取县人大和政协换届有关工作、县出席省第十一次党代会代表初步候选人酝酿提名人选、协调议事机构（领导小组）调整方案和相关重要制度修订、县政府第45次常务会研究的有关工作、信访维稳工作和纪检监察等工作情况汇报。

9月23日，县委副书记、代县长龙向洋深入芦洪市镇调研“一带八景”和农村安全饮水工程建设。县委副书记陈丽等县领导陪同调研。

9月23日下午，全县县乡人大、政府和县政协换届工作业务培训会在县行政中心五楼会议室召开。县委常委、县委组织部部长彭俊卿出席会议并讲话。

9月25日下午，中国共产党东安县第十二届委员会第二次全体会议在县行政中心七楼常委会议室召开。县委书记冯德校主持会议。县委副书记、代县长龙向洋，县委副书记陈丽等出席会议。会议以无记名投票方式，选举冯德校、莫艳萍、张晓辉为东安县出席湖南省第十一次党代表大会代表候选人初步人选。

9月25日下午，县举行仪式，欢迎第十五届里约残奥会冠军、东安籍运动员蒋芬芬归来。县委书记冯德校，县委副书记、代县长龙向洋，县委副书记陈丽，县人大常委会主任文高平等县领导参加欢迎仪式。

9月26日，湖南省“百岁健康”创建活动经验交流会在东安召开。会议由省老科协会长蔡力峰主持。原副省长、省老科协执行会长唐之享，市委副书记张严，县委书记冯德校，县委副书记陈丽及全省各市县区老科协相关单位负责人出席座谈会或现场观摩。

9月26日下午，县十六届人大常委会第31次会议在县行政中心四楼会议室召开。县人大常委会主任文高平出席会议。会议听取县水利局、县交通运输局、县司法局、县合管办等部门关于县人大常委会工作审议意见整改落实情况汇报，并对以上部门进行审议和测评；听取并审议通过东安县2016年县乡两级人民代表大会换届选举工作方案（草案）、县乡两级人大换届选举委员会成员名单（草案），乡镇人大代表名额的报告（草案）、县乡两级人大代表名额分配名单的报告（草案）。

9月28日上午，由市公安局主办，东安县公安局承办，东安门球协会协办的永州市公安系统第十一届老年门球赛在东安体育坪健身广场开幕。永州市公安局和各县区公安（分）局的13支代表队130余名离退休老同志参加比赛。

9月29日上午，县政协主席陈军带领市、县政协委员先后深入白牙市镇鸡井塘村、龙溪源村、独秀峰村、龙溪水库等地，通过实地察看、听取汇报等方式，详细了解东安农村安全饮用水工程情况。

10月

10月3日，县委书记冯德校放弃国庆长假休息，深入芦洪市镇湘江焊剂有限公司、红狮水泥、一带八景等重点项目建设工地、企业生产车间，督战重点项目建设进度和安全生产工作。县委常委、县委办主任唐振宇陪同。

10月8日上午，县委、县政府工作会议在县行政中心五楼会议室召开。县委书记冯德校主持会议并讲话，县委副书记、代县长龙向洋安排部署当前重要工作，县委副书记陈丽宣读《大督查办关于国庆假期各项重点工作督查情况的通报》，县委常委、县纪委书记廖劲松宣读《县作风办关于国庆假期各项工作督查情况以及相关案件处理情况的通报》。

10月8日下午，县委书记冯德校带领县委办、住建局等相关部门负责人深入县城各个建设工地，调研新型城镇化建设。县委常委、县委办主任唐振宇陪同调研。

10月8日晚上，县委副书记、代县长龙向洋主持召开县政府第46次常务会议。会议听取重点项目建设绩效考核办法补充意见、2016年综合考核和重点工作单项考核实施方案、凯翔公司（三期）项目扩建招商引资合同有关问题、东安旅游发展工作、舜皇山国家森林公园创国家AAAA级旅游景区、美丽乡村和全面小康建设工作、县城开展市容和环境卫生集中整治工作、县城烟花爆竹燃放管理工作、控违拆违等工作情况汇报。

10月9日上午，全县部分离退休老干部欢聚一堂，喜迎重阳佳节。县委书记冯德校出席座谈会并讲话。县委副书记、代县长龙向洋通报市第五次党代会和县第十二次党代会精神。县委副书记陈丽主持座谈会。

10月9日下午，县委书记冯德校在芦洪市镇政府会议室，主持召开县域副中心建设调研座谈会。县委副书记、代县长龙向洋，县委副书记陈丽和唐振宇等县领导以及县国土、财政、住建、交通、水利、城管等部门负责人参加座谈。

10月10日上午，全市中学生足球赛在东安天成实验学校运动场开幕。

10月10日上午，市委副秘书长、市委督查室主任胡浩率督查组一行到东安督查省政府交办审计查出问题整改落实情况及全市前三季度稳增长情况。

10月10日上午，县委常委、县纪委书记廖劲松带领县卫计委、安监局、移民局、农机局等部门负责人，深入石期市镇检查安全生产工作。

10月10日下午，市纪委党风政风督查室主任丁爱平带领工作组，就井头圩镇上大村“雁过拔毛”式腐败问题专项整治工作到东安县调研。

10月10日，由湖南省出入境检验检疫局、省商务厅、省农业委等部门组成的省考核组到东安考核验收省级出口食品农产品质量安全示范区创建工作。县委副书记、代县长龙向洋出席会议并作创建工作情况汇报。省考核组对东安省级出口农产品质量安全示范区建设工作给予充分肯定。

10月12日上午，全县网吧专项整治工作动员会在县教育局会议室召开，重点就网吧接纳未成年人、未按规定落实实名登记等违规经营行为及开展健康安全文明网吧创建工作进行部署。

10月13日上午，全县重点企业主要负责人安全生产工作集体约谈会在县行政中心三楼会议室召开。会议传达贯彻省、市、县三级约谈会议精神，督促企业主要负责人履行本单位安全生产职责，推动企业落实安全生产主体责任。

10月13日上午，全县精准扶贫暨秋冬农业生产工作会议在县行政中心五楼会议室召开。县委书记冯德校出席会议并讲话。县委副书记陈丽宣读《东安县2016年金融产业扶贫工作实施方案》。县委常委、县委统战部部长李四清，副县长候选人何锋分别作工作报告。

10月13日下午，市政协副主席魏湘江带领市政协委员到东安视察宗教工作。县委书记冯德校，县委副书记、代县长龙向洋，县政协主席陈军、副主席蒋燕平陪同视察。

10月14日，县委书记冯德校，县委副书记、代理县长龙向洋深入白牙市镇调研指导大江源乡村旅游项目建设。县委常委、县委办主任唐振宇以及县委办、政府办、县交通局、住建局、林业局、国土资源局、白牙市镇等相关单位负责人陪同调研。

10月15日下午，县乡人大换届选举工作会议在县行政中心四楼会议室召开。会议通报县乡两级人大代表初选候选人公布情况，对县乡换届选举工作进行安排部署。县人大常委会党组第一副书记张波出席会议并讲话，县人大常委会副主任胡慧川主持会议。

10月15日下午，杭州汉普投资管理有限公司到东安旅游投资开发洽谈对接会在县行政中心七楼会议室召开。县委书记冯德校，县委副书记、代县长龙向洋，县委副书记陈丽，县委常委、县委办主任唐振宇，副县长李瑞霞出席。

10月16日，神华国华永州电厂项目建设推进工作会议在神华国华永州电厂项目建设指挥部召开。神华集团国华电力分公司总经理李巍，国华电力分公司工程建设部总经理靳华峰，市政府领导荣燕明，县委书记冯德校，县委副书记、代县长龙向洋，县委副书记陈丽，县委常委、县委办主任唐振宇出席会议。

10月16日，省委副书记、代省长许达哲深入县调研神华国华永州电厂项目建设。神华集团国华电力分公司总经理李巍，市委书记陈文浩，市委副书记、市长易佳良，市委常委、市委政法委书记、秘书长唐能武，市政府领导荣燕明，县委书记冯德校，县委副书记、代县长龙向洋，县委副书记陈丽，县委常委、县委办主任唐振宇等陪同调研。

10月16日晚上，县委书记冯德校主持召开县委常委会议，第三次开展“两学一做”学习教育专题学习研讨。

10月17日下午，2016年永州市首届中学生足球比赛在东安天成实验学校闭幕。经过比赛以及运动员素质、技能综合测试，宁远县代表队和冷水滩代表队分别获得初中组男、女冠军；新田代表和宁远代表队分别获得高中组男女冠军。东安县初中男子足球队获第三名，初中女子足球队获第四名。

10月18日，在2016创新“互联网＋全域旅游”暨第四届旅游业融合与创新论坛上，东安县再次跻身“2016最美中国榜”。

10月18日，市委常委、市委组织部部长吴志雄到东安调研换届和基层党建工作。县委书记冯德校，县人大主任文高平，县政协主席陈军以及李四清、彭俊卿等领导陪同调研或座谈。

10月19日上午，东安县十六届人大常委会第三十三次会议召开。县人大常委会主任文高平，县人大常委会党组第一副书记张波等出席会议，县委常委、常务副县长蒋华应邀出席会议。会议审议县人大常委会主任会议《关于调整县选举委员会和乡镇选举委员会组成人员的议案》，表决通过东安县县乡换届选举委员会及乡镇选举委员会建议人员名单。

10月19至20日，县委书记冯德校，县委副书记、代县长龙向洋率县直相关部门负责人赴京对接神华国华永州电厂项目建设、全国新型城镇化综合示范试点镇等工作。县委副书记陈丽，县委常委、县委办主任唐振宇陪同。

10月20日，县人大常委会主任文高平、党组第一副书记张波深入井头圩镇督查指导县乡人大换届选举工作。

10月21日下午，县委书记冯德校深入县城市建设投资有限公司调研，了解公司发展情况、经营模式以及存在的困难和问题。县委常委、常务副县长蒋华，县委常委、县委办主任唐振宇陪同调研。

10月21日晚，2016“欢乐潇湘·美丽东安”暨创建省文明县城全民广场舞大赛在县城和谐广场再次举办，县城20支代表队300多人参加比赛，舜峰美艺术团获得一等奖，如意山庄舞蹈队、白牙市金鸡开心队获得二等奖，开心民族舞蹈队、体育坪太极健身队、玉兰花队获得三等奖。

10月23日下午，县委书记冯德校深入端桥铺镇金龙山庄调研东安鸡产业化建设。县委常委、县委办主任唐振宇陪同调研。

10月23日下午，县委书记冯德校深入芦洪市镇调研神华国华永州电厂和“一带八景”核心区建设工作。县委常委、县委办主任唐振宇，县政府正处级干部文德陪同。

10月24日上午，市委巡察第一组组长柏玉一行到东安开展换届风气监督第二轮专项巡察工作并召开见面汇报会。县委书记冯德校作换届选举及换届风气监督工作落实情况汇报。县人大常委会主任文高平，县政协主席陈军以及李四清、彭俊卿、唐华栋、廖劲松等县领导出席汇报会。

10月25日上午，县委书记冯德校深入白牙市镇桐子山村选区检查指导县乡人大换届选举工作。冯德校强调，县、乡人大换届选举工作要坚持党的领导，依法依规，要严肃纪律，杜绝拉票贿选，充分体现人民意愿，真正投票选举出为民代言的县、乡人大代表。

10月25日上午，市委副厅级干部伍军带领市政府督查组到东安督查指导保障性安居工程建设工作。县委书记冯德校，副县长候选人邹礼春陪同。

10月25日，县委副书记、代县长龙向洋深入芦洪市镇柘刺坪村，督查指导县乡两级人大换届选举工作。

10月26日上午，县委书记冯德校带领县国土资源、住建等相关部门主要负责人深入紫水新城、东安经济开发区等地调研国有土地储备出让和BT项目建设情况。

10月26日上午，县委书记冯德校深入江东文武学校调研东安武术文化发展工作。

10月26日，县人大常委会主任候选人、党组第一副书记张波深入川岩乡岭芝村，督查指导县乡人大换届选举工作。

10月26日下午，全县绩效考核暨重点项目建设考核誓师大会在县行政中心五楼会议室召开。县委书记冯德校出席会议并讲话，要求全县各级各部门要充分认识考核工作的重要性，树立信心，真抓实干，以大考核推动大落实，以大督查推动大落实，以大问责推动大落实，发挥优势，再创新绩。县委副书记、代县长龙向洋主持会议。

10月27日下午，县委副书记、代县长龙向洋主持召开县政府第47次常务会议，听取县城建设提交县人大议案相关工作、县融资公司组建工作、工业园闲置土地清理工作、绕城线建设等工作情况汇报。

10月28日上午，县委书记冯德校深入县城投公司，主持召开全县融资工作调度会。县委常委、县委统战部部长李四清，县委常委、常务副县长蒋华，县人大常委会副主任胡贤吉出席会议。

10月28日下午，全县“两项专项整治”暨反映扶贫领域涉嫌违纪问题信访举报督办工作会议在县行政中心五楼会议室召开。会议通报2016年1—10月东安县纪检监察信访举报工作情况汇报，对下阶段工作进行部署。县委常委、县纪委书记廖劲松出席会议并讲话。

10月29日下午，县委书记冯德校深入水岭乡调研武术之乡建设。县人大常委会主任文高平，县委常委、县委办主任唐振宇，副县长李瑞霞陪同调研。

10月29日晚上，永州市第四届京剧票友艺术节汇演在东安会堂内精彩上演。市文联党组书记蒋浦英、市京剧协会会长周训凡，县委常委、县委宣传部部长唐华栋与900余名京剧爱好者一同观看演出。

10月31日，县委书记冯德校，县委副书记、代县长龙向洋深入芦洪市镇调研神华国华永州电厂和“一带八景”核心区建设，随后在项目指挥部会议室召开座谈会。县委副书记陈丽以及县委办、县财政局等相关部门负责人陪同调研和参加座谈。市政府领导荣燕明出席座谈会。

11月

11月1日，市纪委党风政风监督室主任丁爱平带领市督查组到东安督查“两项专项整治”工作。县委常委、县纪委书记廖劲松汇报专项整治工作情况。

11月2日上午，2016年县委中心组（扩大）集中学习报告会在县行政中心五楼会议室举行。市安监局党组书记、局长段灵利，市委宣传部副部长王再兴，分别作题为《坚持问题导向，强化责任担当，努力推动安全生产形势持续稳定向好》《牢牢把握意识形态工作主导权》专题辅导报告。县委书记冯德校主持学习会并讲话。

11月2日上午，县召开安全生产第三季度形势分析暨打非治违“利剑行动”工作会议，县委书记冯德校出席会议并讲话。冯德校要求，全县各级各部门要高度重视安全生产工作，加大排查力度，突出工作重点，严格督查考核，确保“利剑行动”取得实效。县委副书记、代县长龙向洋主持会议。县委副书记陈丽作全县安全生产第三季度形势分析暨打非治违“利剑行动”工作报告。

11月2日下午，东安县召开“雁过拔毛”式腐败问题专项整治工作约谈会，对15个县直单位和6个乡镇主要负责人进行约谈。县委常委、县纪委书记廖劲松主持会议并讲话。

11月2日下午，县委副书记、代县长龙向洋主持召开县政府第48次会议。会议讨论研究县域副中心建设实施意见和实施方案，听取美丽机关、美丽庭院建设和农建投组建工作情况汇报。

11月2日下午，县委书记冯德校深入石期市镇调研精准扶贫、道路交通安全和机关“五小”建设工作。县委常委、县委组织部部长彭俊卿，县委常委、县委办主任唐振宇陪同。

11月3日上午，县委书记冯德校，县委副书记、代县长龙向洋深入县城市建设投资有限公司调度融资工作。县人大常委会副主任胡贤吉和相关职能部门主要负责人参加调度会。

11月3日，县委书记冯德校主持召开县委常委会议，研究讨论《关于把芦洪市镇打造成县域副中心的意见》，听取全县微旅游发展情况、基层党建工作及乡镇“五小”设施建设情况等情况汇报，传达全市网格化工作、美丽乡村环境整治、农村秋冬生产、农村人饮工程、河道治理工作、精准扶贫工作等相关会议精神。

11月3日至7日，省专家督学周金国带领省市评估考核组到东安就教育“两项督导评估考核”工作进行初评审核。县委副书记、代县长龙向洋，县委常委、县委宣传部部长唐华栋，副县长张静出席汇报会。

11月4日上午，县委副书记、代县长龙向洋深入石期市镇蒋家村金湘源现代农业综合示范区蔬菜基地调研精准扶贫和产业富民工作。县人大常委会副主任候选人、县政府办主任刘劼和相关职能部门主要负责人陪同。

11月4日至6日，全县基层党组织书记及党务骨干培训班在东安会堂开班，全县的基层党组织书记及党务骨干470余人参加了为期三天的学习培训。县委书记冯德校在开班仪式上讲话，县委常委、县委组织部部长彭俊卿主持开班仪式并作专题讲课。

11月6日晚上10点，县委书记冯德校深入芦洪市镇督查指导永电新村项目建设。县委常委、县委办主任唐振宇陪同督查。

11月7日，县委书记冯德校深入川岩乡榴星村调研指导精准扶贫工作。冯德校要求，全县上下要牢固树立“县主导、乡主抓、贫困户为主体”的精准扶贫工作思路，加强易地搬迁，做细台账资料，巩固扶贫成果，拓宽农户收入来源，确保全县精准扶贫工作上台阶、出成效。县委常委、县委办主任唐振宇，副县长候选人何锋、副县长张静陪同调研。

11月7日上午，县委书记冯德校督查指导新东芦公路建设，要求项目施工方在保质保量的前提下，抢抓晴好天气，加班加点推进项目建设，早日实现县域交通大循环，让广大群众出行更通畅。县委常委、县委办主任唐振宇，副县长候选人张一波，县政协副主席蒋燕平陪同督查。

11月7日下午，东安创建省文明县城、园林县城暨城市管理工作攻坚会在东安会堂召开。县委书记冯德校出席会议并讲话，县委副书记、代县长龙向洋主持会议。

11月9日上午，县委副书记、代县长龙向洋主持召开县政府第49次常务会议，讨论研究即将提交东安县第十七届人民代表大会第一次会议审议的《政府工作报告(讨论稿)》。

11月9日上午，国家城郊环保型资源高效农业模式研究与示范试验基地正式落户东安石期市镇金湘源现代农业科技示范园。中国科学院亚热带农业生态所所长吴金水、省农业委员会巡视员钟正洪、市农委主任周善生，县委书记冯德校，县人大常委会主任候选人、党组第一副书记张波，县政协主席陈军和廖劲松、唐振宇、何锋等省、市、县领导出席开工、揭牌仪式。

11月9日下午，全县精准扶贫工作调度会议在县行政中心五楼会议室召开。县委书记冯德校主持会议，县委副书记、代县长龙向洋出席会议并讲话。会议听取县扶贫办、舜皇山国家森林管理局和各乡镇场精准扶贫工作情况汇报，宣读全县精准扶贫考核办法。

11月10日至11日，县委书记冯德校，县委副书记、代县长龙向洋带领县党政考察团，就美丽通道建设、全域旅游、乡村旅游、美丽乡村建设和城市管理工作，赴宁远县、郴州市苏仙区、北湖区考察“取经”。县人大常委会主任文高平，县人大常委会主任候选人、党组第一副书记张波，县政协主席陈军和李四清、彭俊卿、蒋华、唐华栋、廖劲松、唐振宇、唐伟文等四大班子成员以及县直相关部门、各乡镇场主要负责人参加考察。

11月11日下午，县委书记冯德校主持召开县委常委会议，听取2016年度财政收支预算调整方案、出席市人大会代表和市政协委员候选人建议人选以及政协东安县第九届委员会委员建议名单、县人大政协换届筹备工作、县政府工作报告起草等工作情况汇报。

11月12日上午，全县基层党建工作推进会在县行政中心五楼会议室召开。县委书记冯德校出席会议并讲话，县委副书记陈丽主持会议。县委常委、县委组织部部长彭俊卿安排部署下阶段基层党建工作。

11月15日上午，全面小康建设工作调度会在县行政中心七楼会议室召开。县委副书记陈丽主持会议并讲话，县领导蒋华、唐华栋、唐振宇、李瑞霞、张静，以及副县长候选人何峰、张一波等出席会议。

11月16日下午，县委副书记、代县长龙向洋深入芦洪市镇王家亭村调研指导软弱涣散党组织建设工作。

11月16日下午，县委副书记、代县长龙向洋带领相关部门负责人深入新圩江镇芦江村调研精准扶贫工作。

11月17日，神华国华电力公司总经理李巍到东安考察神华国华永州电厂一期工程建设情况。县委副书记、代县长龙向洋陪同考察。

11月17日，政协东安县八届常务委员会第22次会议召开。县政协主席陈军主持会议并讲话。会议审议通过关于召开政协东安县第九届委员会第一次会议的决定（草案）、政协东安县第九届一次会议议程（草案）、九届一次会议日程（草案）等议程，协商通过政协东安县第九届委员会参加单位、委员名额和委员人选（草案）、政协东安县第九届委员会第一次会议秘书长、副秘书长、秘书处工作机构及负责人名单（草案）等议程，并对政协东安县第八届委员会常务委员会工作报告（审议稿）等议程进行审议。

11月17日下午，全县经济形势分析暨重点项目、财税工作调度会在县行政中心五楼会议室召开。县委副书记、代县长龙向洋出席会议并讲话，县委常委、常务副县长蒋华主持会议。

11月18日，县委副书记、代县长龙向洋就修改完善即将提请县第十七届人民代表大会第一次会议审议的《政府工作报告（征求意见稿）》先后到县人大常委会机关、县政协机关听取意见和建议。

11月18日下午，东安农村商业银行不良贷款清收工作调度会议在县行政中心三楼会议室召开。县委副书记、代县长龙向洋出席会议并讲话。县委常委、县委组织部部长彭俊卿，县委常委、常务副县长蒋华出席会议。

11月21日下午，县第十六届人大常委会第34次会议在县行政中心四楼会议室召开。县人大常委会主任文高平，县人大常委会主任候选人、党组第一副书记张波出席会议。会议审议通过2016年县财政预算执行情况报告、县十七届人大一次会议筹备工作方案（草案）和常委会工作报告（草案）、县十七届人大一次会议日程及各类名单（草案）、县十七届人大一次会议代表资格审查报告；听取审议县十六届人大四次会议代表议案和建议办理及督办情况的调查报告。

11月22日上午，县召开考核工作推进暨培训会。县委副书记、代县长龙向洋要求，各级各部门要明确目标任务，讲究工作方法，强化责任担当，切实抓好绩效考核工作。县委副书记陈丽以及彭俊卿、蒋华、廖劲松等县领导出席会议。

11月22日，县委中心组举行2016年第八次集中学习专题辅导报告会，县委书记冯德校介绍省第十一次党代会盛况，传达大会主要精神以及杜家毫参加永州代表团讨论时的重要讲话精神。县委副书记、代县长龙向洋，县委副书记陈丽，县人大常委会主任文高平，县人大常委会主任候选人、党组第一副书记张波，县政协主席陈军和县领导李四清、彭俊卿、蒋华、李党会、唐华栋、廖劲松、唐振宇、唐伟文等县委中心组成员参加学习。

11月22日下午，县委书记冯德校主持召开县委常委会议，听取县人大常委会工作报告（草案）、县政协第八届委员会常务委员会工作报告（草案），县人民检察院、县人民法院工作报告（草案），《精准扶贫工作考核办法补充意见》《东安县关于开展周末讲堂活动实施方案》和全县意识形态工作情况汇报，并就相关工作进行安排部署。

11月23日上午，清华大学教授夏群生授予东安一中“清华大学2016年生源中学”牌匾，正式确定东安一中为“清华大学2016年生源中学”。东安一中成为清华大学在永州市仅有的三所生源中学之一。县委常委、县委宣传部部长唐华栋出席授牌仪式。

11月24日上午，市委常委、市纪委书记杨永专程到市纪委精准扶贫工作联系点东安县井头圩镇上大村，传达贯彻中共十八届六中全会和省第十一次党代会精神，为全村党员骨干上专题党课。县委书记冯德校以及廖劲松、张一波等一同参加。

11月25日上午，县委副书记、代县长龙向洋带领县交通、城管、城卫绿化、交警等相关部门负责人调研城区农贸市场综合治理及绕城路建设工作。

11月26日上午，县委书记冯德校带领县四大班子成员到各代表团驻地，看望慰问前来参加县十七届人大一次会议的各界人大代表。

11月26日上午，政协东安县第九届委员会第一次会议在东安会堂开幕。全县各族各界、各条战线的县政协委员齐聚一堂，履行政治协商、民主监督、参政议政职能，求真务实共绘东安发展蓝图。市政协主席唐定，市委组织部副部长李钢，市政协秘书长宋可福到会指导。

11月27日上午，县第十七届人民代表大会第一次会议在东安会堂开幕。市人大常委会副主任袁满娥到会指导并在主席台前排就座。县第十七届人民代表大会主席团执行主席冯德校、龙向洋、陈丽、文高平、张波、宁苏君、胡贤吉、唐新柱、胡慧川、蒋永辉、黄敏、刘劼在大会主席台前排就座。本次大会由大会执行主席张波主持。县委副书记、代县长龙向洋代表县人民政府向大会作政府工作报告。

11月27日下午，全国、全省、全市安全生产电视电话会议先后召开。会议要求认真贯彻落实习近平总书记和李克强总理关于江西丰城发电厂坍塌事故和全国安全生产工作的重要指示批示精神。县委副书记、代县长龙向洋，县委常委、常务副县长蒋华及相关部门、各乡镇场主要负责人在东安分会场收看。

11月29日上午，在完成各项议程后，政协东安县第九届委员会第一次会议在东安会堂闭幕。县委书记冯德校，县委副书记、代县长龙向洋，县政协主席陈军等领导出席闭幕大会，大会由县政协副主席秦剑元主持。大会举手表决通过政协东安县第九届委员会第一次会议政治决议；通过政协东安县第九届委员会第一次会议关于政协东安县第八届常务委员会工作报告的决议；通过政协东安县第九届委员会第一次会议关于政协东安县第八届常务委员会提案工作情况报告的决议；通过政协东安县第九届委员会第一次会议提案审查委员会关于九届一次会议提案审查情况的报告（草案）。宣读政协东安县第九届委员会第一次会议向政协东安县第八届委员会离任委员的致敬信。新当选的政协东安县第九届委员会主席陈军在闭幕式上发表讲话。

11月30日，县第十七届人大第一次会议第三次、第四次全体会议在东安会堂召开。会议通过无记名投票方式，选举张波为县第十七届人大常委会主任，选举唐新柱、胡慧川、蒋永辉、黄敏、刘劼为第十七届人大常委会副主任，选举文建宏、邓贵春、郭军林、唐垂辉等26人为县第十七届人大常委会委员。选举龙向洋为县人民政府县长，蒋华、何锋、宋志雄、李瑞霞、张静、邹礼春、张一波为县人民政府副县长。选举蒋江陵为县人民法院院长，唐小辉为县人民检察院检察长。

11月30日，省移民局副巡视员马志武一行到东安调研移民项目建设、产业发展和移民培训等工作。市移民局局长周智亮，县委书记冯德校，县委副书记、县长龙向洋，县委副书记陈丽和李四清、何锋、李瑞霞等市、县领导陪同调研或参加汇报会。

11月30日下午，县第十七届人民代表大会第一次会议在东安会堂闭幕。会议通过关于东安县人民政府工作报告的决议；关于东安县人大常委会工作报告的决议；关于东安县2016年1—10月国民经济和社会发展计划执行情况报告的决议；关于东安县2016年1—10月财政预算执行情况报告的决议；关于东安县人民法院工作报告的决议；关于东安县人民检察院工作报告的决议；通过《东安县第十七届人民代表大会第一次会议关于设立东安县人民代表大会法制委员会、财政经济委员会、委员名单》和《东安县第十七届人民代表大会法制委员会、财政经济委员会主任委员、委员名单》。县委书记冯德校发表讲话，新当选的县第十七届县人大常委会主任张波在闭幕式上发表讲话。

12月

12月1日，县委副书记、县长龙向洋主持召开新一届县政府第一次常务会议，讨论研究招商引资优惠政策及东莞招商会筹备工作，听取县第二批政府购买服务相关工作、冶炼行业优惠电价补贴工作、消防工作、四星级宾馆提质改造、县农村综合服务平台建设工作、芦江水库库区道路桥梁建设相关工作、县政府工作报告目标任务分解等工作情况汇报。

12月2日上午，县委书记冯德校深入大庙口镇和舜管局调研指导乡村旅游发展工作。

12月2日上午，县十七届人大常委会第一次主任会议在县行政中心四楼会议室召开。县人大常委会主任张波主持会议。会议传达学习贯彻省第十一次党代会和县十七届人大一次会议精神；对县第十七届人大一次会议进行总结；学习和审议人大常委会及机关各项规章制度；听取和审议县十七届人大一次会议至二次会议期间工作计划要点（草案）；研究决定县人大常委会班子分工。

12月3日下午，县委“两学一做”学习教育第四次集中学习讨论会在县行政中心七楼会议室举行。县委书记冯德校主持讨论会。会议集中学习《中国共产党问责条例》和中共十八届六中全会精神。县委常委会组成人员围绕“讲奉献、有作为”这一主题，联系自身思想、工作和作风实际，谈认识、查不足、明方向，进行深入讨论交流，达到深化认识、相互启发、共同提高的预期目的。

12月5日上午，县人大常委会主任张波深入井头圩镇凤凰村和岭观村调研指导软弱涣散党组织建设和建整扶贫工作。

12月5日，省环保厅监测处副处长万小卓带领考核组，到东安考核国家重点生态功能区县域生态环境质量。市环保局副局长王宁军，县委常委、常务副县长蒋华陪同。

12月6日上午，县委副书记、县长龙向洋带领县教育局、住建局、国土资源局等相关部门负责人调研城区的新建、扩建和中小学学位规划建设情况。县委常委、县委宣传部部长唐华栋，县政府副县长张静陪同调研。

12月7日上午，县委书记冯德校在县人武部会议室主持召开县委常委会，听取议军、统战、县政府常务会研究的招商引资、东莞招商会筹备等重点工作情况汇报，并就相关工作进行安排部署。

12月7日晚，县委书记冯德校主持召开县委常委会议，研究纪检工作和县政府第一次常务会研究的县农村综合服务平台建设、东莞招商会筹备、四星级宾馆提质改造等重点工作，安排部署全县十二月份工作。

12月8日下午，省委宣传部副部长、省文明办主任刘进能到东安考评省级文明县城创建工作。县委书记冯德校，县委常委、县委宣传部部长唐华栋陪同检查或出席汇报会。

12月9日上午，县委副书记陈丽率领县国土资源局、信访局、土地储备中心等后盾单位相关负责人，深入白牙市镇龙溪源村调研指导精准扶贫工作。

12月9日上午，县委书记冯德校深入白牙市镇山水村、前进社区和大江源农庄，调研社区、村基层党建和美丽乡村建设。县委副书记陈丽，县委常委、县委办主任唐振宇，副县长李瑞霞等分别陪同。

12月9日下午，东安与湖南省绿大地科技有限公司就建设“台商工业园项目”签订招商引资合同书，标志着“台商工业园项目”正式落户东安。县委书记冯德校，县委副书记、县长龙向洋，县人大常委会主任张波和彭俊卿、唐振宇、张一波等县领导出席签约仪式。

12月9日下午，县委副书记陈丽带领县纪委考核组，对白牙市镇党风廉政建设责任制落实情况进行考核。县委常委、县委办主任唐振宇参加考核。

12月12日上午，市优化办主任唐基归带领市调研组到东安调研优化经济发展环境工作。县委常委、县纪委书记廖劲松陪同调研。

12月13日，神华集团总经理凌文到东安调研神华国华永州电厂建设时强调，要把好安全关、技术关、质量关，彰显企业社会责任，努力建设一流优质工程。市委书记李晖，市委副书记、市长易佳良和唐湘林、唐能武、荣燕明、冯德校、龙向洋、陈丽、唐振宇、唐伟文等市县领导陪同调研。

12月14日下午，县举行欢迎仪式，热烈欢迎“全国文明家庭”吴才有黄常淑夫妇载誉归来。县委书记冯德校，县委常委、县委宣传部部长唐华栋，县委常委、县纪委书记廖劲松，县委常委、县委政法委书记唐伟文，副县长张静、张一波出席欢迎会。

12月15日，市委常委、永州军分区司令员王守海率市委考核组到东安县检查考核党风廉政建设责任制落实情况。县委副书记、县长龙向洋主持会议。县政协主席陈军以及李四清、彭俊卿、蒋华、李党会、唐华栋、廖劲松等县领导陪同检查或座谈。

12月16日上午，县委书记冯德校主持召开县委常委会议，听取纪检监察、党建等工作情况汇报，并研究部署相关工作。

12月16日下午，全县2016年烤烟生产总结会暨2017年烤烟生产动员会在县行政中心五楼会议室召开。会议总结全县2016年烤烟生产工作，对2017年烤烟生产任务进行安排部署。县委副书记、县长龙向洋，县委常委、县政府常务副县长蒋华出席会议，会议由原政协主席杨绪耀主持。

12月16日下午，东安与国网永州供电公司签定《东安经济开发区供电框架协议》。国网永州供电公司总经理潘继雄、党委书记顾苏，县委书记冯德校，县委副书记、县长龙向洋，县委副书记陈丽参加签约仪式。副县长张一波代表东安县人民政府与国网永州供电公司签约。

12月17日上午，县委副书记、县长龙向洋深入紫溪市镇渌埠头村，调研湘江调元渡口安全隐患整治工作。

12月18日上午，永东城际快速通道二期工程冷水滩珊瑚镇至东安井头圩段开工仪式在东安井头圩镇举行。市政府副市长严兴德宣布项目开工。县委书记冯德校，县委副书记、县长龙向洋，县人大常委会主任张波，县政协主席陈军等出席开工仪式。

12月18日上午，县举行冷东公路二期城区段试运行通车仪式。市政府副市长严兴德出席通车仪式。县委书记冯德校宣布冷东公路城区段试运行通车。县委副书记、县长龙向洋主持通车仪式。

12月18日下午，中国东安首届武术旅游文化周在县城天成实验学校开幕。中国伦理学会秘书长王海滨在开幕式讲话，永州市政协主席唐定宣布中国东安首届武术旅游文化周开幕。县委书记冯德校在开幕式上致辞。中央电视台和省、市、县的三十余家媒体进行报道。

12月19日，全县各乡镇场、县直各单位、各民间团体上千名运动员在县城和谐广场开展集体同练“东安拳”活动。

12月19日上午，县委中心组2016年(扩大)集中学习报告会在县行政中心五楼会议室举行。市委中共十八届六中全会精神宣讲团成员、市直机关工委书记郑文飞作中共十八届六中全会精神专题辅导报告；北京大学教授、博士生导师、北京大学中国城市设计研究中心主任陈可石作全域旅游下的特色小镇和旅游小镇设计专题讲座。县委书记冯德校主持学习报告会并讲话。

12月19日下午，县委统战工作会议在县行政中心五楼会议室召开。省委统战部政策理论研究室主任马碧就《中国共产党统一战线工作条例(试行)》进行宣讲授课。县委书记冯德校出席会议并讲话。

12月19日下午，东安县召开县委巡察工作动员会，深入学习贯彻省市巡视巡察工作精神，并对县委第一轮巡察工作进行动员部署。县委书记冯德校出席会议并讲话。

12月19日下午，市委常委、市委宣传部部长、副市长刘尤碧到东安就《政府工作报告》征求意见和建议。县委副书记、县长龙向洋出席会议，县人大常委会副主任唐新柱、刘劼，副县长李瑞霞，县政协副主席秦剑元等县领导和部分驻东市人大代表、政协委员参加座谈会。

12月20日上午，县委书记冯德校主持召开县委常委扩大会议，调度重点项目建设和当前重要工作。县委副书记、县长龙向洋，县委副书记陈丽，县人大常委会主任张波，县政协主席陈军等出席会议。

12月20日，东安与建行永州市分行就政银战略合作签约。县委书记冯德校，县委副书记、县长龙向洋以及建设银行股份有限公司永州市分行行长龚飞龙、副行长刘辉华、彭元持、刘剑出席签约仪式。县委常委、常务副县长蒋华代表东安县人民政府与建设银行永州市分行签约。

12月20日下午，中国共产党东安县第十二届委员会第三次全体会议在县行政中心七楼常委会议室召开。县委书记冯德校主持会议。

12月20日晚，首届武术旅游文化周武术比赛决赛在东安一中举行。县委书记冯德校，县委副书记、县长龙向洋，县人大常委会主任张波，县政协主席陈军和李四清、彭俊卿、蒋华、李党会、唐华栋、唐振宇、唐伟文现场观看比赛，并为获奖选手颁奖。

12月23日上午，东安县学习贯彻中共十八届六中全会精神和省第十一次党代会精神集中宣讲活动在白牙市镇正式启动。

12月25日下午，县委书记冯德校，县委副书记、县长龙向洋带领相关部门主要负责人调研重点项目建设和交通工作。县委常委、县委办主任唐振宇，副县长张一波陪同调研。

12月26日，东安县在广东省东莞市举行招商引资重点项目推介会，对外发布新型工业化、农业产业化、新型城镇化及道路建设、第三产业等招商项目61个，成功签约项目7个，签约资金19.7亿元。县委书记冯德校在会上讲话，县委副书记、县长龙向洋致辞。

12月27日下午，县委副书记陈丽在神华国华永州电厂指挥部主持召开“一带八景”调度会。会议着重听取永电新村工作情况汇报，并就相关工作进行安排部署。

12月28日，县委副书记陈丽深入南溪村指导花镜花海项目建设工作。

12月29日上午，全县乡镇区划调整改革工作总结表彰大会在县行政中心五楼会议室召开。县委副书记陈丽在会上要求，各级各部门要认真总结乡镇区划调整改革工作经验，扎实抓好乡镇区划调整改革后续工作。县委常委、常务副县长蒋华，县委常委、县委办主任唐振宇出席会议。

12月29日下午，东安县公务用车制度改革工作会议在东安会堂召开。县委书记冯德校出席会议并讲话，县委副书记陈丽主持会议，县委常委、常务副县长蒋华作工作报告，县委常委、县纪委书记廖劲松宣读《关于严格遵守公车改革“六个不得”纪律要求的通知》。

12月29日下午，东安2016年度绩效评估、优化经济环境和机关效能建设工作“满意不满意单位”民主测评会在东安会堂召开。县委书记冯德校出席会议并讲话。县委副书记、县长龙向洋主持会议。

12月30日上午，县委副书记、县长龙向洋率县安监、交通、国土、消防、交警队等相关部门负责人深入芦洪市镇检查指导安全生产工作。

12月30日上午，东安台商工业园项目在白牙市镇工业园举行开工奠基仪式。县委书记冯德校在出席仪式时宣布东安台商工业园项目开工，并与出席仪式的嘉宾一道为项目开工奠基培土。县委副书记、县长龙向洋在仪式上致辞，县委副书记陈丽主持仪式。

12月30日下午，县委书记冯德校深入白牙市镇三小、东安东站和东安大市场，督查指导安全生产工作。县委常委、县委办主任唐振宇和县安监、住建、交通、教育等部门主要负责人陪同督查。

12月30日下午，县委书记冯德校深入白牙市镇神仙桥村源丰农场，调研指导微旅游发展工作。县委常委、县委办主任唐振宇陪同调研。

12月30日下午，县人大常委会主任张波深入井头圩镇检查指导安全生产工作。

东安概况

【地理位置】东安县隶属于湖南省永州市，位于湖南省西南部边陲、永州市西北边缘、湘江上游，东与冷水滩区接壤，边界181千米，东南与零陵区相连，边界91千米，西南与广西壮族自治区全州县交界，边界96千米，西部与邵阳市新宁县毗邻，边界127.4千米，西北与邵阳市邵阳县相邻，边界74.3千米，东北与衡阳市祁东县相接，边界10千米。地处越城岭与都庞岭之间谷地、越城岭与零祁盆地过渡带，是湘江

东安县建制村合并前后对照表

表1

乡镇名称	调整前村名	调整后村名
花桥镇	陈江村	陈樟村
	樟树坪村	
	唐家冲村	唐家村
	唐家岭村	
	青田村	青塘村
	泥塘村	
	茶山村	星火村
	白井村	
	苏家村	苏门村
	贯门村	
	马塘村	文明村
	远井村	
	刘阳村	刘阳村
	中塘村	中塘村

乡镇名称	调整前村名	调整后村名
花桥镇	香井村	香井村
	花桥居委会	花桥居委会
	花山居委会	花山居委会
	花东居委会	花东居委会
大庙口镇	东江村	将军桥村
	长弄村	
	保坊村	柳木井村
	庙龙村	
	杨下村	杨田村
	早禾田村	
	大井村	御江源村
	白石村	
	石峰村	峰源村
	麻里源村	

续表 1

乡镇名称	调整前村名	调整后村名
大庙口镇	南溪村	新溪村
	新塘村	
	杨柳村	周杨村
	周家村	
	黑溪村	双溪村
	斜溪村	
	高枧村	高枧村
	彭家村	
	百桥村	塘旁边村
	塘旁边村	
	九龙村	紫云乡村
	坝头村	
	大西村	
	袁家村	袁家村
	白鲁塘村	
	漆井村	
	俄井村	白马村
	艳塘坳村	
	白马村	
	紫云村	紫云村
	江口村	
	塘家村	塘家村
	大龙江村	
	三星村	三星村
	白沙村	白沙村
	石瑞村	石瑞村
	乐福村	乐福村
	官田村	官田村
	鸭塘村	鸭塘村
	屯里村	屯里村
	大庙口村	大庙口村
	湾里村	湾里村
	韭菜村	韭菜村
	大坳村	大坳村
	杉木坳村	杉木坳村
	舜皇村	舜皇村
	舜福居委会	舜福居委会

乡镇名称	调整前村名	调整后村名
大庙口镇	江南居委会	江南居委会
	江北居委会	江北居委会
芦洪市镇	雄 心	雄 塘
	山 塘	
	纪 家	九龙岩
	九龙岩	
	芦 江	芦 江
	塘 尾	
	柘刺坪	柘刺坪
	九山铺	
	大枧塘	大枧塘
	腰 塘	
	赵家井	赵家井
	灌 坝	
	东 中	中心
	蔡家洞	
	坝凼口	
	长 冲	留驾岌
	留驾岌	
	黄塘冲	祥 和
	脉 源	
	溪 源	溪源
	大禾坪	
	福 星	华兴
	竹 源	
	犁头嘴	同心
	旋 帽	
	永 丰	
	伍 江	伍家桥
	绿 化	
	新 田	新 田
	乌 栖	
	小 福	小福
	石板凼	
	白 木	白 木
	罗 群	

续表 1

乡镇名称	调整前村名	调整后村名
芦洪市镇	石 坝	石施
	施 江	
	善阁寺	和 平
	对 江	
	槐 花	金润
	白 沙	
	小 正	小 正
	新 民	新 民
	芦 洪	芦 洪
	天子岭	天子岭
	杨柳井	杨柳井
	慈巴铺	慈巴铺
	唐家桥	唐家桥
	社 塘	社 塘
	大 竹	大 竹
	王家亭	王家亭
	溪 州	溪 州
	西江桥	西江桥
	南 江	南 江
	枫 塘	枫 塘
	应阳社区	应阳社区
	大街居委会	大街居委会
	九连桥居委会	九连桥居委会
	祖师殿居委会	祖师殿居委会
	圩镇居委会	圩镇居委会
川岩乡	川岩村	川岩村
	双井塘村	
	禾市村	禾市村
	半町村	
	赤皮园村	白牙水村
	白牙水村	
	上界头村	上界头村
	高亭子村	
	江田村	下界头村
	下界头村	
	豹虎岩村	松江村
	松江村	

乡镇名称	调整前村名	调整后村名
川岩乡	岭芝村	岭芝村
	湾塘村	湾塘村
	长冲村	长冲村
	榴星村	榴星村
石期市镇	杨马（1–6 组）	双杨
	杨塘	
	上车	五一
	西冲	
	鲁草塘	
	屈家	新华
	杉树蔸	
	石角	天龙
	水车	
	洪井	洪井
	鲁塘（4–9 组）	
	烟竹	竹洲
	白竹	
	沙洲	
	石期市	石市村
	竹溪	
	隆兴	
	乌江	
	双车	蒋家
	九井	
	石马	石马
	杨马（7–10 组）	
	鲁塘（1–3 组）	毛家
	毛家	
	大启	大启
	大荣底	大荣底
	元古	元古
	新合	新合
	建河	建河
	台凡	台凡
	谭霞塘	谭霞塘
	马头	马头
	晓埠塘	晓埠塘

续表 1

乡镇名称	调整前村名	调整后村名
石期市镇	解放路居委会	解放路居委会
	胜利路居委会	胜利路居委会
	民主路居委会	民主路居委会
紫溪市镇	合力村	群丰村
	龙口村	
	迎龙村	群力村
	长弄村	
	八都村	
	紫溪村	紫溪村
	张家亭村	
	曲溪村	乐园村
	银花村	
	长夫村	
	南庄村	南庄村
	韭菜村	
	木叶村	建设村
	车脚村	
	皂州村	五一村
	杨柳村	
	回龙村	五星村
	枇杷屋村	
	胡竹村	湘龙村
	大弄村	
	湖口岭村	伍家湾村
	伍家湾村	
	田弄湾村	八复村
	八复村	
	车田村	高岩村
	高岩村	
	百花村	百花村
	毛坪村	
	五里牌村	五里牌村
	六里桥村	六里桥村
	渌埠头村	渌埠头村
	调元村	调元村
	大源村	大源村
	中心村	中心村

乡镇名称	调整前村名	调整后村名
紫溪市镇	荷叶塘村	荷叶塘村
	花桥村	花桥村
	塘复村	塘复村
	花街村	花街村
	东正街居委会	东正街居委会
	下河街居委会	下河街居委会
	唐公街居委会	唐公街居委会
	向阳街居委会	向阳街居委会
端桥铺镇	大刘村	汉寿村
	汉寿村	
	端桥铺村	端桥铺居委会
	华石村	
	社场坪居委会	
	毛坪村	俞家村
	俞家村	
	湖塘铺村	湖塘铺村
	茶山坪村	
	云山村	马力山村
	马力村	
	黄木村	黄木村
	湖江村	
	杨梓洞村	杨梓洞村
	车尤村	
	坪山塘村	坪山塘村
	枣木村	
	洲江村	竹木町村
	九江村	
	竹木村	
	珠塘口村	
	杉木村	石坝村
	石坝村	
	泉溪村	罗家村
	罗家村	
	听上村	厅上村
	苏江村	
	拱桥村	拱桥村
	黄塘村	黄塘村

续表 1

乡镇名称	调整前村名	调整后村名
端桥铺镇	油塘村	油塘村
	凉水井村	凉水井村
	金溪村	金溪村
	麻溪村	麻溪村
	下里山	下里山
	月潭村	月潭村
	黄土脑村	黄土脑村
	新屋村	新屋村
	大井村	大井村
水岭乡	布衫塘村	水岭村
	营房岭村	
	吊牛坪村	吊牛坪村
	大胡家村	
	枧田村	枧田村
	吉星村	
	岭脚村	金岭村
	金龙村	
	冷山村	冷山村
	骆家村	
	母塘村	
	下丰村	下丰村
	燕桂村	燕桂村
	三合村	三合村
	新铺村	新铺村
横塘镇	枫木山	湘前
	四方井	
	三公井	三吉
	三吉	
	石柱	狮子铺
	狮子铺	
	理明	大坪
	大坪	
	周台塘	
	横塘居委会	文堂居委会
	旺冲 7、8、13 组	
	旺冲（9–12 组）	兴隆居委会
	兴隆居委会	

乡镇名称	调整前村名	调整后村名
横塘镇	旺冲（1–6 组）	大栗山
	大栗山	
	枫林	枫林
	厚地	
	新村弄	带家
	带家	
	陡岗	
	枧上	石塘
	八丘村	
	上坟	望明
	望明	
	大田	宝塔岩
	鸭头	
	甘庄	甘庄
	大月塘	大月塘
	滑石头	滑石头
	寿竹塘	寿竹塘
	坪埠头	坪埠头
	金云	金云
	龙门口	龙门口
	白滩河	白滩河
	大塘屋	大塘屋
新圩江镇	茶源	芦江
	源塘	
	盈盛	金浪
	金浪	
	大埠头	大埠头
	莫家岭	
	白石江	双庙
	双庙	
	江力	双江
	双江	
	大群	柳山
	柳山	
	双井	新江居委会
	新江居委会	

续表 1

乡镇名称	调整前村名	调整后村名
新圩江镇	桥头	新圩居委会
	新圩居委会	
	中田	中田村
	沙子铺	
	白米寨	
	竹冲	竹冲
	石板头	石板头
	田心	田心
	什田	什田
	小田	小田
	大浪	大浪
	军山	军山
南桥镇	盐井	盐井
	广入	
	刘家	云霞山
	长山	
	寺门	寺门马皇
	马皇	
	徐家	莲花村
	曾凼	
	潭江	
	大富	大富
	八家	
	清水	双江清水
	双江	
	兰头	兰头
	白塘	
	车头	杉木
	杉木	
	石板	大水村
	山边	
	柘塘	
	上塘	上塘新村
	新甸	
	坪阳	坪阳冲
	上坪	
	曹木	曹木
南桥镇	新竹	新竹
	岩门	岩门
	戈塘	戈塘
	集中	集中
	荷叶	荷叶
	大石塘	大石塘
	荆塘	荆塘
	花竹	花竹
	南桥居委会	南桥居委会
	铁宝居委会	铁宝居委会
井头圩镇	廖家	廖家
	顶戈塘	
	玉塘	
	大福	枫木塘
	邬家	
	大树脚	凤凰
	铁崖	
	白竹	永兴
	白鹤	
	大藕	大藕
	九甲文	
	福江	
	群山	云凤
	界牌	
	新开町	新塘
	磨头	
	晓江口	紫江
	长冲	
	町尾	蒋家源
	塘尾	
	宝峰	宝鱼
	鲤鱼	
	满足	满竹
	熊家	
	小岭	岭观
	晓观	

续表 1

乡镇名称	调整前村名	调整后村名
井头圩镇	兰家	古楼兰家
	古楼	
	伍塘	上大
	长斐	
	芭蕉	芭蕉
	山口铺	山口铺
	石板铺	石板铺
	井头圩	井头圩
	齐心	齐心
	八字门	八字门
	霞栖	霞栖
	大义	大义
	凡龙圩	凡龙圩
	火车站居委会	火车站居委会
	老街居委会	老街居委会
	草鞋街居委会	草鞋街居委会
大盛镇	田心	大水塘
	大喜	
	山塘	
	凳子	
	八家	泗水村
	张家	
	泗水	
	魏家	三潭
	栗木	
	町里	应水村
	大江	
	尹家	
	斗山	斗山
	同乐	
	三角	山水
	土马	
	半山	半山
	杨家	杨家
	易江	易江
	井塘	井塘
	毛坪	毛坪
	黄家	黄家
大盛镇	陵角	陵角
	龙头	龙头
	铁塘	铁塘
	严塘	严塘
	回隆居委会	回隆居委会
	兴隆居委会	兴隆居委会
鹿马桥镇	大沙子铺村	沙溪村
	白竹园村	
	坪阳坝村	
	七家廖村	
	石鼓村	
	陶家村	泉水村
	陶家冲村	
	泉水村	
	毛塘村	
	三口塘村	唐家村
	四塘村	
	鹿马桥村	黎山居委会
	黎山居委会	
	肖罗塘村	河东村
	李家湾村	
	马头湾村	马坪村
	酸枣坪村	
	沙子山村	石坝冲村
	楼脚坪村	
	线江冲村	兴隆村
	皂水氹村	
	金江村	金江村
	大宽村	大宽村
	苏家岭村	苏家岭村
	黄里坪村	黄里坪村
	黄泥洞村	黄泥洞村
	简家岭村	简家岭村
	水溪村	水溪村
	天堂村	天堂村
	伍通庙村	伍通庙村
	肖家岭村	肖家岭村
	新村居委会	新村居委会

续表 1

乡镇名称	调整前村名	调整后村名
鹿马桥镇	新街居委会	新街居委会
白牙市镇	南冲边	宜新村
	新麻塘	
	学仕桥	大江口村
	大江口村	
	易家村	大江源村
	庙门口	
	花坞井	
	灯台村	石登村
	石塘村	
	李家铺	李家铺村
	石桥村	
	铜鼓村	铜鼓岭村
	竹桥村	
	石溪河	石溪河
	大比村	
	碗塘村	大塘旺村
	大田头	
	旺丰村	
	小心田	小新田村
	十字路	
	了井塘	龙溪源村
	炉头江	
	桐子山	桐子山村
	烟竹村	
	虾塘村	鸡井塘村
	杏脚村	
	仓头村	幸福村
	麦芽村	
	莲塘村	莲塘村
	大塘村	
	水口村	山水村
	井门口	
	杨家村	独秀峰村
	水井村	
	文星村	文竹山村
	小埠头	
白牙市镇	周塘村	大龙岩村
	大丘村	
	鹿鸣村	工业新村
	官田村	
	弹夹村	东城村
	小车村	
	仁山村	永富村
	案塘村	
	陡坡村	红星村
	小力村	
	京口村	祥合村
	长寿村	
	湖塘村	湖塘村
	新屋村	
	白牙甸	白牙市村
	牌楼村	
	蔡家村	蔡家村
	荷池村	荷池村
	银山村	银山村
	石门砥	石门砥
	六仕町	六仕町
	社塘村	社塘村
	茶源村	茶源村
	柳溪村	柳溪村
	宥江桥	宥江桥
	神仙桥	神仙桥
	秦塘村	秦塘村
	铁炉村	铁炉村
	都塘村	都塘村
	林角村	林角村
	前进社区	前进社区
	龙溪社区	龙溪社区
	茶亭社区	茶亭社区
	紫水社区	紫水社区
	山子岭社区	山子岭社区
	梨山口社区	梨山口社区
	苍子岭社区	苍子岭社区
	高新社区	高新社区

入湘第一县，有“湘桂走廊”“楚粤门户”之称。地理坐标处北纬26°07′04″～26°52′29″、东经110° 59′ 33″～111° 34′ 10″之间。南北长，东西窄，从最南的横塘镇鸭头村最南处到最北的南桥镇万山冲最北处，平面距离83.86千米，从最东的端桥铺镇湖塘村最东处到最西的东安、新宁、全州三县交界的钟落山最西处，平面距离59.42千米。面积2204.441平方千米。县城白牙市镇距永州市府冷水滩35千米，距湖南省会长沙360千米。

【建置沿革】东安历史悠久，文明深远，早在新石器时代，境内就有先民在这块沃土上繁衍生息。西晋惠帝永熙元年（290）置应阳县，县治设芦洪市，系境域建县之始；隋文帝开皇九年（589）并入零陵县，宋太宗雍熙元年（984）始置东安县，县治设紫溪市，民国36年（1947）三月一日县治迁白牙市。先后两次单独立县已有1330多年历史。

【行政区划】2015年11月，经永州市人民政府批准，东安县由17个乡镇调整为15个乡镇（13镇2乡）。即大江口乡与白牙市镇成建制合并设立白牙市镇，镇人民政府驻地设在原白牙市镇人民政府驻地（林角村），合并后白牙市镇辖66个建制村、7个社区，总面积250.01平方千米，总人口24.68万人；黄泥洞乡与鹿马桥镇成建制合并设立鹿马桥镇，镇人民政府设在原鹿马桥镇人民政府驻地（新村居委会），辖30个建制村、3个居委会，总面积179.31平方千米，总人口4.11万人。本轮乡镇行政区划调整后，东安县辖大庙口镇、紫溪市镇、白牙市镇、石期市镇、横塘镇、井头圩镇、端桥铺镇、芦洪市镇、鹿马桥镇、花桥镇、大盛镇、南桥镇、新圩江镇、水岭乡、川岩乡。

地质地貌

东安各纪地层均有分布，尤以寒武纪、泥盆纪地层分布最广，发育完好。地势西北高，东南低，由舜皇山区向湘江河谷倾斜，河网密布，水系呈树枝状从西北向湘江汇集，分属两大水系，即南部的湘江水系和北部的资江水系。地形多样，以山地为主，山地、丘陵、岗地、平原交错分布，山地占总面积的45.77%，丘陵占20.3%，岗地占23.5%，平原占10.43%。最高点是西部的舜皇山，主峰海拔1882.4米，最低点是东部石期市镇的倒榨埠，海拔101米（湘江正常水位），相对高差1781.4米。海拔1700米以上的山峰有舜皇山、金子岭2座，1500～1700米有紫云山、高挂山、牛栏脊、大界岭等19座，1000～1500米有将军棋、灾头岭、大牛头寨等85座，800米～1000米有154座，500～800米有200多座。

气　候

【基本气候概况】2016年，东安县气候为较历年气候持平年景：气温偏高，降水偏多，春季多阴雨、盛夏高温、秋高气爽，冬季寒冷，光照偏少。年内出现连阴雨、

东安县2016年月温度、降水、日照、蒸发量表

表2　　单位：气温：℃　降水量、蒸发量：毫米　日照：小时

月份	1	2	3	4	5	6	7	8	9	10	11	12	年
气温	7.0	9.3	13.6	19.5	21.9	27.5	29.7	28.5	25.3	205	13.8	10.0	18.9
极值及出现日期	最高气温	39.8	日期	7月31日	最低气温	-2.2	日期	1月25日		日最大降水量	89.5	日期	6月12日
降水量	67.7	27.8	97.4	273.2	204.9	273.7	83.6	131.5	55.2	67.0	79.5	77.5	1441.0
日照	36.4	110.4	65.0	42.2	103.1	180.0	227.5	185.1	137.3	61.2	74.3	128.7	1351.2
蒸发量	30.5	71.9	57.6	50.1	93.6	174.2	230.4	190.1	151.1	84.5	44.3	53.0	1231.3

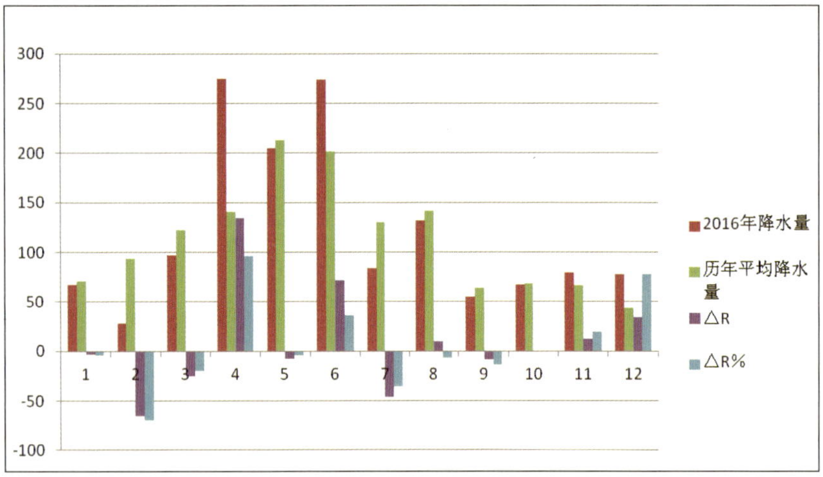

2016年东安县各月降水量与历年同期降水量条形图

暴雨、热害、低温雨雪冰冻等气象灾害。冬季为2015年12月3日—2月28日，春季为3月1日—5月1日，夏季为5月2日—10月11日，秋季10月12日—12月25日，总为提前进入春夏，秋冬季推迟。全年年平均气温18.9℃，较历年同期偏高0.8℃，年最高气温39.8℃，出现在7月31日，年最低气温-2.2℃，出现在1月25日；全年日最高气温≥35.0℃有37天，较历年平均偏多10天。年内降水时空分布极不均匀，其中4月、12月分别偏多96%、78%，2月、7月分别偏少70%、36%。全年总降水量1441.0毫米，比历年平均多86.1毫米，距平百分率为6%。日最大降水量89.5毫米，出现在6月12日；日降水量≥0.1毫米的有162天，与常年持平，暴雨日数为5天。年内光照正常，年日照总时数为1351.2小时，与历年平均相比，略少66.8小时，距平百分率为-5%。年蒸发总量1231.3毫米，较历年均值偏少140.3毫米，距平百分率为-10%，无干旱发生。平均风速1.2米/秒，出现一次大风，极大风速18.2米/秒，时间4月16日。年内出现大雾10天、轻雾330天、霾15天；出现霜14天、结冰6天，降雪3天；无霜期282天。

【四季气温】冬季（2015年12月—2016年2月）平均气温8.3℃、较历年同期平均偏高了0.6℃，年内日最低气温≤0.0℃有2天，出现在1、2月。每月气温高于同期平均值。2015年12月25日东安县气温稳定通过（低于）10.0℃，进入气象意义上的冬季。按气象标准评定：东安2015年冬季气温略高。春季（3—5月）平均气温18.3℃、较历年同期平均偏高了0.7℃。春季气温偏高，与历年同期相比，3月显著偏高1.6℃，4月偏高1.4℃，5月偏高-0.8℃。季平均气温偏高，无“倒春寒”和“五月低温”天气。2月28日，气温稳定通过10.0℃，进入气象意义上的春季，较历年平均日期异常提前了21天。夏季（6—8月）平均气温28.6℃、与历年同期平均气温偏高。全年日最高气温≥35.0℃有37天；日最高气温≥35.0℃主要分布在5—8月份，其中6月、7月、8月、9月分别出现8天、16天、12天、1天。5月1日，气温稳定通过22.0℃，进入气象意义上的夏季，较历年平均日期提前26天，终日在10月11日。秋季（9—11月）平均气温19.8℃，较历年同期平均偏高0.5℃。秋季气温历年同期相比每月都偏高。按气象评定标准：东安2016年秋季气温偏高。10月11日，东安进入气象意义上的秋季，较历年同期晚17天。

【汛期降水】2016年4—6月降水量753.8毫米，与历年同期平均（555.1毫米）偏多36%；5—9月降水量748.9毫米，与历年同期平均（749.5毫米）基本持平；4—10月降水量1091.1毫米，较历年同期（958.0毫米）偏多14%；4月16—17日，东安境内出现雷雨大风、大到暴雨局地大暴雨过程与6月11—16日连续三次普降暴雨局地大暴雨天气过程。

【主要天气事件与影响】**连阴雨** 3—5月多连续阴雨天气，日照不足，不利于育秧、旱作物移植、油菜和蔬菜等农作物的生长，靠太阳能供电的仪器设备也因电源不足而运行不正常。11—12月、1—2月频繁受冷空气影响，冬季气候比较明显。

暴雨 4月16—17日，县境内出现雷雨大风，大到暴雨，局地大暴雨天气过程。水淹面积大，遭灾范围广。全县受灾比较严重的有11个乡镇场，44个村。

受灾人口4560人；农牧水产等受灾严重。据统计，全县农作物受灾面积2470公顷，成灾1610公顷，绝收1080公顷，冲毁耕地120公顷；群众财产损失较重。倒塌房屋3户，9间；损坏房屋8户，21间。水利、交通等基础设施破坏较重。损坏堤防、渠道18处，1230米；受损灌溉设施9处，机电泵站2座。

6月11—16日，县境内连续三次普降暴雨，局地大暴雨天气。水淹面积大，遭灾范围广。17个乡镇场、106个行政村受灾，受灾人口12800人。农牧水产等受灾严重。据统计，全县农作物受灾面积1925公顷，成灾1020公顷，绝收370公顷。群众财产损失较重。水利、交通等基础设施破坏较重。损坏堤防、渠道25处、1630米；受损灌溉设施13处，机电泵站4座。造成全县直接经济损失3200多万元，其中农业直接经济损失1600万元。

资 源

【水资源】东安县年平均降雨量在1180～1490毫米之间，由西南向北部递减。全县多年平均迳流深694.24毫米，多年平均迳流系数为0.52，自西南向东北递减。多年平均地表迳流量15.412亿立方米，地下迳流量为3.245亿立方米，多年平均蒸发量为884.3毫米。

东安县河流水系发育，落差大，水资源丰富，但区域分布不均。全县水系分属湘江和资江两大水系，共拥有大小河流45条，其中湘江干流1条，一级支流7条，二级支流21条，三级支流14条，四级支流2条，另直接流入湘江的小溪3条。县内河流主要有湘江、紫水河、芦洪江、石期河、水市桥河等。

湘江。为过境水，发源于广西壮族自治区兴安县东南越城岭海阳山近峰岭（海拔899米）附近的上桂河。在兴安县城的灵渠分水（古称“三七分派”），七分入湘，三分济漓，再沿东北流至全州县会灌江与罗江，又北流至该县庙头乡的兆村，于东安县紫溪市镇渌埠头的斗牛岭入境，然后经横塘狮子铺、白牙市大江口、石期市镇台凡市等乡镇，于台凡市倒榨埠出境流入永州市。控制流域面积9077.57平方千米，在东安县境流程长50.4千米，流域面积1191.2平方千米，多年平均径流量89.47亿立方米，多年平均流量283.5立方米/秒。

紫水河。为湘江一级支流，发源于舜皇山高挂岭洋禾坪，流经大庙口、紫溪、白牙市、井头圩等乡镇，于白牙市大江口村汇入湘江。紫水河境内流域面积836.29平方千米，全长72千米，落差1550多米，坡降11%，多年径流量在7.55亿立方米左右，平均流量约每秒19.9立方米。

芦洪江。古名应水，湘江一级支流。主干发源于东安、邵阳两县之分水岭黄花山东麓，即东安县大盛镇的栗木冲，途经新圩江、伍家桥、芦洪市、端桥铺等乡镇，于端桥铺车游村出县，于高溪市镇附近入湘江。在东安境内流程62.87千米，流域面积899.30平方千米，多年平均流量6.27亿立方米，多年平均流量每秒3.02立方米。

石期河。又名东湘河，湘江一级支流，由大石江和马子江汇合而成。大石江源出广西壮族自治区灌阳的山谷中。马子江源出广西壮族自治区全州县东山瑶族自治乡的黄腊洞，两条支流在两河口汇合，经东湘桥，在零陵的下东边进入东安县境，于石期市镇入湘江，在东安县境流程17.8千米，流域面积90.87平方千米，多年平均径流量6.99亿立方米，多年平均流量每秒22.15立方米。

水市桥河。湘江一级支流，发源于永州市零陵区的水市桥，于零陵区竹木桥入东安县，经东安县石期市镇竹溪、隆兴村流入湘江。流域面积143平方千米，其中在东安境内6.5平方千米，流程1.5千米，多年平均径流量0.955亿立方米，多年平均流量每秒3.02立方米。

直接流入湘江的小河还有高峰小溪、台凡市小溪、杨马埠小溪三条。另有花桥河源南桥镇的萝葡园，经冷水滩的灯塘，入东安花桥镇汇入石溪江。槽木水流经冷水滩区杨村町，从普利桥镇汇流湘江。

龙溪河是湘江一级支流紫水河的支流。控制流域面积105平方千米，河长18.15千米，多年平均流量为每秒23.941立方米。东安县城白牙市镇建在龙溪河的下游，龙溪河穿县城东西，享有东安县城“母亲河”之称，龙溪河上游有龙溪、超美两座小(一)型水库。

资江水系。东安流向资水

的有大盛镇杉木河、平阳水，南桥镇的南镇水（开河冲）经徐家村至邵阳五峰铺，汇入资水一级支流邵水分支。控制流域面积102.84平方千米，多年平均径流量0.565亿立方米。

全县水能资源蕴藏丰富，根据1982年9月水资源调查及水利区划报告资料，对境内河流分段计算，全县多年平均水能资源理论蕴藏量约139.8兆瓦。其中湘江干流为51.6兆瓦，占38.14%；芦洪江22.2兆瓦，占16.4%；紫水河57.2兆瓦，占42.27%；石期河3兆瓦，占2.22%。实际可供开发的水能资源111.2兆瓦，占理论蕴藏量的79.54%，可供开发量按年利用小时4550小时计算，年发电量5.05亿千瓦时。根据2013年统计资料，全县开发水能资源已建小水电站60处/装机115台，总装机容量6.22万千瓦，占理论蕴藏量的44.49%，占可供开发量的55.93%，县内水能资源开发还有较大的潜力。东安县地表、地下水量丰富，多年平均地表径流量15.412亿立方米，地下径流量为1.86亿立方米，地下水资源总量6.01亿立方米。

按降雨量频率计算，东安县年水资源总量：

P = 50%的平水年径流量为18.94亿立方米；

P = 70%的偏枯年径流量为13.94亿立方米；

P = 95%的枯水年径流量为8.83亿立方米。

【土地资源】东安县土地资源丰富，土壤类型多样，比较肥沃。全县土地总面积220444.1公顷，其中耕地面积43016.68公顷，园地面积4318.48公顷，林地面积137565.5公顷，草地面积4138.73公顷，城镇村及工矿用地面积13146.74公顷，交通运输用地面积2373.93公顷，水域及水利设施用地面积9849.96公顷，其他土地面积6034.08公顷。全县耕地按坡度划分，2度以下耕地13457.58 公顷，占31.3%；2～6度耕地21260.79公顷，占49.4%；6～15度耕地7260.8公顷，占16.9%；15～25度耕地791.04公顷，占1.8%；25度以上耕地246.47 公顷，占0.6%。

【旅游资源】东安文化底蕴深厚，旅游资源丰富。有国家AAAA级旅游景区舜皇山国家森林公园，全国重点文物保护单位、爱国将领唐生智故居树德山庄，全省重点文物保护单位广利桥、吴公塔，禅德胜地沉香寺，古建筑斩龙桥、舜石桥、石期市文塔，古民居周家大院，古遗址坐（皂）果山商周遗址、大寨山石城遗址；有三国时期的孔明点将台、汉营古迹、张飞岭，还有席（保田）家大院等人文景观；有“千里湘江第一湾”渌埠头、“潇湘十景”之一的香潭渌水、画山秀水黄金洞、人间仙境高岩湖、桃源胜境上界头、大盛镇栗木冲瀑布，以及巍峨壮观的城墙石、充满神奇色彩的兵书岭、绰约多姿的舜皇岩、九龙岩、幽岩、文广岩、独秀峰、金竹山原始次森林、横塘落鹰岩、大江口水上石林和近年开发的紫水漂流、阿巴达漂流等100多处名山胜水；还有万亩杜鹃花、十里紫荆花廊、千亩禾雀花、鹿马桥万亩油菜花海、万顷竹海、八万亩银杏、“植物大熊猫”报春苣苔等自然景观。全县普查出500多处旅游资源，其中尚未开发的300多处，奇峰、狭谷、瀑布、溶洞、古树、湿地、原始森林遍布全境，乡村旅游景点众多。相传舜帝南巡时在东安曾经留下十件宝物，其中有一些还是未开发的处女地，有待发现、开发。老祖宗留下的古建筑、古墓葬、古碑刻、古桥梁、古渡口、古凉亭等，历史悠久，德蕴深厚，美轮美奂；近年来打造的人间仙境高岩湖、四星级农庄，三星级农家乐等，更具现代风范。2016年，东安形成6条旅游线路，沿途的大江源生态农庄、金诗意农庄、天元山庄、东安源丰生态农场、平安山庄、永阳农庄、邹家堂农夫乐园、慢节奏生态农庄、最先山庄等乡村生态休闲农庄可以提供吃、住、游、玩一条龙服务。

【野生动植物资源】境内生物多样性十分丰富。现已记录维管束植物2415种，隶属227科970属，其中：蕨类植物45科118属510种，种子植物182科852属1905种。有国家重点保护植物39种，加上全部兰科植物42种，共有80 种（兰科中天麻已列入名录），其中国家一级重点保护野生植物资源有冷杉、南方红豆杉、钟萼木、银杏、报春苣苔5种；国家二级重点保护植物20种：桫椤、金毛狗、华南五针松、篦子三尖杉、榧树、樟树、闽楠、连香树、水青树、花榈木、翅荚木、红椿、喜树、金荞麦、香果树、黄皮树、

蝴蝶标本

伞花木、榉树、野大豆、中华结缕草。另有大型真菌482 种，隶属52科148属，其中食用菌100余种。陆生脊椎动物259种，隶属4纲28目79科，有国家重点保护野生动物35种，其中国家一级重点保护野生动物有林麝、云豹、黄腹角雉和白颈长尾雉4 种；国家二级重点保护野生动物31种：藏酋猴、穿山甲、水獭、斑林狸、小灵猫、大灵猫、黑冠鹃隼、黑鸢、凤头蜂鹰、苍鹰、雀鹰、松雀鹰、赤腹鹰、普通鵟、白尾鹞、蛇雕、红隼、燕隼、灰背隼、勺鸡、白鹇、红腹锦鸡、褐翅鸦鹃、草鸮、领角鸮、红角鸮、雕鸮、领鸺鹠、斑头鸺鹠、长耳鸮、虎纹蛙。舜皇山昆虫资源丰富，已鉴定出昆虫1120种，隶属19目124科606属，已发表(待发表)新种13种，有国家二级保护昆虫3种:阳彩臂金龟、拉步甲、硕步甲。其中蝴蝶资源最为丰富，现已记录324种蝴蝶，隶属11科153属，占国内已知蝴蝶物种总数的20%以上，相当于“蝴蝶王国”云南省蝴蝶物种总数的50%；其中湘南荫眼蝶、娥皇翠蛱蝶、舜皇环蛱蝶、东安燕灰蝶和周氏何华灰蝶是以舜皇山为模式产地的新种。

【矿产资源】东安县矿产资源较丰富，已发现矿产主要有煤、铁、锰、铜、铅、锌、钨、钼、汞、锑、金、砂岩、白云岩、石灰岩、砖用黏土、砖用页岩、砂石矿等32种，占全市已发现矿种数的32%。其中能源矿产1种，金属矿产11种，非金属矿产20种，其中探明资源储量的10种。截至2016年年底，全县有持证矿山企业28家(含省级发证)，全县发现各类矿床(点)146处，其中，大型矿床1处，中型矿床5处，小型矿床39处、矿点101处。锑、锰、石灰岩、白云岩为区内的优势矿种。 铁、钨、铜、锑、银等金属矿和贵金属矿主要分布在西部、西北部中山地带；石灰石、白云石、煤、锰和黏土等矿产广泛分布于南部低山丘陵、东部和中部丘陵地带。

【人口资源】2016年年末，全县总户数221716户，总人口648716人。其中：城市人口205565人，农村人口443151人，分别占总人口的31.69%、68.31%。在总人口中，男性人口340474人，女性人口308242人。全年出生7253人，出生率11.23‰；死亡2044人，死亡率3.16‰；全年净增人口5209人，自然增长率8.07‰。

中共东安县委员会

概　述

【概况】2016年，中共东安县委辖1013个基层党组织，其中乡镇场党委17个、县直党（工）委11个、基层党支部985个，下设县直党组42个，有党员25565人。成功召开县第十二次党代会，科学描绘未来五年宏伟蓝图，切实加强和改善党对经济工作的领导，推动全县经济社会持续健康发展，实现“十三五”良好开局。易地扶贫搬迁、安全生产、计生协会、党风廉政建设、精神文明建设与意识形态、旅游产业发展等工作获全市先进。

发展思路更加完善。县第十二次党代会着眼东安长远发展，提出大力实施“生态立县、工业强县、农业稳县、旅游活县、科教兴县、依法治县”六大战略，全力推进“752121”工程，即进一步完善大思路、培育大产业、推进大提质、构建大交通、繁荣大文化、改善大民生、推动大落实，着力开展“五城同创”（国家卫生县城、全国文明县城、国家园林县城、国家级生态县、全国交通管理模范县城），全力打造“两个中心”（把县城打造成永州的次中心、把芦洪市镇打造成县域的副中心），努力把东安建成全国知名的微旅游目的地，力争东安进入全省经济强县，把芦洪市镇建成全省的工业强镇，全面建成更高水平的小康社会。这个顶层设计上接天线、下接地气，指明方向，引起共鸣，凝聚力量。

创先争优更加有为。东安县被列入国家重点功能生态区，成功创建全国农产品质量安全县、全省文明县城、全省出口食品农产品质量安全县，创国卫工作通过国家专家组技术评估验收。围绕打造全国知名的微旅游目的地，积极发展微旅游，被国家旅游局确定为国家全域旅游示范区创建单位，成功举办首届武术旅游文化节，舜皇山晋升为国家AAAA级旅游景区，横塘周家大院入选中国传统村落，高岩水库被列入省级水利风景区，天元生态农庄被评为全省第六批五星级休闲农业庄园。

项目建设更加有力。牢牢扭住项目建设这个“牛鼻子”，全力抓好神华电厂建设，湘江焊剂新厂建成投产，东芦公路全线通车，红狮水泥、台商工业园、芦江水库、冷东城际快速通道等重点项目建设进展顺利。突出招商引资、银行融资、跑项争资，成功举办东莞东安重点项目招商推介会，签约项目7个，签约资金19.7亿元；组建城投集团和应阳城投公司，包装项目33个，审批资金突破30亿元;积极跑部进厅,争取各类资金28亿元。

城乡面貌更加靓丽。开展“城区提质大攻坚”行动,强力推进控违拆违,实施县城烟花爆竹禁放,县城人居环境进一步改善,“五城同创”工作有序推进。突出“抓三线、做五化、治十乱”,美丽集镇、美丽乡村、美丽通道建设全面铺开,芦洪市镇被列入全国新型城镇化综合试点镇。。

人民群众更加幸福。全年完成民生支出19.7亿元,占财政总支出的72%,全面完成省、市确定的为民办实事项目,减少贫困人口8237人,全县就业充分稳定,社保扩面提质,民生持续改善。新增城区学位1100个,教育督导工作经验在全国推广,被评为全省平安校园建设先进县。大力弘扬德武文化,吴才有家庭被评为首届“全国文明家庭”,钟挺华荣登“中国好人榜”,东安武术入选全省“一县一品”特色体育项目,蒋芬芬在里约残奥会上勇夺金牌。加强社会治安综合治理,深化平安创建,严格落实“1234”的信访工作要求,人民群众安全感和幸福感不断提升,2016年下半年综治民调排全市第一位。

从严治党更加深入。扎实开展“两学一做”学习教育,县乡换届全面完成,整个换届风清气正。深入开展“双星”创建活动,评选各类星级党组织170个。推进乡镇机关“五小”设施建设,基层条件进一步改善。严格实行大督查、大考核、大问责,干部队伍执行力不断提升。认真落实党风廉政建设责任制,在全市率先开展巡察工作试点,完成第一轮3个单位巡察工作,得到省、市委领导充分肯定,工作经验被《湖南工作》推介。（县委政研室）

东安县委书记、副书记、常委名录

书　记　冯德校
副书记　龙向洋　陈　丽(女)
常　委　李四清　彭俊卿
　　　　蒋　华　李党会
　　　　唐华栋　廖劲松
　　　　唐振宇　唐伟文

重要会议

【县委常委会议】1月8日上午,县委书记谢景林在县行政中心七楼常委会议室主持召开县委常委会议,县委副书记张波,县委常委郑景学、欧阳冬子、陈丽、李顺利、李晓宁、王名扬、王学军、苏建华、李党会参加会议,县人大常委会主任文高平、县政协主席陈军列席会议。县直有关部门负责人列席与其工作相关的议题。会议传达贯彻省市委全会和经济工作会议精神、市委陈文浩书记在芦洪市镇调研时的讲话精神,学习《中国共产党地方委员会工作条例》和《中国共产党党组工作条例》(试行),研究县委十一届七次全会筹备、各项目标任务完成和绩效考核、东安大市场改造和苍子岭滑坡治理、春节前后群众文化活动、融投资机构设置等工作,并对春节前后重大活动和重要工作作出安排部署。

1月28日上午,县委书记谢景林在县行政中心七楼常委会议室主持召开县委常委会议,县委常委郑景学、欧阳冬子、陈丽、李顺利、李晓宁、苏建华、李党会参加会议。县直有关部门负责人列席与其工作相关的议题。会议听取县委经济工作会议、县十六届人大四次会议和县政协八届四次会议筹备情况汇报,审议《东安县2016年度财政预算》(草案),并对春节前后的重要工作作出安排部署。

2月4日上午,县委书记谢景林在县行政中心七楼常委会议室主持召开县委常委会议,县委副书记张波,县委常委郑景学、陈丽、李顺利、李晓宁、王名扬、苏建华参加会议,县人大常委会主任文高平、县政协主席陈军列席会议。县直有关部门负责人列席与其工作相关的议题。会议研究绩效考核和村级区划改革工作,并对春节前后的防寒防冻、交通疏导、供水供电、党风廉政等方面的工作作出安排部署,并通报2015年县处级领导干部考核结果。

2月24日下午,县委书记谢景林在县行政中心七楼常委会议室主持召开县委常委会议,县委副书记张波,县委常委郑景学、欧阳冬子、陈丽、李顺利、李晓宁、王名扬、苏建华、李党会参加会议,政协主席陈军列席会议。县直有关部门负责人列席与其工作相关的议题。会议听取县委组织部副部长叶春生关于全市乡镇领导班子换届工作会议精神及东安县乡镇领导班子换届工作汇报,对乡镇领导班子换届工作进行专题研究,提出具体要求。

3月3日，县委书记谢景林在县行政中心七楼常委会议室主持召开县委常委扩大会议，县委副书记张波，县委常委郑景学、欧阳冬子、陈丽、李顺利、李晓宁、王名扬、苏建华、李党会参加会议，县人大常委会主任文高平列席会议。县直有关部门负责人列席与其工作相关的议题。会议研究省委巡视第七组反馈意见整改落实和纪检监察、县委办公室、宣传思想、统战、政法、精准扶贫、全面小康、美丽乡村、温氏集团生猪养殖项目、重点项目建设、信访维稳等工作。

3月25日上午，县委书记谢景林在县行政中心七楼常委会议室主持召开县委常委会议，县委副书记张波，县委常委郑景学、欧阳冬子、陈丽、李顺利、王名扬、苏建华、李党会参加会议，县人大常委会主任文高平、县政协主席陈军列席会议。县直有关部门负责人列席与其工作相关的议题。会议研究组织工作、“一带八景”建设、东安大市场改造、苍子岭公园地质灾害整治、跑项争资、事业单位人才引进和公开招聘等工作。

4月5日上午，县委书记谢景林在县行政中心七楼常委会议室主持召开县委常委扩大会议，县委副书记张波，县委常委郑景学、欧阳冬子、陈丽、李晓宁、王名扬、苏建华、李党会参加会议，县人大常委会主任文高平、县政协主席陈军列席会议。县直有关部门负责人列席与其工作相关的议题。会议传达贯彻全省“雁过拔毛”式腐败问题和“纠四风、治陋习”专项整治电视电话会议、全省加强换届风气监督工作视频会议、全省旅游发展工作会议和全市城乡网格化工作会议精神，研究精准扶贫、美丽乡村建设、建制村合并、创建国家卫生县城等工作。

4月13日晚，县委书记谢景林在县行政中心七楼常委会议室主持召开县委常委会议，县委副书记张波，县委常委郑景学、欧阳冬子、陈丽、李晓宁、王名扬、苏建华参加会议，县人大常委会主任文高平、县政协主席陈军列席会议。会议研究规范借调（借用）人员管理和胡息东、邓明良、周安成三人经济补差等工作。

4月21日上午，县委书记谢景林在县行政中心七楼常委会议室主持召开县委常委扩大会议，县委副书记张波，县委常委郑景学、欧阳冬子、陈丽、李顺利、李晓宁、王名扬、苏建华参加会议，县人大常委会主任文高平、县政协主席陈军列席会议。县直有关部门负责人列席与其工作相关的议题。会议收听收看全市“雁过拔毛”式腐败问题和“纠四风、治陋习”专项整治暨加强换届风气监督工作视频会议，并就如何贯彻落实会议精神以及做好当前防汛等工作进行研究，对综治民调、精准扶贫、乡村旅游、农村网格化、干部执行力培训等工作进行安排部署。

5月13日上午，县委书记谢景林在县行政中心七楼常委会议室主持召开县委常委扩大会议，县委副书记张波，县委常委郑景学、陈丽、李顺利、李晓宁、王名扬、苏建华、李党会参加会议，县人大常委会主任文高平、县政协主席陈军列席会议。县直有关部门负责人列席与其工作相关的议题。会议传达贯彻省委城市工作会议、省委人大工作会议、全市“两学一做”学习教育工作会议、全市县区领导班子换届工作会议精神，研究全县旅游发展、新增重点项目责任分工和当前重点工作。

6月7日上午，县委书记谢景林在县行政中心七楼常委会议室主持召开县委常委扩大会议，县委副书记张波，县委常委郑景学、欧阳冬子、陈、丽、李顺利、李晓宁、王名扬、苏建华、李党会参加会议。县直有关部门负责人列席与其工作相关的议题。会议研究县第十二次党代会筹备、当前信访维稳、财税收入“双过半”、紫水新城项目建设履约、汽车零部件及相关产业招商引资优惠政策等重点工作。

6月22日上午，县委书记谢景林在县行政中心七楼常委会议室主持召开县委常委扩大会议，县委常委欧阳冬子、陈丽、李顺利、李晓宁、王名扬、苏建华、李党会参加会议，县人大常委会主任文高平、县政协主席陈军列席会议。县直有关部门负责人列席与其工作相关的议题。会议研究创国卫、“七一”表彰等相关工作。

9月2日，县委书记冯德校在县行政中心七楼常委会议室主持召开县委常委会议，县委副书记、代县长龙向洋，县委副书记陈丽，县委常委李四清、彭俊卿、蒋华、李党会、唐华栋、廖劲松、唐振宇、唐伟文参加会议，县人大常委会主任文高平、县人大常委会党组第一副书记张波、县政协主席陈军列席会议。县直有关部门负责人列席与其工作相关的议题。会议审议《县委常委分工安排和县四大家县级领导联系乡镇场方案》《2016年9月份全县主要工作重要活动预安排》《落实县第十二次党代会报告精神有关工作安排的方案》，听取教育工作情况汇报。

9月22日晚，县委书记冯德校在县行政中心七楼常委会议室主持召开县委常委会议，县委副书记、代县长龙向洋，县委副书记陈丽，县委常委彭俊卿、蒋华、廖劲松、唐振宇、唐伟文参加会议，县人大常委会主任文高平列席会议。县直有关部门负责人列席与其工作相关的议题。会议听取县人大、政协换届有关工作和信访维稳、纪检监察工作情况汇报，审议《关于调整议事协调机构及领导小组的通知》《关于党组（党委）向县委报告工作的制度》《关于请销假制度和全县性会议纪律规定》和县政府第45次常务会研究的有关工作。

10月11日晚，县委书记冯德校在县行政中心七楼常委会议室主持召开县委常委会议，县委副书记、代县长龙向洋，县委副书记陈丽，县委常委李四清、彭俊卿、蒋华、李党会、唐华栋、廖劲松、唐振宇、唐伟文参加会议，县人大常委会主任文高平、县人大常委会党组第一副书记张波、县政协主席陈军列席会议。县直有关部门负责人列席与其工作相关的议题。会议听取重点项目建设、2016年度综合考核和重点工作单项考核方案修订、德文化和武术文化建设等工作情况汇报。

10月12日上午，县委书记冯德校在县行政中心七楼常委会议室主持召开县委常委会议，县委副书记、代县长龙向洋，县委副书记陈丽，县委常委李四清、彭俊卿、蒋华、唐华栋、李党会、廖劲松、唐振宇、唐伟文参加会议，县人大常委会党组第一副书记张波、县政协主席陈军列席会议。县直有关部门负责人列席与其工作相关的议题。会议听取县委常委会议议定事项落实情况、“大督查”工作、纪检监察、政法、美丽乡村、全面小康、秋冬农业生产和县政府第46次常务会议研究的其他重点工作情况汇报，审议《10月份全县主要工作重要活动预安排》，对工作纪律、创国卫管理、党代会精神贯彻落实、旅游招商等工作进行安排。

11月3日下午，县委书记冯德校在行政中心七楼常委会议室主持召开县委常委会议，县委副书记、代县长龙向洋，县委常委李四清、彭俊卿、李党会、唐华栋、廖劲松、唐振宇、唐伟文参加会议，县人大常委会党组第一副书记张波、县政协主席陈军列席会议。县直有关部门负责人列席与其工作相关的议题。听取芦洪市副中心建设、旅游工作、基层党建工作和乡镇“五小”设施建设情况汇报。

11月3日晚，县委书记冯德校在县行政中心七楼常委会议室主持召开县委常委会议，县委副书记、代县长龙向洋，县委常委李四清、彭俊卿、唐华栋、李党会、廖劲松、唐振宇、唐伟文参加会议，县人大常委会党组第一副书记张波、县政协主席陈军列席会议。县直有关部门负责人列席与其工作相关的议题。会议传达学习全市相关会议精神，研究贯彻落实意见；听取美丽机关建设、落实县第十二次党代会精神和县委常委会安排的重点工作及书记批示件办理情况汇报，审议《2016年11月份主要工作重要活动预安排》。

11月11日下午，县委书记冯德校在行政中心七楼常委会议室主持召开县委常委会议，县委副书记、代县长龙向洋，县委副书记陈丽，县委常委李四清、彭俊卿、蒋华、李党会、唐华栋、唐振宇、唐伟文参加会议，县人大常委会主任文高平、县人大常委会党组第一副书记张波、县政协主席陈军列席会议。县直有关部门负责人列席与其工作相关的议题。审议通过2016年度财政收支预算调整方案、出席市人大会和市政协委员候选人建议人选及政协东安县第九届委员会委员建议名单，听取县人大、县政协换届筹备工作及县政府工作报告起草情况汇报，研究县人大、县政协换届相关人事安排工作。

11月22日下午，县委书记冯德校在行政中心七楼常委会议室主持召开县委常委会议，县委副书记、代县长龙向洋，县委副书记陈丽，县委常委李四清、彭俊卿、蒋华、李党会、唐华栋、廖劲松、唐振宇、唐伟文参加会议，县人大常委会主任文高平、县人大常委会党组第一副书记张波、县政协主席陈军列席会议。县直有关部门负责人列席与其工作相关的议题。会议听取《县人大工作报告（草案）》《县政协工作报告（草案）》《县检察院工作报告（草案）》《县法院工作报告（草案）》起草情况汇报，审议通过《东安县乡镇脱贫攻坚工作和县直、省市驻县单位扶贫开发责任制考核办法补充意见》，研究《东安县关于开展“周末讲堂”活动的实施方案》和全县意识形态工作，对县人大政协“两会”、干部执行力、规范办文办会、交通秩序管理等工作进行安排部署，研究组织工作。

12月7日上午，县委书记冯德校在县人武部四楼会议室主持召开县委常委议军会议。县委副书记、县长龙向洋，县委副书记陈丽，县委常委李四清、彭俊卿、蒋华、李觉会、唐华栋、廖劲松、唐振宇参加会议，县人大常委会主任张波、县政协主席陈军列席会议。县直有关部门负责人列席与其工作相关的议题。会议认真学习军队改革相关情况、省市委议军会议主要精神，听取全县国防后备力量建设有关情况汇报，研究东安军事工作有关具体问题。

12月7日晚，县委书记冯德校在行政中心七楼常委会议室主持召开县委常委会议，县委副书记、县长龙向洋，县委副书记陈丽，县委常委李四清、彭俊卿、蒋华、李觉会、唐华栋、廖劲松、唐振宇参加会议，县人大常委会主任张波、县政协主席陈军列席会议。县直有关部门负责人列席与其工作相关的议题。会议听取统战工作情况汇报，审议县政府第1次常务会议研究的有关工作和《12月份全县主要工作重要活动预安排》，研究纪检监察工作，对全市乡村旅游流动现场会、2017年人才引进、公务员招考和事业单位工作人员招聘、东安大道提质改造、“两节”期间氛围营造、作风建设等工作进行安排部署。

12月16日上午，县委书记冯德校在县行政中心七楼常委会议室主持召开县委常委会，县委副书记、县长龙向洋，县委副书记陈丽，县委常委李四清、彭俊卿、蒋华、李觉会、唐华栋、廖劲松、唐振宇、唐伟文参加会议，县人大常委会主任张波、县政协主席陈军列席会议。县直有关部门负责人列席与其工作相关的议题。会议听取纪检监察工作和有关党建工作情况汇报，对相关具体问题进行研究。

12月20日上午，县委书记冯德校在县行政中心七楼常委会议室主持召开县委常委扩大会，县委副书记、县长龙向洋，县委副书记陈丽，县委常委李四清、彭俊卿、蒋华、李觉会、唐华栋、廖劲松、唐振宇、唐伟文参加会议，县人大常委会主任张波、县政协主席陈军列席会议。县直有关部门负责人列席与其工作相关的议题。会议听取各重点项目指挥长和重点工作负责人相关情况汇报，研究组织人事工作，对考核工作、重点项目和重点工作调度、首届武术旅游文化周活动、湖南省旅游产业博览会、东安招商推介会等工作进行安排部署。

【县委经济工作会议】2016年2月15日，东安县委经济工作会议在东安会堂召开。会议的主要任务是贯彻落实中央、省、市委经济工作会议精神，总结2015年工作，安排部署2016年工作。县委书记谢景林在会上讲话，县委副书记张波宣读表彰决定，县委常委、常务副县长陈丽主持会议。县人大常委会主任文高平、县政协主席陈军，县领导郑景学、欧阳冬子、李顺利、李晓宁、王名扬、苏建华、李觉会等出席。会议指出，2015年，县委团结带领全县党员干部群众，全面贯彻落实中央及省、市委一系列决策部署，坚持稳中求进工作总基调，深入推进“五个东安”建设，实现了“十二五”完美收官。经济指标大幅提升、创先争优亮点纷呈、攻坚克难成效喜人。东安先后获首个中国德文化之乡、国家农产品质量安全县、全国防震减灾先进单位等3个“国”字号荣誉；获革命老根据地、全省食品安全工作先进县、全省综治工作先进县、全省平安校园先进县、全省责任督学创新县、全省计生协会先进单位等6个“省”字号荣誉；市对县重点单项考核，精准扶贫、创森、绿色永州、新型城镇化、培育规模工业企业、国企改革、六件实事、食品药品安全、精神文明建设、安全生产、信访、党管武装等12项工作进入先进行列。会议提出，2016年是“十三五”开局之年，是县乡党委、人大、政府、政协班子同步换届之年，也是东安县深度实施“四个五”的总体要求、全力打造“五个东安”的关键之年。

做好今年的经济工作，必须把握发展大势，深入研判形势，抢抓政策机遇，找准工作的切入点和着力点。2016年全县经济工作总的要求是：以中央、省、市一系列重要会议精神和县第十一次党代会精神为指针，按照“生态立县、产业强县、科教兴县、和谐安县、实干振县”的总体思路，以科学发展为主题，以调结构转方式为主线，以新型工业化为主导，以新型城镇化为主平台，以改善民生为主旨，突出生态建设重绿化、经济建设重项目、社会建设重民生、文化建设重活动、政治建设重干部，全力打造绿色东安、小康东安、法治东安、创新东安、幸福东安。谢景林在讲话中指出，做好2016年经济工作，要全面落实中央“四个全面”战略布局和市委“四个三”工作部署，牢固树立创新、协调、绿色、开放、共享发展理念，坚持稳中求进总基调，深入推进“五个东安”建设，努力实现“十三五”良好开局。一要坚持绿色发展，深入推进绿色东安建设。牢固树立“绿水青山就是金山银山”理念，围绕全力打造山清水秀地干净、环境优美人宜居的绿色东安，坚定不移走绿色低碳发展之路，倡导绿色生产生活方式，促进人与自然和谐发展。二要坚持开放发展，深入推进小康东安建设。牢固树立“开放就是发展”理念，围绕全力打造经济发展又好又快、人民生活有滋有味的小康东安，突出项目建设支撑作用，推动产业转型升级，推进全面小康社会建设。三要坚持协调发展，深入推进法治东安建设。全面落实协调发展理念，围绕全力打造社会公平正义和谐、人民安居乐业守法的法治东安，改进社会治理方式，坚持法治与德治相结合，努力开创法治东安新局面。四要坚持创新发展，深入推进创新东安建设。坚持改革创新，围绕全力打造思想解放与时俱进、作风务实充满活力的创新东安，扎实推进各项改革，全面释放改革红利。五要坚持共享发展，深入推进幸福东安建设。坚持共享发展理念，围绕全力打造人民生活更加舒心、更加安心、更加放心，对未来更加充满信心的幸福东安，落实社会政策要兜底的硬性要求，着力增强人民群众的获得感和幸福指数。谢景林强调，抓好经济工作，关键在党，关键在人。全县各级各部门务必强化党建引领意识，充分发挥党委总揽全局、协调各方的领导核心作用，最广泛地凝聚发展合力，不断提高各级党组织领导经济工作的能力和水平。要全面落实两个责任，选好用好干部，提升干部执行力。陈丽在总结讲话中要求，全县各级各部门要深入传达贯彻落实县委经济工作会议精神，对报告提出的目标任务要进行层层分解，抓好工作落实。当前，各级各部门要搞好春耕、备耕，进一步抓好农业农村工作。抓好工业生产，帮助企业解决用工难等问题。要抓好跑项争资工作，确保更多项目资金进入东安。要抓好财政增收，确保完成一季度“开门红”。抓好安全生产、信访维稳等“一票否决”工作，努力开创“十三五”发展的新局面，谱写“五个东安”建设的新篇章。

会议对2015年度全县各行各业涌现出来的先进单位和先进个人进行表彰。各乡镇场主要领导和县直单位主要负责人向县委、县政府递交2016年度计划生育、社会管理综合治理、安全生产责任状。县人武部部长、政委，县人大、县政府、县政协党组成员，东安经济开发区、舜皇山国家森公园管理局主要负责人，县纪委常委、各乡镇场党委书记、乡镇场长，村(居委会)党支部书记，大学生村官，县直各部办委局党政主要负责人，正科级事业单位党组织负责人，芦洪市工业小区、石期市工业小区管委会主任，县委督察员，骨干企业负责人，副科级事业单位负责人代表，特邀76129部队、三七四处、湘钢东安石矿、东安监狱、柳铁东安火车站的主要负责人和部分离退休干部代表参加会议。

【中国共产党东安县第十二次代表大会】8月28日上午，中国共产党东安县第十二次代表大会在东安会堂开幕。市委指导组组长、市委组织部副部长李钢到会指导。冯德校、陈丽、文高平、张波、陈军、李四清、彭俊卿、蒋华、李党会、唐华栋、廖劲松、唐振宇、唐伟文、廖祝春等同志出席会议并在前排就坐。应邀参加大会的还有无党派人士代表，中央、省、市驻县单位主要负责人，离退休干部，不是代表的其他党员县级领导。会议由龙向洋同志主持。会议应到代表297人，实到284人，符合规定人数。大会在雄壮的国歌声中庄严开幕。冯德校代表中国共产党东安县第十一届委员会作工作报告。报告对五年来的工作进行了回顾。报告指出五年来，全县上下全面落实市委“四个三”的工作部署，深入推进绿色、小康、法治、创新、幸福东安建设，综合实力大幅提升，城乡面貌日新月异，基础设施日趋完善，社会事业协调发展，改革开放成效明显，民本民生不断改善，党的建设全面加强，实现“十二五”圆满收官，经济社会发生有深度、有品质的变化。报告指出，今后五年，是全面建成小康社会的决胜期、经济转型升级的加速期、城镇化深入发展的提升期、全面深化改革的攻坚期，也是东安大有可为的机遇期。全县上下务必要进一步坚定信心决心，增强定力合力，发挥新优势，突破新瓶颈，再创新业绩。今后五年工作的指导思想是：高举中国特色社会主义伟大旗帜，全面贯彻中共十八大和十八届三中、四中、五中全会以及习近平总书记系列重要讲话精神，大力践行“创新、协调、绿色、开放、共享”的发展理念，深入落实省、市委一系列重大决策部署，紧紧依靠全县各级党组织、广大党员和人民群众，大力实施“生态立县、工业强县、农业稳县、旅游活县、科教兴县、依法治县”六大战略，全力推进“752121”工程，即进一步完善大思路、培育大产业、推进大提质、构建大交通、繁荣大文化、改善大民生、推动大落实，着力开展“五城同创”（国家卫生县城、全国文明县城、国家园林县城、国家级生态县、全国绿化模范县），全力打造“两个中心”（把县城打造成永州的次中心、把芦洪市镇打造成县域的副中心），努力把东安建成全国知名的微旅游目的地，力争东安进入全省经济强县，把芦洪市镇建成全省的工业强镇，全面建成更高水平的小康社会。今后五年全县经济社会发展的奋斗目标是：经济实力更加雄厚。经过五年努力，全县地区生产总值超过230亿元，固定资产投资超过380亿元，规模工业总产值突破200亿元，财政总收入突破16亿元。城市功能更加完善。经过五年努力，全县城镇化率达到全国平均水平，县城人口达到25万人，县城承载力显著提升，综合服务功能更趋完善，辐射带动能力明显增强。生态环境更加优美。经过五年努力，森林覆盖率达63.5%，空气质量优良率达90%，城市污水处理率达85%，垃圾无害化处理率达95%。社会发展更加和谐。经过五年努力，科教文化事业竞相发展，公民道德素质普遍提高，文明创建成果巩固扩大，社会大局持续和谐稳定。人民生活更加幸福。经过五年努力，城乡居民生活品质大幅提高，城乡居民人均可支配收入分别达到35300元和18340元，完成脱贫33254人，全面建成更高水平的小康社会。报告要求，全县上下要始终坚持创新发展、协调发展、绿色发展、开放发展、共享发展“五大发展理念”，强化机遇意识、大局意识、团结意识、规矩意识、担当意识、廉洁意识、争优意识等“七种意识”，努力实现今后五年全县经济社会发展的奋斗目标。要扬优势补短板，全面建成更高水平的小康社会。重点突出解放思想，完善跨越大思路；突出转型升级，培育特色大产业；突出融合融通，推进城乡大提质；突出绿色畅通，构建循环大交通；突出核心引领，繁荣先进大文化；突出幸福生活，改善共享大民生。要推动大落实，为全面建成小康社会提供坚强保障。要坚持思想建党，争创一流的精神状态、坚持鲜明导向，打造一流的干部队伍、坚持重心下移，建设一流的基层组织、坚持转变作风，培育一流的执行能力、坚持廉洁从政，营造一流的政治生态。要发挥优势，补齐短板，不忘初心，开拓前进，为全力打造永州次中心、全面建成小康社会而努力奋斗。会议还听取廖劲松代表县纪律检查委员会所作的工作报告，书面听取彭俊卿所作的党费收缴、管理和使用情况的报告。

【县委十二届一次全会】8月30日下午，中共东安县第十二届委员会在县行政中心七楼常委会议室举行第一次全体会议。市委指导组组长、市委组织部副部长李钢到会指导。本次全会应到县委委员36名，实到36名，符合规定人数。会议以举手表决的方式通过中共东安县第十二届委员会第一次全体会议选举办法；通过监票人名单，指定计票人；选举产生中共东安县第十二届委员会书记、副书记和常务委员会委员；通过县纪委十二届一次全会的选举结果。冯德校在讲话中强调，县委是全县各项工作的核心，肩负着团结带领全县广大党员干部和人民群众，激扬东安梦想，提振东安精神，书写东安担当，走好东安路径，全面建成小康社会的历史重任。我们要满腔热忱，不负重托，恪尽职守，勤奋工作，在历届县委打下的良好工作基础上，进一步发挥新优势，突破新瓶颈，再创新业绩，向组织和人民交出一份满意的答卷。冯德校要求，新一届的县委班子成员，要带头讲大局，做知责谋事的表率；带头讲团结，做合作共事的表率；带头讲规矩，做忠诚任事的表率；带头讲担当，做尽责成事的表率；带头讲廉洁，做干净干事的表率。要紧紧围绕中央和省、市委一系列重大决策部署，大力实施“六大战略”，全力推进“752121”工程，全面建成小康社会。要相互提醒，共同勉励，把新一届县委班子建设成为组织放心、群众满意、可担重任、有所作为的坚强领导集体。要紧紧依靠和带领全县人民，坚持一张蓝图干到底，一心一意谋发展，发挥优势，补齐短板，不忘初心，开拓前进，为全面完成县第十二次党代会确定的目标任务、全力打造永州次中心、全面建成小康社会而努力奋斗。李钢代表市委，对中共东安县十一次党代会的顺利召开和新当选的同志表示热烈的祝贺。她希望，东安县新一届县委领导班子必须要带头学习，提升素质；必须要努力开拓，扎实干事；必须要勤廉修身，干净干事；必须要维护权威，团结干事。要不辱历史使命，不负代表重托，以扎实的工作作风和优异的工作成绩接受群众的检验。新一届纪律监察委员会，要始终把规矩挺在前面，形成干事合力，锻造反腐“铁军”，争创一流团队。

（县委政策研究室）

县委办工作

【概况】2016 年，县委办公室有干部职工 31 人，设政研室、督查室、政工室、秘书文电室、行政事务室、综合信息室、县委总值班室、内网管理中心、重大紧急信息处理中心等 9 个科室。

【政研工作】2016 年，县委办公室围绕大力实施“生态立县、工业强县、农业稳县、旅游活县、科教兴县、依法治县”六大战略，全力推进“752121”工程，积极开展调查研究，认真撰写各类文稿。年内完成各类文稿近 200 篇，高质量地完成县第十二次党代会报告，为县委领导起草讲话稿 100 余篇，经验典型材料 40 余篇，工作情况汇报等各类文稿 40 余篇，《坚持五个带头 争当五个表率》等 13 篇领导署名文章在省、市以上媒体公开发表。坚持服务决策、指导工作、交流经验、展示风采的办刊宗旨，办好县委核心刊物《东安通讯》，编辑《东安通讯》3 期，刊发各类文章 90 余篇。进一步完善信息工作制度，选派一名专职信息员到省、市跟班学习，全年共上报省市各类信息 547 条，编报《东安要情》9 期，编发《东安信息》11 期。

【检查督导】2016 年，县委办公室进一步完善“大督查”工作机制，坚持从快、从紧、从严的要求，重点督查未落实的事、盯紧未落实的人，落实重点工作、重点项目“一月一督查”的督查工作要求，以大督查推动大落实。全年共组织开展各类督查活动 90 余次，上报《督查专报》9 期，办理省市领导批示件 16 件。县委将督查工作纳入县委常委会议等重要议事日程，调整充实了“大督查”工作领导小组，由县委书记、县长任顾问，县委副书记任组长，县委常委、县纪委书记任常务副组长，4 名县委常委任副组长，县政协原主席杨绪耀专抓，县政府督查室、绩效考核办、作风办协同参与，每月听取一次督查工作情况汇报。围绕神华电厂、冷东快线等重大项目，精准扶贫、美丽乡村等重点工作，大市场改造、创国卫等民生实事进行督查，2016 年共开展各类大型督查活动 19 次，下发《督查通报》16 期、《县委通报》3 期，办理领导批示件 181 件。创新督查方法，坚持重点督查与专项督查相结合、主动谋划与临时受命相结合、督查与协调服务相结合、落实督查与效能问责相结合，督查协调服务水平不断提高。

【文秘工作】2016 年，县委办公室以服务县委工作为中心，求真务实，规范管理，保证县委机关日常工作高效运转。文电工作，认真执行机关公文处理的有关法规，规范办文程序，提高文件质量。2016 年，共办理公文 133 件，下发文件 80 个，无一出现错误和纰漏。值班工作，坚持 1 名办公室领导带班、1 名值班秘书负责正班，办公室文秘人员轮流值副班的24小时值班制度，各项工作有登记、有报告、有落实、有反馈。全年共下达各类通知500次，接待来访人员近1000人次。

【接待服务】2016年，县委办公室突出会议服务、餐饮服务、绿化保洁、基建维修、机关节能等事务管理，牵头筹备组织县第十二次党代会、县委经济工作会议等各类大型会议、大型活动100余场次。牢固树立接待树形象的理念，努力构建大接待工作格局，全年共接待来宾214批2413人次，展现东安良好形象。

【推进各项改革】2016年，县委办公室对接市委改革办，统筹抓好全县全面深化改革工作。行政管理体制改革扎实有效，完成政府机构改革。推进公车管理制度改革，按省、市规定时间节点有序推进。实施事业单位分类改革，对全县432个单位进行分类。开展芦洪市镇扩权强镇改革试点，芦洪市镇跻身全国新型城镇化综合试点镇行列。农村产权制度改革纵深推进。深入推进农村土地承包经营权确权登记颁证工作，全面完成301个村最后图表修正，完善承包合同，建立农村土地承包经营权登记薄。全面完成县级农用地规划编制，建好县、乡、村三级土地流转服务平台，全县共流转土地57.8万亩。社会治理机制改革落地见效。社区网格化全面推进，成立副科级网格管理中心，划分网格97个，“三中心”正式挂牌成立，“云数据”指挥处置中心投入使用并与“智慧永州”综合应用平台完成对接。深入推进以去库存为重点的供给侧结构性改革。整合国有资产，组建城投集团，开展银行融资，获批贷款19.24亿元，已到位11.54亿元。结合易地扶贫搬迁，出台《东安县化解商品房库存实施办法》，2016年销售商品房1300套，成交面积16万平方米。

【推进小康建设】2016年10月，经县委常委会研究决定，全面小康建设由县委副书记牵头负责，明确一名副处级领导专抓，将小康办从县农业委调整到县委办，由县委办副主任兼任小康办主任，县统计局局长、县农业委主任兼任小康办副主任。突出抓好以重点项目建设、产业转型升级、精准扶贫、办点示范、严格奖惩为重点的全面小康建设，统筹“互联网＋基层党建＋美丽乡村＋乡村旅游＋全面小康＋精准扶贫＋农村网格化”，县级层面重点抓好6个示范乡镇、3个省级示范村和6个市级示范村建设，每个乡镇抓好2个示范村建设。在职县级领导每人联系一个责任单位和一个乡镇场，各责任单位和乡镇场与县委、县政府签订责任状，县级领导与所联系单位和乡镇场年终考核实行同奖同罚，县里安排50万专项资金，对全面小康任务完成好的单位进行奖励。2016年，东安县全面小康总体实现程度达85.6%，提升6个百分点以上。

【队伍建设】2016年，县委办公室扎实开展“两学一做”学习教育，全面落实“党员固定活动日”制度和周五下午集中学习制度，深入学习党章党规和习近平总书记系列重要讲话精神，全面落实习近平“五个坚持”重要指示精神，政治意识、大局意识、核心意识、看齐意识不断增强。加强办公室党支部自身建设，完成支部换届选举。严格落实党风廉政建设责任制，进一步完善《党风廉政建设责任制》和《领导干部廉洁自律制度》等各项制度。切实加强干部学习培训，共组织9人到浙江大学参加市委办组织执行力提升培训班，1人到中改院参加市委改革办组织的改革专职干部培训班。认真开展“三提升三创建”活动，参加全市党委办公室乒乓球赛、落实市第五次党代会精神征文等重大活动。坚持“严进高出”，加强办公室干部队伍建设，选调4人到办公室跟班学习，重用2名副主任，提拔2名室主任，1名年轻干部被选调到市直机关工作。

（县委政策研究室）

中共东安县委办公室领导名录

唐振宇	县委常委、县委办主任
周　玮	副主任
唐丰斌	副主任
李志成	副主任
唐晓东	纪检员
刘红艳	联合工会主席

机关事务服务

【概况】2016年，东安县机关事务服务中心内设办公室、水电股、保卫股、综合服务股、园林环卫股5个股室，人员编制11名。

【安全保卫】2016年，东安县机关事务服务中心加强车辆管理，县行政中心车库只允许公车进入，明确一车一位，保证交通安全畅通。认真落实门卫制度，做到对来访人员，有询问、有登记、有检查、有反馈。加强对物业管理，定期对照考评细则进行检查，强化监督与约束，全年无刑事案件、无治安案件、无火灾事故、无盗窃案件、无责任事故。

【会议服务】2016年，东安县机关事务服务中心认真做好会议服务工作。每场会议，坚持做到会前准备充分、会中服务到位、会后清理有序。全年共承办大小会议和活动240多场次。完成8月县第十二次党代会和11月召开的县人大政协换届会服务任务。

【绿化美化与卫生保洁】2016年，东安县机关事务服务中心按季对大楼周边绿地进行除草、施肥、修枝、杀虫等日常养护，及时更换办公大楼公共区域花卉，营造舒适办公环境。认真落实卫生保洁制度和分工负责制度，明确职责范围和保洁要求，实现行政中心保洁工作正规化。开展机关“除四害”和“美丽机关建设”等公共卫生管理工作。

【公车管理】2016年，东安县机关事务服务中心严格公务用车管理，协助县纪委不定期地对节假日公车集中停放进行督查，发现问题及时纠正。2016年8月启动公车改革后，12月30日完成公务用车封存停驶工作，之后公务用车由车辆管理服务中心统一管理调配使用，公务用车工作走上正轨。

【设备维护与后勤保障】2016年，东安县机关事务服务中心对大楼部分墙面进行粉刷，对大楼外墙玻璃幕墙进行清洗，对东安会堂周边破损地面、盖板，脱落地砖、玻璃进行维修维护，确保设施完好正常使用。对电梯和空调系统进行大修，保证各项设备正常、安全运行。机关食堂注重食品安全卫生管理，保证干部职工工作餐正常供应。聘请专人负责水电服务，维修服务做到随叫随到，水电供应正常。（伍云华）

县机关事务服务中心领导名录

夏尊金　主任

唐翠玲（女）　副主任

接　待

【概况】2016年，东安县委、县人民政府接待科坚持更新思想观念，跳出狭隘封闭的“小接待”圈子，围绕县委、县政府的重大活动，改进工作方法，牢牢把握接待工作的主动权，较好地完成省市领导到东安视察调研，省委巡视第七组巡视东安，县委经济工作会议和县第十二次党代会等大型会议，县委领导赴京衔接汇报工作和招商引资，县委赴郴州学习考核等重大活动的接待工作。

【接待工作】2016年，县接待科牢牢把握新形势下公务接待工作新变化、新要求，认真落实中央八项规定、省委九项规定、市委十项规定、《党政机关国内公务接待管理办法》和县委关于接待工作系列规章制度，围绕实施“752121”工程，牢固树立政治意识、大局意识、核心意识和看齐意识，全面推进规范化操作，精细化服务，创先争优，完成重宾视察、领导调研、学习考察等各项接待工作任务。全年接待来宾234批2715人次，其中省、市领导等重宾28批282人次，大型接待活动8批683人次；承办市、县级重要会议活动3次，接待宾客520人次，实现“零失误、零差错、零不满”，树立东安县良好形象，为全力打造永州次中心做出应有贡献。（唐　青）

领导名录

李　尔（女）　科长

纪检（监察）

【概况】2016年，东安县纪委（监察局）内部机构进行改革，由原来内设13个室（中心），调整为12个副科级职能室（部），即办公室、组织部、宣传部、党风政风监督室（县政府纠正行业不正之风办公室）、信访室、案件监督管理室、第一纪检监察室、第二纪检监察室、第三纪检监察室、第四纪检监察室、案件审理室、纪检监察干部监督室。委局核定总编制41名，实有干部职工36名。

2016年3月28日，县纪委十一届八次全会和反腐败工作会议召开

县纪委（监察局）领导班子编制数10名，其中女干部3名，占编制数的30%。年内交流干部9名，其中交流出去5名，有4名担任单位一把手。县纪委（监察局）向县直机关单位派驻机构51个，内设纪检监察机构48个，配备纪检监察人员84名。全县党风廉政建设和反腐败工作取得明显成效，被评为全市党风廉政建设先进县、全市“纠四风、治陋习”先进县，县纪委（监察局）通过市级文明单位验收，被评为全县绩效评估优秀单位，县巡察工作被县委、县政府授予“特别贡献奖”，安全生产、综治、民调、精准扶贫、党建、精神文明和意识形态建设、重大事项督查、计生等8项单项工作被评为全县先进单位。

【落实“两个责任”】2016年，东安县各级党组织层层签订《责任书》、制订《责任清单》和《分工意见》，党风廉政建设“两个责任”更加细化量化；主动牵头组织协调纪检、财政、审计、组织人事、公检法及金融业等各方面力量，反腐败协调小组作用更加充分发挥；全面落实党风廉政建设签字背书、责任报告、廉政谈话等制度，促使党风廉政建设责任制落地生根，全县开展任前廉政谈话578人次、提醒谈话256人次、约谈323人次；制订下发《关于加强对乡科级党政正职监督的实施办法》，进一步强化对党政正职这个“关键少数”的监督，组织3个乡镇4个县直单位10名党政正职向县纪委全会进行述责述廉述德，全县156名党政正职向县委、县纪委进行责任报告；对履行“两个责任”不力的39名领导干部进行问责。

【作风建设】2016年，东安县委成立“四风”“陋习”督查组、政务服务督查组、执法工作督查组、涉企服务督查组等4个专门督查组，紧盯重要时间节点，对发现的问题快查快办、即时通报、实名曝光，全县共问责党员干部397人，发督查通报36期，通报典型案例76起。出台《东安县干部职工纪律作风考评办法（试行）》，进一步规范作风考评。开展严查公款送礼、收送礼金、非公务接待、公车私用、违规操办婚丧喜庆事宜等“纠‘四风’、治陋习”专项整治，共发现违规违纪线索220起，查处违纪人员278人。东安县被评为2016年全市“纠四风、治陋习”先进县。

【惩治腐败】2016年，东安县纪检组织坚持惩防并举，以“零容忍”态度惩治腐败。年内立案121件，结案118件，审理156件，处分党员干部179人，其中处分科级领导干部17人。认真开展“雁过拔毛”式腐败问题专项整治，全县排查出问题线索437起，立案60件，处理处分党员干部127人，追缴财政140.5万元，退还群众262.9万元。认真办理群众信访举报，共受理信访举报374件次，办结率95%以上。开展信访监督检查5次，排查化解突出信访问题200余个。严格规范纪律审查行为，依法依纪文明办案，没有出现以案谋私，办人情案、关系案、金钱案和选择性办案、打招呼干扰办案等现象。

【教育监督】2016年，东安县各级党组织扎实开展“党内法规学习教育年”活动，开展党内法规知识测试，对新提任的科级领导干部开展廉政谈话，邀请专家学者开展廉洁从政和“两准则四条例”专题讲课，组建宣讲团巡回宣讲，组织党委（党组）书记讲“遵循廉洁自律规范，恪守六大纪律”专题廉政党课，全县订阅准则条例读本5000多册，在省市县级媒体公开通报曝光违反“四风”和“雁过拔毛”式腐败典型案件40余起。开通“廉洁东安”微信公众号，加强廉洁宣传，发布有关信息100多条。坚持抓早抓小，对党员干部存在的作风、纪律问题早发现、早提醒、早纠正、早查处，对苗头性问题及时约谈、函询，加大诫勉谈话力度。共批评教育党员干部66人、书面检查38人、诫勉谈话71人、通报批评31人、函询144人次。

【队伍建设】2016年，东安县各级党组织落实“三转”要求，聚焦主责主业，深入开展“两学一做”学习教育，加强学习培训，强化“四个意识”，提高履职能力。完成县乡纪委换届工作，县纪委换届后设立12个副科级职能室（部），提拔重用7人，交流干部9人；全县15个乡镇共配备纪委书记15名、副书记15名、专职委员28名、兼职委员43名。加强乡镇纪委队伍建设，每个乡镇纪委财政预算办公经费3万元、办案经费10万元，至少配备3个办公室。严格内部监管，提出“建一流队伍、创一流业绩、树一流形象”工作目标，编印《纪检监察政策法规制度资料汇编》，建立完善机关内务管理各项制度；加强委局机关文化建设，办好机关廉政食堂，每周星期一开展读书活动，每月利用一个晚上进行集中学习，凝聚像“家”一样的团队精神。切实加强纪检监察系统内部监督，查办纪检干部违纪案件2件，处分纪检干部2人。

（唐邵华）

2016年12月21日，县委巡察第二组进驻紫溪市镇荷叶塘村组织召开巡察动员大会

县纪委（监察局）领导名录

廖劲松　县委常委、县纪委书记
魏新林　县纪委副书记、县监察局局长
雷勇华　县纪委副书记
唐　伶　县纪委副书记
邓海祥　县纪委常委
蒋红梅（女）　县纪委常委
杨劲松　县纪委常委
唐满平（女）　县纪委常委
唐国凤（女）　县监察局副局长

2016年10月28日，东安县召开两项专项整治暨扶贫领域涉及违纪问题信访举报督办会

组　织

【概况】2016年，县委组织部对全县软弱涣散党组织进行检查指导，牵头做好驻村帮扶工作。建立精准扶贫台账，从县直单位遴选38名优秀干部到贫困村担任“第一书记”，组建38个驻村工作队、100余人实行驻村帮扶。加强软弱涣散村党组织整治，整顿软弱涣散基层党组织51个。加强阵地建设，县财政投入80多万元，对90余个远教站点的电脑、投影仪进行更新。结合“创国卫”工作，机关270名党员工作岗位前移，下沉到53个网格，实行定人、定责、定岗、包片“三定一包”责任制，清理商铺垃圾死角21处，开展组团式服务112次，服务社区居民1100余次，解决居民实际困难360件。

【基层党建】2016年，县委全面落实基层党建工作责任制，制订出台《东安县2016年基层党建工作考核指导方案》，签订基层党建工作责任书，突出考核权重和结果运用，并实行常态化考核。强化基层基础保障。落实“一定三有”政策，现任村支书报酬从830元/月提高到1900元/月；及时足额打卡发放离任村干部待遇，连续任职10年以上到15年（含15年）或累计任职15年以上的提高到150元/月，连续任职15年到20年（含20年）的提高到170元/月，21年以上的为190元/月。村级组织运转经费均达7万元以上，乡镇居委会运转经费达8万元以上，保证每个社区5万元的惠民项目资金。县财政拨付专项经费2000多万元，用于乡镇“六小一中心”提质改造；15个乡镇全部建立党建工作站，每个工作站解决2万元工作经费；建立县、乡、村三级便民服务中心356个。制订出台《发展村级集体经济年度计划（2015—2020年）》，2016年全县一、二、三类乡镇25%的行政村年经营性收入分别达到10万元、5万元、4万元。加强“两新”组织建设。制订下发《东安县关于在社区党组织中推广365精细化服务法的通知》，在7个城市社区党组织中开展“365”精细化服务法。以县“云数据指挥中心”为平台，建立数字社区、电子政务等便民信息系统，发布服务信息1320条。开展“十项大排查”。共组织4次基层党建排查整顿，排查出10大类问题650余例，出台10项配套整改方案、100余条整改措施，由28名县级领导牵头联系点，20名组织部工作人员包干负责整改。全县处置不合格党员5名，取消预备党员资格2名；2154名遗失党员档案和入党材料不全的党员按要求整改到位；619名未按时、未足额缴纳党费的党员全部补缴；23个未按期换届的县直机关支部完成换届；74个未按要求设立党小组的支部整改到位；4个有3名以上党员的非公有制经济组织建立党支部。严把发展党员入口关，全年发展党员294人，对新入党党员志愿书实行编号制。设立流动党支部5个，管理服务375名流动党员。加大党内关怀帮扶力度，发放党内关怀帮扶资金37万元，帮扶困难支部64个，帮扶困难、特困及1959年12月31日前入党的农村老党员1021名。

【“两学一做”学习教育】2016年，全县各级党组织认真开展“两学一做”学习教育，开辟学习教育专栏2个，设置专题宣传栏84个，悬挂宣传标语5800余条，发放宣传手册1.2万册。开辟“指尖课堂”，采用“党员e信”“党员微信”等方式发送学教内容200多条，征集微故事、微体会500余条。组成25人“讲师团”开展“送党课下基层”活动，到基层党支部讲授党课50余堂。发放《习近平总书记系列重要讲话读本》等读本14540余本，统一印制专门学习笔记本，编发“两学一做”学习教育情况通报6期。 结合“组织在召唤、党员请回家”和“党员固定活动日”的开展，找回“失联”党员1079名，开展集中学习4210次，专题研讨1120次，讲党课810堂。

【县乡两级换届选举】2016年，县委组织部严格按照换届工作规定，完成县委、县人大、县政府、县政协换届和乡镇党委、人大、政府换届任务，推选县党代会代表167名，选举产生新一届县委委员36名，候补委员6名，新一届县委常委领导班子11名；选举产生县纪委委员19名，纪委常委9名；推选出席中国共产党永州市第五次代表大会代表27名。推选县第十七届人大代表238名，选举产生新一届人大常委会组成人员32名，其中主任1名，副主任5名；选举县人民政府县长1名，副县长7名；推选出席永州市第五届人民代表大会代表44名。推选县政协委员186名，选举产生政协东安县第九届委员会常委会组成人员36名，其中主席1名、副主席5名、秘书长1名；推选出席政协永州市第五届委员会委员15名。推选乡镇党代表1659名，选举产生新一届乡镇党委领导班子成员131名，纪委委员101名。推选乡镇人大代表996名，选举产生新一届乡镇人大主席、副主席30名，乡镇政府班子成员46名。换届中，充分利用东安新闻网、东安电视台等媒体，广泛宣传换届法规政策等，宣传“九个严禁、九个一律”，严格执行干部任用规定，坚持正确用人导向，讨论选拔任用干部3批444名。同时开通电话（12380）、信访、网络和短信“四位一体”综合举报受理平台，及时受理违反换届纪律问题举报，确保换届工作健康、有序、平稳进行，未发生违反换届纪律情况。

【干部管理】2016年，全县共有在职干部9699人，其中公务员、参照公务员管理人员1874人，事业单位管理人员1625人，各类专业技术人员6200人。在职科级领导干部1205人，其中正科级干部487人，副科级干部718人。35岁以下年轻干部426人(不含教师)。女干部706人(不含教师)。选调生干部38人，少数民族干部17人，党外干部267人(不含教师)。具有研究生学历干部29人。县委组织部切实加强干部教育培训工作，县委党校培训干部828人次，对500余名基层党组织书记、党务工作者进行集中轮训，教育培训党员1.2万多人次。组织中青班干部培训班学员赴怀化市通道县开展以“精准扶贫美丽乡村”为主题异地教学。组织赴清华大学、浙江大学县领导干部“执行力+”专题研修班五期，共312人次参训。完成省、市委组织部调训任务，派送40人次到省、市委党校参加培训;选派干部参加市委组织部“执行力+”专题培训7期共37人次。优化基层公务员队伍结构，招录公务员58名，含4名选调生。从“211”“985”学校毕业生及硕士研究生中引进专业技术人员37人，通过事业单位招考录用35人。从“三类人员”中选拔15名优秀人员安排到乡镇领导班子任职，从机关事业单位工作人员中选聘10人到村任专职党组织书记。继续推进“三超两乱”(超职数配备干部、超机构规格提拔干部、超审批权限设置机构，擅自提高干部职级待遇、擅自设置职务名称)专项整治，利用乡镇区划调整、县政府机构改革和职务与职级并行等机会消化超配科级领导职数100名，利用乡镇换届消化超配科级领导职数31名。狠抓干部人事档案审核工作，完成1848名县管科级干部和公务员档案审核认定工作，完成率100%。认真落实公务员职务与职级并行制度，共审批享受职级待遇311人。

【“两星”同创活动】2016年，县委组织部制订下发《关于开展创建“星级党组织”活动实施方案》和《关于实行党员量化考核登记定“星”工作的意见》，开展“星级党组织、星级党员”双创活动。“七一”期间，对评定为“星”级党组织进行现场授牌。根据党员平时表现和年度评议积分，定为“五星”“四星”“三星”党员，并予以登记。“三星”以下党员不定“星”、不登记，并要求个人承诺限期改正，否则，启动不合格党员处置程序。定“星”等级直接运用于党员评先评优及村两委干部绩效工资发放，共累计评定“星级党组织”250个、“星级党员”1560名。

【自身建设】2016年，县委组织部扎实推进“学习型”机关建设，开设“组工论坛”，每周五下午为干部职工政治学习时间，通过部领导讲党课、邀请专家学者讲、组工干部轮流讲，以讲促学，以讲测能，组工干部专业素质得到明显提升，机关学习之风日趋浓厚。机关党支部扎实开展“四讲四有”专题讨论，共撰写心得体会110篇、学习笔记88万多字。认真完成市委组织部分配的“一部一题”调研课题，在省、市各类报刊杂志上发表信息22篇，调研、理论文章8篇，开展网评专题引导30余次，完成原创网评400多篇，影响力网评 200 篇。其中《湘组研究》采用4篇，《永州党建》采用2篇，《新湘评论》采用1篇，《湖南省基层党建工作简报》采用1篇。严格遵守中组部《组工干部“十严禁”纪律要求》，组织机关组工干部到湖南省第五监狱接受服刑人员现身说法教育，组工干部廉洁从政意识不断强化，拒腐防变能力不断增强。（唐全华　陈东志）

县委组织部领导名录

彭俊卿　县委常委、县委组织部部长

唐全华　副部长(排第一)

郑　剑　副部长(兼)、县人社局局长、党组书记

刘玉忠　副部长(兼)、县老干局局长

卿华宏(女)　纪检员

肖凌云(女)　部务会成员、正科级组织员(党建室主任)

机关党建

【概况】2016年，县直属机关党委以组织开展“两学一做”学习教育为契机，围绕县委、县政府中心工作，贯彻党建工作要求，以提高服务水平、提高执行力为重点，进一步加强机关党的建设。

【服务中心】2016年，县直单位

各级党组织把服务中心、推动发展作为机关党建工作出发点和落脚点，推动党建工作与改革发展深度融合。年初，县直属党委紧贴全县中心大局，制订下发《2016年机关党建工作要点》《2016年机关党建目标管理考核细则》，全县各级机关党组织大力引导党员干部投身经济建设主战场。在精准扶贫和基层软弱涣散党组织整顿工作中，直属党委克服人手紧张等困难，委派2名干部分别担任精准扶贫工作队队长和党组织软弱涣散村第一书记，驻村开展工作，美丽乡村建设、结对脱贫、农村党建等工作取得阶段性成果。

【党员教育管理】2016年，全县各级机关党组织把压实党建工作责任作为落实全面从严治党重要举措，进一步细化各项具体工作评价规范，形成一套完整的党建工作目标管理考评体系。全面开展三级联述联评联考工作，重点加强直属党委直辖党（总）支部书记述职评议工作。根据机构调整和党员工作变动情况，共指导、审批20余个机关和事业单位党组织的成立、换届、改选、补选工作。联合县委党校举办2016年度入党积极分子培训班、发展对象培训班和机关基层党支部书记轮训班，共培训党务干部200余人次、入党积极分子和发展对象100余人次，组织县直基层党组织开展党建十项工作大排查，加强党费规范收缴工作，全年共上缴党费70余万元，其中2008年以来党费清理补缴30余万元。

【弘扬主旋律】2016年，县直属机关党委坚持思想建党，抓典型引导、抓活动开展，引导机关党员知责思为，修身养德，表率作为，唱响时代最强音。在庆“七一”、迎“国庆”等重要节点，组织开展一系列各具特色、主题鲜明的党建活动，丰富机关党建工作内容，充分展示机关干部良好形象，弘扬社会正能量。2016年“七一”前夕，表彰6个党支部，32名共产党员、20名优秀党务工作者，培育一大批身边典型。进一步深化拓展“机关支部联基层”“双联”帮扶、“送温暖、献爱心”等形式多样密切联系群众活动载体，利用端午、重阳等节日看望慰问患病机关干部和县离退休老领导10余人次。领导干部定期走访，慰问困难群众20余人，帮助党员解决实际困难16人次。（贺凌云）

县直属机关党委领导名录

刘芳玲（女） 书记
宾丽姣（女） 副书记
贺凌云（女） 纪委书记

机构编制

【概况】2016年，县机构编制委员会办公室（简称县编办）内设综合室和行政审批制度改革办公室，下属事业单位有东安县事业单位登记管理局（副科级）、东安县机构编制信息中心。

【机构编制管理】2016年，县编委办强化机构编制管理，实现经费预算与人员编制挂钩，进一步严肃机构编制和财政工作纪律，坚决落实控编减编工作，制订《东安县控编减编工作方案》，确保到2017年年底全县编制只减不增；进一步加强实名制数据库完善、维护和管理。对实名制数据机构及人员信息进一步进行完善，确保机构及人员信息完整、准确，保证实名制管理的动态化与常态化。

【行政审批制度改革】2016年，县编办对县直单位行政职权及行政执法依据、权力运行流程进行审查，并在《东安县政府工作部门权力清单》基础上进一步进行完善和细化，并及时向社会公示，接受社会监督。县政府工作部门及具有行政权力的单位共31个，保留行政权力2159项，其中行政许可184项、行政处罚1405项、行政强制154项、行政征收52项、行政给付7项、行政确认38项、行政奖励21项、行政检查134项、行政裁决5项、其他行政权力159项。

【事业单位登记管理】2016年，县事业单位登记管理局创新工作思路，规范操作程序，严把登记质量关，强化监督检查，使全县事业单位登记管理工作逐步迈上规范化、制度化、科学化发展轨道。按照《事业单位登记管理暂行条例》和《事业单位登记管理暂行条例实施细则》规定，全县登记事业单位392家，年度报告公示392家，年检率100%，设立登记7家，变更登记33家。（杨　扬）

县机构编制委员会办公室领导名录

蒋忠山　主任
赵腾茂　副主任
唐亚衡　县事业单位登记管理局局长

党　校

【概况】2016年，中共东安县委党校有教职员工29人，内设办公室、教研室、总务室、函授站四个职能科室，校园占地面积36亩，建筑面积1万平方米，有高标准综合办公楼1幢、教学楼1幢、学员宿舍2幢、现代化教工食堂1幢，多媒体教室2间，能容纳200人的报告厅1间，藏书室和阅览室各1间，有藏书2万余册。所有教职员工都配备有学习、工作电脑，教学人员还配备有教学手提电脑。

【干部培训】2016年5月中旬，县委组织部召开全县干部领导小组会议，制订2016年度干部培训计划和任务。党校围绕干部培训计划开展教学培训、科研教学、决策咨询工作，在“理论基础、职业技能、党性修养”的教学布局中突出能力教育这个重点，将理论与实际紧密地结合起来，不断提高干部教育质量。全年举办各级各类培训班18期，参训学员2506人。其中主体班2期85人，基层党组织骨干培训班1期475人，入党积分子培训班5期540人，执法人员培训班10期1406人。选派4名教师到全县各乡镇场和县直机关单位开展以中共十八届五、六中全会精神和“两学一做”讲党课等为主要内容的宣讲活动，宣讲37场次。通过座谈和问卷调查，学员满意度达98.3%。

【教学科研】2016年，县委党校坚持“教学兴校，质量立校”理念，深化教学改革，创新教学模式，推行研究式教学、互动式教学、案例教学等新教学手段，将东安在改革和经济社会发展中具有代表性事例引入课堂；开辟现场教学基地、组织教学、情景模拟教学5次，组织中青班学员到通道县进行异地教学。全体教师结合县情，围绕县委、政府重大决策和中心工作开展调研，撰写《对古民居保护和开发的建议》《大力扶持大众创业 助力县域经济发展》《积极开拓创新引领发展新局面》《浅析如何推进湿地公园与城市建设深度融合发展》和《走进全国首个“中国德文化之乡”》《如何加强农村基层民主政治建设》等高质量调研报告和论文6篇。

【师资能力建设】2016年，县委党校有在职专职教师14人，其中研究生1人，本科13人；高级职称3人，中级职称7人。出台《中共东安县委党校关于加强教学与科研工作的管理办法》，充分调动和发挥教师的积极性和创造性。年内先后有3名教师分别到清华大学、浙江大学进修，4名教师参加中央党校培训，2名教师参与县扶贫工作服务基层。

（吴海峰）

县委党校（行政学校）领导名录

陈　丽（女）　县委副书记兼县委党校校长
蒋　华　常务副县长兼行政学校校长
唐世义　常务副校长
周千林　副校长
王有广　校务委员
荣雪松　校务委员
刘化勇　校务委员
罗明志　纪检员

老干部工作

【概况】2016年，县老干局落实省、市老干部工作有关文件和会议精神，以促进老干部工作转型发展为契机，以加强离退休干部党组织建设为抓手，以为党和人民事业增添正能量为主旋律，以“让党放心，让老同志满意”为根本出发点，探索离退休干部工作新思路，坚持为老同志办实事做好事解难事。

【离退休干部党支部建设】2016年，县委组织部把离退休干部党组织建设工作列入党建工作重要议事日程，纳入全县组织工作要点，与在职人员党组织建设工作同部署、同规划、同考核、同表彰。各单位党委（党组）也把离退休党支部建设作为一种政治责任，作为党建工作重要组成部分，做到与在职人员党建工作齐头并进，相得益彰。全县所有离退休干部党员都纳入“两学一做”学习教育，把离退休干部党员和在职党员学习教育工作同部署、同规划。对因身体不好，长期生病不能参加组织活动的离退休干部党员，各单位入户走访发放学习资料，交流党内生活情况，做到教育活动对全体党员全覆盖。县委还聘请12名党性强、作风正、敢较真的离退休老干部到国有企业、“两新”组织、社区、学校、卫生院等单位担任党建工作指导员，在实现“党建+发展”等方面发挥参谋、指导、督促、帮助作用，既为离退休干部发挥作用开辟新途径，提供新平台，也为不断扩大党的工作覆盖面，增强党的工作影响力，拓宽新视野、探索新路子，是调动和发挥离退休干部参与社会建设创新性举措。

【离退休干部作用发挥】2016年，县老干局围绕“金秋助学·正能量系列践行活动”“我看湖南（永州）新变化·正能量系列讲谈活动”“互助关爱、传递温暖·正能量系列帮扶活动”等三大正能量系列活动，组织开展“送温暖、送技能、送健康、送文化”“东安发展我参与，东安变化我见证”和“做老干部的贴心人”三大主题活动。在助力精准扶贫中找准定位，通过“送温暖、送技能、送健康、送文化”主题活动开展，县老科协组织老同志组成科技咨询服务队，深入到乡镇进行科普宣传，共举办各类科技培训班8期，印发科普资料1.2万份，通过科技助贫，推动经济社会发展。在畅谈发展新变化中释放能量，通过开展“东安发展我参与，东安变化我见证”主题活动，县老年大学举行座谈会、征文比赛和书画比赛，全县广大老同志踊跃撰文，歌颂新时代，赞美新生活，为东安改革开放点赞喝彩，为全县经济社会发展唱响好声音，增添正能量。县老年大学共出版期刊3期，登载诗词41首，征文31篇，书画作品29件。老年书画协会开展“纪念红军长征胜利80周年”书画展活动，引导离退休干部珍惜今天美好生活，始终不忘党恩，一颗红心跟党走。在开展互助关爱中传递温暖，通过“做老干部贴心人”主题活动，加强对困难离退休干部关怀和帮扶力度。健全老干部困难帮扶机制，凡是老干部反映的事情、要求都尽早办，抓紧办，随时办。督促各单位登门走访老干部，掌握老干部思想生活动态，使全县老干部工作呈现出“老有所养、老有所医、老有所乐”和谐局面。发挥好老同志特点和优势，组织老同志开展志愿者行动和互帮互助活动，县内涌现出一大批退休不褪色、离岗不离党的老干部典型。如县人民医院退休干部李楚民，利用医院一个小礼堂建起“青少年活动中心”，30年如一日组织医院和附近街道少年儿童开展各类活动，并长期资助贫困生30多人，总金额7万多元。县委宣传部离休干部钟挺华，个人出资创办三个助学基金会，累计为700余名贫困学生捐资助学26万余元，创办永州市首家县级志愿者服务组织，被誉为“全职助学义工”“全能助学志愿者”。钟、李二人还摸索探讨，将社会主义核心价值观编成一套12节的“核心价值观演示操”，为全县广大中小学生学习践行社会主义核心价值观提供生动形象的教材，在全县21所中小学进行推广，反响很好，受到省关工委充分肯定。

【老干部文体活动】2016年，县老干局在法定节假日、纪念日等重要节日组织各种形式活动，丰富老干部晚年生活。2月2日，县委召开“离退休干部迎新春茶话会”，县委、政府领导与离退休老干部欢聚一堂，叙旧话新，喜迎新春。6月，组织老干部进行健康体检，并为所有老干部建立健康档案；与东安县湘东微创医院联合开展送健康进老干部家庭志愿服务活动，组织医生到离休干部家庭逐户走访，为老干部提供免费义诊和健康咨询等志愿服务。五一、重阳节，组织老干部们进行室内棋牌、球类等竞赛活动，并评出一、二、三等奖予以表彰。10月17日，召开重阳节部分离退休干部座谈会，县委、政府主要领导给老干部送去节日问候，并通报全县经济和社会发展情况，听取老干部对全县重点项目建设、经济社会发展等方面意见和建议。

【关心下一代】2016年，县关工委充分发挥“五老”（老干部、老模范、老教师、老战士、老专家）作用，开展一系列教育活动，全力营造关爱未成年人健康成长社会环境，加强未成人思想道德建设。全县17个乡镇场、24个科局、2个企事业单位建立关工委，所有村和学校建立关心下一代协会，形成从城市到农村、从机关到学校完整的关心下一代工作格局。全县动员近3000名

"五老"人员参与关心下一代工作,每个乡镇场关工委都有1名老同志担任关工委常务副主任,有1～2名"五老"人员参与关工委日常工作。县财政每年给担任乡镇场关工委常务副主任老同志发放600元工作补贴,并列入财政预算。县关工委组织"五老"报告团到各学校开展革命传统教育,组织各种报告团(组)10多个,对青少年作爱国主义专题报告20余场次,受教育青少年近1万人次。9月12—13日,在县行政中心举行纪念红军长征胜利80周年全县中小学生书画比赛获奖作品展,展出获奖中小学生书画作品41幅。县关工委开展东安县第二届"最美孝心少年"评选活动,对全县评选出来的15名有代表性"最美孝心少年"进行表彰。开展青少年思想道德和第三届"关爱明天 普法先行"青少年普法教育活动,由县财政出资3万元,给全县所有中小学校配备全国青少年普法教育读本,全县各学校聘配司法所长或派出所长担任法制副校长,普遍进行两次以上法制教育。县关工委聘请10名德高望重老领导组成"东安县青少年法制教育宣讲团",在10月和11月深入县内32所中小学校进行法制教育巡回报告会。8月,县关工委和县民政局、县教育局、县总工会举行资助贫困大学生活动,资助61人,金额13万多元;10月,县关工委组织开展对贫困中小学生进行资助活动,发动77个单位和7名社会爱心人士资助贫困中小学生230名,资助金额33万多元。5月17日,省关工委主任杨泰波到东安调研留守儿童关爱保护工作,先后参观鹿马桥镇中学、鹿马桥镇留守儿童之家、舜德学校、县人民医院等关心下一代工作现场,对东安关心下一代工作,尤其是关爱留守儿童方面所取得成绩给予充分肯定。11月26日,县关工委在鹿马桥镇召开全县关心下一代工作现场会,组织乡镇场关工委主任、常务副主任及县直单位关工委主任共70多人,上午参观县供电公司、井头圩镇石板铺村、鹿马桥留守儿童之家、鹿马桥镇中学现场,下午在鹿马桥中学召开会议,进一步推动全县关心下一代工作特别是留守儿童关爱保护工作的开展。 (万勇江)

【老科协工作】县老科技工作者协会以离退休科技工作者和离退休领导干部为主体,是党和政府联系广大老科技工作者的桥梁和纽带,挂靠县委组织部和老干局。主要工作是团结广大离退休科技工作者,发挥人才优势,为科技进步,经济繁荣,社会发展和民族振兴做贡献发挥余热。2016年,全县17个乡镇场和17个县直单位及215个村(社区)成立了老科协组织,有老科协会员2890人,其中具有高级职称的475人。县老科协组织和带领"两老"会员,抓调研,重建言,抓"三农"重服务;抓"创百",重保健,做了大量卓有成效的工作。收到各类调研文章28篇,县老科协与县教育局联手调研撰写的《东安教育调研报告》获市老科协优秀论文一等奖,时任县委书记谢景林批示:"很好,列入今年议教议题,并专门研究"。县林业分会撰写的《东安县楠竹丰产林培育及产业开发浅析》分别获市、县优秀论文二等奖和一等奖。老科协从省农科院引进的优质特种红薯,全县扩种到2万亩。端桥铺良种蛋鸡养殖基地每年养殖蛋鸡110万羽,年产值1.7亿元,凡龙圩3000亩新科生态农业有限公司苗木基地、横塘2万头黑山羊养殖基地、舜管局珍稀苗木繁育基地、端桥铺千亩油茶丰产林示范基地等等,成为引领农民致富的科技示范基地。老科协强抓自我保健,推广自然疗法,创建"百岁健康县",推进健康东安建设,为中老年人健康服务的工作经验得到了省老科协的充分肯定,并在全省推广。9月25—27日,全省"百岁健康"创建活动经验交流会在东安召开,县委副书记陈丽在会上介绍了东安的"创百"工作经验。县老科协被省老科协评为老科协工作先进集体,紫溪市镇车脚村退休教师夏洪初被省老科协评为2016年度"健康之星",县委书记冯德校被省老科协授予"热心支持老科协工作的好领导"荣誉称号。

县老干局领导名录

刘玉忠　县委组织部副部长(兼)、县老干局局长

宣　传

【概况】2016年,县委宣传部坚持围绕中心、服务大局,坚持稳中求进、改革创新,坚持贴近实

际、贴近群众，不忘初心谋发展，积极作为敢担当，为全力打造永州次中心提供强有力的思想保证、精神动力、舆论支持和文化条件。东安县获全市2016年度精神文明建设与意识形态工作先进县区，东安县委宣传部获全市宣传文化系统创先争优先进单位（排名第一），《擦亮“武术之乡”名片，打造武术文化“精品”》被评为2016年度“李达杯”宣传工作创新奖。文明创建成效明显，成功创建省级文明县城，推荐培育争创省级文明单位1个、省级文明镇1个、市级文明标兵单位6个、市级文明单位8个、市级文明窗口单位1个、市级文明村1个、县级文明单位7个、文明镇2个，涌现出“全国文明家庭”吴才有家庭、“中国好人”钟挺华、“湖南好人”夏辉艳等一大批先进典型，“东安故事”深入人心，“东安好声音”广泛传播，东安宣传思想工作在全市有地位、全省全国有影响。文化体育成绩喜人，成功举办中国东安首届武术旅游文化周活动、全国“龙腾狮跃闹元宵”大联动暨东安龙狮大赛，水岭羊肉制作技艺被列入市级非物质文化遗产重点项目名录，县图书馆被评为“全市公共图书馆工作先进单位”，1个文艺节目获阿里巴巴“乡村文化节”全国广场舞大赛总决赛季军，5个节目获省级奖，8个节目获市级奖，5个村农家书屋获“省示范农家书屋”称号，2个家庭入选省“书香之家”，1个家庭获第二届全国“书香之家”。残疾人运动员蒋芬芬在里约残奥会上勇夺金牌，并打破世界纪录；东安县被评为“全国武术之乡工作先进单位”，东安武术入选全省“一县一品”特色体育项目。

【意识形态】2016年，县委贯彻中央和省委、市委关于做好意识形态工作的决策部署，切实担负起意识形态工作主体责任，召开县委常委会议专题研究意识形态工作，成立以县委书记为组长的意识形态工作领导小组，出台《东安县党委（党组）意识形态工作责任制实施细则》，明确全县各级党委（党组）对意识形态工作负总责，各级党委（党组）书记是意识形态工作第一责任人、分管领导是直接责任人、宣传部门是第一责任部门。县委主要负责人认真履行第一责任人的职责，主持召开县委常委会专题听取汇报，研究意识形态工作，带头谋划本地宣传工作，带头阅看本地主要媒体内容，带头把握本地媒体导向，带头批评错误观点和错误倾向，带头处置好突发舆情。县委常委班子其他成员按照“一岗双责”要求，定期听取分管部门意识形态工作情况汇报和分析研判意识形态形势。县委宣传部认真履行把握正确方向、部署指导工作、加强督促检查等主管责任，抓好全县思想理论、新闻舆论、文化传播、网络宣传和思想教育等各类阵地的壮大、完善和监管，确保阵地可管可控，有效挤压非主流意识形态生存空间。成立以县委常委、县委宣传部部长为组长的意识形态领域情况分析研判小组，加强对本辖区内意识形态领域的引导和管理，牢牢把握意识形态工作领导权、主动权和话语权，确保全县意识形态安全。

【理论宣传】2016年，县委宣传部组织专家宣讲团、微宣讲小分队，借助本土民俗文化，采用专题报告会、乡村小喇叭、流动舞台、文艺演出等群众喜闻乐见形式，在全县开展中共十八届五中、六中全会精神和习近平系列重要讲话精神以及《中国共产党廉洁自律准则》《中国共产党纪律处分条例》集中宣讲和微宣讲活动，全年开展集中巡回宣讲40多场次和“微宣讲”活动80多场次。

【理论研讨】2016年，县委宣传部围绕党中央治国理政新理念新思想新战略和县委、县政府重大决策部署，结合“两学一做”学习教育，开展“学讲话用讲话”微心得专报征稿工作、“两学一做”理论研讨征文活动，征集各类心得体会50余篇、理论研讨文章60余篇。完成全市宣传文化系统重点调研课题2个，即《农村精神文明建设的现状与对策》和《农村基层公共文化服务体系建设的现状、问题及对策》。县委主要领导撰写的《坚持五个带头，争当五个表率》《用哲学思维提升执行力》等文章在国家和省市媒体发表，为大力实施“六大战略”、全力推进“752121”工程提供思想动力和理论支撑。

【精神文明建设】2016年，县委、县政府坚持以习近平系列重要讲话精神和中央、省委、市委系列重要会议精神为指导，紧紧围绕“四个全面”战略布局，贯穿融入五大发展理念，以培育和践行社会主义核心价值观为引领，以创建省文明县城为抓手，着力加强思想道德建设，着力深化群众性精神文明创建，着力培育社会文明新风，着力提高市民文明素质和社会文明程度，为全力打造永州次中心提供思想保证、精神力量、道德滋养和文化条件，深入开展“学雷锋、讲文明、树新风”系列志愿服务活动，深入开展道德讲堂建设工作，深入开展文明城市、文明村镇、文明单位、文明家庭、文明校园等文明创建活动，“省级文明县城”创建通过省文明办考核验收，东安获永州市精神文明建设先进县区，吴才有家庭被评为首届“全国文明家庭”，钟挺华获助人为乐“中国好人”；培育争创省级文明单位2个，市级文明单位10个，评选表彰县级文明单位9个。

【中心组学习】2016年，县委宣传部制订《2016年东安县委中心组理论学习安排意见》，明确集中学习专题和辅导报告专题。严格落实党委(党组)中心组学习制度，抓好以党委(党组)中心组为龙头的干部理论学习，把以习近平为总书记的党中央治国理政新理念新思想新战略和习近平系列重要讲话精神作为重中之重，组织县委中心组开展7次集中学习，邀请市级以上专家分别作意识形态、计划生育、安全生产和中共十八届五中、六中全会精神以及《中国共产党廉洁自律准则》《中国共产党纪律处分条例》等专题辅导。做好《习近平总书记系列重要讲话读本(2016年版)》《全面小康热点面对面》等政治理论读物学习宣传使用工作。

【舆论引导】2016年，县委宣传部坚持围绕中心、服务大局，坚持团结稳定鼓劲、正面宣传为主方针，紧紧围绕县委、县政府工作大局，始终聚焦“六大战略”和“752121”工程，围绕县委县政府重大决策部署，用打“组合拳”、播“连续剧”方式，讲好东安故事，为东安经济社会发展提供强有力舆论支持。县电视台、东安新闻网、红网东安手机报等县内媒体紧贴县委、县政府决策部署和各项中心工作，扎实开展县第十二次党代会、“重点工程重大项目巡礼”“创建国家卫生县城”“精准扶贫”“中国东安首届武术旅游文化周”等系列主题宣传战役。围绕“五城同创”、微旅游、美丽乡村建设、德文化建设等重点内容，全方位、深层次推介东安，充分展示全力打造永州次中心、全面建成小康社会新进展和新成效。县电视台播出新闻消息1640多条、专题节目播出30档，东安新闻网发稿760条，《红网手机报》编发245期，在全县上下营造凝聚力量、大干实干浓厚氛围。充分利用LED电子显示屏、建筑围档、大型广告牌、宣传栏、出租车车顶灯、停车点广告橱窗等形式开展社会宣传，制作更新大型广告牌80多块，宣传栏300多块；县城200多块LED电子显示屏滚动播出宣传标语，50多处建筑围档制作公益宣传标语和广告，100多台出租车车顶灯播出社会主义核心价值观，亮化县城环境，为创建国家卫生县城、创建全省文明县城营造浓厚氛围。

【新闻宣传管理】2016年，县委宣传部强化网上舆论引导，完善重大舆情预警通报、交办核查、会商研判等工作机制，做好重大敏感时间节点和可能引发网络舆情重大事项的应急管控，大力推进网评队伍建设。加强对群众关注的教育就业、住房医疗、食品安全、环境保护、安全生产等热点问题和突发敏感事件舆论引导，确保始终保持正向、及时纠正偏向。认真落实《永州市新闻采编人员“十严禁”》，持续开展打击新闻“三假”行动。严格执行《东安县网络留言管理办法》，召开网络媒体和网民代表座谈会，全年有1条舆情信息被中宣部采用，编发《涉东舆情》490期，东安县在“问政湖南”“问政永州”栏目回复率达100%，及时有效地处置网上负面舆情。做强做大微信公众号东安发布、微博公众号东安发布，加强东安政务微博微信集群建设。加强网站、政务微信微博备案管理、舆情联动，持续开展“净网”行动，协调上级网宣部门删除恶意攻击党委、政府的帖文和跟帖10余条，全县网络环境逐步清朗起来。

【对外宣传】2016年，县委宣传部围绕中心、服务大局，紧扣主题、突出重点，新闻发布、突发事件舆论引导、对外新闻报道、主题外宣、外宣品制作与发送等各项工作取得显著成效。制作推介外宣精品，制作《东安县创国卫宣传片》《中国东安首届武术旅游文化周宣传片》《舜风楚韵 大美东安》微旅游宣传片，全方位、深层次推介东安，充分展示全县大力实施“六大战略”，全面建设更高水平小康社会新进展和新成效。有力推出吴才有“全国文明家庭”和中国好人榜钟挺华先进典型，成功举办“中国东安首届武术旅游文化周”“龙腾狮跃闹元宵”大联动等重大活动推介东安形象，进一步打造“中国德文化之乡”和“舜风楚韵 武术之乡”形象品牌，扩大东安知名度和美誉度。加强与中央、省、市主流媒体沟通联系，借助主流媒体强大主流舆论场，让外界听到东安“好声音”。全年接待省市新闻媒体记者70多人次，协调化解各种新闻矛盾10余起；在市以上党报党刊和央媒上稿1000余条，其中，在《人民日报》、中国新闻网、中国网等央媒上稿45条，在《湖南日报》上稿27条，在《新湖南》《时刻新闻》等省级媒体上稿50余条，在《永州日报》等上稿700多条。县电视台在中央电视台用稿1篇、省电视台播出5条，永州市电台、电视台播出328条，《莫把酒桌搬下乡》获全国广播影视大奖提名奖，1篇评论获湖南新闻三等奖、永州广播电视一等奖，1篇消息获永州广播电视二等奖。

县委宣传部领导名录

唐华栋	县委常委、县委宣传部部长
文军淞	副部长、文明办主任
陈政忠	副部长
唐勇林	副部长

统　战

【概况】2016年，东安县成立以县委书记冯德校为组长，县委副书记陈丽为第一副组长，县委常委、县委统战部部长李四清，县人民政府副县长邹礼春、张一波为副组长，其他有关部门主要负责人为成员的中共东安县委统一战线工作领导小组，制订出台《中共东安县委统一战线工作领导小组工作规则》，着力构建起党委统一领导，统战部牵头协调，有关方面各负其责的大统战工作格局。

【“同心”工程】2016年，县委统战部继续深入开展“同心”活动，切实抓好“四同创建”（同心园区、同心项目、同心社区、同心乡村），经部务会研究将紫溪市镇高岩湖风景区确定为市级“同心项目”创建示范点、将五一村确定为市级“同心乡村”创建示范点。牵头组织县委宣传部、县工商、县台办、县侨联、县民政局、县司法局、县卫计委、县财政局、县水利局等单位召开联席会议，充分发挥统战成员主体作用，注重整合资源，突出质量效果，全力打造2个“同心”工程。高岩湖风景区当年投入资金600万元，先后开发特种养殖场、高岩小区、水库游艇观光、游泳池、水上乐园、大型生态农庄等项目，10月被评为“湖南省水利风景区”，11月被评为“湖南省四星级休闲农庄”。年接待游客5万人次，实现旅游收入300余万元，安排当地农民170余人就业。紫溪市镇五一村通过企业联点帮扶，开发烤烟基地500亩，种植优质百合100亩、西瓜100亩、罗汉果200亩、葡萄80亩，建立1家大型生态农庄——永阳休闲生态农庄。组织农技、文化、卫生等专业人员到村开展“送科技、送文化、送健康、送法律”等同心志愿服务活动，举办农技培训会3次，培训人员达400余人次；为村民义务体检和议诊4次；组织非公经济人士到村开展同心扶贫帮困活动，资助6万余元给贫困家庭和学生；改建村级活动室1处，设立“同心书屋”“同心活动室”。

【党外人士工作】2016年，县委坚持大统战理念，把统战工作纳入党委重要议事议程、党校宣传培训计划、党政领导班子考核内容，建立健全“党委统一领导、统战部门牵头协调、各有关部门和人民团体各负其责”的工作格局。进一步完善县委常委和有关部门同工商联、党外代表人士对口联系制度，推行定期政情通报制度，建立党外代表人士直接向县委提建议制度。通过各种制度的建立和完善，为工商联、党外代表人士提供全新便捷的政治参与渠道。年内，建立健全党外人士信息库，加强党外代表人士的考察、培训和选拔工作；截至12月，全县有副科级以上党外干部71名，其中副处级以上6名，正科级6名。在县人大、政协换届活动中，摸排政协委员候选人287人，确定界别18个（中共界19人，共青团界6人，工会界4人，妇联界9人，社会保

12 月 19 日，中共东安县委召开统战工作会议

障界 4 人，工商联界 26 人，宗教界 2 人，侨联界 7 人，科技界 9 人，新闻界 4 人，文艺界 5 人，教育界 10 人，医卫界 10 人，经济界 21 人，农业界 16 人，少数民族界 4 人，无党派界 14 人，特邀界 16 人)，选举政协委员 186 人(其中民主党派 2 人，预留 7 人)。选举政协常委 37 人，其中党外政协常委 23 人(民主党派 1 人)。推荐东安县十七届人大常委会党外人大代表候选人 126 人。选举产生 238 名人大代表，其中当选的党外人大代表 56 人，党外人大常委 11 人。

【经济统战】2016 年，县委统战部加强对乡镇基层商会、行业商会及异地商会的管理和指导，以商招商活动有序开展。组织非公经济代表参训，提高企业管理水平及企业管理者的政治理论素养。11 月 28 日，组织民营企业和工商个体代表人士 70 多人开展以“守法诚信、提振发展信心”为主题的思想信念教育实践活动，在宣传签名幕上郑重签名。持续开展“万企联村”工作，引导和鼓励全县非公企业参与精准扶贫，实现产业发展项目 182 个、公共保障项目 104 个、助学培训项目 134 个、搬迁改造项目 61 个、基础设施和公共服务项目 453 个。大力开展关爱留守儿童“暖阳工程”和“光彩事业”，非公经济人士捐资 2 万余元、捐赠图书 1000 余册，在塘复学校建立关爱留守儿童“暖阳工程”同心阅览室一个；捐资 30 余万元为贫困学子助学。捐赠 12 万元资金在石期市镇双杨村、大盛镇三潭村进行精准扶贫。

【港澳台及海外统战工作】2016 年，东安县有东安籍台胞 4000 余人，定居台胞 3 人，陆配人员 184 人；港澳及海外人员 230 余人，归侨侨眷 5000 余人；有侨台资企业 8 家。采取“请进来”“走出去”相结合的方式，开展同港澳台同胞、海外侨胞的联谊活动，全年接待到东安寻亲、祭祖、访友、考察的台属台胞台商 100 余人次。10 月 28 日，由台湾东安同乡会承编的杂志《东安文献》副总编辑唐鹏里一行 5 位民间诗人与东安诗词协会的诗人朋友相聚在东安，互送诗词文稿。

【民族宗教】2016 年，东安县进一步加强民族宗教管理工作。加强对到东安经商的少数民族人员管理和服务，及时参与并化解影响民族团结的矛盾和纠纷

《东安县政府工作报告》征求部分党外人士意见

一起，帮助少数民族解决生产经营、医疗保障、子女就学、社会救助等实际问题。审核通过13名应届普通高校招生考生享受民族优惠政策。按照“保护合法、制止非法、抵御渗透、打击犯罪”的原则，依法监管宗教事务。加强“平安宗教活动场所”和“和谐寺观教堂”创建成果的巩固；认真开展宗教活动场所财务监督管理工作；完成宗教教职人员社会保障工作。引导民族宗教人员参政议政，少数民族9人、宗教人员2人被选为县人大代表或县政协委员。

（刘伟仁）

县委统战部领导名录

李四清　县委常委、县委统战部部长
张　雄　副部长
王先顺　副部长、县工商联党组书记

对台工作

【概况】2016年，县台办共接待回乡探亲访友、扫墓祭祖台胞55人次；接待中华两跨业联盟总会一行6人到东安县考察商业合作项目一起。春节、清明节、端午节等重点节日期间，东安县台办代表县委县政府分别走访在东安县定居的台胞、台商及重点台属，发放慰问物资共计币8000元。

【为台资企业服务】2016年，县台办协助人社局等单位召开大型招聘会，千方百计为台资企业凯翔鞋业解决招工难问题，帮助其用工由500人增加到到1200余人，2016年凯翔鞋业全年上缴税收12万元；大力协助凯翔鞋业向省人社厅申请职工“五险一金”上缴比率过度点。

【涉台宣传和信息调研】在东安县2016年度入党积极分子培训班上，组织学员认真学习中央对台工作新政策、新方针，并就新形势下东安县对台工作具体工作目标与任务作出安排。对各乡镇场基层对台工作干部进行对台业务知识培训。发放入岛宣传资料1500份。同时注重信息资料收集，撰写相关论文和新闻信息报道，在湘台连线等媒体上发表信息15篇，撰写调研文章1篇。

【对台经贸】2016年，县台办引导东安县远达焊材有限公司、东安县大江口原野矿产品有限公司做好转型升级工作；多次陪同东安县昌富农场考察新投资项目。2016年10月19日，东安县组团参加在广东省东莞市召开的“永州市对台招商项目推介会”，成功引进湖南省绿大地科技有限公司在东安县工业园区投资建设“东安县台商工业园”。

【队伍建设】2016年，县台办按照“两学一做”教育要求和时间安排，认真组织学习，采取多种方式，听取台胞台属台商意见建议。对大家反映的问题，不藏掖、不护短，召开专题讨论会，对照“两学一做”要求，对照弘扬焦裕禄精神，对照本单位实际情况进行检查，剖析成因，并按照“照镜子、正衣冠、洗洗澡、治治病”总要求，进一步明确加强改进作风建设努力方向与整改措施。大力开展“纠四风、治陋习”整顿工作。参加国台办组织的对台业务工作培训，并主动组织到兄弟县区参观，学习他们先进工作经验。

（陈跃进）

县台办领导名录

廖胜兰　主任
陈跃进　副主任

政　法

【概况】2016年，东安县政法机关主动实施“六大战略”，全力推进“752121”工程，实现全县社会大局持续安全稳定，先后获全省县（区）国安办基础建设工作先进单位、全省铁路护路护线工作先进集体、全市“六五”普法依法治理工作先进单位、全市防范和处理邪教工作先进集体。在下半年全省综治民调测评中，县综治民调得分排全市第一，全年综合排全省第38位，实现“保持省市先进”的目标。

【社会稳定】2016年，全县各级人民调解组织共调处各类矛盾纠纷2766件，调处成功率达90%以上，共接待来访群众579批4267人次，全部办结省市交办的14件信访案件。依法处置各类涉访行为85人次，依法训诫51人次，治安拘留31人次，刑事拘留2人次，判刑1人次。全县依法治访的工作经验在2016年全市信访工作现场会上作典型发言。完成“春运安保”“五一”“清明”“高考中考”及全国、省、市、县“两会”“党代会”和省市领导视察等安全保卫任务40余次。

【严打整治】2016年，全县公安机关开展“百日大会战”、缉枪治爆、打黑除恶等系列行动，共立各类刑事案件620起，破案227起，立案率与2015年同比下降42.96%，破案率同比上升10.21%；网上追逃94人；查处吸毒人员179名，收缴毒品1.5千克；全年发生现行命案5起，破5起，取得连续15年现发命案全破佳绩；成功摧毁包括井头圩镇唐恒星、唐旺星恶势力团伙在内的4个恶势力团伙。审判机关审结各类案件共2106件，结案率94.71%，共执结案件1009件，净执结率54.6%。检察机关共提起公诉252件332人，审查批准逮捕犯罪分子156人，立案查办各类职务犯罪案件8件8人，渎职侵权犯罪案件4件3人。公安交警部门强化道路交通安全管理，先后开展“压事故、保安全”“百日会战”“飓风行动”等一系列专项整治行动，查处道路交通违法行为3.9万余起。

6月24日，在井头圩中学举办“青少年远离毒品”宣誓签名活动启动仪式

【平安创建】2016年，县政法机关多渠道开展平安创建活动。县政法各部门组织开展“下基层、访民情、保稳定、促发展”活动，共收集问题1896个，解决1785个。通过“平安家庭”创建活动，全县评选出各类“平安家庭”1200余户。在居民住宅小区、高速、国道、省道等出入口设立“平安创建”宣传牌105块。在全省社会治安综合治理民意调查中，群众对平安创建的全年综合评价排永州市第5位。

12月9日，台商工业园落户东安签约仪式

【服务发展】2016年，县政法机关主动服务县委、县政府决策，依法维护社会诚信体系和市场经济秩序，在神华国华永州电厂、芦江水库、白牙市工业园等重大项目、重要工作稳步实施和顺利推进中发挥重要作用。2016年，公安机关共侦办“三强三堵”案件118起，扣留94人，侦办经济犯罪案件12件；检察机关依法监督侦查机关撤案3件3人，追捕4件6人，警示宣传教育4次。司法行政机关办理各类公证事项435件，办理法律援助案件185件，接待法律咨询2420人次，为当事人避免或挽回损失5000余万元。

【队伍建设】2016年，全县政法系统相继开展“三强化三提升”和“落实‘十抓’举措”活动，涌现出省二等功黄忠平、全省政治工作先进个人唐正乐、省民事行政检察优秀办案能手伍仔艳、省检务保障先进个人李晓军、省“六五”普法依法治理先进个人唐卑等一批省市先进个人，全县政法机关共受省市以上表彰20余项。坚持从严治警和铁腕强警，政法系统干部（警）形象进

9月12日，县委常委、县委政法委书记唐伟文在紫溪市镇主持召开全县农村网格化建设工作现场会

一步提升。“三下三上”一线工作法在《法制周报》《法治湖南》《永州政法综治动态》等多家媒体内刊刊登，典型工作经验在省市推广。与此同时，全县政法机关参与精准扶贫工作，县委政法委牵头筹资19万元，精准扶贫紫溪市镇长夫村，认真开展为民服务活动，为改善当地群众生产生活做出贡献。

【网格化建设】2016年，县城7个社区办公用房全部建成，新建面积2200平方米，安装城区路牌466块，小区牌82块，楼幢牌1997块，单元牌7988块，门牌及户牌6万余个。全县所有乡镇“三个中心”、70个美丽乡村和精准扶贫村级“一委两会两站”办公场所建设开工。县“云数据”综合信息应用平台与“智慧永州”综合应用平台完成对接。

【见义勇为先进典型】卿方宝，男，汉族，1981年7月出生，东安县井头圩镇山口铺村人，中共党员。2016年8月28日下午5时，卿方宝在走访亲友途经鹿马桥镇莫家湾金江河段时遇小孩溺水，于是潜入水中将其救上岸，并实行简单急救，后在附近村民帮助下将溺水女孩送医院检查。2016年9月25日，东安县人民政府授予卿方宝“见义勇为先进个人”荣誉称号。2017年2月23日，卿方宝被评为永州市“见义勇为先进个人”。（秦少智 孙 力）

县委政法委领导名录

唐伟文　县委常委、县委政法委书记
秦少智　副书记
邓玉林　副书记、县矛盾调处中心主任
周际武　副书记、县民调办主任
肖海洋　副书记、县维稳办主任
田　荣　副书记、县综治办主任
刘连华　副书记
翟丽云（女）　纪检员
颜长荣（女）　政法委员

概 述

【概况】2016 年，县人大常委会机关设办事机构 1 个(县人大常委会办公室)，专门委员会 2 个(县人民代表大会法制委员会、县人民代表大会财政经济委员会)，工作机构 5 个(县人大常委会选举任免联络工作委员会、县人大常委会内务司法工作委员会、县人大常委会民族教育科学文化卫生工作委员会、县人大常委会农业农村工作委员会、县人大常委会城乡建设与环境资源保护工作委员会)，副科级内设机构 2 个(县人大常委会信访室、财经预算工作委员会)。县人大常委会坚持以马克思列宁主义、毛泽东思想、邓小平理论、“三个代表”重要思想、科学发展观为指导，认真贯彻落实中共十八大和十八届三中、四中、五中、六中全会和习近平一系列重要讲话精神，坚持“围绕核心、服务中心、紧贴民心、凝聚人心”的总体要求，按照“坚定政治方向、突出两大重点、履行三项职权、加强四大建设”的工作思路，大力推进依法治县进程，依法履行宪法和法律赋予的各项职权，为促进全县经济社会又好又快发展和社会大局和谐稳定做出应有贡献。2016 年被评为全市“六五”普法依法治理先进单位、全县绩效考核先进单位、全县党风廉政建设先进单位、党建工作先进单位、计划生育工作先进单位。

重要会议

【县十六届人大四次会议】2 月 24 至 27 日，在县城召开东安县第十六届人民代表大会第四次会议，出席代表 243 人，应邀参加会议人员 45 人，列席人员 358 人。会议主要议程：听取和审查东安县人民政府工作报告；审查和批准东安县国民经济和社会发展第十三个五年规划纲要；审查和批准县发展和改革委员会关于东安县 2015 年国民经济和社会发展计划执行情况与 2016 年国民经济和社会发展计划草案的报告，批准东安县 2016 年国民经济和社会发展计划；审查和批准县财政局关于东安县 2015 年财政预算执行情况与 2016 年财政预算草案的报告，批准 2016 年财政预算草案；听取和审查东安县人民代表大会常务委员会工作报告；听取和审查东安县人民法院工作报告；听取和审查东安县人民检察院工作报告；审查和批准《东安县第十六届人民代表大会第四次会议补选办法(草案)》;大会选举了县人民法院院长,通过7个工作报告,批准国民经济和社会发展第十三个五年规划纲要,批准国民经济和社会发展计划,批准财政预算,并作出相关决议。会议共收到70件议案和建议、意见,经大会主席团会议审议,决定将《关于进一步加大农村环境卫生整治力度创建生态宜居美丽乡村的议案》确定为大会议案,其余69件转为建议、批评和意见。经整理归类后,针对社会关注的重大民生问题,采取分类交办、跟踪督办、重点查办等方式及时进行交办,确定重点议案、建议进行重点督办。常态化督促县政府和相关责任部门认真抓好落实,取得好的成效,推动代表议案建议办理从“答复型”向“落实型”转变。

【县十七届人大一次会议】东安县第十七届人民代表大会第一次会议于2016年11月26日至30日在东安县城召开。主要议程为:听取和审议东安县人民政府工作报告;审议东安县2016年1—10月国民经济和社会发展计划执行情况的报告(书面);审查东安县2016年1—10月财政预算执行情况的报告(书面);听取和审议东安县人大常委会工作报告;听取和审议东安县人民法院工作报告;听取和审议东安县人民检察院工作报告;审议通过《东安县第十七届人民代表大会第一次会议选举办法(草案)》;选举东安县第十七届人民代表大会常务委员会主任、副主任、委员;选举东安县人民政府县长、副县长;选举东安县人民法院院长;选举东安县人民检察院检察长;选举东安县出席永州市第五届人民代表大会代表;审议通过《关于设立东安县第十七届人民代表大会法制委员会和财政经济委员会的决定(草案)》;审议通过《东安县第十七届人民代表大会法制委员会和财政经济委员会主任委员、副主任委员、委员名单(草案)》;新当选人员向宪法宣誓;通过有关决议以及其他事项。

会议选举产生张波为县人大常委会主任,唐新柱、胡慧川、蒋永辉、黄敏、刘劼为县人大常委会副主任,王灼元等26人为县人大常委会委员;选举龙向洋为县人民政府县长,蒋华、何锋、宋志雄、李瑞霞、张静、邹礼春、张一波为副县长;选举蒋江陵为县人民法院院长,唐小辉为县人民检察院检察长;通过县十七届人民代表大会法制委员会、财政经济委员会和主任委员、委员,选举产生出席永州市第五届人民代表大会代表44名。会议收到议案131件,经大会主席团会议审议,决定将《关于进一步加大农村环境卫生整治力度创建生态宜居美丽乡村的议案 》和《关于对东安大道进行提质改造并延伸扩建至井头圩镇晓江口的议案》作为议案交由县人民政府办理,县人大常委会在适当时候听取县人民政府办理情况汇报,并进行审议;其他128件议案转作建议、批评、意见,县人大常委会交由“一府两院”及有关部门认真研究办理,并负责答复代表。

重要工作

【乡镇人大换届】9月-10月,依法指导15个乡镇开展县乡人大代表及乡镇人大换届选举。依法选出乡镇人大主席15人,副主席15人,乡镇长15人,副乡镇长16人。依法选举产生新一届县人大代表238名、乡镇人大代表996名。

代表视察学校创卫工作

【讨论与决定重大事项】2016年，县人大常委会审查批准《东安县城总体规划（2006—2020）》（2016年修改）、2015年东安县财政决算和2016年财政预算编制和部门预算编制。在审查批准县人民政府提请的关于《东安县城总体规划（2006—2020）》（2016年修改）议案时，县人大常委会组织相关部门和专业人员通过实地查看、查阅资料、走访专家、召开座谈会等形式对该总规划进行认真调研，督促县政府和县住建局5次修改、完善，使县城总规划所确定的城市定位、发展目标、建设用地规模、空间布局、功能配置更加符合东安县发展实际，更有利于促进全县经济社会全面协调可持续发展，真正做到使所制订的规定、决定和办法做到立得住、行得通、真管用。

【人事任免】2016年，县人大常委会进一步落实和创新人大任免干部管理手段，做好"任前民意调研、任中进行询问、任后建档监督"这篇文章。对拟任命国家工作人员推行任前民意调查、任前法律知识测验和投票测评，认真落实向宪法宣誓制度，进一步健全人大任命干部履职档案，有计划、分批听取人大任命干部履职情况报告。全年共依法决定免去县人大常委会工作机构负责人1人，依法决定免去政府工作部门工作人员16人。依法决定任命县人民政府副县长2人，决定县人民政府代理县长1人，决定任命政府工作部门工作人员18人。任命县人民法院副院长1人，决定县人民法院代理院长1人，任命县人民检察院副检察长1人，决定县人民检察院代理检察长1人。决定任命县人大常委会工作机构负责人1人。

【监督工作】2016年，县人大常委会坚持"权力民赋、用权为民"宗旨，切实把保障和改善民生作为监督主线，注重问题导向，突出法治思维，强化监督实效。认真听取和审议专项工作报告。认真贯彻落实新《中华人民共和国预算法》，以预算决算审查为重点，听取和审议财政决算情况、财政预算执行以及财政收支审计情况报告，替人民管好"钱袋子"；同时，对"两院"及县政府工作部门主要负责人年度工作目标承诺兑现情况、代表议案建议办理情况、代表视察意见办理情况以及其他有针对性专项工作情况专门听取汇报，适时作出审议意见。听取和审议专项工作报告10余个，并提出审议意见严格督促落实。认真开展执法检查和调研。始终紧盯环境污染监督重点，在上年开展治理环境污染成效基础上，组织相关部门和县代表就省、市交办问题再次深入花桥镇、芦洪市镇、石期河流域东安段进行跟踪检查。2016年7月6日，省人大常委会委员、环资委副主任委员姜玉泉一行到东安对石期河流域、舜皇山地区生态环境保护情况进行实地查看，高度肯定东安县环境污染治理整顿工作。配合省、市人大开展农村基础教育师资队伍建设工作调研、《行政诉讼法》执法检查、食品安全"一法一条例"、《中华人民共和国道路交通安全法》执法检查、《湖南省湘江保护条例》立法后评估调研、精准扶贫工作调研等各类调研工作9次，形成调查报告9个。开展专项视察活动。常委会结合工作实际，重点开展"城乡环境治理行、项目建设推进行、电子商务发展行、美丽乡村建设行、精准扶贫促进行、五小水利建管行、农产品质量安全行、生态环保世纪行、三湘农民健康行、民族团结进步行"等"十大视察监督行动"。根据县委重大工作安排，组织人大代表围绕创建国家卫生县城工作开展专项视察，督促县政府及创国卫职能部门认真进行整改，推动创国卫工作深入全面开展。

【工作审议】2016年，县人大常委会对县司法局、县交通局等2个部门开展工作审议，对全县新农合基金征收管理使用情况和农村安全饮水工程建设等2个方面工作进行专项审议。7月19日召开工作审议会议，针对各被审议单位工作实际，提出一系列切合实际的审议意见予以交办，并着力加强工作审议意见跟踪督办，确保审议工作取得实效。

【代表工作】2016年，县人大常委会继续深入开展"走基层、走代表、走选民"的"三走"主题实践活动，密切代表与人民群众联系，扎实听民意、办民事，县人大常委会组成人员走访联系代表500余人次，代表走访选民2.8万余人次，听取收集建议意见70余条，督办重点议案建议10件，帮助解决实际问题46个。强化代表议案建议督办。对县十六届人大四次会议期间代表提出的74件议案和建议进行整理归类，针对社会关注重大民生问题，采取分类交办、跟踪督办、重点查办等方式及时进行交办，对重点议案、建议进行重点督办，着力加强对办理情况了解和督促，力促代表议案建议办理从“答复型”向“落实型”转变，真正落到实处。特别是对县十六届人大四次会议期间代表提出《关于进一步推进紫水国家湿地公园与县城建设深度融合发展的议案》的“一号”议案办理中，开展实地视察，提出建议，督促县政府和相关责任部门认真抓好落实，取得明显成效。常委会高度重视代表工作，按照《东安县人民代表大会代表履职评价暂行办法》《东安县人民代表大会各乡镇代表小组工作考评办法》和《东安县人大代表在代表大会期间履职评价暂行办法》，认真把好代表“入口关”，严格代表履职管理，规范管理代表履职行为，确保代表政治素质过硬、模范遵纪守法、认真负责履职。

【乡镇人大建设】2016年，县人大常委会按照全国人大加强乡镇人大建设和省、市人大开展“双联”活动及建设人大代表联系群众工作平台总体部署，认真贯彻落实《中共中央关于转发〈中共全国人大常委会党组关于加强县乡人大工作和建设的意见〉的通知》文件精神，进一步深入开展“十有”乡镇人大创建工作，着力围绕如何夯实乡镇人大基层基础，突出乡镇人大在闭会期间作用发挥这个重点，推行一月一安排、半月一接待、双月一活动、一季一会议、一年一考评的“五个一”工作机制，要求各乡镇人大全年按月制订工作安排，每半月至少集中接待一次群众，每两个月至少依法开展一次监督活动，每季度召开一次会议，每年进行一次考评，不断创新代表依法履职方式，探索加强乡镇人大建设和工作的长效机制，推进基层民主法治建设，提高乡镇人大整体工作水平。“十有”乡镇人大创建工作的有益探索和成功做法得到全国、省、市人大充分肯定，其经验和做法上报张德江委员长办公室；湖南省人大组织省内11家主流媒体集中采访，称之为“东安经验”；《人民代表报》《中国人大》杂志先后以《一个乡镇人大工作的样本》《人大工作强基固本的东安经验》为题推介东安经验做法。

【自身建设】2016年，县人大常委会切实注重加强思想政治建设和组织建设，从转变作风、建章立制、绩效考核和规范管理入手，切实加强党风、学风、作风、会风建设，坚持用严格制度管人管事管物，特别是用创新制度管人管事管物，修订完善常委会讨论决定重大事项规定、人事任免办法等16项规章制度，着力打造“学习型、创新型、务实型、廉洁型”人大机关。大力强化宣传力度，向国家、省、市各级媒体进行推介，宣传人民代表大会制度，传播人大工作好声音，展现人大工作新气象。同时，将《东安人大》季刊作为人大制度、人大工作和人大代表宣传阵地、交流平台、推介载体，坚持高标准、高质量办刊。年内在《人民代表报》《人民之友》等省、市级以上报纸、杂志及省人大网等新闻网站发表文章7篇，编辑出版《东安人大》季刊3期，刊发各类文章130余篇。（刘　妍）

县十七届人大常委会领导名录

张　波（女）　党组书记、主任
唐新柱　党组副书记、副主任
胡慧川　副主任
蒋永辉　副主任
黄　敏　副主任
刘　劼　副主任

东安县人民政府

综　述

【概况】2016年，县人民政府实施“生态立县、工业强县、农业稳县、旅游活县、科教兴县、依法治县”六大战略，推进“752121”工程，全县经济社会持续健康发展。

坚持稳中求进，加快转型发展。2016年，全县地方生产总值完成164.6亿元，比上年增长5.5%；财政总收入完成8.6亿元，比上年增长3.2%；社会消费品零售总额完成56.2亿元，比上年增长11.2%；城乡居民人均可支配收入分别达到24965元和12288元，分别增长8.8%和7.9%；全面小康实现程度提升3.2个百分点。结构有所改善，三次产业结构比为20.9∶37∶42.1。高新技术产业增加值占规模工业增加值的比重达到27.5%。新业态快速崛起，电子商务蓬勃发展，注册中小电商企业43家、微商及淘宝店1000家，电商从业人员超过3000人，网上交易额突破4.8亿元，增长36%。乡村旅游、现代物流等新兴产业加速发展，完成旅游总收入近10亿元，增长12%。

坚持大干项目，培育特色产业。牢牢扭住项目建设的牛鼻子，制定了重点项目重点工作绩效考核办法，县政府常务会议定期调度，全力推进重点项目建设。产业园区基础设施提速，神华国华永州电厂主厂房正式开工建设，累计完成投资43.8亿元。“135”工程完成标准厂房19.8万平方米，湘江焊剂点火生产，台商工业园开工建设，红狮水泥2017年上半年可建成投产。交通基础设施提速，新东芦公路春节前可全线通车，冷东城际快速通道一标段已拉通路基，冷水滩珊瑚至东安井头圩段正式开工。水利基础设施提速，芦江水库完成大坝混凝土浇灌5.5万方。

坚持改革创新，破解发展瓶颈。在破解征地拆迁难题上，坚持公开透明、规范操作，鼓励和引导货币安置，确保重点项目顺利推进。在盘活资源上，实施“腾笼换鸟”，清理“僵尸企业”，大力清理闲置土地12宗。整合国有资产，组建城投集团，积极开展银行融资，包装申报项目33个，到位资金20.53亿元。结合易地扶贫搬迁，出台《东安县化解商品房库存实施办法》，销售商品房3187套，成交面积42.9万平方米，其中去库存销售925套，面积11.9万平方米。在改革创新上，完成乡镇区划调整配套改革，芦洪市镇被确定为全国新型城镇化综合试点镇。新组建成立应阳投，融资到位5亿元，用于芦洪市镇县域副中心建设。“云数据”指挥中心平台正式投入使用并与“智慧永州”综合应用平台完成对接，省级平安县创建有序推进，下半年综治民调排全市第一位。

坚持创先争优，厚植发展优势。牢固树立“三类县干一流的事、创一流的业绩”的信心，大力开展创先争优，顺利通过全国卫生县城、全省文明县城评估验收，成功创建国家重点生态功能区、全国农产品质量安全示范县、全省出口食品农产品质量安全示范县，被省政府认定为革命老根据地。以新型城镇化推进城乡一体化，紧紧围绕打造“两个中心”和全国知名的微旅游目的地，成功入选第二批国家全域旅游示范区，舜皇山成功创建AAAA级景区，高岩湖入选省级水利风景区。全面加强“四创一管”工作，深入推进控违拆违，实施县城烟花爆竹禁放，县城人居环境全面改善，继续保持全省文明县城荣誉称号。

坚持以人为本，改善民本民生。扎实办好民生实事，全年民生支出预计完成24亿元以上，同比增长30%以上，省市确定的为民办实事项目全面完成，县定十件实事年度任务基本完成。积极落实促进创新创业各项政策，发放小额担保贷款4000多万元，全力推进创新创业。大力弘扬德文化和武术文化，运动员蒋芬芬获得里约残奥会4×100米比赛金牌，大盛中心小学教师吴才有家庭被评为首届“全国文明家庭”。成功参加2016中国湖南第七届旅游产业博览会，专场推介舜风楚韵·大美东安，成功举办首届中国东安武术旅游文化周。教育事业取得重大突破，东安一中2名学生考入清华大学，东安一中被列为清华大学生源中学，教育督导工作经验在全国推广。深入推进百岁健康县创建，全省“百岁健康”创建活动经验交流会在东安召开。狠抓以小额扶贫贷款和易地搬迁扶贫为主的精准扶贫，全面完成8777人减贫任务。实施公交提质，首批30辆节能环保型纯电动城市公交车正式投入运营。 （经研室）

重要会议

【县政府常务会议】2016年，共召开13次县政府常务会议。

3月1日、3月2日，研究重点项目奖励考核办法、机关事业单位养老保险制度改革、创建国家卫生县城、卫计委、引进社会投资耕地开垦、可再生能源建筑应用实施、电子商务十三五规划、禁毒、重点项目、永电新村、美丽乡村、唐生智故居维修、不动产登记、千人以上集中供水水源保护区划分、精准扶贫和教师招聘等工作。

4月1日，研究全县并村工作。

4月7日，研究一季度经济运行和二季度经济工作、县政府年度主要工作目标任务分解、人大代表建议和政协委员提案交办、2016年度“135”工程暨东环机械工业有限公司汽车配件城项目招商情况、城际快速通道（第二段）项目建设和“一带八景”路网建设、紫水五坝电站、国企改革后企业留守人员待遇问题、电子商务、公安等工作。

5月18日，研究县政府机构改革涉改单位职能调整及“三定”拟定情况、县“十三五”易地扶贫搬迁实施细则（送审稿）、汽配产业招商引资优惠政策（讨论稿）、凯翔鞋业建设、与温氏集团合作、创建省级出口食品农产品质量安全示范区建设、民政、县中医院整体搬迁、县农村环境综合整治推进、创建国家卫生县城、县城城区清扫保洁市场化运行、消防等工作。

6月3日，研究“三实”信息采集、二季度经济形势预分析及财税“双过半”、融资、农业普查、农机购置补贴、紫水新城项目、聚德湿地文化公园建设、房产等工作。

7月6日，研究中医院整体搬迁、创国卫、湘桂市场和城东市场改造、创建湖南省安全生产示范县、交通、生态保护红线划定、农村广播“村村响”、教育、东安一中扩改建项目、水利系统十个中型水管单位人员工资待遇、沿江西路综合配套工程项目、城市管道燃气项目等工作。

7月25日，研究县城建投公司和交通、县特色品牌入驻市“源味街”、解决涉军群体相关问题等工作。

9月12日，研究安全生产、精准扶贫、温氏一体化生猪养殖项目、法治文化“三项重点工程”建设、城建融资、公车改革工作。

10月8日，研究重点项目、

绩效考核、凯翔鞋业扩建、旅游、美丽乡村和全面小康建设、城市管理、农村网格化建设、协辅警队伍建设、民政、房地产去库存和小区整治、创建省级园林县城、农业银行不良资产处理等工作。

10月27日，研究政府购买服务、融资公司组建、白牙市工业园土地清理和绕城线建设等工作。

11月2日，研究把芦洪市镇打造成为县域副中心建设、美丽机关和美丽庭院建设、农建投组建等工作。

11月9日，研究《政府工作报告》（讨论稿）和2016年县财政收支预算（草案）编制工作。

12月1日，研究第二批政府购买服务、冶炼行业优惠电价补贴、消防工作、四星级宾馆建设、招商引资、农村综合服务平台建设、芦江水库工程及库区道路桥梁建设、县政府工作报告目标任务分解等工作。

【县长办公会议】2016年，共召开6次县政府办公会议：

8月7日，安排部署下阶段的安全生产工作。

8月16日，专题研究红狮水泥项目建设过程中的相关问题。

8月29日，专题研究乡镇卫生计生机构队伍建设和将县新型农村合作医疗管理办公室移交至县人社局等相关工作。

8月31日，专题研究县瓷业总公司职工养老保险工作。

11月9日，研究协商神华国华永州电厂项目建设中的有关问题。

11月15日，研究协商神华国华永州电厂项目建设中的有关问题。

政事举要

【政府机构改革】根据2015年10月21日《中共东安县委 东安县人民政府关于东安县人民政府机构设置的通知》，东安县人民政府设24个工作部门，即东安县人民政府办公室（挂东安县民族宗教事务局、东安县人民政府法制办公室、东安县旅游局牌子）、东安县发展和改革委员会、东安县科技和经济信息化委员会（挂东安县知识产权局牌子）、东安县教育局、东安县公安局、东安县监察局、东安县民政局、东安县司法局、东安县财政局、东安县人力资源和社会保障局、东安县国土资源局、东安县住房和城乡规划建设局、东安县交通运输局、东安县水利局、东安县农业委员会（挂县委农村工作办公室牌子）、东安县林业局、东安县商务和粮食局、东安县文体广电新闻出版局（挂东安县版权局牌子）、东安县卫生和计划生育委员会、东安县审计局、东安县环境保护局、东安县安全生产监督管理局、东安县统计局、东安县市场和质量监督管理局（挂东安县食品药品监督管理局、东安县食品安全委员会办公室牌子）、东安县城市管理行政执法局、东安县人民防空办公室、东安县监察局与中共东安县纪律检查委员会机关合署办公。（邹　刚）

县人民政府领导名录

龙向洋　县长
蒋　华　常务副县长
何　锋　副县长
宋志雄　副县长
李瑞霞（女）　副县长
张　静（女）　副县长
邹礼春　副县长
张一波　副县长

县政府办公室工作

【概况】县政府办公室是县人民政府日常工作机构，挂县民族宗教事务局、县人民政府法制办公室、县旅游局牌子。主要工作职责包括18项，即协助县政府领导审核或组织起草以县政府、县政府办公室名义下发公布的公文；研究县政府各部门、直属单位和各乡、镇人民政府请示县政府的问题，提出审核意见，报县政府领导审批；负责县政府会议的准备工作，协助县政府领导同志组织会议决定事项的实施；根据县政府领导同志的指示或办理公文的需要，对县政府各部门、直属单位之间出现的争议问题提出处理意见，报县政府领导同志决定；督促检查县政府各部门、直属单位和乡镇人民政府对县政府公文、会议决定事项及县政府领导同志有关指示的执行落实情况并跟踪调研，及时向县政府领导同志报告等。根据职责，县政府办公室设14个职能室：文秘室、县人民政府经济研究室、县政府应急管理办公室（加挂县政府总值班室牌子）、督查室（对外称东安县人民政府督查室）、政工室、行政事务室、财政金融室（对外称东安县人民政府金融工作办公室）、农经室、社会发展室、工交室、商贸旅游民族宗教室、城建室、社会管理法制室、县优化经济发展环境办公室，其他机关党组织、纪检（监察）机构和群团组织按有关规定及章程设置。县政府办公室行政编制为48名，其中县政府办公室主任1名，副主任7名，纪检组长1名；县优化经济发展环境办公室主任1名（副科级）。机关党组织、纪检（监察）机构和群团组织负责人职数按有关规定及章程核定。

2016年，将原县机关事务管理局承担的行政职能划入县政府办公室，更名为县机关事务服务中心，为县政府办公室所属公益一类事业单位；原县人民政府法制办公室撤销后，其人员及编制划入县政府办公室；原县旅游局撤销后，具有参公身份的人员划入县政府办公室，其他人员及编制划入县政府办公室下属事业单位；县政府办公室归口管理县机关事务服务中心、县电子政务管理办公室、县房屋拆迁办公室。

【文秘工作】2016年，县政府办进一步完善材料起草、审校、审批签发、付印装订、签章、发文及存档等程序，明确各环节具体责任人，建立公文处理失误责任追究制度，严格把关材料形成过程的各个环节，公文处理质量和运转效率提高。全年起草、审核以县政府名义和县政府办公室名义发文的各类文件500余件，整理会议材料120余件；处理上级来文360余件、乡镇及部门来文400件。

【调研信息工作】2016年，县政府办组织新型工业化、新型城镇化、农业现代化、全面建成小康社会、房地产开发、高铁经济带等综合调研和专题调研活动20多次，撰写《关于东安县房地产业的调查与思考》《关于东安县电子商务蓬勃发展的实践与思考》《关于东安县“人地钱”挂钩工作的调研与思考》等调研报告，其中6篇调研论文在省市刊物上发表。紧紧围绕县委、县政府中心工作及领导关注的重大问题，全力收集、开发有新动态、新论断、新举措、新成效的信息。实行严格的信息审签、报送制，确保信息可靠、全面、有用。认真分析不同时间段的热点、难点、重点问题，及时深入乡镇、县直单位和企业开展调研。全年整理上报市政府信息60篇，被市办以上采用近20篇。出刊《东安经济信息摘要》12期。

【督查工作】2016年，县政府办重点加强对工业生产、“三农”问题、协税护税、安全生产、重点项目建设、为民办实事、政府工作报告落实情况等方面的督查力度。全年开展督查活动21次，下发《督办函》252件、《督查通报》27期；办理信访件和领导批示件308件，承办人大代表建议75件、政协委员提案66件。（蒋建华）

县政府办领导名录

刘　劼　主任
唐善武　副主任
樊爱兰（女）　副主任
陈荣景　副主任
胡国晟　副主任
翟平辉　副主任
李德林　副主任
文　述　副主任
蒋兴波　纪检组长

法治政府建设

【依法行政指导】2016年，县政府法制办公室进一步加强依法行政的组织领导和推进工作。制订印发《东安县2016年度依法行政工作要点》和《东安县2016年依法行政考核方案》，并通过县政府门户网站进行发布。明确全县依法行政工作的目标、重点和考核方式，把任务逐项分解到各乡镇政府和县直有关部门。县委、县政府将依法行政工作纳入全县绩效考核内容，年底与县绩效办一起集中考核。

【规范性文件审核】2016年，县政府法制办公室紧紧把握“合法性、合理性、可行性”3个重点，做到认真、严谨、细致。审核县政府（办）规范性文件35件，提出修改意见200余条，按期向永州市政府予以备案，备案率、合格率均为100%；收到各县直单位报送的规范性文件3件，所有规范性文件都按照统一登记、统一编号、并统一在政府网站和政府公报予以公布。

【行政执法监督】2016年12月，县政府法制办公室抽调3名法制工作骨干组成评议组，对全县30个行政执法单位60份行政执法案件进行评查。采取交叉评分的方式，对照《东安县行政处罚案卷评查细则》和《东安县行政许可案卷评查细则》逐案卷打分，发现问题予以扣分责令限期整改，及时公布《东安县2016年行政执法指导案例》。开展行政执法人员换发证专题培训讲座，为行政执法人员换发证1167本。

【行政复议】2016年，县政府法制办公室行政复议申请受理4件，行政执法监督处理30件。行政复议案件组织当事人召开听证会。对案情复杂、争议大的案件，还开展现场查看和走访，召开案件讨论会做到一案一议，全力化解行政争议。审结的4件复议案件，做到“定分止争，案结事了”。2016年县政府法制办代表县人民政府出庭应诉行政诉讼案件15件次。

【推进政府服务】2016年，县政府法制办公室清理、审核、公布县人民政府工作部门、编入党委工作机构序列而履行政府工作职责部门和政府直属管理机构主要职责443项，与相关部门有职责分工或交叉职能205项，建立事中事后监管制度201项，公共服务事项 255项，在县政府门户网站公布《2016年部门责任清单》。推行县政府法制办承办人员、分管负责人、主要负责人三级审核以及承办单位、县政府法制办、县政府三级把关制度。对合同审查中发现的双方权利义务约定不对等、超出国家规定范围的土地及税收优惠、履约主体不明确等问题提出修改意见，极力防范法律风险和减少合同纠纷。2016年，审查县政府及部门合同87件，提出法律意见190余条。同时，起草《东安县政府合同管理办法(草案)》。全年提供法律咨询服务160多件次，提出有效意见600多条。

【行政决策】2016年，县政府法制办公室不断健全重大决策机制，推进科学民主决策。2016年，召开《湖南东安紫水国家湿地公园保护方案》《微旅游服务项目合同》听证会2次。完善政府法律顾问团，协助县委、县政府做好重大决策、重大行政行为的法律咨询和论证，参与规范性文件审查、重大经济项目谈判、合同审核等方面的工作；为紫水新城项目建设、投融资工作、电商发展，环境保护等项目提供专业的法律咨询服务。同时，起草《东安县人民政府关于普遍建立法律顾问制度的意见(草案)》。

（魏华蕾　刘琼方）

宗教·民族

【概况】2016年，全县有批准登记的宗教活动场所22处，其中佛教场所18处、基督教活动场所4处；有教职人员47人，其中比丘40人、比丘尼6人、牧师1人；信众10万余人，占全县总人口17%左右；基督教信徒增长较快，有基督教活动场所55个，有信徒（包括慕道友）1764人。其中有登记活动场所4处，信徒175人（其中受洗信徒126人，慕道友49人）；未登记聚会点51处，信徒1589人。

【宗教事务管理】2016年，宗教界人士的社会地位不断得到提高，2位宗教界代表人士分别担任市、县政协委员。开展民族宗教法规知识宣传，全年发放宣传资料近5000份，组织各场所负责人参加省市县举行的法规专题报告讲座近100人次。严厉打击非法场所，整治非法聚会点3处，协调宗教矛盾10余起。全面开展创建“和谐寺观教堂”活动，结合市民宗委《关于开展“和谐寺观教堂”活动的实施意见》和东安实际情况，下发《东安县创建“和谐寺观教堂”活动考评办法》，确定高雅寺、沉香寺为活动创建示范场所。成功组织莲花寺、沉香寺、龙泉寺等大型活动。引导宗教界人士参与社会公益事业，2016年，县宗教界开展献爱心活动数30余次，募捐款物近100万元，资助贫困学生近200名，赡养孤寡老人20余名。

【民族工作】东安县是一个散居少数民族县，2016年有瑶族、壮族、侗族、回族等少数民族21个，人口3598人(约占全县总人口的0.6%)，主要分布在大庙口镇、川岩乡、鹿马桥镇等。县委、县政府十分重视民族地区经济发展，在一些建设项目安排上给予重点扶持，为民族地区办许多实事好事。县委、县政府在县财政十分困难的情况下，每年挤出2万元作为扶持资金帮助少数民族发展生产，解决生产生活困难。

（李江辉　陈娟娟）

政务服务

【概况】县政务服务中心为县政府直属正科级公益一类事业单位，挂东安县政务公开领导小组办公室牌子，设4个内设机构：办公室、业务指导室、信息发布室和监督考核室。核定全额拨款事业编制6名，其中主任1名，副主任2名，纪检组长1名，室主任（股长）4名。2016年县政务服务中心被县委、县政府评为2016年度全县优化经济环境工作先进单位，县政务服务中心党组书记、主任廖艳萍被永州市人民政府评为市政务公开工作先进个人。

县政务服务中心新址经过一年多的重新装修，于2016年5月31日举行揭牌仪式，搬入新址办公。一、二楼为县政务中心服务大厅和县公共资源交易中心，三楼为云数据指挥大厅、“12345”公共服务热线和县网格管理中心，共设窗口47个，工作人员85名。全年窗口共办件58355件，收费12498万元。云数据指挥中心主要由“一个平台、三大数据、四个中心”组成，“一个平台”是基础设施平台，由硬件基础设施系统和硬件支撑系统组成；“三大数据”主要分为基础核心大数据、政务业务大数据和专题综合大数据；“四个中心”为数据中心、五台合一中心（110、119、120、122、12345公共服务热线）、政务服务中心和公共资源交易中心。云数据指挥大厅面积达400平方米，可同时容纳100多人参加会议。指挥大厅的大屏由72块55寸的液晶显示屏组成，通过大屏传输信号，对城市卫生、治安、教育、旅游、气象和地质灾害、防洪抗旱、车辆运行、应急救援等进行实时指挥。新建成的云数据指挥中心，可以对市、县两级的数据中心、社会治理、城市管理和公共服务一体化等综合应用平台实现技术和数据对接，为建设智慧城市提供强大的技术支撑。

（文声爽）

县政务服务中心领导名录

廖艳萍（女） 主任

电子政务

【概况】2016年，东安县电子政务办设一个股室，编制8人。2016年，东安电子政务办按照“整旧换新”的原则对照国务院办公厅的考核指标要求，对政府网站栏目内容进行逐项整改，并同时完成网站升级改版工作。全面新增信息1000多条，删除过时信息3000多条，优化栏目结构34处，经省政府多次测评，所有指标全部通过。完善网络和网站的日常管理和安全防范，落实节假日和双休日值班制度，进一步完善网络、服务器、业务应用系统及其他网络及网站设备的日常运行维护机制和安全监测机制，全年没有发生大面积的系统性安全事故。 （李 程）

信 访

【概况】2016年，全县进一步建立健全信访工作长效机制，深入开展县级领导开门接访活动，不断升级拓宽网上信访和信访信息化建设应用，信访渠道进一步畅通，责任进一步压实，总体形势平稳可控。全国“两会”、中共十八届六中全会、省市县党代会等特别防护期间赴省进京上访实现“零登记”工作目标。

【领导接访下访】2016年，东安县坚持开展县委书记、县长大接访活动和县级领导工作日带班

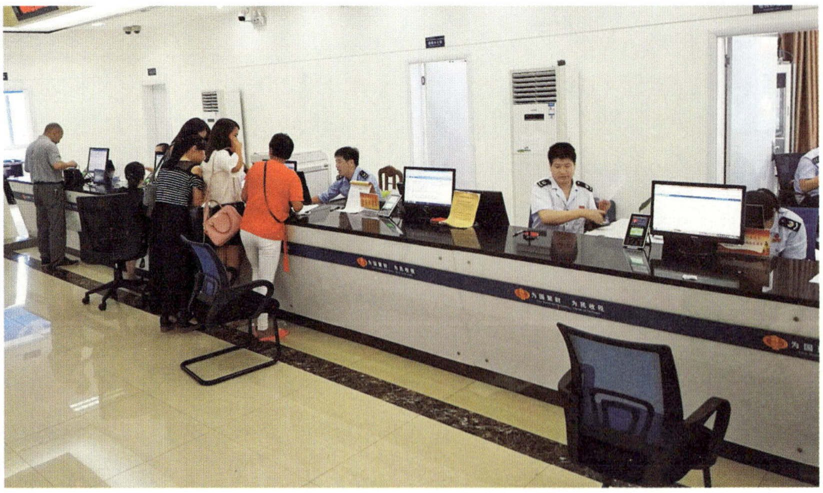

县政务服务中心服务大厅

接访活动，1—12月每月10日开展县委书记县长大接访活动，县委、县政府班子成员参加接访活动209人次，部门主要领导参加接访活动437人次。每个工作日均安排有一名县级领导在信访局带班接访，县四大班子成员共参加接访245人次。全年接待来访群众619批4967人次。县委书记、县长信箱转办各类信访问题15件，到期办结15件，办结率100%。县级领导签字受理交办各类信访问题56件，现场口头解释答复各类信访问题491件。重点抓好信访积案化解工作，按照省市“千案攻坚”活动安排部署，交办给东安县的14件信访积案全部按照进度要求办结。县级自行梳理排查交办信访积案26件，到期办结16件。

【“互联网+”信访工作】2016年，东安将互联网+信访工作作为全县信访工作重点加以推进，全县所有乡镇场和25个重点单位开通升级使用湖南省网上信访信息系统，集中开展网上信访业务培训3期150人次，抽调各乡镇和县直单位网信员到信访局轮流跟班学习10批27人次。全年受理网上信访投诉件413件，受理率100%，到期办结377件，办结率91.3%。

【依法处置追责】2016年，全县各类进京涉访127人次。其中：登前接离31人次，中途劝返、外围清理查控劝返82人次，非访登记14人次。依法处置各类涉访行为85人次，依法训诫51人次，治安拘留31人次，刑事打击3人次。依法治访工作经验在2016年全市经济工作会议期间及全市信访工作现场会上作典型介绍，并在全省推广。同时，全县因决策失误引发信访问题，或因处理不及时而激化信访矛盾等原因责任追究干部11人次。

【基层基础建设】2016年，县委、县政府针对县信访局人少任务多、接待场所不达标的实际情况，编办批准设立网络信访服务中心，增加3名编制；县委常委会议明确县信访局重新选址，建成合格达标的信访接待中心。新建信访接待中心面积达1000平方米，11月投入使用。全县各乡镇场均按照“七有”工作要求，建成标准信访接待室(群众工作站)。

（唐平林）

县信访局领导名录

丁元伍　局长

周爱荣　副局长

唐孟玲(女)　副局长

唐平林　纪检员

调处纠纷

【概况】2016年，县调处纠纷办公室始终坚持稳定压倒一切的方针，开展“调纠治斗”，大力调处“三大权属”纠纷，竭力服务重点工程建设。全县发生“三大权属”纠纷82起，调处75起，调处率91.5%。

【纠纷调处】2016年，县调纠办以防为主、调防结合，化解“清明”矛盾纠纷，确保全县秩序良好，没有发生“清明”纠纷械斗事件；坚持“分级调纠”原则，各乡镇场村自我加压，主动出击，把矛盾纠纷解决在基层，调处“三大权属”纠纷65起；集中调处征地权属纠纷，服务重点工程建设，化解征地权属纠纷，成功调处神华火电“三大权属”纠纷7件、芦江水库“三大权属”纠纷4件、东冷城际快速通道项目征地“三大权属”纠纷3件，确保建设工程正常进行；始终坚持依法行政原则，认真应诉行政复议、行政诉讼案件，2016年，县调纠办办理重大“三大权属”争议案件12件，调处成功5件，呈报县政府研究作出处理决定7件。当事人不服裁决申请市人民政府复议7件、市人民政府复议终结6件，维持6件。当事人不服复议决定，向市中级人民法院提起行政诉讼6件，市中级人民法院维持6件，当事人仍不服向省高院提起上诉6件，6件均在审理中。

（吴永正）

县调纠办领导名录

龙甲元　主任

政协东安县委员会

综　述

【概况】2016年，政协东安县第八届委员会设主席1名，副主席5名，秘书长1名，政协常委36名，政协委员189名；政协东安县第九届委员会设主席1名，副主席5名，秘书长1名，政协常委37名，政协委员186名。政协机关下设“一办四委”，即办公室、提案委员会、经济科技人口资源环境委员会、学习宣教卫体文史委员会、民族宗教法制群团三胞联谊委员会，有在职干部职工23人。

县政协八届四次会议

重要会议

【县政协八届四次会议】2月23日—26日，县政协八届四次会议在东安会堂召开。会议听取审议县政协主席陈军代表八届委员会常务委员会所作的工作报告、县政协副主席周刚生代表八届委员会常务委员会作八届三次会议以来的提案工作报告，听取委员大会发言，全体政协委员列席人大会议，听取“一府两院”工作报告。

【县政协九届一次会议】11月25日—29日，县政协九届一次会议在东安会堂召开。会议审议通过陈军代表八届常务委员会作的工作报告、秦剑元代表八届常务委员会作提案工作报告，选举政协东安县第九届委员会主席、副主席、秘书长和常务委员会委员，听取委员大会发言，全体政协委员列席人大会议，听取“一府两院”等工作报告。

【常委会议】2月16日，县政协召开八届常委委员会第18次会议，审议通过八届四次会议相关事宜；审议通过八届政协常委会工作报告和提案工作报告。

2月26日，县政协召开八届常委委员会第19次会议，听取八届四次会议六个政协委员联组讨论情况。

7月13日，县政协召开八届常务委员会第20次会议，民主评议县人社局工作。县政协主席陈军出席会议并讲话，副主席周刚生、丁国志、蒋燕平、唐月程、周壬秀出席会议，县政府副县长李瑞霞应邀参加会议。会议听取县人社局工作汇报，与会政协委员就社会保障、技能培训等工作进行协商讨论，提出意见和建议。

10月28日，县政协召开八届常务委员会第21次会议。民主评议县城管局工作。县政协主席陈军出席会议并讲话，副主席周刚生、丁国志，蒋燕平、唐月程、周壬秀出席会议，县政府分管领导应邀参加会议。会议听取县城管局工作汇报，与会政协委员就城管工作进行协商讨论，提出意见和建议。

11月17日，县政协召开八届常务委员会第22次会议。县政协主席陈军主持会议并讲话，副主席周刚生、丁国志、蒋燕平、唐月程、周壬秀，县政协副主席候选人秦剑元、蒋裕华及八届政协常委等出席会议。会议审议通过关于召开政协东安县第九届委员会第一次会议的决定（草案）、政协东安县第九届一次会议议程（草案）、九届一次会议日程（草案）等议程，协商通过政协东安县第九届委员会参加单位、委员名额和委员人选（草案）、政协东安县第九届委员会第一次会议秘书长、副秘书长、秘书处工作机构及负责人名单（草案）等议程，并对政协东安县第八届委员会常务委员会工作报告（审议稿）等进行了审议。

【主席会议】2月2日，县政协召开八届委员会第30次主席会议，县政协主席陈军出席会议并讲话，副主席周刚生、丁国志，蒋燕平、唐月程、周壬秀出席会议，协商八届政协常委会工作报告和提案工作报告；协商八届四次会议相关事项。

3月11日，县政协召开八届委员会第31次主席会议，县政协主席陈军出席会议并讲话，副主席周刚生、丁国志，蒋燕平、唐月程、周壬秀出席会议。会议协商2016年县政协工作要点，确定2016年县政协重点提案、重点调研课题。

6月30日，县政协召开八届委员会第32次主席会议，县政协主席陈军出席会议并讲话，副主席周刚生、丁国志，蒋燕平、唐月程、周壬秀出席会议，协商通过评议县人社局工作、乡镇工委主任培训相关事宜；

7月26日上午，县政协召开八届委员会第33次主席会议，协商东安县争创国家重点生态功能区工作。县政协主席陈军，副主席周刚生、唐月程出席会议，副县长唐振宇应邀参加会议。

9月13日，县政协召开第36次主席会议，县政协主席陈军出席会议并讲话，副主席周刚生、丁国志，蒋燕平、唐月程、周壬秀出席会议，协商换届相关工作和八届委员留任人选。

10月26日，县政协召开第37次主席会议，听取县政府2016年政协委员提案办理、委员大会发言领导批示落实情况。县政协主席陈军，副主席周刚生、丁国志、蒋燕平，副主席候选人秦剑元、蒋裕华出席会议，县委常委、常务副县长蒋华应邀出席会议。

11月14日，县政协召开第38次主席会议。县政协主席陈军出席会议并讲话，副主席周刚生、丁国志，蒋燕平、唐月程、周壬秀，副主席候选人秦剑元、蒋裕华出席会议，审议九届政协委员提名推荐名单和九届一次会议相关工作。

重大活动

【重大活动】2016年，县政协参与省政协“三个一”扶贫活动，制发《关于印发做好委员参与“三个一”扶贫行动工作方案的通知》，给每位委员发出参与“三个一”扶贫行动的一封信。做到动员及时、安排到位、服务细致，效果明显。

7月28日上午，县政协在县行政中心四楼（二）会议室召开

6月2日，县政协主席陈军（前左一）带领部分市、县政协委员对以“水火交融，魅力应阳”为主题的“一带八景”建设开展视察，并就“一带八景”项目建设工作进行专题协商。县政府常务副县长陈丽（前左二）应邀参加

“两学一做”学习教育第二次专题学习讨论会。县政协主席陈军以普通党员身份参加学习讨论。县政协副主席周刚生、唐月程，机关全体党员干部参加学习讨论。

7月1日，东安县政协举行“庆七一‘两学一做’”知识竞赛活动。县政协主席陈军、副主席周刚生、唐月程出席活动。竞赛活动以《中国共产党党章》《中国共产党廉洁自律准则》《中国共产党廉洁自律条例》和习近平系列重要讲话为主要内容。比赛共分必答题、抢答题二个环节。选手们发挥团结、友爱、协助的精神，展示参赛选手的风采，取得满意的成绩。

【视察协商】2016年，县政协坚持以各专委会为依托，组织相关界别委员开展基层政协协商民主建设、精准扶贫、提案办理机制创新等课题的调查研究。县政协常委会紧紧围绕县委、县政府重点工作和人民群众普遍关注的热点问题，组织相关委员深入有关单位和部门，对舜皇山旅游开发、争创国家AAAA级旅游景区、湘江流域综合治理工程、农村安全饮水等进行视察，提出意见建议29条，为推动相关问题的解决发挥积极作用。

6月2日，县政协组织部分市、县政协委员对以“水火交融，魅力应阳”为主题的“一带八景”建设开展视察，并就“一带八景”项目建设工作进行专题协商。县政府常务副县长陈丽应邀参加。

6月16日，县政协组织部分市、县政协委员就湘江流域综合治理与保护工作开展视察，委员们实地察看湘江河道采沙、荞麦冲矿区、淘汰电解锰及锑冶炼企业历史遗留废渣安全处置工程等现场，听取环保、畜牧、水利、国土及林业等职能部门的情况汇报，并进行座谈协商。

7月12日，陈军主席带领部分市、县政协委员视察县城创国卫工作。县政府副县长张静陪同视察并参加座谈。视察组一行先后视察八角街、舜皇大道、同心路、温州商贸城、茶源村、莲塘村、东安大市场等地创国卫情况，现场听取前段创国卫工作情况汇报。市、县政协委员们就进一步营造浓厚的创国卫工作氛围、强化创建措施、建立长效机制，推进下阶段创国卫工作提出意见和建议。

7月26日上午，县政协召开八届委员会第33次主席会议，协商东安县争创国家重点生态功能区工作。会议要求，县委、县政府要高度重视，成立专门的领导班子，确定专人来抓此项工作。要围绕生态考核体系，对东安的生态环境进行治理，坚决取缔非法开矿和手续不全养殖场所。县发改委等相关部门要及时与上级部门对接，掌握最新信息，精准发力。各职能部门要各司其职，齐心协力，做好争创各项后续工作，确保争创成功。

提案办理

【提案办理】县政协八届四次会议，收到提案83件，经审查立案80件，对内容相同的提案进行合并后为67件，交由32个单位办理。至2016年9月底，所有提案均办复完毕，回复率100%。

政协东安县第九届委员会第一次会议期间，收到提案134件，提案审查委员会根据《政协东安县委员会提案工作实施办法》的有关规定，对收到的提案进行认真审查，立案133件，占提案总数的99.3%；1件未立案，作委员来信处理。在立案的提案中，有关经济建设、农林、交通方面的提案49件，占提案总数的36.9%；有关城市建设与管理方面的提案18件，占13.5%；有关文教卫体、生态环保方面的提案41件，占30.8%；有关劳动保障、政法维稳、社会管理方面的提案25件，占18.8%。

提案的主要内容有：举全县之力全力打造两个中心；加大招商引资力度，坚持抓产业和抓项目并举，推动东安工业新跨越；大力发展现代农业，建设东安品牌；加强城市基础设施建设，提升城市综合服务功能，加快东安大道的改造提质，确保人民生命财产安全；进一步加大房地产去库存力度，促进县城房地产市场健康发展；促进教育公平与质量提升，加大对职业教育、特殊教育投入力度；加大农村环境污染治理，加速通村公路改造提质，加快“一带八景”建设，建设美丽乡村；加大基层医疗投入，提升基层医疗水平；加大产业扶贫力度，加快脱贫攻坚步伐；深化旅游资源的挖掘，发展特色旅游，把东安打造成全国知名微旅游目的地，创建国家全域旅游示范县；切实解决人民群众普遍关注的热点难点问题，推动民生福祉升级等。

6月2日，县政协主席陈军（前左一）带领部分市、县政协委员对以“水火交融，魅力应阳”为主题的“一带八景”建设开展视察，并就“一带八景”项目建设工作进行专题协商。县政府常务副县长陈丽（前左二）应邀参加

机关建设

【机关建设】2016年，县政协认真落实党政领导上廉政党课制度，基本做到每月一次经常性教育，每季度一次警示教育，每半年一次专题教育，认真传达贯彻上级纪检监察工作会议精神。重点学习贯彻《中国共产党廉洁自律准则》和中共十八届六中全会精神，参学率100%。组织观看《不可触摸的底线》等警示教育录像片。注重加强“两线”教育、党性教育和法纪教育，严格落实中央八项规定及省委九项规定、市委十项规定、县委二十九条，努力营造团结干事、狠抓落实的良好局面，并坚持抓早、抓常抓长。抓好重点时机教育。在元旦、春节、五一、中秋、国庆节之前，政协党组都及时下发通知提出要求，防止节日腐败，坚决做到“五个不许”。加强队伍和委员管理。建立健全干部执行力考核评估。按照年初的计划和工作目标，加强对领导联系基层和群众岗位目标管理、政务日记、工作督查、责任追究、评先评优等规章制度管理，狠抓作风建设值班，增强领导干部的工作责任心，提升领导班子的执行力。注重委员管理，健全完善《委员持证视察办法》《政协东安县委员会委员履职管理办法》，实行委员履职通报制度，强化对委员的动态管理。加强与委员联络服务，坚持不定期走访看望委员，进一步增强政协组织的亲和力、凝聚力和向心力。（雷　弋）

县政协九届委员会领导名录

陈　军（女）　主席
秦剑元　副主席
丁国志　副主席
唐月程　副主席
周壬秀（女）　副主席
蒋裕华　副主席
周和平　秘书长
樊地忠　党组成员
张俊玉　党组成员

县政协办公室、专委会领导名录

周和平　办公室主任
黄兴平　提案委员会主任
周　红　民族宗教法制群团三胞联谊委员会主任
蒋晖萍　经济科技人口资源环境委员会主任
张高桥　学习宣教卫体文史委员会主任

公　安

【概况】2016年，东安县公安局在编在职民警323人，职工28人，内设政工室、指挥中心、纪委、法制与信访室、警务保障室、刑侦大队、治安大队等13个直属大队；下设各乡镇派出所17个；所属单位有看守所、拘留所、消防大队。全县公安机关立各类刑事案件620起，破案227起，破案率38.54%，实现破案数、破案率同比上升，立案数同比下降的“两升一降”目标。抓获各类犯罪嫌疑人1042名，刑事拘留516人，批捕276人，直诉292人，追回网上在逃人员94名。全县受理治安案件1237起，办结1045起，行政（治安）处罚1042人（单位），其中行政拘留945人，罚款290人。

【维稳保安】2016年，县公安局坚持风险防控、底线思维，维护稳定取得新成效。情报预警全程全面，梳理上报维稳信息120余条，编报涉稳信息29期，全年无情报信息失灵、重点人员失控。应急处突有力，稳妥处置群体上访等突发事件46起，高处各类矛盾纠纷350起，信访维稳落实，受理涉法涉诉信访案件48件，办结48件，停访息诉42件，接待群众来访129人／次。反恐防暴从细，认真开展反恐宣传和演练，全县没有发生暴恐袭击和个人极端暴力案件。按照“万无一失”的标准和“一失万无”的理念，

3月11日，召开全县公安工作暨反腐倡廉工作会议

9月5日，召开严打整治飓风行动动员大会

确保“两节两会”、省市县党代会等系列重大活动绝对安全。

【专项行动】2016年，县公安局深入开展打击盗抢骗、飓风行动、收缴整治枪爆物品等专项行动，始终保持对刑事犯罪严打高压态势。现行命案实现全破，取得连续15年现行命案全破的佳绩。年内成功摧毁恶势力团伙3个，报省公安厅战果认定13人，办理涉赌刑事案件8起，刑事拘留17人，办理涉赌行政案件27起，行政拘留75人。打击侵财型犯罪，刑事拘留98人，逮捕76人，盗抢等侵财犯罪人均起诉数较前三年增幅23.63%。严厉打击毒品犯罪，全年破获毒品刑事案件7起，刑事拘留36人，行政拘留350人，强制戒毒30人，社区戒毒21人，抓获毒品犯罪嫌疑人11名，缴获毒品1.5公斤。全年办理“三强三堵”治安案件86起，刑事案件32起，行政拘留101人，刑事拘留47人，确保全县重点项目建设顺利推进。查办食药环犯罪，移送起诉25人，战果排名全市前列。年内侦破涉爆案件183起，收缴枪支983支。

【执法规范化建设】2016年，县公安局坚持理顺机制、阳光运行，规范执法有新提高。注重执法理念，在执法质量面前，秉承“宁愿听骂声，也不要听哭声；宁愿排名末位，也不弄虚作假”。注重办案培训，采取案件点评、专家授课、旁听庭审等方式，努力提升民警办案水平，全年开展专题执法培训10期。注重执法监督，对执法单位实行动态考评、全程考评和源头考评。注重源头管理，推行受立案管理、法制员派驻、办案积分制改革，继续保持国家赔偿案件“零赔偿”和行政案件“零败诉”。

【基层基础】2016年，县公安局强化人口管理，建立“政府主导，公安牵头，乡镇参与”的三实信息采集机制，全县采集录入实有人口21万余条，实有房屋6万条，实有单位860条、从业人口84233人。深入推进基础设施，如期完成2个城区派出所综合警务控制室、4G车载图像传输等建设任务。深入推进“一村一警”警务战略，全县342个行政村均确立驻村联系民警，夯实农村治安基础。深入推进实战型指挥调度，购买对讲寻呼机87台，实现“点对点”指挥调度，对“三台合一”处警系统进行升级改造，对公安内网和视频专网进行提质扩容，扁平化调度处置能力进一步加强。深入推进信息化实战应用，开展常态化的情报研判机制，依托信息化破获一批有影响的案件，合成作战格局初具雏形。深入推进治安防控体系建设，固化常态化夜巡、网格化布警、民警武警联勤值守“三位一体”巡防机制，城区刑事案件发案同比下降13.7%。

【队伍建设】2016年，县公安局结合“两学一做”教育活动，持续开展纪律作风整顿、“纠四风、治陋习”专项整治，下发督察通报23期，主动查办违纪案件3起，停止执行职务和禁闭2人，通报批评或诫勉谈话21人。启动“135”人才分类培养计划，选派13名优秀民警赴省厅、市局和高等院校学习先进技战法，培养能破案、懂情报、会研判的专业队伍。将所有工作细化量化，实行精细考核，严格兑现奖罚；充分运用“四条火线”政策，火线嘉奖26人，火线记功10人。落实抚恤慰问、困难帮扶等关爱措施，全面落实警衔津贴调整标准政策，呈报县委交流选拔4名中层干部，对符合条件的民警进行警员职务套改，促使警察队伍焕发出“敢想敢干、奋勇争先”工作激情，涌现出一批轻伤不下火线的先进集体和个人。唐少明获评全市公安机关“十大破案标兵”；周洁获评全市公安机关“十佳警务辅助人员”。（唐正乐）

县公安局领导名录

宋志雄　党委书记、局长
张茗珺　党委副书记、政委
唐八一　党委副书记、副局长
陈豪彦　党委委员、副政委
蒋公华　党委委员、副局长
唐　鸿　党委委员、副局长
刘志文　党委委员、纪委书记
蔡南宁（女）　党委委员、副政委
莫重阳　党委委员、副局长

法　院

【概况】2016年，东安县人民法院设有立案庭、民一庭、民二庭、审判监督庭、林业庭、刑事庭、行政庭、执行局等17个中层职能部门，下设大庙口法庭、石期市法庭、芦洪市法庭、花桥法庭四个中心人民法庭。全院有工作人员84人，其中法官41人，书记员32人，工勤人员11人。全年受理各类案件2044件，同比增长4.87%，审结2106件（含旧存），同比增长1.79%，结案率94.71%，位居全市基层法院第一，较好的完成各项工作。县法院被评为社会管理综合治理先进单位、计划生育工作先进单位，精准扶贫帮扶后盾先进单位，大庙口法庭、石期市法庭被评为全市优秀基层人民法庭。

【刑事审判】2016年，县人民法院坚持严厉打击各类刑事犯罪活动，加快办案节奏，提高工作效率，刑事审判达到“三个效果好，五个效率高”，即法律效果好、政治效果好、社会效果好，当庭认罪率高、调解撤诉率高、退赃退赔率高、当庭宣判率高、服判息诉率高。全年受理各类刑事案件376件，同比增长21.68%，审结386件（含旧存），同比增长22.93%；全年审结盗窃、抢劫犯罪案件45件；审结危险驾驶犯罪案件155件，对醉酒驾驶机动车危害公共安全行为给予有力打击。审结涉毒犯罪案件26件，确保社会治安稳定，有力打击犯罪，维护社会稳定。

【民商事审判】2016年，县人民法院坚持服务大局，关注民生，依法促进经济健康发展。全年受理各类民商事案件1644件，审结1692件（含旧存），法定期限内结案率高达100%。坚持“庭前调、庭中调、庭后调”的全过程调解方法，全面深入化解矛盾纠纷，全年调撤案件523件，机关庭室调撤率为40.2%，基层法庭调撤率为41.7%，取得良好社会效果，最大限度实现“案结事了人和”。全年审结婚姻、家庭、邻里纠纷案件483件，促进社会和谐稳定；审结拖欠农民工工资、劳动争议纠纷案件92件，有力维护劳动者合法权益；审结人身伤害、交通事故等民事损害赔偿案件181件，依法维护受损者合法权益。

【行政审判】2016年，县人民法院受理各类行政诉讼案件38件，审结36件（其中含旧存2件），结案率94.7%。依法严格适用新修改的《中华人民共和国行政诉讼法》，做到有案必立、有诉必理，行政诉讼受理案件同比增长171.43%。审结国家赔偿案件4件，审结率100%。对行政行为坚持合法性审查，对越权和滥用职权行为坚决依法予以纠正，尽最大努力保护公民、法人和其他组

县人民法院召开立案登记制改革发布会

县人民法院召开立案开展巡回审判登记制改革发布会

织合法权益不受公权力非法侵害。同时在办案过程中，重视做当事人工作，主动化解矛盾，为维护全县大局稳定尽职尽责。

【执行案件】2016年，县委政法委牵头，构建以法院为主导，政法各家协同配合，社会各界全员参与的大执行格局。在县法院内部建立“立、审、执”一盘棋内部协调机制，执行工作步入良性循环。加大对失信被执行人惩戒力度，通过电视、报刊、网络、当地人流聚集区电子显示屏等方式曝光失信执行人45人、单位3家，促使被执行人履行义务。加大执行力度，对隐匿财产、拒不履行义务的当事人采取限制高消费、搜查措施187人次，罚款、拘留45人次，扣押房产3处，汽车11辆。执结民商事执行案件1009件，与上年同比增加49.93%，执行案件结案率93.6%，净执结率54.6%，执行工作考核名列全市第二名，最大限度地实现当事人合法权益，维护生效裁判的严肃性和权威性。

【司法改革】2016年，县人民法院推动改革创新，破解法院发展难题。1月开始，历时半年多，完成法官职务等级套改工作，为法官员额制改革奠定基础。9月中旬，完成首批员额制法官人员考试与考核，确定29名首批员额制法官，基本完成法官员额制改革。完善人民陪审员制度，年内增选人民陪审员40名，完成最高人民法院确定的人民陪审员倍增计划和改革试点任务。进一步优化人民陪审员结构，增加专家型人民陪审员比例，扩大人民陪审员参审范围，全年人民陪审员参审率达91.8%，充分发挥群众参与司法、监督司法的作用。推进司法公开，利用现代科技手段，强力推进审判流程、裁判文书和执行信息“三大公开平台”建设；裁判文书上网率达100%。依托互联网，开展庭审网络图文直播6次，充分利用微博、微信等新媒体拓展司法与民众的沟通渠道。

【司法救助】2016年，县人民法院回应司法关切，维护弱势群体合法权益。加大“送法下乡”力度，全年开展巡回审判86次，到乡村大集发放宣传资料2000余份，进行普法宣传1次，提高群众法律意识。高度关注弱势群体，对涉及妇女、儿童、残疾人等弱势群体当事人的案件，开辟“绿色通道”，快立、快审、快执，依法及时保障弱势群体合法权益。对确有困难的当事人减、缓、免诉讼费，提供司法援助，使经济困难交不起诉讼费的群众能打得起官司。全年对当事人予以缓交诉讼费20万余元，对难以执行到位且生活困难的申请执行人给予司法救助25万余元。为响应县委、县政府“送温暖、献爱心、慈善一日捐”号召，县法院组织开展“慈善一日捐”活动，干警纷纷慷慨解囊，总计捐款10800元。深入大盛镇魏家村、半山村开展精准扶贫工作，向当地群众耐心宣讲党的各项惠民政策和法律法规知识，挤出办公经费4万元支持当地建设。11月，县法院赴井头圩镇中学和山口铺小学开展扶助贫困中小学生活动，为贫困学子送去助学金近4000元，缓解他们“读书难”问题。

【队伍建设】2016年，县人民法院深入开展“两学一做”学习教育和“三强化三提升”主题实践活动，通过组织干警集中学习、个人自学、专题讨论等多种形式，引导法官树立正确价值取向，提升职业道德，培育司法良知，提高干警思想政治素质和法律业务素质。加强文化建设，组织干警参加红歌比赛、武术比赛，培养干警健康生活情趣；深化党建工作，完成四个党支部改选，坚持以党建带队建促审判，不断增强党的创造力、战斗力。继续实行“青年法官导师制”，发挥老法官“传、帮、带”作用，加快法官梯队建设；推出司法技能竞赛、领导开示范庭、邀请人大代表旁听庭审等多项举措，督促法官提升司法技能；继续组织开展优秀裁判文书、优秀法官、调解能手、先进工作者、优秀共产党员评选等活动，不断激发大家奋发有为的工作热情，营造比能力、比效果、争先进的干事氛围。定期召开专题会议，研究和部署党风廉政建设工作。年初，分管领导、各部门负责人与党组书记签订《党风廉政建设目标管理责任状》，实行“一岗双责”，一级抓一级的党风廉政建设责任制，确保党风廉政责任制落到实处。在落实纪检监督责任方面，县法院充分运用投诉举报、群众信访、司法巡查、审务督察等工作平台，查找违纪违法问题线索，做到有案必查、有责必问、有错必究，一查到底，绝不姑息，并要求纪检部门定期向党组报告纪检工作情况。纪检信访部门全年共收到举报线索26件，进行司法巡查53次，及时发现审判执行工作违纪、警车管理不严、安全保卫存在隐患等问题，实现“点对点”整改。（周建明）

县人民法院领导名录

蒋江陵　党组书记、院长
唐述贵　党组副书记
刘新华　副院长
吴立发　副院长
胡恒明　政工科长
蒋　政　纪检书记
邓定桥　副院长
吴丽红（女）　专职委员
谭德佐　专职委员

检　察

【概况】2016年，东安县人民检察院政法编制人员65人，在职干警54人，内设机构16个，班子成员9人。县检察院紧紧围绕全县经济社会发展大局，忠诚履职，奋发进取，各项检察工作取得新进展：在全市检察机关执法状况考核中位列第四，执法质量位列第三，民调满意度位列第二，被县委、县政府评为“社会管理综合治理工作先进单位”“计划生育工作先进单位”“处理信访突出问题先进单位”“扶贫工作先进单位”“民调工作先进单位”，民事行政检察室、林业检察室进入全市检察机关先进行列，21人次获省、市、县表彰。

【刑事检察】2016年，县人民检察院坚持把维护社会和谐稳定作为第一责任，紧紧围绕“强化法律监督，维护公平正义”的检察工作主题，充分发挥批捕起诉职能，严厉打击严重刑事犯罪，努力推进平安东安建设。全年受理公安机关提请审查逮捕案件224件283人，审结273人，审查批准逮捕119件156人，受理各类刑事起诉案件260件327人，提起公诉252件332人，不起诉27件34人，提起强制医疗案件3件3人，改变管辖1件1人。

【查办和预防职务犯罪】2016年，县人民检察院立案侦查各类职务犯罪案件8件8人，其中贪污贿赂、挪用公款等案件4件5

县检察院开展举报宣传周活动

人;渎职侵权犯罪案件4件3人(1件以事立案)。侦办唐某涉嫌行贿、包庇和秦某伙同他人涉嫌挪用公款等案件。开展职务犯罪预防工作,既“除虫”又“护花”。加强对土地征用补偿、惠农支农资金及专项资金较集中领域的职务犯罪预防工作。坚持“打防一体化”,先后组织卫生、税务等多家联系单位,开展预防职务犯罪法制教育专题讲座,推行和落实行贿犯罪档案查询服务,提供行贿犯罪档案查询67次,开展职务犯罪预防调查2件,犯罪分析2件,警示宣传教育4次,有效规范市场竞争主体,取得良好预防效果。

【诉讼监督】2016年,县人民检察院不断强化诉讼法律监督,规范各类执法司法行为。依法监督侦查机关立案 1件1人,监督撤案3件3人,追捕4件6人;对4起案件依法存疑不起诉,相对不起诉19件21人,绝对不起诉3件4人,附条件不起诉1件3人;发出纠正违法通知书8份;追诉漏犯1件7人,追诉漏罪1件1人;审查提请市院支持抗诉2件2人。

【民事行政】2016年,县人民检察院充分发挥民事行政监督职能,努力开创民事行政工作多元化监督格局。以维护当事人合法权益为出发点,加强对法院审判人员违法行为和执行活动监督;以维护国家利益和社会公共利益为着力点,加强对卫生、食品、国土、环保、农林牧等部门行政执法监督。审查民事行政监督类案件18件,办理民事生效判决监督案件1件,办理市院交办案件8件。1人次获省第三届民事行政检察业务竞赛“优秀办案能手”称号。

【监所检察】2016年,县人民检察院开展监外执行监督活动。联合县司法局对全县17个乡镇场司法所监管的监外执行罪犯的交付执行、监管活动、变更执行、终止执行四个环节进行全面检察。针对司法行政机关在社区矫正中存在问题,发出专题检察通报1份,检察建议书3 份;针对人民法院交付执行和调查评估中存在问题发出检察建议书1 份,有效防止监外执行罪犯脱管漏管及重新犯罪问题发生,进一步规范监外执行工作。

【控告申诉】2016年,县人民检察院不断加大依法受理、赔偿、救助力度,全年受理各类举报线索5件,接待群众来信来访352人次,办理刑事申诉案件2件,办理国家司法救助案件1件,救助金额为1万元;依法妥善解决群众合理诉求,化解各类矛盾,充分发挥“文明接待室”窗口作用,连续8年实现涉检信访赴省、进京“零上访”工作目标。

【队伍建设】2016年,县人民检察院坚持把建设政治坚定、业务精通、执法公正、人民满意的检察队伍为目标,切实加强班子队伍建设,推动检察工作健康持续发展。紧密联系检察工作实际,扎实开展“两学一做”学习教育、“道德讲堂”和“雁过拔毛式腐败”“纠四风、治陋习”等专项整治活动,坚持以上率下、贯彻从严要求,着力立根固本、落细落小,努力营造担当负责、务实创新、团结干事、风清气正的良好政治生态。坚持把纪律和规矩挺在前面,强化队伍日常监督和管理,狠抓党风廉政建设“两个责任”贯彻落实,构建全面从严治检新常态。强化内部监督制约和警示教育,以“零容忍”态度严肃查处检察干警违法违纪案件,做到全年无干警违法违纪记录。大力加强教育培训和岗位练兵活动,在提高干警法律监督能力上下功夫。开展“道德讲堂”“规范司法行为专项整治”和检察业务知识竞赛等系列学习教育活动。巩固文明创建活动成果,着力在深化认识,夯实基础、抓住关键、创新载体上下功夫,坚持每半月组织干警进行一次集中学习,每月开展一次“道德讲堂”,邀请道德模范或先进典型为干警诠释道德先进事迹,不断提升干警道德素质。

【检务公开】2016年,县人民检察院开展检察职能、法制宣传和法律咨询活动,进一步深化“检务公开”和“阳光检务”活动,结合“举报宣传周”“12•4”宪法宣传日活动,编印检察宣传手册1万余份,邀请人大代表、政协委员和社会各界人士参加“检察开放日”活动,拓展人民群众有序参与监督检察工作有效途经;进一步深化人民监督员制度,主动接受人民监督员监督评议案件4件,进一步推进执法规范化建设;自觉接受社会各界和媒体监督,确保检察权在阳光下运行，以公开促公正赢公信。

县人民检察院领导名录

唐小辉　党组书记、检察长
唐国元　党组副书记、副检察长
刘建勋　党组副书记、副检察长
何甲元　党组成员
凡春林　党组成员、副检察长
吴　艳(女)党组成员、纪检组长
唐艳华(女)党组成员、政工科长
艾朝霞(女)党组成员
荣淑群(女)副检察长

司法行政

【概况】2016年，东安县司法局内设办公室、政工室、宣教股、基层股、公律股、社区矫正股、计财装备股、政策法规股等8个职能股室，下设公证处、法律援助中心、慎明律师事务所和15个基层司法所，管理监督龙溪司法鉴定所和4个基层法律服务所。有干部职工84人，其中班子成员8人。设有机关和公证律师法援2个党支部，有中共党员49人。全县有注册执业律师14人，法律服务工作者32人。县法治办获评全市“六五”普法依法治理先进办公室，县司法局获全县社会管理综合治理工作先进单位、全县重点民生实事先进单位等荣誉称号。

【人民调解】2016年，县司法局在东安电视台开辟“人民调解之窗”栏目——以案说法，现场说法，普法于民。县司法局继续开展“三调联动化矛盾、息诉息访促平安”专项调解活动，全年调处各类矛盾纠纷2837件，调解成功率98%以上，有效筑起基层平安和社会稳定“第一道防线”。分级举办人民调解员培训班10期，培训2150人次。严格落实《东安县人民调解案件补贴办法》，提高人民调解案件补贴标准，调动人民调解员工作积极性。

【普法工作】2016年，县司法局健全普法宣传教育机制，制订“谁执法谁普法”普法责任制，把法治教育纳入精神文明创建内容。结合民调走访，全力开展“法律进社区”活动，向群众免费发放《法律知识进社区》知识手册2万册，提升社区居民法律素质。组织开展“五下乡”、送法进武警部队、学雷锋法律服务月、普法走进敬老院、家庭律师社区行、国家宪法日宣传等大型宣教活动，发放各类法律宣传资料8万余份，接受群众咨询1.3万人次。为中小学生上法制课122堂次，6万余名师生受到教育。全面完成2016年度干部职工学法考法任务。

【社区矫正】2016年，县司法局开展社区矫正工作规范化建设，每两月组织各司法所所长和社区矫正专干召开全县社区矫正监管安全分析会，提出社区矫正管理方面存在的问题及改进措施。在15个乡镇组织社区服刑人员开展行为规范训练，促进全县社区矫正日常管理规范化。全年接收社区矫正对象486人，解除矫正362人，无脱管、漏管和重新犯罪现象。高标准完成社区矫正中心建设，全省为民办实事项目提前完成。

【安置帮教】2016年，县司法局加强刑释解教人员的教育帮扶，确保重点帮教对象无缝对接，确保刑释解教人员顺利回归。全年接茬刑满释放人员509人。

【司法所建设】2016年，全县完成7个省级规范化司法所建设，司法所工作经费比上年增长20%。

3月4日，东安县司法局组织法律服务志愿者开展学雷锋法律服务月活动

5月25日，县司法局在县委党校举办普法讲座

《各司法所工作人员挂职锻炼、交流任职方案》和《基层司法所工作人员考核细则》得到落实。

【法律援助】2016年，县司法局加大法律援助力度，将因就业、就学、就医等合法权益受损引发的案件纳入援助范围，进一步降低法律援助门槛，让公民更多、更好的享受公平正义的温暖。全年接待人民群众来访和法律咨询980人次，办理法律援助案件204件，其中民事案件161件，刑事案件43件，为群众减少和挽回经济损失790余万元。

【公证】2016年，县司法局及时为全县重点项目提供优质高效法律服务，全年办理各类公证事项508件，无一错证、假证，办证数量创历年新高。

【基层法律服务】2016年，对全县4家法律服务所、32名法律服务工作者和14名律师开展年检注册，所办案件统一进行回访。全县律师办案503件，接待法律咨询2960人次，为当事人避免或挽回经济损失4900多万元，为36家单位和企业担任法律顾问，取得较好经济效益和社会效益。

【司法鉴定】2016年，县司法局开展司法鉴定能力验证，不断提高鉴定公信力。组织司法鉴定人员学习《司法鉴定程序通则》，促进规范执业。全年办理司法鉴定731例，为当事人免费提供司法鉴定援助15人，无错鉴、假鉴现象。

【队伍建设】2016年，县司法局继续开展以"纪律严、作风实、业务精、服务优"为主要内容的司法行政干警大练兵活动，开展作风建设督查3次，全系统干部作风明显改进。组织干警开展"两学一做"学习教育活动，牢牢抓住学、做、改三个重点，坚持边学边改、即知即改。坚持每天组织工作人员上街文明劝导，为创全国文明县城出力。坚持入户走访群众，与90名困难群众结成帮扶对子，为群众解决实际问题92个。定点扶贫紫溪市镇枇杷屋村，改善当地群众生产生活。通过县人大工作审议，业务水平进一步提升。"三下三上"一线工作法在《法制周报》《法治湖南》《永州政法综治动态》等多家媒体内刊刊登，工作经验在全市政法各家推介。 （邓忠宝）

县司法局领导名录

唐　卑　党组书记、局长
唐元生　党组成员、副局长
兰海华　副局长
陈爱民　党组成员、政工室主任
唐孝幸　党组成员
唐美华(女)　党组成员、副局长
黄　鹏　党组成员、纪检组长
秦春元　副局长

道路交通安全管理

【概况】2016年，东安县公安局交通警察大队有民警职工66人，辅警58。内设办公室、监察室、行财股、法制宣传股、车管股、交管股6个股室，下设白牙市中队、芦洪市中队、大庙口中队、端桥铺中队、石期市中队、巡逻中队6个中队。县交警大队围绕保安全、保畅通、保稳定工作中心，以"控大"(防控重大特大交通事故的发生)强管理为工作重点，以"零增长""保畅通"为基本目标，稳步推进重点违法行为查处常态化、执勤执法规范化、警民关系和谐化、队伍建设正规化。单位集体立永州市公安局三等功1

次，在全市交警系统综合评估中获全市第二名，获县安全生产、信访维稳先进集体，省公安春运工作先进个人1人，市公安春运工作先进个人1人，县政府嘉奖7人，县政府立功2人。

【交通事故处理】2016年，县交警大队接处警5246起，受理道路交通事故案件4387起，其中一般程序事故212起，同比减少1.3%；死亡9人，同比上升12.5%；受伤693人，同比减少3.1%；直接财产损失127万元，同比减少4.2%；侦破交通肇事逃逸案2起，侦破率100%。全年未发生一次性死亡3人以上较大道路交通事故。

【车辆驾驶证管理】2016年，县交警大队办理机动车业务21472起，其中注册登记5728起，转移登记1651起，变更登记6869起，补换牌证合格标志716起，补换登记证书214起，档案更正9起，申请检验合格标志6285起。办理驾驶证业务11588起，其中初领1609起，增驾申领421起，补证换证8669起，满分学习、考试721起，注销登记168起。

【电子警察监控】2016年，全县有高清电子交通监控点4处，红绿灯8处，固定测速设备3处，移动动测速仪3个，移动测速路段4处。利用科技装备查处闯红灯2316起、不按指示标线行驶9348起，超速28748起。

【道路隐患排治】2016年，县交警大队排查道路交通隐患183处，本部门治理到位81处。建立警告标志57块，施划道路标线3836米。向县政府提交"治理交通安全隐患路段报告3份，上报县政府及其部门治理到位102处；向运输企业开展执法检查18次，发出整改通知9份。

【交通违法查处】2016年，县交警大队开展各项交通违法行为专项整治行动。除加强日常交通违法查处外，交警大队根据不同季节，不同时间适时开展道路交通秩序整治，收到很好效果。开展春运交通安全专项整治、"盗抢骗"专项整治、"百日会战""大排查、大管控、大整治""飓风行动"、查处酒后驾驶专项行动等活动集中整治交通秩序，并统一调配民警、协管员，不定时、不定点对各个重点路段防控，严查严纠酒后驾驶、超员(特别是客校车超员)、超载(特别是大中型货车超载)、无牌无证、摩托车不戴安全头盔等各类道路交通违法行为，及时消除路面各类交通违法，确保辖区道路交通安全畅通。全年查处交通违法行为52343起，其中醉酒驾驶133起、酒后驾驶477起、无证驾驶2044起、超速28748起、违反号牌规定34起、违反车检规定864起、违反车道规定351起。作出扣证或扣车的行政强制措施3525起，吊销驾驶证65本，刑事拘留164人，行政拘留181人。

【交通安全保卫】2016年，县交警大队提早计划、提早部署、提早落实，提前制订工作方案，做好各类小长假期间的值班备勤表，统一部署，加强路面管理和疏导，为小长假期间广大人民群众出行提供良好的道路交通环境。完成春运、两会、清明、五一、端午、中秋、国庆等特殊时期道路交通安全保卫工作，完成大型活动、会议及领导视察交通安全保卫任务69次。

【创文创卫工作】2016年，县交警大队根据县委、县政府部署，以"一区一队一街一警"模式，除事故和内勤人员外全员上阵，重点查处车辆违停、非法占道经营等违法行为，进一步完善城区道路交通标志标线，提高市民文明交通意识，为东安争创全国卫生城市创造一个安全畅通有序良好的交通环境。施划路侧小车停车泊位382个，摩托车临时停车泊位企业、宾馆、小区内部停车位9533个，以方便单位、个人停车需求；更新城区标志标牌66块，施划交通标线1200余米；查处城区违法停车1400余起，闯红灯1300余起，不按规定线路行驶326起，收缴摩托车遮阳伞600多把，媒体曝光典型交通违法900余起。

【交通安全宣教】2016年，县交警大队坚持交通安全宣传工作跟着中心工作主线走的思路，主动与有关部门联系和沟通，通过精心策划、周密部署，针对不同时期开展文明交通志愿者行动、"开学第一课""交警同行，平安回家""学雷锋志愿者""酒后驾驶，危害全家""安全生产月"等宣传活动，通过形式多样、生动活泼、群众喜闻乐见方式，全方位、多层次地强化交通安全常态宣传和各专项整治宣传工作力度。充分发挥广播、电视、报刊、网络等新闻媒体优势，开辟宣传专栏，定期播放交通安全宣传短片、安全常识等节目。全年上交通安全课37课时，邀请新闻媒体作战18次，制作专题宣传片1部、微电影1部，印制发放宣传资料1.8万份，开展大型宣传活动6次，展出警示展板186块次，受教育人数6万余人次。

（唐孝勇）

县交警大队领导名录

蒋甘生 大队长、总支委书记

陈　勇 政委

周志坚 副大队长

文中田 副政委

张海伟 副政委

刘芳元 纪检组长

监狱管理

【概况】2016年，东安监狱下设机关科室19个，劳务监区6个，3个功能性监区及1个服刑人员心理健康指导中心和1个监管指挥与信息管理中心。东安监狱为一监两地模式，监管、办公区与警察职工生活区分离，相距近4千米。东安监狱坚持着眼长远谋大局、守住底线控风险、集中力量补短板、抢抓机遇解难题，持续推动“四个新东监”建设，监狱工作健康发展，实现“十三五”良好开局，取得了一系列可喜的成绩，为维护社会安全稳定大局、保一方平安做出了应有的贡献。2016年成功创建省直机关文明单位，被评为湖南省“关心下一代工作先进集体”和永州市综合治理先进单位。曾爱民被人力资源和社会保障部、司法部评为第七届全国司法行政系统劳动模范，彭志明、李安群、谭峰被湖南省人力资源和社会保障厅、湖南省司法厅评为第七届全省司法行政系统先进个人，宁建彪被中共湖南省直属机关工作委员会评为省直机关优秀党务工作者，袁娇雅被湖南省司法厅评为湖南省司法行政系统青年岗位能手，杨锄林被中共司法厅直属机关委员会评为优秀党务工作者，赵修建被中共司法厅直属机关委员会评为优秀党支部书记，李安群被中共司法厅直属机关委员会评为优秀共产党员，彭志明、李阳、欧阳维贤、郭俊被湖南省社会管理综合治理委员会办公室评为湖南省监狱教育改造工作能手，一监区、离退科支部被中共司法厅直属机关委员会评为先进基层党组织，二监区被湖南省人力资源和社会保障厅、湖南省司法厅评为第七届全省司法行政系统先进集体。

【监管改造】2016年，东安监狱应对改扩建期间监管安全面临的严峻形势，始终把监管安全工作作为监狱各项工作首要目标，连续13年实现“四无”，持续高质量实现“十个不发生”。进一步规范医疗救治工作，加强医院管理，采取外联外聘外培等方式加强医疗队伍建设，通过公务员招考警察医生2名，外聘护士3名。落实巡诊制度，严格外诊管理，强化防疫工作，筹资11万元为罪犯注射流感疫苗、购买防暑药品，支出15万余元完成罪犯全面体检；在医院安装视频监控，有效记录罪犯就诊、住院、抢救等医治过程。拓展并探索教育改造方式与内容，借助“情暖高墙·关爱孩子”平台，与新化县、耒阳市司法局等3个县级司法部门和永州义工协会等社会组织签订帮教协议；探索教育改造向社会延伸，邀请耒阳市政法委等7个部门组团对耒阳籍服刑人员开展联合帮教，现场答复解决罪犯提出的难点问题，反响良好，经验被省厅简报推介。10月27日，东安监狱成功召开东安县十七届人大代表换届茶亭社区（第16选区）和白牙市镇第18届人大代表换届选举茶亭社区（第47选区）的选举大会，警察职工及已满18周岁的家属参与选举，未被剥夺政治权利的服刑人员在监内也参与选举，行使法律赋予他们的正当权利，红网等媒体对此进行专题报道。

【落实宽严相济的刑事政策】2016年，东安监狱高质量办理558件减刑、18件假释、5件保外就医案件，无一例错案，无一例不良投诉；配合法院启用减刑假释当庭宣判，更好地引导罪犯对刑罚政策正确认识。

【开展社会帮教、亲情帮教】2016年，东安监狱注重对服刑人员开展社会帮教和亲情帮教活动，促进服刑人员思想转化。4月22日，涟源市司法局党组成员、纪检组长王球琳，安帮办副主任彭彬，市档案局副局长曹爱国，市安帮基地负责人肖志刚等一行7人到东安监狱联系社会帮教事宜，并对服刑人员曹某进行现场帮教。7月14日至月底，监狱领导到耒阳、祁阳、桂阳、永兴、新化、新宁等地，开展2016年度“情暖高墙关爱孩子”走访慰问活动，对6名特困服刑人员家庭进行走访。8月4日起，东安监狱三监区等5个劳务监区陆续开展监狱开放日暨亲情帮教活动，200余名服刑人员亲属应邀走进监狱开展亲情帮教。

【党建队建】2016年，东安监狱坚持以“崇德尚法坚守图强”东监精神为引领，以“两学一做”为抓手，以讲规矩、守纪律为基本要求，扎实落实党风廉政建设“主体责任”“一岗双责”不打折扣；严肃党内生活，开展谈心谈话，坚持党委中心组学习，按期召开民主生活会。努力推动支部标准化建设，出台《东安监狱党支部标准化建设实施方案》。落实党委书记、分管领导、党支部书记上党课，对31名支部书记、单位主要负责人等党建骨干进行专门集训。5月12日，湖南省司法厅副厅长、监狱管理局局长方华堂率局纪委监察室、政治部、办公室等部门工作人员到东安监狱检查指导党建、党风廉政建设、“雁过拔毛”式腐败问题和“纠‘四风’、治陋习”专项整治“三项工作”开展情况，并与监狱领导班子成员谈心谈话。7月1日，召开纪念建党95周年暨表彰大会，对获得厅直属机关先进基层党组织（离退科支部）、省直机关工委优秀党支部书记宁建彪等进行表彰，党委书记、监狱长宋小平为全体党员上题为《铭记辉煌历史，不辱光荣使命，争做合格共产党员》的党课。7月13日9时，在监狱连续13年实现无罪犯脱逃、无重大狱内案件、无重大安全生产事故、无重大疫情的监管安全工作目标之际，监狱举行“平安宣誓”仪式。推出“身边的正能量”典型宣传，充分挖掘并宣传监狱先进典型，7名党员、2个党支部获省厅及以上表彰奖励，曾爱民同志被评为第七届全国司法行政系统劳动模范。成功创建省直机关文明单位，先后成立青年志愿者、老年志愿者、巾帼志愿者3支志愿服务队，有注册志愿者370名；开展以“百善孝为先”为主题道德讲堂，宣讲身边感人事迹，反响良好。开展“四查四改四专项教育活动”，深入查找党员在理想信念、宗旨意识、工作作风等方面存在的突出问题，建立问题整改台账。开展机关联基层活动，机关警察下监区值班234人次，党员、警察作风更实。加强党内关怀，关爱困难党员，关心并解决党员存在的实际问题。

【争取地方领导重视】2016年，东安监狱领导注重与地方配合，争取地方领导重视，为监狱排难解困。5月18日下午，省司法厅厅长谈敬纯到狱对警察队伍建设、改扩建工程建设等工作进行调研、指导，省司法厅副厅长、监狱管理局局长方华堂、省财政厅有关领导和东安县县委书记谢景林、副县长陈丽等陪同调研。12月2日，东安县副县长邹礼春率县政府办、民政局、规划局、国土局、公路局、城管局、电力公司等部门负责人来到东安监狱，对监狱发展建设中面临的困难和问题进行现场办公，征询大家意见，为监狱发展解决难题。

【精神文明建设】2016年，东安监狱领导注重狱警队伍精神文明建设，关心狱警文化生活。1月22日上午，监狱警察职工参加东安县2016“迎新春”干部职工长跑比赛，祝武军、邓山河、李义勇、罗雅明4人获得男子组二等奖，唐文军、姚洲、刘波林、李跃祥、朱茂辉5人获得男子组三等奖。4月23日，东安县首届“御江苑”杯羽毛球赛在“健羽”羽毛馆开赛，监狱羽毛球协会队员单震安、容海、李勇分别获得男子冠亚季军，申艳明、王春霞获得女子亚军、季军。

湖南省东安监狱领导名录

宋小平　党委书记、监狱长
王光明　党委副书记、政治委员
张　伟　党委委员、湖南省万安达集团普华实业有限责任公司总经理
李鹏飞　党委委员、副监狱长
杨爱科　党委委员、湖南省万安达集团普华实业有限责任公司副总经理
陈建祥　党委委员、副监狱长
郭代卓　党委委员、政治处主任
谭晓晖　党委委员、纪委书记
彭志明　党委委员、副监狱长
段诚富　湖南省万安达集团普华实业有限责任公司

副总经理
伍先军　调研员兼工会主席
赵修建　副调研员
宁建彪　副调研员

县人武部

【概况】2016年，县人武部党委深入贯彻落实习主席系列重要讲话精神，聚焦强军谋打赢，着力强班子、铸军魂、抓实备、谋作为、务实效，确保集中统一与安全稳定，完成上级赋予的各项任务。年内，东安县人武部被永州军分区评为先进团级单位党委、安全管理工作先进单位。县委书记冯德校被市评为党管武装工作好书记，县人武部政委李觉会被湖南省军区评为优秀党务工作者。

【思想政治建设】2016年，县人武部深入学习贯彻习主席系列重要讲话精神，开展两项重大教育活动。以党委扩大会议的形式专题组织学习习主席系列重要讲话及省军区党委十三届十一次全体扩大会议精神，并组织讨论交流。坚持党委统揽、议教管教，召开党委会专题研究本级活动实施方案，迅速召开本级教育动员部署会。坚持问题导向、明确工作重点、制订活动推进表。组织开展一系列配合活动，在驻地爱国主义教育基地重温入党誓词，观看党史教育片《守望明天》等。召开党委专题民主生活会及支部专题组织生活会，根除思想积垢，开展思想交锋，进一步彻底肃清郭徐流毒影响。

【战备训练】2016年，县人武部认真贯彻“能打仗、打胜仗”强军要求，扎实抓好军事斗争准备，全面提升民兵预备役人员遂行应急应战任务能力，确保“召之即来、来之能战、战之必胜”。一季度狠抓民兵整组工作，按照上级的指示要求，切实加强宣传教育，科学调整布局，狠抓基层建设，严密组织实施。兵役登记报名实现100%。3月，对防卫作战、国防动员、非战争军事行动等方案进行编修，并与军分区作战方案进行对接，形成一整套上下衔接、完善配套的方案预案体系。持续贯彻从严从实要求，坚持“一拓三改”组训思路，全年共完成4期民兵训练。“一季征兵，四季准备”，严密组织体检、政考，按程序完成定兵，完成征兵任务。分组组织新兵回返，鼓励东安籍新战士安心服役，年内新兵实现“零退兵”。

【参建参治】2016年，县人武部主动发挥双重领导优势和桥梁纽带作用，健全完善军地协作机制，着力推动党管武装工作落实，全县党管武装氛围浓厚。高度重视国防教育工作，4月，组织数百名师生开展“走进军营，感受军营”活动。12月，组织“心系国防”专题文艺晚会。推进精准扶贫工作，多次到水岭乡母塘村组织调研、捐钱捐物，为该村早日脱贫出谋划策。协助做好涉军信访工作，多次化解涉军信访矛盾。结合创建双拥模范县、全国文明卫生城市等工作，组织民兵开展投身“五个东安”建设，争当东安腾飞排头兵活动，一年来共出动300多人次参加抢险救灾及参与执勤。（胡征宇）

县人民武装部领导名录

李觉会　政委
全志辉　部长

人民防空

【概况】2016年3月，县人防办单列为政府组成部门，核定行政编制4名，内设综合股、指挥通讯股、工程管理股、法规宣传股，下设人防指挥信息保障中心，为正股级事业单位，核定事业编制1名。在全市人防系统2016年度绩效考核中获得三等奖。

【指挥通信】2016年，县人防办落实市办下达的人防信息化建设目标任务，健全每台警报器维修管理档案，确保警报器正常运转。4月和10月组织对城区新老警报器进行全面检查，对使用存在的问题进行重新调试和维修，并确定每台警报器的日常维护管理人员，“11·1”警报试鸣活动顺利进行，县城防空警报试鸣率达100%。每月参加省、市组织的短波通信训练；10月，参加市带县的人防机动指挥通信系统拉练，行程约1000千米。

【人防工程】2016年，县人防办将改善人防配套设施建设作为重点工作来抓，突出人防工程建设，坚持“统一规划，重点实施，近远结合，注重效益”的原则，进一步加快人防结建工程建设。

2016年某人防结建工程完成防护门安装验收。10月10日县政府召开常务会议，同意建设人防指挥中心，明确指挥中心的建设方式；12月底确定人防指挥中心选址方案。

【依法行政】2016年，县人防办不断优化执法服务，各项人防执法工作有序开展。县人防办工作人员深入人防工程建设单位，了解人防工程建设中存在的问题和困难，虚心听取企业对人防工作服务的意见，认真解答人防建设领域涉及的有关法律、法规及政策问题，着重做好人防建设工程的技术交底、施工检查、隐蔽验收、竣工验收等环节的跟踪服务和管理工作。全年累计收取人防易地建设费880万元。根据《机关档案工作业务建设规范》要求，建立严格的档案管理制度，完成各类文件材料的收集、整理、立卷归档。执法文书格式、内容都按国家、省市标准文本规范操作到位。

开展“5·12”防灾减灾应急宣传

开展“5·12”防灾减灾演练

【宣传教育】2016年，县人防办大力开展人防知识和法制宣传教育进学校、进社区、进企业、进机关、进媒体的“五进”活动。2016年5月12日，在县城各大广场举行“防空防灾，关爱你我”和贯彻落实省政府第270号令宣传教育系列活动，发放《民防知识》《民防应急手册》《省政府第270令》等书籍教材供学生和居民学习宣传。在县城白牙市镇第三小学举行防空防灾应急疏散演练活动并发放《人防小博士》3000套，每个学生人手一套，将人防知识教学纳入教学计划。通过各种形式的人防知识宣传活动，增强广大群众防灾减灾知识和自我保护能力，营造全社会关心人防、支持人防工作的良好氛围。（杨巍）

县人民防空办公室领导名录

徐　斌　主任
杨　巍　党组书记

公安消防

【概况】2016年，东安县消防大队有官兵26人，其中干部8人，士官、士兵18人；合同制消防员7人。年内接警出动220起，出动消防车328辆次、消防官兵2285人次，抢救被困人员27人，疏散人员261人，抢救财产价值1700余万元。被评为2016年度全市消防部队先进党委班子、军事工作先进单位、安全工作先进单位、政治工作先进单位、防火监督工作先进单位。1人被总队荣记个人三等功，1人被支队表彰为优秀警官，10人被支队荣记个人嘉奖。

2016年9月，中队官兵圆满完成东安县烈士纪念日公祭活动礼宾任务

【实战化大练兵】2016年，县消防大队全面加强实战演练、战术推演、体能技能训练和“六熟悉”工作。举办授课辅导、技术讲座、组织现场观摩12余次。组织开展辖区“六熟悉”及消防安全重点单位灭火演练70余次，针对辖区主要灾害事故特点开展战术研讨10次，修订各类灭火救援预案67份，参加整建制中队实战化训练对抗赛和比武竞赛活动1次，不断提高遂行任务能力。

【火灾防控】2016年，县消防大队全方位推进消防工作社会化进程，部署开展乡镇(街道)消防安全“网格化”和消防安全重点单位“户籍化”管理等工作。推动15个乡镇完成消防专业规划编制工作。结合冬春消防安全检查、劳动密集型企业消防安全检查、夏季消防检查等专项行动等专项行动，排查和整改一大批火灾隐患，确保全县火灾形势平稳。共检查单位1492家，发现火灾隐患或违法行为1639处，下发“责令改正通知书”1040份，督促整改火灾隐患或违法行为1631处，下发行政处罚决定书32家，临时查封单位17家，责令“三停”单位15家，罚款金额48.65万元，拘留2人。

【消防宣传教育】2016年，县消防大队宣传贯彻《全民消防宣传教育纲要》，全方位、多层次地开展消防宣传“七进”活动，广泛开展消防安全“三入户”“安全生产月”“119”消防宣传周等活动。依托手机短信、LED显示屏、官方微博等现代化电子传媒以及标语、灯箱、广告牌等传统宣传媒介开展消防知识宣传，全县LED显示屏播放标语1.5万余条，设立大型消防宣传牌4块，发送手机短信20万余条，发放宣传资料5万余份，开展消防知识巡回宣讲12次，举办知识讲座30余期，消防站开放25次，培训人员近8万人次，接受群众咨询630余人次。深入各乡镇、街道开展乡镇长、村“两委”负责人消防安全培训活动，培训乡镇长30人次，村两委负责人990人次，有效提升农村火灾整体防控能力。组织企业、社会单位开展大型灭火逃生疏散演练活动，动员全社会积极参与，共同做好消防安全工作。同时，组织消防监督员、消防志愿者、基层派出所民警等消防服务队伍深入乡镇农村、社区开展消防宣传活动，发放消防宣传手册、画报和防火知识传单10万余份，悬挂消防标语横幅30余条。（宋麒麟）

县消防大队领导名录

屈勇军　政治教导员
李志强　大队长

武警三中队

【概况】武警湖南省总队永州市支队三中队于2007年12月正式组建，主要担负湖南省东安监狱武装看押执勤任务和驻地处突维稳反恐任务。8月，中队代表支队参加总队建制班比武，获得团体总成绩第五的好成绩，其中夜间自动步枪射击和三人协助攀登获得团体科目第一、自动步枪对隐现目标射击获得团体科目第三，3人进入个人全能前十。9月30日，中队出动20名官兵完成东安县烈士纪念日公祭活动礼宾任务。被总队评为基层建设先进中队，3人立三等功。

【思想政治】2016年，三中队坚持把理清思路、提升素质、纯正风气作为切入点，扎实开展深入兵心的思想政治工作。坚持以习主席系列重要讲话精神为指导，深入学习贯彻中共十八届六中全会精神，组织学习贯彻三级党委（扩大）会议精神，强化官兵听党话、跟党走的思想自觉和行为自觉，肃清郭徐周流毒影响。学习第十九届“中国武警十大忠诚卫士”王喜事迹，叫响“忠诚、精武、勇猛、荣誉”的队训口号，唱响《铁血三中队》的激昂队歌，进一步激发部队对中队支部的向心力。组织以“弘扬雷锋精神，捐资送温暖”为主题的爱心捐款，当即捐款8000余元，资助东安一中和天成实验学校共四名贫苦学子上学；邀请驻地单位、兄弟部队及目标单位来队参加篮球友谊赛、烧烤晚会等活动，融洽警地警民关系。

【军事训练】2016年，三中队注重在创新模式和改进短板中摔打部队，为官兵遂行多样化任务打下坚实基础。高度重视教练员队伍建设，根据干部骨干专长分工负责科目，有效提升训练质量；支部成员及时转变观念，深刻反思中队在组训中存在的问题和不足，尤其针对器械三到五练习、木马等重难点课目，通过观看教学视频、邀请教员来队现场讲解等方式，努力提高全体官兵的能力素质。进一步浓厚训练氛围。营造“比、学、赶、帮、超”的良好氛围，每月评选训练尖子，激发中队官兵训练热情。

【执勤战备】2016年，三中队完成上级和目标单位赋予的各项任务。充分认清当年监狱改扩建的严峻形势，认真借鉴“湖北会议”及“衡阳会议”精神，及时组织安全隐患整治；协调目标单位东安监狱不断完善哨位执勤设施，为确保执勤目标的绝对安全打下坚实基础；训练上以贴近实战为目标，组织方案演练与现地摆练，确保部队随时“拉得出、跟的上、打得赢”；6月17日，东安监狱一名罪犯犯违规进入监狱内钢网墙，中队官兵快速反应，高效处置，成功制服犯人，且无一伤亡，官兵遂行任务能力得到有效检验。全年中队先后出动98人次的兵力，完成19起临时武装押解勤务。紧紧围绕落实“广西集训”精神及相关要求，结合元旦春节、清明、G20峰会、老兵退伍、中秋国庆等重要节点，抓好形势政策教育，高标准抓好战备工作落实，激发官兵积极备战的斗志热情。

3月5日，三中队官兵到东安县光荣院开展志愿服务

【后勤保障】2016年，三中队努力把思想素质好，服务意识强，奉献精神好的战士选配到后勤工作，及时安排人员参加炊事员集训和军械员集训，提高服务质量。结合总部《关于深入彻底查纠问题进一步严格财经管理的通知》相关要求，依法科学理财，严格落实经费支出使用规定和审批制度，切实把管财理财、花钱办事的思想和行动统一到首长的决策指示要求上来；认真落实伙食管理五项制度，广泛征求群众意见，立足现有条件，千方百计调整伙食花样，保证官兵吃饱、吃好；卫生员能够坚持做到药品及时更换，搞好官兵对卫生常识的咨询服务。针对季节变化实际，落实疫情防控措施，落实每日验收和食物留验制度，经常开展卫生常识教育和库室消毒。（吕　鑫）

武警三中队领导名录

倪家福　代理中队长
吕　鑫　政治指导员
潘　进　副中队长
马　超　副中队长

工 会

【概况】2016年，东安县总工会牢固树立创新、协调、绿色、开放、共享五大发展理念，紧紧围绕县委“六大战略”和“7521221”工程，坚持“三个贴近”工作思路，以贯彻落实《中共中央关于加强和改进党的群团工作的意见》和省市委《关于加强和改进党的群团工作的实施意见》，以全国总工会改革试点工作为契机，以创建永州市文明标兵单位和星级工会为抓手，紧扣增强“三性”、去除“四化”的主线，着力推进开门办会、依法建会、创新兴会，进一步夯实工会工作基础，构筑工会工作平台，提升工会的执行力和影响力。被市总工会授予县区2016年“四星级工会”；年度考核中被县委、县政府评为绩效考核优秀单位。

【队伍建设】2016年，县总工会探索新常态下建会模式，重点抓工业园区工会建会和农民工入会，聘请社会化工会工作者2名，通过组建行业性、区域性工会等形式，不断扩大工会组织覆盖面，全年新组建工会11个，新增工会会员863人。大力加强基层工会组织规范化建设，广泛开展以“有组织机构、有印章、有牌子、有制度、有活动阵地、有经费”的“六个有”为主要内容规范化建设。2016年，水岭乡工会联

给县城环卫工人“送清凉”

合会、白牙市镇工会联合会、新圩江工会联合会、花桥镇工会联合会、舜皇山国家森林公园管理局工会等5家工会被授予县级六好乡镇工会。澄江中学工会、湖南德能湘江有限公司工会被授予县级模范职工之家。国税局工会推荐申报省级模范职工之家，湖南德能湘江电站工会获市级模范职工之家，水岭乡工会联合会获市级六好乡镇工会。举办基层工会干部培训班，有近140人参加培训。

2016年全县工资集体协商工作会议

【职工维权】2016年，县总工会大力推动工资集体协商工作，举行“春季要约行动”启动仪式，要求全县50人以上的非公企业把工资集体协商作为协调劳动关系、维护职工合法权益的重点工作予以推进。举行工资集体协商培训2次，全县共签订区域性工资集体协议16份、50人以上非公企业签订工资集体协商协议245份，覆盖职工1.8万余人，工资集体协商建制率达90%。开展安全生产大检查、“情系职工送清凉”活动。采购防暑降温物资1.5万元，为高温作业岗位上的200余名一线职工送去清凉和关爱。同时，号召各级基层工会深入开展“安全生产隐患职工百日大排查”活动，加强劳动保护监督检查，确保高温期间职工的生产生活安全健康。

【劳动竞赛】2016年，县总工会将劳动竞赛作为工会服务大局重要切入点，充分调动广大职工干事创业的积极性和创造性。组织18名行业优秀职工参加选拔“永州工匠”暨永州市第六届职工职业技能大赛，有公路养护、大客车驾驶员、汽车维修工、医疗护理、变电运行维护、电力线路检修、泥工、理发和木工等9个工种27名选手报名参加比赛，东安县取得公路养护大奖赛团体第二名好成绩，蒋孝利获个人三等奖；组织参加市卫计委、市总工会举办的社区医疗卫生技能大赛，茶源卫生院周海平和芦洪市卫生院黄景魁分别获个人三等奖。

资助贫困大学生捐赠仪式

【帮扶困难职工】2016年，县总工会进一步完善困难职工帮扶中心管理，突出抓好“四季送活动”、职工医疗互助等帮扶工作。在开展“两节”送温暖活动中，走访慰问困难职工232人，发放慰问金6.2万元。开展“金秋助学”活动，县总工会筹集资金10万余元、资助困难大学生60名入学就读。开展平时救助和大病救助活动，全年为517名困难职工发放生活救助金37.5万元，为7名困难职工发放大病救助金7万元。以实施“一户培养一产业工人”工程为引领，大力开展职业技能培训。先后会同有关部门举办室内装饰、电机、汽车修理、家政服务和美容、种养技术等各类培训班31期，累计参加劳动技能培训2115人；举办创业培训4期，培训人员412人。通过培训，帮助职工掌握一技之长，为职工就业创业和脱贫解困提供有力的保障。开展职工医疗互助活动，在第三期职工医疗互助活动中，参与单位127个、职工6651人，其中女职工2155人。收缴互助金481410元；发放职工医疗互助补助金586人次、379920元。

东安县“庆五一”全民健身工间操比赛

【劳模管理】继续做好“劳模”推选和管理服务工作，充分发挥“劳模”典型示范作用。开展省部级以上、永州市级及75岁以上劳动模范的基本情况调查工作，准确摸清三级劳动模范的工作、生活、收入状况，春节期间，走访慰问困难、患病劳模以及75岁以上女性和80岁以上男性劳模共12人。

【职工文体活动】2016年，县总工会先后组织多场职工文体活动，提高职工综合素质，充实职工文化生活。5月5—6日，组织开展全县庆五一工间操比赛，县直工会和乡镇工会共40个队伍参赛，参赛人数达1200余人。比赛分县直各单位和各乡镇场两个组进行，经过激烈角逐，县直组有教育工会获一等奖，卫计委、县委办工会获二等奖，畜牧水产工会、人社局工会、文体广新工会、政府办工会、民政工会、住建工会、检察工会获三等奖；乡镇组有白牙市镇工会联合会获一等奖，石期市镇工会联合会、紫溪市镇工会联合会获二等奖，大庙口镇工会联合会、芦洪市镇工会联合会、横塘镇工会联合会获三等奖。9月26日，同白牙市镇社区艺术团在县和谐文化广场举办“九九重阳文艺晚会”，大力弘扬东安德文化。10月21日，与文体广新局联合承办“欢乐潇湘、美丽东安”全县广场舞大赛，共有20支队伍参加决赛，受到观众一致好评。12月18—至23日，协助县委、县政府举办东安县首届武术文化旅游节，直接参加的职工群众达12万人，规模空前，促使广大职工习武强身健体、充实业余文化生活，弘扬东安武术文化。（吕飞碟）

县委常委、组织部长、工会主席彭俊卿（右二）和县人大副主任唐新柱（左一）春节前夕走访劳模

县总工会领导名录

彭俊卿　县委常委、县委组织部部长、县总工会主席（兼）

潘尚荣　党组书记、第一副主席
唐中林　党组成员、副主席
胡则勉　党组成员、经审会主任

共青团

【概况】2016年，中国共产主义青年团东安县委员会坚持保持和增强团的政治性、先进性、群众性，围绕凝聚青年、服务大局、当好桥梁、团要管团"四维"工作格局，团结带领全县青少年服务东安经济和社会发展，在永州团市委2016年综合考评中排第三名，被授予"2016年度永州市共青团工作红旗单位"；获评东安县"社会综治工作先进单位"、东安县"农村电商工作先进单位"。

【青少年思想道德建设】2016年，团县委把青少年思想道德建设放在团工作重要位置，丰富形式，一以贯之，常抓不懈。大力践行社会主义核心价值观，组织社会主义核心价值观宣讲团进入学校开展宣讲活动。利用微信、微博、"青年之声"等新媒体传导正能量，提高共青团的吸引力、凝聚力、战斗力，引导广大青少年听党话、跟党走。在"五四"、"六一"、开学季等重要时间节点，深入开展主题团队日活动，培育和践行社会主义核心价值观。深入开展"红领巾心向党""红领巾相约中国梦""少先队文化礼仪"、争当"四好少年"等主题教育实践活动，用中国梦引导少年儿童人生理想；广泛开展"雏鹰争章"活动，引导少年儿童争戴"两型章""雷锋章"，组织开展"成长心连心，爱心手拉手"等公益活动，发动才艺少年参加省市县"少儿才艺大赛"等各类大赛，开展留守儿童、困难少年儿童等群体的关爱服务。坚持用先进典型激励青年群体。通过组织开展"优秀团员(干)""最美中学生""创业致富带头人""优秀青年志愿者""优秀少先队员""优秀少先队辅导员""两型金章"等各种选优活动，培育优秀典型，激励青少年向上向善。团县委评选表彰优秀个人338人，先进集体53个；推报省、市优秀个人60人，先进集体11个，"雷锋传人"钟挺华荣登中国好人榜。

【少先队工作】2016年，团县委强化仪式教育，组织少先队员重温入队仪式。开展"我是向上向善好队员"主题队日活动。扎实开展驻校蹲点调研工作。2016年推送省优秀少先队员3名、市优秀少先队员9名，评选县优秀少先队员99名。

【希望工程】2016年，团县委在全县范围内开展贫困学子的摸底排查工作，完善贫困学生档案；向省、市青基会申报希望工程项目。2016年全县共募集希望工程"一元捐"资金4万余元，爱心助学款2.5万元，申请各类助学金20余万元，共资助贫困学生100余人。

【青年志愿者】2016年，团县委围绕创文创卫、美丽乡村、精准扶贫等中心工作，组织开展义务植树、"学雷锋""爱心送考"、保护母亲河、慈孝之家评比、安全生产宣传、创国卫签名承诺、创国卫知识抢答赛、东安县首届武术文化旅游节志愿服务等活动，全县3000余名青年志愿者参与。开展针对乡村教师的"微益中国"志愿者招募，指导和督促志愿者根据学生和学校需求在"微益中国"创建、发布微公益项目。全年完成21名教师的项目资格认证，发布微公益项目18个，筹集资金7600余元，受惠学生达500余人次。

【服务青年】2016年，团县委通过调查问卷、座谈、走访等多种方式，经常性直接联系创业青年，深入了解青年需求，多方争取资源，广搭服务平台。组织37名青年参加市首届电商创业大赛，其中获优胜奖7名，唐国强获特别奖。选派14名优秀青年参加省市创业培训，大力宣传推介优秀创业项目，继续推动青年创业小额贷款工作。通过开展"创业致富带头人""创新创业典型""青年岗位能手""青年文明号"等典型评比和示范创建活动，并将创业历程制作成视频供交流学习借鉴，充分发挥典型的辐射带动作用，激励青年创新创业创优。成功创建省级青年之家2个、市级青年文明号2个、市级青年之家3个。

【团组织建设】2016年，团县委制订乡镇团委考评机制，根据考核等级拨付当年团委工作经费。加强基层基础工作，提升团员先进性。在全县中学中职共青团实施"强基固本"工程。联合县教育局出台《关于加强和改进全县学校共青团建设的实施意见》，在加强学生团员思想政治引领、联系和服务学生团员、学校共青团的基层基础工作以及教育局、学校重视支持共青团工作等方面做出明确要求。严把入团质量关，调控团员发展。下发关于调控团员发展的通知，对全县团员进行全面摸底，严格按照发展计划发展团员，清理不合格团员。全面清理后，全县有基层团组织584个，团员7438人。强化仪式教育，要求团员戴团徽、唱团歌、上团课、学团章、看团刊、交团费，增强团员的存在感和荣誉感。坚持全团带队、深化团教合作，全面加强少先队自身建设。8月，出台《关于加强全县少先队工作的实施意见》和《东安县2016年少先队工作要点》，促进全县少先队工作科学化、规范化。

【青少年维权】2016年，团县委推动青少年维权工作开展，组织青少年与人大代表、政协委员"面对面"交流，反映青少年心声，维护青少年权益。联合湖北理工学院团委、深圳公益组织等关爱青少年的组织团体，开展"三下乡"活动、关爱留守儿童亲情陪伴活动、"成长心连心，爱心手拉手"活动，全方位关爱青少年身心健康成长。同时组织志愿者们到县特殊教育学校，与孩子们进行亲情陪伴和交谈，并送上慰问品。广泛开展法制教育、安全生产、禁毒防艾、自护教育等宣传教育活动，引导、教育和警示青少年遵纪守法、珍惜生命，有效预防青少年犯罪。2016年，东安县未成年人涉罪率2.79%，犯罪率2.14%，均低于前三年平均值。 （文艳芬）

团县委领导名录

陈利志　书记

妇　联

【概况】2016年，县妇联机关定编5人，实有人员6人，其中主席兼党组书记1人，副主席3人，纪检组长1人，司机1人。县妇联围绕中心、服务大局，着眼于党政所急、妇女所需、妇联所能，在倡导男女平等、维护妇女儿童合法权益、推进妇女民生工程等方面，通过抓活动、抓阵地、抓培训，创造性地开展大量卓有成效的工作，为推动全县妇女儿童事业健康发展做出突出贡献。县妇联获得"永州市2016年度县区妇联工作绩效考核一等奖""永州市2016年度关爱帮扶工作先进单位""2016年度县直人口和计划生育工作先进单位""2016年度东安县维护社会稳定工作先进单位"等荣誉称号。

【促进妇女创业就业】2016年2月23日，县妇联与县人社局、农办、工会、残联在东安生智广场举行"春风行动"招聘会启动仪式，先后召开各类招聘会3场，为女性提供就业岗位161个，发放宣传材料1.5万份，提供免费服务2130人，成功介绍女性就业1095人，免费提供劳动维权服务和法律咨询服务90人。与就业服务局联合举办妇女创业SYB培训，全年举办培训班3期，培训学员300多人。发放财政贴息贷款333笔、3330万元，其中妇女小额担保贷款2030万元，占总数的61%，为203名女性提供创业资金扶持，其中县妇联直接调查摸底推荐贷款对象40人。进一步深化"巾帼建功"和"双学双比"活动，引领妇女参与经济建设。创建省级"巾帼文明岗"1个。 （县地税局办税服务中心）

【培养选拔妇女干部】2016年，县委认真贯彻落实中央、省、市关于做好培养选拔女干部工作的指示精神，把培养选拔女干部纳入干部队伍建设的总体规划并摆到突出位置，不断加大对女干部的培养选拔工作力度，努力

3月8日，县妇联在东安会堂举办"最美家庭"表彰会暨家庭才艺大展示活动

做到研究干部工作时有培养选拔女干部内容，培训干部和选送学员时有女干部名额，配备领导班子时女干部有一定数量，推荐后备干部时女干部有一定有比例，为女干部成长成才创造良好环境。县四大班子中都有女性领导，100%的乡镇配备女领导干部，县级政府工作部门领导班子配有女干部比例达96.5%。全县有女处级干部10人，县直女科局级16人，乡镇场女党委书记2人。村委会成员中女性占比57%，居委会成员中女性占比56%。本届县党代表中女性85人，占代表总数的28.6%；县人大代表中女性64人，占代表总数的26.9%；县政协委员中女性69人，占委员总数的37.1%。女代表、女委员数均比上届有较大幅度提高。全县中共党员中女性4791人，占党员总数18.7%。

【促进社会和谐发展】2016年，县妇联在全县范围内开展寻找“最美家庭”“最美湘女”“最美孝心少年”“最美创业女性”等活动，24户家庭被评为东安县“最美家庭”，其中3户被评为永州市最美家庭，吴才有家庭被评为全省“最美家庭”及全国“五好文明家庭”；与关工委、教育局联合表彰“最美孝心少年”40名，用典型的力量带动社会和谐进步。创新组织“三八”“六一”节庆活动，“三八”期间举办“我健康·我美丽·我幸福”大型工间操比赛，并举办最美家庭表彰大会暨家庭才艺大展示，表彰最美家庭21户，11户才艺家庭上台表演并受到表彰，并以书法绘画摄影方式展出好家风、好家训、家庭故事、家庭美等160幅作品，充分展现东安人民丰富多彩精神生活和积极向上精神风貌。“六一”期间举办“童梦飞翔”亲子互动等活动。开展现代家庭教育，举办“守护童年·春蕾计划护蕾行动”“关爱雏鹰·呵护健康”“借力教育·助力孩子一生”等大型家庭教育专家讲座10场次，为近万名家长送上家教知识大餐，让广大家长在儿童家庭教育方面有全新认识，使“注重家庭、注重家教、注重家风”成为风尚。组织开展农村适龄妇女“两癌”免费检查工作，2016年完成适龄妇女“两癌”免费检查5020人次，救助贫困患癌女性10人，发放救助资金12万元。组织开展“粉蓝双丝带”行动暨妇女安康保险活动，使2200多名妇女得到保障。帮助100个特困留守儿童与爱心妈妈爷爷奶奶结对，结对的孩子不仅精神上得到关怀，而且平均每年可得到5000多元的爱心资金，直至帮扶他们完成学业。通过“三八”妇女节、“六一”儿童节、母亲节和重阳节等，发动组织走访贫困女性、留守儿童、失独母亲和留守老人等，为弱势群体送去党和政府及社会大家庭的温暖。向上争取爱心项目，通过“幸福分娩·为爱‘孕’动”“贝因美与爱同行”“快乐儿童家园”“明天计划”等活动，共争取价值达60余万元公益爱心项目，惠及全县妇女儿童。

6月1日，县妇联领导陪同县政府副县长李瑞霞（二排左四）、县关工委主任贺维强（二排左五）深入鹿马桥镇留守儿童之家走访慰问，与留守儿童共庆六一

【维护妇女儿童合法权益】2016年，县妇联始终做到有访必接、有案必处，尤其在接待家庭暴力案件时，认真进行风险评估，对于高危险案件，在调解回访基础上，与公安、司法等多部门联合反家暴，防止暴力升级，保障受暴妇女儿童的合法权益。全年接待妇女信访113起，调处率100%，调成率达98%，把不稳定因素化解在萌芽状态。9月，成立家庭婚姻纠纷调解委员会，按照

"以人为本""调解优先"原则，多渠道、多方式解决婚姻家庭纠纷，依法维护妇女、儿童和老人合法权益。9月至12月，受理调解各类婚姻家庭纠纷21件，成功劝和6对。扎实开展禁毒宣传工作，开通12338维权热线，成立普法宣传巾帼志愿者队伍，组织三八维权周系列活动，举办"家庭律师社区行"普法讲座等等，将法律服务送到妇女群众身边，提高广大妇女群众的法律意识和维权意识。（谭又香）

县妇联领导名录

蒋素华（女） 党组书记、主席
陈利云（女） 党组副书记、副主席
谭又香（女） 党组成员、纪检组长
冯　晖（女） 副主席
付　燕（女） 党组成员、副主席

侨　联

【概况】2016年，东安县归侨侨眷联合会有人员编制3名，实有工作人员2人。以"联侨工程"为总抓手，扎实履行服务经济发展、依法维护侨益、拓展海外联谊、积极参政议政、弘扬中华文化、参与社会建设各项职能，切实当好党和政府联系广大归侨侨眷和海外侨胞的桥梁纽带，被评为全市侨联工作先进单位。

【服务发展】2016年，县侨联以"联侨工程"作为服务东安经济社会发展重要抓手，持续深入推进实施。1月，"海外专家联点交流工程"的联点专家、美国路易维尔大学医学院教授王增钰博士到县人民医院开展交流活动。6月23日，"海外人才支持家乡发展工程"再添佳绩，经过县侨联和永州市侨联一年多衔接和协调，终于成功促成美国内布拉斯加大学林肯校区教授、国际知名城市规划、环境保护及灾害管理专家、原籍东安的唐政洪博士，在永州市委中心组2016年第二次集中学习专题报告会上作了题为"永州城镇化过程中的机遇与挑战：一个海外学者的视角"的辅导报告，市委书记陈文浩在小结讲话中给予高度评价，并要求相关领导和有关部门要对唐博士的观点和建议进一步进行学习研究和领会，以指导永州城市建设。10月，"侨界群众脱贫致富工程"取得突破，县侨联结合精准扶贫工作，在省市侨联统一部署下，推进"千侨帮千户"工程开展，在全县组织开展一次全面的贫困归侨侨眷家庭情况调查摸底工作，制订出台县侨联"千侨帮千户"工程结对帮扶工作方案，为侨界精准扶贫做好前期准备工作。12月，"侨界精英人才推介工程"取得重大成果，县侨联发现并宣传多年的优秀典型、热心公益事业的印度尼西亚老归侨钟挺华先生荣登2016年"中国好人榜"。

【参政议政】2016年度，县侨联一方面引导侨联界代表委员参政议政，就城市管理、教育和司法等方面提出提案7篇，其中1篇被县政协评为年度优秀提案，1篇被确定为2017年重点交办提案，并在县政协八届四次会议上作大会发言。同时，做好县人大政协换届侨界代表委员提名推荐工作，通过多方争取，县内首次在人大代表结构比例中明确分配侨眷身份代表结构，1名侨眷当选为县人大代表，政协侨联界别继续保留，县侨联提名4名侨眷被确定为县政协委员，其中1名为县政协常委。

2016年1月10日，美国路易维尔大学教授王增钰博士（左一）在县人民医院住院部进行业务交流指导

2016年6月23日，美国内布拉斯加林肯大学教授唐政洪博士在永州市委中心组2016年第二次集中学习专题报告会上作辅导报告。（左为唐政洪博士，右为永州市委书记陈文浩）

【联谊交流】2016年度，县侨联加强联谊交流交友，做好与侨胞侨眷感情沟通联络。充分发挥好桥梁纽带作用，在平时走访慰问基础上，抓好元旦春节这个特殊时间节点做好联络联谊，其间共对6户重点联系对象和困难归侨侨眷进行走访慰问，向全县归侨侨眷寄送元旦春节慰问信100余封，向旅居海外重点华人华侨发送新春慰问邮件数十份，切实发挥好侨联作为党委政府与归侨侨眷之间桥梁纽带作用，取得良好社会效果。通过“走出去”开展交流活动，8月，参加市侨联与澳门家协会联合开展“‘澳湘心连心，艺海砚真情’永州书法作品（捐赠）澳门展”活动，与澳门家协会进行深入沟通交流，并拜会澳门归侨总会。做好海外侨胞代表人士回乡接待工作，全年先后接待回乡开展交流指导的王增钰博士、唐政洪博士，以及长期从事文化教育及交流工作的荷兰籍华人蒋海燕女士，美国安靠公司技术总监文声敏博士等人，加强相互之间感情沟通和交流。

【为侨服务】2016年度，县侨联扎实做好维护侨益和扶侨帮困工作。依法维护好归侨侨眷合法权益，做好涉侨法律法规宣传落实，对归侨侨眷在生产生活和工作中遇到的困难和问题积极介入，协调相关部门妥善给予解决，有效维护他们合法权益。组织开展侨资企业调研和归国留学人员摸底调研工作，为进一步服务好侨资、外资企业，以及加强归国留学人员统战工作打下良好基础。结合精准扶贫做好扶侨帮困工作，机关干部与侨界困难群众结成帮扶对子，并通过努力争取到省侨联特困帮扶资金2万元，对一户特困侨眷进行指定重点帮扶。（唐中玉）

县归侨侨眷联合会领导名录

唐中玉　主席

工商联

【概况】2016年，东安县工商联核定行政编制3名，实有干部职工5名。县工商联（总商会）领导班子中，设主席（会长）1名，党组书记（兼副主席、副会长）1名，专职副主席1名，兼职副主席5名，兼职副会长8名，秘书长1名。下设乡镇商会17个，异地商会2个（广东东安商会、东莞东安商会），行业协会18家。有会员646名，其中企业会员129名，个人会员517名。获“2016年永州市工商联系统先进单位”“东安县统战工作先进单位”“东安县计生综治先进单位”等荣誉称号。

【县工商联第十三届会员代表大会】2016年4月11日至12日，召开东安县工商业联合会第十三届会员代表大会，民主选举产生新一届执委会成员，一大批在非公经济领域积极贡献、有影响力的代表人士参与到工商联大家庭来，为工商联充分发挥职能作用提供坚强的组织保障。

【“访民企、解难题、保增长”专项行动】2016年4月至5月，东安县工商联合会同县委统战部，把实施“访民企、解难题、保增长”专项行动作为凝聚人心、增进共识、鼓舞士气、助推发展的“暖心工程”。共走访非公企业50家，发放调查问卷150余份，召开非公企业家现场办公会2次，聚焦非公企业产业发展现状、制约因素及政策措施贯彻落实等焦点难点问题，认真倾听基层企业的意见和呼声，掌握实情，并形成综合调研报告，适时向县委县政府提出意见建议。

【服务非公企业】2016年，县工商联组织开展银企对接会2次，改善融资供给，加大银行等金融机构对民营企业授信贷款、直接融资力度。10月，县工商联、建设银行永州市东安分行召开银企战略合作会议，共达成意向贷款5000多万元，极大解决了微小企业融资难现状。选派非公经济人员10人，参加省联举办的“民营企业法商风险管理高级研修班”，进一步推动民营企业家遵法学法守法用法。“东安县民营企业法律服务中心”常年为会员提供法律咨询和维权服务。年内共为会员企业调处纠纷20余起，为企业挽回经济损失500多万元。

2016年11月22日，县政协副主席、工商联主席丁国志带领商会10余人至东安大盛镇三潭村考察指导扶贫工作。为每户贫困户送去500—1000扶贫资金，并实地考察该村产业扶贫项目—罗汉果种植基地

【精准扶贫】2016年，县工商联贯彻落实全国工商联、国务院扶贫办、中国光彩会《关于深入推进“万企帮万村”精准扶贫行动实施意见》文件精神，全力抓好“万企帮万村”精准扶贫行动，引导非公经济人士参与脱贫攻坚。以创新产业扶贫、智力扶贫、长效扶贫新模式，制订具体实施方案和帮扶计划，动员全县工商联会员企业分期分批结对帮扶全县一批贫困村和建档立卡贫困户。经过组织推荐和民营企业考察后，有2家企业与贫困村、贫困户建立长期帮扶关系，签署“结对帮扶协议书”。由工商联牵头，法院、邮政、科协、公路局、公积金管理中心、机关社保站组成扶贫工作队，对口扶贫大盛镇三潭村，通过发展主导产业、参与民生工程、开展村企合作、促进农民就业、提供资金支持、开展技能培训、提供产销信息、参与公益事业等多种途径，实施精准扶贫，全年帮扶该村20户登记在册贫困户脱贫。工商联鼓励非公有制代表人士参与脱贫攻坚行动中，商会执委会13名副主席、副会长一对一扶贫三潭村20户贫困户。2016年11月22日，由商会组织的对口扶贫进村活动，非公经济代表人士为每户贫困户送去500至1000元的扶贫资金，彰显非公经济代表人士的爱心。 （丁国志）

县工商联领导名录

丁国志　县政协副主席、工商联主席
王先顺　县委统战部副部长、工商联党组书记
唐加林　县工商联副主席
李小荣　县工商联秘书长

残疾人联合会

【概况】2016年，县残联被县委、县人民政府评为“绩效评估优秀单位”“社会管理综合治理先进单位”“党风廉政建设先进单位”“党建先进单位”“精神文明与意识形态先进单位”“重点民生实事先进单位”和“特殊贡献奖”，获市残联“2016年目标管理考核工作先进单位”；东安县被省残联授予“2016年教就工作绩效考核先进县”称号。

【残疾人康复】2016年，县残联开展0～7岁残疾儿童抢救性康复训练及七彩梦行动计划、天使助行矫形器、杏林春雨少儿脑瘫手术救助、彩票公益金智障儿童康复训练、年度康复任务听力语言、肢体、智力康复训练94人，残疾儿童家长培训58人，成年残疾人康复训练182人。为242名贫困残疾人免费适配轮椅、拐杖、助行器、座厕椅等辅助器具，为433名残疾人适配辅具服务，为59名贫困残疾人免费安装大小腿假肢、矫形器，全年实施白

内障复明手术及助医行动复明计划246例，为202名贫困精神病人提供服药、住院救助及康复防治。全年分期分批培训基层康复工作管理人员104人，提高基层康复工作管理人员业务能力和服务质量。

【宣传工作】2016年，东安残疾运动员蒋芬芬在里约热内卢残奥会上T35-38级4X100米接力比赛中获得金牌，并打破世界记录；残疾教师吴才有一家被评为首批“全国文明家庭”，受到习近平亲自接见。全年印发《东安县残疾人服务手册》等各类宣传资料2万余份，使残疾人对国家各类助残扶残政策有较为全面的了解，残疾人政策宣传深入人心。在各级新闻媒体和刊物上，宣传报道东安县残疾人事业消息40余篇，涉及残疾人创业、自强、文体宣传等各个方面，对提升县内残疾人影响力度、推进残疾人事业发展具有重要意义。全年获残疾人文体比赛1项世界金牌、3个省级一等奖、2个省级二等奖、1个市级一等奖，县残联获得优秀组织奖。

【残疾人教育与就业】2016年，县残联培训残疾人223人，投入23万元对23名残疾人进行创业扶持，建成东安县残疾人扶贫创业基地1个、实训基地1个，为6名残疾人创业提供小额贷款贴息7万元，选送4名残疾学生到省特教中专学习，资助残疾人大学生和贫困残疾人家庭大学生24人，一次性发放资金6.75万元。资助残疾人高中生和贫困残疾人家庭高中生74人，发放资金7.88万元。对200多个单位进行按比例安排残疾人审核认定，收缴残疾人就业保障金90余万元，按比例安排残疾人就业180余人。

【扶贫帮困】2016年，县残联为660名残疾人发放机动轮椅车燃油补贴17.16万元，走访慰问贫困残疾人326户，发放慰问款14万余元，免费赠送拐杖200余根、轮椅100多台，投入2.3万元用于扶持大庙口镇袁家村发展生产和基础设施建设。配合县住建局对全县172户贫困残疾人家庭危房进行筛查，对15户实施危房改造，对108户房屋做危险等级鉴定；审核通过全县“两项补贴”享受人数14239人(其中重度残疾人护理补贴对象6789人，困难残疾人生活补贴对象7450人)，并将补贴资金按时足额发放到位。

【办证工作】2016年，县残联进一步规范办证工作，全县换发的有效“二代证”人数为16499人，其中重度残疾人为9314人，占56.6%。

【残疾人权益保障】2016年，县残联接待来信来访残疾人192人次，为23名残疾人免费开展法律援助服务。县残联理事长蒋志丽当选县人大代表，副理事长蒋海军、黄泥洞林场肢体残疾人蒋荣当选县党代表、副理事长唐凌云当选县政协委员，增强残疾人合法权益保障力量。协助开展东安东站无障碍设施建设。以东安东站改造为契机，通过与有关部门协调、沟通，实现将东安东站候车室到地下通道再到2、3站台电梯安装工程纳入东安东站改造范畴，2016年，该电梯已正式运行。（刘　磊）

县残联领导名录

蒋志丽(女)　党组书记、理事长
胡爱军　党组成员、纪检组长
蒋海军　党组成员、副理事长
唐凌云(女)　党组成员、副理事长

科学技术协会

【概况】2016年，东安县科协有工作人员7人。以继续推进“全国科普示范县”工作为契机，组织各类科技培训，进行科普宣传，提高科技素质，开展学会工作。争取到国家项目1个(东安县惠民优质金银花基地)和社区科普益民计划项目1个(东安县茶亭社区居委会)，争取项目奖励资金40万元。东安县被中国科协评为(2016—2020年)全国科普示范县；县科协被评为2016年全国科普日特色活动优秀组织单位、湖南省全民科学素质教育先进单位。

【科普宣传】　2016年，县科协突出科普服务重点，因地制宜开展科普活动。科普图书室、科普学校、科普电化教育室、科普宣传栏、科普画廊等基本配齐。新增乡镇街道社区设立永久性科普画廊12处。普及微信“科普湖南”公众号，开设东安科普网。

利用科普网、手机微信、短信平台、县电视台等科普阵地，大力宣传科普知识，编制《东安县全民科普知识图本》图书近5万册，发放各类资料近8万份，摆放宣传展板近60块，参加单位20余个。

【科技培训】2016年，全县举办各类培训班80期，免费培训人员3000人。加大农村实用技术培训力度，东安县荷叶塘罗汉果生产示范基地、东安县翠冠梨种植基地、东安县天元红心火龙果种植基地、东安县白沙柑橘种植示范基地等成为示范典型；发挥个体专业技术特点，开展技术培训与服务，带动全县农民发家致富。5月，县科协帮助和指导大庙口镇新作为农业发展有限责任公司引进种植美国、日本及澳大利亚柑橘新品种。各部门联合开展全国科普日、科技活动周、环保日、计生宣传日、防震减灾日等主题科普活动形式新，内容更加贴近生产生活。

【科学素质教育】2016年，县科协以推进《全民科学素质纲要实施》为主线，将纲要实施纳入到各实施单位的政府考核当中，加大对各类人群科学素质教育，特别是重点特殊人群科学教育。9月18日，在东安县第一中学开展“创新放飞梦想，科技引领未来”大型科普进校园活动中，上百名科技工作者现场服务，发送科普资料，免费向市民开放永州市科普教育基地——东安蝴蝶馆，制作具有专门特色的东安蝴蝶二维码；在“校园科普日”活动中，在省市科协关心支持下，县科协组织50名优秀贫困学生代表赴长沙参观湖南省科技馆，参加捐赠书包及图书仪式等活动。

【学会工作】2016年，县科协突出活动重点，明确目的开展学会、协会服务。县林学会、农学会、畜牧学会、水电学会、农机学会等开展与村、与基地、与农户结对帮扶活动，受到广大农民群众好评。县老科协发挥“特殊社团组织”这一优势，充分发挥资源优势，举办创建百岁健康县专题汇报会，获得省市领导一致好评；县农学会组织开展“春季农资打假护农行动”和“放心农资下乡进村入户”活动，严格执法与优质服务并举，为农业生产保驾护航；县林学会狠抓科技示范户建设，培育高产油茶造林科技示范户6户，总面积达2000亩；县罗汉果协会整合人力物力资源，免费在全县范围内提供罗汉果种子和种养技术，主动带领全县有种植罗汉果意向的农户学习种植技术。配合县民政局对县直各学(协)会28个协会组织进行年检。县卫生学会开展对虚假违法医药广告和乡镇卫生院综合治理活动，净化医药广告市场、为群众排忧解难。为农技协建设注入新活力。利用28个农技协组织、83个农村合作社、15个县直学会、32人的“农业科技援助中心”科技讲师服务团、150人的人库队伍、2000人的科普志愿者队伍等科技力量，开展科普宣传、科技咨询和科普教育等惠农服务；指导县养猪协会、端桥铺蛋鸡协会、横塘养鱼协会等农技协开展技术服务，带领农民发展生产，拓展市场，发挥引领产业发展作用。

【科普创建】2016年，县科协以巩固“全国科普示范县”为契机，带动全县科普工作全面发展。狠抓全县科普基础设施建设，新建和完善科普宣传栏32处；完善16个科普示范乡镇、32个科普示范村、4个科普示范社区的科普活动室建设；新培育天元农业生态园，东安翠冠梨生产基地，湖南新作为农业发展有限公司等农村科普示范基地，以及一大批依托先进科学知识种植种养的农业、农产品开发公司；对舜皇山珍稀树种进行科学认定及挂牌，更好地发挥舜皇山全国科普教育基地科普宣传作用。

（苏朝霞）

县科协领导名录

唐　静(女)	主席、党组书记
艾灵芝(女)	副主席、党组成员
刘仁贵	副主席、党组成员

农业经济

【概况】2015年12月，东安县农业委员会正式挂牌成立，定性为行政机关单位。将原县农业局、原县委农村工作部（县政府农村工作办公室）、原乡镇企业局（县农业产业化局）的职责整合，划入县农业委员会，为县人民政府工作部门，加挂县委农村工作办公室牌子，定行政编20名，其中：主任1名，副主任3名，纪检组长1名，县委农村工作办公室副主任1名，总农艺师1名；股长（室主任）10名。内设办公室、综合调研股、政工股、法规股（行政审批股）、发展计划与财务股、县域经济发展股、农业产业化指导股、新农村建设股、市场与经济信息股、科技教育股等10个行政股室。县农业委员会归口管理的事业单位有县畜牧水产局及所属事业单位、县农业机械化管理局及所属单位、县农村经营服务站、县能源局、县蔬菜办、县农技推广中心、县农业资源与环境保护管理站、县种子管理站、县农产品质量安全监管站、县农产品质量安全检测站、县农业广播电视学校东安分校、县农业综合执法大队、县种子技术推广服务站、县原种场、县柑桔技术推广站、县园艺场、县乡镇企业技术服务站及15个乡镇农技推广事务中心等单位。2016年3月，任命蒋笃刚为县农业委员会党组书记、主任，其他班子成员暂未配任，原农办、乡镇企业局、原农业局等三个单位的人员、编制、财务进行整合。县农业委员会办公地点定于白牙市镇舜皇路35号。2016年，县农业委有干部职工132名，其中公务员43名，事业单位人员89名（高级专业技术职称11名，中级专业技术职称32名，初级职称10名，管理人员6名，工人30名）。东安持续保持全国产粮大县位子，荣膺国家农产品质量安全县，鹿马桥农技站被评为全国五星级农技站，芦洪市继续评为全省五星级农技站。全县农产品质量安全监管工作得到国务院和省委、省政府的肯定。

【农业农村经济】2016年，全县粮食总播种面积达105万亩、总产42.79万吨，分别比上年增加2.6万亩、1.36万吨，增长2.59%、3.28%。其中水稻播种面积86.5万亩、总产量38.55万吨，分别比上年增加0.5万亩、1.69万吨，增长0.58%、4.38%。培育承包耕地30亩以上的种粮大户1630户，流转耕地8.7万亩，分别比上年增加160户、1.1

万亩。发展100亩以上的种粮大户199户，发展以种粮为主的家庭农场128户，发展各类粮食生产专业社会服务组织40个。瓜果蔬菜产品提质增效。全年完成水果扩园0.25万亩，实施水果低改1.1万亩，创建大庙口镇毛坪柑桔标准园和金湘源省级蔬菜标准化示范园。全年经济作物生产面积47.62万亩，总产量85.24万吨，实现总产值18.96亿元，比上年增加4.5万亩、15万吨、1.85亿元。同时，养殖业、林业经济呈平稳增长态势，省级竹产业园建设稳步推进，云生竹业完成投资2.2亿元；舜皇峰竹木有限公司、汤氏竹木有限公司跻身全省林业龙头企业行列，运行形势良好。

【现代农业建设】2016年，按照“政府搭台、多元投入、市场运作、产业兴园”工作要求，全县发展投资额500万元以上的现代农业示范园(基地)建设项目12个，规模较大的现代农业示范园(基地)有霞栖、金湘源、金易德、永阳、新作为、瑞峰、云生竹业和东安鸡科技有限公司东安鸡养殖特色产业园等。其中霞栖、云生竹业投资均过亿元，霞栖被认定为省级现代农业综合产业园，东安鸡养殖特色产业园、新作为特色产业园、燕子山蛋鸡养殖产业园被认定为2016年度湖南省现代农业特色产业园省级示范园。按照“提档次、上规模、增效益、促增收”工作目标，农委开展农业龙头企业培育、品牌创建、合作社提升等工程，努力提升全县农业产业化发展质量和水平。全县培育各类农村经济专业合作组织、家庭农场和农产品加工业企业等农业标准化实施载体共357个，其中规模以上农业产业化经营企业发展到45家，新增东安县源丰农业科技发展有限公司、东安县禾鸡岭生态养殖农民专业合作社、东安县黄土地生态农业开发有限公司、湖南金易德农业发展有限公司、湖南鑫湘源农业开发股份有限公司5家市级农业产业化龙头企业。规模以上龙头企业全年完成销售收入23.2亿元，实现利税3.1亿元，同比增长26.4%。霞栖农业科技发展有限公司在深交所前海股权交易中心挂牌，东安天元水上石林乡村休闲旅游有限公司和湖南省舜皇峰竹业有限公司在湖南省股权交易所挂牌，全县农业产业化经营龙头企业和农村专业合作社组织带动本县农户面达6.8万户，占全县农户总数40%以上。

【农产品质量安全管理】2016年，县农委新制订5项(共计43项)覆盖水稻、蔬菜、油茶、生猪、东安鸡等八大优势产业的技术规程、管理标准和产品标准，为优化农业产业结构、推广优良品种和先进技术、提升产品质量提供科学依据。按照“县级领导联乡镇，乡镇领导联园，农技干部驻园”建设方案，重点抓好大庙口镇、紫溪市镇、白牙市镇、井头圩镇、端桥铺镇、鹿马桥镇和石期市镇等乡镇示范基地建设，建好霞栖、金湘源、金易德、永阳、新作为、瑞峰等一大批高标准、高质量现代农业科技示范园，实现布局区域化、技术标准化、基地无害化、经营产业化格局。按照生产标准化、建设规范化、产品品牌化要求，2016年新认证“三品一标”农产品22个，全县“三品一标”农产品达82个、“三品一标”农产品认定面积达59.2万亩，东安森源养鸡农民专业合作社出产的“邻天下”牌鸡蛋申报省著名商标，全县拥有国家地理标志农产品2个、省著名商标5个。强化监管，全县所有乡镇设立农产品质量安全监管站，配备农残检测设备和3～4名农产品质量安全监管员。每个村(农业企业、专业合作社、家庭农场)明确1名监督员，每个组明确1名协管员，蔬菜、生猪等标准化示范基地都建立检测室，并配备农残检测设备，构建较为完善农产品质量安全监管体系，农产品质量安全例行监测合格率稳步提升。全省第一批国家农产品质量安全县核查考核和第二批创建试点工作会议于2016年8月2日在东安召开。10月22日，在副总理张高丽作出重要批示、副总理汪洋出席会议的“全国食品安全示范城市创建和农产品质量安全县创建工作现场会”上，农业部部长韩长赋在会上对东安县创建工作经验进行点名推介；东安县代县长龙向洋作为湖南唯一县级代表参会并就农产品质量安全监管作书面经验发言。

【农业基础建设】2016年，东安县以粮食主产区为重点，大规模推进标准农田建设。全年投入3000万元完成端桥铺镇和芦洪市镇2个乡镇10个村2万亩2014、2015年的新增粮食产能田间工程建设项目，并搞好石期市镇台凡、马头、石马、红锦、和平5个村1万亩的2016年新增粮食产能田间工程建设项目规划设计，于12月1日开标建设。通过推进农机农艺融合，水稻、油菜生产全程机械化技术示范，推进养殖业机械化、农业设施化和农业废弃物处理机械化等，实现水稻全程机械化面积45万亩、油菜机械化播种面积5.5万亩，设施农业面积3.6万亩，农作物耕种收综合机械化水平达63.8%，比2015年提高6.8个百分点。“五小”水利建设计划完成投资3189万元，实施工程715处，完成工程进度约65%。实施安全饮水工程26处，完成项目前期工作，项目总投资2538万元，将解决50936人饮水安全问题。开展“互联网+”现代农业行动，提升技术服务、行业监管、政务办公信息化水平。全年报送农情报表164份、各类农业信息报道138篇、调研报告6篇，推介县内优质农产品2个、销售额达3000万元。

【美丽乡村建设】2016年，全县各级各部门以湘桂高铁、高速公路、国道、省道沿线为重点，坚持高起点规划、高标准建设，狠抓美化、靓化、绿化，大力实施农村清洁工程，扎实办点示范，全力推进美丽乡村建设。6月上旬，制订美丽乡村建设总体规划、具体实施方案、奖补办法初稿，后按照新一届领导班子指导思想和要求，在深入调研和广泛听取意见的基础上，对规划、方案和奖补办法进行重新修改和完善。按照县委第十二次党代会提出的总体目标，确定“十三五”期间东安县美丽乡村建设的主要任务是抓好“96111”工程，即全力抓好9个美丽乡村重点示范村、6条美丽乡村通道、1条沿江风光带、10个美丽乡(集)镇、100个美丽乡村示范村建设；2016年至2017年的具体任务是抓好“132159”工程，即建设1个美丽乡村入口、3条美丽通道、2个美丽乡村特色村、1个美丽集镇、5个美丽乡村景点(农庄)、9个省、市级美丽乡村示范村。各乡镇场和部分示范村组织成立专门工作班子，着手抓规划、抓筹资，启动项目建设。2016年，全县落实美丽乡村示范村建设33个、农村人居环境整治重点村48个。全县各示范村启动项目建设110个，年底完工86个，投入建设资金5600万元。白牙市镇山水村(原井门口村)确定为全省民生实事项目重点示范村，井头圩镇上大村获市级美丽乡村建设授牌。2015年冬到2016年春，投入资金458.3万元，完成项目建设12个，超额完成年初预定目标任务。“一带八景”项目建设稳步推进，其中核心区征地拆迁已完成投资6000万元；三纵一横路网建设完成投资1060万元，永电新村建设完成投资1500万元；赵家井美丽乡村建设完成投资26万元；园艺建设完成投资818万元；芦江河综合治理计划投资2577万元。

【农村改革发展】2016年，农村集体产权股份制改革试点工作，完成白牙市镇白牙甸村、牌楼村、都塘村、官田村等村集体经济较发达的城中村调查摸底。经营权抵押贷款工作，对县内家庭农场授信90户贷款2810万元、农民合作社授信4户贷款1225万元、种养专业户授信411户贷款12260万元。“农建投”改革试点工作，10月底成立东安县农村建设投资开发有限公司，注册资金1亿元，已确定公司法人代表、董事长、监事长及办事人员，开始正常运行。

东安县荷鑫家庭种养农场反季节蔬菜基地

【农村电子商务】2016年，全县注册中小电商企业43家，微商、淘宝店1000家以上，企业网店15家，电商从业人员超过3000人，组织开展35次电子商务业务培训，累计培训5000余人。引导企业加强农产品品牌建设，提升农产品质量水平，全县有12家企业入驻农产品质量防伪溯源平台，产品防伪赋码量将超过600万枚。全县农村淘宝累计完成订单超19万笔，成交金额2400余万元，东安鸡、舜皇山土猪等特色农产品利用淘宝等电商平台销售额达8500万元，15家电商企业实现电子商务交易额超亿元，带动就业8100多人。

【蔬菜生产】2016年，全县累计完成蔬菜播种面积25.5万亩，生产蔬菜总产量48.8万吨，实现产值9.85亿元。各级财政安排蔬菜发展资金120万元。全县建设蔬菜基地面积5.2万亩，其中，东安县民林蔬菜农民专业合作社、霞栖现代农业科技有限公司、东安县旭日种植农民专业合作社、东安县荷田种养农民专业合作社、东安县新作为现代科技有限公司、永州东安县金湘源种养专业合作社分别在井头圩镇晓江口村、井头圩镇霞栖村、紫溪市镇调源村、紫溪市镇荷叶塘村、大庙口镇白沙村、石期市镇双车村新建城镇蔬菜基地1200亩，外销蔬菜基地3.5万亩，提质改造蔬菜专业基地0.2万亩。2014—2016年，湖南省“百千万工程”现代综合产业园(蔬菜)项目落户霞栖现代农业科技有限公司。全县蔬菜基地标准化建设日趋完善，发展优质特色为主的品牌蔬菜合作社12个、蔬菜企业4个。东安县为全国580个蔬菜生产重点之一。

【民生服务】2016年，全县农产品质量监管不断加强，全年农产品质量安全检测样品112857个，总合格率99.98%，东安县以全省第一名的成绩被评为全国农产品质量安全县。各项惠民政策全面落实，强农惠农资金管理规范有序，农民负担监管到位，全年未发生一起涉农恶性事件和群体性事件。农业各项工作得到新发展，服务经济社会能力进一步提高，启动2个特色产业村建设，开展51个村农村人居环境重点整治。

东安县荷鑫家庭种养农场罗汉果园地

【农民负担监督】2016年，东安建立健全农民权益维护和农民负担监督管理工作目标管理责任制，落实违反惠农减负政策责任追究办法，县政府与各乡镇场、县直有关部门签订落实惠农政策减轻农民负担工作责任状。建立农民权益维护和农民负担监督管理工作联席会议制度，由县农委牵头，县农维监办具体实施。加强减负惠农政策宣传，县农负监办入户发放农民负担与补贴监督卡14.5万份，各涉农单位印制下发各项惠农补贴政策要点。深入开展“雁过拔毛”式腐败问题专项整治，重点整治涉农领域侵害农民利益突出问题，组织开展2016年农村义务教育学校春秋季开学收费和损害涉农利益行为、惠农补贴资金发放落实、涉农收费为重点的三次专项督查，查处纠正农村义务教育乱收费、村级财务管理不规范、涉农项目公示不达标，民政专项资金使用不合理、个别财政奖补资金发放不及时等问题，对督查中发现的问题进行通报，并对相关单位下发限期整改通知书，责令限期整改到位。

【农村经营管理】2016年，东安县全面加强农村财务管理，切实加强村级财务和“三资”问题清理整顿，重点对全县原501个行政村的农村集体“三资”和村级财务进行清理与审计，并对2013年以来各类惠农补贴和项目资金进行摸底，按照“一事一台账”要求，建立到乡镇、到村组、到农户的基础台账；同时健全“村账乡代管”制度，严明村级财经纪律。突出边排查边整改边化解，按照规定和程序，及时处理矛盾隐患和追责相关责任人，清理排查出违规资金44.1786万元，问责处理村干部29人，退缴违规资金44.1786万元。进一步规范村级财务管理，制订下发《东安县村级财务管理办法》《中共东安县纪委关于深入开展村级招待费清理工作的通知》和《关于开展村级财务管理混乱问题专项整治工作实施方案》等规范性文件。

【农村土地承包管理】2016年，东安县严格按照《湖南省农村土地承包经营权确权登记技术方案》《湖南省农村土地承包经营权确权登记颁证工作操作规范》要求，认真开展农村土地确权登记颁证工作“回头看”，组织对全县已采集权属调查基础数据进行全方位、无遗漏的阶段性自查和复核，发现问题及时进行限期整改。全面完成原18个乡镇场515个村最后图表修正；完善515个村承包合同，建立农村土地承包经营权登记薄，扎实开展资料整理归档，完成颁证前所有准备工作。

【农村土地流转】2016年，东安县成立县乡农村产权交易中心，制订出台《东安县农村产权交易管理办法(试行)》，进一步规范农村土地流转。完善农村土地承包经营纠纷调解仲裁体系建设，做到人、财、事管理规范，机构运行正常，充分发挥农村产权交易中心作用。全县流转农村土地面积58.3万亩，其中耕地流转面积26.1万亩，同比新增2.3万亩；林地流转面积30.7万亩，同比新增1.6万亩；其它1.5万亩，新增0.1万亩。加强矛盾纠纷调处力度，全县共调处因农村土地承包和土地流转所引发的矛盾纠纷78起。

【规范农民专业合作组织】2016年，东安县宣传贯彻农业部《关于促进家庭农场发展的指导意见》等文件精神，出台《东安县人民政府办公室关于加快培育发展家庭农场的意见》，指导农户新发展家庭农场81个，其中通过工商注册的家庭农场42个，经县农业部门认可的家庭农场39个，全县家庭农场发展到183个。狠抓农民合作社规范化建设，择优选定东安县瑞峰肉牛养殖合作社作为2016年度省级示范社建设单位，突出规范管理，提升服务水平，狠抓依法登记、场所建设、制度规范、民主管理、技能培训和销售服务等示范建设工作，辐射带动全县农民专业合作社发展。全县新发展农民专业合作社67个，全县经工商注册登记的农民专业合作社322个。

【精准扶贫】2016年，东安县委、县政府坚持以习近平总书记系列重要讲话精神为指针，深入贯彻落实中央、省、市有关文件和全国、全省、全市扶贫工作系列会议精神，紧紧围绕“六个精准”“四个切实”“五个一批”的总体要求和全县减贫总体目标，从精准识贫入手，以发展生产、促进贫困人口增收为重点，扎实抓好干部驻村帮扶、雨露计划、易地扶贫搬迁、产业扶贫、小额信贷等各项减贫措施的落实，全县扶贫工作取得明显成效。年内完成农业劳动力转移培训5234人，“雨露计划”资助贫困学生170人，农村劳动力转移就业2132人；农村危房改造620户，易地扶贫搬迁480户1651人；发放小额贷款4631万元。全年减少贫困人口13753人，全县贫困人口由“十二五”初期的47007人，减少到33254人。（廖勇军）

县农业委员会领导名录

蒋笃刚　党组书记、主任

种植业

【概况】2016年，全县粮食总播面105万亩、总产44.79万吨，分别比上年增加2.6万亩、2.06万吨，增长2.59%、4.82%。其中水稻播面86.5万亩、总产38.55万吨，分别比上年增加0.5万亩、1.69万吨，增长0.58%、4.38%。全年瓜果蔬菜播面41.5万亩，总产量92万吨，实现总产值11.5亿元，同比上年增加4.5万亩、15万吨、1.85亿元。全县规模以上农业产业化经营企业发展到45家，全年完成销售收

东安金湘源种养专业合作社500个高标准钢架温室大棚

入23.2亿元，实现利税3.1亿元。全县农林牧渔业总产值完成67.09亿元，农民人均可支配收入达12288元，分别比上年增长3.7%和7.9%。

【行政执法】2016年，县农委出动执法车辆90台次，出动执法人员1200人次，深入开展农资打假专项行动，对全县农资市场进行拉网式排查，检查农资经营网点230个，抽取肥料样12个、农药样52个、水稻种子样80个进行送样检测。查获无生产经营许可证水稻种子3个品种(批次)、3600公斤，不合格肥料1个品种(批次)，标识标签不规范农药6个品种(批次)，不合格农药7个品种(批次)。高毒农药实行定点经营，实名制购买。对高剧毒农药和国家禁限用农药彻底清查，加强鼠药市场监控和整治。整治农药标签标识不规范和超范围登记的农药。全年办理案件13起，结案13起，挽回农民直接经济损失200余万元，无行政复议或行政诉讼案，其中一个案卷被评为全省优秀案卷。

【农业标准化】2016年，全县以优级大米、蔬菜、水果为重点，建设农业标准化生产示范基地7个，主要分布在大庙口、白牙市、井头圩、石期市、端桥铺、鹿马桥等镇，总面积2780公顷；全年制订标准化生产技术规程5个；农产品质量安全检测样品112857个，总合格率99.98%；无公害基地产地认定面积746.35公顷，新增无公害农产品认证22个，全县有效无公害农产品认证37个。全县有国家级农业标准化生产示范基地1个，省级农业准化生产示范基地2个，市级农业标准化生产示范基地3个，县级农业标准化生产示范基地4个。东安县鑫湘源现代农业科技有限公司在石期市镇累计投入资金积累5500万元，建设蔬菜标准化生产基地0.5万亩；霞栖现代农业科技有限公司在井头圩镇累计投入资金 8000万元，建设双孢菇等蔬菜标准化生产基地0.3万亩。

【农产品监管与农资纠纷调处】2016年，县农委深入开展农产品质量安全专项整治活动，对紫溪市、石期市、芦洪市、井头圩等蔬菜种植重点乡镇进行巡查整治，加强农业投入品使用监管，检查是否经营、使用国家明令禁止的高毒高残留农药品，建立健全《农产品生产记录》，强化质量意识，确保农产品质量安全。认真做好涉农纠纷的调解工作，把农资纠纷化解在基层，全年调解农资纠纷18起，其中除草剂纠纷6起，种子纠纷5起，经济作物纠纷5起，其他2起。

【科技服务】2016年，县农委遴选700名水稻、柑橘、玉米等农业科技示范户进行新技术新成果示范，建立鹿马桥镇再生稻高产示范基地、端桥铺镇新品种试验示范基地和狮子铺园艺农民合作社柑橘标准化示范等三个基地。全年累计推广超级稻24.8万亩，开展农村实用技术培训、受训农民2.5万余人次，培育新型职业农民300人。发送农业技术服务短信30万余条，编写农业技术明白纸2万余份。接受农民和农技人员技术咨询3000余人次，为农民解决技术难题1100余个。推广水稻病虫害绿色防控技术、水稻机械化全程育插秧等主导技术10项，推广水稻、柑橘、玉米、蔬菜等新品种12个。

【项目建设】2016年，东安县以粮食主产区为重点，大规模推进标准农田建设，投入资金3000万元完成端桥铺镇和芦洪市镇 2个乡镇10个村涉及稻田2万亩的 2014 年、2015 年新增粮食产能田间工程建设项目建设，抓好 2016 年新增粮食产能田间工程建设项目石期市镇台凡、马头、石马、红锦、和平 5 个村 1 万亩的规划设计。

【耕地修复】2016 年，在井头圩镇、鹿马桥镇开展耕地重金属污染修复试验示范 100 亩，通过选用低镉品种、加强水分管理、施用土壤调理剂、叶面喷施硅肥、施用石灰调节土壤酸碱度等技术及配套技术，降低稻米中的镉含量。

【农业环境保护】2016 年，全县开展外来入侵物种——福寿螺的普查工作，全县 17 个乡镇场，除大盛镇、南桥镇、舜皇山管理局、黄泥洞林场外，均有福寿螺发生。全县发现有危害的外来入侵物种有福寿螺、空心莲子草、水葫芦、柑桔小实蝇、巴西龟等，其中福寿螺发生 17333.3 公顷，治理 15806.6 公顷；空心莲子草 2066.6 公顷，治理 800 公顷；水葫芦 623.3 公顷，治理 320 公顷；柑桔小实蝇 950 公顷，治理 950 公顷；假高粱零星发生，巴西龟在县城宠物市场有买卖现象发生。在井头圩、石期市、芦洪市镇设立 6 个监测观察点，监测福寿螺在县内发生发展及危害情况。

【休闲农业】2016 年，全县投资在 100 万元以上的休闲农业 51 家，从业人员 456 人，经营面积 1.6 万亩，总收入达 2600 万元，其中，年营业收入过百万元的休闲农业企业发展到 9 家。天元小桂林生态农庄评定为五星级休闲农业庄园，最先山庄、桃花岛乡村旅游、高岩湖生态农庄、永阳生态休闲农庄等 6 家评定为四星级休闲农业庄园，大江源休闲山庄、舜峰湾休闲山庄通过省四星级休闲农庄复审评议。

养殖业

【概况】2016 年，东安县畜牧水产局内设 7 个股室，下辖一个县动物卫生监督所（全额拨款副科级事业单位）和 15 个乡镇动物卫生监督分所，有干部职工 280 人。年内发展生猪 170 万头，出栏 101.8 万头，同比增长 3.6%；发展牛 16.6 万头，出栏 6.6 万头，同比增长 7.5% 和 9.1%；发展羊 28.1 万只，出栏 13.7 万只，同比增长 5.0% 和 5.4%；发展家禽 1810 万羽，其中发展东安鸡 1260 万羽，同比增长 5.6% 和 5.5%；出笼家禽 1210 万羽，其中出笼东安鸡 880 万羽，同比增长 6.1% 和 5.9%；放养水面 6.65 万亩，水产品产量 2.5 万吨，同比增长 4.0%。东安县被农业部授予农产品质量安全示范县，被永州市评为 2016 年动物防疫工作先进县，县畜牧水产局被评为全国渔业文明执法窗口单位。

【动物防疫】2016 年，全县动物防疫工作始终坚持“防控为主，积极消灭”和“政府保密度，部门保质量”方针，县防治重大动物疫病指挥部制订下发《东安县 2016 年度重大动物疫病防控工作目标管理考核评分办法》，组织对各乡镇场开展年底考核评比。3 月 15 日、9 月 9 日，分别召开全县春季、秋冬季动物防疫工作会议，督促各乡镇（街道）抓好防控工作，县防治重大动物疫病指挥部办公室会同县两办，成立专门督查组开展明察暗访。通过采取配足力量、强化责任、明确奖罚、严格考核等综合防控措施，全年疫情基本稳定，没有发生重大动物疫情。

【畜禽水产品质量安全监管】2016 年，县畜牧水产局把畜禽水产品质量安全整治作为全年工作重心，依照相关法律法规始终保持高压态势，取得显著成效。严格执行饲料兽药行业准入制度，规范和整顿饲料兽药经营秩序，全县推行兽药经营 GSP 认证，组织开展以打击“瘦肉精”为重点的专项整治行动，严厉打击瘦肉精、氯霉素、孔雀石绿、苏丹红等违禁药物和化合物的添加和使用，强化源头监管。逐步建立健全养殖标准体系，规范养殖生产加工操作规程，规范苗种、饲料和药品的使用和管理，实行行业许可证制度，强化生产监管。强化市场监管，依法检测，扩大抽检范围，增大抽检频率，定期通报监测结果。全年抽检生猪尿样 8000 多份，抽检饲料兽药样 140 个，“瘦肉精”检出率为零，全年没有发生畜禽水产品质量安全事故。

【养殖业污染治理工作】2016 年，全县退出禁养区养殖场 49 户，完成养殖污染防治设施改造 552 户。县畜牧水产局制订下发《东安县“十三五”养殖业发展规

5月31日，东安县与温氏集团就50万头生猪一体化项目签约

划》《东安县畜禽养殖禁养区划分方案》《东安县畜禽养殖管理办法》，科学调整养殖业结构和区域布局。对备案畜禽规模养殖场实行动态管理，进行不定期监督检查，对不符合条件的注销畜禽标识代码，不安排畜牧业项目扶持资金，责令其限期整改，并向社会公布。对新、改、扩规模养殖场严格执行环境影响评价制度，做到养殖设施与养殖废弃物处理设施同时设计、同时施工、同时投入使用。推进养殖废弃物无害化处理和资源化综合利用，推广高效实用畜禽粪便综合利用模式，推动养殖粪便综合利用产业化发展。

【渔业资源养护】2016年，县畜牧水产局组织执法宣传车在全县15个乡镇开展普法大宣传活动，将渔业有关法律法规知识编制成普法小册子，对沿途和人口密集区进行分发和宣传，使渔业法律法规深入人心，做到家喻户晓。4月7日，由县人民政府主办、县畜牧水产局承办的东安县2016年湘江流域禁渔暨放鱼活动启动仪式在马迹塘（新广利桥下）进行，当场在湘江支流龙溪河、湘江河大江口段和紫水流域紫溪段投放草鱼、鲤鱼、鲫鱼、鲢鱼等鱼种320万尾。加大渔政执法力度，严厉打击电、炸、毒鱼等违法行为。采取日常巡查和重点水域专项整治等多种形式，对湘江流域电、炸、毒鱼、迷魂阵、地笼网、布网子等违法捕鱼行为进行专项整治，出动人员310余人，出动车辆16台，冲锋舟和快艇各1艘，清理收缴和烧毁违法捕鱼网具400个，长度达8000米，收缴电鱼机146台，行政教育涉案人员16人，放生渔获物230公斤，切实维护渔业资源，确保放流效果。加强渔船安全生产监管，与全县所有捕捞（养殖）渔船船主签订安全生产责任状，对存在安全隐患的渔船或非法生产的渔船要求限期整改，坚决杜绝渔船安全事故发生，全年未发生一起渔船安全生产事故。

【招商引资及重点项目建设】2016年，县畜牧水产局向上级申请立项，争取到国家生猪调出大县奖励资金、粪污治理项目、基层农技推广补助项目、渔政资源保护经费等政策资金。争取标准化示范场建设项目，年内建设标准化示范场12个，创建国家级健康示范场3个。推广新技术新品种，推广生猪良种人工授精4.5万胎，有效地改善县内生猪品质，引进和推广京粉蛋鸡、鲁西黄牛、西门塔尔牛、安格斯牛、舜皇山土猪等新品种和野猪、竹鼠、黑豚、香猪、虹鳟、鲟鱼、鸭嘴鱼等名特优品种。成立东安鸡研究开发中心，注册东安鸡地理标志品牌，在川岩乡松江村划定2个种系保种核心区，做好东安鸡品种保种工作，让东安鸡这一优

4月7日，东安县举行禁渔活动启动仪式

良“土品牌”得到有效保护和利用。由温氏股份集团投资的50万头生猪一体化项目落户东安，东安温氏公司正式成立。该项目总投资为9.3亿元，采用“公司+家庭农场”运行模式，实行产业链全程管理“一条龙”生产经营模式。项目建成后，年可上市生猪50万头，可带动合作农户500户，年销售收入约9亿元。项目的签约和实施，实现温氏集团先进管理、资金技术优势与东安县资源优势有机结合。

【定点屠宰】2016年，县政府同意将全县畜禽屠宰监管职能从县商粮局划转至县畜牧水产局，将原生猪定点屠宰管理办公室资产进行移交。在县畜牧水产局增设畜禽屠宰管理股，为县畜牧水产局正股级内设机构，工作人员在畜牧水产局内部进行调剂。屠宰管理股负责全县畜禽屠宰工作，对畜禽私屠滥宰和注水等违法行为进行严厉打击，确保畜禽肉品安全。（陈景全　陈海明）

县畜牧水产局领导名录

李文亚　党组书记、局长
李甲春　党组副书记、副局长
程晓华（女）　纪检组长
周顺林　副局长
阳　惠　副局长
彭　林　总畜牧师

林　业

【概况】2016年，县委、县政府大力实施“生态立县”战略，推进“绿色东安”建设，加大造林绿化力度，加强森林资源保护，增强林业科技含量，调整优化产业结构，全面深化林业改革。到年底，全县林业用地面积达14.46万公顷，占土地总面积的65.54%，活立木蓄积量448.01万立方米，森林覆盖率63.5%；林业生产总值24亿元，林农人均可支配收入10260元。

【造林绿化】2016年，全县实际完成人工造林总面积2.8万亩，合格面积2.8万亩，其中珠防林工程造林面积0.4万亩，中央财补造林1.15万亩，面上造林1.25万亩，质量合格率100%。按经济成份分，公有经济造林2524.5亩，非公有经济造林2.55万亩；按林种用途分，用材林1.62万亩，经济林0.78万亩，防护林0.4万亩。造林主要树种有杉木、国外松、油茶、桉树等树种。完成全民义务植树107.3万株，全县2016年度适龄人口27.52万人，实际尽责人数25.44万人，尽责率92.4%。

【退耕还林】截至2016年年底，全县累计实施退耕还林13.45万亩，包括坡耕地造林5.6万亩、配套荒山造林7.85万亩、封山育林2　万亩，工程覆盖全县17个乡镇场，涉及户数13410户。

【规模基地建设】2016年，全县新建500亩以上基本连片基地6处，其中500亩以上特色产业基地3处，速丰林基地2处，“三难”地绿化基地1处。

【通道绿化】2016年，全县完成通道绿化提质、新造464千米，其中二广高速、国、省、县、乡、村道68千米绿化提质，东芦公路山口铺至芦洪市林带新造16千米绿化及“三边”造林（长珠防）4020亩，县乡村道380千米两侧绿化，均栽种常绿阔叶树大苗；种植各类大苗38.3万余株，绿化达标率90%以上；通道提质提效率91.5%。

【秀美村庄建设】2016年，全县参与“美丽乡村”建设343个，其

干部职工参加植树活动

中重点示范建设9个村，争创省级美丽村庄3个、市级美丽村庄6个，户平植树15株以上，全县种植各类大苗31.26万余株；建设芦洪市镇赵家井村沿江风光带和赏花园，占地189亩，规划总投资890万元。

【中央财政森林抚育补贴项目】2016年，中央财政森林抚育补贴项目小班共232个，总面积1433.3公顷，实施单位涉及大庙口、黄泥洞2个国有林场以及大庙口、紫溪市、水岭、白牙市、川岩、井头圩等13个乡镇。其中抚育间伐62个小班，面积461.4公顷；割灌除草170个小班，面积971.9公顷；抚育间伐面积占抚育项目总面积的32.19%，符合政策要求。按林种分，用材林429公顷、防护林945.2公顷、特用林59.1公顷；按抚育间伐作业方式分，割灌除草942.9公顷、疏伐476.5公顷、生长伐13.9公顷。

【林木种苗】2016年，全县花卉苗木培育1500亩，各类树种育苗面积359亩，其中松杉等主要造林树种165亩、油茶9.5亩，红豆杉、枫香、银杏、木荷等珍稀树种183.5亩。

【林业有害生物防治】2016年，东安县坚持“预防为主，科学防控，依法监理，强化责任”森防方针，严防外来有害生物入侵，及时有效控制林业有害生物发生、危害和蔓延。当年全县主要林业有害生物发生面积5.24万亩，在松毛虫虫源地进行了有针对

直升飞机在虫害竹林上空作业

性的施放赤眼蜂6万袋，在竹蝗重中度危害发生区开展飞机施药化学防治，实施防治面积4.17万亩，防治率79.58%。生物防治面积4.17万亩，生物防治率100%；检疫种子1200千克，苗木2300亩次，计3200万余株，木材0.5万立方米，竹材13万根。松科植物及其产品复检率达100%，林木产地检疫率100%。

【野生动植物保护】2016年，县林业局组织开展市场巡查、不定期突击行动和开展候鸟等野生动物保护“清网行动”的专项行动等活动，收缴放生野鸡 4只、黑水鸡 30只、斑鸠6只、黄苇鳽20只、树蛙3公斤；办理野生动物驯养繁殖许可证四家、经营许可证一家，植物经营许可证 27家；对全县古树名木进行了补充调查、挂牌、建档，对个别古树群及名木进行了围栏、培土、护坡、重新挂牌等保护措施。

【湿地保护】2016年，紫水国家湿地公园和聚德生态文化公园建设工作有序进行。东安紫水国家湿地公园管理局已经市编办下文批准，完成聚德湿地文化公园规划、地质勘测、图审、财审，成立聚德湿地文化公园指挥部，完成聚德湿地文化公园建设代理招标，完成官方宣传网站建设。湿地保护与恢复工程项目已上报，初步完成保护管理站和观测站选址。

【森林资源保护】2016年，县林业局严格执行采伐限额和凭证采伐制度，全年发放林木采伐许可证109份，计8598.1立方米，按采伐类型分，主伐6121.2立方米、抚育采伐2476.9立方米；按森林类别分，商品林采伐8454.1立方米、公益林采伐144立方米；按森林权属分，集体林采伐8598.1立方米，国有林未采伐。全县依法查处林业行政案件37起，结案率100%；行政处罚违法人员42人次，没收木材折原条近172.5立方米，补种树木5.69

万株。上报省林业厅审批永久性占用林地5宗，面积24.11公顷，征缴森林植被恢复费274.70万元；查处非法占用林地案件12起，其中刑事案件6起，行政案件6起，打击违法人员16人，查处林地面积140余亩，遏制破坏林地资源违法犯罪，保护森林资源安全。

【省级竹产业科技园建设】2016年10月，永州市竹产业协会在东安县成立，省级竹产业园建设加速发展。毛竹产业成为全县竹木加工主导产业与支柱产业。舜皇峰竹木有限公司、汤氏竹木有限公司跻身全省龙头企业行列。云生竹业完成投资2.2亿元，建成2万平方米标准厂房和 1条户外竹地板精加工生产线，可生产户外防腐竹材200万平方米，同时投资2000多万元引进一条竹材车箱板生产线。简艺竹业公司入驻竹产业园，专业从事利用竹材加工建设木结构建筑、中国园林古建筑、户外园林竹木构筑物、栈道、竹木平台等，有厂房面积1000余平方米，年产值2000余万元。

【公益林保护】2016年，县林业局抽调技术人员30人，组成15个工作组，对全县78万亩省级以上公益林进行全面界定，确保公益林补偿资金准确发放。全县省级以上公益林实际发放面积77.36万亩。按事权等级分：国家级公益林发放面积60.79万亩，发放金额798.41万元；省级公益林发放面积16.57万亩，金额231.62万元。落实公益林护林员443名，签订管护合同443份，管护面积到位率100%。

【油茶产业】2016年，全县11个乡镇完成油茶新造0.7万亩，低改0.5万亩，油茶林总面积24.17万亩，茶籽总产量 8120吨，产值2.2亿元。

【森林防火】2016年，东安县森林防火指挥部由县长龙向洋任指挥长，下设防火办。实行森林防火行政首长负责制和森林防火“五包”责任制，县人民政府与17个乡镇(场)签订森林防火责任状，各乡镇(场)逐级签订森林防火责任状，实行乡镇场领导包村、村干部包组层级责任制。县政府、县防火办发布防火戒严令5000份，印发《野外禁火令》5000份，清明期间，县森林公安局投入警力120人次，出动警车24台次，设置防火检查站18个，检查登记入山车辆3408辆次，登记检查入山人员45381人次，发放平安清明宣传单10000余份，排查火险隐患230个，收缴火种及易燃易爆品194个，查处野外违规用火2起，处罚2人。全年查处15起火灾案件，其中刑事案件立案7起，侦破2起，追回上网三年之久的失火逃犯1人，查处野外非法用火案件8起，结案7起，处理违法人7人，有效保护森林资源和人民生命财产安全，全年未发生重大森林火灾。

（滕德军）

县林业局领导名录

杨家党	党组书记、局长
庾平仲	党组副书记、副局长
雷永春	党组成员、副局长
蒋松元	党组成员、副局长
李志强	党组成员、副局长
胡润浴	党组成员、森林公安局局长
吴化顺	党组成员、工会主席
李军林	党组成员

水　利

【概况】2016年，东安县水利系统有在职人员374人。局机关有在职工作人员74人，其中行政编16人，事业编58人。机关内设办公室(加挂财务室牌子)、水资源局、水土保持局、政工科教股、水利建设管理中心、安全法制股(加挂水政监察大队牌子)、农村水利股(加挂水质检测中心牌子)、纪检监察室8个股室。水利局有下属事业单位16个，其中参照公务员管理2个(东安县防汛抗旱指挥部办公室、水政监察大队)，全额拨款事业5个(水资源管理局、水土保持监督管理局、水利建设管理中心、水利工程管理股、地方电力管理站)，差额拨款单位9个(金江水库管理所、松江水库管理所、双江水库管理所、扬江河坝管理所、紫江河坝管理所、石期市排灌站、芦洪市排灌站、紫溪排灌站和湘江水轮泵管理所)，企业单位1个(高岩水库电站)。设乡镇水管站12个。

【项目建设】2016年，全县争取国家、省、市水利资金及县配套资金共1.95亿元，水利建设项目和城镇防洪排涝工程、农田灌溉水利工程、水土生态恢复工程等齐头并进。完成规划内水库除险加固项目。完成双江1座中型水库除险加固主体工程建设，其中中央投资2356万元；基本完成106座规划内剩余小(二)型水库除险加固建设，完成投资5593万元，其中省级补助资金3180万元，县财政年度配套资金600万元；完成全县177座小(二)型水库大坝注册登记工作。中小河流治理和四水治理工程有序推进。县财政投入3065万元对芦洪江芦洪市镇段8千米河段进行综合治理。争取到四水治理项目资金，其中中央预算内资金550万元，对湘江东安县绿埠头段、石期市镇段进行治理。“五小水利”工程项目和省级小型农田水利项目任务目标全面完成。全年“五小水利”工程项目完成投资6649万元，改善83个行政村的水利设施条件，恢复和改善灌溉面积6.96万亩。完成中央财政资金农田水利建设项目投资2102万元，建设面积2万亩，建高效节水示范片1000亩，涉及2个乡镇17个行政村。省级小型农田水利财政资金项目建设(14个村)完成投资308万元，为计划任务的100%，其中财政奖补168万元。水土生态恢复工程取得突破。晓观治理项目工程总投资286万元，其中中央投资200万元，省县配套投资86万元，治理水土流失面积6.5平方千米。

【防汛工作】2016年5月至7月，县内降雨频繁，县水利局主动收集雨、水、灾情讯息，认真搞好防汛会商，全力做好值班调度，启动防汛Ⅲ级应急响应1次，及时发布预警预报，落实防汛行政首长负责制、县级领导分片包干制度和“三人一库”防汛责任制。全力迎战“3·22”“5·15”“6·11”强降雨，特别是在“6·11”强降雨过程中，新圩江镇中田村因山体滑坡，导致左干渠长达120余米垮塌，影响新圩江镇沙子铺、大埠头、江力三个村灌溉用水。全县各级各相关部门全力组织抗洪抢险救灾，没有垮一库一坝，没有出现人员伤亡，最大限度减小财产损失，并及时完成水毁工程修复和工程管护。

【安全整治】2016年，县水利局坚持“抓好安全生产工作领导是关键，健全组织是基础，责任到位是重点，群防群治是目的”思路，按照党组分工领导责任制，“一把手”亲自抓，分管领导具体抓，各站、所、项目负责人直接抓，充分发动和依靠干部职工，强化组织领导，明确分工、责任到人。按季度进行安全生产大检查，每月召开一次有关安全生产工作调研会，专题解决安全生产工作中事故隐患，并提出整改意见。把安全生产工作摆在重要议事日程，逢会必讲。成立安全生产领导小组10个，共计56人，其中专职10人，兼职安全员18人，形成党、政、工领导上下齐抓共管局面。相关业务股室日常安全检查与局领导带队安全检查为主，对全县骨干水利工程、在建水利工程、病险水库、地方小水电、河道采砂、防汛安全、农村饮水安全等重点领域进行拉网式安全隐患排查整治，主要检查安全生产“一岗双责”落实情况、贯彻落实中央、省、市、县会议情况。检查组采取列表式检查、明查暗访等方式进行安全检查，对查出的安全隐患，现场指出，落实专人负责督促整改，建立动态跟踪检查台账，确保排查一处，整改一处，销号一处。2016年全县水利系统检查工程项目(单位)320个次，其中在建项目10个；排查安全隐患68个，整改68个，整改率100%。

【农村饮水安全】2016年，农村饮水安全工作以巩固提升为主、新建为辅，完成农村饮水安全工程共10处，总投资1029万元，解决2.33万人的饮水不安全问题，其中南桥镇双江水厂、大江口水厂、大庙口水厂、水岭乡水厂、横塘镇水厂5处为巩固提升工程，南桥镇荷叶村供水工程、白牙市镇井门口村供水工程、白牙市镇炉头江村供水工程、井头圩镇伍塘村供水工程、花桥镇贯门村供水工程5处为新建工程。每月定期与县疾控中心对各水厂进行水质抽验，严格把控农村安全饮水红线。

【水行政综合管理】2016年，县水利局按照实行最严格水资源管理制度要求，加大水资源管理工作力度，在制度建设、水环境监测、行政许可审批、水资源管理绩效考核、湘江保护治理等方面取得明显成效。严格实行水资源管理制度和“三条红线”(控制用水总量、控制用水效率、限制纳污)指标体系，将水资源管理纳入县政府对各乡镇、街道办(居委会)、经济开发区和县直各有关单位绩效考核范围，组建成立水资源管理局专门负责做好全县水资源管理绩效考核指标、信息、数据收集和上报工作。定期监测紫水河东安饮用水源区、湘江桂湘缓冲区、紫水河东安保留区、芦洪江邵阳——东安保留区、湘江——永州保留区等饮用水源水质。全面推行水资源有偿使用制度，深入取水用水企事业单位了解生产经营和取水情况，征收水资源费20.5万元，征收水土保持补偿费10万元。清理、规范水行政审批，保留6项许可审批事项。推进水功能区和入河排污口监测体系建设，加强水量水质监测能力建设，落实水功能区限制纳污指标，加强对重要取用水户取、退水计量和入河排污口监控设施建设。会同县环保局依法划定500人以上饮用水水源保护区，加速推动规模养殖退出方案落实。加强全县在建项目的水土保持监督管理，对设计水土流失企业和项目进行专项执法检查。

【河道管护】2016年，县水利局加强水行政执法与公共服务能力建设，健全水法规体系建设，加快实施河道采砂管理规范化，全面加强水行政执法，大力推进水行政监察队伍建设，推进执法公开，完善执法程序，严格落实水行政执法责任，健全水事矛盾纠纷排查化解机制。巩固河道采砂治理成果，在河道禁采期间，由县水利局牵头，从各职能部门抽调100余人组成专项整治联合执法队，开展河道水域清理整顿，依法查处河道水域违法违规行为。出动联合执法人员2000余人次，车辆300余台次，开展联合执法行动6次，查封非法采砂船2只，捣毁上砂码头28处，刑事拘留4人。加强城区河道保洁工作，成立紫水河专项管理保洁队伍，明确责任分工，加强督促巡查，保证紫水河等城区河道水面清洁、水流畅通。2016年，东安县被评为全省河道保洁先进集体。

【水利工程管护】2016年，县水利局明确管护主体，设立10个中型水管单位，专门负责辖区水库、灌区管理。23座小(一)型、177座小(二)型水库分别落实1名管护人员。小型农田水利工程按权属交由村社集体或个人管理，农村饮水工程由用水户协会管理。建立管护机制，制订相关水利工程管理维护办法，为水利工程管护提供制度保障。设立专项管护资金，将管护资金纳入全县冬修水利预算，用于以水利基础设施管护。制订水利工程管理维护办法等文件，为水利工程管护提供制度保障。

（蒋玉婷　李　翔）

县水利局领导名录

苏乐云　党组书记、局长
陈明元　党组副书记
蒋玉婷(女)　副局长
刘增健　纪检组长
陈铸铭　副局长
庾用宇　副局长
翟绍武　党组成员
唐丙林　工会主席
魏纯洁　党组成员

农业机械化管理

【概况】2016年，县农机局内设办公室、政工股、管理股、科技股4个职能股室；下设农机安全监理站、农机化技术推广站、农机化学校3个直属事业单位，业务指导15个乡镇的农机管理服务工作，县、乡(镇)有农机管理人员75人。到年末，全县农业机

10月22日，全市农机深松作业补贴座谈会在东安召开

2016 年全县农机先进集体表彰大会

械总动力 14.9 万台、68.1 万千瓦，比 2015 年增加 4.46 万千瓦，增长 7%。拖拉机拥有量 1284 台，中型旋耕机 369 台，水稻插秧机 431 台（其中乘坐式高速插秧机 7 台），水稻联合收割机 1025 台，油菜籽收获机 6 台，谷物烘干机拥有量 21 台（套），保鲜储藏设备 42 台（套），农用挖掘机 31 台，农业机械原值 3.94 亿元。完成机耕面积 51.77 万公顷，机电灌溉面积 30.5 万公顷，机插面积 13.4 万公顷，机械植保面积 25.5 万公顷，机收面积 43 万公顷。全县水稻耕、种、收综合机械化水平达 63%，比 2015 年提高 3 个百分点。县农机局在全市考核中被评为农机化工作综合先进单位；东安县被市委、市政府评为 2016 年度机插秧技术推广工作先进县。

【农机购置补贴】2016 年，县农机局通过发放宣传单，张贴农机购置补贴通告，填写补贴明白册等形式，广泛宣传农机购置补贴政策；通过县农机化工作会议、农机购置补贴工作会议、乡镇干部及村干部会议，利用集市、演示会等途径发放宣传资料 1.5 万份，将 500 多份农机购置补贴流程张贴到村。5 月 23—24 日，组织补贴农机产品经销商和乡镇农机站人员 40 多人，分两期进行购置补贴操作业务强化培训，提升服务能力。强化农机补贴核查，保证补贴机具真实性，要求农机人员对机械进行逐台核查，拍摄核机名牌照及入户核实人机合影并上传到补贴操作系统上。严格规范操作，推行"自主购机、定额补贴、县级结算、直补到卡"，明确购机补贴工作人员在录入申请购机、申办补贴、补贴公示、机具核实、补贴审批发放等农机购置补贴工作流程中各司其职，对补贴工作全过程实行"谁办理、谁负责、谁审批、谁负责"的责任倒查和追究制度，充分利用农机购置补贴系统实时监管，确保农机购置补贴政策不折不扣落到实处。省、县农机局为每个乡镇农机站配备一台摩托车和一台数码照像机，增强乡镇农机工作保障能力。全县落实农机购置补贴资金 585.55 万元。

【现代农机合作社】2016 年，县农机局对新购农机装备总额不低于 100 万元的合作社，按农机购置补贴政策予以补贴后，申报省财政专项补助，6 个农机专业社成功申报为湖南省现代农机合作社，获得省财政补助资金 90 万元。全县农机专业合作社 27 个，比 2015 年增加 5 个，拥有社员 145 个（户），从业人员 310 人，入社经营土地面积 1.71 万亩，拥有大、中、小型机具 530 台（套），年度总收入 5570 万元，作业服务面积 1.93 万亩。

【水稻机插秧推广】2016 年，全县机插秧推广工作以点带面、全面开花。紫溪市镇、端桥铺镇两镇建设 4 个示范基地，并成功创建为水稻全程机械化示范乡镇。县农机局为示范基地选聘 30 名专业技术人员作为技术指导员，培训 150 户农户作为推广示范户，建设机插集中示范推广田 9000 多亩。测产表明机插秧田块亩产比手栽秧高 18 公斤，稻谷按每公斤 2.8 元计算，每亩可增收 50.4 元。

【油菜种植机械化】2016 年，县农机局成立专门技术指导小组，通过举办油菜机械化直播现场会、开展技术宣传和指导等方式，依托农机专业合作社，推广油菜种植机械化技术。全县油菜种植 10.1 万亩，其中机械化种植 4.4 万亩。在鹿马桥镇唐家村建立一个连片面积 1000 亩中心示范点，示范点油菜生产过程实施全程机械化作业。示范点辐射带动鹿马桥镇及芦洪市镇“公路沿线”可视区域油菜种植面积1万亩。

【土地深松整地技术推广应用】2016年，县农机局利用国家农机购置补贴政策，按照″县级管理，招标实施；成片规划，整村推进；先耕后补，公开公正″原则，从农机购置补贴资金中列支深松作业补贴，每亩补助53元（含统一安装深松作业监管系统费用）。9月27日，县召开动员大会，将作业任务分解到乡镇，组织8家农机合作社购买深松机械15台套。10月22日，全市农机深松作业补贴座谈会在东安召开，11个县区和金洞、回龙圩两个农场的农机局长、分管副局长及农机合作社代表参加会议。全年完成深松整地作业面积1.45万亩。

【学会工作】6月26日，东安县农机学会组织理事会成员参加在娄底市体育中心举办以“产业新引擎，创新增动力”为主题的湖南省第七届农业机械、矿山机械、电子陶瓷产品博览会。会员参观了农友集团、劲松机械厂生产车间，在展会上与参展商交流，了解全省农机产品现状和发展趋势，重点对机械化插秧、无人机植保、机械化收割、粮食烘干、粮食精加工等机具重要参数及性能进行了解，并收集相关资料，为这些类型机具在东安推广打下坚实基础。

【农机安全生产】2016年，县农机局坚持“安全第一，预防为主，综合治理”和“党政同责、一岗双责、失职追责”原则，全面落实安全生产责任，完善农机安全生产工作各项制度，把好注册登记关、检验关和驾驶人考试关。全年办理注册登记165台，其中联合收割机98台、拖拉机67台，实行免费检验160台，办理补换牌证46次；开展安全检查，认真落实开展“三大”行动和“执法年”活动，开展农机安全生产大检查和农机安全“打非治违”行动，消除安全隐患6处，纠正各类违法违章行为38次；创建鹿马桥镇为“平安农机”示范乡镇。全县基本形成以县农机监理站为基点，以乡镇农机站为支点，以村组和农机合作组织为网点，以农机安全监控点为前哨的农机安全监管网络，农机重大安全事故发生率为零。

【农机信息宣传】2016年，县农机局成立由局长任组长亲自抓、分管领导重点抓、办公室具体抓的农机信息工作领导小组，以县农机学会为载体，培养农机信息宣传工作人员，组织信息员参与学习交流。挤出工作经费，为《东安年鉴(农机篇)》的编纂提供经费保障；落实信息报道奖励，全年被国家、省、市、县媒体采用的论文和信息45篇，农机信息宣传工作在全市农机系统中保持靠前位置。（周安军）

县农机局领导名录

邓乙清　党组书记、局长

唐天武　党组成员、副局长

李中海　党组成员、纪检组长

农业综合开发

【概况】2016年，东安县农业综合开发办公室因机构改革降为副科级参公事业单位，内设综合股、项目股、产业股、资金股等四个股室，有干部职工27人，其中主任1人，副主任2人，纪检组长1人，专业技术人员3人。

【土地治理项目】2016年，土地治理项目为大庙口镇白沙片高标准农田建设项目，总投资1708万元，其中中央财政资金1220万元，省级财政资金488万元。项目涉及到大庙口镇白沙、官田、石瑞、黑溪、庙龙等五个行政村，项目区土地总面积4.07万亩，建设高标准农田 1.19万亩，衬砌骨干灌渠41条27.2千米，衬砌骨干排水渠14条8.02千米，田间渠道18条3.38千米，扩建加固拦河坝5座，扩建加固小型蓄排水工程11座，整修、新建机耕道42条28.4千米，山塘防渗4口，造防护林0.1万亩。项目建成后，可增加灌溉面积0.12万亩，改善灌溉面积0.36万亩，新增节水灌溉面积0.4万亩，年节水量24万立方米，年新增种植业总产值262.5万元，项目区农民纯收入增加总额109.2万元。10月完成项目招投标，至12月底项目建设主体工程完成。

【农业产业化项目】2016年，全县农业产业化实施项目为5个，其中新建项目4个，扩建项目1

个。新建项目为优质柑橘种植基地、东安县100头肉牛养殖基地、东安县年产5万羽土鸡养殖基地、东安县6000羽蛋鸡养殖基地。扩建项目为东安县1.1万头生猪养殖基地。总投资728.71万元。其中中央、省两级项目资金294.00万元，自筹资金434.71万元，年内项目工程全部完工。

县农业开发办领导名录

陈　荣　主　任

蒋云霞　纪检组长

移民开发

【概况】2016年，东安县移民开发局在编14人，内设办公室、后期扶持股、规划股、财务股和综治维稳室等5个股级机构。主要职责是制订移民后扶规划计划上报、并根据批复计划组织项目实施；负责移民直补资金及时足额打卡发放；负责新建水库移民搬迁安置和后期扶持；负责对移民进行培训，负责做好移民产业开发；负责移民资金项目管理安全有效高效运行；负责库区社会稳定并逐渐致富。重点负责包括全县三峡移民和松江水库、双江水库、金江小库、高岩水库、湘江电站等移民后期扶持和产业开发工作，以及新建芦江水库移民搬迁安置工作。

【落实移民后期扶持政策】2016年，县移民开发局严格按照项目管理规定安排使用资金，确保项目资金管理规范、安全、有效，促进库区和移民安置区经济发展和社会稳定。全县有享受国家大中型水库移民后扶直补政策农村移民6521 人，以邮政储蓄“一卡通”形式及时打卡发放大中型水库移民直补资金391.26 万元、口粮补贴12.32万元。

（吴翠凤）

【基础设施建设】2016年，县移民开发局针对库区和安置区仍然存在行路难、饮水难等实际问题，加大扶持力度，把解决这些问题作为改善民生，为移民办实事，办好事重要内容。按照移民自筹为主，移民资金适当配套原则，大力推进移民区基础设施建设，进一步改善移民生产生活条件。投入基础设施建设资金529.98 万元改善移民群众生产生活条件，受益移民4472人。

（李焕云）

【芦江水库移民搬迁】2016年，县移民开发局严格按照《湖南省大中型水库移民条例》和《湖南省大中型水库移民安置工程建设项目实行办法》，开展新建芦江水库搬迁安置工作。芦江水库搬迁任务101户469人，完成坝区征地搬迁工作，搬迁移民11户40人(后靠安置)，拆迁房屋面积1265.24平方米；完成坝区永久征地16.77亩，临时用地238.64亩。完成库区淹没(影响)区外迁移民集中安置点(新圩江镇新圩村)征地43亩，完成安置点场地平整、主排水沟、挡土墙、化粪池、临河岸防护工程等项目和库区外迁集中安置点移民宅基地户型实地布置及分界桩埋设工作，签订淹没区房屋拆迁协议和外迁移民安置协议移民85户，完成移民安置点宅基地分配，其中有41户开始建房，完成双江村三组被淹没土地丈量到户工作。

（蒋礼祥）

【移民培训】2016年，县移民开发局制订移民培训工作实施方案，灵活采取“请上来”和“沉下去”等多种方式方法，以移民劳动力就业技能培训和生产技术培训为重点，采取集中培训、订单培训、以工代训等多种形式开展培训移民工作，安排培训资金14万元，全年开展实用技术培训6期216人次，其中转移技能培训1期16人，实用技术培训5期200人。

【产业化项目建设】2016年，县移民开发局创新后期扶持方式，实施“产业转型”，加大对全县大中型水库农村移民产业发展帮扶力度，调动移民发展生产积极性，更好地促进移民增收，增加移民自我发展能力。投入资金25万元，扶持移民示范合作社1个、油茶低改200亩、南竹低改500亩。（李焕云）

【信访维稳】2016年，县移民开发局健全信访维稳工作目标管理责任制，深入库区和移民安置区，开展“大排查、大调处、大化解”工作，及时准确掌握广大移民生产生活状况，特别是三峡移民和新建芦江水库安置点移民总体动态，调解各类矛盾，将一些矛盾纠纷消灭在萌芽状态，防止重大事件突发事件的发生。重视来信来访，畅通信访渠道，解决群众合理诉求。全年接待移民群众来信来访16批32人次。回复办理人大代表提案3件，全年无移民进京赴省、市上访和群体事件。

【扶贫帮困】2016年，县移民开发局主动与县扶贫办衔接全县精准扶贫移民人口，建立扶贫档卡，制订扶贫计划，确定帮扶对象，全县有精准扶贫移民人口668人，分别建档立卡。联系县精准扶贫村石期市镇杨塘村，支持该村基础设施等建设扶贫资金5万元。在“两节”期间看望和慰问特困移民和精准抚贫帮扶群众43户、163人，发放慰问金0.96万元，资助贫困大学生2人，拨付助学金0.6万元。处置三峡移民袁某移民安置房火灾突发事件，解决火灾救助金3.58万元。（盘爱玲）

县移民局领导名录

关　健　党组书记、局长

郭小东　党组副书记、副局长

蒋礼祥　党组成员、副局长

气　象

【概况】2016年，东安县气象局内设综合管理办公室、防灾减灾科、气象台。有在职干部职工8人，其中工程师4人，助理工程师4人。

【地面气象观测】2016年，县气象台地面气象观测正式使用新型自动气象站，ZQZ-Ⅱ1型气象自动站为备份观测，总错情率为零，国家级自动站数据传输及时率99.99%，数据可用率99.98%，数据反馈率100%；区域气象自动站、自动土壤水分站、GPSMET站运行良好，数据上传及时率100%，数据可用率99.8%。

【气象服务】2016年，县气象局发布《东安气象》旬月预报36期、专题天气预报45期、春播春耕气象信息7期、秋收秋种气象服务专报7期、暴雨黄色预警1个，发送免费气象服务手机短信息28.56万条。4月4日21—22时进行森林防火人工增雨作业，作业点下游地区降下中到大雨。组织实施中央资金“三农”气象服务专项，完成50万元专项资金使用进度。9月28日，召开东安县“三农”专项实施工作推进会议暨气象信息员培训班，购置15套计算机与打印机配送到各乡镇气象服务站，制作并悬挂15个乡镇和310个行政村及居委会的气象防灾减灾宣传栏，编印2万册《东安县气象灾害防御手册》、1万册《东安县气象与农业生产知识手册》、1万张气象防灾减灾明白卡发放到全县各乡镇各行政村，购置7块天气预报显示屏分别挂在川岩乡、紫溪市镇、大庙口镇、新圩江镇、气象局和县人民政府。

【行业管理】2016年，县气象局贯彻落实《中华人民共和国气象法》《气象灾害防御条例》《气象设施和气象探测环境保护条例》等法律法规，认真履行探测环境保护、防雷安全和氢气球升放的审批管理职能。利用“3·23”世界气象日、东安春社，县气象局干部职工走上街头发放宣传资料，宣传气象灾害防御和气象灾害应急救援常识，加强公众应急知识宣传。5月13日，与东安县安全生产监督管理局联合下发《关于开展防雷安全生产监管执行检查的通知》，5月31日—6月2日与东安县安全生产监督管理局执法大队联合对易燃易爆场所、危化物品场所和学校进行防雷安全执

3.23世界气象日宣传

气象培训

法检查。全年完成21个工程的防雷竣工验收服务和24个工程的防雷设计审核服务，完成对县民爆公司和四家个体炸药库、两家民用鞭炮仓库、中石化及中石油加油站、三家液化气站一年两次的防雷检测。11月7日对西南面距气象观测场最近水平距离为18米的蒋某私房建设依法出据“房屋建设控高通知书”。3月18日后防雷技术服务实行全部免费，为东安县房地产企业节省近100万元。 （胡自花）

县气象局领导名录

龙支军 局长、党支部书记

胡自花（女，苗族） 副局长、纪检组长

经济和信息化

【概况】2016年，东安县经济和信息化委员会内设6个职能股室，有在职干部职工26人，下辖中小企业服务中心、散装水泥办公室、墙体材料改革办公室、电力执法大队等单位。

【经济指标】2016年，全县完成规模工业总产值109.6亿元，同比增长3.9%；完成规模以上工业增加值25.1亿元，同比增长4.9%，全年工业实缴税金1.2亿元，同比下降5.8%；新增规模工业企业5家，过亿元企业45家。

【骨干企业】神华火电项目完成投资21.02亿元，完成土地报批19.4公顷，尚有89.3公倾正在报批中；主体工程正在加紧施工，#1主厂房汽机底板模板加固完成，循环水坑底板钢筋完成90%，煤仓间土方开挖完成65%；主机房基坑清理完成75%，钢筋、模板安装完成70%，锅炉房石方挖运完成100%；铁路站场土方平整完成95%；雨排水管线完成100%；生活区5栋宿舍楼主体框架已完成，#1、#3食堂已封顶。红狮水泥完成投资4亿元，尚有14.1公顷正在报批；采矿权手续正在办理；主体工程正在加紧施工，窑头、窑中、窑尾、水泥磨、水泥库、中控楼等重点工程均封顶交付安装。均化库、堆棚完成基础浇铸。部分设备已进场等待安装。创新创业园“135”工程完成投资2.6亿元，完成标准厂房10万平方米；新引进企业一家（东安县粮康食品公司，购买厂房6200平方米，投资1000万元）；500套公租房主体全面完工，正在进行内部装修；官田北路延深工程、金源路延深工程及排洪明渠正在施工。湘江焊材完成投资0.6亿元，12月30日完成设备安装调试并举行点火生产仪式；尚有1.78公顷土地正在报批待审；厂房主体完成盖顶，周围彩瓦墙完成安装，办公区域建设完工；云生竹业已竣工投产，建成2万平方米标准厂房和1条户外竹地板精加工生产线，职工宿舍楼正在建设，完成生产产值2000万元，实现销售额650万元，办公大楼建设完工，新引进一套生产线设备和一套蒸汽锅炉设备；南方纺织实现出口2100万美元，凯翔鞋业实现产值2.1亿元。

【产业结构】2016年，通过产业结构调整，全县主要产业规模逐步扩大，产业结构逐步升级。传统冶炼行业整合升级。全县高耗能产业占规模工业总产值的比例持续下降，降低到17%以下。全县万元规模工业增加值能耗降低率在11%以上。

南方纺织有限公司是在建厂房

【信息化发展】2016年，通过实施“城市光纤工程”“无线城市工程”“宽带村村通工程”，全年新增宽带端口6900余个，铺设光纤网路310千米，完成有线电视网络改造1万余户，建成城区4G基站点38个，乡镇4G基站点82个，全县信息化基础设施建设水平不断提高。

【服务企业】2016年，依法推行权力清单、负面清单、监督清单、责任清单，加强“四单”管理，强化各级各部门服务企业、服务发展的的理念；通过行政审批制度改革，减少行政许可 项，废止规范性文件 份，依法推进“三证合一”规范权力运行，提高行政效能。通过创新机制，强力破解“用地、融资、用工”三大难题，经开区新征地560多亩，批地390多亩，基本满足经开区工业用地需求。通过政府牵线搭桥，银企洽谈会签约项目贷款资金8.9亿元，缓解部分企业资金难题；通过“春风行动”搭建大型招工平台，全县新增劳动用工3986人；全县工业企业获上级和本级各类财政奖补资金1亿元。

工业项目

【云生竹业】该项目主要采用无缝接长技术和防腐防霉工艺研发生产销售户外防腐竹结构材料，产品主要包括户外防腐竹地板、户外墙板、天花板、户外防腐竹建材等。其核心技术均达到世界先进水平，已申请国际国内专利保护，产品远销欧美各地，广泛应用于园林景观、户外休闲、建筑结构及装饰、家具、重型机电包装材料等领域，可替代木材、钢材和塑料制品。公司计划在白牙市工业园投资8亿元，兴建面积为1000亩的“竹产业园”。整个项目分三期投资建设，其中一期投资7000万元，规划用地56亩，建设生产车间1.72万平方米，物料仓库3000平方米，办公及产品展示厅2000平方米，其他附属设施1000平方米，一期工程建成投产后，可实现户外防腐竹材年产规模500万平方米，年产值2亿元，税收1500万元。2016年，办公大楼建设完工，新引进一套生产线设备和一套蒸汽锅炉设备。

【香港盈凯包装制品项目】香港盈凯包装制品项目是由香港盈凯实业公司全额投资兴建的外资项目。项目专门从事首饰礼品包装盒、珠宝盒、手表盒、化妆品盒等各类包装盒的精制加工和销售，其产品广泛应用于国内外各大知名品牌的包装，主要销往欧美、日韩等地。项目计划总投资3.5亿元，规划用地70亩，总建筑面积3.8万平方米。2016年2月专家科研楼建成投入使用。项目全部建成投产后，将成为永州市包装行业的龙头项目，可实现年销售收入4亿元，年上交税收2000万元，提供就业岗位600人。2016年，完成厂房消防工程；完成厂内场地硬化及厂内道路硬化9000平方米；

【南方纺织】南方纺织有限公司是东安县2013年6月在“深洽会”上直接签约引进的项目，是一家集男女装毛衣、童装毛衣、流行毛织饰品设计、品牌研发、生产、来样加工、出口贸易、销售为一体，具有自营进出口权的针纺类生产企业。公司主要为卡文克莱、阿玛尼等国际知名品牌进行代生产及自主品牌爱比妮的设计、生产和销售，产品主要销往欧美、日韩等地区高端市场。该项目用地60亩，2013年9月以来，完成投资2亿元，建成标准厂房4万平方米，办公楼及宿舍2000平方米，引进安装600台全自动电脑纺织机及全套现代化自动生产设备。项目全部投产后，生产全部实现自动化，能提供就业岗位2000个，实现年产值6亿元以上，出口创汇1500万美元，实现利税2000万元以上。该项目建设用地是东安县清理闲置用地，实行“腾笼换鸟”方式，利用丰瑞公司30万平方米标准厂房项目作平台，促成公司与华林环保置换的工业用地。2016年项目第二期宿舍、食堂投入使用。

【威利电子】该项目总投资1.7亿元，主要生产变压器和电源类产品，共分二期投入，第一期投入0.2亿元，在白牙市工业园厂房建成24条变压器流水生产线，2016年投产，运行正常。第二期计划在三年内投入1.5亿元，建成150条变压器流水生产线和60条电源类流水生产线。

【湘江水电站增效扩容改造工程】 湘江水电站位于湘江干流东安县石期市镇羊角坪地段，控制集雨面积7940平方千米，总装机6台（6*3200=1.92万），总装机容量1.92万千瓦。东安县湘江水电站始建于1975年，发电机组设备严重老化，电站运行成本高，机组故障率高，安全隐患大。同时，湘江水电站的建设因受制于当时的技术条件和经济条件，存在装机容量偏小及水资源利用率低的问题。为确保湘江水电站安全运行并充分利用水资源，德能湘江公司于2014年1月起实施湘江水电站机组增效扩容改造工程。该工程共投入改造资金8800万元，其中国家政策性补助资金及省级财政补贴资金近3000万元。该项目计划在2016年2月底前完成共6台水轮发电机组扩容及其附属设备的电气化改造，项目完工可增加总装机容量4200千瓦，年增加发电量3000万千瓦时，年新增税收近200万元。到2016年9月底，完成项目工程的70%，预计到2017年3月，可全部完工、验收。

【东安县汽车配件产业园】汽车配件产业园是东安县园区发展的重大招商引资成果，项目规划用地300亩。首期引进浙江玉环县十家汽车配件专业生产企业组建“湖南东环汽配工业（集团）有限公司”。公司计划投资6.3亿元，建设汽车配件专业的标准化厂房10万平方米，引进汽车配件专业生产企业30家以上。建成后能够生产1000个以上车型、2000个以上品种的汽车零部件、年产值达50亿元以上。

科学技术

【概 况】2016年，东安县科学技术对经济发展的贡献率为54.2%。申报省级以上科技计划项目2项，全县高新技术企业4家，申请专利200多件，授权80多件。获市科技奖励 1 项，引进推广新技术、新产品、新品种30项。全年组织申报国家、省级科技项目5项。

【知识产权】2016年，东安申请专利200多件，授权80多件。县科技部门加强知识产权宣传，在“4.26世界知识产权日”开展宣传和咨询活动，发放专利法知识摘录资料7200余份。在县城超市、商店等开展知识产权执法检查，查处假冒专利20件，专利侵权纠纷案件2件，全部结案。

【防震减灾】2016年，县科技部门以科技活动周、“5·12”世界地震日、全国科普日等大型活动为平台，开展防震减灾宣传活动，发放各类防震减灾相关宣传手册和资料8000份。在县城新建宣传栏3处，新建应急避难场所1处——博爱广场应急避难场所。东安县苍子岭社区被评为国家地震安全示范社区，东安县科经委地震办被评为全省防震减灾工作优秀单位。

【科技特派员工作】2016年，县科技部门派出科技特派员29名，其中农业科技特派员21名，医卫科技特派员8名。农业科技特派员实施科技开发项目10项，引进各类新品种15个，推广各类新技术16项，带动投入资金3300万元，举办培训班127次，培训农民6200多人。医卫特派员投入资金100万元，建立4个专科。

【科技服务】2016年，县科技部

门开展世界知识产权日、科技活动周、地震宣传日、科普活动月活动，分别于4月26日、5月12日、5月19日、9月22日，组织相关单位和学会在广场举行科技、知识产权、地震宣传活动，免费发放宣传资料1.5万余份。深入乡镇场开展农村实用技术培训，免费发放农业科技资料，参训人员达2000人次。　（文　渊）

县科技和经济信息化委员会领导名录

蒋河东　党组书记
唐柏纯　主任
蒋永华　原县经信委副主任
黎前爱　原县经信委纪委书记
李江军　原县经信委工会主席
文细明　原县经信委党组成员
刘振华　原县科技局副局长
文春华　原县科技局党组成员
文新忠　原县科技局纪检组长

电力工业

【概况】2016年，国网湖南省电力公司东安县供电分公司（以下简称“公司”）下设综合管理部、财务资产部、运维检修部、安全质量监察部、营销部、发展建设部、电力调度控制分中心、乡镇供电所管理部8个部门，1个集体企业。下辖9个基层班组，7个农村供电所。公司担负着全县16个乡镇场、国家森林公园542个村和县城、大工业生产的供电服务任务，供电客户20.7万户。2016年在职人员221人，其中主业在岗员工198人，内退23人，退休人员47人。农电人员213人，集体工1人，社会化用工48人。2016年，东安电网有110千伏变电站6座，主变压器10台359兆伏安，35千伏变电站8座，主变压器10台77.2兆伏安。其中110千伏线路14条173.86千米，35千伏线路22条305.78千米，10千伏配电线路68条1744千米，配电变压器2547台，总容量454.625兆伏安。截至2016年12月31日，公司累计实现安全生产6358天。

【经营指标】2016年，公司完成售电量4.83亿千瓦时，同比增长10.14%，售电均价645.21元/千千瓦时，电费回收率100%。综合线损9.73%，同比下降0.36%。综合电压合格率99.84%，供电可靠率99.85%。全口径劳动生产率68.19万元/人·年，全年纳税3350万元。公司连续4个季度在市公司绩效排名A段。

【电网建设】2016年，公司完成“十三五”电网规划和配电网一图一表需求库编制，开展2016年至2017年10千伏及以下配电网优选排序。铁炉、紫溪35千伏输变电工程投产运行。全年共完成农网投资3206万元，行政村改造64个，台区136个，落实贫困村项目5个，有效治理“低电压”6500户；完成改造10千伏线路2条，长度49.83千米；新建改造配电变压器137台，容量16.28兆伏安；新建改造低压线路198.44千米，集抄改造户表2.08万块。全力配合县委县政府完成神华火电、红狮水泥项目建设、芦江水库供电线路架设、县城文明路电缆管线下地工程。

【供电服务】2016年，公司坚持“四个服务”宗旨，转变服务新形象，稳步提升公司服务品质。建立供电服务预警机制，业扩报装实施“一岗制作业”，加强95598投诉分析和改进提升，规范窗口服务行为，健全供电服务协同机制。强化停电信息管控，理顺信息发布渠道。推广“互联网+”的新型缴费方式，全年注册掌上电力APP用户3.77万户。全年开展“集中联动检修”22次，带电作业53次，“零点检修”12次，最大程度上减少对用电客户的影响。服务新能源发展，接入光伏发电450.4千瓦。年内配合县委县政府完成武术节、烤烟生产、高考等重大活动和重要节假日的保电工作。　（雷玲俐）

国网湖南省电力公司东安县供电分公司领导名录

邓也平　总经理、总支副书记
彭玉槐　副总经理
张渊山　副总经理
刘八宝　副总经理

东安经济开发区

【概况】2016年，东安经济开发区内设办公室、产业发展局、招商合作局、企业服务局、纪检监察室5个机构，实行副科级建制。园区2016年有在职工作人员33人。

东安经济开发区管委会党工委书记黄慧奎（左一）、主任唐伟文（右一）到135工程工地指导厂房建设和安全生产工作

【园区发展】2016年，东安经济开发区实际控制面积10平方千米。初步形成以云生竹业、汤氏竹业等企业为标志的竹产业深加工基地；以创辉电子、威利电子为代表的电子产业园；以南方纺织、毅荃服饰为代表的针纺产业园；以东环集团、天晟模具、恒远万向汽配、奥得利金属制品、格力特橡塑、优必特汽车配件、正洲制冷设备、骏镁科技、方氏机械等企业为龙头的汽配城产业园。年内实现技工贸总收入93.5亿元，规模工业增加值20.2亿元，园区基础设施投入1.8亿元，工业储备用地1600亩，实缴税金6760万元。

【基础建设】至2016年，累计完成基础设施投入资金近5.6亿元，拉通5平方千米范围内“三纵三横”主干道路，完成各主干道道路硬化、排水排污、绿化亮化和供水、供电、通讯等配套工程建设，并在园区内兴建一座110KV变电站。完成通上下水、通路、通电、通邮、通讯、宽带、有线电视、平整土地等“八通一平”建设。2016年，“135”工程建成标准化厂房30万平方米。

【园区管理】2016年，县内建立和完善首问责任制、限时办结制、专人服务企业制，对企业和投资商实行一站式、零距离服务。严格实行“封闭式”管理，未经县优化办同意，任何单位和个人不得进入企业检查收费。在园区设立劳动就业服务中心，为企业提供政策法规、就业招工、劳动培训等相关服务，解决企业招工难问题。（周法军）

东安经济开发区领导名录

黄慧奎　党工委书记
兰　义　管委会副主任

芦洪市工业园

【概况】芦洪市工业园规划面积5平方千米，园区第一期重点建设1.2平方千米核心区，投入基础设施建设资金3000万元，先后规划建成核心区“一横三纵”的路网体系，即工业大道、芦花北路、天子岭路和芦江路。水电信等配套设施逐步完善，自来水管、电力和电信杆线沿工业大道全部铺架进园。芦洪市工业园管委会按照省市积极承接产业转移、推进新型工业化的要求，充分发挥神华国华永州电厂项目的带动作用，通过“筑巢引凤、

3月17日，东安经济开发区管委会主任唐伟文开展精准扶贫工作

边建边引”的方式，多渠道、多层面进行招商引资，截至2016年，引进项目9个，引进资金22亿元，其中规模企业7家（浙江红狮水泥控股集团·永州红狮水泥有限公司，东安县湘江焊材有限公司，江西双胞胎集团·永州双胞胎饲料有限公司，湖南中科农业有限公司，东安县宏兴锌业有限公司，永州九龙缘食品有限公司，湖南兴发保温材料有限公司），小型企业两家（东安县三农农资有限公司和东安县龙凤米业），2016年实现产值7亿元，实现税收600多万元，安排就业1000余人。

【湖南省中科农业有限公司】湖南省中科农业有限公司位于芦洪市工业小区内，2007年通过招商引资进入芦洪市工业小区，占地面积11万平方米，厂房及仓储面积5万平方米，资产2.5亿元，年生产能力30万吨，年销售额3.5亿元。是南方最具规模的新型绿色肥料生产和销售企业，主营化肥的批发和测土配方肥、复合肥、有机肥的研发、生产、销售。2016年公司有员工167人。

【东安县宏兴锌业有限公司】公司位于东安县芦洪市镇工业小区内，占地面积40亩，主要从事采用湿法从低度氧化锌或含锌物料中提取电锌，总投资4000万元，年产电解锌5000吨，年产值8000万元，税收400万元以上，2016年年底，公司有员工180人，其中技术人员25人。

【永州九龙缘食品有限责任公司】九龙缘食品有限公司是国家重点扶植的农产品深加工企业，主要从事面条、大米和速冻食品的加工与销售，该公司的设备属国内领先水平，通过ISO9001-2008国际质量管理体系认证。公司“九龙福”商标为永州市知名商标，产品具有绿色、健康、营养等特点，品种齐全，营销永州全境及衡阳、桂林、邵阳等地，销售网络覆盖整个湘南地区。公司占地面积22亩，投资2000万元，2016年有年产10000吨高级面条生产线、年产2000吨速冻面制品和10000吨优质大米生产线各一条，年销售收入达5000万元，实现税收60万元以上，安排就业岗位100个以上。

（*唐华辉　魏松梅*）

芦洪市工业园管理委员会领导名录

唐华辉　主任

石期市工业园

【概况】2016年，石期市工业园有入园工业企业11家，其中规模以上工业企业7家。2016年，开工生产企业7家，其中规模以上工业企业有德能湘江、丰盈科技、湘江焊材、兴发电熔、特种焊材等5家企业。因园区内东安铁合金厂、湘江铁合金公司等2家铁合金企业未开工生产，加之焊剂等企业由于销售行情不好，故生产开工严重不足，2016年园区工业经济总量较2015年相比有所下降，实现工业总产值达4亿元，实现税收300余万元。

【园区平台建设】2016年，园区管委会坚持把基础设施建设作为引项目、促招商、强经济的总抓手，抢抓政策机遇，不断加大项目争取及建设力度。园区建设规划修编工作在有序推进。为适应园区工业经济发展环境的变化，充分发挥石期市工业小区交通、资源和区位优势，打造传统焊剂、铁合金产业园区，园区管委会争取县政府将园区建设规划编制纳入全县城乡规划修编范围，修编后的园区规划标准更高，产业布局更加合理，园区远景规划建设面积为2.1平方千米，近期规划建设面积为1.3平方千米。

【项目建设】2015年建成投产的总投资5000万元的丰盈科技有限公司，2016年实现工业产值近2500万元，实现税收近60万元。投资近9000万元的德能湘江机组增效扩容改造工程2016年3月底基本完成，新增建设投资近3000万元，全部6台水轮发电机组完成扩容改造并投入发电。整个机组实现装机容量新增4200千瓦，年新增发电量3000万千瓦时。跟进焊剂整合招商项目。2016年，园区管委会与兴发电熔科技公司一道与四川大西洋焊接材料有限公司先后几次对接洽谈投资建厂事项，项目招商洽谈工作达成初步意向。

【产业转型升级】2016年，园区管委会谋划产业发展对策，引导产业转型升级。针对当前县内焊剂、铁合金行业面临的科技含量低、市场竞争力弱、销售量少利润低等严峻形势，引导园区企业进行技术改造，促进传统焊剂、铁合金产业实现转型升级。鼓励和引导园区内企业“走出去”进一步做大做强。园内规模企业湘江焊材公司另行投入建设资金约1亿元，在芦洪市工业园新建5万吨高端焊剂生产线，以实现从传统融炼型焊剂向烧结型焊剂转型升级，有力地推进全县焊剂产业的做大做强。

县委书记冯德校调研神华国华永州电厂建设

【服务工作】2016年，园区千方百计为企业解决实际困难。建立干部职工联系招商引资项目制度，将入园项目责任分解、落实到每一位园区干部职工身上，从招商到项目投产运行实行全程跟踪服务。开展人才和劳动力引进工作。针对企业招工难问题，2016年组织1次园区企业参加县人力资源和社会保障局举办的劳动用工招聘。妥善协调处理企民纠纷。全年妥善调处兴发电熔、丰盈科技、德能湘江等企民纠纷4起。（蒋向前）

石期市工业园管理委员会领导名录

蒋向前　主任

重点项目建设

【概况】除创建项目、县级领导联系项目、前期工作外，东安县2016年共确定重点项目64个，计划总投资208.3961亿元，年度投资52.3252亿元，当年税收目标1.2545亿元。截至12月底，64个建设项目共开工或复工43个项目，开工复工率67.2%，完成投资43.058亿元，较上年同期减少6%，占全年投资目标的83%。完成税收1.22691亿元，较上年同期减少17%，占全年任务的98%。

【神华火电主厂房建设】2016年项目完成投资21.02亿元，主厂房实现开工建设，其中#1主厂房汽机底板模板加固完成，循环水坑底板钢筋完成90%，煤仓间土方开挖完成65%；主机房基坑清理完成75%，钢筋、模板安装完成70%，锅炉房石方挖运完成；铁路站场土方平整完成95%，雨排水管线完成100%；生活区5栋宿舍楼主体框架完成，#1、#3食堂封顶。与此同时，芦洪江沿江风光带、永电新村、芦洪市镇赵家井村和新圩江镇源塘村美丽乡村建设、唐生智故居维修、芦洪市镇神华国华永州电厂功能配套区等“一带八景”项目建设均有序推进。

红狮水泥主体工程加紧建设

【红狮水泥控制性工程建设】2016年10月底，通过项目指挥部、责任单位与施工方的共同努力，红狮水泥项目2016年建设最为关键的控制性工程——窑尾预热器工程建设按照年初设计完工。到年底时，项目完成投资4亿元，主体工程加紧施工，窑头、窑中、窑尾、水泥磨、水泥库、中控楼等重点工程均已封顶并交付安装。均化库、堆棚完成基础浇铸。部分设备进场等待安装。

【创新创业园“135工程”】创新创业园“135工程”标准厂房按照“工业新城、城市新区、产城融合”的理念进行规划和建设，采取“BOO”（建设—拥有—经营）模式，由广州中田投资有限公司投资建设。项目占地面积325亩，建设标准厂房20万平方米、公租房800套及社区医院、幼儿园和商业生活设施。项目分四个区建设，其中8栋四层框架结构厂房，3栋四层钢构厂房，2栋3层钢构厂房，8栋单层钢构厂房。截至12月底，项目累计完成15万平方米标准厂房建设，其中2016年建成11万平方米标准厂房。引进企业1家（东安县粮康食品公司，购买厂房6200平方米，投资1000万元），同时，500套公租房主体全面完工。官田北路延深工程、金源路延深工程及排洪明渠建设按计划推进。

【台商产业园】台商工业园项目由湖南省绿大地科技有限公司独资建设，公司于2016年12月9日与东安县签订招商引资合同书。项目总投资2亿元，主要研发玻璃观光工厂及系列产品，建设生物科技热裂解设备生产基地，打造集装箱转运中心（无水港）等。项目选址位于白牙市工业园内，首批供地90亩，采用“招、拍、挂”方式取得土地使用权。项目建成后可实现产值3亿元以上，年税收1000万元以上。

【湘江焊剂项目】湘江焊材有限公司5万吨新型焊剂项目是由上海焊条熔剂有限公司联合东安湘江焊材有限公司共同投资建设。项目位于芦洪市镇工业园内，占地100亩，分两期建设，总投资9000万元。项目致力于新型材料的研发和生产，开发以锰元素为主、多种元素组成、环境友好型的新型复合材料，应用于焊材生产、焊接材料预处理、原材料优化、国际焊材OME等领域，多项技术位居全国仅有或领先地位。项目建成后达到5万吨/年的焊材生产能力，年产值可达2亿元。

【凯翔鞋业三期扩建项目】凯翔鞋业股份有限公司于2013年落户东安，2015年时一、二期生产线已实现税收700万元以上。三期扩建项目建成投产后，可实现年产值2亿元，提供就业岗位2000余个以上。

【汽车配件产业园】汽车配件产业园项目规划用地300亩，计划投资6.3亿元，建设10万平方米标准化厂房。三年内拟引进30家汽车配件专业生产企业，建成后成为中南地区的产业集群优势的汽车配件产业基地。

【芦江水库】2016年，工程累计完成投资0.79亿元。枢纽部分已完成的工程有施工围堰、导流隧洞（192米）工程及砂石生产系统，大坝左、右坝肩及基础开挖，累计完成土石方开挖13.8万立方米；大坝砼浇筑高25米，混凝土方量5.3万立方米，钢筋制安265吨；电站建设中引水隧洞（176米）洞挖完成，隧洞衬砌达84米，即将开展坝后电站机电设备的招投标工作；大坝基础

凯翔鞋业厂房

沿江西路沿河风光带

固结灌浆1699米，左右坝肩帷幕灌浆1232米；临时工程完成进场公路和左、右上坝公路2430m，两座交通桥建设；移民安置点工程完成征地、“三通一平”，混凝土路面硬化9000平方米等。同时，库区移民房屋拆迁安置合同签定基本完成，枢纽部分征地完成，移民建房和库区征地工作有序推进，前期工作及办理各种审批手续基本完成。

【温氏生猪养殖一体化项目】2016年5月31日，东安县与温氏集团就50万头生猪一体化项目签约，标志着东安与温氏集团合作进入实质性阶段。落户东安的温氏股份50万头生猪一体化项目总投资约5.2亿元，项目建成后年可上市生猪50万头，年销售收入约9亿元，可带动当地400多人就业。

【霞栖现代农业综合产业园】2016年7月，霞栖现代农业综合产业园全自动化双孢菇厂房正式投产，蘑菇生产车间有上下六层的蘑菇种植盘，种植面积600平方米，每平方米一天可产蘑菇25公斤，车间一天可以生产双孢菇10吨。同时项目纵向扩大生产链条，以4亿元资金收购四川成都一家蘑菇生产企业，启动东安现代农业科技示范园的二期工程建设。不仅新增300亩的全自动化蘑菇生产区，使蘑菇的日产量达到30吨，而且从小蘑菇菌种培育、蘑菇初级加工到“蘑菇小吃、蘑菇罐头”等终端产品的开发，形成一条年产值达3亿元的大产业。在销售环节创建线下和线上的产品销售渠道，与湖南省沃尔玛、新一佳、步步高等连锁超市签订销售订单，建立覆盖全省各市州的销售网络和连锁店，与全国各大中城市也逐步建立起通畅的互联网销售渠道。

【金易德种养农民专业合作社】该社是一家集发展时令蔬菜、优质水果、天然药材等生态种养、销售为一体的农民专业合作社。项目第一期投入1500万元建设2780亩生态种养基地，发展反季大棚蔬菜等产业，第二期投入2000万元建设季节性蔬菜、优质水稻、特色水果等生态种养基地，计划三年完成投资6000万元，建成后，预计实现年产值2亿元，解决6000人就业。合作社的发展将带动鹿马桥镇大棚蔬菜、优质水稻、特色水果、东安鸡等产业，促进农业种养结构调

文明路

整,改善地方菜篮子工程,增加种养农户收益。

【沿江西路综合配套工程】截至2016年12月底,项目完成市政道路11条,风光带3处10.82万平方米,上跨铁路大中型桥梁1座,合同内与本项目有关的土地整理、边坡支护、污水管网、电力杆线搬迁等其他建设项目7个,合同外增加的临江景观步道1条。征用土地1000亩,拆迁房屋5002平方米,迁移坟墓426座。配套建设房屋30万平米。

【文明路建设(狮岩路至建设北路路口段)】文明路建设东起狮岩路,西接东新路,全长1020米,路宽24米(4车道),到2016年年底,完成狮岩路至建设北路路口段道路建设,建设北路路口至东新路段已拆除了县质量技术监督局临街1栋3层宿舍,面积约600平方米;拆除湘钢东安石矿礼堂、办公房,幼儿园等建(构)筑物,面积约3000平方米。

【建设北路工程(文明路至锦绣家园段)】建设北路设计车行道14米,两边行人道各2米,总宽18米,2016年完成文明路至锦绣家园段路沿石及行人道工程、锦绣家园门口护栏工程、锦绣家园至环城路段路基工程、桥涵工程、明渠工程。

【狮岩路路网及鑫龙小镇建设】2016年,该项目狮岩路路网配套项目完成设计图纸评审、用地许可评审、规划评审,正在办理立项手续及招投标前期准备工作;商品房开发方面,鑫龙小镇四期商住楼接近封顶,三期完成土石方开挖,正在进行基础工程建设,完成5900万元投资。

【舜皇城项目】项目占地面积420亩,规划建筑面积近100万平方米,采取“一轴两线多点”布局,分为三期开发,共有89栋多层和高层建筑。2016年项目完成投资5520万元,其中舜皇国际建材城完工,舜皇大市场主体工程完工。学院路完成滨江路至东安大道路段施工、城中村改造(蒋家大院)持续推进,B2、B6栋住宅、E1-E4栋住宅建设加紧施工。

【潇湘第一城建设】潇湘第一城总用地面积56235平方米(约84.35亩)。项目平面布置32层住宅6栋,18层住宅4栋,商业步行街建筑3栋。总建设面积291057平方米,2016年12月底,项目的6栋、7栋3.5万平方米基本完成。

【冷东公路(二期)绕城线路面工程】项目北起冷东公路与G207交叉口,南止东大路,县城城区路段全长3.84千米,项目总投资1.5亿元。工程按城市道路次干道标准设计,采用32米路基宽度,双向六车道,其中水泥混凝土路面行车道宽度为22.5米,路面两侧行人道各为4.75米,设计行车速度为每小时50千米。项目建设包括中桥一座、小桥一座。2016年11月30日,历时三年建设,全长3.84千米,宽32米县城小心田至莲塘绕城线路面工程全部完工。12月18日项目举行通车仪式,12月31日全线正式通车。

【东安大市场提质改造工程】2016年1月29日,东安大市场提质改造落成仪式在东安大市场西门举行。大市场改造完成后,市场内设有165个摊位,98间门面,分布整齐划一、经营分类分区、地面干净整洁,摊位结构布局合理,照明设施改善,市场内安装监控室、排污管、专用垃圾桶等设施。

【东芦公路建设】2016年,项目完成投资9800万元,基本实现县委、县政府明确的全线通车的预期目标。2016年完成一期工程二级公路15.2千米,路面基层23.05千米,涵洞95道,大桥1座,中桥两座,碎石垫层23.05千米,水泥稀浆粘层19000平方米,挡土墙与石砌边沟基本完成。

【永东城际快速通道(东安县至冷水滩)二期工程】项目2016年完成投资1.64亿元,其中征地拆迁付款6074.93万元。工程建设中,宥江桥完成吊装18片梁板,并预制梁板45片。一期工程路基全线拉通,完成两座人车通道,川岩湾塘人车通道旧路改造完成,路基涵洞结构物基本完成。二期工程于2016年12月18日开工,进行清表作业。

【“一带八景”建设工程】2016年,一带八景核心区建设完成投资7750万元,永电新村(含东安鸡美食馆建设)1—5号安置房

舜皇山国家森林公园游客中心

完成4栋交付，2号商业楼主体工程完成，1号商业楼完成主体工程70%，其它21栋安置房完成工程量的55%，新村1#、2#市政道路完成工程量60%。东安鸡美食馆进入试营业阶段；赵家井美丽乡村及芦江风光带完成投资5700万元，芦江河治理工程启动，开始河道清淤，赵家井核心区完成30%工程量，所有路网路面工程建设的90%。安置区建设工作完成50%工程量，沿江风光带低洼回填土方3.55万立方米，紫薇园正在种植。唐生智故居及树德山庄文化展示区建设完成投资100万元。

【东安一中扩建工程】一中扩改建项目包括新建教学楼、综合实验楼、学生食堂、学生宿舍共20000余平方米；修建400米标准运动场；修建标准篮球场、羽毛球场、乒乓球场、网球场等活动场地；修通贯穿南北的学府大道；改建南校门；新建北校门；完善学校建设配套设施。预计投资1.3亿元。投标项目完工后，可增加校园面积140余亩，增加校舍面积20000余平方米，达到5000余名学生的办学规模。2016年实现投资2900万元，完成4条高压线、1条军用光缆搬迁、23户安置户安置 ，综合楼、两栋学生宿舍的框架主体封顶，教学楼建至1层，学生食堂完成基础工程。

【舜皇山国家森林公园创建AAAA景区】2016年，争创工作与基础设施改造建设双管齐下，到年底，舜皇山宾馆竣工验收并投入使用，完成对起漂点的改造，新修游客登船中心1000平方米。老山界景点中，新修门楼一座、停车场两个、游步道2.1千米，提质改造游步道3.7千米、安全护栏2.9千米、观景台亭4座，修缮红军墓1座。新建游客中心门楼、商业街、洗浴楼、办公楼四座功能建筑，扩建游客中心停车场8000平方米（含盘古庙生态停车场），改善和提升景区旅游接待能力。2016年12月30日，舜皇山国家森林公园通过国家景观质量评定委员会评定，成功创建AAAA级旅游景区。

【黄泥洞、紫溪矿区重金属污染治理工程】项目主要内容是针对重金属污染区进行渣堆平整、修建挡墙和截洪沟设施，顶部覆膜防渗和覆土绿化。2016年投入2720万元，完成对紫溪市镇塘复、荷叶塘锰矿区49405立方米尾矿库、93166立方米矿渣堆、75444平方米裸露开采区以及黄泥洞锑矿区约44.6万立方米废渣进行修复、恢复植被，废渣就地安全处置，缓和控制上述重金属污染区污染的扩散，减轻当地生态系统的承载压力。（吴 松）

县重点办领导名录

蒋明君 重点办主任、县人民政府党组成员、副县级干部

发展与改革

【概况】2016年，东安县发展和改革委员会在职人员15人，内设办公室、综合改革规划股、法规股、固定资产投资、地区经济和应对气候变化股、经济社会发展股、农村经济、工业、基础产业股、重大项目前期工作和资源环境股等7个股室，下辖县节能监察中心。

【跑项争资】2016年，东安县成功争创国家重点生态功能区，成功列入全省石漠化综合治理改革试点县；芦洪市镇成功纳入第三批国家新型城镇化综合试点镇。全年争取项目资金26730万元，其中争取石矿棚户区改造和紫水河流域综合治理项目专项建设基金9600万元。

【规划编制】2016年，修改和完善《东安县"十三五"国民经济和社会发展规划》，并通过人大会议审定。配合完成工业园调规、"十三五"农村新一轮电网改造升级、易地扶贫搬迁等规划编制工作。

【服务建设】2016年，全县完成项目审批75个，其中上报省、市发改委审批的项目4个，不予审批2个。全年完成招投标核准事项26项，参与公开招标投标监督24项，全部招标投标事项均无异议。 （唐真军　罗亚兵）

县发展和改革委员会领导名录

唐真军　党组书记、主任
周文国　副主任
雷祥平　党组成员
蒋建武　副主任
严文霞　纪检组长
伍　冰　副主任
刘　盟　工会主席

物价管理

【概况】2016年，县物价局有干部职工24人，内设综合办公室(价格调节基金征收管理办公室)，收费管理股，下设价格监督检查局(价格调查成本队)，价格认证中心，价格信息监测中心三个下设机构。

【价格收费管理】2016年，县物价局规范收费管理，贯彻落实收费减免政策，优化收费环境。制订《东安县涉企行政事业性收费目录清单》《实行政府定价的涉企经营服务收费目录清单》《东安县涉企行政审批前置中介服务收费目录清单》，并在政府门户网站上对社会公布。在县政府门户网站“通知公告”栏目公布一份收费文件，在“信息公开”栏目发改委(物价局)公布9份价格收费文件，增加收费透明度，接受社会监督。推进价格机制改革，充分发挥市场决定价格作用。按照国家、省的部署，认真落实上级分批放开、取消、下放和转移涉及农产品、交通、医药、教育、房地产、中介等领域的商品和服务价格，加快完善主要由市场决定价格的机制，激发市场活力。

【价格监测】2016年，县物价局进一步健全价格监测网络体系，建立县城农贸市场和中心商业区超市监测点、乡镇超市、农村价格信息员的三级价格监测管理模式。对粮、油、肉、气、药品、化肥等近40多种与居民生活密切相关的重要商品价格进行严格监测，第一时间反映价格异常性突发性波动情况，及时分析原因并向县委、县政府主要领导和省市价格部门报告，为领导及时掌握市场价格动态和科学决策提供第一手资料。同时，出资5万元在电视台及和谐广场大电视屏平台每周推出一期价格信息专题栏目，年发布60余期价格信息，引导社会正确认识价格形势，树立正确消费预期，起到价格引导作用。

【价格监督检查】2016年，县物价局查处价格违法案件16起，查处违法所得金额21.7万元，没收违法所得金额18.5万元，上缴国库。有效规范收费行为，切实维护消费者和经营者的合法权益。同时加强市场价格巡查。在元旦、春节、“五一”节假日期间，围绕人民日常生活必需品和节日消费热点，以开展春运票价、旅游门票价格、商品明码标价为重点，加大市场巡查力度，查处汽车站春运期间擅自提高客运代理费的价格违法行为，规范市场明码标价，整顿市场价格秩序。确保“12358”价格举报热线电话24小时畅通，杜绝价格举报漏听、延办等不作为现象的发生。2016年，受理价格举报案件近100人次，做到举报案件办结率100%。

【价格鉴证】2016年，县物价局不断强化价格认证中心的规范化建设和管理，严格按照国家和省局的有关规定，进一步规范价格认定工作程序，提高工作质量和效率。与交警部门密切配合，认真开展车损物鉴定3件，鉴定金额6万元，鉴定报告客观公正，为事故等级的确定、赔付、调解、处理提供参考依据；开展涉案物价格鉴证132起，涉案金额185万元，为公、检、法、司提供服务。

审　计

【概况】2016年，县审计局人员编制26人，实有26人。设有办公室、综合计划执行股、法规审理股、社会保障审计股、财政金融审计股、行政事业审计股、经济贸易审计股、农业与资源环保审计股、经济责任审计室、基建投资审计室。

【审计成果】2016年，县审计局重点突出财政预算及执行审计、领导干部任期经济责任审计、政府基建投资审计和民生专项资金审计，完成审计项目任务22个。审计查出问题金额100528.52万元，其中违规金额9194.91万元，管理不规范金额 91333.61万元。盘活存量资金952万元，收缴违规违纪资金175万元，查补入库税收32万元。审计移送县纪委监察机关案件线索2个，移送县检察机关线索1个，移送县财政部门处理问题1个。全年审计发现挤占专项资金、违规发放津补贴、违规收费、漏缴税费、资金管理不规范等各类问题20多个，提出审计意见或建议65条，大部分得到采纳。

【预算执行审计】2016年，县审计局完成2015年度东安县财政预算执行审计。在预算执行审计方面，重点审计部门预算编制的真实性、财政部门追加支出资金性质及流向、“三公经费”、会议费、公共机构节能减排等费用支出，揭示支出管理上的薄弱环节，规范预算收支管理，维护财经纪律严肃性，提高财政管理水平。

【经济责任审计】2016年，县审计局贯彻落实中央两办《党政主要领导干部和国有企业领导人员经济责任审计规定》，不断深化经济责任审计，重点关注领导干部贯彻落实法律法规和宏观经济政策情况、重大经济决策情况、履行国有资产管理职责及廉洁自律情况等,促进领导干部守法守纪、守规尽责。先后对县人民医院、县市管中心、县文广新局等10个单位主要负责同志进行经济责任审计,查出被审计对象任职期间单位违纪违规金额1241.96万元,上缴财政210多万元。针对被审计单位财政财务收支及资产管理方面存在的问题和薄弱环节提出整改意见和建议26条,上报审计结果报告10篇。

审计质量点评会

【固定资产投资审计】2016年,县审计局以规范建设行为、节约政府投资、提高投资绩效为目标,加强对基础设施等方面重大投资项目的审计监督。全年共完成政府投资项目预决算审计6个,核减工程款6300万元。

【民生资金(项目)审计】2016年,县审计局重点开展涉农资金、卫生和环保等涉及民生领域资金和项目的审计。特别是涉农资金审计项目,分管领导亲自担任审计组长。对全县保障房安居工程、成品油专项资金和医疗保险专项资金进行审计,对审计中发现的问题责令整改,保障惠民资金惠及民生不打折扣。

(张启波)

县审计局领导名录

唐道智　局长
钟曙霞　副局长
蒋民权　副局长
龙兴华　副局长
蒋良好　纪检组长
李曲波　总审计师

创建市级文明单位动员会

统　计

【概况】2016年,东安县统计局内设办公室、综合核算股(加挂服务业统计股牌子)、工业能源股、投资商贸股、农业统计股、政策法规股;下设社会经济调查队、电子计算站;全局有核准编制23人,实有人员16人,其中党员11人。2016年,东安县统计局获国家统计局湖南省调查总队农作物对地调查良好单位,生猪监测调查良好单位、居民收支调查良好单位,被评为全县人口和计划生育工作先进单位、新型工业化和工业园区经济发展先进单位、精准扶贫工作先进单位。

【统计服务】2016年,东安县统计局坚持以服务为中心,充分发挥统计信息、咨询、监督的职能作用,全力为县域经济社会发展

第三次全国农业普查在紫溪市镇开展试点工作

提供优质高效的统计服务。组织专业人员每月上报主要经济指标预测及完成情况，每季度解读经济运行态势，及时撰写经济运行情况分析，增强经济运行的前瞻性和主动性，对经济运行情况进行监测、及时预警，为县委、县政府科学决策建言献策。2016年，印发《决策参考》5期，《经济信息月报》11期，接受单位和个人数据查询300余次，撰写各类统计分析材料32篇，其中《东安县“十二五”经济社会发展报告》《东安县全面建成小康社会统计监测报告》两篇材料被省级刊物收录出版。完成2016年度省级统计课题研究任务，《实施精准管理，推行节点延伸，夯实基本单位名录库基础》被省确定为2016年度湖南统计科研立项课题。

【统计业务】2016年，东安县统计局紧紧围绕县委、县政府提出的经济发展目标，着力在统准数据、统实数据上下功夫，力求用统计数据全面客观反映在经济新常态下全县经济社会发展实绩。企业入统稳步推进。全县共新增入统企业（项目）58家，其中规模工业5家、商业2家、建筑业1家、房地产业2家、服务业5家、亿元项目43家。全县“四上”企业发展到152家（其中规模以上工业70家，限额以上商业35家，规模以上服务业18家，资质建筑业5家，房地产业24家），为全县经济发展奠定坚实的基础。“三农普查”工作有序开展。按照省、市统一部署，成立普查机构，落实经费预算，召开动员会议，开展“两员”（普查员和普查指导员）的选聘和培训工作。重点开展农作物对地调查，完成20个调查村100个样方的实地调查，为下阶段的第三次农业普查试点工作打下坚实基础。完成人口变动调查。按照国家、省、市统一部署，完成被抽中的3个乡镇调查小区《小区图》核实、户主姓名底册的审核和PDA录入上报工作。完成农业类抽样调查。在市国调队统一安排部署下，全县粮食产量抽样调查、畜禽监测、城乡住户收入一体化调查等抽样调查工作全面完成。其中生猪监测调查和居民收支调查获国家统计局湖南省调查总队良好单位。

东安县第三次全国农业普查下乡宣传

【队伍建设】2016年，东安县统计局深入推进行风建设，结合上年度执行情况，完善出台《2016

年岗位目标管理责任制》，严格执行工作日两次签到、工作人员去向公示、请销假、财务管理、公车运行等各项内部管理制度，营造风清气正的统计环境，机关凝聚力、战斗力进一步增强。重视统计队伍建设，选派优秀干部参加浙大、北大执行力提升班和上级主管组织的各类业务培训。大力加强乡镇统计建设，组织全县乡镇统计员参加继续教育业务培训和专业培训9批次，培训人员200余人次。

（唐琼奇）

县统计局领导名录

奉海军　党组书记、局长
李天寿　副局长
唐小元　纪检组长
徐祖成　副局长

市场和质量监督管理

【概况】2015年11月，东安县挂牌成立县市场和质量监督管理局，为县政府工作部门，由原县食品药品监督管理局、县工商行政管理局、县质量技术监督管理局三局整合组建而成，并对三局的机构和职责进行整合，将原工商局、质监局由省以下垂直管理调整为属地管理。整合后全局在职干部职工164人，其中公务员 112人，平均年龄47岁。班子成员15人，内设股室33个，下设基层所7个。2016年6月，县政府下发“三定”方案（东政办发〔2016〕50号），对县市场和质量监督管理局的主要职责、内设机构和人员编制进行明确，设置内设机构17个、派出机构17个，归口管理事业单位5个。由于新组建的市场和质量监督管理局的领导班子尚未完全明确和稳定，除财务统一归口管理外，全局仍然按原有的三局模式运作，没有按照“三定”方案规定进行整合。

【行政审批改革】2016年，县工商部门深化商事登记制度改革，壮大市场主体。通过“五证合一”“一照一码”等制度的改革，东安县市场主体特别是民营经济实现跨越式发展。2016年，全县各类市场主体总数达12893户，其中企业1473家，个体工商户11111户，农民专业合作社309户。全县新增各类市场主体2000户，其中私营企业新增251户，个体工商户新增1693户，专业合作社新增56户，私营企业较2015年同期增长73.10%，个体工商户较2015年同期增长22.06%，农民专业合作社较2015年同期增长7.69%。树立服务第一意识，方便群众办事。政务中心搬迁新址后，将企业的登记注册和食品经营许可证的发放，合并在一个窗口，在窗口显眼位置，公布行政审批内容、办事流程、政策依据、申报材料、服务承诺、收费标准等，制作各种行政审批事项示范文本，供群众参考使用。推行“首问负责制、服务承诺制、限时办结制、一次告知制”等制度，力求高效快捷，方便群众办事。同时，将个体户的食品经营许可证的发放下放到工商所，简政放权，方便偏远地区群众办事，减少他们不必要的开支。指导帮助企业和个体户做好年度报告和信息公示工作。通过信件寄送和人员走访，对年报工作进行宣传告知，对一些条件较差、不懂电脑的企业进行上门指导或者直接帮他们年报，收到较好效果。2016年，全县企业年报率达88.88%，农民专业合作社达93.9%，个体户达96.55%。同时对2013年、2014年连续两年未开展年报的企业进行逐户清理，吊销51家名存实亡的僵尸企业，补报年报3家，注销61家。

【商标品牌】2016年，县工商部门挖掘县内有价值、有特色的涉农产品申请商标注册，以农民专业合作社为重点和突破口，引导农民专业合作社注册商标。鼓励农产品、农副产品争创驰名、著名和知名商标。2016年，全县申请商标注册52件，共有商标586件，其中舜皇牌大米获得中国驰名商标。同时，坚持“政府引导，部门扶持，企业争创”原则，大力支持、培植名牌企业和名牌产品，不断推进质量兴县工作。重点支持湖南东安鸡科技有限公司申请国家地理标志保护产品。东安鸡申报国家地理标志保护产品已通过省质监局评审，报国家质检总局发证。扶持引导知名品牌企业做大做强。其中全县3家企业获省名牌产品荣誉称号，7家企业获市名牌产品荣誉称号，全县规模以上重点企业、名牌产品生产企业全部通过ISO9000质量管理体系认证，充分发挥质量管理工作在经济发展中的重要作用。

【质量安全监管】2016年，县质监部门开展特种设备监察。结合“安全生产月”宣传活动，特设股组织人员到金源大厦，通过张贴宣传横幅、散发宣传材料、现场讲解安全知识等形式，向广大市民宣传安全知识。同时，开展特种设备专项整治工作。按照市质监局工作部署，开展“气瓶充装站”、电梯、打非治违、六打六治等专项整治工作。2016年，检查特种设备使用单位36家，排查出特种设备安全隐患120起，完成电梯检验60台，起重机械检验8台，锅炉4台，压力容器2台，场厂内机动车6台，将安全隐患消灭在萌芽状态，有效维护全县安全生产秩序，确保特种设备无安全事故的发生。开展民生计量工作。《强检工作计量器具管理系统》录入达96%。全县强制检定工作器具数量：城区超市衡器70台，燃油加油机160台，出租车计价器150台，电子汽车衡16台，商贸结算用衡器300台，压力表115块，血压计90块，各类天平35台；农产品收购用电子汽车衡、燃油加油机、出租车计价器、医用计量器具、气站用计量器具、贸易结算用衡器六类计量器具检定录分别为97%、100%、100%、95%、98%、96.7%。全年处理计量纠纷4起，2例为加油机纠纷，2例为衡器纠纷。

【消费维权】2016年，县工商部门2016年3月15日，组织23家消协理事单位，庆祝国际消费者权益保护日，发放宣传资料3.2万份，当场受理消费咨询投诉156起。全年受理消费咨询819起，受理投诉12起，成功调解11起，1起自愿撤诉，为消费者挽回损失2.2万多元。根据市场不同形式，不定期发布消费警示10篇，指导消费者正确消费。特别是在县电视台提醒告诫广大老年朋友，不要贪图小便宜，切莫上“健康讲座，免费义诊”的当，受到广大群众一致好评。

【“四品一械”监管】2016年，县食品药品监管部门规范中药饮片流通市场。上半年，对30家饮片使用单位（乡镇医疗机构）、65家饮片经营单位，重点检查中药饮片无包装、无购进票据的违法行为。下达责令整改通知书8份，立案查处4起，有效的净化全县中药饮片市场。整治药品零售企业。2016年，检查药品经营企业63家，重点整治药品零售企业未凭医生处方销售处方药，未按规定销售含特殊药品的复方制剂，药店质量负责人不在岗，出租、出借柜台，药品经营许可证已过期等药品流通环节的违法违规行为。下达责令改正通知书20份，立案查处3起。整治非药品冒充药品行为。持续保持对药品零售企业、保健食品专营企业以非药品冒充药品销售、非药品宣传药品功能主治的违法行为的高压打击态势。检查保健食品专营店5家，药品零售企业63家，立案6起，结案6起。

【食品安全监管】2016年，县食品药品监管部门召开全县食品安全工作会议，研究部署全县食品安全工作；组织开展4期新《中华人民共和国食品安全法》和《湖南省食品小餐饮、小摊贩、小作坊管理条例》等法律法规培训。严格质量监管，开展食品监督抽检。全年开展食品质量监测5次，抽检各类食品76组，对一组吊白块超标干货进行立案调查。大力开展食品安全专项整治。在元旦、春节、清明、端午、中秋、国庆等节日期间，查处过期、变质小食品29个品种98公斤，过期饮料12件。开展食用油和米粉专项治理。2016年5月份组织对全县8家米粉作坊、1家米粉企业开展专项治理，责令县城4家米粉作坊停业整顿，对乡镇4家米粉作坊分别下发整改通知并开展“回头看”。努力确保县委、县政府“十件惠民实事”落在实处，让全县人民吃上放心米粉和食用油。

【餐饮服务监管】2016年，县食品药品监管部门加大日常监管力度。按照抓“重点时段、重点季节、重点场所、重点对象”的原则，对辖区内的餐饮服务单位进行不间断“拉网式”检查。开展学校、幼儿园、机关食堂的专项检查工作。抽调精干执法人员组成2个联合检查组，对食品安全管理制度落实、从业人员健康证、食品安全知识培训证、食品添加剂管理、食品原料采购索票索证、食品留样和餐具消毒等进行认真检查。出动执法车辆70余台次，出动执法人员300余人次，检查学校、幼儿园、机关食堂100余家，下达责令整改书100余份，查处案件6起是强化高、中考期间餐饮食品安全。提前对考生接待单位进行全面检查，重点检查食品原料、食品添加剂和食品相关产品的采购查验、索证索票、从业人员健康证明、储藏保管、卫生条件和加工操作流程等。考生入驻期间，还对接待单位实行驻点监管，以确保考生“舌尖上的安全”。

【行政执法】2016年，县工商部门开展食品、农资、日用品、服装、商标侵权等各类打击假冒伪劣违法行为专项治理行动。全县开展集中检查4次，出动执法人员160人次，执法车辆40台次，集中整治各类超市、商场53家，检查个体户680户，查处制售假冒伪劣商品违法行为案件32件，涉案金额108万元。查处过期食品29个品种共98公斤，假冒卫生巾46件，假冒牙膏6件，非法销售的保健酒15件。加大违法广告案件查处力度。加大查处药品、医疗器械、房地产、投融资公司虚假违法广告行为，查处未经审查擅自发布医疗广告3起，虚假房地产广告15起，超市虚假广告1起，培训机构虚假广告1起。加大无照经营查处力度。以高危行业、食品生产经营和群众反响大的行业为重点，清理无照经营户662户，引导办照653户，立案查处9件。6月份，接群众举报，与公安联合行动，查封取缔2家无证无照家禽脱毛加工黑作坊。组织全局执法人员联合执法，对县城内7家豆腐作坊、11家卤制品作坊开展专项检查，取缔关停4家，发出整改指令36条，立案5起，结案5起。

（文圣爱　唐战平）

县市场和质量监督管理局领导名录

周海雄　党组书记、局长
文圣爱　副局长
胡运河　纪检组长
唐　峻　副局长
何义云　副局长
龙　华　副局长
叶跃玲　副局长、纪检组长
易凌辉　副局长
李小红　副局长
李旭明　党组成员
黄金华　副局长
唐小燕　副局长
张雪坡　副局长
唐建华　副局长
唐志辉　纪检组长

市场管理

【概况】2016年，县市场管理服务中心机关内设三股两室，下辖7个市场管理所。有在职干部职工104人，退休人员54人，全年实现市场摊位费收入530万元，基本完成年计划收费任务；建设农贸市场引项争资140万元；支付帮扶资金1万元，落实社区“创卫”扶持指导资金0.3万元，投入市场改造资金2000余万元。

【市场监管】2016年，县市场管理服务中心组织干部职工、市场经营者开展安全培训1次，在11月9日消防节组织消防演练1次，并组织单位安全生产专干到省市进行专业学习；开展以健康教育为主要内容的宣传栏4期，发放“创卫、创文”宣传资料2000余份，在市场悬挂横幅20余副，市场电子显示屏全年进行公益性广告词宣传；强化内部管理，狠抓基层所工作纪律，进一步细化各项规章管理制度，责任分工明确，使各项规章制度和工作纪律落到实处；强化市场服务意识，树立市场服务新形象，各基层市管所公布市场服务电话，要求值班工作人员挂牌上岗和严格遵守日常值班制，为市场经营、消费者提供便利条件，用实际行动和效率取信于市场经营、消费者。

【市场改造】2016年，县财政投入2000余万元完成东安大市场提质改造项目。大市场改造分二期进行，东安大市场提质改造

东安大市场提质改造落成仪式

和一期消防改造于2016年1月29日完成并投入使用。2016年春节后进入消防工程二期施工，2016年7月完成大市场全部提质改造工程，9月通过消防评估验收。大市场完成提质改造后，彻底消除市场存在的消防安全隐患。

【引资争项】2016年，县市场管理服务中心多次赴省、市跑项争资，成功申报东安大市场提质改造和山子岭市场建设项目，纳入湖南省2016年度边贸市场促进工程资金补助支持范畴，项目补助资金140万元，促进东安县菜篮子公益性事业的发展。

（秦来元）

县市场管理服务中心领导名录

陈群峰　主　任
陈卫红(女)　副主任

安全生产监督管理

【概况】2016年，东安县安全生产监督管理局有干部职工22人，其中，党员16人，大专以上文化21人，专业技术人员8人，具有注册安全生产工程师资格1人。内设办公室、综合法规股、安全生产协调股、非煤矿山安全监督管理股、烟花爆竹和危险化学品安全监督管理股、职业安全健康监管股、纪检监察室等五股二室，管理副科级事业单位2个，即东安县安全生产执法监察大队、东安县安全生产应急救援指挥中心。坚持安全生产“底线”思维和“红线”意识，深入开展以道路交通为主的安全生产“大排查、大管控、大整治”专项行动，认真组织开展安全生产“监管执法年”活动和安全生产领域“打非治违”行动，突出隐患排查治理、宣传教育和特殊期间的安全生产工作。全年召开6次县委常委会议、1次书记办公会、7次政府常务会议、4次县长办公会议研究安全生产工作，县委、县政府领导26次安排部署全县安全生产工作，县委督查办、县政府督查室抓好督查督办，实施连环责任追究。县、乡领导带队检查安全生产工作甚是密集，重点项目、车站、码头、学校、医院、工矿商贸企业等场所安全生产检查全面铺盖。全年交办各类重大安全隐患53处，其中县人民政府集中交办23处、县安委会紧急交办19处、县安委办临时交办11处。全年整改到位52处，整改到位率98%。除交通领域发生2起经营性安全生产责任事故死亡2人以外，其他行业领域均实现零事故、零死亡目标。生产安全事故死亡人数同比下降33.3%。亿元GDP生产安全事故死亡人数0.039人，下降0.63%；工矿商贸企业十万从业人员生产安全事故死亡人数0.078人；全年发生道路交通事故 66起，道路交通万车死亡人数 1.14 人，比2015年下降0.66%。2016年东安县安全生产工作获永州市安全生产工作先进单位；县安监局2016年度绩效考核被评为全县优秀单位。县安监局副局长蒋良翼、横塘镇安监站站长荣阳节2人获得永州市首届“最美安监人”荣誉称号。

【打非治违】2016年，东安县安全生产打非治违亮大招、动真格、出实效，累计组织集中执法、联合执法千余次，发现非法违法行为424起，已整改到位376起；关闭取缔企业38家，责令停产整顿51家；没收非法所得及行政罚款78.42万元。10月底开始的打非治违“利剑行动”，拆除5个采矿工棚，切割洗矿设备4台，捣

安全生产“利剑行动”推进会

毁取缔锰矿洗矿点10处，关停2处非法砖厂。打击取缔非法储存点5个，收缴非法储存烟花爆竹1400多件，取缔非法经营点23家，暂扣烟花爆竹经营许可证3本，行政处罚4万元，行政拘留3人。查处醉驾危险驾驶6起，刑拘4人；纠正违规行为16起，处罚车辆4台；查处交通肇事2起，刑事拘留2人；检查专用校车120辆次，校车超员3起，查处非法车辆5台，拘留3人。捣毁非法渔船4艘，打击非法改装车辆22辆，超载车辆35辆，处理16台非法摩托车，扣留7台非法面的车和出租车。取缔芦洪市、鹿马桥等地13个非法加油点。取缔非法倒罐液化气站点7处，收缴倒罐设备6套，收缴大罐23个、过期钢瓶32个，下达整改通知书27份。

【监管执法年活动】2016年，东安县以"监管执法年"活动为抓手强化部门监管执法，促进县域企业健康发展，年内检查企业186家，发现问题212条，制作现场记录65份，提出隐患整改意见54条，下达现场处理措施决定书13份，限期整改指令书29份，立案8件，关闭取缔企业17家，行政处罚问题企业33家，行政罚款63.8万元。

【宣传教育培训】2016年，东安县各乡镇各单位开展丰富多彩的安全宣传教育活动，6月"安全生产月"期间县安委办发放安全宣传读本、手册和相关资料10万多册，起到良好的宣传效果。期间还组织"安全在我心中"主题征文、乡镇安全监管人员执法培训等活动。"东安安监"网（www.daaj.gov.cn）成为全市唯一一家县级安全监管门户网站，网站设置12个大栏37个子栏目。8月底建设开通"东安安监"微信公众平台进行安全生产宣传，取得良好效果。年内安全生产"双媒体"开展警示教育宣传120余次、安全新闻资讯268条，发布信息48条、通知通告40条、办事互动27条、专项活动57条。

东安县2016年"全国安全生产咨询日"活动

【安全生产示范创建】2016年，东安县安全生产监督管理局落实示范创建各项工作措施，把示范创建作为安全生产整体工作的"牛鼻子"来抓，安全生产示范创建工作稳步推进。筹集示范县创建工作经费100万元，组织专门班子负责创建工作，通过平时检查、开会或培训，指导相关乡镇进行学习、交流经验；突出县直10个监管部门的安监站建设。芦洪市镇、南桥镇成功创建市级安全生产示范乡镇，芦洪市镇被评为永州市安全生产工作十佳乡镇。各乡镇加大安全生产示范村（社区）的建设，单独列支创建经费50万元，抓好50个安全生产示范村的阵地建设，其中白牙市镇、芦洪市镇、井头圩镇、紫溪市镇各3个，其他乡镇各2个。

【专项整治】2016年，东安县安全生产监督管理局切实抓好重点项目和建筑领域安全生产工作，确保安全稳定。特别是在生产经营旺季的岁末年初，县安监局组织各级各部门开展安全生产大检查和烟花爆竹、交通、消防、校车等重点领域以及在建重点项目、建筑施工预防坍塌事故专项整治，严格执行领导干部带班、关键岗位24小时值班制度，重要紧急情况及时上报，适时启动应急预案，妥善应对处置，确保全年各特殊防护期社会大局平安稳定。（陈天德）

县安监局领导名录

唐绍林	党组书记、局长
龙静华	党组成员、副局长
蒋良翼	副局长
唐良智	党组成员、纪检组长
李艳全	副局长

肖德军　党组成员
荣建国　党组成员

住房公积金管理

【概况】2016年，永州市住房公积金管理中心东安县管理部有在职职工10人，设7个服务窗口。全年发放住房贷款9527万元，超年初计划1500余万元，为391名职工解决住房问题。新增缴存人数2138人，完成年计划的427%，全年归集住房公积金1.6亿余元，远超年初计划，实现缴存人数、覆盖率、归集额指标的幅增长。在年度目标考核排名中列市直及县区第一。

（唐丽华　雷思琪　陈雅芳）

【防牢风险】2016年，永州市住房公积金管理中心东安县管理部严格把关、防范风险，始终注重个贷的基础性工作和个贷质量，不断强化信贷员的责任意识和风险意识，不断加强催贷力度，做到放贷收贷两不误。建立期房清收明细台账，对期房转现及时进行清理，进一步保障信贷资金安全，年底贷款逾期率为零。

（文伶俐　李文君）

【规范运行】2016年，永州市住房公积金管理中心东安县管理部进一步加强单位内部管理及日常工作运行。细化岗位职责和阶段性任务，让员工心中有压力，肩上有担子，工作上有作为。明确分工合作，将管理部工作岗位和岗位任务进行调整，使责任明确，层次分明，工作不缺位不空档。实行业务工作月讲评、季检查，总结经验，发现问题，补缺防漏，规范管理，阳光运行，省市审计和内部稽核全部业务规范达标。

（李芳敏　蒋慕蓉）

永州市住房公积金管理中心东安县管理部领导名录

张孟军　主任

交通运输

【概况】2016年，县交通运输局内设办公室、政工股、财务审计股、计划统计股、城市交通运输综合科技信息股、公路管理和基本建设股、港航管理股、安全法制股、城市交通股8个职能股室，下设东安县道路运输管理所、东安县农村公路管理站、东安县城市客运管理办公室、东安县农村公路路政管理执法大队、东安县地方海事处、东安县交通建设质量安全监督管理站6个直属机构。有在职人员130人。获集体奖14项，其中市级奖5项：市级文明标兵单位、全市交通运输发展目标管理考核先进单位（第三名）、全市农村公路建设考核先进单位、全市春运工作先进单位、全市交通三年大建设年度考核合格奖。县级奖9项：安全生产先进单位、计划生育工作先进单位、信访工作先进单位、A类行业帮扶后盾先进单位、党建工作先进单位、党管武装工作先进单位、美丽乡村建设先进单位、重点民生实事先进单位、民调工作先进单位。

【交通项目建设】2016年，东安井头圩—冷水滩珊瑚公路。征地拆迁工作全部完成，完成征地671.9亩，完成主房及附属设施拆迁17户，完成路基清表工程37万平方米，累计完成投资2100万元。

东安芦洪市—小江口一期工程。A1标6.7千米建成通车；A2标8.4千米完成5.4千米的沥青透层和封层；A3标完成8.1千米水稳。

东安芦洪市—小江口二期工程。全线路基拉通，累计完成投资9350万元。

东安—广西边界公路城区段。累计完成投资1000万元，2016年建成通车。

S348东安大庙口-紫花坪公路。该项目主要为改善舜皇山旅游交通状况，助推景区创“AAAA”工作，属“十二五”中期调整，进入“十三五”规划库的国省干线公路建设项目，2016年1月，省交通运输厅出具“关于S348东安大庙口至紫花坪公路工程可行性研究报告审查意见的函”。设计招标完成，工可批复的9个专项报告完成8个，仅环境影响专项报告正在督促代理公司加快办理，其它前期准备工作加速推进。

鹿马桥至简家岭公路安全设施示范工程。安保设施31.852千米，完成投资540万元。

三条骨干县道建设。端坪

线（东安端桥铺至坪山塘公路，12千米）、东水线（东安至水岭公路，11.5千米）、狮横线（东安狮子铺至横塘公路，8.5千米）三条油返砂改造工程经县政府研究同意，提前进入大中修改造计划，财政评审确定投资2745万元，2016年开工建设。

汽车总站建设。汽车总站站址更换到东安至永州市的城际快速入口处，调整后的站场有利于从东安发出的班车与城际快速、二广高速、泉南高速直接对接，有利于综合运输实现城乡客运一体化，更有利于客运车辆进出口安全、便捷，尤其是建设成本投资可节约1000多万元资金。该项工作向省运管局提出选址调整请示。

芦江水库库区公路建设。2016年，该项目图纸设计、财政评审、桥梁工可完成。成立芦江路桥建设有限公司，专门负责对库区的道路、桥梁的建设、经营和管理。道路工程挂网招标工作已准备就绪，计划投资1410万元。

农村公路建设。2016年全县农村公路提质改造共完成加宽里程188千米，超市定任务56千米，其中村道122千米（由3.5米宽加到4.5米宽），乡道66千米（由3.5米加宽到5.0米）。危桥改造完成10座，生命防护工程完成52千米。

8月31日，县委书记冯德校，县委副书记、县长候选人龙向洋调研永东城际快速通道建设

【农村公路养护与管理】2016年，县交通运输局相继出台《东安县农村公路养护面向社会公开招标选择养护作业单位实施方案》和《东安县开展“四好”农村路建设活动实施方案》，将全县17个乡镇场301个行政村县经交通运输局验收确认的路基宽度4.5米，路面宽度3.5米以上的1758.24千米的农村水泥和沥青路面公路，发包给永州劲松物业管理有限公司实行专业养护。在各个乡镇设立农村公路养护小组并建立农村公路管理档案卡；加强对养护小组负责人的培训，明确职责和分工，落实奖惩制度；开展全县常养线路、示范路的建设；加强对农村公路存在的安全隐患排查。

【交通运输行业监管】2016年，县交通运输局狠抓水上交通安全监管，认真开展打非治违活动，组织检查人员260人次，出动车辆102次，对全县12个渡口、12艘渡船、9艘客船进行拉网式隐患排查，排查隐患26处，取缔高岩水库、金沙水库、湘江河段非法旅游竹排船6艘。参与全县非法采砂联合整治工作，强制移走对非法采砂整治不满占据航道的采砂船3艘，更换老式渡船11艘，实现全县渡船标准化配置。结合创国卫和巩固省文明城市活动，进一步规范城市客运秩序，加大对公交车不规范营运及出租汽车不打表收费、宰客、甩客等违法违规行为的查处力度，着力打击黑的、摩的等非法营运行为，查处无从业资格证人员50余名、面的27台、摩托车86台，整治不规范营运公交车3台、出租车37台，城市客运营运秩序明显改善。同时，进一步拓展东安到井头圩、东安到石期市农村客运公交城乡一体化；进一步完善城区公交营运线路，开通10条线路公交车，方便沿线群众出行。合理调控运力，优化结构和运输组织，引导民间投资2400万元，新增能源环保车30台；新建公交站点57个，实现县城主要通道公交站点500米全覆盖。根据全县路网特点，大力开展道路运输秩序整治，在全县共设置流动检查站点6处，组织执法人员280余人，采取轮流执勤，24小时不间断检查方式，检查车辆2450余台次，共查处各种非法违法道路运输车辆190余台，查处无从业资格证10名，查扣处理危货车辆12台，查扣处理6台黑教练车，查封非法教练场地一处。组织站场检查，纠违78处。全县治超检测车辆10万台，处罚超限超载车辆350台，卸载685吨。开展“质量建设年”活动，狠抓工程质量建设，不断强化质量监管，全县交通建设工程合格率始终保持100%，优良率保持在86%以上。

【改革改制】2016年，县交通运输局协助抓好永州汽车运输总公司东安分公司的改制工作，使之稳步实施；着力解决机动车安全技术检测站人员安置问题，县政府第44次常务会议明确县财政对检测站进行财政补贴；推进交通行政体制改革。东政办发〔2016〕48号文件将公路、海事、运管等机构的行政职能划入到交通主管部门，进一步理顺其职能和职责，完善其管理体制和工作机制。运输公司改制工作稳步推进。土地挂牌出让，成交价1380万元。职工安置建设列入2016年棚户区改造计划，规划与施工设计已经完成，建设用地及规费减免手续正在办理。职工补偿方案经职代会通过和县交通运输局党组扩大会议研究同意，上报县政府审查。

【人大政协建议、提案办理】2016年，县人大、政协交由交通运输局办理的建议、提案共28件，其中建议18件、提案10件。主要涉及公路建设、开通、延伸，调整公交线路、调整公交车站点，完善公路设施、加强客运中心、公路综合治理，加强出租车管理等。县交通运输局把建议、提案办理工作作为了解社情民意的重要渠道，形成各职能股室各司其职、分工协作的工作机制，提、议案办理回复率100%，做到办理工作件件有落实，事事有回音。

县委副书记、县长龙向洋调研水上交通工作

【绿色交通建设】2016年，公交公司购置30台纯电动公交车投入营运，计划三年内全部实现更换。出租车除首批车之外，已有100辆更换为油气两用型出租车。大力实施道路绿色工程，2016年上半年在东渌线栽植杨树3500余棵，紫黄线栽植杨树2300余棵，投入资金约50万余元。全县公路总体绿化里程1412.171千米，绿化率80.38%，其中省道可绿化里程97.551千米，绿化里程84.732千米，绿化率86.86%；县道可绿化里程177.210千米，绿化里程154.769千米，绿化率87.34%；乡道可绿化里程358.167千米，绿化里程288.350千米，绿化率80.51%；村道可绿化里程1123.949千米，绿化里程884.32千米，绿化率78.68%。

【平安交通建设】2016年4月初，县交通运输局召开安全生产“监管执法年”活动动员大会，制订并下发《关于印发〈东安县交通运输局安全生产“监管执法年”活动方案〉的通知》（东交发〔2016〕1号）文件，对全局安全生产“监管执法年”活动进行安排和部署。建立健全六项制度，严禁以工作检查代替监管执法，推进常态化联合执法整治行动。全年组织执法活动38次，出动执法人员142人次，检查生产经营单位36家，下达执法文书15份，取缔关闭非法违法站场1处，抓捕涉嫌犯罪人员4人。

（叶　俊　伍建波）

县交通运输局领导名录

唐久梅　党组书记、局长
唐建生　党组副书记、副局长
席春英（女）　党组成员
谌正来　党组成员、副局长
田建飞　党组成员、副局长
杨松平　党组成员、副局长
姚　辉　副局长
伍之元　党组成员、纪检组长
段和平　工会主席
贺红明　党组成员

公路局

【概况】2016年，县公路局内设办公室、政工股、财务股、工程股、养护股、安全法制股、公路路政股、计划统计股、治超站、工会、纪检等机构。有在职干部职工168人。管理全县国省干线公路和主要县道273.171千米，其中国道1条（G207线）42.15千米，省道3条（S236线、S242线、S340线）136.54千米，县道94.11千米；管理桥梁55座，其中大中桥梁25座。2016年，获永州市公路系统目标管理综合考核先进单位、路政管理先进单位、综合服务红旗单位、安全生产先进单位等荣誉称号。

207国道3公里白改黑施工

【公路建设】2016年，县公路局加大公路建设投入力度，狠抓工程质量，争创优质工程。东芦公路年内完成投资8000万元，其中，A1标、A2标已完成路面主体工程，A3标完成路基工程，年底基本实现全线通车；对羊快线近一千米的路段（铁路建设遗留问题）进行水泥路面硬化，完成投资46万元；完成G207线3千米白改黑大中修任务，完成投资580万元；投资1200多万的晓江口养护（执法）综合服务站主体工程全部完工；不停车检测系统已建成并投入使用，完成投资150万元。

公路养护　清理水沟

【公路养护】2016年，县公路局在全县开展干线公路“水沟大清理、涵洞大疏通、路容路貌大提升、安全隐患大消除”四大专项活动、“雨季杯”养护竞赛和年末养护竞赛。铲除高路肩反坡26500平方米，清挖满水沟2635米，清理水沟90600米，行道树刷白50千米，千米碑、百米桩刷新50千米，处治油路病害6850平方米，清疏涵洞516道，清除塌方546立方米，清挖路肩2000平方米，处治隐患10处，有效遏制油路、水泥路病害，做到修补及时，为过往车辆和行人提供优美、舒适、安全的公路环境。

【路政管理】2016年，县公路局制止违法建筑47处，清除路障641处，拆除临时厂棚13处，拆除公路用地内的非公路标志703块，清除摆摊设点237处，收取公路赔(补)偿费及罚款21万元。坚持政府主导、部门联动抓治超,全年检测车辆13.6万台,处罚车辆410台,卸载4327吨,收取处罚款及公路赔补偿费79万元。货运车辆超限超载现象得到有效遏制,年底实现省、市要求的车辆超限超载率控制在0%以内的目标。

【安全生产】2016年,县公路局以创建"平安公路"为目标,全力打好"公路安保设施隐患歼灭战""公路治超攻坚战"两大战役,杜绝发生公路、桥梁垮塌安全责任事故。坚决贯彻落实"一岗双责"责任制,实行领导带队检查工作制度,2016年,班子成员30次带队深入在建工地、危桥及水毁等重点部位进行检查。排查各类隐患30处,并及时督办整改。年终实现全系统安全生产零事故。 (李 斌 蒋悠霞)

县公路局领导名录

陈明满 党组书记、局长
邓小吉 党组副书记、副局长
何付太 副局长
唐德生 副局长
罗静华 副局长
单咏梅(女) 副局长
文高成 党组成员、纪检组长
唐本正 党组成员
谢明波 党组成员、总工程师
秦 勇 工会主席

铁路运输

【概况】东安东站是一个全封闭式的高铁车站,2016年有员工54人,管理人员5人。全年为旅客做好人好事120多起,收到各种感谢信和锦旗40多件起,受到旅客和群众的广泛好评。东安站为货运三等站,是东安县境内唯一货运火车站,办理整车、零担发到等货运业务,开办"八桂快运"新业务,2016年有员工39人,

【运输生产】2016年,东安东站日均接发客运列车37趟,其中动车组列车16趟,分别是G1546/G1545、G424/G423、G530/G529、G538/G537、G1502/G1501、G1504/G1503、G431、G433。全年车站共发送旅客470064人,日均发送旅客约1284余人次;全年运输进款4949.06万元,日均运输收入为13.52万元。2016年行包收入67051元,发送4635件,共计97961千克。

【铁路货运】东安站货场配有6条货物线,龙门吊1台,3条企业货运专用铁路线进行不间断装卸作业。日均接发货物列车36趟,日均装卸车21.1辆,全年装车4354辆,计27.8554万吨,全年卸车3385辆,计20.6264万吨。

(冯 密)

停车场

永州汽车运输总公司东安分公司

【概况】永州汽车运输总公司东安分公司是隶属于永州汽车运输总公司的一家国家二级运输企业,属国有企业,公司组建于1984年,于2008年与东安县交通运输服务站合并,成立新的东安分公司。下辖东安县交通运输服务站、石期市汽车站和湘运127车队。2016年有职工233人,其中在职职工136人,离退休职工97人。

【业务发展】2016年,东安分公司拥有各类客车89台,其中大型高级客车27辆,中级客车17辆,中型普通客车45辆,资产总额3600万元,开行班线27条,日运行班次126余次,主要承担东安辐射跨省至广东深圳、东莞、虎门、清溪、常平、横沥、广州、珠海、湛江、阳江;浙江宁波;福建晋江;广西桂

林、全州及跨地县至长沙、株州、衡阳、张家界、邵阳、新宁、武冈、永州、零陵、双牌、祁阳、宁远等长短途道路旅客运输业务。全年完成发送旅客 14.7 万人次，完成客运招揽收入 1188 万元，完成政府下达各项运输任务，为当地的经济发展作出贡献。公司和车站在质量信誉考核和安全生产考核评估中达到 A 类标准。（魏　海）

永州汽车运输总公司东安分公司领导名录

吕湘林　经理
蒋稀善　书记
罗小辉　副经理
邓京文　副经理、工会主席
唐美萍（女）　副经理
陈智勇　副经理
郭　伟　副经理

电　信

【概况】2016 年，中国电信股份有限公司东安分公司（以下简称“东安分公司”）设综合办、销售服务部、网络运行维护部，前端划小承包后设政企分部、渠道分部、南北 2 个城市营销部、7 个支局，后端设客户端装维中心以及接入设备维护中心。有在职在岗合同制员工 58 人，劳务派遣员工 19 人，退休退养协议离岗人员 61 人。

【电信业务】2016 年，东安分公司完成税后收入 4134 万元，完成年度预算的 101%，超预算 45.7 万元，全市排名第 9，全县环比去年同期净增移动用户 13355 户，移动用户 58804 户；净增宽带用户 2743 户，宽带用户 21284 户。

【网络保障】2016 年，东安分公司县城光网建设投资 1350 万元，FTTH（光纤到户）在县城集中住宅小区实现 100% 的覆盖率，县城新建小区延伸 33 个，农村 3 个集镇实现光网改造和补盲延伸，县城周边农村 99% 实现光网覆盖；对 235 个行政村进行 FTTH 光网改造，农村行政村覆盖率 76.5%，新建 4G 基站 64 个和 CDMA 基站 13 个，清理利用闲置资产计 28.34 万元超额完成全市全年指标；全年完成能耗费 167.86 万元，累计完成进度 99.8%，与 2015 年相比增加 39.14 万元，主要是新增基站引起。2016 年获得市维护技能竞赛团体二等奖、市建维优网络优化一等奖，现场综合维护获得省公司最佳承包团队。（郭利华）

电脑、支撑下乡发展业务

东安电信分公司领导名录

叶劲松　总经理
刘少辉　副总经理
陈　默　副总经理

中国移动通信集团湖南有限公司永州市东安分公司

【概况】2016 年，中国移动通信集团湖南有限公司永州市东安分公司（以下简称“县移动分公司”）内设综合部、市场部、网络部、乡镇营业部，有员工 64 人。年内，分公司重点放在网络和网点建设上，着重推进 4G 信号在行政村、高铁干线、高速公路、主要干道全覆盖及县城城区深度覆盖。满足客户在上网、电视、娱乐、聊天多方面的“快”与“省”。截 zhi12 月，全县有移动网点 136 个，均能办理手机上户、话费缴纳等移动业务；有 2G 基站 255 个，3G 基站 10 个，4G 基站 350 个，移动信号覆盖均值达 99%；全年新增光网端口 13000 个，累计光网端口达 35000 个，全县各乡镇、县城各小区具备有线宽带业务发展能力，为客户提供优质的服务。

中国移动通信集团湖南有限公司永州市东安分公司领导名录

欧阳宁峰　经理
蒋美莲　副经理
李中元　副经理

中国联合网络通信有限公司东安县分公司

【概况】2016年，中国联合网络通信有限公司东安县分公司内设本部、自营厅、城区网格、井头圩网格，有员工30余人。全县城区、乡镇设有中国联通代办业务网点，均能办理手机上户、话费缴纳等业务；城区4G网络覆盖均值90%以上，宽带业务覆盖全县城区及部分乡镇。（唐梅华）

东安联通分公司领导名录

雷才毅　总经理

中国邮政集团公司湖南省东安县邮政分公司

【概况】2016年，中国邮政集团公司湖南省东安县分公司（以下简称“公司”）设综合办公室、市场经营部、大客户中心、代理金融中心、函件中心；下辖大庙口、白沙、紫溪市、火车站、开发区、石期市、井头圩、山口铺、鹿马桥、芦洪市、新圩、花桥、南桥、大盛14个支局、所；有从业人员175人，其中合同A类用工 43人，合同B类用工50人，劳务用工44人，劳务承揽22人。全县有汽车邮路2条、333千米，投递段道49段，农村投递线路总长1943千米；有邮政储蓄网点14处、邮政营业网点3处、邮政报刊图书销售点2处、邮政信报箱群4处、邮政信筒信箱21处、信报箱格口69个、邮政妥投点60个。公司全年完成业务收入4087万余元，较上年增加706万元、增长20.88%；其中函件收入110.17万元、保险收入231.26万元、汇兑收入2.3万元、报刊收入255.39万元、集邮收入44.25万元、储蓄收入2940.19万元、代办收入184.9万元、电子邮政收入214.51万元、快递包裹收入104.03万元。在全省县、市公司评级划类中为二类三级。

【金融代理业务】2016年，公司调整发展方式，突出以保险、理财、短信为重点的金融部资产全面发展，开展“亮单行动”、“厅堂有礼”、产说会、理财讲座、茶话会、大客户联谊会、广场舞营销等多种营销主题活动，扩大基础客户群，提升金融总资产发展水平。推进网点转型，加大人员和服务设施投入，改善服务环境，网点竞争能力显著增强。精减后台人员，有效充实一线力量，配备大堂经理、理财经理；完善网点自助服务设施，配备ATM、CRS机24台，补登折机14台，邮政网点综合服务能力普遍提高。年末，公司邮政储蓄余额20.11亿元，本年净增3.06亿元，创下近年余额增长新高，全面完成市公司年初下达的余额净增计划，进度排全市第三位。在余额规模发展的同时，余额结构也逐步转好。年内有2个网点跻身永州市邮政系统10强。

【函件集邮】2016年，函件专业突出封片、传媒两个重点，实施产品、营销、渠道三个创新，全年共完成业务收入88万元，增幅达53%，列全市第四位。特别是村专项目取得成效，全年累计签订村专五部，协议金额达25余万元。县分公司与县史志办联合制订

县分公司领导督导邮储业务发展

《东安元古村志编纂方案》，县史志办向各乡镇发文，提出五年发展规划。9月6日，全市第一部村志《元古村志》正式出版，举办盛大的首发交接仪式，东安电视台、东安日报、东安电视台等媒体进行全方位报道。继续开展传递彩虹邮包、情暖留守儿童公益活动。开展生肖产品营销活动及新春邮品鉴赏会，共实现产品销售额47万元。融入地方经济，开发个性化邮折1万册。将集邮品逐步实现进企业、进校园、进社区，为客户提供个性化集邮品牌服务。

【报刊发行】2016年，公司全年累计完成报刊收入255.39万元，为年计划的100.85%。认真部署图书巡展工作，以旗舰店开发区所营业厅阵地营销为主，确保图书巡展进学校、进社区、进企业，全年实现收入104.51万元。党报党刊、重点畅销报刊、行业报刊、校园报刊、第三方订阅、网上订阅均超额完成年度计划任务。

【电商分销】2016年，公司与市保险公司深度合作，在县邮政营业厅开设车险业务台席，由市保险公司派驻人员在网点进行专项受理和业务宣传工作，使客户获得“一站式”服务，提高客户满意度。全年累计车险出单1.6万台，实现保费480万元。组织召开酒水订货会3场。通过酒文化宣讲、产品介绍、有奖竞猜、抽奖有礼、酒水竞拍义卖等环节，实现销售酒水收入65万元。比上年增加18万元、增长41.8%。

【速递业务】2016年，速递业务工作紧扣县里资源特色，大力抓好电商寄递业务。以省内“次日递”为抓手，为标快业务发展打下良好基础。通过叠加邮政综合便民服务站业务，加快乡镇快递包裹市场的深挖，全年累计实现快递包裹业务收入104万元，揽收快递包裹70105万件，开发电商客户12户。（文彦方）

东安邮政分公司领导名录

于振林　总经理

聂兵武　总经理助理

财 政

【概况】东安县财政局属于综合性经济管理部门，承担全县组织财政收入、执行财政预算、研究和培植财源、履行调节收入分配、国有资产管理、调控经济运行和经济管理等一系列重要职能。2016年，内设18个职能股室，归口管理9个单位，下辖15个乡镇财政所，有干部职工252人。全县财政收入完成85760万元，同比增加2690万元，增长3.2%。其中国税部门完成21158万元，同比增加6810万元，增长47.46%；地税部门完成31794万元，同比减少8233万元，减少20.57%；财政部门完成32808万元，同比增加4102万元，增长14.3%。全县一般预算支出完成274050万元，同比增加5405万元，增长2.01%，保证工资的发放和民生民本等重点项目支出的需要。

【服务发展】2016年，县财政局发挥财政的职能作用，配合各职能部门向上争取各类财政补助资金22亿元，地方政府债券资金4.4亿元，缓解全县支出压力。持之以恒支持重大项目建设促发展，多方筹集资金近4亿元支持神华火电、芦江水库等重大产业项目，新东芦公路、冷东城际快速通道等重大基础设施项目，县城第五小学启动等重大民生项目建设，促进有效投资增长，服务县域经济持续发展。支持稳定房地产市场促发展。支持出台鼓励农民工进城购房优惠政策，支持推进棚户区改造货币化安置。进一步完善财税扶持政策促发展。落实减税降费政策，支持东港锑品、铁合金等传统冶炼行业进行技术改造、淘汰落后产能；支持农商行和城建投等融资平台工作，帮助中小企业缓解融资难问题，服务和促进中小企业和全县经济社会发展。着力稳定消费促发展。支持培育健康养老、乡村旅游等新的消费热点，大力支持网上购物、农村电商等新的消费模式，促进消费结构升级，稳定消费需求。

【财税征管】2016年，县财政局强化财税收入分析，及时对征管部门和单位下达目标任务。县财税部门紧盯收入目标，定期或不定期召开分析会、调度会，每月对财政总收入、重点税源企业（项目）税收进行形势分析，确保财政收入按时按序入库。大力推行综合治税。建立以“政府领导、税务主管、部门配合、信息共享”为主要内容的综合治税管理新机制，形成齐抓共管、

标本兼治的综合治税工作新格局，进一步促进财政收入增长。强化非税收入征管。进一步强化财政部门收入目标责任，坚持源头控管与跟踪监缴相结合，扎扎实实抓好各项非税收入征收；继续切实推进房地产税费一体化和涉矿税费综合系统统一征收，规范土地出让金收支管理，严格实行土地出让收入足额缴入财政专户，做到征管与挖潜双结合。

【民生保障】2016 年，县财政局持续优化支出结构，按照“集中财力办大事”的支出原则，强化预算刚性约束，注重资金调度，压缩一般性支出，保障各类重点支出需要。持续改善民生民本。全年投入民生资金 197316 万元，占一般公共预算支出的 72%。其中：教育支出 58087 万元，增加 2727 万元，增长 4.93%，社会保障支出 45138 万元，增加 946 万元，增长 2.14%，医疗卫生与计划生育支出 38066 万元，增加 732 万元，增长 1.96%，为民生持续改善提供有力保障。继续支持“三农”发展。投入 1.5 亿元用于病险水库除险加固、农村安全饮水、乡村公路等农村基础设施建设；一卡通发放农业耕地地力保护补贴 5373 万元，完成一事一议财政奖补项目 197 个、财政奖补项目投入 3368 万元，投入 4000 万元支持芦洪市镇赵家井村美丽乡村建设，继续全县农村人口人均 1 元 / 月的标准安排资金用于农村环境卫生和污染整治，取得良好的社会效益。

【财政监管】2016 年，县财政局有序深化预算管理改革，建立以一般公共预算为主，政府性基金预算、社保基金预算与一般公共预算有机衔接的政府预算体系。按照预决算信息公开的要求，除涉密部门、涉密事项外，全县所有预算单位均通过政府门户网站等形式公开本部门 2016 年预算和“三公经费”预算信息。继续推进预算绩效评价，对年初纳入预算安排的新农村建设项目、五保户供养等惠民项目开展预算绩效评价并接受社会监督。持续推进国库集中支付改革。加强财政资金管理，开展盘活财政结余结转存量资金清理，唤醒趴在账上的“沉睡”资金，清理存量资金 1.2 亿元，补充预算稳定调节基金。继续纵向推进国库集中支付改革，从 4 月 1 日起将全县所有中小学校和乡镇卫生院全部纳入国库集中支付改革范围，实现国库集中支付全覆盖。支持全面推行营改增。从 5 月 1 日起全面推行营改增，及时分析预估营改增对全县税收和财力的影响，经分行业分析测算，全县实行“营改增”后将减少税收收入 6780 万元，财政局在第一时间将相关数据向县委、县政府汇报，为领导决策提供切实依据。加强政府采购监管。加强与县招监办、县公共资源交易中心配合，进一步规范采购行为，节约财政资金。全年共完成政府采购金额 115870 万元，节约资金 2850 万元，节约率 2.5%。加大财政投资评审力度。全年评审预算、结算项目 543 个，项目预算送审金额 77306.5 万元，审定金额 61385.82 万元，核减金额 15920.68 万元，核减率 20.59%；项目结算送审金额 31778.56 万元，审定金额 28407.17 万元，核减金额 3371.39 万元，核减率 10.61%。加大财政监督力度。对省委巡视组巡视发现的违规发放津补贴问题和国家公职人员在重点项目指挥部任职取酬问题进行“回头看”检查和整改；切实开展财政系统“雁过拔毛”式腐败专项整治；围绕重大财税政策和重大专项支出开展收支监督；对有关单位节假日补助和“三公”经费进行专项督查。

【队伍建设】2016 年，县财政局切实推进“两学一做”活动，严格按照县委的安排部署扎扎实实推进，坚决做到活动不走样，有成效。切实坚持民主集中制原则，增强班子的凝聚力。财政局领导班子定期召开班子会，涉及干部任用、大宗财政支出等重要事项的，都经班子或班子扩大会议讨论决定，充分发挥领导班子的团队作用；切实搞好局机关各党支部的换届选举工作。各支部都选举产生新的支委，各支部民主生活会开展正常。切实组织开展理论和业务学习。重点学习《中华人民共和国预算法》《中华人民共和国公务员法》等，进一步提高干部职工的政治、业务素质，增强干事创业的热情和信心，为实现财政工作的新突破打下扎实的基础。狠抓财政形象。针对具体工作和岗位，区别不同情况，做到特事特办、急事急办，对不能办理的事项做好说

为确保“营改增”纳税人在5月1日能顺利开票、6月1日能顺利申报，东安县国税局办税服务厅集体攻关

明工作，以热情、积极的工作态度，为基层和外来办事人员做好服务，树立良好的财政形象。2016年，财政局在省市组织的业务工作评比中先后被省财政厅评为全省财政监督检查工作先进单位、预算执行分析和财政决算工作先进单位、财政投资评审工作先进单位、市县财政管理绩效综合评价A级单位、财政金融与债务工作考评二等奖；被市财政局评为企业财务会计决算报表工作一等奖、企业月份财务快报工作二等奖等。

（唐建军）

县财政局领导名录

席建军　党组书记、局长
严卫林　党组副书记、副局长
李林华　党组成员、副局长
朱润林　党组成员、副局长
谢助民　党组成员、纪检组长
唐楚秋　党组成员、乡财局局长
陈阳禹　党组成员、非税局局长
王永忠　总会计师

国家税务

【概况】2016年，东安县国家税务局内设科室13个，直属机构1个，事业机构1个，派驻机构2个。年末在职干部职工104人。辖区内有纳税人4243户，其中一般纳税人企业178家，小规模纳税人企业325家，个体工商户3740家，年纳税1000万元以上的企业3家，年纳税100～1000万元以上的企业16家，年纳税50～100万元企业23家，重点税源约占总收入的65%。2016年获得全省档案宣传工作先进单位、湖南省依法办事窗口荣誉，在永州市国税系统“岗位大练兵 业务大比武”中获三等奖、获县绩效评估先进单位与社会综合治理先进单位、全县“五星级”基层党组织荣誉称号。

【税收收入】2016年，县国家税务局组织入库税收2.436亿元（含车辆购置税及其他各税），同比增收6475.73万元，增长36.21%。其中增值税入库18122万元，同比增收5154万元，增长39.75%；消费税入库10万元，同比增收1.3万元，增长14.63%；企业所得税入库3010万元，同比增收1230万元，增长69.11%。另车购税入库2923万元，同比增收28.5万元，增长0.98%。

【税务稽查】2016年，县国家税务局严肃内部管理，提高稽查质效。根据《税务稽查规程》，完善稽查局机构设置，细化选案、检查、审理、执行等环节稽查人员的岗位职责，设置专岗负责对内外报送相关稽查报表及信息调研。通过人定岗、岗定责不断提高税务稽查工作的科学性和稽查队伍的执行力。同时，将稽查局各项工作任务具体量化、细化到稽查员，制订主查员考核、信息考核等办法。加大办案力度，查办大案要案，立案检查纳税人23户，查处100万元以上的案件2起；防范税收风险，打击虚假发票，查处虚开增值税专用发票涉税金额232万元。

【税收征管】2016年，县国家税务局强化征管，细化考核，挖掘税源，落实责任，加强依法行政，全面深化国税、地税征管体制改革，加强国地税合作，推进四大行业“营改增”扩围试点，推行“一人一窗双系统”联合办税，加强税收执法督察，加强各税种管理与审批事项后续管理，同时加强税收风险管理，重点开展防范和打击虚开虚抵涉税违法犯罪活动。全面落实税收管理员工作规程，有效解决疏于管理、淡化责任的现象。加强税源管理，优化纳税服务 ，规范税收管理员的执法。

【税收改革】自2016年5月1日起，全面推行营改增试点工作，将房地产、建筑业、金融业、生活服务业四个行业纳入试点范围。引导合理消费，促进节能减排，自2016年12月1日起，对超豪华小汽车在零售环节加征消费税，税率10%。为进一步鼓励企业加大研发投入，完善企业研究开发费用税前加计扣除政策，扩大加计扣除的范围。规范税务行政处罚裁量权行使，保护纳税人合法权益，制订《税务行政处罚裁量权行使规则》。

【纳税服务】2016年，县国家税务局全面落实《纳税服务规范》，深化“一窗式”“一站式”服务，提升窗口整体服务能力，开展对纳税人的“大走访、问需求”活动，向纳税人发放调查问卷表，通过各种渠道与平台发布涉税政策信息，解决纳税人涉税疑问，开展便民办税“春风行动”，纳税人满意度持续提高。推进国地税深度融合，2016年5月31日，国地税共同进驻县政务中心，正式实现联合办税，所有窗口均试行全职能服务，极大地方便纳税人，纳税人普遍感到满意。是年，东安国税纳税人满意度在全省排名第13位。

（蒋林植　刘　莹）

县国税局领导名录

梁公民	党组书记、局长
袁贵军	党组成员、副局长
秦党给	党组成员、副局长
翟峥嵘	党组成员、副局长
欧建军	党组成员、纪检组长

地方税务

【概况】2016年，东安县地方税务局内设办公室、人事教育科、监察审计室、税政法规科、征管和科技发展科、收入规划核算科、财务管理科7个科室；下辖办税服务中心、信息中心、稽查局3个直属机构和4个税务分局；有在职干部职工89人。主要负责全县1723户纳税户（其中个体纳税人701户，单位纳税人659户 ，其他363户）的地方税收管理工作。

【税费征收】2016年，全县累计入库营业税5841万元、企业所得税4078万元、个人所得税1795万元、资源税469万元、土地使用税776万元、城市建设维护税970万元、印花税200万元、土地增值税3990万元、房产税475万元、车船税480万元、耕地占用税8131万元、契税2416万元、烟叶税708万元、教育费附加629万元、地方教育附加423万元；征收文化事业建设费3万元，社保费91万元，水利建设基金344万元，代征增值税426万元，残疾人就业保障金33万元，工会经费258万元，税收罚没收入146万元。全年累计征收各项收入32676万元。

【依法治税】2016年，东安县地方税务局抓好流转税管理，开展营业税数据调查，加强营业税清理，为全面推行营改增做好准备。所得税管理方面，全年受理申报12万元以上个人所得税341人次，缴纳税款816万元，完成63户纳税人的企业所得税汇算清缴工作，补缴企业所得税84万元。财产行为税管理方面，做

8月8日，永州市地方税务局党组书记、局长毛东庆到东安调研指导

好土地使用税调等工作，加大土地增值税清算力度，共清算土地增值税3580万元。落实各项税收优惠政策，全年小微企业优惠政策减免纳税11410户次，减免税款2974.2万元。做好依法行政工作，规制权力运行，落实税务行政审批改革，强化税收规范性文件制订管理，加强对重大行政决策的合法性审查，强化税收执法监督，认真做好税收执法督察工作。

3月17日，东安地税税法宣传小分队在八角街“赶春社”集市为民众辅导税法知识

【税收征管】2016年，东安县地方税务局全面推行营改增，向县国税局移交营改增纳税人基础资料691户，提供领用税控发票信息户163户；开展营业税清零行动，清理入库营业税4750.3万元。深入开展国地合作，共同派出127人次走访1200多家企业；联合评定出纳税信用等级A级1户，B级12户，C级66户，D级59户；共同对278户个体户进行税收核定。加强委托代征工作，与国税做好期协调、沟通等工作，认真做好委托代征增值税和代开增值税发票工作。推进信息管税，做好数据比对，减少数据差错率，精确实施税收风险监控，防止漏征漏管。

【税务稽查】2016年，东安县地方税务局健全涉税违法监督举报网络，抓好税收日常稽查和专项检查，整顿和规范税收秩序。全年检查纳税单位10户，结案9户，查补税款、滞纳金、罚款2605万余元。强化发票违法犯罪行为打击力度，全年受理2起发票违章与税收违法举报案件，查补税款、滞纳金和罚款27.5万元。加强部门协作，与国税稽查部门联合开展高风险企业专项稽查和旅游市场税收整治。突出大要案查办、专项检查和案例分析，查办大要案3件，查补税款、滞纳金、罚款计2454万余元。

【纳税服务】2016年，东安县地方税务局深入落实“便民办税春风行动”，不断推出便民办税新举措，提升纳税服务水平。抓好联合办税，5月31日国地税联合办税厅正式入驻办税服务中心，国地税统一办税流程，实现“进一扇门，办两家事，到一个窗口，办所有事”。提高服务水平，组织干部集中学习《纳税服务规范》及金三系统操作，全面提升业务水平。加强纳税人培训，与县国税局联合举办“纳税人学堂”培训纳税人，开办企业所得税汇算清缴专项培训，共培训1000余名企业财务人员。搞好咨询服务，创建纳税服务QQ、微信群，及时提供最新涉税信息和涉税咨询，努力打造地税优质服务品牌。

【税收宣传】2016年，东安县地方税务局抓好集中宣传，与县国家税务局联手开展“诚信纳税 铸就发展”的主题宣传月活动，开展“赶春社 谱税法”、税收宣传进广场和“纳税服务日”等税收宣传活动。做好日常宣传，把税收宣传与政务公开有机结合，扩大税收宣传面，发挥人员优势，在新华网、“新湖南”《今日女报》等媒体上上稿宣传，并在《永州日报》刊发20余篇、《湖南日报》刊发2篇。做好欠税公告，在办税大厅、网站、东安广播电视台与东安和谐文化广场公告欠税户，增强税法威慑力，促使纳税人主动缴纳欠税1110余万元。开展爱心帮扶，开展精准准扶贫、关爱留守及特殊儿童、资助贫困学子、慈善捐款等活动，全年投入帮扶资金3.7万余元，筹集捐款1.6万余元，树立地税担当的社会形象。

【内部管理】2016年，东安县地方税务局不断强化内部管理，细化绩效管理，提升地税系统干部形象。强化廉政建设，压实两个责任，组织学习党纪法规，聘请7名兼职监察员加强监督，筑牢反腐思想防线。抓好党建工作，推进“两学一做”学习教育，选优配齐党支部组织，强化基层党组织培训，增强基层党组织生机活力。加强文化建设，提炼“崇德铭责 兴税至和”的核心价值观，完成东安地税文化展厅，举办“党旗领航 青春闪光”党建主题活动及党的知识竞赛、“两学一做”50问抢答赛、歌咏比赛和缅怀先烈等活动。县地税局被县委、县政府评为绩效管理优秀单位、综治管理先进单位，被永州市人民政府办公室评为永州市园林式单位，办税中心被省妇联授予“湖南省巾帼文明岗”荣誉称号，县地税局机关一支部被县委评为“五星级党组织”，县地税局拍摄的廉政视频《一份特殊的礼》在全省获三等奖。（彭喜兰）

县地税局领导名录

周忠华 局长

杨 斌 副局长

陈 鑫 副局长

李友平 副局长

雷晓静 纪检组长

中国人民银行东安支行

【概况】2016年，中国人民银行东安支行（以下简称支行）设人秘监察股、会计国库股、货币信贷与统计股3个股室，有在职干部职工17人。支行围绕永州市中支党委提出的“适应新常态、弘扬新作风、创造新业绩、实现新发展”的指导思想，结合支行实际，全行上下团结一致，较好地完成了全年工作任务。支行党支部获永州市中支先进基层党组织称号，《东安支行以五抓五加强推进反假货币工作开展》的经验在《湖南货币发行工作动态》中推介，在全市人行系统首届气排球赛中获团体二等奖。到2016年12月底止，全县辖内金融机构各项存款余额140.7亿元，比年初增长22.5%；各项贷款余额65.7亿元，比年初增长24.6%。

【货币信贷】2016年，支行认真贯彻落实稳健货币政策，通过组织召开银企洽谈会，拓展信贷融资方式，开展精准扶贫工作，引导辖内金融机构支持实体经济发展。全年新增贷款12.98亿元，增长24.6%，创历史新高。在全县建成金融扶贫服务站28个，完成市中支下达建站任务的153.7%。帮助3601户贫困户获得扶贫贷款1.64亿。签约企业获得银行贷款13.6亿元，资金到位率90.7%。在稳妥推进创业贷款、林权抵押贷款、包单质押贷款、农村土地流转抵押贷款的同时，利用应收账款融资平台发放贷款6亿元。

【金融综合管理】2016年，支行严格金融执法，全年共对辖内金融机构开展综合执法检查1次，各类专项检查5次，对7家银行下达意见整改书7份。做好金融稳定工作，完成东安农商行的存款保险评级工作。对全县社会融资和房地产市场进行动态监测，确保辖内金融秩序稳定，风险可控。强化反洗钱监管，对辖内15家银行、保险、证券金融机构开展反洗钱工作考核评级，下达反洗钱监管意见书15份。加强账户管理，共核准银行结算账户的开立439户、变更97户、撤销93户。

【金融服务】2016年，支行加大

中国人民银行东安支行深入到东安县水岭乡冷山村开展精准扶贫工作

金融知识宣传，组织辖内金融机构开展“3·15消费者权益保护”、打击非法集资、反假人民币、反洗钱、互联网金融诈骗和“关爱自身信用，维护合法权益”等宣传活动，发放各类宣传资料10万余份，接受群众咨询5万余人次，受益群众10万余人。强化征信服务。支行设立个人信用报告查询室，确定专人负责查询，全年查询个人征信报告3000人次，企业信用报告22家次，实现零投诉目标。深化国库服务。认真组织国库资金的收纳与支拨，全年办理各级预算收入入库67561笔，金额9亿元，办理财政库款支拨7342笔，金额38.1亿元，办理预算收入退库216笔，金额0.4亿元，开展国库业务专项检查两次，较好地履行经理国库职能。优化支付服务。开展业务“零差错”活动，全年实现ACS业务处理“零差错”。全面深化农村支付环境建设，设立助农取款服务点105个。 （黄成英）

中国人民银行东安支行领导名录

唐建波　党组书记、行长
文兴铁　党组成员、副行长
戴志帆　党组成员、副行长
崔忠诚　党组成员、纪检组组长

中国工商银行股份有限公司东安支行

【概况】2016年，中国工商银行股份有限公司东安支行有在职员工32人，退休职工23人，内设综合管理部、客户经理部，下辖营业部、中心分理处两个网点和两个附行式自助银行，在八角街和建材家居广场有两个离行式自助银行。全年实现利息收入1051万元，缴纳各项税款 108万元， 实现拨备前利润1113万元。

中国工商银行领导组织召开晨会部署工作

【核心业务】2016年年末，各项存款余额9.05亿元，较年初增加1.62亿元，其中储蓄存款余额6.46亿元，比年初增长0.64亿元，对公存款余额2.58亿元，比年初增长1.02亿元；各项贷款余额2.58亿元，比年初减少0.23亿元，其中公司贷款余额1.13亿元，比年初减少0.21亿元，个人贷款余额1.45亿元，比年初减少0.02亿元。大力发展以“融e行、融e联、融e购”为平台的新兴电子银行业务，新开企业网银12户、个人网银2678户，新增“融e行”客户3926户、“融e联”客户3948户，电子银行实现交易额22.03亿元，其中企业网银交易额10.01亿元，个人网银交易额8.73亿元，手机银行“融e行”交易额3.29亿元。

【重点客户服务】2016年，支行对东安外贸大户东安毅荃服饰有限公司发放流动资金贷款500万元；永州招银地产的舜皇城项目开发贷款0.59亿元到期后，不能按期全部归还，支行对暂时不能归还的0.37亿元贷款实施展期处理；对潇湘第一城、舜皇城、鑫龙小镇、伯爵山庄、盈凯国际等房地产项目共发放个人住房按揭贷款0.3亿元。

【风险管理】2016年，支行加强内控管理，提高案件防范措施，实现内控案防安全无事故。明确网点、部门和个人工作职责，落实案防责任；加强规章制度学习，增强案防意识；加强机具维护，确保安全运营。保卫专干定期对网点安全防范硬件设施进行维护与保养，及时维修和更换发生故障的监控主机、110报警设备、防尾随门等设施，使各类安全防范措施始终处于良好运行状态。2016年6月1日支行中心分理处成功堵截一起电信诈骗案，为客户挽回资金损失2万元，受到客户高度赞扬，并赠送中心分理处“为储户负责，让储户放心”的锦旗，该事件被永州电视台、湖南卫视、中央电视台等多家媒体报道。

【不良贷款】2016 年，不良贷款较 2015 年有所增加，不良贷款余额1251万元，不良贷款率4.84%，其中公司不良贷款余额 1105 万元，不良贷款率 9.8%，个人不良贷款余额 146 万元，不良贷款率 1.03%。全年实现中间业务收入 423 万元。（唐忠明）

12 月 20 日，东安县人民政府与建行永州市分行签订《银政战略合作协议》

中国工商银行东安支行领导名录

周铁军　行长、党支部书记
冯丽芝　副行长、支部委员
熊　礼　副行长、支部委员
唐　伟　办公室主任、支部委员

中国建设银行东安支行

【概况】2016 年，中国建设银行东安支行有员工 26 人，下设营业部和龙溪分理处。支行班子成员 3 人，行长 1 人，副行长 1 人，营业主管 1 人，两个网点分别设 1 名网点负责人。

【业务开展】截止 2016 年 12 月 31 日，支行存款余额 14.7 亿元，较年初新增 1.63 亿元，余额及新增额同业排名第二。其中公司存款余额 4.75 亿元，较年初增 4758 万元，余额同业第二，新增额同业第三；个人存款余额 9.94 亿元，较年初新增 1.16 亿元，余额同业第 2，新增同业第 1。支行贷款余额 5.77 亿元，较年初新增 2.1 亿元。其中公司贷款余额 2.3 亿元，较年初增长 1.78 亿元；个人贷款余额 3.46 亿元(含省行平台发放)，较年初新增 3319 万元。

【中间业务及利润】2016 年，支行实现中间业务收入 993 万元，实现账面利润 3166 万元。

【服务地方工作】2016 年，支行紧密围绕重点项目建设，大力支持地方经济建设，信贷投放开创新局面。对沿江西路项目建设投放 8000 万元贷款，促进该项目按期竣工投入使用。为支持东安建设全域旅游示范县，给东安城乡旅游建设有限公司投放 30 亿元贷款，用于龙溪河项目的治理。12 月 20 日，东安县政府与建行永州市分行签署《银政战略合作协议》，协议总金额 50 亿元，为未来几年的信贷投放做好谋划。努力创建“最受客户欢迎”金融品牌。2016 年，是建行服务质量年，支行上下狠抓服务质量，支行的服务品牌逐步得到彰显。在年度考评中，东安支行两个网点均被银行业协会评为“五星级网点”服务称号。坚持转型创新，加大“三个平台”的建设。以转型创新为内生动力，提升网点综合服务能力。两个网点分别投放 6 台和 4 台智慧柜员机，用机器来替代柜台，释放柜面压力，也给客户提供一个更为直观的服务界面，整个网点由原来的单一柜面服务转换为集客户体验、产品展示及产品销售的三个平台。

（于中秋）

中国建设银行东安支行领导名录

唐澳艳　行长
唐雅琴(女)　副行长
宋伟明　委派营运主管

中国农业发展银行东安县支行

【概况】2016 年，中国农业发展银行东安县支行形成以支持国家粮棉购销储业务为主体、以支持农业产业化经营和农业农村基础设施建设为两翼的业务发展格

支行党委书记、行长李柏平（右二）带领公司业务部人员深入神华火电建设项目调研，并投放贷款9000万元

局，初步建立现代银行框架，经营业绩实现重大跨越，有效发挥在农村金融中的骨干和支柱作用。2016年12月末，全年累计发放各项贷款55923万元，各项贷款余额93619万元，其中，政策指令性贷款8120万元，非经营性农村土地整治中长期贷款1.7亿元，一般水利建设中长期贷款33999万元，重点水利建设中长期贷款3亿元，农业生产资料短期贷款4500万元。（周裔华）

中国农业发展银行东安县支行领导名录

王海华　行长

李融丹（女）　副行长

何颂先　支部委员

中国农业银行股份有限公司东安县支行

【概况】2016年，中国农业银行股份有限公司东安县支行（简称“县农行”）内设综合管理部、运营财会部、风险管理部、公司业务部、个人金融部等五个部室，下辖中国农业银行东安县支行营业部、中国农业银行东安龙溪支行、中国农业银行东安县支行建设路分理处、中国农业银行东安县支行紫溪市营业所、中国农业银行东安县支行石期市营业所、中国农业银行东安芦洪市支行等6个营业机构。年末有在岗员工70人。2016年，综合绩效考核居全市第一，升级进位明显；获省分行“女职工文明示范岗”称号和市分行“先进基层党组织”称号、2016年度县区支行经营管理先进单位、党风廉政建设和内控案防先进单位、领导班子经营管理目标责任考评优胜单位；获得县委县政府2016年度金融工作先进单位、信访维稳民调工作先进单位。芦洪市支行再次获省分行营业网点经营管理先进单位。

【主体业务】2016年年末，全行各项存款余额突破23亿大关，较年初净增3.25亿元，同比多增1275万元，持续两年增长超过3亿元。其中对公存款比年初净增2.24亿元，同比多增1.14亿元，完成年度计划496%，居全市前列。各项存款存量、增量市场份额分别占县域四大行37.8%、36%，均居同业第一。年末各项贷款净增2.5亿元，同比多增近2个亿，存量、增量市场份额分别占县域四大行43%、74%，均居同业第一。9月29日，东安支行成功打包处置委托资产本金7437万元，提前三个月完成委托资产“清零”任务。年末全行不良余额控

支行领导深入紫溪市镇支持偏远村组建立金融扶贫服务站，实施惠农工程

制完成年度计划190%；核销贷款完成年度任务288%。风险评价年度考核居全市第一，内控评价保持一类行，年度考核居全市第一；不良贷款计划完成率、不良贷款生成率、到期贷款收回率的考核分别居全市第一、二、三名。全年实现中间业务收入1950万元，完成年度任务170.4%，居全市第二、县域四大行第一，经营利润均超额完成年度任务。

【支持县域经济发展】2016年，县农行积极参与县政府主导的银企对接活动，紧盯政府重大项目，成功营销神华永电新城建设项目，总授信3亿元，成功投放贷款1.2亿元；拓展舜皇城、滨江国际、湘府湘城等一批优质楼盘，投放按揭贷款近9000万元；积极营销东安紫水河流域治理、东安水利灌区项目6亿元政府购买服务项目，完成调查评估环节，大力支持县域经济发展，全年贷款净增2.5亿，占县内四大行的70%以上。

【精准扶贫】2016年，县农行制订金融精准扶贫方案，在县人行的指导下，先后在紫溪市镇、大庙口镇的乐园村、群力村等多个贫困偏远村组建立“金融扶贫服务站”，分别配备办公桌椅、专用电脑设备、惠农通机具等服务设施；建立健全各项规章制度，布置金融服务产品和业务操作流程宣传牌，开展业务宣讲培训，发挥金融扶贫、助农取款、信用信息服务等功能，引导村民办理转账、查询、缴费等金融服务，足不出村办理银行等惠农业务，受到当地政府和广大村民好评。同时，实施民生代理工程，向百姓推出“养老贷”“安家贷”“随薪贷”等贷款新品种，布放惠农通机具，服务三农，服务民生。

【精细管理】2016年，县农行落实上级行组织开展的向成本、风险宣战活动实施方案，结合实际制订支行“两个宣战”活动实施方案，在成本宣战方面，推进加强费用管控、成本管控，经济资本占用和风险成本占用的压降，使战略费用、公务接待、外包费用、存款付息、经济资本占用明显压降和减少；在风险宣战方面，采取措施严格控制不良反弹和问题贷款风险化解工作，大力开展清收和核销工作，组织专项活动，信用卡、农户小额不良贷款清收，舜皇米业不良核销和清收均取得较好成效，风险得到有效控制。开展保持内控评价一类行创建活动。制订方案，分工负责，组织合规文化宣读、法制教育、典型案例警示和反洗钱学习宣传，推进日常创建基础工作，加强检查，开展自查自纠，重视整改工作，进一步强化内控管理基础，内控评价保持一类行标准。

【绩效考评】2016年，县农行倡导“升级进位”“争先创优”的绩效考评导向，制订和完善支行网点和机关部室综合绩效考核办法，对重点工作设立专项考核办法，推出季度竞赛和专项竞赛活动，完善产品计价办法并及时兑现。在全行形成良好的激励导向，有效的激发员工内生动力，营造比学赶超、你追我赶的竞赛氛围。

【党建工作】2016年，县农行加强支部建设，坚持“三会一课”制度，活动阵地做到“三亮、五有、十上墙”，建立支部联系点制度、党建工作督导机制，实行党建工作专项考核，落实一岗双责和主体责任；以活动为引领，深入开展“两学一做”学习教育，举办“弘扬长征精神，争做优秀共产党员”户外系列拓展活动，组织“争做党员岗标兵、创建先进基层党支部”评比活动，充分发挥党委的核心作用、支部战斗堡垒作用和党员先锋模范作用，为业务发展提供强大合力。活跃企业文化，增添队伍活力。组织创建“文明窗口”“五好品牌”和“美丽机关、美丽庭院”文化品牌活动；关心关爱基层和员工，开展“五小建设”和创建“先进职工小家”活动，筹集资金为农村网点食堂和员工住房进行改造、增添设施，使员工安心基层，激情工作。芦洪市支行创建并保持省分行“先进职工小家”称号。三八节组织全行女职工，并邀请VIP女客户20人在永州森林植物公园开展“花样女人，绽放美丽”——东安支行2016年欢庆三八节客户联谊主题活动，既开展文化活动又推进业务发展，受到员工和客户的称赞。七一节开展庆建党95周年暨“弘扬长征精神，争做优秀共产党员”户外拓展活动，全行40多名党员攀登红军长征翻越过的第一座高山——舜皇山老山界，现场表彰奖励13名优秀共产党员、3名优秀党务工作者和2个先进党支部。举行老党员重温入党誓词仪式，举办“弘扬长征精神，争做优秀共产党员”的登越老山界比赛活动。八一节组织全行退伍军人到永阳农庄举办趣味游艺活动；九九重阳节组织全行退休、内退员工进行座谈会和游艺活动；十月份组织全行员工开展体检活动，保护员工身心健康。平时，创新活动，由工会小组开展小型文体活动6次。做到活动不断，形式多样，增强凝聚力，融汇正能量。在市分行组织的大学生征文比赛和演讲中，东安支行陈艳婷获得演讲三等奖，李淑萍获得演讲二等奖；在“两学一做”征文参赛中陈艳婷《落实“两学一做” 强化能力建设》一文获得三等奖；在市分行组织的第六届永州分行羽毛球比赛中东安支行段莉萍获得四等奖；全市金点子创意大赛王晶获得三等奖；唐开荣美术作品参加总行“大美农行”、建党95周年美术作品展，获优秀奖。 （唐开荣）

中国农业银行东安支行领导名录

李柏平　党委书记、行长
刘朝辉　党委委员、副行长
杨志江　党委委员、纪委书记、副行长
王小亮　党委委员、副行长

中国银行东安支行

【概况】2016年，中国银行东安支行有员工41人，营业网点3个。支行设行长办公室、综合管理部、营业部，下辖东安县龙溪路支行、东安县舜皇路支行。截至年底，全行各项存款总额142450万元，其中人民币个人存款余额95607万元，人民币公司存款余额46843万元；贷款总额37359万元，其中公司贷款余额18040万元，零售贷款余额19319万元。全年实现业务净收入3580万元，实现拨备前利润2610万元，净利润2295万元，人均净利润56万元。

【金融服务】2016年，中国银行东安支行强化员工培训，加强检查考核力度，全行的服务质量不断提升。支行通过组织员工进行会计基础达标培训、销售流程导入固化培训等，促进员工在个人形象塑造、与客户沟通技巧、柜台操作规范等方面的全面提升。进行人力资源改革，员工双向选择，合理配置资源，为业务发展提供有力的人力保障。通过网点升级及网点装修，提高中国银行东安支行的整体形象及网点的服务水平。通过狠抓文明优质服务工作，组织员工参加省、市分行“业务技能大比武”活动，进一步强化业务基础、业务技能和新业务产品的培训，着力于内练素质、外树形象，员工业务素质和服务水平不断提高。

【内控管理】2016年，中国银行东安支行抓住“内控合规年”主题教育的契机，开展内控合规教育活动，每周定期开展内控合规学习、典型案例分析，加强内控防案管理，提高主动防范案件能力。在网点开展“案防达标”活动，落实网点服务、网点结构、网点等级三项达标，同步推动和实理案件防范工作达标。定期召开员工思想行为排查，组织全行员工认真学习“内控50条”“员工违规处理办法”“管理问责办法”，加强新版“双十禁”的执行检查，提高各部门和网点发现问题、解决问题的主动性和能力。进一步强化落实营业场所安全轮值和晨会制度，推行日常检查情况报备制度，切实提高基层机构案防管理能力。 （李晓岩）

中国银行东安支行领导名录

黄　志　行长
王勇军　副行长
张峥华　副行长

1月8日，中国银行东安支行召开2016年开门红动员大会

中国邮政储蓄银行股份有限公司东安县支行

【概况】2016年，中国邮政储蓄银行股份有限公司东安县支行（简称“县支行”）辖内二类支行3个（支行营业部、建设路支行和端桥铺支行），邮政代理营业所14个，设综合管理部、公司业务部、信贷业务部3个部室，有在职干部员工56人。支行各项贷款余额44481万元，同比增加11401万元，增幅35%，其中，小额贷款结余10908万元，个商贷款结余6731万元，消费贷款结余26842万元，累计净增11354万元；小企业贷款结余达2804万元。各项存款余额80466万元，其中，储蓄存款余额6629万元，增幅11%；公司存款余额14169万元；全年实现安全生产无事故、零案件。

【信贷业务】2016年，县支行开展各项业务宣传竞赛活动。进行商贸区建设和行业开拓，有针对性地开展业务宣传工作。利用百姓创富扩大邮政银行信贷的宣传平台、致力于助农扶农。树立信贷立行观念，提高各部室、班组负责人责任心，执行周例会、日晨会工作制度，及时沟通业务开展情况。加强网点业务跟踪和信息员扩展工作。加大对逾期贷款追收力度，成立逾期贷款追收工作小组，制订一户一策催收办法和责任追究办法，确保支行逾期率控制在标准范围内。再就业贷款业务：再就业贷款业务是一项商业银行与人社局一起为支持下岗职工再就业而推出的贷款，自从2012年开办业务以来，东安支行抽调信贷业务骨力，与县人社局、财政局通力合作，按时完成每年的再就业贷款发放，截至2016年年底，东安支行再就业贷款结余8430万元。

【个金业务】2016年，县支行以业务经营为核心，突出重点全方位推进业务发展。以优质的服务吸引客户，网点负责人以身作则，带头宣传业务，保证至少一半时间用于走访客户，重点客户每月拜访一次，征求客户意见，网点推行VIP服务，开设VIP优先通道，建立VIP客户档案，实施差别式服务；以老客户带新客户，维系大客户，主要以拓展新客户为主；全面改善服务质量。

【合规经营】2016年，县支行落实安全责任制，支行与支行营业部、班组、部室签订安全责任书；对员工安全意识教育和安全知识培训，确保全年安全生产无事故发生。建立安全保障机制，发挥控管会的作用。审计每月对营业网点进行审计检查，对审计中发现储汇业务运营存在的风险进行分析，确保全年无发生贪、挪、盗案件，保证邮政储汇人员的人身和资金安全。做好合规经营和反洗钱，在经营生产中认真执行落实各项规章制度和业务处理流程，确保经营合规合法；落实日常反洗钱的各项工作。

（杨　华　黄　秦　胡　珊）

中国邮政储蓄银行东安支行领导名录

文　辉　行长
肖昌斌　副行长

中国邮政银行东安支行营业大厅

湖南东安农村商业银行股份有限公司

【概况】2016年，湖南东安农村商业银行股份有限公司（以下简称“东安农商银行”）内设12个职能部室，下辖1个营业部、29个支行、1个分理处，在职员工257人。其中，初级经济师88人、中级经济师12人、助理会计师2人、会计师1人。东安农商银行新增一个网点——龙溪支行；通过对营业网点的改造升级、员工的服务效能培训，成功的新评营业部为五星级网点，芦洪市支行和紫溪市支行为三星级网点。2016 年，全县农商行存款余额 438524 万元，各项贷款余额 296546 万元，全年上缴国家税收 3596 万元，实现经营利润 14728 万元，存、贷规模和发放支农贷款总额稳居全县金融机构第一名。

【信贷工作】2016 年，东安农商银行全力助推地方经济发展，重点支持实体经济和精准扶贫。截至 12 月末，全县累计发放贷款 233392 万元，其中农业贷款累放 207097 万元。全县完成扶贫小额信用贷款评级授信 18069 户，占贫困户总数的 100%；用信户数 4663 户；授信额度达 55390 万元，用信金额 20383.6 万元（其中自贷自用 7 户 22 万元、分贷统还 3844 户 17696.6 万元、产业带动经济组织贷款 812 户 2665 万元）。全县参与委托帮扶的龙头企业和新型农业经营组织达 4 家，帮扶用信户数 968 户，贫困人口 3388 人，东安农商银行对参与委托帮扶的 4 家（个）龙头企业和经营组织共发放扶贫小额贷款 3365 万元。

【绩效考核】2016 年，东安农商银行全面启用绩效考核管理系统，坚持以绩效考核为总抓手，全面实行分类计价，按量计酬，业绩直接考核到个人，绩效考核真正实现业绩与工资的直接挂钩，多劳多得，彻底打破传统“大锅饭”模式。

【企业文化建设】东安农村商业银行在努力保持各项业务发展势头的同时，十分注重抓企业文化建设，2016 年 4 月，组织开展为期 15 天全员服务效能提升训练活动，以此激发员工的原生动力，提高服务效能，促使努力达到“一流的管理，一流的团队，一流的服务”的境界，并实现人力资源最大化效应。国庆节前，东安农村商行还组织开展“喜迎国庆 拼搏向未来”活动，进一步加强企业文化建设，活跃员工业余文体生活，全面增强凝聚力与竞争力。（丁　蕾）

东安农商银行服务效能提升训练

湖南东安农村商业银行领导名录

唐　军　董事长
于赛斌　行长
尹学龙　监事长
刘少文　副行长
唐海华　副行长

中国人民财产保险股份有限公司东安支公司

【概况】2016 年，中国人民财产保险股份有限公司东安支公司（PICC 简称“人保财险东安支公司”）内设车险部、非车险部、营销业务部、农险事业部、综合部、理赔分部。在县交警队大队设立服务窗口，芦洪市设立三农营销业务部，石期市设立三农营销业务部，与县内 8 家车行建立合作关系。年末有在编员工 20 人，营销员 112 人，聘请乡级保险兼干 17 人，村级协保员 508 人，服务网络及协保人员覆盖县、乡、村、组。全年累计完成保费收入 6088 万元，较上年同期增长 40.1%，市场份额 61.06%，其中车险保费收入 2566 万元，非车险保费收入 499 万元，农险保费收入 1607 万元，大病保险 1416 万；上缴税款 425.61 万元，被评为“全县财税工作先进单位”；累计赔款 3711 万元，最大限度地确保受损客户利益，特别是农业保险理赔工作得到广大农户的高度赞扬，取得“政府得民心，农户得实惠”的良好成效。（黄　玲）

人保财险东安支公司领导名录

潘清彬　党支部书记、经理
钟爱珍　副经理
邓裕满　经理助理

商贸·旅游

商务和粮油流通

【概述】2016年，县商务和粮食局推进“例会招商、登门招商、以商招商、委托招商、驻点招商、以乡招商”精准招商，参加省市组织的8月“沪洽周”、9月“第四届中国湘南国际承接产业转移投资贸易洽谈会”、10月“2016湖南—东盟名优产品交易会”及对台招商等各项招商、会展活动。

【招商引资】2015年12月27日，县委、县政府在东莞市万江南华国际酒店召开2016年（东莞）招商引资重点项目推介会、广东省湖南东安商会2016年会员大会、东安县异地商会会长、秘书长联席会议。东安四大家主要领导、分管领导、相关县直单位主要负责人及东安各异地商会会长、秘书长，应邀客商等300余人出席会议。推介会发布重大项目61个，总投资达538.55亿元；重点推介项目10个，投资额为133.2亿元；成功签约项目7个，引资总计19.7亿元，取得签约项目多和各项经济指标完成好的结果。全年新签约项目27个，合同引资总额达40多亿元；实际到位内资18.01亿元，占年度任务18亿元的101%，同比增长12%；省入统外资8000万美元，占年度任务8000万美元的100%；完成外贸进出口3975万美元，占年度任务数2800万美元的143%，同比增长45%，在全市增幅、进度排名第一；同时实现破零企业5家（云生竹业、伯润针织、盈凯包装、凯翔鞋业、求新家居），倍增企业1家（南方纺织），超额完成全年任务破零和倍增企业2家指标。年内，签约的汽配城项目开工建设。

【粮油流通】2016年，县政府加强粮政管理，确保全县粮食购销市场稳定有序。及时启动和执行最低收购价预案，解决农民售粮难问题。开展“爱粮节粮和粮油食品安全宣传周活动”。启动危仓老库维修改造工作，提高收购储存率和安全性能。切实做好县级储备粮管理工作，按照省市要求全年增加县级储备粮规模2800吨，总规模达到5300吨，在永州市率先完成新增储备粮任务。妥善处置粮食企业改革遗留问题，保持粮食系统基本稳定。县商务和粮食局被评为2016年全省市场秩序工作先进单位，城东加油站、东安大道加油站被评为2016年全市“文明加油站”光荣称号；同时东安大道加油站被评为2016年全省“文明加油站”光荣称号。

（魏永芳）

县商务和粮食局领导名录

陈柳华　党组书记
黄桂兰(女)　局长
周壬秀(女)　县政协副主席、原商务局副局长
刘福元　原商务局副局长、物资办主任
赵友元　原商务局副局长、外贸公司经理
蒋海洪　原粮食局副书记、副局长
唐国凤(女)　原商务局纪检组长
唐丽华(女)　原商务局副局长
文先忠　原粮食局纪委书记
唐宝华　原粮食局党委委员

供销合作

【概况】2016年，东安县供销合作社深入推进综合改革，营业总收入同比增长10.2%，营业利润同比增长9.9%，所有者权益同比增长2.9%。被评为永州市供销社系统综合业务考核一等奖，被评为县电商工作优秀单位、县维稳工作先进单位、县安全生产工作先进单位。

【农业产业化经营】2016年年初，启动由东安县联农水果专业合作社承建的“500亩优质绵桔示范园项目”和东安县欣荣生态种养专业合作社承建的“8万羽绿壳蛋鸡养殖基地改扩建项目”，两个项目总投入331.9万元，其中自筹资金投入191.9万元，财政资金投入140万元。年底，两个项目通过市县两级农业开发办和市县两级供销社联合验收合格。项目建成后为东安大庙口镇、白牙市镇引进新品种柑橘、新品种禽类起到示范作用。新发展农民专业合作社2家，入社社员248人，到年底累计领办各类专业合作社37家，入社社员近5000人，通过农民专业合作社流转山林土地24880亩。10月，组织全县第八期农民专业合作社培训，近40家农民专业合作社理事长、种养大户及主要村淘合伙人、市县供销社扶贫联系村负责人、基层供销社负责人共60余人参加培训。对东安县供销社惠农服务有限公司实行股份制改革，按照综合改革有关文件要求引进社会资本，实现市、县供销社联合参股。股改后的惠农公司注册资本800万元，其中市县供销社联合控股51%，在县内端桥铺镇、白牙市镇分别设立1个土地托管基地、1个稻谷加工中心。

农民专业合作社培训

【网点】2016年，全县新发展各类网点109个，其中日用消费品网点1个、农副产品网点2个、再生资源及综合服务类网点106个。年底，供销系统拥有各类经营网点1133个，其中农资经营网点262个，农副产品经营网点41个，日用消费品经营网点287个，再生资源回收(站)点及综合服务类网点543个，网点覆盖全县80%以上村组，提供技术、信息、管理、农资直供、产品直销等社会化服务。

【农资供应】2016年，县、乡两级公司销售各类化肥4万吨，其中尿素2万吨、磷肥0.6万吨、钾肥0.2万吨、复合肥1.2万吨，销售总额8000万元，县内农资市场占有率75%。

【农产品购销】2016年，东安县供销合作社系统各类农民专业合作组织及电商网点累计购销各类农副产品4500万元，其中畜禽类产品400吨，购销额1200万元；水果类产品1100吨，购销额800万元；蔬菜及其他类产品6000吨，购销额2500万元。搭

东安县供销社“网上供销社”服务中心

建电子商务平台，累计建设站点38个，乡镇实现全覆盖。采取“实体＋网络”“手机＋电脑”“线上＋线下”营销方式，推进东安农副产品企业、农资企业、农户与消费者在平台上交易、购物，实现网络交易。县内企业、专业合作社入驻“永州网上供销社”电子商务平台67家，农资、农副等各类产品上线390个。

【扶贫帮困】2016年，东安县供销合作社探索党建帮扶新路子，通过村党支部与专业合作社互帮互助、结队共建等形式，充分发挥村党支部在劳动力、土地、组织发动及专业合作社技术、市场、信息等方面优势，逐步实现资源共享、人才互补，并最终实现“让群众富起来，让支部动起来，让队伍活起来”的目标。帮助大庙口镇白沙村组建新作为柑橘、新作为蔬菜和新作为农机3家专业合作社，发展柑橘种植500多亩，发展大棚蔬菜200余亩，组建小型农机队。帮助新圩江镇沙子铺村组建东安县中田橙子糖产销农民专业合作社，注册“中田沙子铺”商标，申请食品生产备案许可证，引进20余万元食品切割包装生产线，设计各种类别包装盒，产品包括橙子糖、冬瓜糖、麦芽糖等10余种，年销售额30万元以上。

（张华君　雷　科）

县供销社领导名录

谢康生　主任、党组书记
蒋海华（女）　监事会主任、党组成员
唐为群　副主任、党组成员
唐高照　纪检组长、党组成员

商　业

【概况】2016年，撤销东安县商业事务管理办公室，暂设县商业企业改制服务办公室，为县商务和粮食局管理的过渡性事业机构，主要承担县商业系统、县物资系统企业改制的相关事务和离退休人员管理服务工作，不核定人员编制和领导职数，不制订“三定”规定，人员从已撤销的县商业商务管理办公室人员中划转。

【企业改制】商业系统改制自2004年启动，到2015年年底，县百货纺织、五金交化、食品工业、糖酒副食、饮食服务等5家企业实现两个置换，食品公司虽已进入改制阶段，因资产无法变现，没有完成。2016年，按照“重新启动，修订完善方案、处置资产、置换身份”的改制思路，抓好改制扫尾工作，稳定未改制企业。在县食品公司召开职工代表大会，统一职工思想；听取职工意见，修订完善方案；妥善安排离退休职工养老保险、医疗保险事项。同时，对已改制5家企业加强留守人员管理和企业剩余资产管理，避免资产流失。

【定点屠宰】2016年，县商业办加强生产管理，生猪定点屠宰工作更加规范。全县定点屠宰猪6.8万头，比上年增长18.3%，实现税收76.5万元，比上年有一定增长，真正让全县人民吃上“放心肉”。

（魏　锋）

县商业办领导名录

黄华云　党委书记、主任
蒋爱华　纪委书记

盐　务

【概况】2016年，东安县盐业公司以深入开展“两学一做”学习教育活动为契机，以落实“三项”制度建设为重点，以调整销售结构、增加利润为目的强化市场管理，把全县分为二个片区，要求片区经理在下乡访销检查和配送时对每个网点都必须检查食盐零售许可证的悬挂,盐产品和非盐产品的陈列,帮助客户理货,宣传盐业法规和新品盐知识,并在访销卡上登记,对A、B、C类客户全部重新签订购销合同,对特殊渠道实行定点配送,明确销售任务,落实收入分配与业绩挂钩的薪酬制度,确保全县市场稳定和各项工作有序开展。全年购进各类盐2012吨,完成年计划2130吨的94.5%,销售各类盐2177吨,完成年计划2170吨的100.3%,其中小包盐销售1752 吨,完成年计划1980吨的88.5%。物业收入15.264万元,为年计划15万元的100.2%。

【新品盐推广】2016年,县盐业公司广泛开展对新品盐宣传和促销活动,利用"3·15""5·15"等开展宣传活动,给消费者讲解新品盐特点,通过散发、张贴新品盐宣传资料,增进消费者对新品盐认识和了解。要求市场推广的新品盐做到"随处可买,随手可拿",加大对客户促销力度,6月上旬和11月下旬举办2次客户联谊会,对购进新品盐客户进行现场返点非盐商品,促进客户购进和自愿推销新品盐积极性,从情感、法规、服务三个方面来维护客情关系,增加新品盐销售。

【市场管理和监管】2016年上半年,特别是在《盐业改革方案》公布后,县盐业公司进一步加大对市场宣传和监管力度,在人力、物力、财力上全力支持,除了在"3·15""5·15"宣传日常规宣传外,还联合市管部对县内乡镇市场进行盐业法规宣传。在市场管理上,坚持"看得紧,抓得严",从不掉以轻心,并列为工作重中之重,特别是"盐业改革方案"公布后,为了防止一些不法商户破坏盐业市场秩序和安全,公司加大对市场监管力度,主动协调与县内有关职能部门进行7次大规模联合执法,形成良好的沟通和联合执法机制。公司发放宣传资料6000余份,悬挂横幅22条,张贴通告和多品种盐宣传画2000余张,出动人员480余次,出动车辆185余次,确保全县食盐市场稳定和安全。

【内部安全管理】2016年,县盐业公司加强资金安全管理,对货款进行严格管理,坚持POS机收款,坚决按要求做到货款及时入账、对账,全年未发生挪用和拖欠货款现象,确保资金安全。加强商品安全管理,每月进行清仓盘点,仓库内存放的各类盐及非盐商品数量和重量做到账实相符;加强费用安全管理,严格控制各项费用开支,从节约一度电、一张纸、一升油做起,平时不参加县里不必要的聚会和应酬,尽量减少不必要开支,同时做到全年安全生产,保障"零事故"。

【党建工作】2016年,县盐业公司党支部继续深入开展"两学一做"学习教育活动,并作为重要工作来抓。公司党支部在年初召开动员大会,制订具体实施方案,在公司院内制作宣传栏2个,并向党员发放《中国共产党章程》《中国共产党廉洁自律准则》《中国共产党纪律处分条例》《习近平总书记系列重要讲话读本》等系列学习书籍和资料,组织党员加强理论学习。按照省、市党委要求,认真清理每位党员交纳党费情况,督促党员按标准及时补交党费。10月,公司党支部委员会进行换届,选举出新一届党支部委员会书记和委员,以及出席东安县第四次党员代表大会的党员代表。 (朱海棠)

县盐业公司领导名录

朱海棠　经理
唐芳伟　副经理

电子商务

【概况】2016年,东安县农村电子商务工作领导小组由县委书记任组长;县人民政府县长任县农村电子商务执行小组组长;一名副县长兼任县农村电子商务办公室主任;配备4名工作人员。在东安县从事电子商务的大型企业有阿里巴巴、甲骨文科技、邮乐购、每天惠、麦点商城、前海八实万"互联网+移动超市"、惠农网等10余家。东安县在永州市政府与阿里巴巴(中国)软件有限公司、杭州甲骨文科技有限公司签订战略合作协议,阿里巴巴"农村淘宝"项目正式落户东安。东安县被阿里巴巴农村淘宝事业部评为2016年度"最具活力县域",相关工作经验被《人民日报》(海外版)头版头条进行宣传,《湖南日报》亦予以报道。

【平台建设】2016年,全县有阿里村淘县级服务中心一个,面积

县政府副县长李瑞霞参加“我是县长，我代言”活动

2000余平方米，阿里村淘服务站点58个，首批村淘合伙人80人。农村淘宝累计完成订单26.44万笔，成交金额3103余万元。东安县欣荣绿色产业有限公司、东安县大福源超市有限公司、东安县霞栖农业科技有限公司、东安县每天惠电子商务有限公司被省商务厅认定为省电子商务企业。5月，注册成立东安县电子商务协会。11月，八实万“互联网+移动超市”首个村级服务站入驻东安，八实万移动超市平台将东安的企业、农特产品与互联网结合起来，为东安本土商品搭建新销售渠道，让更多人可以买到东安优质产品。通过微信综合平台“东安美生活”、社区“好人帮”APP在线销售农产品，对接永州市和长沙市销售渠道，逐步建立社区网格化分布式销售体系。全县注册物流企业45家，邮政快递及“四通一达”等10家快递服务实现全覆盖，年派送量突破1000万件。通过和阿里巴巴、菜鸟物流等大型电商物流企业合作，全面铺开农村快递物流网络，打通农村网络购销运输配送渠道，多形式、多渠道、多类型发展物流快递服务业，解决农村物流配送“最后一千米”问题。扎实推进电商特色村建设，支持芦洪市镇赵家井村、大盛镇斗山村2个电商特色村创建工作。

【电商扶贫工作】2016年，在川岩乡白牙水村、井头圩镇上大村、新圩江镇茶源村、水岭乡吊牛坪村、鹿马桥镇天堂村、大庙口镇韭菜村、鹿马桥简家岭村7个贫困村新增电商服务网点。配送电视、电脑、电脑桌和门头等设备，并给予扶持资金。“双11”期间，县政府副县长李瑞霞参加省扶贫办、湖南经视联合主办的“我是县长，我代言”活动，推介东安旅游景点和特色农产品，销售农副产品200万元。

【电商培训】2016年，县电商办举办各类培训班20余期，培训1000余人次。对农村淘宝合伙人举办培训班10期，培训600余人次。10月，县电商办与县供销社联合举办为期4天电子商务运营学习培训班，来自全县37家农民专业合作社理事长、种养大户、基层供销社负责人共80余人参加培训。

【电商活动】7月13日，协办首届“电商杯”美丽东安文化旅游形象大使选拔赛；9月4日，主办东安县首届阿里巴巴乡村文化节广场舞大赛；9月23日，在云南省政府和阿里巴巴集团联合举办的首届阿里巴巴乡村文化节中，大盛镇斗山村舞蹈队代表东安县参加的舞蹈节目《逛新

农产品展示

首届“电商杯”美丽东安文化旅游形象大使选拔

城》获全国季军。组织企业在全国阿里乡村县域文化博览会上，展示和推广东安县旅游、东安美食及东安特产。11月30日，组织全县优秀电商创业者参加“邮储银行杯”永州市首届青年电商创业大赛，东安县宇铭雕刻有限公司唐国强获大赛特别奖，易少玲、蒋倩路、王许权、唐秀科等7名创业者获大赛优秀奖。

（蒋学赛　唐涛华）

石油供销

【概况】2016年，中石化东安石油分公司内设综合办公室、财务室、安全数质量管理办公室，有员工73人。主要经营成品油、润滑油（脂），非油品业务，有9座在营加油站（直管站3座，托管站6座），有发卡网点5座，易捷便利店6个。其中年销量5000吨以上站1座；3000～5000吨站3座；1000～3000吨站2座；其余3座小站销量为1000吨以下。

【轻油营销】2016年，中石化东安石油分公司围绕全年任务，结合城乡区域市场特点和加油站不同情况，利用各站人脉资源，充分掌握东安成品油市场需求信息，多方位多渠道联系客户，建立客户档案动态管理，深入开展客户走访活动，利用QQ、微信等新信息手段，及时向客户传递中石化各项营销活动和销售政策，同时推荐IC卡业务，宣传“一卡在手，各地加油”理念，提高持卡比，并利用“多卖一吨油”活动展板，进一步宣传活动政策，通报各站目标任务及站点销量情况，并给员工灌输提量增薪思维意识，形成你追我赶竞争态势，尽一切可能留住老客户、发展新客户、培养忠诚客户。同时严把油品数、质量关，做到接卸存合格、油机不超差、定期送检油品，向客户灌输中石化油品质优量足特点，展现中石化“每一滴油都是承诺”的社会责任感。实现零售轻油销量2.2万吨。

【非油销售业务】2016年，中石化东安石油分公司充分发挥非油专管员和站长联动作用，把订货和销售协调起来，加强市场调研，不断丰富商品品类，力争完成大站1000个品类、中站800个品类、小站500个以上品类目标，让客户有挑选余地，刺激顾客购买欲望。同时把泵岛营销、门房营销、“提篮”营销作为非油工作开展主攻目标，自我加压，做大做强非油销售，把压力变为动力，真正做到主动营销、快乐营销，全年完成非油品经营700万元。

【综合治理】2016年，中石化东安石油分公司针对加油站规范化管理存在“低标准、老毛病、坏习惯”和部分加油站“脏、乱、差”问题，制订《东安石油公司督查管理实施办法》，重新挑选素质高、业务精、责任心强的机关管理人员和加油站站长组成督查队伍，制订全年督查计划，除逐周、逐月进行综合督查外，根据天气、节气情况，逐月开展加油站现场管理、安全、设备、数质量、经营、专项督查。对督查出来的问题下达整改通知单并纳入考核。以高标准、严要求为经营管理目标，抓好站内基础管理工作，紧盯站容站貌，树东安城中加油站为经营管理标杆站；以“温馨、奋进、平安、和谐”为标的，为员工提供一个舒适、温馨工作环境，主抓员工稳定，树立大庙口加油站为“家文化”建设示范站。将综合治理作为加油站今后管理长效机制，发挥标杆示范站榜样作用，以先进带后进，并开展点对点帮扶活动。通过现场示范，让各经营管理相对落后站点用最直观方式向先进加油站学习，促进东安公司辖区内加油站整体提高，让人们在一种享受的环境下各取所需，向广大客户展现中石化加油站“朴实、温馨、时尚、卓越”加油站形象。

12月16日，东安县召开2016年烤烟生产总结会暨2017年烤烟生产动员会

烤烟生产

【概况】东安县烤烟生产设办公室，属县政府临时机构，无机构代码，无人员编制，烤烟办主任及另2名工作人员均从县农业委临时抽调借用，工资待遇由原单位发放。2016年，东安县被永州市人民政府评烟叶工作先进单位，县烤烟办被永州市人民政府评为烟叶市场管理先进单位，胡翔辉被永州市人民政府评为烟叶工作先进个人。

【烟叶生产】2016年，全县3个种烟乡镇、43个种烟村、248户烟农，完成烤烟种植面积10890亩，收购烟叶24293担，每千克收购均价26.5元，比上年均价25.92元增加0.58元，提高2.2%；亩平收购烟叶2.23担，较上年亩产2.1担增加0.13担，增产6.2%；加上财政补贴，亩平收入3300元，比上年增加300元，增幅为10%；实现收购资金3218万元，完成地方财政烟叶税收708万元，比上年增加230万元，增长48.12%；兑现品种补助372.38万元，支付烤烟受灾补助46万余元，农民直接种植烤烟收入3637.2万元，实现烟农户均收入14.67万元，户均纯收入达5万余元。因冰雹、洪涝、病害诸多因素对全市大部分种烟县影响较大，由于东安县委县政府高度重视，各级涉烟部门齐心协力，烤烟生产取得历史性突破，收购均价首次进入全市第四（历年均价倒数第一）、烟叶收购秩序和烟叶等级质量均为历年最好。

（樊合生　胡申球）

烤烟生产先进单位

县烤烟办领导名录

胡翔辉　主任

烟草专卖

【概况】2016年，东安县烟草专卖局（分公司）有在岗员工79人；下设办公室、综合室、财务室、市场服务分部、专卖监督管理股、烟叶生产经营分部等6个股室。获“2015—2016年度湖南省消费维权先进单位”称号。

【烟叶收购】2016年，烟叶生产实现收购进度快、秩序稳，烟叶质量好，烟农收益高的目标。现代烟草农业建设扎实推进，烟农合作社服务水平全面提升，5个环节服务覆盖率100%。举办10余场次精益生产技术培训，编发1万余条烟叶生产提示短信，促进技术措施落实到位。全面推行“采编烤分一体化”专业化服务模式，《中国烟草》杂志对东安经验予以专题报道。首次推行分部位、分时段收购模式，全面实行精准预约，得到市局充分肯定，获得烟农好评。东安县获“全市烟叶工作先进县”“全市科技创新先进单位”称号。

【卷烟营销】2016年，全县有卷烟零售户1879户，销售卷烟1.74万箱，同比下降2.21%，全市排名

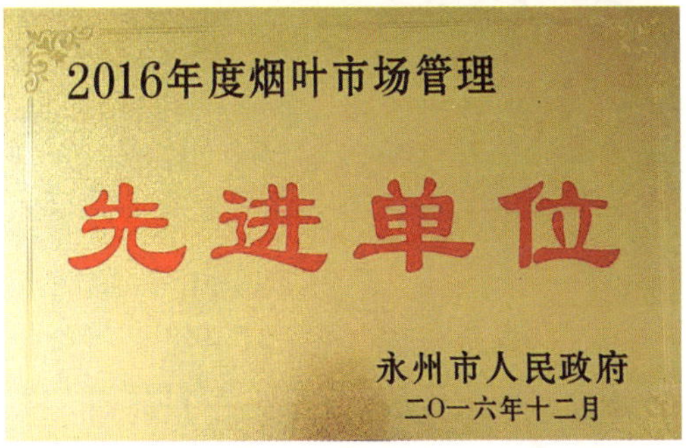

获得荣誉

第6位。开拓市场，开展客户需求预测商定订单工作和“消费者在哪里，我们就到哪里”主题营销活动。始终抓牢抓实销量，做实客户订单，将销售任务分解到天，细分到人。开展36场次降库促销活动、15场/次品牌宣传促销活动、事件营销活动6起。注重抓好客户服务，主动联系建行为132户客户办理贷记卡，引导客户使用微信群，构建新型工商零营销体系。定期召开专销联席会议，及时沟通反馈市场和客户信息，在复杂的形势下，完成销售任务。

【专卖管理】2016年，县烟草专卖局加强对重点区域、重点环节、重点对象监管，与公安、工商等部门联合对边界地区烟草市场开展专项检查、清理整治工作，有效净化市场环境。全年开展联合清理整治行动5次，出动打假人数789人次，查处案件92起，其中真品卷烟案72起，破获国家级标准网络案1起，移交公安部门处理案件1起，刑事拘留4人，批捕4人。推进行政许可规范，从快从宽从优办理专卖零售许可证，实行上门服务、送证到户。强化后续监管，坚持日常走访与基础信息维护相结合，及时处置证件非法转让、证照不符、证照不全等问题，实现动态监管。全年新办证205户，注销231户。

【企业管理】2016年，县烟草专卖局强化预算管理，充分发挥预算管理作用。严控各项重点费用开支，全年业务招待费、差旅费、会议费、车辆运行费同比有较大幅度下降。全面规范采购管理，做到“应招尽招，真招实招”，加强全过程监督，按需求组织采购。加强安全管理，对关键部位进行隐患排查、整改，创建微型消防站，配备一批消防设备设施。注重宣传报道，鼓励员工在相关媒体踊跃投稿，稿件发表数量在全市系统名列前茅。

【队伍建设】2016年，县烟草专卖局突出抓好“两学一做”学习教育。开展四个专题学习，先后开展党员挂牌上岗、重走红军长征路、参观陶铸故居、手抄党章、“我向大家推荐一本好书”等活动，创建“两学一做”微信公众号，得到省局督导组、县“两学一做”领导小组肯定。突出抓好党风廉政建设。开展党风廉政专题教育活动9场次，开展警示教育、廉政文化活动6次，发放廉政书籍80余册，发送廉政短信6条450人次。突出抓好“创先争优”活动。专卖稽查大队成功创建市级“青年文明号”，1人当选为市党代表，1人当选县政协委员，4人受县政府嘉奖。突出抓好工会活动，公司组织成立兴趣小组，开展拔河、工间操、篮球、厨艺比赛等形式多样活动，在全县广播操比赛、全市系统篮球比赛中，获得较好成绩。组织退休老同志开展门球、棋牌等活动，突出对员工关怀。为扶贫村实施扶贫项目3个，受县政府充分肯定；结对帮扶4名贫困学子，树立良好企业形象。

旅　游

【概况】2016年，全县接待游客386万人次，比2014年增加231万人次，比2015年增加186万人次，分别增加149%、193%，实现综合收入18.7亿元，同比分别增长187%、103%，旅游综合收入占全县GDP的18%，占第三产业的76%。

【旅游规划】2016年，东安整合资源、集中力量，全面推进重点项目建设，构筑三大精品旅游区：舜皇山景区、黄金洞景区和芦洪市景区。舜皇山国家森林公园创AAAA级旅游景区，国家级东安紫水湿地公园创AAAA级旅游景区，黄金洞景区创AAA级旅游景区，树德山庄创AAA级旅游景区，神华火电创现代工业旅游区；抓好五大旅游重点建设项目：舜皇山景区综合开发，国家级东安紫水湿地公园，东安石林休闲度假中心，黄金洞省级森林公园，永州烟竹山庄国际养生文化园；建设一批星级酒店：新建四星级酒店2家，三星级酒店3～6家，旅游定点饭店16家；培育两家以上五星级乡村旅游景区：大江源、南冲边；办好一套节庆活动：东安武术节、东安美食节、登山节、漂流节、乡村旅游文化节；开发系列旅游商品：以东安鸡为主的东安美食系列产品，银杏系列产品，竹雕、蛋雕、竹编系列工艺品。同时，构建“一心、三辅、三大片区”微旅游建设体系。“一心”即东安县城为全县旅游综合服务中心和集散地；“三辅”指紫溪市镇区域、大庙口镇区域和芦洪市镇区域；“三大片”为芦洪市民俗文化体验区、湘江历史文化休闲区和舜皇山生态旅游区。开通县城至景区的旅游专线。完善慢游体系建设，加快自行车道、步道建设，建立自驾车、自行车、自助游营地。加快推进紫水湿地公园建设，完善县城景区至芦江沿岸“一带八景”景区交通专线。构建景区交通环线。加快舜皇山景区至水岭景区连接线道路建设，延伸至石瑞、紫云、塘家、简家岭，形成舜皇山景区、水岭景区、川岩松江水库景区以及简家岭村等景点景区的旅游交通环线。

【县内基本旅游线路】2016年，东安县确定乡村微旅游6条线路：县城——舜皇山——高岩水库——塘夫（广利桥）——紫溪市（吴公塔等古迹）——县城，以森林生态健身旅游为主，以文物古迹观赏为辅，适宜二日游、三日游或四日游。县城——洪井（唐元甫故居）——横塘（周家大院）——渌埠头——紫溪市（吴公塔等古迹）——县城，以历史民俗旅游为主，以古民居、古塔及三国古迹观赏为辅，适宜一日游、二日游或三日游。县城——渌埠头（入乐满江）——羊角坪（出乐满江）——洪井（唐元甫故居及唐元甫夫妇墓）——井头圩（七里坪生态农业园）——县城，以亲水康娱旅游为主，以参观唐元甫故居、墓及生态农业为辅，适宜二日游、三日游或四日游。县城——黄金洞——井头圩（七里坪生态农业园）——青丝垅休闲山庄——川岩——县城，以山水风光漫游为主，以农业旅游为辅，适宜二日游、三日游或四日游。县城——芦江漂流——芦洪市（树德山庄、老街、九龙岩等）——县城，为生态漂流及历史文化旅游线路，适宜一日游、二日游。县城——同力山庄（虾塘）——水岭（武术、饮食民俗村）——韭菜（入石长城景区）——塘坊边（老山界红军路）——大庙口（杨江源，舜皇岩）——紫溪（三国古迹）——渌埠头（探湘江入湘之源）——大江口桃花坞（游湘江平湖）——县城，适宜二日、三日或四日游。

【景区建设】2016年，舜皇山完成AAAA级旅游景区创建，被列为市级重点旅游项目。东安紫水湿地公园、东安石林休闲度假中心、烟竹国际养生度假中心等一批项目正在建设。冷东公路二期暨东安县城至大庙口镇的二级旅游公路建成通车，完成全程太阳能路灯亮化工程；梅子山旅游一条街项目完成征地96亩，完成路网和路灯亮化、休闲广场建设等工作；7月，建成舜皇山宾馆2号楼；进园公路扩宽升级，连接新宁崀山S348线的50千米旅游公路进入省交通“十二五”补充规划，“十三五”期间可正式开工建设。年底，全县建成等级景区点15家（其中国家AAAA级旅游景区1家，四星级乡村旅游景点2家，三星级乡村旅游景点8家，二星级乡村旅游景点4家）。

【旅游接待】2016年，全县有旅游业从业人员1.09万人；有旅游星级饭店13家，旅行社门市部6家（光大旅行社、春秋旅行社、铁青旅行社、宝中旅行社、海外旅行社、亲和力旅行社），旅游餐饮示范点有钓鱼、大江源等2家。旅游购物、旅游餐饮、旅游娱乐有了全面发展。一批度假旅游项目、农家乐旅游项目、农业旅游项目、生态旅游项目相继推出，受到市场的欢迎。

【宣传与营销】2016年，县委、县政府创新营销方式，把“互联网+”思维融入传统旅游，发展旅游电子商务，构建包括数字景区、电子商务、数字化营销等在内的智慧旅游系统，推进“智慧旅游”服务平台的建设。充分利用现代新媒体，如贴吧、博客、微博、微信、QQ等新载体，及时上传美文、美图及精美视频来加大旅游宣传力度。参加省市旅游局组织的各类旅游交易会，如湖南国际旅游节、广东国际旅游文化节、中国国内旅游交易会、国际旅游商品博览会和香港国际旅展，为宣传东安形象、拓展客源县场打下良好基础；在电视台、报刊等媒体上宣传东安旅游整体形象，推介重点旅游区（点）；利用舜皇山生态旅游节、重走红军路、湖南国际漂流大赛、美丽东安摄影大赛等旅游节庆活动推进旅游产业发展。树立东安旅游产业形象、扩大旅游产业影响，形成“政府宣传、行业推广、企业营销”三位一体旅游营销新架构，提升“美丽东安”品牌影响力。

旅游景点

【舜皇山国家森林公园】位于县西南，距县城29千米，南与广西全州县交界，西、北与新宁县接壤，园区南北长42.5千米，东西宽17.5千米，总面积为14548.6公顷，地处中亚热带季风湿润气候区，四季分明。因舜帝南巡于此而得名，是《湖南省志》记录在册的名山，也是全国众多名山大川中唯一一座以远古帝皇名号命名的山，主峰海拔1882.4米，被誉为“天设湖南第一峰”。1982年，舜皇山被列为湖南省级自然保护区，1992年建立舜皇山国家森林公园，1993年正式开园迎接游客，2007年被评为国家AAA级旅游景区，2013年6月被评为国家级自然保护区。2016年，被评为国家AAAA级旅游景区。舜皇山“控百粤而引衡岳”，园内层峦叠翠，峰险谷幽，溪涧纵横，瀑布成群，溶岩壮丽，山、水、石、林巧合成景，岩、泉、树、藤自然成趣，以雄、奇、险、秀、幽闻名遐迩，被称为“绿色明珠”“生态王国”。森林覆盖率达91.8%，高等植物有223科921属2368种，竹类有9属31科，其中属于国家一级保护植物5种，二级保护植物20种，每立方厘米空气负离子含量达9.8万个，被誉为“天然氧吧”。有野生脊椎动物28目77科262种，其中属于国家一级保护动物5种，二级保护动物35种；蝶类有11科155属355种，占全国蝶类的27%，被称为蝴蝶王国，其中湘南荫眼蝶、舜皇环蛱蝶、娥皇翠蛱蝶、东安燕灰蝶、周氏何华灰蝶等五个品种，在世界范围尚属首次发现。红军长征曾途经舜皇山，老一辈无产阶级革命家陆定一为此撰写了著名革命回忆录《老山界》，长期作中学语文教材使用。舜皇山国家森林公园已开发杨江源和舜皇岩两大景区，完成投资近5000万元，主要景点和项目有杨江源、女英溪瀑布群、娥皇溪、蝴蝶谷、杜鹃花海、舜峰绝顶、舜皇岩、阳江漂流等。舜皇山被列入永州市七大旅游精品工程之一，完成旅游、林业、自然保护区规划修编。2016年完成游客服务中心、停车场建设，完成新宾馆装修、精品游步道、四星级旅游厕所等主要配套服务设施。

【舜皇岩】位于舜皇山东麓、大庙口镇大庙口村与新塘村之间的大石山内。相传为舜皇南巡时的地下别宫。该岩是一个雄奇瑰丽的岩溶洞。1984年2月7日被人们偶然发现，据考古学家认定，岩洞形成已有一亿年以上。洞中有5宫(即前宫、中宫、后宫、侧宫、西宫)18殿(即迎宾殿、水帘洞、山殿、龙虎堂、用膳厅、舜池洞、千佛殿、舜乐厅、御花园、珍珠库、舜殿、天宁寺、仙人桥、石林洞、玉石峰、点将台、送客厅等)。洞内大量的石笋、石幔、石花、石谷比比皆是；乳石、乳柱、乳钟、乳鼓千姿百态，琳琅满目。洞底有石笋、石柱。洞壁石幔、石花形似幅幅画卷，妙趣横溢。洞顶石钟乳晶莹剔透，前宫有瑞狮朝阳、古柏迎宾、双龙戏珠、定海神针；中宫有擎天玉柱、金果银花、猛虎下山、金狮戏龟、帝子湘妃、花好月圆；后宫有玉石走廊、玉烛长明、冰泉豆浆、舜池凌空；侧宫有玉纱琼阁、斑竹林立、圆帐高挂、熊猫送客；西宫有御床、仙人桥等，洞中有洞，景中有景。

【上界头村】位于川岩乡南部，海拔近1000米的大山之巅，村后有将军棋山，隶属越城岭山脉，以古代两名大将军得胜后席地而坐，以磐石为盘、以石子为棋对弈而得名。山上常年云雾缭绕，有如仙境，特别是每年春末夏初，面积达3万余亩的杜鹃花盛开，蔚为壮观。境内乐子冲保留50多座吊脚楼群，古色古香。村中建有古刹青龙寺，寺内常年香火缭绕，香客络绎不绝。境内森林资源得天独厚，有楠竹1500余亩，有古树近千株，拥有全国稀有的刺木林、古松树林和上千年的银杏树。因其丰富的生态资源、迷人的自然风光、淳朴的民风民俗，享有“湖南最美丽山村”盛誉，现为中国工笔画写生重要基地、永州市作家采风基地。2015年、2016年，在此连续举办两届川岩上界头山地自行车挑战赛。

【树德山庄】唐生智故居，座落在芦洪市镇赵家井村。该建筑宏伟壮观，中西结构，风格独特。整个门庭按“四进三井”设计建造，取《老子道德经》中“道生一，一生二，二生三，三生万物”之意，寄望于子孙繁衍不息，永世荣昌。最为奇特而又令人费解的是其大门设计：大门一边凹进，一边凸出，称为阴阳门，从建房起，一直没固定过，一年四季，要改动四次，直至现在的大门据说是唐生智先生最后一次离家改的。山庄建于1927年，唐生智回乡修建故居，并命名为树德山庄。1938年，又在右侧建成耀祥中学，与山庄连为一体。1938年至1949年唐生智曾回乡居住，成为民主革命联络点。1950年，山庄收为国有。1953年划给粮食部门，将后院局部作为粮库，尔后又办过粮食学校。1989年唐生智先生诞辰100周年，县政府拨款8万元，进行全面维修。1991年山庄公布为县级文物保护单位。1992年县政府1号政府会议纪要明确了山庄的保护范围，并决定由文化、粮食部门共同保护管理。1996年湖南省人民政府将山庄公布为省级文物保护单位。1997年永州市人民政府将其列为爱国主义教育基地。2000年，省文物局拨款5万元对山庄部分建筑进行维修。2003年成立唐生智故居管理所，加大保护力度。2006年，报经国务院批准，核定为全国重点文物保护单位。山庄原布局基本保护完整，建筑保存完好。

【广利桥】位于紫溪市镇花桥村印水河（紫水上游）上，距东安县城20千米，建于清乾隆三十八年（1773），是一座历经200多年风雨的古桥，以其独特的“金脚、银腰”风雨桥造型传世。广利桥仿效宋代桥梁营建方法而建，桥分3拱，石墩木罩，长36.8米，宽4.5米，高7米，桥亭高6米。桥亭建有17间拱亭，上有穹形天罩，纯木结构，上盖青瓦，桥亭内两侧装置76根木栏柱，栏柱边设置木板坐凳，供行人歇憩。居中拱亭高出其余各间1.5米，斗拱三层飞檐，檐角嵌有龙、凤、鱼等装饰物件，桥头各砌有17级石阶，东端石阶雕刻有9只蟾蜍图案。桥两端有辅亭，呈八字形左右对称，衔接桥拱，浑然一体。广利桥为本地富豪文石昌、文石宝弟兄修建，光绪二年（1876）重修。相传文氏兄弟先后在印水河上建桥三座，唯广利桥最为宏伟壮观。桥名取“广济众人，万民称便”之意。1981年列为省级重点文物保护单位。2013年5月3日中华人民共和国国务院公布广利桥为“全国重点文物保护单位”。

【吴公塔】位于紫溪市镇东侧紫水河北岸，建于清乾隆壬申年（1752）五月。据清光绪《东安县志》记载：“知县吴德润与荆道乾先后造浮图，塔建成后，民众将此塔以‘吴公’命名，以示纪念。”吴公塔距县城9千米，湘桂铁路卧枕塔旁，是东安县保存比较完整的古迹之一。塔形奇特，青石结构，七层八面，高28米，底座直径11米，第一、二、四、六层周围均砌有青条石回廊，供游人凭眺。第五层内有石碑刻4块，有吴德润与荆道乾咏塔绝句各1首。塔内空砌，有石级回旋而上，可至塔顶，顶端堆叠有下大上小的石鼓3只。吴公塔古称“塔峰插汉”，是紫溪市镇“清溪第一景”。1983年，被列为县级重点文物保护单位。2002年，湖南省人民政府公布为省级文物保护单位，并划定了保护范围和建设控制地带。

【沉香寺】位于紫溪市镇渌埠头村湘江上游北岸的尖峰岭上，相传因悬崖边有舜帝播种的沉香树而得名。原庵建于清乾隆四十八年（1783），有正殿3座，两旁横屋各4座。砖木结构，上盖琉璃瓦。前殿为关圣帝君殿，内有关云长、关平、周仓等烫金塑像，像前一口直径1.5米的大铁钟；中进为大雄宝殿，有3尊大古佛像，两侧有18罗汉和24诸天菩萨；后殿是观音殿，供奉着清同治八年（1869）建造的一尊观世音佛像和飞鸽塔。塔身刻着清代诗人郭青莲的诗：“三十二年身觉悟，四百八十户圆通。白衣脱下无人识，明月莲花火里红。”横屋内设禅座和诵经堂，有弥勒佛和齐天大圣像。庵前临江悬崖处有一石像观音，清道光五年（1835）錾成，神态慈祥。石壁上刻有“我心非石”四个大字，每字0.66米见方，笔力沉穆雄浑，至今清晰。该庵香火兴旺，史载“日有千客朝佛，夜有万家灯火”。“文化大革命”时，庙宇拆除，仅存飞鸽塔。庵堂周围石碑刻尚存9块。每年二月十九日、六月十九日、九月十九日，均有本县及周边县市以及广西等地的香客来此烧香拜佛。2010年，镇人筹资近600万元改建、扩建。今属湖南省佛教保护单位。2014年，被定为东安县禅德文化基地。

【汉营古迹】位于紫溪市镇南侧诸葛岭，又名张飞岭。该岭海拔373米，方圆8000平方米，清《一统志》载:“诸葛岭在县南一里许，相传武侯驻兵于此，壁垒之迹犹存。”相传三国时张飞曾在此扎营，于山头开劈一圆形跑道，供士兵跑马射箭用。今石壁上刻有“汉营古迹”四字，系明代万历己卯(1579)年知县朱应辰题刻。

【千里湘江第一湾】位于紫溪市镇渌埠头村与伍家湾村，系古“潇湘十景”之“香潭渌水”所在。湘江从广西桂北海阳山流经“楚粤门户”，两边的山形似两头公牛，抬头相向，好像随时都要牴牾角斗，由是命名曰“斗牛岭”。湘江随后拐了130度大弯，留下“千里湘江第一湾”。古代，这里曾经是湘南连接粤桂的船运码头。河边的石壁上，留有明代大学士解缙题刻的《沉香潭山水歌》。明代地理学家徐霞客、学者王夫之等均在此留下传世之作。

(谭利梅)

国土资源·环境保护

国土资源管理

【概况】2016 年，东安县国土资源局内设办公室、政策法规股（信访室）、财务股、耕地保护股、规划用地股、土地利用股、地籍地政股、政工股、矿产开发管理股（地质环境股）9 个股室和纪检监察室、工会、妇女工作委员会、驻县行政服务中心窗口办 4 个专门工作机构；设国土资源执法监察大队、土地开发整理中心、地矿规费征收所、土地收购储备中心、征地拆迁事务所 5 个直属二级单位；下辖白牙市国土资源所、紫溪市镇国土资源所等 15 个乡镇国土资源所。全系统在职人员 171 人。

土地开发

【土地市场建设】2016 年，县政府坚持经营性用地招拍挂出让，进一步规范土地市场秩序，建立有形市场，防止国有土地资产流失。地产交易中心全年挂牌土地 21 宗，面积 39.8982 公顷，其中成交土地 11 宗，面积 21.5546 公顷，成交价款 1.2047 亿元；流拍土地 10 宗，面积 18.3436 公顷，挂牌价款 1.8 亿元。

【耕地保护】2016 年，县政府落实耕地保护制度，建立耕地保护责任网络，形成县、乡（镇）、村、组四级耕地保护责任网络体系，层层签订耕地保护目标责任书，确保全县耕地保有量稳定在

64.5万亩以上，基本农田保护面积保持在52.2万亩以上，连续11年实现耕地占补平衡。扎实有序开展永久基本农田划定工作，并按时间节点完成自验，并报市、省两级验收。

【地籍管理】2016年，县国土局按照国土资源部和省国土资源厅相关精神，有条不紊地开展不动产统一登记的基础工作。5月20日，举办数字东安地理信息基础工程项目设计书评审既共建共享合作协议签约仪式。9月1日，东安县举行不动产登记中心揭牌暨首证颁发仪式，首证颁发标志东安结束土地、房屋、林地等不动产分散登记历史，开启不动产统一登记新征程。全年办理土地登记发证3098宗，抵押登记42宗。

【矿政管理】2016年，全县开展例行执法100余次，出动人员800多人次，出动巡查车辆近300台次，取缔非法矿点40处(含磁选场)，拆除厂棚60多个，捣毁机械设备磁选机30余台、洗矿机40余台。经过连续集中整治，全县所有非法选洗矿点全部取缔，矿区生态环境明显改善，矿产资源开发秩序得到根本好转。

【地灾防治】2016年，县国土局在汛前组织力量对全县133个地质灾害隐患点进行一次拉网式排查，做好登记，并将排查结果上报，做到早发现、早处理，确保隐患点万无一失，尽最大努力避免和减少地质灾害造成的人员伤亡和财产损失。从4月开始，实行24小时值班制度，严防地质灾害。加强宣传力度，让群众掌握必要的防灾抗灾知识，切实提高防灾抗灾能力。在抓好地质灾害防范同时，注重地质灾害治理，争取省级资金1000余万元，对青山坞滑坡、苍子岭崩塌两处地质灾害隐患点进行治理；筹集200多万元资金对50多处地质灾害隐患点进行应急治理；争取省级资金450万元，对黄家岭地质灾害隐患进行治理；结合精准扶贫，推进地灾搬迁避让工作，按计划搬迁避让32户，确保全县连续10余年实现地质灾害零伤亡。

【建设用地管理】2016年，全县批回土地105.9964公顷。征地865.31亩，拆迁2.15万平方米，其中美丽乡村征地473.24亩、汽车配件项目征地373.37亩、湘东气体项目征地18.7亩。挂牌土地11宗，面积21.5546公顷，成交价款1.2047亿元。

【土地执法监察工作】2016年，经武汉督察局和省国土资源厅实地核查后，下发东安县土地卫片执法图斑37个，面积1980.25亩，其中耕地面积603.5亩。所有违法用地全部处理到位，通过市、省里验收，并报国土资源部验收，按时保质完成土地矿产卫片执法检查工作。

【队伍建设】2016年，县国土局坚持正确用人导向，注重选拔在基层一线工作的优秀干部职工。对办公室、财务股、土地利用股、法规股、土整中心、征地拆迁事务所、地产交易中心、矿产资源规费征收所、白牙市镇国土资源所、水岭乡国土资源所、川岩乡国土资源所、石期市镇国土资源所等12个股室队所中心负责人进行轮岗和换岗。以深入开展“两学一做”学习为契机，严格落实党风廉政建设责任，加强关键股室、重要岗位廉政风险防控和案件查处力度，扎实开展“雁过拔毛”式腐败问题和“纠四风、治陋习”专项整治工作，坚持开门搞活动，强化问题导向，认真解决好征地拆迁、土地整治、农民建房等领域侵害群众权益的各类问题，坚持做到发现一起，查处一起，通报一起，树立国土资源部门为民务实清廉良好形象。进一步加强党组班子和干部队伍建设。坚持做好《作风建设值班日志》登记工作，对上班考勤、公务接待、工作纪律、服务效能等情况进行监督检查，效果明显。

【议案提案办理】2016年，县国土局专门制订《办理议案、提案工作方案》，通过深入调查研究和广泛征求意见，办理人大代表议案5件、政协委员提案1件。内容主要涉及基本农田保护、土地开发整理、空心房治理等方面。

(刘满林　周少波)

县国土资源局领导名录

唐良泗　党组书记、局长
唐　涛　党组副书记、副局长
蒋晓喻　党组成员、副局长
蒋建林　党组成员、副局长
刘伟湘　党组成员、副局长
唐守良　党组成员、纪检组长

蒋依群　党组成员、工会主席
张小甬　党组成员

环境保护

【概况】2016年，东安县环境保护局内设办公室、计划财务股、法制管理股、污染防治股等4个职能股室，下设东安县环境监察大队、东安县环境保护监测站、东安县高岩水库水源保护管理所等3个全额拨款事业单位，有干部职工47人。全年东安县环境空气质量达到和好于二级的天数为335天、优良率94.10%；地表水水质总体保持稳定，在高岩水库、紫水河湘江口、新屋、大夫庙水质监测断面符合地表水Ⅱ类水质标准；城市区域声环境质量达到Ⅱ类标准。

【污染物排放控制】2016年，县环保局完成55家工业源、5家农业源、2家集中式污染源污染物产生量、处理量、排放量数据的统计和上报；完成32家工业企业氮氧化物、氨氮排污权有偿使用费重新核定和征收。全年执收排污费和排污权交易费分别为24.6万元和40.6万元，同比分别增长36.6%和100.3%。

【环保审批】2016年，县环保局严格执行《中华人民共和国环境影响评价法》等环境管理法律法规，做到不违规、不越权审批，对新、改、扩建项目从严把关，谨慎审批。全年审查批准新、扩、改建项目27项，环评审批率100%；否决不符合准入要求项目5项。对批准的建设项目进行严格跟踪督查，完成18家建设项目的“三同时”（建设项目主体工程与需要配套建设的环境保护设施同时设计、同时施工、同时投产使用）验收，在建项目和已建项目的“三同时”执行率均达100%，全年新发、换发排污许可证29家。

【污染治理与纠纷处理】2016年，县环保局继续推进窑炉改造。改造东安县云生竹业有限责任公司等企业燃煤锅炉9座（煤改生物质燃料锅炉5座）。开展重金属污染治理，完成东安县黄泥洞锑矿区重金属污染防治工程和紫溪市镇塘复、荷叶塘锰矿区污染防治工程项目，组织实施验收。突出对环境污染纠纷调处，全年处理环境信访案件99件，其中来电72件、转交函22件；结案99件，处理率、结案率均达100%，满意率94%。

【环境监管与应急处置】2016年，县环保局实行网格化监管。制订《东安县环境监察网格化管理工作实施方案》及相关考核办法，围绕“明情况、抓重点、定责任、强监管”工作目标，科学合理划分监管网格，明确各责任领导和责任人对网格内企业环境监管负完全责任，逐步建立“三清三到位”（区域清、底数清、职责清、监管到位、互通到位、服务到位）立体式环境监管机制和纵向到底、横向到边的网格化责任管理体系。完善监管措施。对湖南中科农业、人民医院等全县77家重点企业按要求下达环境监察和监测计划，分类开展监察、监测；对4家重点国控企业安装在线监测，实行24小时监管。成立环境应急领导小组，制订《东安县环境保护局突发环境事件应急工作实施方案》，组织县相关职能部门20余人，在东安县宏兴锌业有限责任公司开展环境污染应急演练，增强突发环境事故处置能力。全年出动800余人次，检查企业180余家，未发生重、特大环境污染和生态破坏事故。

【城市污水和垃圾处理】2016年，县污水处理厂设备运行平稳、出水水质稳定达标、污泥处置规范有序，工程日处理生活废水2万吨、城镇污水处理率达86.41%。处理后排放的污水水质稳定达到国家GB18918-2002一级B类标准。县垃圾填埋场垃圾无害化处理率100%。

【农村环境综合整治】2016年，县内农村环境综合整治主要以饮用水安全、畜禽养殖业污染治理、生活污水处理、生活垃圾处置为重点。根据土壤污染调查工作方案，牵头组织县畜牧水产局、农业委、国土资源局等单位对全县畜禽养殖污染源、工业企业污染源、矿山开采污染源进行统计，确定其坐标位置，并编制《东安县土壤污染源、污染地块调查报告》。

【环保执法】2016年，县环保局制订《环境行政执法检查工作计划》和《全县环保大检查工作方案》，开展环境安全隐患大排查、砖瓦类制造专项整治、饮用水源检查等专项行动。全年查处环境违法案件26件;执法部门立案处理17件,其中2起刑事拘留,2起行政拘留,行政处罚案件9件,处罚金额36.2万余元。

【环保宣教】2016年,县环保局利用广播、电视、报刊、网络等媒体,开展各类环境宣传活动。6月5日,在生智广场举行"改善环境质量,推动绿色发展"主题活动纪念第45个世界环境日,展出新《中华人民共和国环境保护法》等宣传报版14块;设立2个咨询台现场接受市民咨询;县环保志愿者协会接受市民咨询;县环保志愿者协会开展环保知识宣传活动;向市民发放环保文化衫3000件,环保宣传手册等资料5000余份。落实信息报送,围绕全市环保中心工作,准确、及时报送反映全县环境保护和社会发展等方面环境信息。

【环境监测】2016年,县环保局加强环境质量监测,对城区大气质量(2个点位)、湘江和紫水河水质(3个监测断面)、饮用水水源水质、交通噪声(20个监测点位)、城区区域环境噪声(100个监测点位)、进行全面监测。2台6项因子空气自动站投入运行,其中东安县一中站点与省联网,实时发布空气环境质量状况。加强污染源监测,对全县13个重点污染源排污口进行监督性监测,全年监控监测废水、废气处理设施10余台(套);按时完成年检换证、环评本底值、"三同时"验收等常规监测26次;制订并实施环境应急监测方案,开展应急监测和污染纠纷监测10次。

(林湘超)

县环境保护局领导名录

唐文明 局长
杨满平(女) 副局长
罗志华 副局长
陈战友 纪检书记
万中国 副局长
唐 斌 副局长
文 妍(女) 副局长

城乡建设与管理

住房和城乡规划建设

【概况】2015年机构改革，将原县房产局、原东安县城市卫生绿化局的行政职能和原县住房制度改革领导小组办公室承担的所有职责，划归东安县住房和城乡规划建设局，并新增全县农村危房改造职责。2016年，县住房和城乡规划建设局内设11个职能室，撤销县城乡规划办公室、县招投标管理办公室，下辖规划执法大队、县质量安全监督站、县建筑勘察设计院、驻芦洪市办事处等4个事业单位和第一工程有限责任公司、市政工程公司2个企业，归口管理县房产局、县城卫绿化局。主要职责为研究拟定全县城市规划、村镇规划、工程建设、城市建设、村镇建设、建筑业、房产行业、建筑节能、城建档案、勘察设计咨询业、市政公用事业的管理规章（办法）、相关的发展战略、中长期规划及年度计划并指导实施，进行行业管理。

【规范编制制度】2016年，县住房和城乡规划建设局根据新修改的《湖南省实施〈中华人民共和国城乡规划法〉办法》及《湖南省人民政府办公厅关于加强农村建房管理的通知》文件精神，结合东安县实际制订出台《东安县进一步加强乡镇及农村建房规划建设管理的通知》（简称《通知》），对村镇规划管理的职责、范围、权限作进一步规范，将职权范围内的镇、乡、村庄规划管理具体事务委托各乡镇人民政府实施，强化乡镇人民政府规划管理主体职权。根据《通知》授权各乡镇人民政府负责审核发放一书三证及乡镇和农村建房规划管理，大大简化乡镇规划发证程序，方便乡镇群众办事；根据当前房地产开发项目综合验收工作需要，制订《东安县建筑工程经济技术指标计算办法》进一步规范和统一各项规划经济技术指标计算原则、计算方法；针对规划编制深度不够问题，研究出台《东安县修建性详细规划及建设工程设计方案编制深度规定》，对规划编制报批、规划设计方案需达到的设计深度进行明确，并加强对各项规划指标准确性、真实性的要求，提出在报批前需提供第三方经济指标复核报告的要求，提升规划编制质量和规划管理人员依法行政责任意识。在编制县城总体规划、县城燃气、绿地系统、商业网点、消防、等各类专项规划工作中，十分注重规划宣传工作，先后组织专家、部门领导等召开评审会8次，对规划方案进行电视、政府网站、公示栏等三种方式公示，广泛听取社会公众意见、建议。同时在115个村庄规划中，要求规划编制人员深入村镇实地调研，充分听取村民及村班子成员意见，完成初步成果后，均要求各村进行认真讨论并提出修改意见。

【规划编制】2016年，东安县人民政府根据《湖南省人民政府办公厅关于印发〈湖南省城市总体规划修改工作规则〉的通知》，请上海经纬建筑规划设计研究院有限公司对《东安县城总体规划（2006—2020）》进行修改，对县城规划范围实行规划控制，区域面积约97.78平方千米，规划期内城市控制区域面积为25平方千米；确定规划县域镇区“一主一副两轴三心一多点”格局的空间结构布局。县政府投入规划编制经费1500万元（其中县财政投入900万元），同比增长20%，编制各类规划165项（其中县城各类专项规划6项，私人建房规划92项，修建性详细规划25项，控制性详细规划17项，选址规划25项），全面完成全年规划编制任务，初步形成县城、乡镇、村庄规划三位一体规划体系。1月，省住建厅对《东安县城总体规划（2006—2020）（2016年修改）人口与建设用地规模》作出批复；5月，市住建局组织召开专家技术论证会，7月，永州市人民政府专门行文请示省人民政府审批《东安县城总体规划（2006—2020）（2016年修改）》；省住建厅随即组织有关专家初步审查东安总体规划修改方案，并于10月18日组织召开评审会，专题审查东安县总体规划修改方案。7月，启动全县15个乡镇共115个村庄规划编制工作，筛选白牙市镇大江源、山水，紫溪市镇渌埠头等9个村庄规划送市参加规划方案竞赛，白牙市镇大江源村规划获一等奖（全市只设一名）、井头圩镇上大村规划获二等奖、大庙口镇白沙村规划获优胜奖。同时针对农村建房混乱无序现状，组织设计人员编制《东安县美丽乡村建房图集》，引导农村建房逐步走向规范。住建部门会同相关部门先后完成县城消防、环卫设施、商业网点、燃气、旅游、绿地系统等6项专项规划。其中旅游专项规划编制，为舜皇山建设AAAA旅游景区提供指导作用，确保AAAA旅游景区创建成功；商业网点专项规划为统一商业门面形象，划行归市，创建文明县城提供指导；燃气专项规划对县内管道燃气发展进行科学论证，确定燃气管道发展目标。同时，完成单项工程控制性详细规划17项，基本做到县城土地招拍挂规划控制条件齐全。10月，委托湖南省建筑设计院组织编制经济开发区约10.2平方千米总体规划，并对经济开发区一期约4.5平方千米范围，编制一期建设控制性详细规划，明确规划范围内各地用地性质、经济技术指标、绿化配套要求、基础设施建设和配套等规划强制性内容；扎实开展修建性详细规划编制，先后完成东安县体育中心、东安石矿棚户区改造、鑫龙小镇四期、东安紫金苑小区、东安县四小春天等房地产开发项目修建性详细规划12项，其他各类修建性详细规划13项，完成私人建房规划编制92项。围绕打造宜居县城，加快公共基础设施配套项目规划设计，完成宝田路、陡岭山公园、聚德文化湿地公园等一批县城公共基础设施项目详细规划设计。对11个乡镇政府机关及6个县直机关进行美化亮化规划。县住建局进一步加大对重点项目规划服务力度，做好神华火电配套工业园、县经济开发区扩园规划。配合业主完成东安县汽车配件城、东安经济开发区大众物流园等重点工业项目选址工作。为配合芦洪市镇一带八景建设，县委托湖南省地质调查院，对神华火电片区约20平方千米用地进行地形图测绘，并委托上海经纬规划设计院对芦洪市镇进行总体规划修改，做出一带八景核心区修建性详细规划。

【规划管理制度】2016年，东安县人民政府对2014年以来私人开发建设单个超过3000平方米以上项目进行清理，共清理项目45个，总用地面积53355平方米，总建筑面积25万平方米。对清理的项目制订相关手续办理办法，加强对各项规划指标验收把关，特别是对容积率、建筑密度及绿地率指标实施情况进行严格核实。同时对已履行手续房地产开发项目的竣工验收严格对照审批控制性详细规划核对各项指标，综合验收组对4个竣工的房地产开发项目进行综合验收。在规划审批上严格执行《东安县城乡规划审批操作办法》，确保规划方案和建筑设计方案

质量和效果。全年组织规划、建筑设计方案评审6次，初审项目120多项，召开规划委员会会议2次，审议项目39项。核发建设用地规划许可证77本，总用地面积26.59万平方米；核发建设工程规划许可证73本，总建筑面积85.69万平方米。理顺规划执法体制，强化城市综合执法大队职责，对县城规划区内非法占地、非法建设、违反城市管理及违反环境保护等行为依法管理和处罚。10月，开展查违拆违行动，查处案件80起，下发执法文书74份，其中查处房地产开发违建5处，违规总建筑面积约1.2万平方米；私人违规建房39处，违规违法总建筑面积约1.4万平方米，其他乱搭乱建棚子36处，面积1600平方米。对小车、林角、文星等村组在县城规划区内违规建设进行综合强制拆除行动，拆除违法建筑10处，拆除面积约1000平方米。采取在东安政府网上公示、四大班子办公楼大厅公示、项目建设现场公示、上门告知等方式，重点公示县城总体规划修改方案和芦洪市镇总体规划修改方案，收集各类修改意见100余条，其中网民讨论意见42条。对规划委员会审批项目、以及规划初审小组审批的与人民群众利益息息相关规划设计方案48项进行公示，收集群众意见60多条，进一步完善总规划方案，修改部分私人建房规划，保证群众知情权、参与权和监督权，大大减少因规划审批问题上访事件发生。全年接待因规划问题引起的各类信访案件36起，处理结案32件；群众来电72个，全部进行现场解决，并回复群众，信访案件基本做到件件有结果，事事有回音。

【规划办证】2016年，东安县城乡规划办公室核发建设用地规划许可证94件，建设用地面积合计110.43公顷，核发建设工程规划许可证58件，总建筑面积565329平方米，其中居住建筑面积383858平方米，公共建筑面积25150平方米，工业建筑面积154810平方米，其他建筑面积1510平方米。市政工程规划许可证核发34.23千米，其中道路7.53千米，市政管线26.11千米，其他0.59千米。竣工验收84件，核实建筑面积44.07万平方米，其中居住建筑面积34.47万平方米，公共建筑面积74962平方米，工业建筑面积21062平方米，市政工程核实道路长度6.11千米。

【稽查与执法】2016年，县内建设违规情况主要表现为：未取得建设工程规划许可证擅自开工建设；擅自变更规划设计要求，超总建筑面积建设；擅自超建设用地建设。规划执法大队严格执行“两天一小查，每周一大查”巡查制度，对县城规划区内主要街道和背街小巷做到无漏巡查，并加强对县域远景规划区巡查。对查实的违建案件，需强制拆除的均进行强制拆除，或者上报上级申请组织强制拆除行动，及时有效将违法案件遏制在源头，对巡查到的在处理案件做好调查取证跟踪管理，对严重违法违规案件逐级上报。全年查处违法违规案件80余起，下发执法文书74份。城区内规划执法下发《责令停止违法建设行为通知书》41份、案件调查笔录9份、《限期拆除通知书》13份、《限期整改通知书》2份、《行政处罚告知书》9份、《行政处罚决定书》9份。拆除违法建筑8处、面积约1000平方米。

【城镇建设和市政管理】2016年，全县完成城乡建设投资18亿元，城镇化水平提高到39.23%，比2015年提高约2个百分点。县城在建重点城建项目34个，完成投资10亿元。重点城市基础设施项目在建10个，其中文明路年底拉通，天成路完成东安大道至女英东路段；建设北路延伸段完成600米路基和300米路面施工；永东公路二期城区段（小心田至莲塘）全面完成；沿江西路综合配套工程完成沿江西路风光带、跨铁路立交桥、紫黄大道西段等建设；金鸡岭公园正在进行土石方、下水道和路基施工；汽车总站正在进行土石方施工。社会事业项目开工2个，社会福利中心正在进行土石方施工；东安一中新校区扩建已完成南校门建设，三栋宿舍、教学楼、食堂等正在进行建设。房地产开发项目在县去库存政策激励下，难中求进，在建重点项目15个，预计完成投资6.4亿元。芦洪市镇“一带八景”建设加速，完成投资1.5亿元，其中永电新村安置房完工7栋14套，其余20栋安置房完成基础，新村内道路完成土石方工程，排水及排污主管全部安装到位；东安鸡馆正在进行室内外装修；树德山庄德文化展示区完成招投标工作，施工单位正在按进度进行保护修缮；大皇岭生态植物园正在做前期准备工作，芦江河自然风光带正在进行土方挖填，赵家井核心景区路网工程建设进展顺利，东山町路、沿河东路、沿河西路、树德路等4条道路已基本完成“三通一平”，芦江河赵家井段河道清杂等工作在进行当中；芦洪市至新圩江美丽乡村示范片正在进行7组、14组村落改造工作，新圩江源塘村卫生集中整治工作已完成，正在进行“穿衣戴帽”工程，其中样板房完成一半施工；芦江水库大坝和芦江平湖景区正在按工程进度计划正常施工，完成混凝土浇筑3.36万立方米，完成投资4000万元，库区移民征地和拆迁工作正在进行；芦洪市镇老街保护开发正在做前期准备工作。其他乡镇围绕“十个一”年度计划，配套建设路网、给排水、学校、医院、农贸市场、休闲广场等设施。农村危房改造全年完成1800户。

【建筑业管理】2016年年底，全县建筑施工企业总数9家，其中房屋建筑工程施工总承包二级施工企业2家(东安县第一工程有限责任公司和湖南省东安县建兴建筑工程有限公司)，房屋建筑工程施工总承包三级施工企业3家(湖南省东安县第二建筑工程有限公司、湖南省东安县第三建筑工程有限公司、湖南腾飞项目管理有限公司)，市政公用工程施工总承包三级施工企业4家(东安县第一工程有限责任公司、湖南省东安县建兴建筑工程有限公司、永州天地人建设工程有限公司、东安市政工程公司)。县内建成投产的预拌商品混凝土生产企业10家（东安健枰混凝土配送有限公司、东安鸿意新型建材有限公司、东安安鑫建材有限公司、永州市众诚建材有限公司、东安舜皇商品混凝土有限公司、东安金昕混凝土有限公司、东安联益混凝土有限公司、永州市鑫海环保建材有限公司、永州市佳源建材有限公司、东安县东进建筑材料有限公司），建成生产线10条，预拌商品混凝土年设计生产能力200万立方米。

【招投标及建筑市场管理】2016年，县招投标管理办公室围绕“廉政建设与业务工作相结合”，以强化招投标监管为重点，以完善招投标制度为手段，以保障全县建设工程交易行为公开、公平、公正为目的，严格按照国家、省、市有关规定的程序和要求履行招标监管职能，全面实行“代监分离”，重点加强对招标代理机构资质审查及代理行为监督管理；严厉查处招标代理机构在资格预审文件和招标文件中设置门槛，排斥潜在投标人及评标活动中干扰评委打分行为；加大对招投标活动中违法违规行为查处力度。全年监管工程项目施工招标22项，建筑面积为86971.47平方米，工程总造价约1.6亿元。其中市政及其他工程9项，工程造价为5612.12万元；监管工程项目招标代理招标2项，招标代理服务费共计17.28万元；监管工程项目规划编制设计招标1项，规划编制设计费共计745万元；监理项目2项，监理费用约108.65万元。

【建筑节能和科技】2016年，东安县狠抓建筑节能与绿色建筑实施工作，县政府成立建筑节能工作领导小组，制订下发《东安县2016年建筑节能与科技及标准化工作要点》，把建筑节能纳入日常监管。开展建筑节能专项检查，检查在建项目5个，建筑面积约20万平方米。其中保障性住房面积3.2万平方米，公共建筑约1.4万平方米，居住建筑约15.6万平方米。在建工程设计阶段的节能设计率100%，施工率95%。严格把关节能标准设计阶段执行、施工阶段执行工作，确保全县新建建筑建筑节能强制性标准在设计阶段达到100%，施工阶段达到95%。全县在建节能建筑5个，约20万平方米。旭弦房地产开发公司投资开发的鑫龙小镇（一期）项目，获批全省县级设计阶段一星级绿色小区标识；完成既有居住建筑节能改造面积6200平方米。公共建筑能耗统计及监测情况，已上报能耗基本信息和能耗统计信息数据8栋，年度数据分析报告提交。

【勘察设计】2016年，湖南东安县建筑勘察设计院下设三组二室，即建筑设计组、结构设计组、水电设计组、办公室、财务室，拥有全国二级注册建筑师2人、全国二级注册结构师1人、中级职称7人、初级职称2人。拥有彩色绘图仪、打印机、晒图机、复印机等设备，还拥有建筑节能分析软件、PKPM软件等各类软件。设计质量自评优良率95%，电脑设计出图率达100%。在建筑市场疲软，设计业务严重不足的情况下，通过全院员工共同努力，2016年共完成县国土资源局办公楼、大盛烟叶育苗烘烤工场、芦洪市烟草综合服务楼装修、红狮水泥厂安置房、狮岩路安置房及节能路灯安装、毅荃服饰二期宿舍设计项目等30余项。

东安县住房和城乡规划建设局领导名录

潘中华　党组书记、局长
谭中艳（女）　党组副书记、副局长
唐治平　纪检组长
卿仁红　副局长
蒋海波　副局长
叶长燕　副局长
夏龙新　副局长
陈建雄　党组成员、工会主席
粟立康　党组成员
周成林　党组成员

建设工程质量安全监督

【概况】2016年，县建设工程质量安全监督站加强工程质量安全监管力度，全县建筑施工质量稳步提升，安全生产形势总体平稳可控，全县未发生一起一般及以上质量安全生产事故。全年办理工程质量安全监督手续39份，其中房建32个，新建建筑面积57.7万平方米，工程总造价5.8亿元；市政7个、工程总造价1.7亿元，竣工验收63栋，在建工程31个，总建筑面积57万平方米，工程总造价约6.7亿元。

【打非治违】2016年，东安县建设工程质量安全监督站根据“打非治违”工作方案，狠抓“打非治违”工作。对违法违规行为的打击查处毫不手软，对县域15起建设工程质量安全违法违规行为进行停工整改、督办约谈、记不良行为记录、处罚，有效震慑违法违规行为发生。

【扬尘防治】2016年，县建设工程质量安全监督站按照制订的在建工程建筑工地现场扬尘治理专项整治工作方案，对县城区10个重点建筑工程项目施工工地工地扬尘问题进行集中检查，开展专项整治。督促施工单位严格按照扬尘防治规范要求落实扬尘防治措施，进行围挡作业，并列入文明施工检查重点内容。对违反规定行为采取扣分、取消“文明工地”评审资格、限期整治、责令停止施工等处理措施。绝大部分工地均配备冲洗平台，有专人对进出车辆进行冲洗。施工单位对扬尘防控措施制订及执行到位。针对检查中发现的问题，下发隐患整改通知书13份，全部整改到位；下发停工整改通知书8份。

【监督保证体系建设】2016年，县建设工程质量安全监督站严格按 “安全质量标准化、监管工作规范化、信息化”的“三化”要求抓好监管工作，严查超资质承揽工程，严查违法转包、支解发包、资质挂靠的违法违规行为。加大施工现场隐患排查深度和隐患整改措施落实力度。严肃处理严厉打击规避监管、野蛮施工、违章作业等违法违规行为责任主体及个人，督促企业自律，有效防范和遏制建筑生产安全事故发生。狠抓工程质量安全监督工作规范化，全面提高质量安全监管绩效。建立每月对该站一线监督人员动态考核机制，根据永州市制订的标准化示范工地和示范工程目标任务，在全县开展示范工地培育创建活动。全县创省级“质量安全标准化示范工程”1项，市级优质工程1项、市级“质量安全标准化示范工地”4项；另有4项正在申报市级优质工程、9项正在申报市级质量安全标准化示范工地，全年无伤亡事故报告。质量安全标准化示范工地创建工作走在全市同行中前列。

【商砼治理】2016年，县建设工程质量安全监督站对全县7家商砼生产企业和全县所有在建项目商砼质量管理情况进行两次专项检查，对5家手续不全企业下达责令停产整顿通知书，要求限期补办相关手续及资质，在未取得预拌商砼专项试验室资质和预拌商砼施工专业承包资质之前不得开工生产。开展预拌商品混凝土专项整治，实地抽查使用商品混凝土在建工程项目8个，下发隐患整改通知书3份。重点检查内容包括企业资质和认证情况，试验室资质和认证情况，原材料进场验收、砼塌落度检测、留置试块等质量控制情况等，确保工程质量逐步提升。

【专项治理】2016年，县建设工程质量安全监督站坚持不懈抓好汛期雨季、高温期间和冬季、重要节日期间专项大检查，专门下发3次通知，要求集中开展督查，从严抓好各责任主体单位和责任人员履职行为监管。发现事故隐患督促施工企业及时整改到位，落实好重大危险源监控措施。开展建筑起重机械设备安全专项整治。所有进入施工场地的起重机械必须是通过备案的合格产品，已超过使用年限和禁用淘汰产品一律清出施工现场。抓好起重设备使用登记和维修保养工作监管。不正确履行安装告知程序不得允许安拆施工，未办理使用登记机械不得投入使用，严防事故发生。开展深基坑、起重机械、脚手架、支模架安全专项整治。向全县施工企业、监理企业下发《在建工程脚手架、支模架工程专项治理工作方案》《关于开展建筑起重机械设备安全专项整治的通知》等文件通知，对施工现场隐患突出的立即下发停工整改通知，并督促施工方及时完成整改。开展建筑和市政基础设施工程安全生产“再排查、强检查、严整治”行动。对房建项目进行地毯式检查，检查项目20余个，形成专门的排查整治意见。

【安全专项整治】2016年，县建设工程质量安全监督站开展强化安全专项整治，全年没有发生意外伤亡事故。严把工程开工审查关，在受理工程质量监督申请、安全开工条件审查时，加强对建设、施工、监理单位等责任主体资质和人员资格的审查以及对施工图纸的审查把关，不符资质、资格条件的不许开工，图纸审查不合格的不许开工，现场专项技术措施未落实的不许开工，安全条件不符合规定的不许开工；同时严格工程施工合同审查，对照法律法规，审查各方责任主体是否落实质量安全责任，包括是否将安全标准化目标纳入合同管理，建设单位是否明确安全措施经费等。高度重视重大危险源的管理，切实加强风险源管控，杜绝较大安全质量事故发生。加强塔吊、人货电梯、物料提升机的设备备案、安装告知和使用登记管理，对13台塔吊、5台施工电梯、18台物料提升机办理使用登记，在大检查中及时发现垂直运输设备安全隐患，立即停用4台塔吊、5台施工电梯、35台物料提升机，有效保证垂直运输设备事故发生。严格加强较大分部分项工程管理，对深基坑、高大模板支撑等危险性较大分部分项工程，严格要求编制专项设计或施工方案并组织专家论证，通过编制专项设计方案和组织专家论证，排除多项重大安全隐患，有效保证施工安全。加强建设过程监管，结合质量验收监督，消除质量通病，排查安全隐患，安全条件不具备的不得进行相应部位工程验收；强化季度安全大检查，落实各责任方质量安全责任。组织开展保障性安居工程质量安全大检查、春季暨节后复工安全检查、“安全生产月”“打非治违”以及大排查大管控大整治等节会期间安全大督查。做好特殊时段安全防范，包括防台风措施和夏季防高温措施。

【技能培训】2016年，县住建局根据部分企业提出的意见，组织安排技术标准培训、观摩学习，提高行业技能水平。全年组织建设、施工、监理单位相关人员参加市级学习培训、技能比武2次、县内培训1次。8月26日，组织技术人员120人到市里观摩学习，收到良好效果。

房改工作

【概况】2016年，县房改办有工作人员10人，其中主任1人，副主任1人，纪检员1人，其他人员7人。内设综合办公室（加挂业务股牌子）。

【住房管理】2016年，县房改办狠抓房改政策执行，业务工作取得新成绩。住房资金管理力度进一步加强。通过对内实行岗位目标责任制，对外强化收缴措施，采取行政、法律等手段，全年收回住房资金贷款利息3万元，超额完成年初确定任务指标。及时办理房改房上市交易审批，公有住房退房退款审批，公房租金归集等业务工作，全年办理公房出售审批4户，办理住房鉴证64户，异地回乡办理未享受房改优惠政策证明13户。（蒋明华）

县房改办领导名录

黄爱成　主任
龙祥忠　副主任
徐明伟　纪检员

房产管理

【概况】2016年年初，县房产局

有在职干部职工60人，机关内设办公室（含政工室、计生办）、法制信访室（含纪检监察室）、财务审计室、住房保障办公室、业务受理室、信息中心（含档案室）、房地产测绘队、产权办、交易所（含评估事务所）、乡镇办（含白蚁防治所）、房地产执法监察队（含物业管理办公室、房屋维修资金管理办公室）。9月1日，划转15名工作人员到县不动产登记中心后，有在职干部职工45人。职能转变后，内设股室进行重新调整，设办公室（含政工室、计生办）、法制信访室（含纪检监察室）、财务审计室、住房保障办公室、业务受理室、信息中心、档案室、房地产测绘队、交易所（含评估事务所）、白蚁防治所、房地产执法监察队（含物业管理办公室、房屋维修资金管理办公室。

【市场培育】2016年，受契税补贴、央行“双降”、公积金贷款利率下调等政策推动，特别是县房产局牵头起草，经县委、县政府研究同意出台的《东安县化解商品房库存促进房地产市场，平稳健康发展的实施办法》规定从2016年11月1日起对在东安县城新购商品房的城乡居民给予购房补贴和契税返还政策实施影响，全县实现商品房销售3187套，比上年增长12%，成交面积43万平方米，增长10%。二手房成交700余套，成交面积8万平方米，与上年基本持平。其中从11月1日至12月31日实施去库存补贴政策期间，全县办理商品房网签合同备案925套（申请补贴套数），同比增长215%，网签面积118744平方米，同比增长214%。

【住房保障】2016年，全县保障性住房（棚户区改造）任务520套，其中运输公司120套棚户区改造货币化安置任务，湘钢东安石矿400套棚户区改造建设任务。到年底，完成运输公司120套棚户区货币化安置任务，其余任务在开工建设。

公租房

【小区综合整治】2016年，县房产局牵头协调各成员单位，继续围绕“做宣传、建机制、抓示范”总体思路开展工作。在全县各小区设立310块宣传栏和宣传标语，及时更新宣传栏内容，对物业政策进行宣传。针对现状，报请县委、县政府同意出台《关于促进我县物业管理健康发展的若干意见》。配合“创国卫”工作，开展专项整治。房产局组织人员，开展对县城小区规范停车等方面整治，投入资金18余万元，用于划设车位420个，在6个小区拆除违规建筑等，促进小区管理规范有序。制订下发《东安县房地产开发小区集中整治工作实施方案》。12月23日，召开各成员单位关于小区集中整治工作专题会议，与各成员单位负责人签定小区集中整治工作责任书。开展小区综合整治突击月活动，重点针对全县小区存在的小区环境、卫生、秩序、安全隐患、硬件设施等问题进行整治。县小区综合整治领导小组成员每一个领导带一队，由牵头单位、责任单位、责任社区全程参与，按突击月活动任务要求开展对重点小区突击整治，抓好示范点建设。

【机构改革】2016年，县成立不动产登记中心。在成立过程中，县房产局全力配合县国土局完成人员划转任务，业务划转、档案及数据移交等方面工作均按照县政府安排部署有序推进，保障县不动产登记中心登记工作顺利开展。（周飞、唐奇华）

县房产局领导名录

陈　弦　党组书记、局长
唐建松　党组成员、副局长
张俊勇　党组成员、副局长
毛先毅　党组成员、纪检组长
周　飞（女）党组成员

城市管理

【概况】2016年6月25日，原归口县城管执法局管理的县城卫绿化局整体划转县住建部门管理。东安县城市管理行政执法局内设办公室、渣土管理办公室、政策法规股、市政设施维护与管理股、燃气热力及照明管理股；辖县城管执法大队、县路灯管理所、县自来水公司、县垃圾处理中心4个二级机构和1个BOT模式运营监管单位—县污水处理厂；有干部职工203人。被永州市城市管理行政执法局评为2016年度农村生活垃圾处理工作先进单位；被东安县委、东安县人民政府评为2016年度全县新型城镇化建设、安全生产、县重大事项督查和提案办理等工作先进单位；局下属县自来水公司被湖南省供水协会评为县镇供水工作先进单位。

【市政设施养护】2016年，县城管执法局围绕创建国家卫生县城、省文明县城，狠抓市政设施维修改造，注重养小养早，加强维修质量、提高维护标准，提升市政设施养护水平。硬化人行道1.6万平方米，修复水泥路面1.57万平方米、沥青路面1.2万平方米；清淤疏通建设路、龙溪路、东新路和同心路下水道11.2千米，检查井420口、雨水口600处，清除淤泥15.6吨，更换井盖230多块，修复护栏320米；维护路灯1800盏，靓化灯2100盏，更换控制箱、控制器150只，线路6200米，维护变压器10台。县城下水道管网覆盖率达90%，道路完好率达96.19%，道路装灯率100%、亮灯率达98%，有效保障市政设施良好状态。

【城管执法】2016年，县城管执法局加强城管执法。1月，组建渣土管理办公室，配置8名执法人员、2台执法车、1台洒水车，专门负责渣土运输管理和街道突击清洗。完善工地围档135处，处罚撒漏、带泥上路车辆257台次，清洗街道5.6万平方米，实施行政处罚75宗。11月13日，县召开“四创一管”动员会议，启动县城禁止燃放烟花爆竹整治，制发专项通告、信函、承诺书16万份，制挂宣传标语、标牌、横幅3600条，出动宣传车1200台次，并利用电视、街道LED屏、短信、微信及网络等媒体广泛宣传，提高群众的城市意识、文明意识，截至12月底，处罚纠正占道乱搭灵堂25宗，劝阻燃放烟花爆竹350起，实施行政处罚12起，收缴非法烟花爆竹15起。11月，县城管执法局组织力量对东安大市场进行秩序整治，分流疏导摊担5800人次，取缔流动摊贩320人次。以八角街、东安大道、建设路、舜皇路和同心路等街道为重点狠抓门面出店、摊贩占道经营整治，收缴违章经营物品1620多件次，处罚摊贩680人多次。拆除龙溪路、都川路、火车站广场铁棚8座，清理湘桂市场和街道水泥墩、砖石、杂物等废弃物品9吨，拆除城乡结合部、城中村厂棚6座。取缔建设北路、大众路、东山路和文明路等6处“马路市场”。组织力量与交警部门开展“四车”联合执法整治，狠抓违法停车、占道洗车、占道修车和占道卖车行为管理，处罚乱摆乱放摩托车800台次。4—12月，组织力量先后开展安全生产“监管执法年”活动、燃气领域“大排查大管控大整治”和燃气市场“打非治违”利剑行动，消除燃气领域安全隐患56处，依法取缔石期市、大盛、井头圩镇等地非法经营网点19处，收缴非法钢瓶及配套设备260套。

【控违拆违】2016年，县城管执法局按照市、县“控违拆违”工作整体部署和要求，结合新型城镇化建设，不断完善工作机制，强化领导、宣传和联动三到位，坚持违法建设控、拆两同步，全年有效控制新建违法建设1.2万平方米，拆除存量违法建设3150平方米。

【“两治两供”建设】2016年，县城管执法局加强垃圾治理、污水处理和供水、供气设施建设，启动原垃圾填埋场封场改造工程，投入100万元新增垃圾转运能力100吨/天，将县乡8.5万吨增量生活垃圾全部实现无害化处理。组织县污水处理厂开展设备技术升级改造，加强污水处理监管，全年处理污水850万吨，处理率超过86.4%。县自来水公司投入500万元推进水质净化系统和厂区改造，整修管网3.8千米，新建管网5.5千米；建成水质监测中心，使水质检测能力达到国卫标准。完成城市管道燃气项目前期工作，加快小区瓶组供气建设，在景豪雍景园、御江苑等5个小区建设管道供气设施，开通750户管道燃气用户。

（唐　飞　何　鹏）

县城市管理行政执法局领导名录

李　勇　党组书记、局长
夏文元　副书记、副局长
唐伟军　副书记、副局长
唐小平　副局长
龙勇涛　副局长
刘　安　纪检组长
蒋中栋　副局长
谭德勇　副局长
胡建清　党组成员
胡智勇　党组成员

城市建设投资开发

【概况】东安县城镇建设投资开发管理办公室为县政府直属正科级事业单位，与“东安县城镇建设投资开发有限公司”实行“两块牌子一套人马”合署办公，公司注册资金为6.26亿元。2016年，城市建设投资公司总资产24.8065亿元，负债12.7668亿元；有正式员工6名。全年在芦江水库建设、一带八景核心景区建设、神华新村、芦洪江流域综合治理等基础设施建设项目上完成投资近3亿元。

【融资引资】2016年，县城镇建设投资开发管理办公室将投融资工作放在首位，有力提高资本运作能力，加大项目融资力度，创新融资方式，拓宽融资渠道，为项目建设提供有力支撑，“融资平台”建设卓有成效。经县人民政府批准，东安县城建投融投资系统又新成立东安县扶贫开发投资有限公司、东安县城乡旅游开发有限公司、东安县城乡交通建设开发有限公司、东安县园区建设开发有限公司、东安县应阳城乡建设投资有限公司、东安县两河流域综合治理投资有限公司，完善融资载体建设。公司克服资产规模较小，抵押物不足，受政策性因素等影响，通过神华永电新村、城西道路改造及土地整理、芦江水库、龙溪河防洪工程、紫水河流域综合治理等项目，与11家金融机构进行合作，融集资金突破30亿元，为推动全县城镇建设步伐发挥积极作用。

【内部管理】2016年，县城镇建设投资开发有限公司加强内部管理和建设，完善公司章程，编制和出台《东安县城镇建设投资开发有限公司规章制度》（试行）等16项规章制度，进一步规范工作流程和完善考勤细则，构建科学合理、权责统一的法人治理结构，推动公司向集团化进军步伐。聘请专业法律顾问和注册会计师，对公司资产、财务审计、资金拨付流程审批、风险防控等进行细致梳理并层层把关，确保财务运行平稳，风险防控效果理想。

（谭　辉）

县城建投领导名录

谭　辉　城建投管理办主任兼城建投公司董事长、总经理
邓　聪　城建投管理办副主任兼城建投公司副总经理
李国辉　城建投管理办副主任兼城建投公司副总经理

教 育

【概况】2016年，东安县有各级各类学校75所，其中教师进修学校1所、普通高中3所、职业学校5所，九年一贯制学校8所、初中24所、小学33所，特殊学校1所；有乡村中小学50所，乡村教学点66个；有公办幼儿园36所，民办幼儿园144所。全县有在岗中小学教职工4963人，其中乡村教师2935人；有在校学生64804人，在园儿童23392人。投入资金1010.3万元改造6所农村薄弱学校，其中实施学校4所：大江口乡同古小学、芦洪市镇白木小学、新圩江镇大铺头联校、黄泥洞林场小学；备案学校2所：川岩乡豹虎岩小学、大盛镇泗水小学。投资265万元，新建校舍1380平方米。图书投入36万元，仪器设备投入440万元，管理建设投入52.8万元，配套项目投入216.5万元。启动东安五小建设，同时启动三年学位建设攻坚行动计划，计划投资100428万元，新增中小学学位25170个、学前教育学位2320个，分三年建设到位。在东安三中、鹿马桥中心小学、水岭学校、南桥中心小学、横塘学校、川岩学校、花桥学校、东安体校、大庙口中学、端桥铺中心小学等10所学校新建教师周转宿舍楼10栋650套。深入开展社会主义核心价值观教育和“中国梦”系列宣传教育。成功举办全县第十八届中小学生运动会、中学生篮球赛及各类学

12月6日，龙向洋调研城区学位规划建设

生才艺展演活动，策划东安县武术文化旅游节开幕式活动，组队参加武术文化旅游节获得县直单位团体武术二等奖。组织学生参加省市组织的中学生足球赛，成功承办永州市第一届中学生足球赛。以课改基地校为依托，以基地校教改研究团队和全县各学科名师工作室为主力，加强下乡指导、订单教研、跟踪服务，组织开展现场观摩、学习论坛、专题研讨、教学竞赛等活动，为各学校培育课改中坚力量，提高全体教师课改意识和实践水平，提高课堂教学效率。6月24日，出台《东安县乡村教师支持计划（2016—2020年）实施细则》（以下简称《实施细则》），并在东安县人民政府网上进行公布，乡村教师支持计划走上规范、有序的快车道。开展校长论坛活动7次，先后邀请康保成、刘建琼、唐垚、唐冬梅等专家为全县中小学校长作专题讲座。东安县被评为湖南省平安校园先进县、湖南省现代教育技术实验县、教育基金会先进单位、湖南省学生资助研究先进单位和永州市青年文明号、永州市扶残助残先进集体，先后两次在省里作典型发言，东安三中、东安水岭学校获得首批湖南“非遗”传承学校和实践基地。

【教育发展】2016年，东安加快发展学前教育，调整幼儿园布局，新建、改扩建一批优质普惠性幼儿园。继续加强幼儿教育小学化专项治理，做好幼小衔接工作。组织开展参观学习、对口帮扶、保教能手比赛、送教下乡等活动，提高全县幼师专业素养和幼儿园保教质量。扎实开展好高中教育攻坚计划，建立健全名师和名校长引进机制。对在2016年高考工作中做出特殊贡献的东安一中校长魏就元、东安一中高519班班主任魏小成、县教育局教研室主任胡玉平等6人每人奖励2万元。创新发展职业教育。探索新形式下招生途径，完成650人中职招生计划。面向市场需求开设汽车修理等专业，做大做强骨干专业和特色专业，参加各级职业技能比赛。实行校企合作、订单培养，完善就业跟踪回访制度，提高职业中专学生就业数量和质量，学生就业率达98%。严格规范民办教育办学审批程序，不断规范民办学校办学行为。成功处置天成学校债务纠纷，依法确保天成学校师生正常生活和开支以及正常资金运转。特殊教育学校教师开展送教上门活动，全年服务对象230多人次，三类残疾儿童少年入学率达90%。全县其他中小学开展残疾儿童少年随班就读工作。

【特色学校创建】2016年，东安注重学校文化底蕴打造和教育内涵发展，以学校文化创建为载体，打造各具特色的学校文化品牌。江东武校、水岭学校和东安三中武术文化，鹿马桥舞狮舞龙文化，舜德学校社会主义核心价值观手语操，全省有名。2016年春节期间，湖南都市频道“都市1时间”对水岭学校和东安三中两所学校武术进校园工作进行专题报道。

【作风建设】2016年，县教育局开展“四风”督查12次，下发通报5期，处理37人次，其中给予以党政纪处分12人、通报批评18人次、诫勉谈话2人、批评教育5人；在“雁过拔毛”式腐败问题专项整治工作中，核查助学资金3350万元，发现问题资金19.79万元，其中收缴县财政16.65万元、清退3.14万元。

【教师招聘】2016年，东安县招聘教师、引进新教师161人，其中人才引进16人，招聘特岗教师123人，接收免费师范毕业生22人；定向送培小学教师、中职教师和幼儿园教师50人。

【师资培训】2016年，县教育局充分发挥国培项目县职能，在教师培养培训上，坚持“自主创新、联合发展”原则，采取“请进来、走出去、送下乡、促教研、铸师魂”培训模式，开展各种培训。4月，组建东安县初中语文工作坊，参与人员100人。全年请进教育教学专家30余人对教师培训；送出去教师1000余人到厦门、成都、重庆等地学习；全年培训教师14027人次。11月15日至12月11日，东安教师发展中心依托澄江中学和舜德学校两个省级教师培训基地校，分8期对全县1900名中小学教师进行信息技术应用能力提升培训。4月至12月，组织中小学校长在舜德学校报告厅举办7期校长论坛，全县70名中小学校长和900名中层领导、骨干教师参加。

【教育教学】2016年，东安扎实开展集团教研，以舜德学校、澄江中学等学校为龙头，组织开展一一结对、送教下乡、教师领导互访、磨课研课等活动20余次。组织名师、骨干教师开展送教下乡活动，每个教育集团全年4次，每次2天，每次参加人员600多人。3月，组建评选骨干教师工作室，评选出骨干教师192人。5月，成功协助市教科院举办全市小学数学课堂竞赛。12月，组织初中、高中教师教学竞赛，参赛教师达150余人。新圩中学《农村中学生英语自主学习能力的培养》《农村中学生行为习惯之文明礼仪的培养》获省一等奖。组织教师参加省解题大赛，一中教师易和好获省解题大赛特等奖，澄江中学周军平获一等奖。2016年9月，组织教育教学论文评比，上交市教科院论文150篇，获奖98篇，获市一等奖30篇。组织高中学生参加省市理化生奥赛，有100人次获奖。获省一等奖10人次，其中生物4人获全国一等奖。

【教师表彰】2016年9月10日，东安县委、县政府在东安会堂召开教师节表彰大会，授予紫溪中心小学等3所学校为“明星学校”，授予东安县教师进修学校等7所学校为“教育先进单位”，授予紫溪中心小学校长唐卫东等3名校长为“明星校长”，授予东安一中李绵明等15名教师为“明星教师”，授予东安一中高三刘月辉等23名学生为“明星学生”，授予新圩江镇党委书记冯志多等4人为东安县“重教功臣”；给予东安一中周文斌等19人记三等功，对周丽丽等371人予以嘉奖。推出“湖南省最美乡村教师”——兰旭霞；大盛中心小学吴才有家庭被评为全国文明家庭，吴才有妻子黄常淑到北京受到习近平亲切接见。

【考试工作】2016年高考，东安县有2236人报名，实际参考2091人，其中理科文化考生975人，理科艺体考生101人；文科文化考生688人，文科艺体考生211人；职高对口考生116人。设东安一中1个考点，共74个考场。全县二本一次性上线527人，东安一中伍晓倩以裸分687分获得全市理科第一名，居全省第18名；席大鹏669分，居全省第151名。伍晓倩、席大鹏均被清华大学录取。成人高考，有334人报名，其中专科升本科217人，高中起点升专科117人，设东安一中1个考点，共13个考场。普通高中学业水平考试报考2264人，设东安一中、耀祥中学两个考点，共76个考场。普通高中学业水平考试补考报考748人，2131科次，设东安一中、耀祥中学两个考点。高等教育自学考试，全年自学考试两次报名有7人，办理自学考试毕业证书8人。

【校长管理】2016年，县教育局全面引入竞争机制，对新提任校长一律实行竞争上岗，年内有7名副校长通过竞争担任校长。选派县城学校优秀副校长和中层干部3人到农村学校和薄弱学校挂职。对6名符合交流条件的校长、副校长全部进行交流。开设校长论坛，并根据论坛演讲测评和校长考核情况给予1000～3000元奖励；建立中小学校长津贴制度，补助标准每人每月600元，2016年按30%的比例发放，所需经费纳入县财政预算。委托纪检监察内审室对12名校长进行离任审计。

【教育督导】2016年3月，东安县调整教育督导委员会成员，主任由副县长张静担任，副主任由县委组织部副部长唐全华担任。2016年8月，东安改革督学选聘模式，采取“笔试+面试”方式，面向全县公开招考专职督学19名、兼职督学16名，并实行专职督学编制制度。2016年10月，东安遴选督学经验被国务院教育督导委员会办公室在《教育督导决策》上推广。全县评选出5个先进教育集团。11月，永州市教育督导委员会办公室对东安进行“两项督导评估考核”初评。各督学责任区开展专项督导、随访督导、综合督导626次。

【学生资助】2016年，县学生资助中心为1256名家庭经济困难大学生办理生源地助学贷款，总金额1001.89万元；资助普通高中2445人次，金额244.6万元，资助中职学生346人次，金额34.6万元，资助学前贫困幼儿3443人次，金额172.15万元，为369名普高建档立卡类困难学生免除学费，金额32.76万元，资助家庭特困品学兼优普高学生60名，金额6万元；为920名义务教育阶段家庭经济困难学生发放校车补助，金额27.6万元。县学生资助中心被评为“湖南省学生资助研究工作先进单位”，在湖南省大学生生源地信用助学贷款工作评比中，东安县学生资助中心获湖南省第1名。

（蒋佩健）

县教育局领导名录

唐德光 党委书记、局长

唐善钰 县政府主任督学、党委副书记

文柏军 党委副书记、纪委书记

魏绍能 党委委员、副局长

唐青生 副局长

唐正雄 党委委员、副局长

唐庆松 党委委员、副局长

东安一中

【概况】2016年，东安一中有67个教学班，在校学生4095人。在职教职员工306人，其中专任教师297人，研究生学历24人，特级教师4人、高级教师108人。专任教师本科学历达标率100%。被东北大学定为“优质生源基地学校”，被清华大学评为“清华大学生源学校”，并被永州市教育局评为“永州市名校”。

【硬件建设】2016年，东安一中有教学用房和教学辅助用房112间，教学用房面积31882平方米，专用物理实验室4间、化学实验室3间，生物实验室4间，通用技术室2间，数学实验室1间，科技活动室1间，地理活动室1间，多媒体教室66间；学生计算机室6间，电化教学中心控制室1间，教师电子课件制作室2间，学生用电脑390台；学生阅览室3间，教师阅览室1大间，图书馆藏书约12.4万册，各种刊物160种，年新增图书2591册。学校建有400米跑道标准塑胶运动场，6个篮球场、3个排球场和乒乓球训练房，5个羽毛球场，1个门球场，2个健身活动区，2000万元的体艺馆1个。

【教学质量】2016年，东安一中肄业年级学生期中、期末考试学科合格率在85%以上，99%的学生通过理、化、生实验操作检测；100%学生掌握规定的计算机基本知识和操作技能；通用技术考查合格率100%。学校高二学业水平考试正考合格率85%，高考（按毕业总数计）本科（二批）一次性上线415人，较2015年增加85人，上线率达到全市平均水平。其中伍晓倩裸分获全市理科状元，伍晓倩、席大鹏分数均超过清华北大分数线。

【队伍建设】2016年，东安一中组织全校教师签订师德师风廉洁从教责任状和承诺书，学校组建家长委员会，召开2次家长会，并面向学生家长发放问卷调查4100份，开展师德师风学生评议2次。学生、家长及社会对教师满意度达96%。学校选派教师参加国培、省培；组织高三全体教师参加市里组织的教师轮训；开设“一中讲坛”，推广校内6名名师教学经验；选派领导、骨干、教师73名到河北衡水中学、广州二中、上海建平中学考察学习。邀请上海建平中学常务副校长等5人、广州市第二中学张校长等4名知名专家到学校讲课，多次邀请市教科院专家到校讲学。实行校领导、教务处、教科室人员驻学科组指导教研制度。全面开展“有效听课”活动。扎实开展集体备课活动。全年进行全校性集体备课36次。教师有多篇论文在各级报刊上发表或获奖，其中国家级11篇、省级34篇、市级14篇。易和好老师在全省数学教师做题大赛中获全省一等奖、第三名。学校有国家级骨干教师1人，全国苏步青数学教育一等奖获得者1人，省优秀教师2人，省骨干教师7人，市名师2人，市学科带头人15人，市骨干教师11人，县级骨干教师27人，县名师工作室成员16人，数学、物理、生物等学科教师在全市处于领先地位。

【德育建设】2016年，东安一中坚持各项管理制度的落实。落实校门值班制，定点检查制，落实寝室管理制度，政教处巡查制度。强化校门管理，出台《东安一中校门管理规定》，对部分随意进出校门的寄宿生进行处理。联合公安、文化部门对学校周边网吧进行突击检查，查处外出上网学生68名。强化安全法制教育，对学生宿舍进行一次管制刀具排查，缴获管制刀具4件。与班主任签订学生安全教育责任书，安排专门安全教育班会课。邀请司法所专家到校开展专题法制讲座1次。配合政法部门开展学校门口“三见警活动”。大力加强社会主义核心价值观教育，开展背诵社会主义核心价值观、汉字听写比赛、古诗词背诵及默写比赛，开展共创共青林、种植小草、高一新生军训等活动。加大专业型心理咨询队伍建设力度，引进心理咨询教师1名，开设心理咨询室，接受学生咨询85人次。

【特色建设】2016年，东安一中夯实奥赛传统优势，举办全校数理化生和信息校级奥赛传统比赛2次。蒋彪、周龙、李芊3位同学获得全国生物奥学联赛一等奖，为永州市仅有的获一等奖的3名学生，且东安一中包揽该项目永州市前11名。学校在数学奥赛获得全国二等奖4个，物理奥赛获得全国二等奖9个、三等奖5个，化学奥赛获得二等奖5个。发展武术特色，在高一新生中开设校本体育课程“东安武术”，进行少年拳套路比赛1次。开展“跑操”大课间活动。承办全县中小学生运动会，并获得运动会甲组团体第一名。组队参加全县中学生男子篮球和女子排球比赛，男子篮球获得第一，女子排球获第二。学校有社团13个。学生社团每周进行1次社团活动。学校设有广播站，每天早中晚播音1.5小时。学校还举办冬季运动会、校园歌手大赛、拔河比赛、少年拳比赛和元旦文艺晚会，开展校园书画展览、黑板报评比等活动，并承办全县中小学生艺术节。

文体广电新闻出版

【概况】2016年，县文体广电新闻出版局，加挂县版权局牌子，为县政府工作部门。归口管理县文化市场综合执法大队、县全民健身服务中心、县文物管理所、县文化馆、县图书馆、县民俗文化传承展演中心（东安县舜皇山艺术团有限公司）、唐生智故居管理所、县电影服务管理站（县电影发行放映有限公司）等8个下属单位；行业管理县广播电视台。局机关内设办公室、政工股、文化艺术股、群众体育股、产业科技和广播电影电视股、市场监督及行政审批股等6个股室。局机关核定行政编制6名，全额拨款事业编制6名。其中局长1名，副局长3名，纪检组长1名，股长（室主任）6名，机关后勤服务人员编制1名。全局有在职干部职工113人。其中，局机关实有在职在岗人员9名。

2016年，县文体广电新闻出版局着力提升县全民健身服务中心、文化馆、图书馆、舜皇山艺术团、文物管理所、生智故居管理所、电影服务管理站的服务能力和水平，搞活群众文化体育，引导各乡镇场文化艺术团体开展健康积极向上的文体活动，组织开展全县“欢乐潇湘”系列活动，健全和完善公共文化体育服务体系，突出艺术精品创作生产，推动全县文化事业大繁荣、大发展。获得全市文体广新工作目标管理考核先进单位、全市建党95周年“红旗颂”大合唱比赛二等奖、全市第七届少儿音乐舞蹈大赛组织奖、全市少年儿童“光荣与梦想—纪念建党95周年暨红军长征胜利80周年”阅读活动奖、全市“书香永州”2016年全市少年儿童“光荣与梦想纪念建党95周年暨红军长征胜利80周年”现场竞答活动三等奖、全市“欢乐潇湘·幸福跳起来”广场舞大赛组织奖和优胜奖等荣誉称号。选送的节目《逛新城》获首届阿里巴巴乡村文化节全国广场舞大赛季军，选送的节目《兵书宝剑》获全省“欢乐潇湘”群众文艺汇演三等奖，县舜皇山艺术团和团长陈毅凯分别被省委宣传部、省文化厅、省总工会评为全省“欢乐潇湘”群众文艺汇演决赛优秀文艺单位和组织工作先进个人；东安县被国

11月18日，在县城体育坪广场举办2016年东安县“演艺惠民·送戏下乡”暨社会主义核心价值观湖南原创广场舞东安县教练员培训结业展演

家体育总局武术运动管理中心评为“全国武术之乡工作先进单位”，成功举办东安县首届武术文化旅游节；县残疾人运动员蒋芬芬为中国队获得女子T35-38级4×100米接力赛金牌。黄新国、陈娟分别被省文化厅评为2016年湖南省文化志愿服务“优秀组织工作者”和“星级文化志愿者”。（易海林）

【群众文化】2016年，全县群众文化活动精彩纷呈。先后举办、承办2016年东安县春节联欢晚会，2016年东安县龙狮武舞闹元宵广场文艺演出，东安县“2016年春风行动”现场招聘会演出宣传活动，2016年东安县“文化·科技·卫生计生·法律·政策”五下乡启动仪式文艺演出，东安县计生协会庆“5•29”文艺下乡巡演，2016年东安县创建全国卫生县城宣传演出，东安县庆祝建党95周年“党旗飘飘·唱响东安”歌咏比赛，“欢乐潇湘·美丽东安”暨创建国家卫生县城大型群众文艺会演，东安县首届阿里巴巴乡村文化节全国民俗舞大赛，湖南东安“创建百岁健康县”文艺晚会；组织参与永州市2016年元宵广场文艺演出，“欢乐潇湘·和美永州·诗画零陵百姓月月乐”广场文艺演出，庆祝中国共产党成立95周年“红旗颂”大型群众合唱比赛，“欢乐潇湘·和美永州”大型群众文艺会演市复赛，2016“潇湘丽人”形象大使暨“永州市文化旅游形象大使”东安区选拔赛，2016年“欢乐潇湘”全省群众文艺会演决赛永州市专场，永州市第四届京剧票友艺术节，东安县大盛镇创建“湖南省民间文化艺术之乡”文艺会演，湖南省“欢乐潇湘”第六届全民广场舞大赛永州市选拔赛暨永州市“幸福跳起来”广场舞复赛，中国·东安首届武术旅游文化周开幕式文艺会演，2016中国湖南（第七届）旅游产业博览会，东安县2016年（东莞）招商引资重点项目推介会。

文化惠民工程扎实推进。“两馆一站”免费开放，县文化馆免费开展群众文艺技能培训，举办“幸福跳起来·湖南省原创广场舞”“社会主义核心价值观湖南原创广场舞”“少儿音乐”“少儿民舞”“少儿拉丁舞”和“少儿书画”等培训班，培训人数1200余人。全县17个乡镇场文化活动中心面向当地群众免费开放，年培训人数达1500多人次。投入资金107万元，新（扩）建农村文化广场和小舞台50个。县图书馆及各分馆共新入藏图书6700册、报纸杂志170种，新办图书借阅证476个，接待各类读者6.8万人次，提供免费咨询1030人次，文献流通达9.6万册次；开展“送书下乡”活动6场次，捐赠各类图书4800册；组织“书香东安”2016年全县少年儿童“光荣与梦想——纪念建党95周年暨红军长征胜利80周年”系列读书活动，新购电子触摸屏报刊阅读机1台，筹建的“东安县图书馆消防大队分馆”正式开馆。

（罗宇波　蒋文芳　雷建林）

【文化艺术团体】2016年，全县有54个文化艺术类社会团队，分布在17个乡镇场及县城各个社区。县城有18个文化艺术类社会组织，文艺培训机构40多家，群众广场健身活动团队达100余支，成为全县群众文化的一大亮点。其中东方艺术团、舜皇山大鼓队、舜皇山乐队等艺术团体采用有偿服务与无偿服务相结合，为广大乡镇社会组织开展群众文化活动起到带头示范作用。在元旦、春节、端午期间，县舜皇山艺术团开展“演艺惠民·送戏下乡”活动，在全县各乡镇场共开展“送戏下乡”演出60场次。

（罗宇波）

【文物保护】2016年，县文体广电新闻出版局组织开展对22个县级以上文物保护单位的保护性巡查，对所有县级以上文物保护单位进行资料的收集与撰写，撰写字数达10万余字。树德山庄和广利桥的维修方案得到国家的审批通过，其中广利桥消防工程累计安排资金239万元，2016年已下拨191万元；安排树德山庄保护修缮工程经费679万元，预算控制数正在省级审核中。县下拨文物保护经费30万元，对九龙岩石刻部分碑文进行拓片保护。（刘大清）

【非物质文化遗产】2016年，县文体广电新闻出版局认真贯彻执行《中华人民共和国文物保护法》，对非物质文化遗产坚持“保护为主、抢救第一、合理利用、传承发展”的方针，组织专业人员对全县非物质文化遗产项目进行全面普查。全县有省级非物质文化遗产保护项目1个（东安武术），市级非物质文化遗产保护项目4个（东安鸡、水岭羊肉、大庙口乌饭、中田橙子糖），县级非物质文化遗产保护项目19个（水岭羊肉、山口铺油豆腐、花桥藤椅、鹿马桥箩筐等）。6月12日开展第十一个“非遗宣传日”活动，现场发放“非遗”宣传单并进行讲解，对东安武术进行现场展演。成功申报市级非物质文化遗产项目——《水岭羊肉制作技艺》。

（唐　真）

【电影发行放映】2016年，县文体广电新闻出版局在全县301个行政村全力实施“一村一月一场”电影的农村公益电影放映工程。根据东安实际情况，重新调整放映队伍，精选年富力强的优秀人员为放映队长，成立5个职工放映队，13个农村公益放映队，每队2人，1个公司流动放映队。全年放映电影5890余场次，放映各类故事片、科教片180余部，观众人数达100余万人次。（陈启华）

县文体广电新闻出版局领导名录

黄新国　党组书记、局长
李天明　党组成员、副局长
唐朝军　党组成员、副局长
陈　娟（女）　副局长
徐永祝　党组成员、纪检组长

树德山庄文物管理

【概况】唐生智故居又名树德山庄，位于东安县芦洪市镇赵家井村，是一处规模较大、中西合璧的庄园式建筑，1996年湖南省人民政府将树德山庄公布为省级文物保护单位。1997年永州市人民政府将其列为爱国主义教育基地。2006年被列为第六批全国重点文物保护单位。2003年，成立唐生智故居管理所，2011年该所核定为全额拨款事业单位。唐生智故居（树德山庄）现成为全县党员干部开展党的群众路线教育实践活动、“两学一做”学习教育活动，弘扬革命传统，传承红色精神，接受党性教育和勤政廉政教育的重要阵地。

2016年12月20日，中国·东安首届武术文化旅游周活动，全县干部职工在东安一中体艺馆参加“东安拳”比赛

【故居修缮工程】县文体广新局坚持“保持为主、抢救第一、合理开发、永续利用”的工作方针，2016年4月开始启动故居主体建筑修缮工程，先后完成《全国重点文物保护单位树德山庄保护修缮工程勘察设计方案》的编制、树德山庄维修效果图的制作、保护修缮工程网上招标、《湖南省东安县树德山庄保护修缮工程施工合同书》的签订等工作。2016年年底，完成主楼、卫兵房、厕所、厢房、赏花亭等建筑物屋面及墙面修缮等工程。整个修缮工程申请国家重点文物保护项目专项补助经费1212万元。

（易海林）

全民健身服务中心

【概况】东安县全民健身服务中心（原县体育局），为县文体广电新闻出版局所属的副科级公益一类事业单位。县全民健身服务中心内设办公室、健身指导和场馆管理股、体育彩票管理股，归口管理县青少年业余体校、县老年人体育协会。核定全额拨款事业编制5名，其中：主任1名（副科级），股长（室主任）3名。县体育局涉改后，领导干部未调配到位，2016年仍为原体育局编制人数。2016年5月23日，县体育局被国家体育总局评为全国武术之乡工作先进单位。

【群众体育工作】2016年元月，举办春节期间系列体育活动（拔河、长跑、武术），县直机关单位45个队、1000人参加，其中男子

700人，女子300人；武术表演200人参加。2月，举办东安县龙狮武舞闹元宵，有6条龙，8对狮子参加表演，另外街舞、跆拳道、瑜伽共计300人参加表演；3月，举办东安县趣味体育比赛，参赛人数280人；4月，举办东安县广场中老年武术比赛，120多人参加；5月，举办东安县机关单位工间操比赛，县直机关单位46个队、乡镇场15个队，计2100人参加比赛；6月，举办东安县“四地”（高铁新城、石期市、马迹塘、渌埠头）传统龙舟比赛，有龙舟40条、900人参加比赛；7月，举办东安县“龙溪壹号”杯篮球联赛，有12个队、120人参加比赛；8月，举办东安县广场体育舞蹈比赛，参加人数368人；9月，举办东安县第二届“长寿杯”太极拳、太极剑比赛，12个队、200多人参赛；10月，举办东安县老年体协第二十三届运动会（门球、桥牌、象棋、钓鱼、斗鸟），参赛人员800多人，并在鹿马桥中学开展武术进校园活动；11月，举办第一届东安县武术文化旅游节乡镇场武术参赛人员选拔赛；12月，举办第一届东安县武术文化旅游周。同时，指导各乡镇、村居民开展各具特色形式多样的体育活动。

【竞技体育工作】2016年，东安县残疾人运动员蒋芬芬在里约残奥会携手队友打破世界纪录，实现东安县奥运金牌零突破；组队参加全省武术、跆拳道、举重、体操、跳水等6个项目，获金牌23枚、银牌17枚、铜牌19枚；参加永州市中学生足球比赛，获男子组第3名，女子组第4名。平时抓好武术、跆拳道等项目的选材训练、注册工作，注册运动员123人。组建武术、跆拳道两个重点项目训练团队。全年输送11人到省、市专业队培训。在全省散打比赛中，胡文杰和唐凯选手分别获得65kg、60kg级第一名。

【学校体育工作】2016年，在全县中小学校开展“阳光体育运动”，根据《国家体育锻炼标准》，全县中小学校实施学生体质健康标准，正常开展早操、课间操和眼保健操，部分学校还开展形式多样的课外体育活动。开展中小学生田径、武术运动会，成立武术、足球进校园领导小组，推行武术、足球进入校园活动。

【武术之乡工作】组队参加全国武术比赛，东安县运动员参加全国第十三届武术之乡武术套路比赛，获金牌1枚、银牌7枚、铜牌15枚，获集体项目二等奖，团体总分进入第二名。2016年5月23日国家体育总局武术运动管理中心对东安县武术之乡工作进行实地复查验收，东安县被评为全国武术之乡工作先进单位；精心组织第一届东安县武术文化旅游节武术比赛等各项工作。12月18日至21日，举办首届东安县武术文化旅游周暨东安武术大赛，具体项目为县直机关单位东安拳比赛、东安县乡镇民间武术团体赛及传统武术单项决赛。

【体育彩票发行工作】2016年，县体育局召开4次体彩会议，新增传统店6个、竞彩网点3个；村淘14个，全县体育彩票销售量完成700万元。

【体育基础设施建设】2016年，全县新建健身路径有65个，所有社区和80%的行政村拥有1套健身路径，支持井头圩镇大比村等10个贫困村建设农民健身广场。投资60万元对县体育中心4块门球场全面翻新。

参加全国比赛

（2016年8月，第十三届全国武术之乡武术套路比赛，江苏徐州）

表3

姓名	项目	名次
王双益	男子组自选棍术	一等奖
唐仁云	集体拳术	二等奖
陈冬英	集体拳术	二等奖
胡群德	集体拳术	二等奖
李纯秀	集体拳术	二等奖

续表 4

姓 名	项 目	名次
蒋理新	集体拳术	二等奖
周艳平	集体拳术	二等奖
何张明	男子组自选南棍、南刀	二等奖
蒋练兵	传统器械展示	二等奖
蒋练兵	男子青年组其他传统单器械	二等奖
唐仁云	女子中年组其他太极拳	二等奖
滕顺生	男子老年组其他南拳	三等奖
唐纯勇	传统器械展示	三等奖
唐纯勇	男子青年组其他双器械	三等奖
唐专生蒋练兵	器械对练	三等奖
蒋练兵	男子青年组其他南拳	三等奖
陈冬英	女子中年组其他太极拳	三等奖
蒋理新	男子老年组传统棍术	三等奖
胡群德	男子中年组陈式竞赛太极拳	三等奖
周艳平	女子中年组 42 式太极剑	三等奖
胡群德	男子中年组传统刀术	三等奖
滕顺生	男子老年组传统棍术	三等奖
周艳平	女子中年组杨式竞赛太极拳	三等奖
唐专生	男子老年组传统棍术	三等奖

东安县参加全省比赛情况表

表 4

时间	比赛名称	姓 名	项 目	名次	备注
2016 年 1 月	湖南省青少年武术锦标赛	文 庆	自选南拳	第一名	湖南株洲
		聂 阳	自选太极剑甲组男子	第二名	
		文 庆	棍术丙组男子	第三名	
		文 庆	刀术丙组男子	第三名	
2016 年 6 月	湖南省武术大会散打比赛	樊 文	男子青年 60KGB 组	第二名	湖南长沙
		胡文杰	男子青年组 70KG	第二名	
		刘 校	男子少年组 52KG	第三名	
		蒋 琛	男子少年组 56KG	第三名	
		席大利	男子青年组 65KG	第三名	
		唐 凯	男子青年 60KGA 组	第三名	
		文志豪	男子少年组 44KG	第三名	
2016 年 6 月	湖南省武术大会散打比赛	蒋飞虎	男子少年组 52KG	第三名	湖南长沙
		黄国强	男子少年组 40KG	第五名	
		唐 元	男子少年组 48KG	第五名	
		宋俊杰	男子少年组 60KG	第五名	
		胡作恩	男子青年组 80KG	第五名	
		吴教龙	男子青年组 52KG	第五名	
		熊 健	男子青年 56KGB 组	第五名	
		陈佳宇	男子青年组 44KG	第五名	

续表 4

时间	比赛名称	姓 名	项 目	名次	备注
2016 年 7 月	湖南省青少年跆拳道锦标赛	王人杰	男子丙组 -56KG	第五名	湖南长沙
		易开文	男子甲组 -59KG	第三名	
		谢冰洁	女子乙组 -60KG	第三名	
		宾 斯	女子丙组 -54KG	第三名	
		陶若楠	女子甲组 -46KG	第一名	
		陈鹏翔	男子甲组 -51KG	第一名	
		蒋家胜	男子甲组 -59KG	第一名	
		叶蓝天	男子甲组 -63KG	第三名	
2016 年 11 月	湖南省第四届武术大赛比赛	屈 享	男子儿童组自选长拳 D 组	第一名	湖南湘阴
		唐 月	女子少年组少年规定长拳	第一名	
		唐翔靖	女子儿童组东安棍	第一名	
		龙永杰	男子儿童组东安棍	第一名	
		莫 林	男子少年组东安棍	第一名	
		唐智斌	男子少年组传统门派项目东安拳	第一名	
		文 庆	男子少年组棍术	第一名	
		文 庆	男子少年组南拳	第一名	
		莫 柔	男子少年组刀术	第一名	
		熊谢锐	男子儿童组东安拳	第一名	
		文 庆	男子少年组刀术	第一名	
		莫 柔	男子少年组 A 组棍术	第一名	
		唐智斌	男子少年组东安棍	第二名	
		范仁真	男子少年组传统门派项目东安拳	第二名	
		唐维强	男子儿童组东安棍	第二名	
		莫 柔	男子少年组南拳	第二名	
		范 理	男子少年组规定拳	第二名	
		杨 鑫	男子少年组长拳	第二名	
		邓子强	男子少年组棍术	第二名	
		伍先锋	搏击比赛男子少年组 36KG	第二名	
		樊 文	搏击比赛男子少年组 65KG	第三名	
		席大利	搏击比赛男子少年组 70KG	第三名	
		文志豪	搏击比赛男子少年组 44KG	第三名	
		刘 校	搏击比赛男子少年组 56KG	第三名	
		邓子强	男子儿童组自选刀术	第三名	
2016 年 11 月	湖南省第四届武术大赛比赛	莫 林	男子少年组传统门派项目东安拳	第三名	湖南湘阴
		熊谢锐	男子儿童组东安棍	第三名	
		范仁真	男子儿童组东安棍	第三名	
		邓子强	男子儿童组自选长拳	第三名	
		吴家洛	男子少年组规定拳	第三名	
		唐志鹏	男子儿童组东安棍	第三名	
		唐 荣	男子儿童组东安棍	第三名	

文化市场综合执法

【概况】2016年，县文化市场综合执法大队内设办公室、法规室、执法一室和执法二室等4个股室。全县有各类文化经营场所74余家。年内开展节假日、两会期间、扫黄打非、校园周边文化环境、高考保驾护航、百日大会战等专项整治行动，累计出动人员620余次，车辆290余台次，巡查网吧3100家次、印刷单位20家次、书店100家次、KTV22家次、游戏厅30家次、影院4家次；关停违规网吧5家，查处违规网吧18家，取缔黑网吧1家，处理违规游戏厅3家；依法查处非法销售电视地面接收器的经营户，发放宣传教育单300余份，暂扣各种卫星电视地面接收器18个、机顶盒4个；迎接市级交叉暗访，依法对3家KTV进行行政处罚；依法对全县高危险性体育项目安全隐患进行排查。2016年被评为全市文化市场综合执法先进集体。（彭如铁）

县文化市场综合执法大队领导名录

卿克纯　党组书记、大队长
周群华　党组成员、副大队长
严　洁（女）　副大队长
黄雅兰（女）　党组成员、纪检组长

广播电视

【概况】2016年，东安县广播电视台内设8个全额拨款职能部室：办公室、财务室、政监室、广播电视事业发展部、新闻部、制作部、广告信息部、技术播控部。台直属机构2个：湖南有线东安有线网络公司、芦洪市调频电视差转台。广播电视从业人员80人，全额拨款48人，自收自支32人，干部28人，工人52人，全台有党员39人，党组成员6人，在职人员大专以上学历46人。全年投入280多万元，更新、改造采、编、播设备，实现采、编、播数字一体化，完成广告收入30万元。2016年，被评为全省、全市广播电视新闻通联先进单位，全县人口和计划生育综合治理工作先进单位、全县优化经济环境先进单位、全县宣传思想工作先进单位、全县“创百岁健康县”先进单位。

12月16日，湖南省新闻出版广电局局长朱建钢（右三）到东安县调研

【新闻宣传】2016年，县广播电视台开办《东安新闻》《创建全国文明县城在行动》《永远在路上》《重点项目大会战》《国策园地》《劳模礼赞》《新春走基层》《跨越发展新东安》《美丽乡村教师》等13个栏目。日播出时长110分钟；连续五次被省、市评为县级电视台“优秀通联单位”，全年在中央电视台上稿4条，湖南省卫视上稿14条，在市台上稿219条，上稿量跻身全市前茅；《东安新闻》发稿1718条。专题专栏节目共播出388期。同时参加省、市电视、广播节目评选，选送3件作品参赛。其中《“拐杖”黄常淑撑起文明家》获永州市电视消息一等奖，《基层党建不是弄虚建档》获永州市电视评论二等奖，《接权莫弄权》获中央广播评论提名奖。

【电视节目】2016年，全县有线广播电视传输干线2190千米，有线电视用户2.33万户，开通有线节目79套，其中付费数字电视用户1.2万户，双向电视用户12341户。在4个农村乡镇发展数字电视，用户3300多户。全县广播、电视人口综合覆盖率均达到100%。

【节目制作】2016年，县广播电视台制作播出《东安新闻》360期，播发图像稿件1718篇，制作播出《城市之窗》252期、《重点项目大会战》36期、《回眸2016》12期、《两学一做》48期等。

【东安新闻频道】2016年，《东安新闻》在原每周一、三、五首播，二、四、六重播的基础上，实行一、二、三、四、五首播，周六、周日播放一周要闻。每天早上7:00首播，中午12:30晚上22:00、24:00重播，每日播放四次，年播放时间增加到450小时。《东安新闻》栏目报道内容涵盖全县政治、经济、文化和社会生产各个方面。

【城市之窗】 2016年，县广播电视台与县规划建设局、县城管局合办了“城市之窗”栏目，栏目每半个月播出一期，每期节目15分钟左右，节目内容包括县城建设规划、县城重点工程规划、县城重点工程建设进度与质量、县城管理、房屋和土地的发售信息及评论性小板块“县城建设大家谈”“曝光台”“永远在路上”等，全年栏目播出252期。

【有线网络】2016年，县广播电视台开展“续费有礼”“业务发展百日会战竞赛”“每天1元钱，高清互动过新年”“广电宽带0元升级，新年就装广电宽带”“开广电宽带送电器”等各种促销活动，但基本客户仍然减少1539户，年度任务减少258.24%。宽带客户新增390户，完成年度任务的68%；高清客户新增133户，完成年度任务的20%；高清一体机销售358台，完成年度任务的130%。全年完成经营创收620万元，占全年任务的75%。全年利润减少150万元。（王元伟）

县广播电视台领导名录

唐民成　党组书记、台长
李贤峰　党组副书记、副台长
谢志雄　党组成员、纪检组长
蔡剑雄　副台长
王雅萍（女）　副台长
唐树奇　党组成员

史　志

【概况】2016年，县史志办定编7名，年底实有3人。在全市史志系统年度绩效评估考核中名列全市第一，被评为全市史志工作先进单位。

【党史编研】2016年，县史志办围绕县委的工作大局，按照“大事不漏、新事不丢”的原则和“翔实、准确、全面”的要求，收集整理当前党史资料，编辑出版《中共东安县委工作大事记2015》，整理2016年中共东安县委工作大事记资料20余万字。整理《东安在三顶桂冠激励下办人民满意的教育》《中共东安县第十二次代表大会》等党史专题2个，其中《东安在三顶桂冠激励下办人民满意的教育》被省委党史研究室收录入《湖南改革开放实录2016卷》。

【方志编修】2016年，县史志办继续组织编修《湖南乡镇简志·东安卷》，经征求各方面意见，形成送审稿送市史志办审查。开展《舜皇山志》编修，征集整理相关资料20余万字。5月26日召开动员会启动《东安年鉴》编修工作，在各单位提供相关资料的基础上，经编辑修改，形成《东安年鉴（2016年卷）》资料长篇。指导《大庙口镇志》《芦洪市镇志》编修工作，《芦洪市镇志》形成送审稿，《大庙口镇志》形成资料长篇。

【党史宣教】2016年，县史志办充分利用本地党史资源和党史成果，因地制宜地搞好党史宣传教育，使党史宣传教育进机关、进厂矿、进学校、进社区、进农村，在基层营造学习党史的浓厚氛围。举行《中国共产党东安历史（1921—1978）》《中国共产党东安历史（1978—2006）》首发式，并在2016年县党代会上给每位党代表分别免费赠送一套。围绕纪念长征胜利80周年这个主题，开展系列党史宣传教育活动，组织全办人员参加市办组织的“重走长征路”活动，与县诗词协会联合组织主题征文活动。

【党史联络】2016年，县史志办以编辑教育专题回忆录为突破口，发动联络组成员及其他离退休老同志深入挖掘、撰写、整理回忆文章，形成资料长篇近30万字，使一些有价值的珍贵史料得以保存。向市史志办选送回忆录3篇，全被采用。（艾向科）

县史志办领导名录

陈珍枚（女）　主任
艾向科　副主任

档　案

【概况】2016年，东安县档案局（馆）内设办公室、业务股，有在职干部4人。截至2016年12月，馆藏档案68836卷，资料1147册，含整理和移交原县冶化总厂各门类档案3894卷。馆藏有民国档案、唐生智名人档案、中华民国邮票、文光普日记等国家重点档案789卷。2016年1月，县档案局业务股股长潘明明被省人社厅、省档案局评为全省档案工作先进个人。

【档案基础业务建设】2016年，东安县档案局规范区划调整乡镇档案合理归属和流向，防止档案流失，下发《关于认真做好乡镇区划调整单位档案整理及移交工作的通知》，对撤并乡镇大江口乡、黄泥洞乡党委政府永久和长期保管的所有档案资料，均移交县档案馆。科学处置涉改单位档案归属和流向，确保国家档案资源完整和安全，下发《关于做好政府机构单位档案管理和移交工作的通知》，对各有关改革单位档案管理和移交提出明确时间及任务要求。县卫生局、计生委、粮食局等5个县直单位永久和长期保管的文书、业务、实物档案等全部移交县档案馆。配合县确权办认真做好农村土地确权登记档案整理指导工作，主动服务、及时跟进，严格标准、强化指导，确保工作有序开展。结合县内实际制订切实可行、操作简单的档案整理规则；扎实开展业务指导，主动跟进，到白牙市镇政府同相关人员积极沟通，提出整档规范要求，通过手把手讲解、现场演示等方式，对归档章、案卷封面、目录的规范填写等细节问题进行详细指导，提升工作人员业务素质和操作水平；优先打造部分乡镇和村（社区）作为示范点，以点带面，全面推开，促进全县农村土地确权档案工作顺利进行。对原县冶化总厂档案进行清点，整理出文书档案181卷、经营档案52卷、会计档案3032卷、科技档案142卷、人事档案487卷，共计3894卷，既丰富了馆藏，又为解决改制倒闭企业的历史遗留问题保存相关证据材料。

图3　档案员业务培训

【档案法制建设】2016年，东安县档案局贯彻落实市监察局、市人社局、市档案局《关于认真贯彻落实〈档案管理违法违纪行为处分规定〉的意见》，严格执行永州市档案局行政处罚自由裁量权制度和基准。2016年11月20日～12月16日，对部分县直机关、乡镇场档案工作进行年度登记和执法检查，下发《档案执法监督检查通知书》5份，要求限期整改。在县城生智广场开展“6·9”国际档案日宣传活动，向广大市民发放档案宣传资料500余份，引导市民多关注民生档案，让广大群众亲身感受档案文化，切实体验档案信息利用服务，有效实现档案与群众的零距离接触，提升档案工作服务社会的能力。

【档案业务培训】2016年10月16日~27日，东安县档案局举办乡镇场档案业务培训班，参训档案员18人。培训中，组织档案员学习《8号令》《乡镇场档案整理分类大纲》《归档文件整理规则》等业务性文件，再将2015年度文书档案材料从装订编页到分类抄目再到排序装盒等系列程序进行实际操作集中归档整理，有效地保证归档质量，提高乡镇场档案工作管理水平。

（潘明明）

县档案局领导名录

桑茂葵　局长

宾志远　副局长

县文学艺术界联合会

【概述】县文联实行团体会员制，2016年有县作家协会、县诗词协会、县京剧协会、县书法协会、县美术家协会、县摄影协会和公安文联等7家文学艺术团体，开展本县文艺领域的行业教育、行业自律、行业服务和行业管理。

永州市第四届京剧票友艺术节

【文艺基地建设】2016年，县文联进一步按照贴近生活、贴近实际、贴近基层要求，把工作重点、服务对象向基层业余文艺团体及基层文艺工作者延伸，为他们开展活动、文学创作提供支持与服务。有文艺创作基地2处，全年在创作基地开展诗词、书画、摄影等采风创作活动10余次。

【文艺活动】2016年，县文联协调指导各协会围绕县委、县政府中心工作，特别是全力推进“752121”工程，加快文化产业发展，彰显文化特色、发掘文化品牌，发挥文艺社团组织作用，广泛开展“写东安、唱东安、画东安、摄东安”一系列大型文艺活动，举行“德文化研讨会”“庆祝红军长征胜利80周年书画摄影展”“永州市第四届京剧票友节”“中国东安首届武术节”等。9月中旬，成立“东安县公安文学艺术联合会”，扩大文艺队伍，活跃群众文化生活，进一步弘扬“崇德尚武、包容纳新、朴实诚信、敢于争先”东安精神，促进东安大文化事业的发展。

东安县党校文明创建暨文化校园创作笔会

【县作家协会】2016年，全县有省作协会员7人，县作协会员36人，其中新吸收会员5人。协会先后组织到东安石林、川岩豹虎岩，紫溪广利桥、吴公塔、幽岩、沉香寺、圣公庙、长弄原始次森林、高岩水库、花桥唐家村、舜皇山御陛源景区、白牙市苍头村、山水村等10多个地方开展“石林采风”“川岩看梨花”“端午诗会”“十里画廊”“北三镇游”“苍头看荷花”“寻古揽胜”“原始次森林采风”等活动，市、县作家、摄影家参与，在大自然的怀抱里徜徉，从大自然获得灵感，创作出一大批作品，在市级以上杂志投稿的文学作品包括诗歌、散文120多篇。以《舜峰》杂志为载体，编辑出版纯文学杂志《舜峰》季刊4期。编发作家及会员文学作品，包括散文、小说、诗歌、文学评论等134篇。编辑《德在东安》，分“德泽东安——传说篇”“德美东安——瑰宝篇”“德耀东安——人物篇”“德话东安——文论

省新闻出版广电局党组书记、局长朱建刚在县委书记冯德校、副书记陈丽陪同下考察东安县新华书店

篇”4部分，搜集作者20余人130篇文章，全方位对东安“德文化”进行挖掘。协助中南大学博士生导师刘立夫编辑出版《厚德东安——中国德文化之乡》。先后组织作协会员4批20人次参加永州市作协举办的“端午读诗会”“七夕读诗会”“改稿会”；邀请市作协及永州诗社人员到东安指导4批次。

【县诗词协会】 2016年，有县诗协会员52人，省诗协会员5人。坚持每月一次学习、讲座，组织到紫溪市镇百花村、沉香寺采风并召开年会，年内出版《舜峰诗词》刊物2期，会员在各类刊物上发表诗词作品2000余首，作品主题广泛，讴歌改革开放、祖国河山、英雄人物，以饱满的热情盛赞东安。

【县京剧协会】 2016年，有会员58人。演出活动经常，《国粹经典永恒传承》演出多场；正月十五日作品《女驸马》在县“闹元宵”活动中参演；3月7日到莲塘光荣院进行慰问演出；5月1日“唱响红五月”戏剧晚会在县体育坪举行；6月28日在和谐广场演出；9月25日省老科协在东安开现场会，京剧协会自编节目《十唱创建百岁健康县就是好》参加演出。10月29—30日举办“永州市第四届京剧票友艺术节”，共演出5场。开展京剧进校园活动，每周五下午对爱好京剧的小学生进行一节课京剧辅导。新品创作《京腔一曲唱东安》《十唱创建百岁健康县就是好》，深受观众欢迎。

【县书法协会】 2016年，有会员87人。组织书法骨干到高岩水库等地采风创作3次；送书画进校园，到县委党校举行书法创作交流笔会；举办“庆国庆大型书法展览”“庆祝红军长征胜利80周年书画展”；邀请省、市知名书法家到东安采风创作、座谈交流2次。

【县美术家协会】 2016年，有会员70人。参加“2016年永州市首届山水画展”入选作品16件；永州市“纪念红军长征胜利80周年美展”入选作品23件；在“永州市老干部美展”中，1人获一等奖，1人获二等奖，2人获优秀奖；在“永州市企业家协会展览”中，1人获二等奖，2人获三等奖，3人获优秀奖；参加省美协会员2人、市美协会员5人。全年组织会员外出写生2次，部分会员自费外出写生20余次；跨省学术交流1次；培训学员30余人次。

【县摄影协会】 2016年，有会员50人。全年组织“美丽乡村”采风、摄影创作10余次；在各级刊物及网络上发表作品500余幅；组织大型摄影作品展览2次。

【县公安文联】 2016年9月成立，有会员138人。开展活动，组织县公安干警及家属子弟开展文学创作大比武，举办书画、摄影比赛，并组织获奖作品展览。

（眭扬眉）

县文联领导名录

眭扬眉　主席

湖南省新华书店有限责任公司东安县分公司

【概况】 湖南省新华书店有限责任公司东安县分公司隶属中南传媒旗下的湖南省新华书店有限责任公司。2016年，获湖南省新华书店有限责任公司永州分公司党群人力资源、一般图书精

在天成学校开展读书活动

细化考核、综合管理、门店建设、校园书店经营等11项荣誉。

【业务发展】2016年，县分公司以“稳主业、求创新、建队伍、强管理”为工作思路，以拓展业务经营，提高效益为重点，以强化公司管理为手段，以推进工作促进发展为目的，团结拼博，扎实进取，各项工作取得显著成绩。全年销售码洋 2763.42万元。在全县中小学教材、教辅的征订发行工作上，注重与主管部门的沟通和协调，精选品种，推荐给学校、学生自愿购买，采取征订上门、送书上门、服务上门的“三上门”服务，坚持社会效益第一的原则。公司严格贯彻落实国务院关于义务教育阶段学生全部享受免费教科书的政策，严格兑现“课前到书，人手一册”的承诺，全年免费送书上门500余车次。（廖华林）

新华书店东安分公司领导名录

周晓君　支部书记、经理

曾湘庆　副经理

人力资源和社会保障

【概况】2016年8月，机构改革，将原东安县新农合办整体职能划归东安县人力资源和社会保障局(简称县人社局)管理。改革后，人社局内设14个股室，下辖县就业服务管理局、县社会劳动保险管理站、县机关事业单位社会保险管理站、县医疗保险基金管理中心、县工伤保险中心、县城乡居民社会养老保险局、县劳动保障监察大队等7个副科级事业单位。县人社局紧紧围绕“民生为本、人才优先”工作主线，各项工作都取得显著成效，人才强县战略顺利推进，社会保障实现全覆盖，劳动关系和谐稳定，就业工作稳中有效。被评为2016年度全市机关事业单位养老保险改革、全市劳动社保工作和全县安全生产、社会管理综合治理、计划生育综合治理、信访维稳、精准扶贫、发展开放型经济工作优质服务、重点民生实事、跑项争资、优化经济发展环境和机关效能建设等10项工作先进单位。

【公务员管理】2016年，全县考录公务员39名。县人社局按照省市公务员主管部门要求，进一步完善全县公务员信息管理系统，主要以自纠方式，对公务员系统中信息进行审核。认真准确统计全县录入全国公务员信息系统人数，掌握参照管理单位及

“春风行动”政策咨询

信访接待

人员基本情况，确保公务员信息系统数据“一个不漏，一个不错”。

【工资福利管理】2016年，县人社局办理机关事业单位退休人员手续223人，办理机关事业单位干部职工抚恤金及遗属生活困难补助115人，审批全县机关、事业单位新参加工作人员见习期（试用期）工资244人，转正定级人员工资56人。职务与职级并行工作兑现工资。

【专业技术人才管理】2016年，全县有基层专业技术人才6158人，其中教育行业4359人，医疗卫生行业1393人，文化体育行业57人，农林牧渔行业258人，其他行业91人。县人社局对全县基层专业技术人才督查摸底，澄清各类人才底子，分类造册，加强专业技术人才队伍建设。

【军转干部安置】2016年，县人社局进一步增强安置工作透明度，维护安置政策严肃性，基本上做到部队、军队转业干部和接收单位“三满意”。及时为军转干部提供政策咨询、就业指导、户口安置等服务，解决他们后顾之忧。

【人才交流】2016年，县人社局进一步规范档案管理制度，及时修订《人事档案接收转递》《人事档案查（阅）》等制度，坚持按制度办事，接收人事档案206份；为280多名人事代理人员提供档案转出、转正定级、出具档案相关证明、查阅档案、复印相关档案材料等服务。深入全县重点企、事业单位调查了解高层次急需紧缺人才需求情况，认真填写信息采集表，及时上报人才需求。

【职业技能培训】2016年，县人社局职业培训总人数6428人，完成年任务的107%；创业培训1242人，完成年任务的124%；精准扶贫培训1200人，完成年任务的104%；农村电商培训600人，完成年任务的100%。

【就业再就业工作】2016年，县人社局落实就业优先战略，推进大众创业、万众创新，着力实施“一户一就业”脱贫工程，完善并落实就业创业政策。县城镇新增就业完成5271人，完成年任务的112%；失业人员再就业2105人，完成年任务的117%；就业困难人员再就业594人，完成年任务的132%；零就业家庭动态就业援助100%，城镇登记失业率控制在4%以内。

【职业技能竞赛】2016年，县人社局精心选送2名选手参加湖南省“中国创翼青年创业创新大赛”。经过角逐，天成东安县职业培训学校罗巧勇获得教育培训产业（汽车美容、汽车维修、汽车营销）二等奖；东安县耀升良种柑橘种植农民专业合作社胡松平获得柑橘种植三等奖。

【农村劳动力转移】2016年，县人社局切实抓好农村劳动力转移就业和培训工作，引导企业与农村富余劳动力签订用工合同，与职业培训机构签订定向培训合同，同时职业培训机构还为企业开展订单培训。全年新增农村劳动力转移就业0.48万人，完成全年任务的120%。在元旦、春节、中秋等重要时间段，举行18场不同规模、不同主题现场招聘会，提供就业岗位3881个。

（左平安　席惊涛　李　金）

县人力资源和社会保障局领导名录

郑　剑　党组书记、局长
陈红星　党组副书记、副局长
蒋东明　党组副书记、副局长

蒋鑫云　党组副书记、医保中心主任

陈振华　党组成员、副局长

蒋艳平(女)　党组成员、副局长

文远专　副局长

易远军　党组成员、纪检组长

叶小聪　党组成员、城乡居民养老保险局局长

叶剑波　党组成员

潘建华　党组成员、社会劳动保险站站长

陈志刚　党组成员

秦春华　联合工会主席

民　政

【概况】2016年，县民政局主要职责、内设机构和人员编制均有所调整。县编委《关于东安县民政局有关职责和机构编制调整的通知》明确，取消、调整、增加由省、市、县人民政府公布予以变动的行政审批事项，将原东安县救助局承担的行政职能划入东安县民政局；增设特困人员供养股、社会救助股；将民间组织管理股更名为社会组织管理股。调整后，县民政局设办公室、政工法制股(社会工作股)、规划财务股、优抚抚恤股、救灾救济股、社会救助股、特困人员供养股、基层政权和社区建设股(区划地名股)、社会组织管理股(社会福利和社会事务股)、县老龄工作委员会办公室10个内设机构；下设东安县城乡低收入家庭认定中心、东安县救助站、东安县慈善总会办公室、东安县扶贫扶优站、东安县农村社会养老保险办公室、东安县殡葬管理中心(殡葬执法大队)、东安县婚姻登记处、东安县军队离退休干部休养所、东安县光荣院、东安县殡仪馆、东安县社会福利厂等11个二级机构。全年上报各类信息100余条，调研材料2篇。2016年，东安县被省委、省政府、省军区评为“全省模范县城”；东安成功申报为湖南省革命老根据地；县民政局被评为全市福利彩票销售工作先进单位。

【低保救助和“五保”供养】2016年，全县有农村低保对象20677户、28280人，月人均救助130元，发放救助金5825万元；有城市低保对象3941户、7360人，月人均救助270元，发放救助金2000万元。农村“五保”对象4521人，发放资金1633万元，其中，分散供养对象4013人，供养标准267元／月；集中供养对象508人，供养标准546元／月。

【敬老院建设】2016年，全县有敬老院17所，集中供养床位660张。年内新、改、扩建水岭乡敬老院、芦洪市镇中心敬老院，新增床位150张。加强对已建敬老院的管理，提质改造设施落后的井头圩镇敬老院、大庙口镇敬老院，拨付补助金30万元。县民政局会同县消防等部门组成工作组，对所有敬老院进行多次安全大检查，排除安全隐患50起。

【救灾救济】2016年，县民政局开展冬、春季灾民和特困群众生活救助工作，下拨冬令救助金215万元、春荒救助金100万元，全年救助困难受灾群众12356人。以全国第八个“防灾减灾日”及“10·13”国际“防灾减灾日”宣传活动周为契机，两次活动发放“防灾减灾”主题宣传挂图700余套，进一步增强全社会防灾减灾意识。制订、完善《东安县民政局2016年度汛期抗洪抢险救灾工作应急预案》，健全汛期值班制度及采购救灾应急储备物资。精心组织综合减灾示范社区创建工作，白牙市镇茶亭社区获评“湖南省综合防灾减灾示范社区”。

【社会福利和慈善工作】2016年，县民政局创新社会福利彩票销售管理方式，加大对投注站点规范化建设力度，撤销低产站点5家，新增站点5家，调整站点业主3家，完成一家高标准福彩形象店建设。年末，全县有福彩站点40家，其中县城区30家，乡镇10家。组织开展“福彩公益行，走进东安”活动，销售即开型福利彩票280万元。全年完成福利彩票销售2725万元，同比增长23.5%，为全县社会福利事业募集公益金200万元。继续抓好孤儿保障政策贯彻落实，进一步规范孤儿认定、档案管理等工作，全年发放孤儿生活费124万元。募集善款40万元，开展慈善助学活动，为36名贫困学生，发放助学金3.6万元。

【优抚安置】2016年，县民政局以突出解决优抚对象“三难”问题作为优抚安置工作重中之重，下拨发放各类抚恤金3200余万元，走访慰问3000余名优抚对

东安县民政局举办重点优抚对象短期疗养活动

象，发放慰问金180余万元，慰问物资10余万元，对171名义务兵发放优待金127.9万元，先后投入资金30余万元，采取“送医送药”下乡、医疗巡诊和短期疗养相结合的方式解决重点优抚对象医疗难问题，全年对各重点优抚对象进行住院医疗补助110万元，门诊补助15万元，特别医疗补助2万元。投入20余万元对12名优抚对象进行危房维修改造，临时救助60余万元。开展“双带双促”活动，对36名创业退役军人进行70余万元资金扶持，促进县城经济发展和社会和谐稳定。全年安置退役士兵37名，下拨退役士兵自主就业一次性生活补助121万元。按照“政府主导、个人自愿、城乡一体、免费培训”模式，开展退役士兵职业教育和技能培训，全年培训93人，合格率达100%；完成12所“退役军人之家”的建设工作，下拨建设资金30万元。

【老龄工作】2016年，全县有老年人11.06万人，占总人口的17.1%，其中65岁以上的6.07万人，80岁以上的1.58万人。民政局为6127人办理老年人优待证。老年人凭此证在本地和外地都可享受一定范围优待。加强百岁老人优待管理，全县百岁以上老人15人（其中男性1人），分布在7个乡镇，百岁老人长寿保健金标准为每人每月600元，系全省最高标准。村（社区）级老年协会建会率95%，有协会493个。建设省级农村养老服务示范点4个，分别是紫溪市镇中心村、水岭乡骆家村、新圩江镇大群村、南桥镇双江村，新增养老床位13张。大力开展老年人意外伤害保险，参加保险的社会老人1.76万人，保额53万余元；县财政安排52.3万元，为24909名60岁以上特困老年人办理老年人意外伤害保险。全县核定基本养老服务补贴对象1054人，年发放资金25.3万元，补贴覆盖率100%。从2015年1月起，对90周岁至99岁的老年人发放高龄补贴，每人每月100元。2016年年末高龄补贴人数1113人，全年发放高龄补贴资金134.07万元。

【乡镇区划调整】2016年，完成全县乡镇区划调整改革工作，全县原有建制村501个，撤并任务数199个，实际撤并200个，超额完成1个，合并后建制村数量301个；区划调整改革经验获湖南省“深改办”充分肯定，并在其简报上推广；完成冷东线边界联检工作，两县区边界群众友好相

东安县民政局举行东安县第四届“双拥杯”篮球邀请赛

处,无边界纠纷;编印东安县新行政区划图;第二次全国地名普查工作数据采集和录入工作基本完成。

【基层民主和城乡社区建设】2016年,县民政局建立"四议两公开"工作制度;以村"两委"为主,同时完善《村(居)公约》及《村(居)民自治章程》,丰富群团组织在村(居)民自治中的内容,村(居)委会内部管理制度健全,村(居)民办事服务程序、流程规范便捷,村(社区)集体资产、资源维护良好,村庄(社区)环境卫生清洁;基层民主监督方面,建立党务(村居务)公开制度。各社区居委会(村)都成立包括(村)居民代表在内的社区党务(村)居务公开领导小组及党务(村)居务公开监督小组。发挥村(居)务监督委员会、村(居)民代表和辖区单位参与的监督职能。

【社团管理和社会工作】2016年,县民政局探索、建立"三社联动"(社区、社会组织和社会工作者)机制,以提高社会治理工作水平。做好社会组织管理登记管理工作,进一步简化登记流程,全年新登记社会团体6家、民办非企业单位13家。进一步加强社会工作人才队伍建设,组织县民政系统职工参加2016年社会工作者职业资格考试。

【婚姻登记】2016年,县民政局加大推进婚姻登记的正规化建设力度,依照中华人民共和国婚姻法规定,对前来办理婚姻登记对象依法进行登记。全年办理婚姻登记6802条,结婚登记3973对(其中补办22对),离婚登记1559对,补发结婚登记1177对,补发离婚登记58对,出具婚姻证明35例。

【殡葬管理】2016年,东安县先后出台《关于党员干部带头推动殡葬改革的实施意见》《关于建立东安县殡葬管理和改革工作联席会议制度》《东安县2015—2020年殡葬事业发展规划》。县民政局大力开展殡葬改革宣传,在清明节前夕,举办纪念老一辈革命家签名倡导火葬60周年暨清明主题宣传系列活动,发放各类图片资料5000余份。完成县殡仪馆火化炉升级改造,紫溪市镇集中治丧场所建设全面启动。落实惠民殡葬政策,保障特殊困难群众基本丧葬权益。（张祖亚）

县民政局领导名录

施祖益　党组书记、局长
文林春(女)　党组副书记、副局长
乔孟营　副局长
唐新生　纪检组长

卫生和计划生育

【概况】东安县卫生和计划生育委员会(简称县卫计委)是县政府主管卫生计生行政工作的职能机构,属县政府组成部门之一,于2015年10月由原县人口计生委和原县卫生局合并成立。2016年,全县有县人民医院、县中医院、县疾病预防控制中心、县妇幼保健计划生育服务中心、县卫生计生综合监督执法局、县人民医院芦洪市分院6个县直医疗卫生机构,有乡镇卫生院18个(含2所分院),民营医院10所,个体诊所47个,村卫生室352个。全县开设病床2654张,其中,县城病床1859张,农村病床795张。2016年年底,全县每千人口(按户籍人口计算)拥有床位4.2张、卫技人员4.03名、执业(含助理)医师2.5人、注册护士1.53人、乡村医生0.78人。2016年,东安县成功创建省级儿童保健合格县,县卫计委获得湖南省文明卫生单位, 县计划生育协会被评为湖南省计划生育协会工作模范单位,石期市镇中心卫生院、鹿马桥镇卫生院被评为全国2015—2016年度群众满意的乡镇卫生院。人口和计划生育工作方面,县卫计委以机构改革和职能转变为契机,按照"推进统筹解决人口问题,促进人口长期均衡发展"的总体要求,着眼稳定低生育水平、不断提高人口素质的根本任务,深化综合改革,创新工作机制,夯实基层基础。8月底前全面完成乡级妇幼保健和计划生育技术服务资源整合,全县16个乡镇场设立卫生和计划生育办公室;乡级卫生院加挂"妇幼保健计划生育服务站"牌子,明确履行妇幼保健和计划生育技术服务职能。全县出生7918人,出生率12.17‰,出生人口性别比111.94,死亡率7.41‰。

【妇幼保健】2016年,全县妇幼保健水平明显提高。切实加强两个系统管理工作,全面落实妇幼

东安县计生协表彰2016年“明星会员”

重大公共卫生项目和妇幼保健措施，提高孕产妇和儿童系统管理水平。2016年全县孕产妇系统管理率95.56 %，孕产妇住院分娩率99.98%，农村孕产妇住院分娩补助率56.59%；孕前及孕早期叶酸增补率99.83%；助产机构孕产妇艾滋病孕期检测率100%；免费婚检率83.68%，免费孕前检查完成任务达100%。孕产妇死亡率为零，7岁以下儿童系统管理率91.41 %，5岁以下儿童死亡率6.84‰，全县机构产筛率85.20% ；新生儿疾病筛查率96.23%，新生儿听力筛查率94%。

【县级公立医院改革】2016年，成立东安县卫生和计划生育委员会深化医药卫生体制改革领导小组，下设综合、人事与薪制度改革、分级诊疗改革、补偿机制改革、基层卫生改革五个专题工作组。2016年，县内4家县级公立医院门急诊就诊35.09万人次，同比增长3.1%；住院人数3.95万人次，同比增长7.6%；门诊人次平均收费225.9元，同比有所增加；住院次均费用2819元，同比下降5.6%；药占比为41.2%，同比下降3.9%；业务收入19784万元，同比增长2.9%。县内4所县级公立医院实施综合改革后，运行情况平稳。总体情况是“四降二升”，各项监测指标稳中向好，愈趋优化。

【基本药物制度】2016年，严格执行基本药物制度和省市各项配套政策，认真做好基本药物采购、配送、使用等环节监测和临床综合评价工作，按要求建立低价药品目录，县级4所公立医院、18家乡镇卫生院、285家村卫生室（合并后）均实行国家基本药物制度，实施比例分别达到100%、100%、94.6%。县卫计委成立东安县基本药物专家库，规范基本药物制度管理。

【医疗服务】2016年，全县以“医疗质量万里行”“优质护理示范工程”“三好一满意”等活动为抓手，大力推行卫生便民惠民活动，落实13项核心医疗制度。做好对口支援工作，县人民医院、县中医院分别派出3名中级职称以上骨干医护人员对口支援鹿马桥镇卫生院和紫溪镇卫生院。强化人才队伍建设，共选送10人去省级医院进修，组织156人次参加省内外各种学术会和短期培训班，面向社会公开招聘了7名卫生专技人员，县健康教育所引进1名管理人员，县人民医院引进6名专业技术人才，招聘143名合同制卫生专技人员，培训村医446人次。严把设置审批、执业登记和校验关，强化准入审批行为监管。2016年，共办理执业医师、护士注册及变更注册共299人次，依法受理并批准新开办了5家个体诊所，完成18所乡镇卫生院、6家民营医院、48家个体诊所、352家村卫生室的校验、变更和换发证工作。深化“平安医院”创建活动，加强警医联动，依法打击涉医犯罪和“医闹”行为，畅通投诉与协调渠道，促进医患关系更加和谐。年内，共调处医疗投诉和医疗纠纷27起，赔偿金额将近54.2934万元，其中，通过调解医患双方协商解决17起，提请医疗事故鉴定9起，提请诉讼1起。

【卫生监督执法】2016年，县内全面加强对公共场所、集中式供水、二次供水单位、使用集中空调通风系统单位、学校卫生、医疗保健机构、计划生育技术服务机构、职业健康检查机构、放射工作场所的传染病防治监督工作，覆盖率达100%，对所有公共场所量化分级管理率达100%。加强医疗市场的监管，集中精力扎实有效开展打击无证行医、超范围执业、非卫生技术人员从事医疗工作、随意增设诊疗科目、扩大诊疗范围、刊播虚假医疗广告等违法行为，确保医疗质量和医疗安全。全年查处无证行医行为12起，取缔非法行医2家，全县公共场所未发生较大健康危害事故。

【爱国卫生】2016年，县人民政府印发《东安县人民政府关于进一步加强新时期爱国卫生工作的实施意见》（东政发〔2016〕1号），组织召开全县爱国卫生运动工作会议，研究部署新时期全县爱国卫生工作。9月，东安通过国家卫生县城技术评估和综合评定，上报全国爱卫会。继续开展农村环境污染治理工作和城乡环境卫生整洁行动，根据《全国爱卫会关于印发全国城乡环境卫生整洁行动方案（2015—2020年）的通知》的要求，制订《东安县城乡环境卫生整洁行动实施方案》，在全县范围内继续开展城乡环境卫生整洁行动。加强对全县整洁行动的指导、管理和考核评估，全年下发督查通报8期，有力推动县内城乡环境卫生整洁行动。2016年，全县创建3个省级文明卫生单位，4个省级卫生村。

【公共卫生服务】2016年，县卫生和计划生育委员会扎实开展12大类基本公共卫生服务和重大公共卫生服务项目，基本公共卫生服务经费由2015年的人均40元提高到2016年的人均45元。全年建立农村居民健康档案558325人，其中建立电子健康档案555294人；高血压规范管理23989人，糖尿病规范管理3820人；重性精神病患者管理1220人；65岁以上老年人建卡管理78004人。全年报告国家法定传染病17种2692例，发病率 439.5/10万，较去年同期下降19%，无甲类传染病报告。无霍乱、高致病性人禽流感等重大传染病报，全县免疫规划疫苗报告接种率均达到扩大国家免疫规划工作要求。发现并免费治疗结核病人445例，完成全年病人发现计划数的100%。处置大的疫情10起，全县未发生重大传染病疫情暴发。实施贫困重性精神病患者救治救助工程，完成免费救治重性精神疾病患者100人次。全年未发生孕产妇死亡，7岁以下儿童系统管理率91.41 %，5岁以下儿童死亡率6.84‰，

【红十字会】2016年，东安县以《中华人民共和国红十字会法》为行动准绳，发扬“人道、博爱、奉献”的红十字精神，全年共资助特困户15户、救助白血病、先天性心脏病等患者共12人；发放救助救灾物资4.5万元；全年完成无偿献血1356人次，献血量436800毫升；器官捐献2人次；成功举办救护培训班，让救护知识走进校园、走进社区。较好地发挥为政府分忧，替群众解难的社会保障机制的补充作用。

【计划生育服务】 2016年，县卫计委为4520对夫妇提供免费孕前优生健康检查，室间质评、早孕随访和妊娠结局随访均达100%；加强避孕措施落实，避孕措施落实率达95%以上；为6000余名已婚妇女提供免费妇科病普查，其中低费或免费治疗800余人，免费提供治疗药品6.2万元；加大出生缺陷综合防控工作，将其纳入妇幼健康服务工作重要考核内容，组织召开全县性专题会议2场次，开展讲座20余场次，印制《湖南省出生缺陷防治办法》5000册，走访出生缺陷儿童10余例，张贴标语、悬挂横幅30余条，出生缺陷综合防控各项指标均完成目标任务；认真做好病残儿童鉴定工作，对农村病残儿童鉴定19人，符合条件18人，对家中确有困难的免收鉴定费。

【利益导向】 2016年，县卫计委始终把对计生家庭奖励扶助作为大事实事来抓，继续落实好中央、省、市既定奖扶政策，年内全县落实农村奖励扶助2963人，发放扶助金284.45万元；落实特扶奖励228人，发放扶助金100.09万元；落实手术并发症特别扶助奖励15人，发放扶助金4.29万元；落实独生子女保健费2212人，发放保健费53.09万元；为795名独生子女和两女户家庭考生中考升学加10分；对35名考取一本农村独生子女户、两女户学生给予奖励7万元；走访慰问贫困计生家庭362户，发放慰问金22.6万元。

【计划生育宣传教育】 2016年，县卫计委继续推进“六上六进”宣传活动，全面打造“六上六进”

宣传格局，实现计划生育宣传教育全覆盖。充分利用“5·29”计生协会文艺汇演和“7·11”世界人口日等重大节日，在县城人口聚集地组织开展咨询服务和发放各种计生宣传资料和宣传品活动。全年开展各项卫生计生宣传服务活动50余场次，发放宣传资料12万余份，更新宣传专栏27块，设置宣传横幅33条，刷新宣传标语58条，发放避孕药具3万余盒，接受咨询义诊1.2万人次，为返乡育龄妇女及流入育龄妇女孕检1.1万人次，免费赠送计生春联6000余幅。巩固和拓展计划生育宣传阵地，在全县所有乡镇及村整合卫生计生宣传阵地建设，对宣传栏内容进行全面更新，增设“全面两孩”宣传栏，大力宣传计划生育基本国策。加强人口和计划生育理论学习，强化计生国策意识，8月11日，县委中心组就人口形势和计划生育政策法规进行集中学习，邀请市卫生计生委副主任任水平就新修改的《湖南省人口与计划生育条例》作专题报告，在家的县级领导和县直各单位、各乡镇场党政主要负责人300余人参加学习。

【计划生育行政执法】 2016年，县卫计委严厉打击“两非”，切实加大社会抚养费征收力度。以做好社会抚养费征收和计生行政处罚工作为突破口，切实规范行政执法程序，做到统一征收标准、统一执法培训、统一执法文书。进一步落实行政执法责任制和过错责任追究制，全面维护育龄群众计划生育合法权益。开展“两非”整治行动，全年违法生育应征收对象523人，征收103人，征收社会抚养费103万元，成功查处5例“两非”典型案件。

【流动人口计划生育管理】 2016年，全县全员流出人口15.6万人，其中流出已婚育龄妇女7.2万人。全员流入总人口2504人：省内流入989人，其中已婚育龄妇女531；省外流入1525人，其中已婚育龄妇女265人。2月、6月，县卫计委组织2次全员流动人口计划生育大清查突击活动，全县各乡镇场以村（居）委会、社区为单位，以流动人口工作点、居住地、经营点为重点，逐村、逐店、逐户、逐人开展地毯式大清理。清理新增流入人口936人，免费为流入已婚育龄妇女落实长效避孕节育措施5例、孕环情健康检查365人次，免费发放避孕药具600余盒、发放宣传资料1万多份。加大对信息平台管理，反馈省内信息7103条，反馈率达100%。反馈流出人口协查信息4443条，反馈及时率100%。接收、反馈湘粤信息9511条，接收率达100%。异地办理一孩服务证8例。完善计划生育工作区域协作机制，县人大副主任、县人口计划生育协会会长宁苏君带领县卫计委相关股室人员及4个乡镇卫计办主任在年内组织2次流动人口区域协作活动。在流出人口较集中的桂林市灵川县、温州市瓯海区建立“湖南省东安县驻桂林市灵川县流动人口计划生育协会”和“湖南省东安县驻温州市瓯海区流动人口计划生育协会”，与两市领导进行座谈，就两地流动人口计划生育服务管理区域协作进行协商交流，达成一致意见。与广东省清溪镇、番禺、南海桂城联手处理5起“两非”案例。加强与省内邵阳市新宁县、省外广西省全州县及本市等周边区域协作，及时跟踪流动人口相关信息，使流动人口计划生育真正管理到位。

【计划生育综合治理】 2016年，县卫计委坚持构建“党政负责、部门配合、社会参与、综合治理”工作格局，进一步规范计生综合治理部门相关责任，不断加强协调检查、工作督查和综合考核，计生综合治理基础工作得到进一步夯实，部门协作得到进一步加强，为推动县内计生事业健康发展奠定坚实基础。年初，各部门与县政府签订递交计生综合治理工作目标管理责任书，与所辖单位和内设机构均签订计生工作目标管理责任书，与所辖社区签订计生责任书。各计生综合治理部门均将计生工作作为本部门大事列入重要议事日程，把计生综合治理工作纳入本系统（单位）年度目标管理综合考评，并以文件形式明确考核分值不低于综合考核总分的5%。成立计生领导小组，由单位“一把手”担任计生领导小组组长，单位副职担任副组长兼分管领导，配齐计生综治专干。省市考核中，县人口计生综治工作完成各项责任目标。

【计生协会】 2016年，全县有计生协会组织359个，协会会员6.42万人。卫计委全面组织开展“创先争优服务大局”活动，以“协会会员亮身份、做好事”和“明星会员”评选活动为抓手，开展生育关怀、宣传服务活动，大力发展“三结合”项目，认真抓好各项工作。县计生协会和各乡镇场利用“5·29计生协会纪念日”，开展宣传活动，县计生协会与县舜皇山艺术团合作编排专题宣传文艺晚会，深入到各乡镇场进行巡回演出。为216户农村独生子女户、两女户和手术并发症家庭免费购买计生家庭意外保险3.24万元，进一步增强计生家庭承担风险的能力。

（陈东志　杨　芳　张立忠）

县卫生和计划生育委员会领导名录

唐　文　党组书记、主任
陈世柳　党组副书记、副主任
荣芳春（女）　党组副书记、副主任
徐　瑛（女）　党组成员、副主任
蒋桃元　党组成员、副主任
蒋林华　党组成员、副主任
胡松柏　党组成员、副主任
郑　重　党组成员、纪检组长

重点医院选介

东安县人民医院

东安县人民医院门诊医技大楼

【概况】东安县人民医院始建于1950年，是一所集医疗、科研、教学、康复、预防、急救于一体的综合性二级甲等医院、爱婴医院、全县120急救中心。获全国百姓放心示范医院、省文明窗口单位、省模范职工之家、省先进基层工会、省职工职业道德建设先进单位、市青年文明号、县五个好党委等荣誉称号。2016年，医院有在职职工总数690人，其中合同制人员193人。有专业技术人员592人，其中正高职称5人，副高职称69人，中级职称162人。医院设置病床500张，实际开放病床539张。设有临床、医技、职能等48个科室。2016年完成门急诊诊疗人次257980例，比2015年增长3.5%；出院病人29943人次，与2015年相比减幅为2.0%；完成业务收入1.54亿元，较2015年增幅5.82% 。

【医院管理】2016年，县人民医院完善院科两级考核制度，按照标准对科室医护人员进行医疗质量考核，科主任、护士长负连带责任。每月召开一次医院质量与安全专题会议，每月院领导必需带着问题和整改建议参加会议。根据专题会议提出的问题，下发《关于规范老干病人住院用药、收费、诊疗等行为的整改通知》和《关于进一步推进“合理检查、合理治疗、合理用药”工作的通知》，促进医院质量的持续改进。开展20个病种的临床路径的实施，入径病例数2530例。重视人才的引进和培养，制订《人才培养和人才梯队建设实施方案》，成立人才培养和人才梯队建设达标验收考核专家组。通过引进医院急需紧缺的高层次、高素质人才；充分发挥院内传、帮、带作用；鼓励引进并开展新技术、新项目。通过创新人才引进激励机制，人才培养和人才梯队建设激励机制，推动人才梯队建设。2016年成功引进高层次专业技术人员6名；全日制本科应届毕业生1名。2016年选送6人到省人民医院和湘雅医院进修学习；选送6人到省人民医院进行住院医师规范化培训。

【医院发展】2016年，县人民医院按照“三重一大”相关程序，讨论通过添置彩超、CT机、核磁共振机各1台；根据临床需要添置和更换胃肠镜、医用洗衣机、可视喉镜、麻醉机、呼吸机、除颤仪、生物安全柜、显微镜、空气压力波、颅骨电钻、除颤仪、心电监护、呼吸内管消毒机、手术无影灯、病床等设备3000余万元。4月6日，将神经内科从内一科分离出来，成立内四科；暂时将外三科和外四科进行合并，将外三科病房进行标准化病房改建，成立消化内科。优化诊室布局，改善就医感受。充分考虑门诊各科室在空间位置上的合理性，对现有门诊的布局依照服务流程优化的要求进行整合。将内、外科诊室整合在一个区域，方便患者和便于统一管理；扩大妇产科门诊诊室，整个三楼B区为妇产科门诊功能用房，并将孕妇学校设在该区域，营造温馨的就诊环境和优质的医疗资源；消化内镜室调整至门诊四楼B区归消化内科管理；心电图室从内一科分离出来，实行24小时值班制，保障医疗安全。

【新技术开展】2016年，县人民医院加大对病理学科发展的支持力度，医院为科室一次性投入全新的组织包埋机、病理切片和蜡块档案柜，医院病理科设施建设达到全市前列。2016年，开展人乳头状（HPV）检测和脱落细胞DNA倍体分析，医院病理科成为全市唯一同时开展宫颈癌筛查3个项目（即TCT、HPV、DNA倍体分析）的科室。对开展新技术、新项目的科室除按原有政策给予奖励外，设立“引进开展新技术奖”。 （胡早意）

县中医院

【概况】东安县中医院始建于1956年，医院党支部成立于1974年4月，是一所以中医为主、西医并举的全民所有制二级中医医院。是城镇居民、职工基本医疗保险、新型农村合作医疗、计划生育、工伤保险的定点医院。主要负责为全县人民身体健康提供医疗与护理保健服务，医疗与护理、医学教学、医学研究、卫生医疗人员培训、卫生技术人员继续教育，保健民众健康教育。2016年，医院占地面积10亩，业务用房建筑面积4643平方米，有在职在编职工135人，其中副高职称18人、中级技术职称43人；本科49人，大专64人，中专及以下22人。开设床位108张。根据《医疗机构诊疗科目名录》的规定，医院设有内科、外科、肛肠科、急诊科、针灸康复科、妇科、眼科、口腔科、检验科、放射科、功能科等临床医技科室。拥有CT机、数字X光机系统，数字胃肠系统、C型臂X光机，西门子彩色B超、黑白B超、全自动生化分析仪，三分类全自动血细胞分析仪，电解质分析仪，尿液分析仪，病理切片图像分析系统，心电图机，动态心电图分析系统，心电监护仪、手术麻醉机，呼吸机等先进医疗设备。2016年完成经济收入2016.3万元，完成门诊量1.83万人次，出院病人3289人次，入出院诊断符合率达95.9%。

【医院管理】2016年，县中医院坚持“以病人为中心、以质量为核心”的办院宗旨，提出“中医立院、人才强院、特色兴院”的发展理念，紧紧围绕“立足服务、突出特色、培养人才、发展专科、树立品牌”，以县级公立医院综合改革及申报二级中医医院为契机，采取“请进来，走出去”的学习方法，拟定中长远发展规划，进一步补充和修订医院的各项工作制度及各级各类人员岗位职责、技术操作规程，为制度管人的自我约束机制找到制度支撑。建立和完善实现目标考核、奖惩、内外监督管理办法、运作流程，强化院科两级负责制，由院长负总责，副院长向院长负责，重大问题由院办公会讨论、院务委员会与职工代表大会决定；中层干部、科护士长实行聘任制。各职能科室根据工作职责定期不定期地到相关科室进行检查，认真落实各项规章制度、职责。医院基础管理工作得到进一步强化，形成人员有职责、工作有考核、考核有标准、奖惩有措施的管理体系，各项工作进入良性循环的惯性运转状态，工作效率大大提高。在公立医院改革上，医院坚持公立医院的公益性质，实行政事分开、管办分开、医药分开、营利性与非营利性分开。对公立医院的功能和服务进行重新定位，通过改革公立医院办医模式、管理体制、运行机制、保障机制，加快形成多元化办医格局，提高医疗服务质量和社会满意度，降低医疗服务成本和医药费用，调动医务人员积极性，促进公立医院健康发展，切实缓解群众看病贵、看病难问题。2016年，医院在“药品零差价”上让利百姓190余万元。

【队伍建设】2016年，县中医院实施人才素质工程，着力加强中医药人员队伍建设，为提高全院专业技术人员业务素质和技术水平，特别是中医药专业技术人员的综合素质，采取多渠道、多途径的方式创造再学习的条件，进一步加大人才培养的力度，提高学历层次，优化专业机构，合理调整、充实知识构成。鼓励青年骨干参加高教自考和成人高考，全面提高职工的综合素质。2016年，所有新进人员均为本、专科以上学历，临床医生学历均为本科以上。全院专业技术人员的学历水平大专以上达到94%。医院业务骨干到省、市立医院进修学习，在坚持长期进修培训的同时，更注重参加短期班的培训，2016年派出40余人次参加各类培训班、研讨会等，与此同时，加强在职人员的继续教育工作、医务人员的业务培训和法律、法规、规章制度的学习，组织医疗纠纷防范及处理讲座，提高医务人员的服务质量和安全意识。

【医德医风】2016年，县中医院狠抓以职业道德建设为主要内容的精神文明建设，将医德考评与医务人员的年度考核、定期考核相结合，进一步强化医院医德医风及职业道德建设，在职工的思想上牢固树立起“以病人为中心”的服务理念，强化行风建设；建立和完善行风监督网络，充分发挥院内外行风监督员的监督作用，严格执行医务人员“九不准”，医院制订病员投诉处理流程，病区设有投诉箱，行风建设收到显著成效。建立医务人员与窗口服务人员的岗位职责与行为规范。尊重、关爱患者，服务热情、周到。将医务人员与窗口服务人员的岗位职责与行为规范教育列入员工教育规划之中，有专门的部门负责和落实。有定期和系统的针对医疗服务的病人满意度调查，收集和听取病人的意见和建议，持续改进。医院有负责医德医风管理的组织体系及相关的制度，聘请院外医德医风监督员，定期对全院职工进行医德医风和遵纪守法教育。有收集院内、外对医院服务意见的渠道与制度，并有专门部门（专人）负责管理与实施。制订有医德查房措施，定期开展了医师、护士医德考核考评工作，对存在的问题能采取措施切实加以改进，医德医风得到根本好转。严格执行廉洁行医规定，医务人员无索要收受“红包”“回扣”的现象。医院制订转外院检查与治疗，外购药品、医疗器械的批准程序。未发现违反规定行为。医院严格执行首诊负责制和转科转院制度，无推诿、拒诊患者的现象。患者和社会对医疗服务的满意度大于90%。

【公益服务】2016年，县中医院按照县级公立医院综合改革要求，推行药品零差率销售和“先住院、后付费”服务模式；推行临床路径和单病种付费工作。完成对口支援基层医疗机构、巡回医疗，政府和卫生主管部门指令性任务完成率100%；承担突发公共卫生事件和重大灾害事故紧急救治任务，完成救灾医疗队等政府指令性任务100%；制订惠民措施，开展医疗救助工作。财务部、急诊科对三无人员及需要医疗救助人员的救助有工作记录，对危急重症患者坚持先救治再收费的原则。制订开展健康教育、科普宣传的计划并组织实施，院内定期更换健康宣传栏，发放健康资料，开展健康教育和科普宣传。开展“送药下乡”“对口支援”“巡回医疗下基层”等活动，一年来免费义诊、帮扶患者近4000余人次，发放宣传资料近20个品种2万份。

县疾病预防控制中心

【概况】东安县疾病预防控制中心于2005年因国家卫生监督体制改革，在撤消原东安县卫生防疫站基础上挂牌成立。2016年有专业技术人员56人，中级职称25人，高级职称10人。中心先后取得由省级部门颁发的艾滋病初筛实验资质证书、职业卫生技术服务资质证书以及市安全生产监督管理局颁发的丙级职业卫生技术服务机构资质证书，通过省级实验室计量认证复评与省级食品检验机构认证。2016年，较好地完成县委、县政府交办的各项任务，通过湖南省县级疾控机构等级达标（乙级），并获2016年度永州市疾病预防控制工作目标管理先进单位。

【传染病防控】2016年，县疾控中心坚持以人禽流感、手足口病、狂犬病、艾滋病等重大传染病防治为重点，其他传染病常抓不懈的防治策略，全面落实各项防控措施。强化疫情报告和管理，全县报告国家法定传染病16种2769例，发病率461.5/10万，较2015年同期上升2.85%；无甲类传染病报告；乙类10种1227例，丙类6种1542例。其中发病居前5位的是：手足口病（1128例）、肺结核（516例）、肝炎（473例）、流行性腮腺炎（163例）、梅毒（149例），占报告病例总数的87.72%。报告传染病死亡17例（艾滋病15例、狂犬病1例、肺结核1例）。发病数与2015年同期比上升2.86%，死亡数与2015年同期比下降10.52%。全县疫情稳定，无甲、乙类传染病暴发疫情；无霍乱、非典、人禽流感等重大传染病疫情，无突发公共卫生事件。疫情和死因网报系统健全，网报质量在全市位列靠前。国家和省定死因监测任务如期完成，传染病漏报率控制在2.5%以内。突发公共卫生事件应急能力建设得到加强。及时处置重大疫情12起，分别为1起人感染猪链球菌病突发公共卫生事件传染病疫情，10起手足口病聚集性疫情和1起狂犬病死亡疫情；采集手足口病监测采样60份，阳性14份，总阳性率23.3%；对县城内活禽交易市场和批发市场环境人禽流感监测采样48份，未检出阳性；全县开展疫源检索422份，其中，内源性检索302例，外源性检索120例（包括每月江河水系3份，池塘水系1份，生活水2份，医院等排污水3份，养殖水样1份；每月甲鱼样5份，甲鱼养殖水样5份），检测结果为霍乱弧菌阴性。督促各镇及时开放腹泻门诊并做到“逢泻必登、逢疑必检”。

【救灾防病】2016年，新圩江镇、石期市镇和芦洪市镇先后发生三次重大洪涝灾害，县疾病预防控制中心出动救灾防病机动队80余人次，车辆20余台次，调拨“84”消毒液、漂白粉等消毒药品380余件，现场指导消毒170余处，实现大灾之后无大疫。

【卫生应急】2016年，县疾控中心坚持节假期不休息，24小时应急值班，每2小时巡查传染病疫情网络一次，传染病预警信息响应及时率100%，可疑传染病疫情判断基本正确率达到100%。

【业务培训】2016年，县疾控中心对各镇卫生院院长、防疫专干、县CDC专业人员开展人感染H7N9禽流感、霍乱、手足口病、登革热等传染病防控知识培训，并就传染病与死亡病例网络直报和应急处置实践技能展开现场培训。全年各类业务培训累计达530余人次，全面提高了全县基层专业人员的技术水平和应急处置能力。

【免疫规划】2016年，县疾控中心继续在全县范围内开展免疫规划扩大免疫，保证每月一次冷链运转，全县免疫规划疫苗报告接种率达95%以上。按照省市要求，进一步对一类疫苗出入库进行规范化管理，做到账苗相符，市、县、镇一致。开展2016年新入学入托儿童预防接种证查验工作，对全县38所小学和106个幼儿园开展接种证查验工作，查验覆盖率100%。应查验儿童14092人，实查验儿童13946人，查验率99.0%；持接种证人数13531人，应补证人数415人，实补证人数407人，补证率98.1%；应补种人数4211人，实际补种人数3970人，补种率94.3%。对县级医院进行免疫相关疾病主动监测，对2例疑似麻疹病例进行流调、采样和上报工作，其中阳性病例2例。对1例AFP疑似病例进行流调、采样和上报工作，结果为阴性。无流脑、乙脑病例、新生儿破伤风病例、百日咳、15岁以下乙肝病例报告

【食品安全与生活饮用水监测】2016年，县疾控中心对县内的新鲜蔬菜、早餐米粉、食用油进行采样监测，全年共采集早餐米粉样品40份、采集食用油样品20份、新鲜蔬菜40份，共计采样100份，经检测，88份样品合格，合格率88%。不合格的样品均为米粉，不合格的指标为水分。与水利局、卫生计生综合监督执法局加强合作，全年检测水样223份样品，其中出厂水57份，末梢水162份，水源水4份，合格163份，合格率73.1%。农村集中式供水水样合格率极低，仅为42.4%。开展健康相关从业人员的预防性体检及培训工作，体检、培训从业人员共4752人，合格 4689人，合格率98%。

【艾滋病防控】2016年，县疾控中心重点开展防艾宣传和反歧视宣传活动，继续落实综合干预手段和四免一关怀政策，整体推进一站式服务工作，检测、治疗、安全套推广等主要工作指标完成或基本完成上级规定指标。通过VCT咨询及检测、推广安全套、

病人流调、发放宣传资料等方式，全力推进艾滋病综合防治，取得显著成绩。全县艾滋病患者349人，其中2016年新发55人。艾滋病患者存活196人，死亡153人。

【结核病防治】2016年，县疾控中心采取措施，全面完成市疾控中心下达的活动性肺结核病人发现任务；结核病网络专报质量提高，各级综合医院有效网报185例，重报率15.9%；转诊率100%；追踪率100%；总体位率91.5%；非结核占到位诊断结果病人比例23.5%.

【地方病、寄生虫病、慢性病防治】2016年，县疾控中心在全县5个乡镇20个村内共采集食用盐样品300份，进行碘盐检测，其中合格碘盐290份，不合格碘盐10份，碘盐合格率96.67%。在全县范围内开展“三热”病人疟原虫血检338人次，未发现疟原虫阳性病人。对14岁以下儿童开展蛔虫感染率调查，调查白牙市、端桥铺、大庙口、花桥4个乡镇1560名学生，共检出8份阳性，蛔虫感染率0.51%。

【职业卫生服务】2016年，县疾控中心对13家企业的员工进行了职业健康体检，体检296人次，其中岗前健康体检55人次，岗中健康体检228人次，离岗体检13人次；存在粉尘危害因素的103人，存在噪声危害因素的187人，存在高温危害因素的6人。检查出职业性健康指标异常者56人次，未发现疑似职业病患者、职业病患者、职业禁忌者。

【健康教育】2016年，在“创国卫”推动下，全县健康教育机构不断完善，县、镇、村三级健康教育网络不断健全，形成纵向到底、横向到边的立体化健康教育网络；结合创国卫工作，以控烟、预防性病艾滋病、碘缺乏病预防、计划免疫知识为主题开展墙报宣传，更换宣传内容7次7期。县疾控中心利用结核病防治日、免疫规划宣传日、4.26全国疟疾日， 碘缺乏病防治、世界无烟日、科技宣传周、职业病防治周等卫生节日，组织医务人员在县区繁华地段13次开展健康教育、健康咨询等活动，发放健康教育宣传资料 1.5万份，为居民进行健康咨询5000人次，通过咨询活动使广大居民的健康意识有所提高。

【质量管理】2016年，县疾控中心以创疾控乙级等级达标工作为契机，强化内部质量管理，完成中心第五版《质量手册》《程序文件》改版工作，添加有关职业体检的相关内容。组织四个评审组对质量方针、目标和质量体系文件的适应性、充分性、有效性、内部审核与外审结果及其情况的报告、调查收集客户反馈意见的汇总分析报告，投诉及其处理结果汇报、征集到的各科室和中心领导评审议案、2016年年度质量监督的报告、2016年年度满意度调查、实验室间比对和能力验证结果及检验科完成拟新增申报项目预实验与维持能力验证实验等方面进行管理评审，内审员按照分工认真开展内审工作，对发现存在问题，所有内审检查做到有记录，对于不符合项，开出不符合项报告，提出纠正措施及完成时间，跟踪验证。

【绩效考核】2016年，县疾控中心采取定量与定性相结合、领导与群众相结合的原则进行绩效考核。把被考核者在思想政治表现、职业道德、政策理论水平、本职业务能力、协调能力、创新能力、工作数量质量、工作效率效益等方面量化为具体的考核标准， 加大考核力度，完善考核机制，取得考核成效。完善考勤制度，实行“指纹打卡制度”，进一步明确上下班时间；实行有奖有罚制度，对考核优秀的科室及个人奖励，对考核不合格的科室及个人惩罚；加强财务管理，开支审批实行“一支笔”签字制，厉行节约，年度开支大大减少。加强质量管理，增强工作痕迹与程序意识，部门计划、小结、总结上报及时，原始资料逐步完整。

【民生工作】2016年，县疾控中心工会开展一系列得民心、顺民意活动，年初组织单位职工参加县拔河比赛，获得三等奖，增强职工凝聚力；“三八”前夕，组织女职工分两批开展户外踏青活动，陶冶女职工情操；选派10人参与卫计委党委组织的合唱团，参加全县“庆七一红歌比赛”文艺晚会活动，丰富大家的“课余生活”；及时走访慰问住院职工，为69名职工办理职工医疗互助；主动慰问困难职工及困难党员。通过多种活动的开展，拉近工会

与职工距离，让职工切身体会到疾控大家庭的温暖。（张建华）

县妇幼保健计划生育服务中心

【概况】东安县妇幼保健计划生育服务中心于2015年12月1日实施机构改革，由原东安县妇幼保健院和原东安县计划生育技术指导站整合而成，是一所集妇幼保健、计生服务、医疗、教学及科研于一体的医疗保健机构，是全县妇幼保健计划生育指导中心。中心设立东安县农村孕产妇住院分娩补助管理办公室、产前筛查、听力筛查管理中心、婚检孕检中心及妇女病普查普治中心，承担着全县妇幼保健计划生育指导及出生证发放管理、为妇女、儿童提供临床医疗及计生服务的多重职能。有业务用房2400平方米，病床33张，其中设有妇产科门诊及住院部，小儿内科、妇幼保健科、儿童保健科、优生优育及生殖保健咨询科、医技科、手术室、婚孕检中心、听力视力筛查室等十余业务科室。拥有先进的医疗设备和专业的妇幼保健队伍，有四维彩超、B超、电子阴道镜、红外线乳腺诊断仪、全自动生化分析仪、全自动凝血分析仪，母亲胎儿监护仪、妊高症监测系统、产后康复治疗仪、微量元素检测等先进仪器设备50余台(件)。2016年有在职员工97人，其中本科学历40人，专科学历50人；有产儿科、影像、检验等专业技术人员83人，副高职称6人，中级职称24人，初级及员级专业技术人员53人。开展妇科及产科手术；各种妇女、儿童常见病的预防与治疗，各项计划生育手术技术服务，并不断拓展医疗保健服务领域，儿童微量元素检测、“两癌”筛查、无痛人流、儿童健康体检、高危孕产妇的筛查、听力视力筛查、产前保健、叶酸增补技术预防神经管缺陷的发生、儿童营养监测等医疗保健服务，努力为妇女，儿童提供系统、优质的服务，竭诚为广大群众排忧解难。2016年，获全市妇幼健康服务工作先进单位、儿童保健服务先进单位及母婴安全保障工作先进单位，被评为市“三八”红旗集体，省级儿童保健服务合格县创建成功。

【妇幼健康服务指标完成情况】2016年，县孕产妇系统管理率95.56 %，孕产妇住院分娩率99.98%，农村孕产妇住院分娩补助率56.59%；孕前及孕早期叶酸增补率99.83%，叶酸发放服用7344人；助产机构孕产妇艾滋病孕期检测率100%；免费婚检率83.68%，免费孕前检查完成任务达100%。孕产妇死亡率为零，7岁以下儿童系统管理率91.41 %，5岁以下儿童死亡率6.84‰，全县机构产筛率61.13% ；新生儿疾病筛查率96.23%，新生儿听力筛查率94%。

【孕产妇和0-6岁儿童基本公共卫生服务】2016年，县妇幼保健计划生育服务中心加大孕产妇和0～6岁儿童基本公共卫生服务管理，2016年全县各乡镇共发现孕产妇8563例，其中已分娩7356例，筛查出高危孕产妇 3065 例，其中高危产妇2528例，并结合基本公共卫生服务进行建卡、建册管理，孕产妇健康管理建档率达95%，0～6岁儿童健康管理建档率达92%。

【妇幼重大公共卫生服务项目】2016年，县妇幼保健计划生育服务中心组织开展大型妇幼重大公共卫生服务项目暨全县预防艾滋病梅毒和乙肝母婴传播业务培训，参与培训人数达80余人，当场进行考试考核，合格率100%。各助产服务机构艾、梅、乙孕产期检测率100%，发现梅毒感染阳性孕产妇5例，随访管理率100%。2016年，为3845例农村孕产妇进行住院分娩基本医疗补助，补助金额补助率为56.59%。从8月起，全县各医疗保健机构在孕产妇接受产前检查时主动为其提供一次免费的艾、梅、乙检测服务。有效的预防孕产妇艾滋病、梅毒和乙肝母婴传播。

【省级儿童保健服务合格县创建】2016年，全县16个儿童保健服务规范化建设单位严格按照《湖南省儿童保健服务规范化建设标准及考核评分细则》(县级或乡级)的要求，从儿童保健门诊设置、门诊业务用房与医疗设备、人员资质、服务内容与技术等方面开展创建工作，规范儿童保健服务工作。2016年11月经省卫计委、省妇幼保健院评审验收合格。

【妇幼卫生健康教育工作】2016年，县妇幼保健计划生育服务中心和县人民医院每月定期开办孕妇学校，宣传生殖健康和优生优育等科学知识，普及妇女儿童多发病、常见病的防治知识，县妇计中心每季度借助高危集中筛查活动开展流动孕妇学校，把保健知识送到孕妇朋友的家门口，深受广大孕妇朋友的好评；不断加大出生缺陷防治知识的宣传力度，在《东安县手机报》“计生经委 ”专栏播发出生缺陷防治知识30余条；开展出生缺陷儿童的关爱救助活动，走访出生缺陷儿童10余例，开展出生缺陷宣传和义诊活动16场次，参与人群达5000余人，出版出生缺陷防治知识宣传栏17版次，在街道张贴或悬挂出生缺陷防治宣传标语30余条，举办出生缺陷专题知识讲座20余场次，参与培训500多人次。

【健全制度与规范管理】2016年，县妇幼保健计划生育服务中心对原有的管理细则进行一定的修改，重点对劳动纪律、医疗业务和财务后勤管理的监管及处罚作修改，并逐条细化，增强干部职工的责任感，明确范围，有据可依。强化科主任负责制，确保责权利的一致。开展文明优质服务，强化员工的职业道德和思想教育，以全心全意为人民服务为宗旨，以文明服务、优质服务为切入点，广泛接受社会监督，每季度常规性开展病人满意度调查，满意率均在98%以上，对于病友们的意见及时处理并给予答复，社会形象良好。

【医疗质量安全】2016年，县妇幼保健计划生育服务中心全面实行科主任负责制，认真落实首诊负责制、三级查房、晨会、大查房及院月会制度、交接班和危重病人抢救请示制度、病案讨论和传染病报告、医疗文书书写和病案管理的规范化等工作。2016年选派业务骨干到上级学习培训40余人次。

【医德医风建设】2016年，县妇幼保健计划生育服务中心严抓服务态度与服务质量的管理，重点注重环节质量工作的管理，认真落实核心制度，上半年患者投诉事件为零。规范行医，保障患者利益。配合上级部门关于清理整顿对外承包科室和专科行为，坚决杜绝医务人员在日常工作中向患者或药品、器械、设备经销人员索要红包、回扣或财物的现象，维护广大患者的权益，保证医疗队伍的纯洁性和良好形象。

【县级公立医院改革】2016年，县妇幼保健计划生育服务中心统筹推进中心综合改革，在管理体制、运行机制、补偿机制、人事分配、药品供应、服务监管改革等方面进行探索，实行药品零差率销售。全年门诊4.45万人次，门诊人均费用 125.5元，对比2015年，门诊人次上升4%，人均费用下降1.2%；住院人次1199人，住院均次费用为2941元，对比2015年，住院人次下降21.4%，均次费用下降1.3%。

（谢俊钟）

公用事业管理

【概况】2016年6月，东安县城市卫生绿化局调整为县住建局所属副科级的公益类事业单位，有干部职工 78人，内设办公室、财务室、督查室、法规室、环卫站、园林站6个职能站室。负责县城环境卫生及绿化管护工作。主要履行县城街道、道路、广场、公园、居民小区、公共服务区清扫保洁、垃圾收运、垃圾中转站和公厕管理、县城生活垃圾代运费收取以及县城建成区园林绿化管理等方面职能。服务范围为规划区约19.2平方千米，街道清扫保洁面积200万平方米，河道保洁102.64万平方米。

【环卫作业】2016年，县城市卫生绿化局加大对县城清扫保洁督查力度，加强对背街小巷、城中村等地排查，特别是死角死面排查清理，并在清理后安置警示牌。狠抓卫生质量管理，坚持主次街道16小时，背街小巷12小时，“一日两普扫、全天候巡回保洁”工作方式，保洁工作基本达到“六无四净”标准。垃圾果皮箱每天清掏两次，每周人工擦洗两次，确保公用设施干净整洁，无污垢，无积尘。进一步扩大水面保洁范围，在保证龙溪河水面洁净的基础上，安排专门力量加大对紫水河、官田河（县城段）水面保洁力度，做到水面无积存垃圾，无白色漂浮物。对县城果皮箱、垃圾收集器进行清查汇总，及时完成维修、拆除，清洗处理。新购回垃圾收集器240个，对县城垃圾量较多的小区门口和原街道摆放垃圾斗车的地方进行摆放，减少垃圾露地堆放。每天安排一辆专车对县城沿街果皮箱进行循环清洗。

【园林绿化】2016年，县城市卫生绿化局重点是增绿量为创省级园林城市打下基础。上半年，对县城内一些街道绿化树进行补种、置换，置换精品树木40余株，补种苗木3万多株。对城内绿地进行补绿，补种大小苗木1万多株；根据要求对入城绿地进行全面改造，建成一个观景台、两个小游园，并添置一套健身器材，完成800余米游道建设，新种草皮6000多平方米，补种开花植物200株，摆放各类盆花1000余盆；对全城大树、苗木进行施肥、病虫害防治，用肥10余吨，配制药水90余吨；组织人力对重点部位进行白蚂蚁防治，每月按时进行修枝除杂。2016年是东安创园林县城的申报之年，5月底前完成向市政府申报，7月27日经市园林局资格初审评定，获取申报资格。7月30日，由市人民政府向省人民政府提出申请，并抄送省住房城乡建设厅。

园林修剪

【环卫基础设施建设】2016年，环卫专用停车场已在工业园区进行选址规划，澄江中学后面垃圾中转站、公厕（休息室）已开工修建。根据《国家卫生县城标准》，将原有的垃圾中转站、公厕进行改造；按照二类公厕标准，已完成东安东站、和谐广场、职业中专、同心路、体育坪、水电设备厂、瓦厂巷、大市场等11个公厕改造工程。新购置垃圾转运车2台，压缩车1台，车厢可装卸式垃圾车5台，摆臂车1台，人行道清洗车2台，小型洗扫车1台，洒水车2台，工具车1台，购置额386.7万元。在县城街道两边摆放果皮箱，在校园门口和休闲广场等地放置垃圾收集容器。

（唐仕力　蒋雷杰）

县城市卫生绿化局领导名录

胡智勇　局长

乡镇·场

白牙市镇

【概况】2016年，全县乡镇区划调整，原大江口乡成建制合并入白牙市镇。镇域面积285.9平方千米，东与川岩乡接壤，南与井头圩镇毗邻，西接石期市镇、北交水岭乡。白牙市镇是全县政治、军事、经济、文化中心，也是交通枢纽，湘桂铁路、洛湛铁路、衡柳高铁穿境而过，二广高速、泉南高速、国道207线、省道217线穿境而过。镇辖大江口村、大江源村、李家铺村、石溪河村、小新田村、桐子山村、莲塘村、独秀峰村、大龙岩村、东城村、红星村、湖塘村、幸福村、荷池村、石门砥村、社塘村、柳溪村、神仙桥村、铁炉村、林角村、宜新村、石登村、铜鼓岭村、大塘旺村、龙溪源村、鸡井塘村、山水村、文竹山村、工业新村、永富村、祥和村、白牙市村、蔡家村、银山村、六仕町村、茶源村、宥江桥村、秦塘村、都塘村39个行政村，及前进、山子岭、龙溪、紫水、苍子岭、茶亭、梨山口、高新8个社区居委会，共630个村民小组，总人口243680人。县、镇行政机关、医院、学校、建筑房产、商业服务等行政企事业单位聚集于此，有专业市场5个，大型超市9个。农业形成以优质水稻、玉米、蔬菜育苗、火龙果、八月瓜等种植基地和生猪、牛羊、鸡鸭、河鱼养殖基地。辖区内拥有独秀峰、新广利桥、新吴公塔等景点。全镇有各类企业83家，从业人员达3.4万人，其中规模以上企业8家。白牙市工业园占地达6.3平方公里，建设1500多亩的白牙市工业园标准厂房。2016年全镇实现地方生产总值58.7亿元，其中工业产值30.2亿元，农林牧渔业产值23.8亿元，第三产业总产值达4.7亿元，城、乡居

7月15日，县人大常委会主任张波（左一）深入白牙市镇检查指导安全生产工作

民人均可支配收入分别达24985元和13288元。

【农业经济】2016年6月，第三次全国农业普查启动。白牙市镇内共有耕地面积89468.85亩，粮食作物播种面积134160亩，其中早稻55640亩、中稻2383亩、晚稻53799亩，玉米种植面积8238亩，蔬菜面积47400亩，果园面积9614亩，林地面积122878.65亩。辖区内有规模养殖场85个，猪存栏70134头，其中能繁母猪存栏7363头，牛存栏9232头，羊存栏6226只，家禽存栏928865只，鸡存栏644657只。淡水面积7712亩，其中池塘面积6406亩。传统农业逐渐转型升级，大江源农庄投入2000多万元，流转土地1920亩，建成四星级旅游山庄，于6月1日成功启动开园仪式。天元生态农庄被评为全省第六批五星级休闲农业庄园。源丰生态农场扩大种植规模达500亩，已经能提供火龙果、草莓、西红柿等多种种植、采摘体验。2016年，进行农村道路提质改造，投入242.75万元，对铜鼓村、秦塘村、神仙桥村等13个村45.55千米村道进行加宽修补。争取“一事一议”补助金162.5万元，用于山水村、宥江桥村等18村共7.4千米村道硬化。农村水利事业方面，完成1处“五小水利”项目建设，投入14.4万元，用于茶源村井坝及水沟清淤防渗建设。

【社会事业】2016年，白牙市镇加大为民服务力度，落实城镇低保、大病救助、五保供养、社会养

8月25日，县委常委、县委宣传部部长候选人唐华栋督查指导创国卫工作

老保险全覆盖等社会保障制度，推进农村低保、医保、社保与扶贫工作有效衔接，实施对困难群众、伤残人员等弱势群体生活补助。继续做好农村危房维修改造、救灾救济等工作。其中享受残疾补贴3593人次；农村低保3164户、4070人；城镇低保2746户、5338人；五保户559人。镇两个敬老院入住老人共53人。努力推进城乡居民社会养老保险工作，参保人数2.3万人，60岁以上老人1.2万人，其中失地农民参保6690人。农村合作医疗参合人数65898人，参合率97.3%，扶助大病救助对象467人，全镇60岁以上居民都享受到农保补助，老有所依、老有所养、病有所医机制逐步健全。全镇高度重视扶贫工作，狠抓精准扶贫，2016年已脱贫1070人，异地搬迁159人，改造农村危房户214户，小额贷款金融扶贫515人，社会保障兜底扶贫97人，雨露计划15人，顺利通过省脱贫第三方评估核实调查。新增农村部分计划生育奖励扶助对象126人，特别奖励扶助对象9人，城镇独生子女奖励55人，独生子女33人，发放计划生育宣传资料22000份，为896人免费提供优生优育健康检查。人口出生率13.1‰，死亡率7.1‰，人口自然增长率6‰，人口密度为每平方千米852.3人。

【环境治理】2016年是创建全国卫生县城考核之年，白牙市镇7个社区及16个城中、城郊村是创卫工作重点。镇内坚持每周一扫除，每周一调度，配置垃圾收集桶5000余个，新砌垃圾池62座，共拆除旱厕78座，拆除空心房42座，改水改厕210户，清除臭水沟48处，道路硬化2.9千米，所有小区进行“牛皮癣”清理。9月8日通过创建国家卫生县城评估考核。镇党委、政府高度重视社会环境净化，全年接待群众来信来访360人次，办理信访案件170起，劝访825人次。开展安全生产检查30次，排查安全隐患

18起，发整改指令15份，镇综治办联合安监站摘编入户宣传材料3万多份，各村（社区）利用公民法制学校、宣传栏、黑板报、张贴悬挂平安宣传标语689条。辖区内没有出现重大安全生产事故和重大群体性事件。

【基层党建】2016年，中共白牙市镇党委下辖7个社区党工委、11个党总支、98个党支部，294个党小组，3297名党员，其中农村党支部52个，行政村党总支11个，社区党支部21个，镇直机关党支部25个。2016年，经镇党委研究，批准23名同志为中共预备党员，34名同志按期转正，两名同志延期半年转正，两名同志暂缓转正。以“党员固定活动日”为依托，开展“两学一做”活动。全面排查软弱涣散基层党组织情况。将祥合村党支部、龙溪源村党支部、山水村党支部、大江源村庙门口支部和梨山口社区建北支部作为整顿对象，按照“一村一策”进行集中整顿。完成建制村合并，所辖由66个村、7个社区合并调整为39个村、8个社区。2016年4月19日，在县大会堂召开中国共产党白牙市镇第十三次代表大会，会议听取、审议并通过十二届党委和纪委所作工作报告，选举产生第十三届镇党委和纪委委员。

（唐　磊）

白牙市镇领导名录

唐琼艳（女）　党委书记
徐永祝　镇长
陈建荣　专职副书记
夏海专　人大主席
郭海亮　政协联工委主任
龙建设　纪委书记
陈军豪　组织部部长
李彩鲜　武装部部长
唐荣平　副镇长
李美玲（女）　人大副主席
蒋　娟（女）　党政办主任
洪　斌　副镇长

东安舜皇山国家森林公园管理局

【概况】2016年，舜皇山国家森林公园管理局总人口4289人，常住人口3488人，流动人口801人，其中女性1803人，男性2486人，分别占总人口的42.1%和57.9%；农业人口3124人，非农业人口1165人，分别占总人口的72.8%和27.2 %，人口自然增长率为8.7‰。全局全年完成财政总收入3440万元，同比增长19%；完成工业总产值1650万元，农业总产值 7330万元，同比增长分别为11.5%和10.8%，实现固定资产投资1.5亿元；农民人均纯收入达到6000元，同比增长6.1%。

【创国家AAAA级旅游景区及旅游工作】2016年，舜皇山国家森林公园管理局成立以局党委书记为组长的AAAA级景区创建工作领导小组，抽调专门工作人员，制定实施方案，明确分工、落实责任，确保创建工作有效开展。县委、县政府主要领导、分管领导多次到局调研，组织旅游、交通、公路、国土、电力等部门，多次召开舜皇山AAAA级景区创建工作推进会、座谈会，签订责任书、分解任务、形成共识，并利用微信、微博、网站等宣传造势，以此发动全县民众关心、支持舜皇山AAAA级景区创建工作。完成游客中心、商业街、漂流起点、娥皇溪入口、老山界门楼等项目改造，增设安保室、医务室、影视厅、邮政服务等机构；完成4.3千米游步道路面铺设，增设配套景观设施15件及各类景观亭台5座；铺设两个大型生态停车场、三个景区停车场；建设三星级以上公厕2座、

舜皇山国家森林公园游客中心

12月17日，2016世界十大旅游小姐在舜皇山老山界合影

旅游厕所3座，设置绿色环保垃圾桶200个；增设多语种对照的各类标识标牌343块；安装5个监控点，建成景区安全闭路监控系统；加固景区危险地段安全护栏5600米，沿线设置安全警示牌30余块。投资130余万元进行景区民房和农家乐美化亮化改造，统一景区建筑风格；完成景区Logo、纪念邮票、纪念信封、纪念明信片和景区折页等景区纪念物品设计和智慧旅游信息平台，开设中、英文景区网站，完成虚拟数字景区建设等。2016年底前顺利通过验收评审，成功晋升为国家AAAA级旅游景区。

【社会事业】2016年，舜皇山、金鸡岭、舜皇源、紫云山四座小型水电站运行正常，超额完成全年目标任务，共发电1750万千瓦时，电费收入602万元，比年初计划发电量1480万千瓦时增加272万千瓦时，超过18.3%。新增计划生育奖扶对象4人、独生子女费对象41人。完成2015年脱贫人口268人及2016年预脱贫人口353人认定工作，脱贫问卷100%走访到户到人；2016年完成易地搬迁扶贫65户240人，分散安置自建房屋15户50人，货币安置(购买商品房)50户190人，其中县城购房27户108人，大庙口镇购房23户82人。积极开展金融产业扶贫工作，将290户975人与企业(舜皇峰竹木有限公司)进行结对帮扶3年，发放统贷统还产业扶贫贷款928万元，人均年增收950元；全年评级授信109户，对接农商行发放贷款545万元，金融产业扶贫工作走在全县前列。

【安全生产】2016年，舜皇山国家森林公园管理局进一步建立健全安全职责及落实“一岗双责”责任制，全年未发生一起安全事故。全年共组织“打非治违”执法行动 27次，出动执法人员164人次，检查生产经营单位34家，对排查出存在安全隐患的及时责令整改。对大庙口到舜皇山公园进园公路坍塌地段、紫云村潮水电站公路路基被洪水冲垮地段存在比较大的两个隐患点全部整改到位，获全县安全生产先进单位。全年综治民调工作从全市上半年倒数后十位到年底时前进到第108位，其中下半年综治民调全县乡镇场排名第4名，全市第26名；开展农村网格

9月9日—11日，国家林业局自然保护区研究中心组织北京林业大学张志翔教授、徐基良教授和自然保护区研究中心刘文敬到湖南东安舜皇山国家级自然保护区开展现场调研考察与评审

化管理，全局辖区内共划分9个网格，成立网格管理中心、便民服务中心、综治维稳中心等三个中心，舜福居委会完成网络监控系统安装与运行。全年基本实现综合治理“三个零”指标管理，信访维稳获全县先进单位。

【资源保护】舜皇山国家森林公园管理局坚持“生态立局”战略和森林资源永续利用原则，2016年完成春季造林面积885.9亩，林道维修283.3千米，防火线整修40.28千米，毛竹低改8160亩，中幼林抚育6306.2亩，森林抚育规划设计5000亩；2016年全局毛竹统筹承包收入245万元，木材销售1500立方米，销售额81万元。

【基层党建】2016年，舜皇山国家森林公园管理局扎实开展党员冬春训工作；严格按照程序发展新党员3名，预备党员转正3名，培训培养入党积极分子3名；严格开展党员组织关系排查工作，进一步建立和完善流动党员台帐；严格按标准清理收缴党费4.9余元，完成党建工作基本任务；根据县委、县政府统一要求和部署，把局机关“五小设施”建设作为关心、爱护干部职工一项重要政治任务来抓，投入12万元改建机关客餐厅、5万元改建小厕所、3万元改造小澡堂等。年底开始投入120余万元进行“美丽机关”建设，进一步改善干部职工办公和居住条件，提升局机关形象和安全保障，为全局上下凝心聚力打造良好环境平台。

（胡学军　吴又超）

舜管局领导名录

周云喜　党委书记
周海雄　党委副书记、局长
阳青娥(女)　党委副书记
吴建华　党委副局长
唐隆平　党委副局长
胡学军　党委委员
魏万里　党委委员、武装部长
蒋东新　党委委员、纪委书记
曾祥刚　党委委员、工会主席

大庙口镇

【概况】2016年，大庙口镇实现总产值6.98亿元，比上年增长11%。其中一、二产业产值为4.12亿元，第三产业产值为2.86亿元；财税总收入增加到875.5万元，较上年增长27.23%，经济结构不断优化，特色产业方兴未艾，基础设施建设成效显著。社会消费品零售总额4986万元，年均增长9.8%。吸引和利用外资近5212万元。居民收入稳步提升，贫困群众基本解决温饱问题，其中城镇居民人均可支配收入24536元，增长15.8%，农民人均纯收入10828元，增长19.9%，人民生活水平和质量显著提高。并村后辖23个村和2个居委会，316个村民小组，9420户，38581人。镇政府有干部职工60人，其中行政30人、工勤2人、事业28人。

【农业经济】2016年，大庙口镇农业结构进一步优化升级，基地建设逐步壮大，规模农业初显成效。以大棚生态蔬菜、白果、苗木、养殖、水果、烤烟为代表的特色村持续快速发展。民营经济持续增长，劳务经济稳步发展，服务业领域逐渐拓宽，全镇个体私营经济发展到800余户。进一步推进农村土地流转，鼓励农户将土地以入股、租赁、转让、无偿等方式向种植大户、家庭农场等经营主体流转，仅花卉苗木、烤烟这两项已进行土地流转达到12000多亩。全镇实现总产值6.98亿元，比上年增长11%；财税总收入增加到875.5万元，较上年增长27.23%；社会消费品零售总额4986万元，较上年增长9.8%。吸引和利用外资近5212万元。居民收入稳步提升，城镇居民人均可支配收入24536元，增长15.8%，农民人均纯收入10828元，增长19.9%，人民生活水平和质量显著提高。

【社会事业】2016年，大庙口镇按照“阳光低保”操作规程，对全镇1524户农村低保逐一进行规范。认真履行农户申请、入户调查、小组评议、张榜公示等程序，交权力给群众，交明白给群众，解决多年来低保不公问题，真正实现低保在阳光下操作，让最困难群众得到照顾。全年共发放各类民政保障金700余万元。城乡居民养老保险全面实施，新型农村养老保险参保15123人，收缴养老保险金162.25万元，参保率达80.25%。新农合参保34125人，缴费350.26万元，参合率达99.5%以上，有效缓解因病返贫，因病致贫现象。农村危房改造工程基本完成，投入100余万元，134户群众享受国家补贴。人口

计生工作纳入党委、政府重要议事日程，坚持党政“一把手”亲自抓，负总责不动摇。每个季度召开一次人口计生工作专题会议。将常住人口符合政策性生育率控制在90%以上，人口出生率在12‰左右，人口自然增长率在3‰以内，出生人口性别比有所改善，连续9年被评为市计生工作先进模范单位。建立贫困家庭档案，为实施分类扶贫、制定帮扶计划和措施、确定扶贫内容、方法、途径和落实各项惠农政策提供可靠依据。科学规划、实施“一村一品”产业发展，并将产业扶贫资金、“贫困村互助资金”等向重点村集中投入。年初，扶贫工作组在彭家村、袁家村、韭菜村召开动员会，走访困难群众，进行深入调研，帮助重点村逐步形成适合自己的“一村一品”主导产业，在经营管理过程中，做到“五个统一”，即统一进苗、统一技术培训、统一种植、统一品牌、统一销售。通过“公司+基地+农户”的经营模式使农民增加收入。对村里3800米水泥硬化路进行立项，了解查看水利基础设施和村民主要经济产业情况，为村里产业发展做出详细规，划，为1020户贫困户、3107人投入50万余元，帮助522人逐步脱贫。同时，采取集中安置与分散安置相结合，实施下山扶贫。主动动员和引导高山边远农户搬迁到山下较集中的居民点，全年扶贫搬迁28户107人。

【基础设施建设】2016年，大庙口镇大力加强基础设施建设，重点投入水利设施整修。全镇共有水库、骨干山塘8座，冬修水利建设总投资40万元，对大井塘和大石板两座小二型病险水库进行加固，与村干部签订水库维修承诺书；投资1740万元用于镇区堤围、内涝整治，改善基本农田水利建设，各类渠道防渗8千米。黑溪村、杨下村、石瑞村修建水渠5000余米，受益群众近4000人。投资1000万元的大庙口镇农村饮水安全工程顺利施工。全镇通过多方筹措资金完成韭菜、彭家、周家、高枧、官田、杨下等村硬化公路20千米，为计划任务的150%。

【美丽集镇建设】2016年，大庙口镇坚持以项目建设为抓手，全面提升集镇形象。在项目建设方面，按照“高标准、高质量、高水平、进度快”要求，投入2.5万元，对破损路面、人行道等配套设施进行综合改造，进行绿化补植、路灯安装，对镇区入口处两侧水渠进行清淤、硬化，对城镇街道行道树木修整枝条。安排派出所、城管、市场监督管理所等相关部门协同配合，开展街道环境集中整治，以治脏治乱为重点，清除过时破损横幅20余条、拆除违规广告牌40余处，发放垃圾桶200余个。下大力气治理住户乱搭乱建、垃圾乱堆乱放、店面占道经营、商品乱摆乱放；在街道合适位置划设停车位，解决车辆乱停乱放问题；协调供电、电信等部门，对各类杆线进行整合，治理高低错落、线路杂乱现象。

【安全生产】2016年，大庙口镇投入10余万元对安监站进行改造升级，健全工作职能，添置办公桌椅、台式及手提电脑、摄像机、打印机、空调等设施。全镇共召开安全生产专题会议5次，安排安全生产知识讲座20次，其中在中小学安排安全知识讲座6次，出动宣传车20台次，散发宣传材料5000多份，刷写标语40余条，悬挂过街横幅40余幅，展示事故警示图片30余幅。配合大庙口交警中队开展农机安全检查5次，镇农机站每逢集日定期上路巡查，共查处违章操作13起。同时，按照市、县安监局要求，组织镇内加油站及企业经营人员参加安全生产知识培训，进一步增强各单位安全生产意识，提高企业安全生产管理水平。始终坚持把安全生产工作作为各项工作的重中之重来抓。根据各级安全生产工作会议精神，按照责任分工，先后开展4次拉网式安全生产大检查，党政主要领导亲自参与。重点开展道路交通、公共聚集场所消防、危险化学品、爆炸物品和烟花爆竹、农机、地质灾害、用电安全、学校安全、煤气中毒及食品卫生等十个专项整治。对检查发现的安全隐患一一梳理归类，提出详细整改措施。针对摩托车非法载客问题，专门开展两次集中教育，设立安全警示牌两处。制定安全生产“一岗双责”“党政同责”实施方案，做好日常安全生产和检查工作，组织生产安全月宣传，不定期开展安全生产大排查，特别关注校园食品安全工作，全镇未发生一起安全事故，保持省级“安全生产示范镇”称号。

【综治信访】2016年，大庙口镇根据实际情况，在各村开展“平安家庭”创建工作，创建平安家庭1856户，促进和谐村庄、平安社区建设。全面加大缉毒侦查及打击零星贩毒活动力度；开展禁毒防艾法治宣传活动3场，发放宣传单1500多份，到学校，村庄开展专题教育3起，1000多人接受教育；在大庙口中学和中心小学建立教育警示基地；坚持管理、打击和预防并重，遏制新型毒品蔓延发展势头。成立社区戒毒工作小组，有力推进“无毒乡镇”的巩固和创建工作，打击毒品犯罪，减少艾滋病在镇内扩大和蔓延趋势，保障辖区群众健康生活。镇内39个村调解委员会全年调解各类纠纷58件，调解成功57件，全年无一进省、进京上访事件，连续5年信访工作获得县一等奖。

【基层党建】2016年，全镇有中共党员1177人，支部38个，其中农村支部29个，镇直支部9个。发展新党员22人。镇党委从搞好自身建设入手，制定完善《大庙口镇党委议事规则》《大庙口镇民主生活会制度》和《大庙口镇党委中心组学习制度》等各项制度，主要领导率先垂范。坚持定期学习制度，学习有计划、有目标、有记录，做到边学边改，学以致用，学习和平时工作紧密结合起来，切实提高干部理论水平。认真开展基层组织深化提高年活动，每一名班子成员联系1至2个支部，着力落实“三会一课”“四议两公开”“一进二访”制度，全年至少走访50户以上群众，帮助他们解决生活中遇到的困难和难题，用真情化解怨气，用行动解决问题。扎实开展以为民务实清廉为主要内容的基层党建活动。高度重视干部队伍作风建设，杜绝乡镇干部“走读”现象，严格机关效能管理，上班签到、包村驻点、首问责任、公车使用等十二项制度，用制度管人管事，不断提高干部队伍为民服务能力与水平。（江　北　姚一飞）

大庙口镇领导名录

周志成　党委书记
胡向南　镇长
秦晓挺　专职副书记
荣添明　人大主席
易平燕（女）　纪委书记
肖华荣　组织部部长
李胜辉　武装部部长
郭鸿军　政协工委主任
江　北　党政办主任
文　湘（女）　副镇长
周小娟（女）　人大副主席

紫溪市镇

【概况】2016年，紫溪市镇共11494户，总人口42000人，其中农业人口36600人，非农人口5400人，人口自然增长率0.05%。全年完成地区生产总值8.7亿元，比上年增长8.6%；工业总产值5.2亿元，比上年增长8.1%；农业总产值2.9亿元，比上年增长8.7%；农民人均纯收入7625元，比上年增长8%。农业总产值中，农业产值23706万元，林业产值3068万元，畜牧养殖业产值11524万元，渔业产值4098万元。2016年，镇党委紧抓以党建为引领，坚持“生态立镇，产业强镇，旅游活镇、和谐兴镇，文化古镇”的工作思路，依托“全国德文化之乡”优势，进一步加大广利桥、吴公塔、沉香寺3个德文化基地保护和开发力度，努力营造崇德、修德、守德、行德、弘德良好氛围，以德文化引领带动乡村休闲旅游。

【农业经济】2016年，紫溪市镇有水田3.89万亩，旱土0.56万亩。水利条件较好，有利于发展农业生产。镇内重视巩固传统优势，稳定优质稻、玉米、紫皮大蒜等传统产业，水稻全年播种面积4.2万亩以上，玉米播种面积1.1万亩左右，粮食产量保持在3万吨以上。同时，狠抓烤烟生产，种植烤烟5000余亩，完成烟叶收购11308担。其次是发展特色种养。重点发展原种场、杨柳、大源3村脆皮西瓜基地共2000亩，荷叶塘村、调元村、杨柳村等无公害蔬菜生产基地1000亩，以荷叶塘村为主的罗汉果基地800亩。全镇有农民专业合作社8家，种粮家庭农场20户，有30亩以上种粮大户50户。设施农业面积达4100亩，社会化服务体系健全，农业机械化程度较高，新型种植主体基本实现从播种、育苗、机耕、机插、机防、机收、烘干全程机械化。畜牧养殖以猪、羊、家禽为主。全年出栏生猪56061头、山羊4339只，存栏生猪29789头、山羊3351只。进一步发展高岩水库三文鱼、曲溪村竹鼠和黑豚、大源村孔雀等特色养殖基地。

【工矿企业】紫溪市镇内锰矿、白云石矿和湘江流域河沙储量丰富。2016年，镇党委、镇政府利用资源优势，突出地方经济特色，有选择有针对性招商，充分利用白云石矿等矿产资源优势，多形式全方位进行宣传，落实优惠政策，吸引客商。到年底，镇内有外来企业17家，引进资金3000多万元。以白云石矿、腻子粉厂为龙头企业，不断壮大，各“三来一补”企业保持稳定发展。工业企业的发展带动全镇经济增长方式的转变。全镇个体工商户新增90家，就地转移农村剩余劳动力常年就业450余人。

【实施“互联网+”行动】2016年，紫溪市镇实施“互联网+乡村旅游”，打造优质“微旅游”基地。深度发掘镇内文化旅游资源潜力，加大对广利桥、吴公塔、汉营古迹、沉香寺等文化遗产的保护和开发力度，重点抓好湘江第一湾、高岩湖水利风景区、永阳农庄、长弄村金竹山原始次森林等乡村旅游景点开发。镇内各景点游客数量日益增多，带动发展乡村旅游农家乐12家，2016年全镇休闲度假旅游达20万人次以上。实施“互联网+农村电商”，培育“大众创业、万众创新”新阵地。塘复、渌埠头等4个农村淘宝服务站运营良好，村淘服务点经营业绩位居全县前列，村淘惠民工程真正融入村民生活，推进现代服务产业。

【城镇建设】2016年，紫溪市镇争取省际边界县口子镇建设项目，投资400万元进行街道排污管道及人行道改造工程；通过社会募捐50余万元，在街道两侧安装150盏LED路灯及30盏景观美化灯；争取资金90万元完成过境街道路面改造，硬化镇区街道长3.6千米，并铺设彩色地板砖。集市贸易发展迅速，商品丰富，交易甚广。打通市场至冷东公路二期工程连接线；投资70万元对农贸市场进行标准化改造；投资40余万元对镇政府机关进行维修改造；自来水厂建设工程也已完成规划、选址、征地拆迁及“三通一平”工作，街道主水管已全部完成预埋。组织全镇干部职工开展街道“治十乱”专项整治活动，取得明显成效，集镇街道秩序井然。通过实施农网改造工程，全镇供电质量进一步提高，按计划完成供电线路改造升级，35千伏变电站原址改造工程基本完成，移动、联通、电信信号覆盖率达到100%。投入国土整理、烟基工程、水利建设等专项资金5600余万元，开工建设大小水利设施110处，治理病险库6座，骨干山塘9座，清淤和新修沟渠5万米，新修电排站5个，完成渌埠头、伍家湾渡口改造，调元渡口人渡汽渡分离改造工程基本完成，即将进入验收阶段；新建机耕道2万余米，机耕道铺砂4万余米；新建烤房320座、专业烤烟育苗工场2个。同时，镇财政自筹资金60万元建设文化广场。坚决禁止乱砍滥伐，特别是做好古树名木保护和植被恢复。在沉香寺、醉仙山庄、永阳农庄等美丽乡村景点开发过程中，始终坚持在保护中开发，在开发中保护。同时对调元村张家大院等传统村落进行保护。

省际边界口子镇建设

【社会事业】2016年，紫溪市镇完善社会保障机制，有效落实各项惠民政策。全年发放五保金41.24万元、低保金31.58万元、复员军人救助147.32万元、各类临时救助8~10万元、节假日慰问金4万元；完成新型农村合

紫溪市镇文化舞台

作医疗3.72万人，新农合参合率保持在97%左右，年均完成城乡居民养老保险1.4万人，上缴资金154.7万元；完成危房改建2287户，发放补助资金181.57万元。开展5.29计生协会文艺汇演及7.11世界人口日活动，为广大育龄妇女宣传计划生育政策与法律法规，积极倡导文明新风向。促进全面贯彻落实人口计划生育目标管理责任制，把重心下移到村。落实各种优惠政策，圆满完成各项人口生育计划。全年出生人口530人，人口出生率12.3‰。坚持教育优先、科教兴镇战略举措，加大投入改善教育教学设施，已完成紫溪小学、塘复学校和渌埠头学校的合格化建设，九年制义务教育全面普及。努力推进文化事业，大力发展群众性体育活动和文化活动，广场舞、腰鼓、太极拳等群众性文化体育活动开展得有声有色，3所老年大学正常开课。同时以新建制村为单位，共投入56万元，打造五一村、荷叶塘村、渌埠头村等9个集学校、养老、卫生室、图书室、娱乐室和便民服务等功能于一体的多功能综合服务平台。按照“真扶贫、扶真贫”工作原则，精准发力，奋力脱贫攻坚，2016年实现脱贫203户572人。落实各项惠农政策，推进小额信贷扶贫，全年授信额度3496万元，完成金融扶贫产业扶贫小额贷款放贷1209万元；扎实抓好异地扶贫搬迁，2016年全镇共有15户、45人完成异地扶贫搬迁任务；全年共有18名建档立卡贫困户学生享受“雨露计划”补助。

【平安乡村创建】2016年，紫溪市镇平安创建工作成效显著，及时化解群众各类矛盾纠纷，妥善处理历史遗留问题，对信访老户工作责任落实到人，保证非正常进京上访实现“零登记”。狠抓安全生产，严格落实“党政同责、一岗双责、齐抓共管”责任制。扎实开展水陆交通联合专项整治，严打非法开采、洗矿、河道非法采砂，基本形成安全稳定工作常年抓、层层抓的工作新机制。

【基层党建】2016年，紫溪市镇有中共党员1439名，设50个党支部（临时村党支部13个）、197个党小组。镇党委制定《紫溪市镇干部作风建设管理考核办法》《村级目标管理考核办法》和镇

荷叶塘村综合服务平台

机关各工作组考核办法等一系列制度和奖惩办法，将目标任务全部量化、细化到每个村、每个干部身上。具体由纪委牵头，成立专门工作和作风建设督查组，对镇干部上下班、值班和村干部周一集中坐班、周二至周五轮流值班的岗位责任制以及各种会议会风、工作任务落实情况进行督查，实行“一月一通报，一季一考核、年终结总账”制度，对烤烟生产、计划生育、养老保险等工作成效突出的单位和个人进行重奖；对信访维稳、森林防火、征兵等工作不力的村进行重罚。2016年5月，各支部开展重温入党誓词、重讲入党经历、重走红军长征路活动，为落实“两学一做”学习教育打好先锋战；9月份组织27名党支部书记到各村进行党建工作流动观摩学习；12月12日在着力打造的党建示范点五一村主持召开党建工作现场会。同时充分利用现有资源，自行组织力量开发“紫溪市镇党建管理系统”，实施对全镇所有党支部、党员动态管理及党建业务知识查询。以新建制村为单位，共投入56万元，打造五一村、荷叶塘村、渌埠头村等9个集学校、养老、卫生室、图书室、娱乐室和便民服务等功能于一体的多功能综合服务平台。创建荷叶塘村“党建＋产业”、五一村“党建＋网格化”、长弄村“党建＋精准扶贫”等一批党建特色品牌，为其他村树立标杆，使之学有样榜，赶有目标。2016年末，镇党委被评为五星级基层党组织；荷叶塘村党支部和中心小学党支部被评为全市先进基层党组织；塘复村、八复村、渌埠头村被评为四星级党支部；荷叶塘村、五里牌村被评为三星级党支部。（李宴民）

紫溪市镇领导名录

陆辉华　镇长
李建华　专职副书记
文双友　人大主席
黄大海　纪委书记
胡小华（女）　政协联工委主任
林　琳（女）　党政办主任
李　兵　武装部长
肖　明　组织委员
李　玲（女）　人大副主席
唐建平　副镇长

石期市镇

【概况】2016年，石期市镇以县十二次党代会精神为引领，大力实施“六大战略”，强力推进“752121”工程，紧紧围绕镇第九次党代会确立的“再现昔日古驿繁华、重振百年名镇雄风”发展定位，实施“生态立镇、农业稳镇、产业强镇、文化兴镇、商贸活镇、管理靓镇”发展理念，牢牢把握“党建是第一政绩、发展是第一要务、规矩是第一意识、纪律是第一保障、团结是第一生命、学习是第一需求、廉洁是第一形象、服务是第一理念、干部是第一资源、实干是第一能力、落实是第一水平、执行是第一忠诚、稳定是第一责任、创新是第一动力、项目是第一工作、民生是第一目标”的总体要求，努力把石期市镇建设成为人文璀璨的历史古驿、文明繁荣的商贸名镇、绿色崛起的工业新城、开发开放度东南大门、物流集聚的区域中心、现代农业的示范园区、水陆联运的交通枢纽。年末，辖区总人口42397人。全镇地区生产总值为12.5亿元，实现财政收入1400余万元，各项经济指标基本保持稳步增长态势。农民人均纯收入7721元。镇内有耕地3.6万亩，其中水田33110亩，旱土3648亩。有林业面积80673亩，森林覆盖率为78%。畜牧业总产值2752万元。其中生猪饲养量2.9万头，年末出栏1.8万

国家城郊环保型资源高效农业模式研究与示范试验基地落户东安石期市

永州市副市长贺辉深入石期市镇金湘源基地调研产业扶贫

头。牛饲养量4521头,年末出栏1210只。畜牧业总产值比上年增长7.2%。养鱼面积1500亩,总产量305吨。

【农业经济】2016年,石期市镇有耕地3.6万亩,其中水田33110亩,旱土3648亩。农业主产水稻、棉花、柑橘、油茶、大蒜、烤烟、棉花、红薯、西瓜、花生及生猪、菜牛、麻鸭等。其中双车、九井的蔬菜,洪井、小户的红薯,杨塘、隆兴、马头、烟竹、石角的油菜等农产品声名远播。2016年,国家城郊环保型资源高效农业模式研究与示范试验基地正式落户金湘源现代农业科技示范园。全镇有林地面积80673亩,森林覆盖率为78%。林木种类为杉树、樟树、松树、楠竹、毛竹。镇内畜牧水产业逐步形成规模养殖:如大启村的养羊,和平村的养牛,白竹村、烟竹村的养鸡养鸭,沙洲村、元古村的养鹅,湘江河鱼等,涌现出许多科技养殖专业大户。2016年底,全镇畜牧业总产值2752万元。其中生猪饲养量2.9万头,年末出栏1.8万头。牛饲养量4521头,年末出栏1210只。畜牧业总产值比上年增长7.2%。养鱼面积1500亩,总产量305吨。

【美丽乡村建设】2016年,石期市镇着力打造"古驿民居"美丽乡村精品工程。以建设"古驿民居"特色精品工程为目标,保留乡村历史风貌,全力打造美丽乡村和农家乐乡村旅游特色精品线路、精品点,优化环境、提升档次。镇内突出抓好一批农村社会公共公益项目建设,特别是农村环境综合整治和改水改厕工程,努力建设一批"生态秀美、文化繁荣、产业富强、环境宜居、幸福和谐"农村新社区。

【社会事业】2016年,石期市镇按照"六个精准""七个强化"要求,运用"五个一批"工作方法开展精准扶贫工作,年内全镇脱贫79户,人口288人。有敬老院1所,可容纳50名五保老人居住。大启村建有村级老年人之家1所。按国家要求实行城乡低保、养老保险、特困人员补助等救助制度。发放低保金228万元;在重大节日期间对农村困难家庭、优抚对象、孤儿发放慰问金、补贴共10万元。加强劳动保障工作,转移输出农村富余劳动力1358人。教育事业不断进步,全面落实"两免一补"办学政策,适龄儿童入学率达99%,辍学率为零;全镇3所中小学校达到合格学校标准,教学硬件设施不断改善。群众性文体活动深入开展,各村、镇直单位广场舞已基本普及,石期市镇代表队多次在县级文化活动中获奖;镇龙舟文化深厚,每年一度的龙舟大赛,吸引周边乡镇、县区群众前来参赛、观看,群众精神文化生活丰富。镇卫生院硬件建设不断改善,建立完善新型农村合作医疗制度、住院补偿制度、基本药品零售价制度,基本上落实村村有村医,医疗条件不断改善,方便群众就近看病,缓解群众看病难、看病贵和因病返贫问题。是年,元古村完成全市第一部村志编写并出版,举行隆重的首发仪式。

【平安创建】2016年,石期市镇平安创建工作成效显著,及时化解群众各类矛盾纠纷,妥善处理历史遗留问题,对信访老户工作责任落实到人,保证非正常进京上访实现"零登记"。狠抓安全生产,严格落实"党政同责、一岗双责、齐抓共管"责任制。扎实开展水陆交通联合专项整治,严打非法开采、洗矿、河道非法采砂,基本形成安全稳定工作常年抓、层层抓的工作新机制。

【基层组织建设】2016年，石期市镇党委紧紧围绕“凝心聚力抓党建、抓好党建促发展”工作思路，以加强基层组织服务能力建设为目标，全面加强党的基层组织建设。注重抓学习，致力促提高。全镇现有基层党支部52个，党员1189名，认真组织开展“两学一做”学习教育活动，推动党建教育向广大基层党员拓展、从集中性教育向经常性教育延伸，实现所有支部全覆盖。坚持读原著、学原文、悟原理，做到“规定动作”不走样，“自选动作”有特色。镇党委领导班子成员带头讲党课、带头学习讨论、带头解决自身问题，以实际行动为广大党员作出示范。从严抓基础，规范促提升。2016年，成功召开中国共产党石期市镇第九次代表大会，顺利选举产生新一届镇党委、纪委，圆满完成大会各项任务。科学制定合村并村方案，积极稳妥地推进合村并村工作，完成合并村党组织设置调整，新的党组织“班子、章子、牌子”全部到位，有并条不紊地开展工作。深入推进农村“135”基层治理机制、“四议两公开”和“三会一课”制度落实，推进村级综合服务平台建设，开展“党建+扶贫”，扎实推进精准扶贫工作，巩固村级“零接待费”专项治理成果，推行“一村一策”方法，对两个软弱涣散基层党组织（建河支部、石马支部）进行集中整顿提升。持续加大对镇“五小一中心”、党建工作站、便民服务中心进行改造升级和党员档案室、党代表工作室建设投入。落实发展党员工作细则，按照“十六字”方针，严把发展党员质量关；有序开展清理规范党员档案工作，建立党员档案管理电子台账；按照“两个不漏”原则，认真开展党员组织关系排查。全力抓保障，务实促提质。强化村级运转经费保障，落实现任村干部和离任村主干工资待遇，坚持由镇财政统一管理和按月打卡拨付，做足村级运转经费预算，确保村干部干有所得，确保村级组织正常运转。镇党委明确把品德好、观念新、能力强、懂经营、会管理、守规矩、能带领群众致富作为选拔村干部重要标准。开展从回乡优秀青年、退伍军人、大中专毕业生中选人的摸底工作，力争把企业经营管理骨干、外出务工经商能手延揽到村级班子中任职，有效改善村级“两委”班子人才结构性短缺，以结构优化提升执行力。

（丁 星 刘 荣 荣 琴 蔡德勇 陈许华 方 力 陈 思 彭湘明 杨 蕾）

12月27日，县委常委、县纪委书记廖劲松（左一）深入石期市镇检查指导安全生产工作

石期市镇领导名录

周　文　党委书记
刘海华　副书记、镇长
翟振民　专职副书记
刘　荣　党委委员、人大主席
黄华军　党委委员、政协工委主任
蒋建波　党委委员、纪委书记
唐小斐（女）　党委委员、组织部部长
蒋志刚　党委委员、武装部部长、副镇长
丁　星　党委委员、党政办主任、政法委员
荣　琴（女）　人大副主席
蔡德勇　副镇长

横塘镇

【概况】2016年，横塘镇总人口3.4万人，其中农业人口27173人，非农业人口4814人。镇党委、镇政府以党的十八大精神和

十八届五中、六中全会精神为统领，以县十二次党代会精神为指导，紧紧围绕“四个全面”战略布局，坚持“攻坚项目建设、提升生态建设、优化效能建设”指导思想和“强基础、调结构、重民生、兴产业、抓党建、促跨越”工作思路，以推进项目建设、深化干部队伍管理、强化服务意识、提升机关作风效能为抓手，加速推进全镇经济、社会、生态和党的建设，为全面建成省级边贸口子镇、品质魅力镇迈出关键步伐。全镇地方生产总值1.23亿元，比2015年增长5%。生产总值中，第一、二、三产业增加值分别为20万元、23万元、25万元。第一产业中，农业产值1.9亿元，林业产值1800万元，牧业产值9000万元，渔业产值2000万元。财政收入342万元，比2015年增长15%，财政支出286万元。农民人均纯收入达5600元。

【农业经济】2016年，横塘镇以坚持结构调整富民的思路不动摇，突出农业“三大板块”，以基地为龙头，以协会和专业合作组织为纽带，带动农民大力发展高效农业、生态农业等优势产业，实现农业增效，农民增收的农业发展思路，主要发展优质稻、水果、水产、金槐、黑山羊、林木等六大规模特色产业。推广“稻—稻、稻—油、稻—菜”等轮作生产模式。全镇再生稻规模达5000亩以上，再生稻产量达30万公斤以上。发展“一村一品”优质稻种植面积达2万亩以上，种植罗汉果300多亩、金槐米2000多亩。养殖黑山羊达3万头，新增存栏50头以上生猪养殖大户28户，出栏5800多头，存栏7021头；家禽出笼26万只，存笼39万只，禽蛋产量843吨。全年人均纯收入可达4532元，比上年人均增收212元。白滩河、文堂等村以微旅游带动农家乐及农副产品全面发展，人平增收900元；农业科技示范园区初步建成；黑山羊养殖园区规模逐步扩大，辐射带动石塘、金云、三吉、大塘屋、大坪等村。

【社会事业】2016年，横塘镇严格按照政策要求，农村“五保”、低保做到应保尽保，落实“五保”299人，金额102万元;低保1395人，金额180万元。社会养老保险、新型合作医疗保险，大病救助等做到全履盖，社会养老保险参保率95%，发放60岁以上养老保险金450万元，新型合作医疗参合率98%，实际参合金额265.5万元，住院补偿金额390万元，大病救助金额30万元。镇敬老院入住老人26名，落实危房改造14户，金额83.3万元，初步实现“病有所医，老有所养，住有所房”目标。落实“三资”补贴628万元，8月底通过“一卡通”一次性全部发放到户。做好母猪保险工作，30户187头存栏母猪办理保险业务。收缴水稻保险保费16万元，落实水稻灾害理赔资金30万元。实施精准扶贫，完成异地搬迁40户163人，并根据贫困户的需要发放小额贷款1123万元，全年脱贫391人。落实计划生育奖励扶助对象7人，特别扶助对象2160人，发放计划生育宣传资料2160份，为290人免费提供孕前优生健康检查，实现计生工作保类进位目标。教育事业不断进步，全面落实“两免一补”办学政策，适龄儿童入学率达99%，辍学率为零;高峰中心小学、高峰中学新建综合大楼和横塘学校学生宿舍楼投入使用，全镇5所中小学校达到合格学校标准，教学硬件设施不断改善。群众性文体活动深入开展，有文艺表演队11支，各村、镇直单位广场舞基本普及，大力山、狮子铺村新建广场舞戏台，成功举办横塘镇广场舞竞赛活动，大力山村连续两年举办农村春节文艺晚会，群众精神文化生活丰富。完成大力山等28个村农家书屋建设，每个农家书屋存书达0.8万册，配备部分音箱及电教设备，闲时村民读书看报，唱歌跳舞蔚然成风。镇卫生院硬件建设不断改善，建立完善新型农村合作医疗制度、住院补偿制度、基本药品零售价制度，基本上落实村村有村医，医疗条件不断改善，方便群众就近看病，缓解群众看病难、看病贵和因病返贫问题。城乡困难居民基本实现应保尽保，其中1180户1598人享受农村低保;镇政府拿出2万元，帮助贫困大学生入学;对镇内243户危房和倒房户，给予重点补助，帮助房屋重建或维修;多方筹资4万元，对敬老院进行维修，完善老人活动室、医疗室和院办公室。积极参与“献爱心”活动，全镇干群捐献爱心款29380元。

【新农村建设】2016年，横塘镇争取农业开发项目资金3200万元，完成滑石头、兴隆、文堂、三吉、坪埠头、狮子铺、大坪、白滩河、寿竹塘等村农业开发项目建设，新修机耕道8千米，排洪渠5千米，三面防渗沟渠10千米，农业开发焕发出勃勃生机。争取水利建设资金1700万元，完成群伍、马仔鞍等10座水库扩容除险加固，争取“一事一议”财政奖补资金360.5万元，完成骨干山塘维修26口，硬化村组道路5000米，争取移民后续补助资金20万元，为湘前移民村组修建三面防渗水沟1000米，村组道路硬化1200米。争取国家安全饮水项目100万元，兴建高峰、狮子铺、横塘三个自来水厂。整合大栗山村土地连片1600亩，建成泽贝生态科技示范区。在狮子铺、横塘、高峰三条主街道上安装路灯148盏，完成镇区自来水管网建设。另外，大粟山村润德泽贝农业开发项目及温氏生猪养殖项目被定为永州市重点项目，泽贝生态科技示范区建设前期准备工作正在有序推进当中。

【乡村旅游】横塘镇致力发展乡村旅游。2016年，文堂居委会周家大院古民居已获住建部批文，作为全国古村落开发。大栗山村桑家院子古建筑维修保护初具规模，大田水库联通广西庙头健身休闲区项目开发达成意向，开发建设鸭头村宝塔岩、穿岩、白石岩、祖师岩、湘江兵书岭、寿竹塘村岩门口、显圣岩、石柱村天然石柱等观光景点正在建设之中。大力推介湘江沿岸果合山、兵书岭、古码头水上观光游，周家大院古村落、大坪古戏台文化游以及白滩河、大坪、理明十里紫荆花海风光带风情游。 所有乡村旅游景点做到路通、水通、电通、网络通，有林、有果、有农家乐餐馆、有古建筑风格客房。

【综合治理】2016年，横塘镇推进社会治安综合治理“镇村一体化群防群治防控体系”建设，建立信访维稳目标管理责任制和健全矛盾纠纷调处分解机制，坚持“谁主管，谁负责，属地管理”原则。每月定期召开综治信访维稳例会，逐月排查矛盾纠纷，实行定人、定责、定时限解决并收集反馈，对逾期未办结或未调解的信访案件实行责任追究制。全年调处各类矛盾纠纷253起，并在甘庄、上坟村成功召开信访案件听证会。 镇成立安全生产专项整治领导小组，负责对全镇安全隐患问题进行整治，严格落实领导干部带队检查安全生产制度，开展安全生产大督查活动，特别是对违法销售汽油、烟花爆竹等易燃易爆商品的商店和学校在建工程安全施工及食堂食品卫生安全等进行检查整顿，排查安全生产隐患37起、重特大隐患3起，全部得到整改。

【基层党建】2016年，中共横塘镇党委深入开展“三严三实”教育活动，以反“四风”和治理“慵、懒、散”为突破口，进一步强化基层组织建设和党员队伍建设，构建适应横塘经济发展需要，群众满意的党建工作新格局。树立“团结务实、廉洁高效、我当标杆、向我看齐”的党委新形象。通过开展“干群连心卡”活动，更加密切干群关系，成为联系群众纽带。积极推行“四议两公开”“三会一课”“135管理模式”和党员量化考核等制度，党务、政务、财务实行阳光公开，村支两委干部坚持周一例会、周二至周五轮流值班制，全程为民服务。对美丽乡村建设、精准扶贫、五小机关建设、黑山羊养殖园区建设、科技示范园区建设等5个重点项目，成立5个专项推进组，并制定完成时限和考核评价标准，使党员干部人人身上有任务，有事干。在精准扶贫工作中，组织党员干部进行结对帮扶391对。坚持抓好班子建设，顺利完成党委、人大换届工作，选举产生新一届镇党委班子、纪委班子，党委班子换届以后平均年龄35.5岁，其中35岁以下党委委员4名；研究生学历2人、本科学历3人、大专3人；女性党委委员3名，占班子比例30%，优化年龄、知识结构，改善性别比例。在抓村级党组织后备干部培养试点工作上，把坪埠头村、龙门口村定为试点村，各配备30岁以下村委负责人1名，保障村干部后继有人。完善制度规范，制定领导干部议事制度、村级工作考核细则、财务收支制度、后勤管理制度等一系列规章制度，使各项工作有章可循。加强廉政教育，结合“两学一做”学习教育，通过观看警示教育片，学习领导干部廉洁从政准则等活动，落实执行村级“两公开”“一监督”制度，时刻教育、警示和规范党员干部廉洁从政，干净干事。 （李宴民）

横塘镇领导名录

文远告　党委书记

胡云波　镇长
杨建文　专职副书记、
文巧群(女)　人大主席
唐志娟(女)　纪委书记
谭　伟　组织部部长
周艳辉　武装部部长
翟千磊　组宣委员、政协工委主任
邓顺艳(女)　政法委员
邓金花(女)　人大副主席

水岭乡

【概况】2016年，水岭乡有耕地面积16462亩，其中水田13763亩，旱土1699亩。将原有15个行政村合并为9个行政村，原有的131个村民小组、114个自然村保持不变。全乡实现地方生产总值达3.14亿元，较上年增长7%；其中农业生产总值完成2.42亿元，较上年增长6.8%。转移农村劳动力近6100人，实现劳务收入2.3亿元，同比增16%，农民人均纯收入达到6820元，比上年增长12%。

【农业经济】水岭乡属农业乡。农产品以稻谷为主，农副产品有柑橘、奈李、大豆、花生、百合、蘑芋、牲猪、山羊、鲜鱼等。境内有中型河坝1座(紫江水库)，小一型水库2座(超美水库、东沅水库)，有效灌溉面积6890亩。果园426亩。2016年，乡党委、政府始终把经济发展作为第一要务，结合农村发展政策相关精神和扶贫开发工作，因地制宜，不断发展生态农业、饮食产业及微旅游产业链，努力将水岭打造成全省微旅游美食首选地。扩大玉米、油菜、水稻种植规模，大力发展生态养殖和油茶种植等产业，油茶种植面积达2500亩，发展生态农场3个。小农水项目投入400万元，修建河坝6处，紫江水库、吊牛坪村渠道防渗4000米，山塘15口，超美水库、东源水库渠道防渗5000米，交通水利基础设施、自然条件，经济情况和环境得到了有效改善，市级扶贫村吊牛坪村种植油茶500亩，种植大蒜50亩，修路15公里，完成基础设施投资180万元。全乡脱贫41户，人口145人，脱贫率22.44%。在大力发展生态微旅游、休闲、美食产业时，重点扶植4家农家乐和两家特色饮食酒店。

【社会事业】2016年，水岭乡开展“一进二访”活动，促进民生工作改善。全乡投入资金39万元用于农村环境整治，以吊牛坪、金龙、燕桂等村作为扩面重点，新建垃圾池19个，新增保洁员7名，全乡80%以上村进行环境卫生整治，乡貌更加清新宜人。在吊牛坪村新建1个篮球场、1个小游园，在岭脚村新建一个活动广场，骆家、冷山各修建一个小游园，丰富群众文娱生活。对现有村级活动广场进行全面绿化、美化，重点突出金龙、骆家、冷山等农家乐周边设施建设，以点带面推动全乡生活设施改造升级，抓好各村“四旁”绿化，抓好冷山村等4个秀美村庄建设。2016获评东安县美丽乡村建设工作先进单位、东安县精神文明建设和意识形态先进单位。落实计划生育奖励扶助对象85人，特别扶助对象5人，发放计划生育宣传资料1800份，为280余人免费提供孕前优生健康检查。2016年被评为县计划生育优秀单位、计生工作良好单位。以申报湖南省民间文化艺术之乡为目标，结合水岭特色重点抓好“六个一”文化建设工程，农家书屋实现全覆盖，全部投入使用，且管理规范。各村加大投资，修建村民文化休闲广场，安装健身器材。实现电视户户通，电影月月看。开展多种形式文艺宣传，传统节日如

水岭百合

水岭山羊

"三月三""五四"青年节、"九九"重阳节等，开展丰富多彩文艺演出。乡综合文化站已全部投入使用，免费向群众进行开放；设文化专干4人，每周开放5天，文化设施设备在各项活动中充分发挥作用。文化站联合团委、妇联等部门，利用庆"五四"、庆"七一"等节日开展歌咏比赛，利用农闲时节组织农民开展健身运动和武术表演等。成功组织冷山村武术代表队参加"东安县第一届武术旅游节武术比赛"获得乡镇组一等奖，总揽女子拳术、女子器械二项冠军、老年太极剑比赛一等奖。配合中心工作，在做好文化工作的同时，积极服从组织上的安排，完成文化主管部门和乡党委政府交办的各项中心工作，及时宣传好党的路线、方针、政策，充分发挥宣传文化工作喉舌作用。2016年，水岭乡宣传工作评为全县先进单位。

【基层党建】2016年，中共水岭乡党委有13个党支部，党员695人。乡党委把农村基层党建工作抓住不放，树立"抓好党建是本职、不抓党建是失职、抓不好党建是渎职"的理念，"135"治理模式全面推行。全面落实基层党建主体责任和党风廉政建设"两个责任"，开展党员"亮身份、亮职责、亮承诺、争先锋、树形象"主题活动，贯彻落实全面从严治党，结合"两学一做"学习教育有关要求，加强党员教育和监督管理，增强全体党员党性意识、责任意识、服务意识和宗旨意识，使党员身份"亮"出来，服务群众"干"起来，关键时刻"站"出来，先锋形象"树"起来，切实提升党组织凝聚力、向心力、战斗力和创造力，为深入实施"六大战略"、打赢"六大战役"和全力推进"752121"工程提供坚强组织保证。通过黑板报、宣传标语、微信、短信和远程教育平台，及时将开展活动的好做法好经验和活动中涌现出的先进典型向全体党员推广，充分调动广大党员参与的积极性和主动性，评选表彰一批优秀共产党员和党员示范户，推动全乡形成学习先进、崇尚先进、争当先进良好氛围。村级班子自身建设得到加强，现任村主干报酬和离任村主干困难补助按要求全部发放到位，党员队伍建设成效明显

（唐定席）

水岭乡领导名录

陈瑶林　党委书记
蒋海平　乡长
唐政辉　人大主席、武装部长、政法委员、党政办主任
魏纯发　宣传委员、政协联工委主任、副乡长
吴又辉　专职副书记
张基平　纪委书记
唐定席　组织委员
吴　甄（女）　副乡长
卿雪艳（女）　人大副主席

井头圩镇

【概况】2016年，井头圩镇党委、政府确定以中央、省、市一系列重要会议精神和县第十二次党代会精神为指针，紧紧围绕"生态立镇、工业强镇、开放活镇、城村洁镇、和谐安镇"的总体思路，全力打造绿色井头圩、活力井头圩、平安井头圩、小康井头圩、美丽井头圩，实现科学发展、和谐发展和跨越发展，努力把井头圩镇建设成为全县县域经济又一个经济增长点，全面建成小康社会。全镇人口57834人，地方生产总值19.3亿元，财政收入1543万元，财政支出1543万元，农民人均纯收入达10052元。2016年，全省创建"百岁健康县"

现场会、全省关心下一代工作流动现场会、全市重点项目建设流动现场会、全县基层党建工作流动现场会等先后在井头圩镇举行。

【农业经济】2016年,井头圩镇高度重视粮食生产,狠抓水稻双季高产栽培,集中育秧,优质稻推广,病虫害绿色防控,实施测土配方,全程机械化生产等技术推广。全镇共种植早稻2700公顷,晚稻2950公顷,其它粮食作物297公顷,葡萄130公顷,西瓜162公顷,油菜379公顷。土地流转工作开展得有声有色,全镇共有创建家庭9户,适度规模经营户达294户,永州新湘农格瑞公司流转土地200亩,拟投资4500万元进行无抗化养殖母猪。社会化服务组织蓬勃发展,全镇共成立19个农民专业合作社,参社农民达1253户。上大村获得市"美丽乡村"示范村荣誉。

以霞栖现代农业园、新科生态农业园建设为示范,积极引进了晓江口葡萄基地、蔬菜生产基地等,继续做大做强现有的稻田养鱼基地、油茶生产基地、群山葡萄基地,加强科技引导,引进新产品、新技术,大力促进农产品深加工项目发展。位于霞栖村的东安县现代农业园的股票"东安农业"于2015年12月在深交所前海股权交易中心成功挂牌,2016年6月建成全省唯一一家双孢菇生产基地,日产量10吨。

【基础设施建设】井头圩镇除过境的东芦线、井川线、井台(台凡市)线原已建成4级硬化路外,通村公路39条142.6公里也都按标准硬化。2016年,县交通运输局和有关单位投入53万元,完成长1.5公里,宽4.5米通村公路修建,方便400多名群众出行;实施村组道路硬化,并新建农村招呼站1个。进一步推进井北街靓化改造后期工作,全面启动井泉大道二期建设项目。以石板铺小康示范村、上大村农家乐、永兴村千年古樟树群为典型,以点带面,挖掘村落特色,发展乡村旅游产业。水利电力方面,对2个水库和15个骨干山塘及配套沟渠进行扩容,对长塘水库加固除险及配套设施已完工,增加储水灌溉面积700亩。实施电力设施改造,对现有5个变压器进行扩容增点。

【安全生产】2016年,井头圩镇对安全生产活动进行周密部署,统筹安排,点面结合。重点是对非煤矿山、烟花爆竹、交通运输、水利电力、建筑施工、特种设备行业,以及易自然灾害引发事故灾难隐患点,督促各生产经营单位把安全生产措施落到实处,努力降低事故发生的可能性。学校安全重在强化管理教育和周边环境治理;非煤矿山严格按照安全操作规程生产;道路交通在继续抓好"五整顿""三加强"的基础上,对驾驶员队伍、路面行车秩序进行整治;对人口密集场所的灾害加强隐患排查;对烟花爆竹经营销售安全的监管;对农村在建房屋的安全检查。

【美丽乡村建设】2016年,井头圩镇确定上大村、白竹村为创建美丽乡村示范村。镇整合创建村各种自然资源,推介优势、包装招商。完成村道两边及庭院绿化建设,从东冷公路进口到白鹤村8组全程约3.5公里都种上桂花、红叶石楠、罗汉松、铁树、香樟等名贵树种。上大村将燕塘水库及周边优美风景为资源,引进上海野里子文化传播公司投资1100万元的"野里子生态农+"项目;白竹村以"千年古樟群"为核心成立千年古樟旅游合作社,投入50万元对"千年古樟群"进行全面保护和周边环境治理,对"千年古樟群"进行规划和保护,拟打捆招商开发;种植草皮700平方米,粉刷墙面1500平方米,清理空心房8座。强化资金投入,积极协调上级部门项目资金倾向创建村,落实资金192万元。开展好乡村旅游工作。以"野里子生态农业+"为核心景区,在周边打造300亩花海景点,建设2500米自行车健身车道,租用周边民房进行改造,装饰江南水乡风格建筑30座,将上大村打造成永州市知名的休闲、健身、旅游综合景点。

【社会事业】2016年,井头圩镇有中学2所(井头圩中学、山口铺中学)、中心小学2所(井头圩中心小学、山口铺中学小学)和中小学联合学校1所(凡龙圩学校)。有农家书屋及各类图书室35个,藏书4万余册。健身舞训练场41处,龙狮对5个。有村级卫生室36个、乡级卫生院3个。专业和兼业卫生人员62人,其中执业医师17名,执业助理医师25名,注册护士15人。敬老院

1所，入住32人。全年出生人口742人，人口出生率12.6‰。有效落实精准扶贫制度，下拨困难救助资金32.9万余元。扶助对象562户1352人，落实扶贫资金431万元。为53名一、二级重度残疾人办理重残护理补贴，为292户无房、危房户解决危房改造指标，全年脱贫户190户、562人。

【基层党建】2016年，井头圩镇从党建的“软件”和“硬件”入手，全力打造标准化基层党建，为各项工作扎实落实提供坚强保障。坚持强意识，突出党建工作常态化。全年主持召开党建专题党委会12次，解决党建实际问题15个。每月召开一次党建例会，调度各支部党建工作情况；每季召开一次党建调度会，听取党建工作站的季度工作小结并安排下一季度党建工作。重点突出落实责任、定期述职、考核奖励三个环节。对党务工作者实行“一岗双责”管理，与14名党总支部书记、56名支部书记、15名党建指导员签订党建工作责任状。严管理，提升基层党员队伍能力。将原来的39个行政村合并为23个行政村，新成立14个党总支，选准配强14名党总支部书记。全年共组织支部书记政治理论学习2次，村主干集中学习138人次。通过倒排方法，确定云凤、凤凰等两村为2016年软弱涣散党组织，党委书记和镇长分别具体指导，完成两村整顿工作。3月初，结合从严治党和县委经济工作会议精神，组织开展党员春训工作，共培训农村党员1879人次，严格发展党员程序，以实际行动把好入口关和程序关，全年新发展预备党员19名。全年查处农村党员干部违纪问题8起，处分党员干部4人，诫勉谈话4人，突出“治党”主责。镇财政投入50万元，用于机关“五小”设施和美丽机关建设。树品牌，充分发挥党建引领作用。根据镇内党建工作开展不平衡的现状，着力打造“党建+”示范品牌，如石板铺村“党建+百岁健康村创建”、霞栖村“党建+现代农业”、紫江村“党建+重点项目建设”、上大村“党建+精准扶贫+美丽乡村”、永兴村“党建+乡村微旅游”等，对全镇党建和各项工作起到很好示范效应。切实落实“两个责任”，积极开展“雁过拔毛”式腐败问题和“纠四风、治陋习”专项整治行动。2016年，镇纪委共受理群众纪检监察举报类信访案件18件，全部予以回复，回复率100%。实行问责40人次，其中因作风纪律不实批评教育29人次、给予诫勉谈话1人次；因酒驾党内警告处分1人、行政记过处分1人。排查“雁过拔毛”式腐败问题线索19条，问责7人，立案查处2起，其中给予诫勉谈话5人、党内警告处分1人、党内严重警告处分1人，查处问题资金168393元，追缴资金12700元，退还资金155693元。

（蒋金凤　谢飞鸿　陈　萌）

井头圩镇领导名录

张一波　党委书记
李　炜　镇长
宋多夫　专职副书记、
江铁钢　人大主席
陈莉芳（女）　政协工委主任
唐拥军　纪委书记
胡　韬　组织部部长
黄江锋　武装部部长
唐　婷　党政办主任
艾宇琛（女）　人大副主席

川岩乡

【概况】2016年，川岩乡地区生产总值由2011年的4402万元提高到1.74亿元，固定资产投资由2011年的1217万元增加到5100万元，农民人均纯收入由2011年的2200元提高到7127元，财政收入由2011年的80.3万元增长到358.7万元，社会消费品零售总额从2011年的420万元增长到1660万元，农林牧渔业总值从2011年的8042万元增长到19770万元。在2016年并村后，全乡由原有的16个行政村合并为10个行政村，155个村民小组，4157户，总人口1.8万人（其中瑶族人口506人）。耕地面积11700亩，其中稻田9716.15亩。主要土特产有竹笋、东安土鸡、黄花梨等。

【农业经济】2016年，川岩乡坚持发展农村特色经济，立足本地特色，大力培植财源。2016年，先后培育黑山羊养殖基地2个，年投入资金500余万元；赤皮园村活竹酒企业1家，经过近两年的发展，年总产值达300万元。扶持发展黑豚养殖户8户、灰鹅养殖户11户、舜皇山土猪养殖户23户。进一步探索“山上种楠竹、

"太空莲"基地落户松江村签约仪式

地面养土鸡"立体生态种养模式，发展林农养殖土鸡，扩宽群众增收渠道。

【社会事业】2016年，川岩乡下界头村、半町村、豹虎岩村均建立文艺演出队，逢重要节日和农村红白喜事开展演出活动。乡卫生院硬件设施建设进一步得到改善，在全县卫生系统中达到现代化水平。乡医院全面实行基本药物制度，群众住院报账比例逐步提高，各村完成村级卫生室标准化建设，新建卫生室3家。新型农村合作医疗参保16111人，参保率88%以上。完成全乡16个村农家书屋建设，每个书屋存书1200册以上。不断强化川岩学校素质教育，教学质量不断提升，考入澄江、天成学校比例在全县乡村学校中排列靠前，新修建的中心幼儿园已投入使用。全乡享受农村低保对象901人，城镇低保对象11人，敬老院入住老人27人，完成危房改建32户。整合湾塘村和禾市村各村原有的资源，各自创建村级幸福园，进一步方便老人娱乐活动开展。积极发动全乡百姓参加新农村养老保险，全年参保人数6060人，在全县排名靠前，被评为优秀单位。新增计划生育奖励扶助对象7人，落实计划生育奖励扶助对象78人，发放计划生育宣传资料1500份，发放避孕药具1000多份。为158人免费孕前优生健康检查。计划生育工作获评全县综合排名先进单位。

【乡村旅游】川岩山青水秀、生态良好、资源丰富，具有独特旅游资源优势。主要自然景观有万亩杜鹃——上界头将军棋、高峡平湖——松江水库、万顷林海——山区竹林，以及岭芝仙人桥、盘古岭溶洞群、川岩岩洞、豹虎岩明代古戏台等名胜古迹，极具旅游开发前景。乡政府与有关部门科学规划两条旅游线路，一是以上界头为中心的"赏生态竹海、观万亩杜鹃、品农家土菜" 乡村生态美食旅游线路；二是以松江水库为中心的"骑行生态公路，探险奇幽岩洞、畅游松江水库、聆听下界头竹海"的健身休闲文化旅游线路。2016年，修建上界头旅游步道4.58千米，规范制作山区旅游道路标识标牌，全乡建设农家乐3家，近30家农户开展接待游客工作，旅游接待能力进一步增强。

【基础设施建设】2016年，川岩乡按照"对内大循环，对外大畅通"的大交通格局，继续加大农村公路养护力度，建设好公路两边防护栏，营造好公路两边"绿网"，及时处理好山区公路滑坡塌方问题，完成榴星村7、8、9组少数民族居住区7千米水泥通村公路和高亭子与江田村林道土石路基。完成安装高亭子村和江田村路灯45盏。建设松江集中供水厂，解决好松江、禾市、半町、湾塘等附近村1.2万人安全饮水问题。

【基层党建】2016年，川岩乡有中共党员583名，设党总支3个，党支部15个。推进村级服务平台建设工作，开展"双星创建"和"党员固定日"活动，村级组织活力得到进一步释放，基层堡垒作用得到进一步加强。全年发展党员6名，禾市村党支部获得四星党支部的荣誉。（戴　力）

川岩乡领导名录

李　娜（女） 党委书记
杨双平　乡长

邓　峰　专职副书记
廖建林　人大主席
胡军华　纪委书记
蒋淑芳　组织委员
王远志　武装部长、副乡长
冯东丽(女)　宣统委员、政协工委主任
荣鹏林　政法委员、党政办主任
李志青　副乡长
唐湘湘(女)　人大副主席

端桥铺镇

【概况】2016年4月并村后，端桥铺镇辖21个村，1个农村社区、1个居委会，人口46998人，面积134平方公里，其中耕地面积3224公顷。全镇农作物播种面积140286亩，农村经济总产值9.41亿元；固定资产投资5.26亿元，增长32%；粮食生产稳中有增；农民人均纯收入达到8093元，增长23%；财政总收入1123.24万元。活立木蓄积量为20万立方米。

【农业经济】2016年，端桥铺镇建立目标考核制度和驻村干部包户包村负责制度，镇村组三级干部深入荒田荒土地头，逐丘逐块与户主促膝谈心，商谈播种日期、方法、品种、资金等细节问题，确保全镇4.2万亩水稻种植面积如期落实。在完善农业生产基础设施的同时，加大水利建设投入。全年开挖山塘27口，新建渠道1500米，渠道修整和三面防渗5500米，争取国家项目资金600万元，加固金溪水库、月潭水库两座病险水库。

【社会事业】2016年，端桥铺镇有文艺表演队30支，全年演出200余场，观众2万人次；镇政府举办“瑞峰杯”广场舞比赛，组织武术队参与县武术比赛。镇卫生院硬件设施齐全，全面实施基本药物制度，药品实现零差率销售，报账比例逐步提高。完成村级卫生室的标准化，规范化建设，完成21个村的农家书屋建设，每个村农家书屋存书1000余册，另外配备部分音箱及电教设备。镇中学校教学质量不断提升，中考成绩在全县同类学校评比中名列前茅，教学硬件设施不断改善。落实城镇低保、五保供养、社会养老保险、危房改造全覆盖等社会保障制度，推进农村低保、医保、社保与扶贫工作的有效衔接，实施对困难群众，伤残人员等弱势群体的生活补助。2016年年底，有低保户2660户、2852人，全年发放低保保障金282.94万元；有“五保”户370户，全年发放五保供养资金118.54万元，投入资金12余万元对敬老院进行基础设施建设；发放优抚定补资金180.86万元，积极落实“双拥”政策；为86名90岁以上的老人发放高龄生活定补资金10.32万元；城乡居民养老保险方面，发放21000余张社会保障卡，完成缴费14947人，缴费总额191.57万元，缴费人数占60岁以下人数74.73%；农村危房维修改造150户，发放危房改造帮扶资金121.2万元。全镇共有建档立卡贫困户703户，2094人；2016年脱贫205户597人，通过农商行发放小额信贷1072万元，异地搬迁25户82人，通过“雨露计划”帮扶学生22户23人。

端桥铺镇2016年“瑞峰杯”广场舞大赛

【基层党建】2016年，端桥铺镇发展中共党员19名，高中及以上文化程度占68.2%，平均年龄34岁，党员结构逐步高学历化、年轻化。月潭村党建工作成为东安党建一面旗帜。为8个村配备更新远教设施，实现各村全覆盖并正常使用;整顿软弱涣散党组织2个,黄土脑村党支部、黄塘村党支部经过整改均通过县委组织部验收合格;走访困难党员39人,发放慰问资金1.46万元。

(李志成　唐银芳　魏雁云　曾　斌)

端桥铺镇领导名录

胡江峰　党委书记
唐朝飞　镇长
宋小交　专职副书记
田小红　人大主席
邓跃国　纪委书记
易　念(女)　组织委员
李志成　武装部长、副镇长
黄荣平　政协联工委主任
唐银芳(女)　党政办主任、政法委员
唐春梅(女)　副镇长
眭善卓　人大副主席

鹿马桥镇

【概况】2016年4月并村后,鹿马桥镇辖沙溪社区、泉水社区2个农村社区,唐家、河东、马坪、石坝冲、兴隆、黄里坪、伍通庙、水溪、天堂、简家岭、金江、黄泥洞、苏家岭、大宽、肖家岭15个行政村,黎山、新村、新街3个居委会,面积179.31平方公里,12011户,人口41089人。其中农业人口有39735人,非农业人口有1354人。2016年,鹿马桥镇完成地区生产总值4.23亿元,比上年增长7.5%;农民人均纯收入8500元。继续保持市级平安乡镇、全市社会管理综合治理工

俯瞰鹿马桥镇

作先进单位、安全生产工作先进单位、人口和计划生育先进单位荣誉称号,还获评全县绩效评估先进单位、县乡镇区划调整改革先进单位、县农业农村工作先进单位、县党建工作先进单位、县旅游产业发展工作先进单位、县纪检监察工作先进单位、县发展开放型经济工作先进单位、县信访工作目标管理考核先进单位。

【农业经济】2016年,鹿马桥镇粮食作物总产量18182.7吨,油菜2794亩,油菜籽312吨。棉花43.5亩,玉米932亩,马铃薯388.1亩,甘薯2010亩,豆类4020亩,甘蔗1378亩。农村产业结构调整步伐加快,新型农业机械得到推广;完成油菜、绿肥千亩连片基地;扶持金易德种养专业合作社,带动马头湾、李家湾等15个村的贫困群众脱贫致富。农村剩余劳动力输出6250余人;年初定制为民六件实事基本落实到位。

【安全生产】2016年,鹿马桥镇大力开展平安创建活动,开展平安家庭、平安村庄、平安校园创建。2016年,继续保持全市"平安乡镇"称号,成功创建湖南省"平安农机"示范镇。认真落实安全生产"一岗双责""党政同责",扎实开展重点行业领域安全生产专项整治行动("利剑行动""大排查、大整治、大管控"活动等),把安全生产责任落实到人。排查安全隐患76起,查处违法营运车辆16台,查处建筑安全隐患17处,开展联合执法行动11次,打击非法违法16次,检查生产经营单位185家。全年无安全事故发生。

【美丽乡村建设】2016年,鹿马桥镇党委、镇政府继续加强城管小组建设,选派优秀年轻干部8名,专门治理鹿马桥镇马路交通秩序。确保"摊入市、车归位、棚拆除、地干净",鹿马桥镇重点路段交通得到明显好转,实现重大节假日期间交通畅通无阻,真正意义上实现城镇管理的长效化和无缝化;美丽乡村建设持续加强。鹿马桥成立美丽乡村领导小组,以打造美丽鹿马桥为目标,结合农村环境污染综合治理工作,印制宣传手册5000余份,集中更换3个居委会的1200个绿色环保垃圾桶。对重点路段安

排卫生清洁人员实行全天卫生清扫。全面推进乡村环境卫生治理工作。要求各村签订责任状，全面加强重点路段与河道卫生治理。在唐家、黄里坪等村率先实行“一天两清扫”制度，要求各村广泛发动本村闲置劳力，老人、妇女、小孩齐上阵，开展清庭院、清杂物、门前屋后、清道路周边的“四清”行动，形成人人支持、广泛参与的美丽村庄建设。

【基础设施建设】2016年，鹿马桥镇党委、镇政府持续改善全镇的农业生产生活基础设施，推进新农村建设。马头湾和李家湾村田间整理项目投资200万元；简家岭村危房改建整体推进10户，投资35万元；鹿马桥镇被评为农产品质量监管省级乡镇，镇农技站被评为全国五星乡镇农技推广机构；投资160万元开展的村道扩建完成3个村，共计12.7公里；鹿简公路栅栏、塌方治理投资400万元；7个村的“一事一议”项目建设资金达到70万左右。

【社会事业】2016年，鹿马桥镇党委、镇政府加快完善社会保障体系，全面提高社会保障水平。建立起养老、医疗等多层次、广覆盖的社会保障体系，全镇城乡医疗保险收缴5074950元，参保率89.98%，新型农村社会养老保险收缴1558900元，参保率82.9%。加强“五保”、低保的动态管理，完成“五保”、低保联合评审及系统数据更新工作，做到应保尽保，杜绝“漏保、人情保、关系保、死亡保”。全镇2所农村敬老院，集中供养农村“五保”户43人，月保障金546元/人，分散供养农村“五保”户315人，月保障金267元/人。农村低保户1696户，2184人，月保障金258841元。城镇低保60户，94人，月保障金23705元。组织农村劳动力技能培训、劳动力转移就业、职业介绍、就业指导、政策咨询等工作，较好解决农村富余劳动力就业问题。全镇有建档立卡贫困户2170户，5206人，其中已脱贫户672户，1441人，2016年完成脱贫任务353户，848人。易地搬迁58户，208人；发放贫困户小额贷款1555.6万元，是目标任务的115.48%；金易德农业合作社辐射范围涵盖头湾村、酸枣坪村、楼脚坪村、沙子铺村、李家湾村、肖罗塘等15个村，通过农业合作社安排就业的贫困户有120多户；合作社流转土地1100多亩，其中参与土地流转的贫困户有160多户，流转土地面积600余亩，通过土地流转和安排贫困户就业，贫困户每年可增收8000元以上，增收效益明显；针对因学致贫的贫困人口实施“雨露计划”，全镇有20余户贫困学生享受到3.6万余元的助学救助；全镇有68户，167人纳入低保兜底保障对象。

【基层党建】2016年，鹿马桥镇党委、镇政府夯实基础，加强班子和制度建设，落实党建责任，明确目标管理，细化考核内容，对党建工作实行一票否决，年初签订党建工作责任状，根据各村实际情况，明确工作责任，细化考核内容，做到年初有任务，每月有检查，季度有分析总结和通报，年终考核兑现，对党建工作排名后三位的村年终考核予以一票否决。保障党建经费，夯实工作基础，各村确保不少于6000元的党建工作经费，主要用于党员教育培训、困难党员走访、村级活动场所维修、开展党内活动等。突出重点，强化组织建设，深入开展“两学一做”学习教育，加强党员思想政治建设。周密部署，圆满完成党委换届工作。精

县残联、鹿马桥镇领导走访残疾群众

心筹划，顺利完成建制村合并工作。对合并村成立临时党组织和工作委员会，选配优秀的人员担任临时党组织书记和工作委员会主任。切实整顿软弱涣散村级党组织。有针对性地制定整顿方案，选派优秀干部担任第一支书，结合开展“两学一做”学习教育，加强党员思想政治建设，提高党员的服务意识，建立健全软弱涣散村的各项规章制度，取得一定成效。严格要求，加强队伍建设。抓好党员党组织关系排查摸底工作，完善党员电子信息库，并逐步规范党员个人档案。严把党员“入口关”，严格执行党员发展计划，从致富能手、返乡大学生、镇直机关在职优秀年轻人员群体中发展和培养党员。培养29名入党积极分子，发展16名党员。加强村级后备干部的培养。把复员退伍军人和大学生村官、致富能手纳入村级后备干部队伍，各村1至2名上述人员作为后备干部，充实村级后备干部人才库，为村支两委换届选举储备人才。 （文 胤）

鹿马桥镇领导名录

陈宏波 党委书记
周勇国 镇长
唐 波 党委副书记
尹善军 人大主席
张德松 纪委书记
严 丽(女) 组织委员
彭 琨 武装部长、副镇长
刘 平 政协工委主任
文 胤(女) 政法委员、党政办主任
黄美玲(女) 人大副主席
胡慧敏(女) 副镇长

芦洪市镇

【概况】2016年底，芦洪市镇辖38个村(居)委会，人口6.5万人。地区生产总值10.40亿元，同比增长11.0%，其中农业总产值完成3.25亿元，增长9.5%，工业总产值完成5.33亿元，同比增长13.01%，第三产业增加值完成1.82亿元，同比增长12.6%，财政总收入突破2293万元，同比增长速度15.9%，城镇居民可支配收入和农民人均收入分别达到24965元和12288元。

【农业经济】2016年，芦洪市镇党委、镇政府着力调整农业结构，发展新型现代农业。加大农业结构调整力度，突出抓好特色农业，积极发展现代农业，扎实推进新农村建设，大力推行家庭农庄的生产经营模式和大力发展农家乐等生态休闲产业。进一步壮大农业基地建设。加快建设以东安鸡养殖为龙头的生态农业区建设，做大做强东安鸡产业。大力推进规模化种植、集约化经营，重点培育水果种植、蔬菜基地建设、优质稻种植、高产油茶、生猪养殖、东安鸡养殖等六大产业基地。切实搞好土地流转。发挥镇土地流转中心职能作用，加快土地流转力度。鼓励农民发展专业合作社，成立新兴经济组织，不断激发农村经济活力。

【社会事业】2016年，芦洪市镇党委、镇政府对农村最低生活保障对象实行动态管理，以扩大保障覆盖面为目标，做到应保尽保，开展对全镇特困户家庭经济收入情况调查，对1500户农村低保进行重新评定。扩大救灾救助对象，促进社会和谐。对全镇患有重大疾病家庭进行摸底排查，协调督促民政局工作人员及时审批，确保救助对象的救助资金及时发放到位。顺利完成两项补贴发放、社会保障兜底脱贫对象认定、留守人员的排查和录入等工作。不断加强公共文化服务，提升改造“农家书屋”23家。维护农民体育健身设施，广泛开展群众性文体活动和农村节日教育活动，大力普及广场健身舞，充实群众精神文化生活。全镇干部职工积极参与各类文体活动，取得全县工间操比赛三等奖、合唱比赛二等奖、武术操比赛二等奖。

【城镇管理】2016年，芦洪市镇党委、镇政府加强城管队伍建设，配齐配强专业城管队伍。城管新增编制7人，共有27人。实现城管街面值班、巡逻常态化。组织应阳社区、三个居委会安排专人上街开展文明劝导；加强基础设施建设，切实改善市容市貌。在镇城区内增设公交车位标识，画设道路标线、停车位。会同县路灯管理所对镇区内损坏缺失的路灯进行专项维修维护；加强道路交通整治。联合交警、路政等单位规范街道摆摊、停车秩序。查处乱停乱放行为200余起，罚款10000元；加重处罚力度，狠刹私搭乱建之风。全镇投入资金

120万元开展集中整治行动。拆除违规搭建广告牌、店招牌300余处。集中清除路缘坡，对私搭乱建行为加大处罚力度；加快硬件设施建设，突出环境治理。筹资200万元用于镇环卫设施的购置，增加垃圾车、洒水车各一台，购置11个垃圾周转箱和400余个垃圾桶，极大的改善城区环卫基础设施，提升城镇品质，为争创市品质活力乡镇奠定坚实的基础。

【基层党建】2016年，中共芦洪市镇党委始终围绕“一心一意抓党建、抓好党建促发展”的工作思路，以加强党的执政能力建设为目标，以“两学一做”学习教育为抓手，全面加强党的基层组织建设。立足中心工作，做到年初制定党建工作计划、党建目标责任考核细则，每月党建例会定期分析总结，年中督促检查和年底考核兑现。围绕工作落实，制定完善“党员定期教育培训制度、发展党员责任追究制度、党员干部承诺践诺制度、村主干述职评议制度、镇村两级党务定期公开制度等各项管理制度。进一步规范基层党建工作运行机制。全面完成村级区划调整工作，19个新合并村成立临时党支部，配强临时党支部书记，确保村合并后社会大局稳定，各项工作有序开展。党员组织关系排查工作全面覆盖，经过集中排查，全镇排查出失联党员2名，经查找取得联系的党员7名，流动党员388名。档案缺失党员数584名。芦洪市镇非公企业和社会组织共建党组织3家。按照“一员一企”“一员多企”的方式向没有党组织的非公企业和社会组织选派党建指导员20多名，覆盖全部未建党组织的非公有制企业和社会组织。（黄明宇）

芦洪市镇领导名录

王湘钧　党委书记
刘云波　镇长
周海波　专职副书记
张学军　人大主席
王　锋　政协联工委主任
王海涛　纪委书记
陈　华　组织部部长
伍健辉　武装部部长、副镇长
唐建钧　党政办主任
张　强　人大副主席
张荣英　副镇长

新圩江镇

【概况】2016年底，新圩江镇辖26个行政村、263个村民小组，人口31900人。全年农业产值14666.88万元，其中林业产值134.62万元，牧业产值10886.22万元，渔业产值495.23万元，农林牧渔服务业404.22万元。财政收入402.6万元，财政支出402.6万元。

【新农村建设】2016年，新圩江镇党委、镇政府对城镇街道进行改造，加大对马路市场的清理与整顿；各村大力开展绿化、美化、亮化等工作，切实整治农村环境卫生，加大宣传和整治力度。政府加大对环境卫生的整治力度，投入10万余元对新圩街道垃圾实行集中清理和统一清运，并聘请专人对街道进行清扫。为16个村新配置有害垃圾收集桶8400个，新建有害垃圾收集池36个，配置专职保洁员83人。

【安全生产】2016年，新圩江镇党委、镇政府着重落实“三三”重点工作与“五级五覆盖”与“五落实五到位”安全生产责任制，组织拉网式检查10次，排查隐患35处。组织道路交通与校车安全检查10次，处理违章车辆15辆次，同时加大宣传力度，印发安全生产宣传资料3000册，入户宣讲3000余户。全镇范围内未发生一起安全生产事故。

【社会事业】2016年，新圩江镇党委、镇政府认真落实人口计划生育政策，稳定低生育水平。2016年出生人口390人，其中政策内355人，计生率为91.02%；孕前优生健康检查212人。扎实做好新农保、新农合、城镇居民医保、民政救济、低保资金发放等工作，保障困难群众生产生活；对全镇低保户、“五保”户进行全面清查，确保“应保尽保”，完成兜底扶贫工作；认真搞好困难群众和农村低保困难补助的发放、复员军人定补、农村危房改造等惠民工作，切实解决贫困人口温饱及住房问题。改善农村办学条件。大埠头希望小学建成并投入使用。完成金融产业扶贫的评级授信工作，发放小额扶贫贷款1020万元；异地搬迁完成50户178人。大浪、双江的联村公路、茶源村的通村公路在修建，路坯大部分完成。

【基层党建】2016年，全镇镇村两级共投入近70余万元完成11个村的村级活动场所“清零”，镇党委在全镇各村推行“8916+1”模式，规范基层党建工作。“8916+1”模式即每个村支部建立健全8块大的制度宣传牌、9块小的党内制度牌、16本台账和专用会议纪录本、1个档案柜。为确保“8916+1”落到实处，该镇由镇里统一标准、统一制做，完善各村支部的基本台账资料、各种会议记录、党建工作制度牌，村级支部建设实现设施标准，制度统一；全镇共投入近10万元将全镇26个村活动中心进行维修，让村级活动中心整洁美观。大力建设美丽机关，修建政府大门、旗杆、网球场，配置体育及休闲设施，大力改造镇机关五小设施，保证镇阅览室、文体室、澡堂、厕所、食堂均能正常运行。（唐龙萍）

新圩江镇领导名录

陈　斌　党委副书记、镇长
沈重阳　人大主席
肖　莎(女)　政协联工委主任
杨　剑　专职副书记
杨　群　纪委书记
胡连能　组织委员
张爱平　武装部长、副镇长
唐龙萍(女)　党政办主任、综治委员
陈景烨(女)　人大副主席
蒋凌峰　副镇长

花桥镇

召开2016年度领导班子专题民主生活会

【概况】2016年底，花桥镇辖马塘、远井、苏家、贯门、白井、茶山、青田、泥塘、唐家冲、唐家岭、香井、中塘、刘阳、陈江、樟树坪15个村委会和花桥、花山、花东三个居委会，129个自然村、161个村（居）民小组。辖区人口17935人，其中常住人口11518人，流动人口6417人，城镇人口1942人，农业人口15993人。总人口中男性9391人，占52.3%，女性8544人，占47.7%；18岁以下4467人，占26.25%，18-35岁4564人，占25.45%；60岁以上2830人，占15.78%；人口出生率5.91‰，死亡率7.52‰，人口自然增长率-1.61‰。

【农业经济】2016年，花桥镇党委、镇政府多次召开各村委干部参加的农业发展促进会，抓住秋收有利时节，调整产业，促进农民增收。镇农业技术人员，走村串户培训人员120人次，通过现场讲解、实地传授知识等形式，指导农户掌握牲畜养殖和作物种植技术。全镇玉米种植面积0.9万亩，建成两个面积100亩的油菜基地，全镇种植油菜1000亩，经济林1500亩，节水灌溉农田达到4万多亩，完成200亩防护林种植目标。畜存栏数805头（只），其中生猪500头（只），绵羊251头（只），牛54头。做好牲畜疫病防治工作。配合县国土局做好今年的苏家村土地整理工作。修建水渠5公里，机耕道32公里。自筹资金10万元完成青田村人饮集中供水水塔建设，解决300户群众饮水难问题。积极落实一事一议项目，中塘村、樟树坪村两个村修建村道2公里，水渠2.5公里。加强水利设施建设，电源水库投资130万元，进行坝基加固；白井村老屋冲水库坝基维修，投资24万元。积极推进农村电网整改，投资100余万元对中塘村电网进行改造。

【安全生产】2016年，花桥镇党委、镇政府以深化“监管执法年”

安全生产检查

活动为载体，深入开展“三大行动”，全面贯彻落实《安全生产法》，坚持“安全第一，预防为主，综合治理”的方针，立足事故防范，通过“全国安全生产月”活动、安全生产专项整治和安全社区创建等活动，加大宣传，突出重点，强化监管，着力隐患整改，狠抓打非治违。镇党政主要领导带队检查安全生产工作 16 次，分管领导检查 26 次。签订各类安全生产目标责任书 45 份。安全宣传进村入户，印发《安全生产知识》等宣传资料 1 万余份，散发食品安全手册 5 千余份。重点查处两轮、三轮摩托车非法运营、超载及非法载送学生行为，清理车辆乱停乱放，对重点路段的路况、安全隐患、车辆进行检查，查处车辆 43 辆次。多次联合派出所对全镇无证非法销售烟花爆竹零售点进行查处和打击；对非法加油点进行取缔。

【综合治理】2016 年，镇、村两级共受理包括一般邻里纠纷、家庭纠纷、山林纠纷、交通事故赔偿、医患纠纷等各类纠纷 82 起，成功调处 82 起，调处成功率 100%；全镇排查解决矛盾纠纷 41 起，其中排查解决重大纠纷 2 起，预防矛盾纠纷 49 起。全镇有社区矫正人员 5 名，解矫 10 名，新增 4 名，接受社区矫正对象社会调查 4 次，组织社区矫正人员学习、公益劳动 20 次，谈话 68 人次。参加治安巡防 853 次，其中镇社会管理综合治理办公室组织民警、巡防队员 265 人次，村义务巡防 588 人次。年初全镇综治工作会议上与各村（居）、镇直单位签订《2016 年度社会治安综合治理工作责任书》，进一步明确责任与目标，落实责任人。充分利用宣传横幅、标语、宣传栏、下发宣传资料，以及通过召开座谈会、研讨会等形成，多层次、全方位的宣传造势，积极动员全镇社会力量参与的浓厚氛围。加强巡防，保障安定环境。巡防队员在全镇范围内进行日夜巡逻，特别是对重点地区、重点地段、学校加紧巡逻。

【基层党建】2016 年初，花桥镇党委制定党建工作计划、党建目标责任考核细则，制定完善党员定期教育培训制度、发展党员责任追究制度、党员干部承诺践诺制度、村主干述职评议制度、镇村两级党务定期公开制度等各项管理制度。4 月 20 日，召开镇第六届党代会，出席会议的正式党代表 100 名。选举产生花桥镇第六届党委会委员 7 名、花桥镇第六届纪律检查委员会委员 5 名、花桥镇出席中共东安县第十二次代表大会代表 8 名。5 月底，全镇大力开展“两学一做”学习教育，采取个人自学、支部集中学习、专题讨论等形式每月制定学习计划，每名党员领导干部联系一个片区，每名机关党员联系一个支部，每个支部明确一名帮扶党员进行结对帮扶，建立“花桥动态”微信公众号，创新“两学一做”学习教育平台载体。开展“四讲四有”即讲政治、有信念，讲规矩、有纪律，讲道德、有品行，讲奉献、有作为开展专题讨论。按照“五个一”的要求，制定软弱涣散村整顿方案，配齐配强村两委领导班子。按照村支部负总责、班子成员分片区负责的方式确保村务工作正常有序开展；设立村干部轮流值班制和便民服务制度，方便群众来访，提高为民办事效率；争取到资金支持，修缮改建村级活动中心。

（左凌枫）

花桥镇领导名录

唐小军 党委书记
唐永红 镇长
龙 海 党委专职副书记
魏小刚 人大主席、武装部长、政法委员、党政办主任
于爱林(女) 纪委书记
蒋芬芬(女) 组织委员
蒋林枫 政协联工委主任、副镇长、宣统委员
蔡光辉 副镇长
胡 涛 人大副主席

大盛镇

【概况】2016年，大盛镇辖14个行政村，2个社区，2个居委会，即兴隆、回隆两个居委会，应水社区(原大江村、町里村、尹家村合并)、泗水社区(原泗水村、八家村、张家村合并)，大水塘村(原田心村、凳子村、大喜村、山塘村合并)，山水村(原土马村、三角村合并)，三潭村(原魏家村、栗木村合并)，斗山村(原斗山村、铜锣村合并)，半山村、杨家村、易江村、井塘村、毛坪村、黄家村、陵角村、龙头村、铁塘村、严塘村等18个行政村(社区和居委会)，255个村民小组。有8784户，人口32550人，其中农业人口31716人，非农业人口834人，分别占人口的97.4%和2.6%，男17077人，女15473人，分别占总人口52.5%和47.5%。有民政所、计生办、财政所、派出所、司法所、经管站、文广站、国土资源所、规划建设管理站、农技站、林业站、学校、医院、电管站、邮政所、信用社、企业办、畜牧站、保险管理服务部等镇属机关单位。全镇有中共党支部31个，党员1301人。2016年，农业总产值7483万元，农民年人均纯收入超4500元。2016年12月12日，第一届全国文明家庭表彰大会在北京举行，吴才有家庭被授予“全国文明家庭”荣誉称号。吴才有妻子黄常淑作为代表参加表彰大会，受到中共中央总书记、国家主席、中央军委主席习近平的亲切接见。

【农业经济】2016年，镇内有水库15座。其中小一型水库1座，即大盛水库，小二型水库14座，即斗山、东风、大喜、白水凹、爱国、上郑家、下郑家、长龙、烟竹、庙塘、黑冲、渣塘、荷叶、乌龟塘、严塘等水库。共计储水量413万立方米。在汛期发放防汛宣传手册，组织有关人员分赴各个水库，排除多起安全隐患，及时进行处置险情。进一步加强森林防火工作力度，在清明期间及天干物燥期间，在全镇各进山路口设置禁火警示牌和检查点，启动“小喇叭”“宣传锣”、警报器、宣传标语等手段防止森林火灾的发生。全镇流转土地2275亩；有种粮大户8户，烤烟种植户30户。烤烟面积2275亩、水稻年面积稳定在20000亩以上，易江村连片种植80亩蜜梨(翠冠梨)，年产蜜梨10万多公斤，年产值达15万元。

【文化艺术】2016年，镇内有文学创作协会1个、书画协会1个、文化广场舞6处、农家书屋18个、图书20余万册、电影放映队1个、有线电视网络点7个、网吧2家、音像店2家、文艺演唱队2个、管乐队3个、民乐队5个、军鼓队2个、舞狮队3个、舞龙队2个、渔鼓队2个、老年门球队1个、养鸟护鸟协会1个。严塘村、斗山村、山水村、井塘村、易江村等建成标准的篮球场地和健身娱乐场地。乡村文化活动，开展得更为广泛、经常。2016年10月30日，成功举办东安县大盛镇

文广岩

大盛镇创建“湖南省民间文化艺术之乡”文艺汇演

创建“湖南省民间文化艺术之乡”文艺汇演。

【社会事业】2016年，大盛镇改进村级服务中心建设服务平台，增加办公服务设备。2016年有“五保”户211人，其中新增“五保”老人12人；新增低保户292户、292 人，取消低保户692户、692人；残疾人补贴327人；危房改造112户，落实老退伍军人退伍补贴112人、参战军人补贴89人、复员军人补贴28人，全年办理医疗救助156户、临时救助67户、慈善救助4户、申请家庭大病救助156户；脱贫506户。接待来人来访1500人次，发放救灾8万余元。大盛中学有教师52人，学生460人；易江中学有教师21人，学生457人。大盛卫生院和易江分院有医卫人员32人，18个行政村（社区、居委会）建有卫生室。全镇参加新型农村合作医疗参保率为87%。对村村通公路进行加宽硬化，完成井塘村至山水村总路程10公里，严塘村至龙头村总路程6.2公里。

【综合治理】2016年，大盛镇党委、镇政府开展“两打三治”行动，全镇综合治理共悬挂横幅210条，标语千余条，宣传栏和宣传广告340块，不锈钢宣传栏24块，发放宣传单4500余份，广播宣传车宣传60余天，重点打击非法采石场，取缔非法采石场1个；共计检查有证烟花鞭炮销售点、液化气点、加油站点、安全饮食店120余次，打击取缔安全饮食店1家，以“平安家庭创建”为重点，签订平安责任状、反家庭暴力责任状、反邪教责任状，发放平安家庭责任书8000余份；评选平安家庭模范户180户、平安家庭220户、平安先进户120户。全年镇、村共调解各种矛盾纠纷36起，其中签订协议20起、口头协议10起、调解成功20 起。5月至9月，集中开展安全生产打非治违、打恶治乱治霸专项行动，多次开展联合行动，进行治安巡逻，打击入室盗窃、贩毒、容留他人吸毒、故意损坏财物、组织从事邪教、阻碍执行公务、地下“六合彩”赌博、殴打他人等类型案件，行政处罚21人，其中刑事拘留2人。通过开展“两打三治”“平安家庭创建”活动，社会矛盾纠纷得到有效化解，刑事案件发案率同比呈下降趋势，通过民调，群众对治安状况的满意率达95%。

【基层党建】2016年，全镇远程教育设施实现全面覆盖并正常使用。举办村支两委成员任职培训学习，组织全镇31个党支部书记及18个行政村（社区、居委会）主要负责人进行党建现场观摩学习。整顿软弱涣散党支部，对软弱涣散党支部分别派出工作组驻村整顿。全年发展党员11名，举办入党积极分子培训与党章、党规考试，斗山村、山水村、泗水社区、三潭村、毛坪村村级活动中心改扩建完成。村级党组织每月开展“党日”活动，并组织党员干部开展义务劳动、开展“一进二访”活动，收集问题和解决问题千余起，汇集一、二级网格问题，走访收集建议50条，其中政策性建议5条、民生民利类35条、转变干部作风类3条、其他7条；慰问走访困难党员、群众131户、323人。

（胡先合　李昌辉　胡建文　苏乐东　胡师华）

大盛镇领导名录

文铁兵　党委书记
李爽杰　副书记、镇长候选人
曾庆朋　专职副书记：
吴　然　人大主席
邹耀剑　政协联工委主任

南桥镇

【概况】2016年底，南桥镇辖19个行政村、2个居委会、1个农村社区，人口3.53万人，其中常住人口1.9万人，流动人口1.63万人。全镇耕地面积4.9万亩，其中稻田面积2.1万亩，旱土2.8万亩；有林面积8.4万亩，森林覆盖率30%。

【农业经济】2016年，南桥镇完成双季稻高产创建核心区1000亩，油菜播种4000亩，长山村、寺门村油菜种植规模化初显成效，曾卤村绿肥种植取得实效。巩固发展国家标准化早熟梨1000亩基地，强化基础设施建设，巩固发展柘塘村药材种殖基地、广入村大棚蔬菜基地和大富村蔬菜大棚基地；新发展种养大户17户。全年实现土地流转1300亩，新增土地流转200亩大户2户，100亩大户4户，50亩大户10户。

【项目建设】2016年，南桥镇着重加强重点项目建设，完成投资3200万元的双江水库除险加固工程，有效保障灌区的生产生活用水和财产安全；投资500万元的自来水扩面工程完成60%，建成后将解决13个村10000多人的饮水问题，保障村民生活用水便捷干净。通过狠抓水利设施建设，逐步解决镇内农业发展的“瓶颈”问题，农业发展后劲不断增强。

【乡村旅游】寺门马皇村一棵2500年树龄的千年古银杏树，2016年被中国林学会评为“全国十大最美古银杏”；以双江水库和红旗水库为基础打造垂钓等娱乐形式的农家乐，吸引东安、邵阳、冷水滩等周边地区的游客前来观光游览。

【社会事业】2016年，全镇享受农村低保1766人，城镇低保26人，五保户226人，敬老院入住老人23名，建立相应的台帐，实行动态管理。积极推进城乡居民社会养老保险工作，全年新增参保人数8616人，全镇60岁以上居民都享受到农村养老补助，老有所依、老有所养机制逐步健全。新型农村合作医疗参保26405人，参保率达90%，全年农合补助53714人次。镇党委、镇政府以产业发展促扶贫开发，依托贫困村丰富的林业资源，发展楠竹低改产业，三个精准扶贫村楠竹低改面积1800余亩；同时加大贫困村规模化养殖力度，大力扶持养殖业，三个精准扶贫村中新增养殖大户4户。完成三个重点贫困村水泥硬化路15公里，给三个贫困村通上高压电，改善村民用电难问题。完成异地搬迁的贫困户52户142人。镇老科协全年组织“老年大学”健康培训讲座、门球活动、读书活动等23次。继续注重合格化学校建设，强化南桥中学、南桥中心小学和大水学校的硬件基础设施，扩大校园绿化面积，改善学校教学环境。积极宣传和发动村民开通广播电视户户通，全年新增户户通1042户。积极组织村民参加东安县组织的武术比赛和太极拳比赛项目等，促进全镇群众文艺活动开展。全年组织各村卫生医疗培训5次，不断增强各村卫生室医疗水平。农村建房322栋，面积80500平方米；危房改造143座，开工完成率100%。顺利推进城镇总体规划修编后的实施工作；完成新验收通畅公路和道路加宽59公里，修缮加固山塘5个；道路美化、亮

8月12日，县委书记冯德校，县委副书记、县长候选人龙向洋深入南桥镇走访调研

化、绿化建设投入持续加大，实现了S217线南桥段和各村主干道全面绿化；在S217长山至荆塘段架设150盏高亮度太阳能路灯；清理、修建下水道1300米；完成南桥镇标准化市场建设的前期土地整理和协调工作；新增购一台环卫垃圾车全天进行垃圾收集处理。绿化造林工程持续开展，完成清水、兰头、杉木等村火烧山和荒山的绿化造林面积755亩。农村环境污染综合治理取得较好成效，重点治理了寺门马皇村河道污染，加快美丽乡村建设。

马皇村古银杏树及证书

【综治维稳】2016年，南桥镇完成社会治安综合治理“镇村一体化防控体系”建设，建立信访维稳目标管理责任制和健全矛盾纠纷调处化解机制，落实信访工作责任，坚持矛盾纠纷抓早抓小，切实把各类矛盾纠纷隐患化解在萌芽状态。全面落实社会治安综合治理各项措施，排查各类矛盾纠纷312起，调处率100%；调处成功304起，成功率97%。基本实现小事不出村，大事不出镇，矛盾不上交的工作目标。

【机关建设】2016年，南桥镇投资近百万元对政府机关大院进行改造。加强政府综合服务平台建设，装修新的政务服务大厅，为群众办事提供一站式服务，大大方便群众办事；完善政府五小设施，重新装修政府食堂，配备全新设施，为政府浴室安装热水器、浴霸等必要设备，装修并配备娱乐室设施，增加图书室图书和座椅等；美化机关环境，对机关进行整体规划，全面绿化，布置景观树、景观石、景观灯、小池塘、花坛、游道、生态停车场等。同时，机关建设与村级综合服务平台建设相结合，促使村级服务设施不断提升。（杨　扬）

南桥镇领导名录

刘湘明　党委书记
叶君山　镇长
唐远平　专职副书记
汤伟宏　人大主席
张　静（女）　纪委书记
刘启林　组织委员
唐　琼　武装部长
蒋勇恒　政协联工委主任
杨　扬　政法委员、党政办主任
袁琼娟（女）　副镇长
金云芳（女）　人大副主席

黄泥洞林场

【概况】黄泥洞林场由场本部、南镇片、天堂片组成。是全县重点生态林区、省级自然保护区、省级森林公园。2016年辖五个国有工区，有干部职工111人。被评为全市国有林场和森林公园二等奖、全县信访维稳工作先进单位。

【资源保护】2016年，黄泥洞林场把生态保护放在工作首位，狠抓森林资源管理和保护。2016年是禁伐第一年，实现零指标采伐。植树造林力度大，龙井长冲西坡水沟边造林260亩，长栏中林补种楠竹500亩，中幼林抚育4000亩，竹林抚育2200亩，维修防火线15公里，维修林道60公里。加强矿区监管，4月开始将袁家岭哨所人员撤至梨坪席光金家护林。加强护林队伍建设，根据各哨所实际情况继续给哨所工作人员夜班补助，提高干部职工工作积极性。争取中央资金用于矿区治理，8月由湖南新九方科技有限公司实施铁夹槽、天宝两个矿区重金属治理工程。本项目中央拨付资金2344万元，中标金额2102.7万元。

铁家槽矿区治理区

【基础设施建设】2016年，林场生产经营条件、工作生活环境进一步改善。新修通留古坳至白石江的简易公路，龙井、阴阳坳哨所启动修缮美化工作，投入资金近2万元对皂水凼电站宿舍进行维修。加强林场机关“五小”设施建设，安装监控设备、庭院灯、轮廓灯，对食堂、办公室进行维修，进一步加强机关美化绿化。向省防火物资储备中心争取，申请国家森林防火物资监测点，配备防火物资30余万元。实施安全饮水工程，耗资30余万元，从天花洞引优质山泉水到林场，解决干部职工安全饮水问题。

【森林防火】2016年，黄泥洞林场将抓好森林防火工作作为改善民生福祉、林场可持续发展的重中之重来抓。加强护林防火工作的具体领导，坚持“责任状制度”，推行“谁主管谁负责”“纵向到底横向到边”的制度。成立森林防火应急领导小组和县级专业应急扑火中队，并装配防火器材及服装，进行定期培训和演练。加强护林防火宣传工作，制作永久性护林防火牌碑16处，张贴、书写安全标语1000多条，出动宣传车20台次，每月专门召开一次护林员会议，学习森林防火、安全生产等知识。健全安全生产制度，坚持“安全第一、预防为主”的指导思想，坚持“护林防火、积极消灭”的方针，坚持“打早、打小、打了”的火灾扑救措施。场部与各工区、哨所签订《安全生产责任状》，完善护林防火值班制度。加大防火隐患查处力度。将安全检查工作作为一项预防性工作来抓，多次突击检查各工区、哨所的安全情况，一旦发现隐患，立即责令整改。全年无一火警火灾现象。

【机构建设】2016年，黄泥洞林场推进管理机制改革，通过优化组合、竞聘上岗形式组阁上岗，制定一系列管理制度、工作措施和考核细则，采取绩效考核提高工作效率。组建专门的防火、防汛应急分队，确保林场大局稳定。调整内设股室，根据林场实际工作需要，林场设立办公室、政工股、业务股、森保股、财务室等五个内设股室及龙井、青山坳、皂水凼、南镇、天堂五个管理所。并将林场四分之三的工作人员安排到各个管理所，做到力量下沉一线，加强护林工作力量。通过公开招聘引进一名财务人员。

（蒋松华　肖立华　唐晓华）

黄泥洞林场领导名录

蒋松华　党委书记、场长
肖立华　副场长

长栏中林抚育

中共东安县委　东安县人民政府
关于鼓励发展乡村旅游的若干意见

（2016年3月18日）

为全面推进我县乡村旅游标准化、精品化、品牌化发展，实现我县旅游从“景点旅游”向“全民旅游、全域旅游”转变，根据国家、省、市有关精神，结合我县实际，现就进一步扶持我县乡村旅游发展制订本意见。

一、优化乡村旅游发展环境

1. 设立乡村旅游发展专项基金。从2016年起，县财政每年整合500万元用于旅游发展，建立乡村旅游发展专项基金，并根据县财力状况逐年递增，重点用于乡村旅游规划编制、人才培训、奖励扶持、景区基础设施建设等工作。

2. 加大对乡村旅游项目的支持力度。凡是农村基础设施项目、生态农业发展项目、美丽乡村建设项目、精准扶贫项目等，优先安排给乡村旅游示范点。财政、发改、交通、扶贫、农业、林业、水利、国土、民政、文体广新局等部门要根据本单位职能，对乡村旅游示范点的基础设施及各类建设项目进行倾斜支持。

3. 推进乡村旅游的规范管理。农委、交通等相关职能部门要加强指导乡村旅游示范点房屋外墙改造和标牌、标识规范设置，加强规范管理，提高整体服务水平。

4. 加大对景区（景点）建设、旅游配套服务行业和乡村旅游示范点创建主体的奖励力度。景区（景点）建设：景区创AAAAA成功，奖创建主体单位50万元；创AAAA成功，奖创建主体单位

40万元；创AAA成功，奖创建主体单位30万元。旅游服务行业：新创4星级宾馆奖30万元，新创3星级宾馆奖20万元；新创5星级农家乐奖8万元，新创4星级农家乐奖5万元，新创3星级农家乐奖2万元；新开发注册的旅游农副产品或旅游工艺产品，获全国弛名商标的，奖励开发主体15万元，获省弛名商标的，奖励开发主体10万元，获市驰名商标的，奖励开发主体5万元。乡村旅游示范点：对2016年乡村旅游示范点创建工作进行评比。评比出一等奖1名，二等奖2名，三等奖3名，采取以奖代补的方式，分别给予创建主体20万、15万、10万元的奖励。

二、拓宽乡村旅游融资渠道

1. 加大招商引资力度。各乡镇要重视乡村旅游产业的招商，招商引资的乡村旅游项目享受东安县招商引资同等优惠政策。鼓励旅游企业以独资、合资、合作、联营和项目融资等方式，参与乡村旅游景区（景点）的开发和经营。

2. 放宽民间资本的市场准入，拓宽民间投资领域，鼓励农民以山、水、土地经营权和固定资产、资金、技术等多种形式入股兴办乡村旅游，或以村组集体经济组织为单位，采取政府（村、组）+公司+农户的方式，参与乡村旅游投资开发。

3. 鼓励金融机构对乡村旅游项目融资授信，符合条件的乡村旅游企业可享受中小企业贷款优惠。农行、农商行等金融机构，要加大对乡村旅游开发的信贷投入。

三、给予乡村旅游用地支持

1. 加大乡村旅游项目政策支持力度。乡村旅游项目涉及的山、水、土地经营权可采取入股、转让、赠送等方式开发经营。

2. 对利用国有土地且投资2000万元以上的乡村旅游开发建设项目及配套设施用地给予大力支持，安排用地计划，土地价格按工业用地价格优惠，且依法办理土地出让手续。

3. 对利用集体土地（包括林地、水面、滩涂、宅基地等）兴办乡村旅游项目，在符合土地利用总体规划、不改变农用地性质和农户自愿的前提下，投资商可通过租赁、联营等方式使用土地，并按规定办理相关手续。

4. 鼓励农村集体经济组织利用集体建设用地开发中小型旅游项目，鼓励旅游企业利用荒山、荒坡、荒滩进行乡村旅游开发，鼓励农民利用自住房屋开展乡村旅游，利用房前屋后土地发展民居庭院旅游。

原《中共东安县委东安县人民政府关于鼓励发展乡村旅游的若干意见》（东发〔2016〕3号）废止。以此件为准。

中共东安县委　东安县人民政府
关于鼓励发展微旅游的若干意见

（2016年12月1日）

为全面推进我县微旅游业标准化、精品化、品牌化发展，实现我县旅游从“景点旅游”向“全民旅游、全域旅游”转变，努力打造全国知名微旅游目的地，根据国家、省、市有关精神，结合我县实际，现就进一步扶持微旅游业发展制订本意见。

1．设立微旅游发展专项基

金。从2017年起，县财政每年整合资金1000万元用于微旅游发展，建立微旅游发展专项基金，并根据县财力状况逐年增加，重点用于旅游规划编制、人才培训、奖励扶持、景区（景点）创建等工作。

2．加大对微旅游项目区的公共基础设施建设的支持力度。对符合条件的公共道路、农业、水利、环保等基础设施，优先列入政府性投资项目，按相关政策给予项目建设补贴补助或奖励。

3．加大对景区（景点）创建的奖励力度。成功创建AAAAA级旅游景区，奖创建主体单位200万元；成功创建AAAA级旅游景区，奖创建主体单位40万元；成功创建AAA级旅游景区，奖创建主体单位10万元。新创5星级宾馆奖100万元；新创4星级宾馆奖60万元，新创3星级宾馆奖30万元。新创5星级乡村旅游点奖8万元，新创4星级乡村旅游点奖5万元，新创3星级乡村旅游点奖2万元。

4．加大对旅游产品品牌创建的奖励力度。新开发注册的旅游农副产品或旅游工艺产品，获全国驰名商标的，奖励开发主体15万元；获省著名商标的，奖励开发主体10万元；获市著名商标的，奖励开发主体5万元。

5．推动政府自主建设微旅游项目。县政府择优选择1～2个点采取PPP模式建设或由政府全额投资建设，打造成全省一流的全域旅游项目示范点。

6．加大对社会资本投资微旅游项目建设的奖励力度。对2016年12月至2017年年底启动新建或扩建微旅游项目，总投资额达到500万元以上并经验收达到相应标准的，县政府按其新增投资额的20%给予奖励补贴。

投资额包括地上构筑物和附着物以及其他配套的固定资产，但不包括土地和政策性项目资金以及其他各项优惠补贴。微旅游项目的验收标准另行制订并公开发布。

7．加大对民宿客栈建设的奖励力度。对验收合格的民宿客栈每个床位奖励2万元。建设民宿客栈须聘请有资质的规划设计单位设计，并报县旅游工作领导小组审定后方可实施。

8．放宽民间资本的市场准入，拓宽民间投资渠道，鼓励农民以山、水、土地经营权和固定资产、资金、技术等多种形式入股兴办微旅游项目，或以村组集体经济组织为单位，采取政府（村、组）+公司+农户的方式，参与微旅游投资开发。

9．鼓励金融机构加大对微旅游项目授信融资。银行以及其他金融机构对旅游项目新增信贷资金的，县政府给予相应奖励。

10．鼓励农村集体经济组织利用集体建设用地开发微旅游项目，鼓励旅游企业利用荒山、荒坡、荒滩进行乡村旅游开发，鼓励农民利用自住房屋开展乡村旅游，利用房前屋后土地发展民居庭院旅游。

11．规范旅游资源的管理。各乡镇要严格保护好现有的旅游资源，严禁违法违规实施开发建设。

12．本意见结合《东安县“十三五”旅游发展规划》实施，由东安县旅游工作领导小组办公室负责解释，如有同上级文件规定不相符之处，则以上级文件规定为准。具体实施由东安县旅游工作领导小组的相关职能部门按程序审批，依法依规执行。

东安县人民政府
关于进一步加强新时期爱国卫生工作的实施意见

（2016 年 3 月 18 日）

舜皇山国家森林公园管理局，东安经济开发区，各乡镇人民政府，县直各单位、省市驻县各单位：

为贯彻落实《国务院关于进一步加强新时期爱国卫生工作的意见》（国发〔2014〕66 号）、《湖南省人民政府关于加强新时期爱国卫生工作的实施意见》（湘政发〔2015〕24 号）和《永州市人民政府关于进一步加强新时期爱国卫生工作的实施意见》（永政发〔2016〕3 号）精神，深入持久开展爱国卫生运动，提高人民群众的健康意识和健康水平，结合我县实际，现提出以下实施意见。

一、指导思想

深入贯彻落实中共十八大和十八届三中、四中、五中全会精神和国务院、省政府决策部署，坚持政府领导、部门协作、群众动手、社会参与、依法治理、科学指导，推进改革创新，紧密结合深化医药卫生体制改革，全面深化新时期爱国卫生工作，充分发挥群众运动的优势，着力治理健康的危害因素，深入开展城乡环境卫生整洁行动，改善城乡环境，切实维护人民群众的健康权益，为全县经济社会协调发展、全面建成幸福小康东安提供有力保障。

二、总体目标

通过广泛开展爱国卫生运动，全县城乡环境卫生条件进一步改善，影响健康的主要环境危害因素得到有效治理；人民群众文明卫生素质显著提升，健康生活方式广泛普及；有利于健康的社会环境和政策环境进一步改善，重点传染病、慢性病、地方病和精神疾病等公共卫生问题防控干预取得明显成效，城乡居民健康水平明显提高，科学健康观念逐步形成。

三、工作任务

（一）实施城乡环境卫生整洁行动。以城乡环境卫生整洁行动为抓手，积极推进“美丽乡村”建设，加快改善农村人居环境。一是由住房城乡建设部门牵头，加快编制村庄规划，实施农村危房改造，从根本上改善农村环境卫生面貌。二是由城管、环卫部门牵头，加大对城中村、城乡结合部等市容环境卫生薄弱环节的综合整治力度，推动城市环卫基础设施和服务向乡村延伸；推行农村生活垃圾“户分类、村收集、镇转运、县处理”模式，有效治理“脏、乱、差”。三是由商务部门牵头，加大农贸市场升级改造和规范管理力度。四是由环境保护部门牵头，继续推进农村环境连片整治，有效治理农村污水乱排、垃圾乱堆乱放问题。五是由农业部门牵头，科学编制农业产业建设规划，防治畜禽养殖污染，推进畜禽粪污综合治理利用；加强病死畜禽无害化收集处理，规范农药包装物、农膜等面源污染处置。六是由林业部门牵头，结合生态建设，加强公路沿线、河流两岸、城镇周围、村庄周围、新建社区周围“两线三点”造林绿化，加快改善生态环境。七是由交通运输部门牵头，加强农村公路建设及养护，有效治理扬尘污染。八是由住房城乡建设、交通运输、水利、旅游等行业主管部门负责，加强车站、机场、河道、旅游景区、建筑工地等重点场所的卫生治理，营造清洁有序、健康宜居的生产生活环境。九是由爱卫机构牵头，结合爱国卫生月活动，广泛发动群众参与城乡环境卫生集中整治，组织开展义务劳动，推动重点卫生问题的解决。 到2020年底，全县城乡生活垃圾无害化处理率、污水处理率、行政村生活垃圾收集处理和污水处理等指标达到“十三五”规划目标要求。

（二）切实保障饮用水安全。一是由环境保护部门牵头，加强饮用水水源地环境保护，开展饮用水水源地规范化建设，依法清理饮用水水源保护区内违法建筑和排污口。二是由住房城乡建设部门牵头，加快城镇供水设施改造和建设，在有条件的地方，优先采取城镇供水管网向农村延伸或建设跨村、跨乡镇集中连片供水工程等方式；大力发展规模化集中供水，统筹解决城乡居民、农村学校的饮水安全问题。三是由水利部门牵头，按照“城乡供水一体化、区域供水规模化、工程建管专业化”的指导思想，抓好农村饮水巩固提升工程建设，建立健全农村供水设施长效管护机制，提高供水质量。到2020年，全县农村人口自来水普及率达到80%，农村集中式供水受益人口提高到60%。四是由供水主管和卫生监测部门负责，建立健全供水检测、监测制度，加强饮用水水质检测、监测能力建设。县级供水主管部门具备《生活饮用水卫生标准》（GB5749—2006）规定的全部106项水质指标检测能力，乡镇级供水主管部门具备水质常规指标的检测能力。县级饮用水卫生监测机构具备《生活饮用水卫生标准》（GB5749—2006）规定的全部106项水质指标监测能力，乡镇级饮用水卫生监测机构具备水质常规指标的监测能力。

（三）加快农村改厕步伐。“小厕所，大民生”，大力推进农村改厕，开展“厕所革命”，确保农村居民普遍用上卫生厕所。一是组织住建、城管、农业委、环保、爱卫等部门，建立部门协作机制，把农村改厕与新农村建设、扶贫开发、移民搬迁等项目结合起来统筹实施，加大财政投入力度，坚持因地制宜、集中连片、整村推进，以建设化粪池式、水冲式、沼气式农村卫生厕所为主要形式，加强对粪便的无害化处理和资源化利用，有效预防控制肠道传染病、寄生虫病的发生流行。二是由教育、卫生计生、商务、旅游等行业主管部门负责，在中小学校、乡镇卫生院、集贸市场、乡镇政府机关等公共场所以及旅游景点、铁路公路沿线等区域配套建设无害化卫生厕所。到2020年，全县农村卫生厕所普及率提高到75%以上，农村无害化卫生厕所普及率达到全省中等以上水平。

（四）加强病媒生物预防控制。一是由爱卫机构牵头，落实《中华人民共和国传染病防治法》和《东安县病媒生物预防控制管理办法》，实行病媒生物预防控制单位责任制；组织病媒生物预防控制活动，实施以环境治理为主的综合预防控制策略，开展病媒生物预防控制设施标准化建设，加强预防控制药物、器械技术研究和管理，严禁使用违禁药物。二是由疾病预防控制机构负责，建立健全病媒生物监测网络，定期开展监测调查，加强病媒生物预防控制服务机构技术指导。三是充分发挥病媒生物预防控制行业协会的作用，加强行业管理自律，推进病媒生物预防控制服务市场化，规范服务行为。到2020年，全县病媒生物监测网络基本健全，预防控制工作水平和成效得到明显提升。

（五）开展健康教育与健康促进活动。一是由卫生计生部门牵头切实加强全民健康教育工作，建立健康教育协调组织，完善健康教育网络。加大新闻媒体无偿开展卫生防病知识公益宣传力度，将健康教育纳入国民教育体系。认真实施公共卫生服务项目健康教育工作，结合各类卫生日主题组织开展经常性宣传教育活动；发挥协会、学会人才荟萃、知识密集的优势，开展健康知识进企事业单位、进社区、进农村、进医院、进学校、进家庭活动；加强健康教育的内容建设，组织发布科学防病知识，及时检测纠正虚假错误信息，坚决取缔虚假药品广告，打击不实和牟利性误导宣传行为。医疗卫生机构要积极开展健康教育，推动重点人群改变不良生活习惯，形成健康生活方式。二是由教育部门负责，将健康教育列入中小学教学内容并进行综合评价。三是大力开展烟草防控知识宣传，在全社会营造控烟良好氛围，全面推行工作场所和公共场所禁烟，开展无烟机关、无烟医疗卫生机构、无烟学校、无烟单位的创建活动，建设无烟环境。全面贯彻落实《中共中央办公厅国务院办公厅关于领导干部带头在公共场所禁烟有关事项的通知》，全县各级领导干部要主动发挥控烟示范带头作用。

（六）广泛开展全民健身活动。一是由文体广新部门牵头，建设一批便民利民的公共体育场所、全民健身活动中心等场地设施，推动各类公共体育设施免费或低收费开放；推进实施农民体育健身工程，在乡镇、行政村都要建设适量的公共体育健身设施。二是发挥工会、共青团、妇联等群团组织作用，鼓励日常健身活动，机关、企事业单位、社会团体都应实行工间健身制度，倡导每天健身 1 小时。三是由教育部门负责，保障中小学体育课课时，确保学生校内每天体育活动时间不少于 1 小时；推动学校体育场馆向社会开放。

（七）加大卫生城镇创建和管理力度。由爱卫机构牵头，制订科学合理的创建目标和实施方案，做好卫生县城、卫生乡镇、卫生村和文明卫生单位创建指导工作，扎实稳步推进卫生创建工作，着力完善卫生基础设施建设，健全卫生管理长效机制，改善人居环境。深化新时期卫生城镇创建的内容内涵。加强卫生城镇创建的技术指导和监督管理，严格实行动态管理和退出机制，确保卫生创建的质量和水平。到 2020 年，省级卫生乡镇的数量提高到全县乡镇总数的 10%。探索开展健康城镇建设，按照国家指标体系标准，积极开展健康城镇的创建活动。

四、保障措施

（一）加强组织领导。各乡镇人民政府要切实加强对爱国卫生工作的领导，将爱国卫生工作纳入当地经济社会发展总体规划，摆上重要议事日程，纳入年度工作目标及干部政绩考核内容。在人员、工作条件和经费等方面进一步加强对爱国卫生工作的保障，明确专门机构和人员负责爱国卫生工作。要强化爱国卫生基层网底功能，机关、企事业单位、乡镇、行政村和社区都要建立爱国卫生工作组织，有专兼职人员负责日常工作。各级爱卫会要结合实际制订实施方案和年度工作计划，确保按计划完成目标任务。加强爱国卫生信息化建设，建立成员单位爱国卫生相关基础信息共享机制，提升爱国卫生服务水平。

（二）加大宣传力度。在广播、电视、报刊等媒体开设专栏和专题节目，进一步创新方式和载体，充分利用互联网、移动客户端等新媒体，开通微信、微博，打造爱国卫生和健康促进知识传播平台，推进全民健康促进行动。在社区、公共场所设置宣传栏，定期开展内容丰富的爱国卫生和健康知识宣传。制订乡规民约，宣传和引导村民树立环境卫生意识。进一步丰富和创新爱国卫生工作形式和方法，鼓励和动员单位、社会组织和个人通过捐赠、创办服务机构、志愿服务、义务劳动等方式，参与爱国卫生公益活动。发挥群众组织的积极作用，为广大群众开展自我健康管理搭建平台、提供便利。坚持开展爱国卫生月活动，每年确定一个主题，推动解决 1 ～ 2 个社会关注、群众关心的突出卫生问题。大力宣传典型事迹，介绍先进经验。营造爱国卫生人人参与、美好环境家家受益的良好社会氛围。

（三）强化督查考核。县爱国卫生运动委员会要会同有关部门加强督促检查，掌握工作进展，定期交流信息，督促各项工作落到实处。畅通督促检查渠道，主动接受社会和公众监督，切实整改有关问题，提升社会满意度。对工作突出，成效明显的乡镇和单位，要给予表扬；对工作不力，群众反映强烈的乡镇和单位，要限期整改，并通报批评。切实加强爱国卫生考核工作，并将考核结果作为考核评价各乡镇各单位领导班子和领导干部的重要依据。

东安县人民政府
关于促进我县物业管理健康发展的若干意见

（2016年7月17日）

舜皇山国家森林公园管理局，东安经济开发区，各乡镇人民政府，县直各单位、省市驻县各单位：

为进一步加强我县物业工作，规范物业管理行为，提高物业管理服务水平，改善人民群众生活质量，推动我县建设和管理水平的提高，根据《中华人民共和国物权法》和国务院《物业管理条例》等法律法规，结合我县实际，现就促进我县物业行业健康发展提出如下意见。

一、指导原则和总体要求

指导原则：物业管理坚持“分级负责，权责统一；重心下移，属地为主；多方联动，业主参与”的原则，充分结合社区管理，努力构建宜居、和谐社区新体制。

总体要求：住宅小区物业管理坚持物业主管部门行业指导，属地（镇、社区）为主体的指导思想，进一步明确政府各职能部门的管理职能和任务。

二、落实职责，完善“县、镇、社区”分级管理体制

遵循“重心下移，属地为主”的原则。针对我县住宅小区物业管理业态的复杂性和管理模式的多样性，全面推行“县、乡镇政府、社区”三级管理体制，切实加强对物业管理工作的监督和管理。

（一）建立联席会议制度。县政府成立住宅小区物业管理工作协调小组，组长由分管住建的副县长兼任，协调小组成员单位由县住建、房产、城管、公安、物价、工商、民政、财政、人防等有关部门和乡镇、社区组成，采用联席会议制度。物业管理联席会议由县物业管理工作机构负责召集，协调处理住宅小区物业管理的重大事宜。

（二）县房产行政主管部门负责本辖区内物业管理工作，落实物业管理综合协调、管理的职责，根据本地实际，制订物业行业发展的政策措施。及时处理业主、业主委员会、物业使用人和物业服务企业在物业管理活动中的投诉。

（三）乡镇人民政府负责协调物业管理与社区建设之间的关系，协助物业主管部门对物业管理进行指导和监督。

（四）社区居委会负责牵头组建召开首届业主大会，物业主管部门和属地乡镇按各自职责做好指导工作。

物业服务企业、业主委员会按照各自的职责做好物业管理及服务工作。

三、明确职能，形成各部门齐抓共管的良好局面

各有关主管部门应按如下工作职责，形成合力，加大对物业管理小区的管理执法力度，形成齐抓共管的良好局面。

（一）房产行政主管部门。根据《物业管理条例》的规定，负责查处下列行为：擅自改变物业管理区域内的公共建筑和共用设施用途；擅自占用、挖掘物业管理区域内道路、场地，损害业主共同利益；擅自利用物业共用部位、共用设施设备进行经营，侵

占、损坏共用部位、公共场地、共用设施设备;建设单位未按规定配足物业管理用房;在房屋装饰装修中,未按原设计单位或具有相应资质等级的设计单位提出的设计方案,擅自拆改、变动建筑主体和承重结构等违反《建设工程质量管理条例》的行为;物业服务企业违反有关规定,对业主或者使用人的违法行为未予以劝阻、制止或者未及时报告有关行政主管部门。

(二)白牙市镇政府(各社区)。(1)贯彻执行国家和地方物业管理法律法规和相关规定,业务上接受市、县两级房地产行政主管部门的指导并执行其下达的有关工作任务、指导、监督小区业主委员会物业管理的工作。(2)配合房地产行政主管部门积极开展物业管理政策法规宣传和教育活动。(3)负责组织成立业主大会筹备组,业主委员会换届筹备,筹备组长由社区干部担任,负责筹建首届业主大会,选举产生业主委员会和业主委员会的换届工作,指导监督业主大会、业主委员会的日常工作。(4)负责对需要调整的物业管理区域进行重新划分,对因物业管理区域调整等原因需要解散业主大会的负责组织召开业主大会,推选业主代表,由相关代表组成清算组,并监督做好业主共同财产清算工作。(5)监督、检查辖区物业服务企业的日常服务工作,配合房地产行政主管部门做好指导、监督物业服务合同终止时的物业管理移交工作。(6)积极引导旧住宅小区成立业主委员会,改善基础条件,逐步推行物业管理。(7)协调处理物业管理企业和业主委员会、业主之间的纠纷投诉。

(三)住房和城乡规划建设行政主管部门。负责查处未经规划部门批准,擅自进行改、扩建和增建,或者擅自改变住宅外立面,在非承重外墙上开门、窗的行为,并按照《城乡规划法》及相关法规的规定处罚。督促有关小区完成结构鉴定,彻底消除工程质量安全隐患,对屋顶漏水、侧墙渗水等问题在质保期内一直未得到妥善处理的,督促开发商彻底整治。

(四)城管行政执法部门。负责查处小区违法搭建建筑物,构筑物;在建筑物、构筑物上涂写、刻画或者违反规定悬挂、张贴宣传品,未经批准擅自饲养家畜家禽影响市容和环境卫生的行为。对小区流动摊点进行整顿。

(五)城市园林管理部门。负责查处侵占园林绿地或擅自砍伐、移植等损坏城市花草树木的行为。

(六)公安部门。负责查处违反治安管理条例以及生产、销售、运输、储存、燃放烟花爆竹等行为;指导物业服务企业做好小区的安防工作,加大对盗窃等违法行为的查处力度。负责处理小区内治安和破坏公共设施事件及刑事案件,对小区安全知识宣传讲座。加强犬类管理。

(七)消防部门。负责查处擅自改变建筑物防火间距、耐火等级、防火分区、消防安全疏散条件、消防设施,增加建筑物火灾荷载、占用消防道路设施等行为。

(八)市场与质量监督管理部门。负责查处在物业管理区域内未取得营业执照擅自从事经营活动的违法行为;对住宅改变为经营性用房,申请人未能提交本单元、本栋住户、业主委员会等利害关系人书面同意材料的,不予核发营业执照;对影响周边环境不适合在住宅小区内开设的经营项目不予核发营业执照;适当放宽物业服务企业的兼营范围,在不损害利害关系人利益的情况下,经该单元住户(该栋住户、业主委员会)书面同意的,允许和扶持物业服务企业开展多种经营。排查所有小区的电梯数量、型号、运行状况;限期整改电梯运行安全质量问题;建立电梯电子档案。

(九)环保行政主管部门。负责查处在物业管理区域内贮存、堆放、弃置、倾倒、排放工业污水、工业废弃物;城市饮食服务业的经营者未采取有效污染防治措施,致使排放的油烟等对附近居民的居住环境造成污染;工业企业、建筑施工噪音等其他影响物业管理区域社会生活噪音的行为。

(十)价格主管部门。按照《湖南省物业服务收费管理办法》的规定,会同县房产主管部门按照价格管理权限,负责当地行政区域内物业服务收费的日常管理和监督工作。

(十一)供电部门:物业管理区域内供电,向最终用户收取有关费用,并承担物业管理区域内相关管线和设施设备维修、养护责任;对直接收费到户有困难的,业主委员会可委托物业服务企业代收。委托单位可以按照不

低于3%的佣金标准，与物业服务企业协商签订代收合同。

（十二）供水部门：物业管理区域内供水，向最终用户收取有关费用，并承担物业管理区域内相关管线和设施设备维修、养护责任；对直接收费到户有困难的，业主委员会可委托物业服务企业代收。委托单位可以按照不低于3%的佣金标准，与物业服务企业协商签订代收合同。

（十三）国土部门。依法对因调整容积率欠缴的土地差价进行追缴，并由国土资源部门清理国有土地使用权证办理情况。

（十四）税务部门。对开发商欠缴税款情况进行清理，并依法追缴。

（十五）物业公司：负责小区内公共设施、设备管理及养护、清洁管理、装修管理、安全、车辆管理、消防管理、会所管理、社区文化、小水电维修及紧急情况处理等服务过程。

（十六）业主委员会。（1）制订、修改业主公约和业主大会议事规则。（2）选举、更换业主委员会委员、监督业主委员会的工作。（3）选聘、解聘物业管理企业。（4）决定专项维修资金使用，续筹方案，并监督实施。（5）制订、修改物业管理区域内物业共用部位和共有设施设备的使用公共秩序和环境卫生的维护等方面的规章制度。（6）法律、法规或者业主大会议事规则规定和其他有关物业管理职责。

四、加强开发建设管理，确保前期物业管理规范有序开展

（一）严格执行前期物业管理招投标制度。开发建设单位应按《永州市前期物业管理招标投标管理暂行办法》的规定，在业主或业主大会选聘物业服务企业之前，通过招投标选聘具有相应资质的物业服务企业，对新建物业实施前期物业管理，并将前期物业服务合同送物业管理主管部门备案；同时在商品房销售时，公示前期物业管理合同和临时管理规约。项目综合验收完成后，开发建设单位应及时将相关资料移交物业服务企业。

（二）确保公共服务设施到位。新建物业项目的供水、供电设计应符合国家有关技术标准和规范，并满足“一户一表”收费到户的要求。开发建设单位在物业建成后，其按规定投资建设的供水、供电、供气、通讯、有线电视等设施，经验收合格后移交给上述相应的专业经营单位进行维护管理。公用水、电表不再挂户在物业服务企业的名下，可明确为小区公用水、电表，落户在业主委员会名下，公用水费、公用电费由业主委员会分摊到户、委托物业服务企业代收代缴。

（三）确保监控设施、物业管理用房落实到位。开发建设单位新建物业项目应严格按有关法规和技术规范进行规划设计，充分考虑并满足物业管理的要求。县住房和城乡规划建设行政主管部门在审查建设工程设计方案和办理建设工程规划许可证时，应确定物业管理用房的位置和面积、监控设施的布局。开发建设单位应当按照房屋总建筑面积3～5‰的标准配备物业管理用房；物业管理用房应为地面以上、水电到位、便于物业管理活动、具有正常使用功能的房屋。未按照规划、设计要求建设物业管理用房的，县住房和城乡规划建设行政主管部门在进行规划核实时，直接认定为不符合规划条件，同时由县房产行政主管部门按照《物业管理条例》的规定予以处理。监控设施的布局要充分考虑物业管理的要求。

（四）严格履行建筑保修责任。开发建设单位应严格履行房屋质量保修责任，开发建设单位在退还施工单位质量保证金时须经业主委员会或物业服务企业签字证明，对未履行保修责任的施工单位应延期退还质量保证金。

（五）切实做好物业承接查验。建设单位组织工程竣工验收和分户验收时，应当通知前期物业服务企业参与监督。在物业管理专项验收合格后应当与选聘的物业服务企业完成物业共用部位、共用设施设备的承接查验工作。物业承接查验费用的承担，由建设单位和物业服务企业在前期物业服务合同中约定。没有约定或者约定不明确的，由建设单位承担。

（六）建设单位前期物业管理。（1）在业主、业主大会选聘物业服务企业之前，建设单位选聘物业服务企业的，应当签订书面的前期物业服务合同。（2）建设单位应当在销售房屋之前，制订临时管理规约，对有关物业的使用、维护、管理、业主的共同利益，业主应当履行的义务，违反临时管理规约应当承担的责任等事项依法作出约定；建设单位

制订的临时管理规约，不得侵害物业买受人的合法权益。（3）建设单位应当在物业销售前将临时管理规约向物业买受人明示，并予以说明。物业买受人在与建设单位签订物业买卖合同时，应当对遵守临时管理规约予以书面承诺。（4）国家提倡建设单位按照房地产开发与物业管理相分离的原则，通过招投标的方式选聘具有相应资质的物业服务企业。（5）建设单位与物业买受人签订的买卖合同应当包含前期物业服务合同约定的内容。

五、加快建立房屋维修资金保障体系

要按照建设部、财政部制订的《住宅维修资金管理办法》，加快建立住宅共用部位、共用设施设备维修资金，以保障物业管理企业的正常运转和物业管理行业的整体发展。对已经交付使用，但没有缴存房屋维修资金的小区，由业主委员会牵头，物业公司配合组织实施房屋维修资金的追缴工作。对维修资金要切实加强管理，保证其使用效率和安全。

六、规范费用代收代缴行为

物业管理区域内，供水、供电、供气、通、有线电视等专业经营单位应当直接为业主提供服务，向最终用户收取有关费用，并承担物业管理区域内相关管线和设施设备维修、养护责任；对直接收费到户有困难的，业主委员会可委托物业服务企业代收。委托单位可以按照不低于3%的佣金标准，与物业服务企业协商签订代收合同。

七、严格依法纳税

从事物业管理的单位，以与物业管理有关的全部收入减去代业主支付的水、电、燃气以及代承租者支付的水、电、燃气、房屋租金的价款后的余额为营业额，依法缴纳各项税费。

八、制订合理的物业服务收费标准

建立和完善物业管理收费和物业小区停车场服务收费政策，规范物业服务企业的服务收费和停车场收费的行为。

九、遵循民意，探索物业管理模式多样化

目前，我县已初步形成“物业企业管理、业主自主管理、其他管理人管理”的三种模式。县物业管理主管部门，属地（镇）及其他相关职能部门要尊重民意，充分调动和发挥小区业主的积级性，按照少数服从多数的原则，由小区业主根据大多数业主的意愿来选择管理模式、管理单位、服务内容、收费标准等具体管理事宜。对于新建小区，要完善门禁系统，通过招标，物业公司提前介入，业主在与开发商签定购房合同时，同时签定物业管理合同。自来水、电力等部门积极配合，实行卡式表安装，原则上统一委托物业公司管理。对于老旧小区中，建筑规模较大，具有相对封闭且公用设施较齐全，有较好物业管理条件的小区，可聘请专业物业企业进行管理，通过完善门禁系统，在征得大多数业主同意的基础上，积极争取水、电部门支持，实行委托式代收服务，实现服务与收费的有机统一，从而达到小区管理的可持续性；对于建筑规模较小，无封闭且公用设施设备简单的小区或楼宇，可由业主自行管理，也可以分保安、保洁、保绿等专项服务内容，实行其他管理人或专业性服务企业管理。县人社部门要积极支持老旧小区的物业管理，通过提供公益性岗位，搞好老旧小区的保洁工作。

十、加强行业监管，提高物业服务满意度

（一）规范物业服务市场。县物业行政主管部门应制订统一的物业分级服务标准，规范物业服务行为；加强行业自律，整顿物业服务市场秩序；促进物业服务专业化、品牌化发展；加大对不履行物业服务合同、损害业主利益、无资质从事物业服务、低质低价恶性竞争等违法违规行为的查处力度，净化物业服务市场。

（二）加强行业培训。县物业行政主管部门应加强行业从业人员队伍建设，定期开展物业行业从业人员资格培训、继续教育，提高从业人员综合素质，全面推行专业化、规范化服务，提高物业服务整体水平。

（三）加强物业服务企业诚信建设。县物业行政主管部门应建立物业项目巡查通报制度、物业服务企业退出项目管理办法以及信用评估制度等，加强物业行业动态管理，强化企业诚信管理；对各类违法违规、不讲诚信、损害业主权益的不良行为应计入企业诚信档案，并及时向社会

公示；对诚信档案中不良记录较多的企业，应责令整改，取消项目投标资格，性质严重的要责令其退出物业服务行业。

（四）切实提高物业服务满意度。县物业服务企业应加强自身建设，提高服务能力和水平，改进服务态度，以实际行动赢得广大业主的支持和理解；县物业行政主管部门应加强物业服务企业满意度调查，制订考核评议办法，督促物业服务企业改变形象、树立品牌，与业主共建和谐小区。

十一、坚持正确的舆论导向

新闻媒体和各有关单位应采取多种形式加强物业管理政策法规宣传，坚持正面舆论引导，让广大市民和业主了解物业管理政策法规，树立物业服务的消费理念，积极支持和参与物业服务相关活动，自觉遵守物业管理法规和业主规约，为物业服务行业的发展营造良好的舆论氛围。

东安县人民政府
关于加强农村留守儿童关爱保护工作的实施意见

（2016年12月28日）

舜皇山国家森林公园管理局，东安经济开发区，各乡镇人民政府，县直各单位、省市驻县各单位：

为加强我县农村留守儿童关爱保护工作，建立功能完备、运转高效的未成年人关爱保护体系，为广大农村留守儿童健康成长创造良好环境，根据《国务院关于加强农村留守儿童关爱保护工作的意见》（国发〔2016〕13号）和《湖南省人民政府关于加强农村留守儿童关爱保护工作的实施意见》（湘政发〔2016〕17号）《永州市人民政府关于加强农村留守儿童关爱保护工作的实施意见》（永政发〔2016〕28号）精神，结合我县农村留守儿童关爱保护工作实际，提出如下实施意见。

一、做好农村留守儿童关爱保护工作的重要意义

农村留守儿童是指父母双方外出务工或一方外出务工另一方无监护能力、不满十六周岁的未成年人。农村留守儿童是我国经济社会转型期出现并长期存在，需要全社会关注的特殊群体。农村留守儿童关爱保护工作能否做好，直接影响社会和谐稳定，事关农村留守儿童健康成长，整体素质的提高，事关广大农村家庭、农民群众的切身利益，关系到全面建设小康社会大局。因此，各级党委、政府要高度重视农村留守儿童关爱保护工作，发扬勇于担当、敢于负责的精神，增强责任感和使命感，把农村留守儿童关爱保护工作摆上重要的议事日程，坚持儿童利益优先，坚持问题导向，进一步加强领导，落实责任，抓出实效。

二、开展农村留守儿童关爱保护工作的总体要求

（一）指导思想

全面贯彻落实中共十八大和十八届三中、四中、五中、六中全会精神，深入学习贯彻习近平系列重要讲话精神，按照国务院和省政府的决策部署，把做好农村留守儿童关爱保护工作作为建设和谐社会、建设社会主义新农村的重要切入点和着力点，把关爱保护农村留守儿童作为未成年人思想道德建设及有关创建

活动的重要内容，纳入未成年人思想道德建设测评体系。加强对农村留守儿童关爱保护工作的指导，创新管理，扎实工作，为我县农村留守儿童健康成长创造良好的社会环境。

（二）基本原则

家庭主责、儿童优先。明确家庭监护主体责任，外出务工父母要依法履行监护职责和抚养义务，在家庭发展规划中，优先考虑儿童利益，保护儿童健康成长，引导和鼓励父母返乡创业；督促加强委托监护，保障农村留守儿童得到妥善照料和家庭关爱。

政府主导、部门联动。各级政府要将农村留守儿童关爱保护工作列入当地经济社会发展规划和政府重要工作内容，落实乡镇、村（社区）属地管理责任；部门和群团组织要相互协作、相互支持，促进资源整合和信息共享；民政、教育、公安、妇联、共青团、关工委等部门要切实履行职责，发挥各自优势，共同建立留守儿童关爱保护工作网络，健全关爱保护服务体系和救助保障机制，切实保障未成年人合法权益。

全民关爱、社会参与。积极引导、支持社会力量参与留守儿童关爱保护事业，鼓励企事业单位、社会组织、专业社会工作者和志愿者队伍参与农村留守儿童关爱服务工作，将留守儿童关爱服务纳入政府购买服务范围，引导和支持社会力量深入乡镇（街道）、村（社区）、学校开展服务；倡导邻里互助、邻里结对帮扶；孵化培育专业组织，鼓励社会工作者关注介入，不断拓展关爱内容，规范关爱服务行为，在全社会营造关爱留守儿童的良好氛围。着力解决留守儿童在生活、监护、成长过程中遇到的各种实际困难和问题。

健全机制、标本兼治。既要立足当前，通过完善未成年人保护法律法规和制度体系，创新完善帮扶体制机制，健全工作网络，着力解决留守儿童监护缺失等突出问题；又要着眼长远，消除城乡政策壁垒，统筹城乡发展，从根本上解决儿童留守问题。

（三）目标任务

全社会关注保护儿童的意识普遍增强，未成年人社会保护机制全面完善，儿童成长环境不断改善，家庭、政府、学校各尽其责，“家庭主责、政府主导、部门联动、群团协同、社会参与”的农村留守儿童关爱保护体系全面建成，强制报告、应急处置、评估帮扶、监护干预等未成年人救助保护机制有效运行，侵害、伤害儿童权益的事件和安全事故得到有效遏制。到2020年，覆盖城乡的未成年人保护体系全面建立，儿童服务设施得到全面建设，全县农村留守儿童成长环境不断改善，留守儿童明显减少，受教育程度明显提高，身心健康得到全面发展，合法权益得到切实保障。

三、落实农村留守儿童关爱保护工作的政策措施

（一）建立农村留守儿童关爱保护责任体系

1. 强化家庭监护主体职责。父母对孩子具有法定监护职责和抚养、教育义务。外出务工人员要尽量携带未成年子女共同生活或父母一方留家照料，暂不具备条件的应当委托有监护能力的亲属或其他成年人代为监护照料，不得让不满十六周岁的儿童脱离监护人单独居住生活，不得虐待、遗弃、侵害未成年人。如发现有留守儿童单独居住生活的情况，公安机关及有关部门应责令其父母立即返回或确定受委托监护人，并对其父母进行训诫。将孩子委托他人监护照料的父母，应在保障孩子正常生活学习费用的同时，要多回家看望，多见面交流，多给予子女亲情关爱。对不履行监护职责，虐待、遗弃、侵害未成年人的父母或受委托监护人，村（居）民委员会、公安机关和有关部门要及时予以劝诫、制止、批评教育、督促其改正，问题严重的要依法取消其监护人资格，情节恶劣造成严重后果的，公安、检察、法院等司法机关要依法追究责任。

2. 强化乡镇和村（居）民委员会职责。乡镇人民政府要切实发挥领导核心作用，加强对农村留守儿童关爱保护工作的统一领导和统筹协调；要把农村留守儿童关爱保护工作作为重要的民生工程，列入重要议事日程，主要负责人要亲自过问，分管负责人要直接负责，帮助解决农村留守儿童关爱保护工作中存在的困难和问题，确保农村留守儿童关爱保护工作扎实推进、取得实效；要建立由政府领导担任召集人，党委、政府相关部门和群团组织参加的联席会议制度，定期召开会议研究重大问题，着力

解决跨部门重要事项。

乡镇人民政府和村（居）民委员会要熟悉和掌握农村留守儿童及其家长外出务工情况和信息，建立翔实完备的农村留守儿童信息台账，做到一人一档，实行动态管理、精准施策帮扶保护。要加强对监护人和其他临时监护人员的法治宣传，制订乡规民约，明确父母监护、关爱、教育子女的职责，组织开展家庭教育培训，督促其履行好监护责任，提高监护能力。要通过党员干部上门家访、驻村干部探访、专业社会工作者随访等方式，对重点对象进行核查，及时帮助农村留守儿童解决生活和学习上遇到的突出困难和问题，确保农村留守儿童得到妥善照顾。村（居）民委员会要定期走访、全面排查，及时掌握留守儿童家庭情况、监护情况、就学情况等基本信息，并向乡镇人民政府报告。通过为农村留守儿童建立热线电话，组织视频交流等方式，促使留守儿童能与父母经常联系保持沟通。

3. 强化部门联动保护责任。坚持政府领导、民政牵头、部门联动的工作格局，充分调动各级各部门关爱保护农村留守儿童的工作积极性，相关部门要加强协调配合，各负其责、各司其职、齐抓共管，形成工作合力，扎实推进农村留守儿童关爱保护工作。

民政部门要履行牵头职责，加强监督指导，积极推动农村留守儿童关爱保护与未成年人社会保护工作融合开展，使关爱保护工作更全面更有效。为乡镇人民政府、村（居）民委员会开展的监护监督等工作提供政策指导和技术支持。加快培育社会工作机构和社会组织，发展壮大社会工作者队伍，加强对社会关爱服务机构参与农村留守儿童保护工作的指导。对符合救助条件的农村留守儿童及其家庭，及时纳入社会救助、社会福利政策保障范围。

教育行政部门要发挥学校关爱保护农村留守儿童的重要作用，把做好农村留守儿童关爱保护工作纳入日常校务管理、合格学校、幼儿园建设内容进行考核。支持和指导中小学校加强心理健康教育，纠正留守儿童心理问题和不良行为，确保留守儿童心理健康。积极倡导、推广“爱心妈妈”“代理家长”等成功做法，提高班主任和宿舍管理人员关爱照料农村留守儿童的能力。在农村中小学校、幼儿园普遍建立QQ、微信、电话交流平台，加强任课老师与家长、受委托监护人的沟通联系，强化人身安全防范知识教育。及时了解无故旷课农村留守儿童情况，落实辍学学生登记、劝返复学和书面报告制度，劝返无效的，应书面报告县教育行政部门和乡镇人民政府，依法采取措施劝返复学，确保农村留守儿童不因贫困而失学辍学，不因监护权转移或随父母迁入而被学校拒之门外。对进城务工人员子女、因监护权转移进城居住求学的，要与城市孩子享受同等待遇。寄宿制学校要完善教职工值班制度和学生宿舍安全管理制度，丰富校园文化生活，引导寄宿学生积极参与体育、艺术、社会实践等活动。要加强学校社工队伍建设，鼓励各地中小学校建立师生关爱志愿服务团队，利用节假日和寒暑假走访农村留守儿童，进一步增强教育关爱农村留守儿童的实效。

公安部门要及时依法打击处理侵害农村留守儿童等未成年人权益的违法犯罪行为。对侵害未成年人的案件，要在第一时间出警调查，果断处置、快侦快破。加强校园安全管理和周边环境整治，指导督促中小学校、幼儿园完善人防、物防、技防措施，配合教育部门加强法治安全常识普及和预防校园暴力事件，依法严厉打击侵害未成年人的违法犯罪行为。对于父母或监护人不履行监护职责的，要及时予以劝诫、制止。及时向乡镇人民政府通报应急处置情况，配合做好农村留守儿童安全处境、监护情况等调查评估工作。大力推进户籍制度改革，有序推进符合落户条件的进城务工人员及家属落户，为其监护照料未成年子女创造条件。

财政部门要完善政府购买服务制度，将农村留守儿童关爱保护工作纳入政府购买服务内容。要优化和调整支出结构，多渠道筹措资金，支持做好农村留守儿童关爱保护工作。

承担农村留守儿童关爱保护工作任务的其他部门，要根据职责分工，制订具体工作方案，将任务分解到部门、到责任人，对各部门工作任务实行限时办结。通过开展督查，召开部门联席会议，实行年度工作报告等制度，确保农村留守儿童关爱保护各项工作落地见效。

4. 强化群团协同保护职责。妇联、共青团、工会、残联、关工委等群团组织要将农村留守儿童关爱保护作为重要工作内容，充分发挥各自优势，积极为留守儿童提供假期日间照料、课后辅导、心理疏导等关爱服务。

妇联组织要依托妇女之家、儿童之家、儿童快乐家园、知心屋等活动场所和平台，为农村留守儿童和其他儿童提供关爱服务，加强对农村留守儿童家庭和其他监护人的家庭教育指导，引导他们及时关注农村留守儿童身心健康和学习生活情况，加强亲情关爱。

共青团组织要积极组织广大团员和青年志愿者开展多种形式的农村留守儿童关爱服务，履行各级综治委预防青少年违法犯罪专项组组长单位职责，结合督导重点青少年群体工作第三轮县级地区推开情况，参与完善农村留守儿童基本数据采集，深化预防青少年违法犯罪工作，切实维护农村留守儿童合法权益。

工会、关工委等组织要积极动员广大职工，广大老干部、老战士、老专家、老教师、老模范等离退休老同志，协同做好农村留守儿童的关爱与服务工作。残联要做好留守残疾儿童康复等工作。

5. 推动社会力量积极参与。充分发挥社会组织、慈善组织、爱心企业和爱心人士、专业社会工作者、志愿者等各方面的积极性，利用寒暑假组织留守儿童开展读书学习、心理疏导、城市体验等活动，为农村留守儿童奉献爱心。加快孵化培育社会工作专门服务机构、公益慈善类社会组织、志愿服务组织，通过政府购买服务等方式支持其开展留守儿童监护指导、心理疏导、行为矫治、社会融入和家庭关系调适等专业服务。建立留守儿童关爱帮扶机制，支持社会组织、爱心企业帮助援建爱心家园和留守儿童服务中心等关爱服务设施，举办留守儿童托管服务机构，促进全社会共同关爱保护留守儿童。

（二）建立农村留守儿童关爱保护工作机制

各级各部门要认真贯彻落实党中央、国务院和省委、省政府有关农村留守儿童关爱保护的精神，按照《最高人民法院、最高人民检察院、公安部、民政部关于依法处理监护人侵害未成年人权益行为若干问题的意见》要求，着力健全留守儿童关爱保护工作机制。

1. 建立强制报告机制。学校、幼儿园、医疗机构、村（居）民委员会、社会工作服务机构、救助管理机构、福利机构及其工作人员对农村留守儿童受侵害行为要履行强制报告职责，任何时间、任何地点发现农村留守儿童脱离监护单独居住或失踪、监护人丧失监护能力或不履行监护责任、疑似遭受家庭暴力、疑似遭受意外伤害或不法侵害等情况，应当在第一时间向公安机关报告。负有强制报告责任的单位和人员未履行报告义务的，其上级机关和有关部门要严肃追责。其他公民、社会组织积极向公安机关报告情况的，应及时给予表扬和奖励。

2. 建立应急处置机制。对涉及有关农村留守儿童问题的报告，公安机关要及时受理，第一时间出警调查，有针对性地采取应急处置措施。强制报告责任人协助公安机关做好调查和应急处置工作。属于留守儿童单独居住生活的，要责令其父母立即返回或确定受委托监护人，并对父母进行训诫；属于监护人丧失监护能力或不履行监护责任、监护不当的，要联系留守儿童父母立即返回或委托其他亲属监护照料；上述两种情形联系不上留守儿童父母的，要就近护送至其他近亲属、村（居）民委员会或救助管理机构、福利机构临时监护照料，并协助通知留守儿童父母立即返回或重新确定受委托监护人。属于失踪的，要按照儿童失踪快速查找机制及时开展调查。属于遭受家庭暴力的，要依法制止，必要时通知并协助民政部门将其安置到救助保护机构或者福利机构实施保护；属于遭受其他不法侵害、意外伤害或被利用、胁迫流浪乞讨的，要依法制止、实施保护；对于上述情形，要按照有关规定调查取证，协助其就医、鉴定伤情，为进一步采取干预措施、依法追究相关法律责任打下基础。公安机关要将相关情况及时通报乡镇人民政府和民政部门。

3. 建立评估帮扶机制。乡镇人民政府接到公安机关通报后，要会同民政部门、公安机关，在村（居）民委员会，中小学校、医疗机构以及亲属、专业服务机构的协助下，对农村留守儿童的安全处境、监护情况、身心健康状况等进行调查评估，有针对性地安排监护指导、医疗救治、心理疏导、行为矫治、法律服务、法律援助等专业服务。

4. 建立监护干预机制。对实施家庭暴力、虐待或遗弃农村留守儿童的父母或受委托监护人，公安机关应当给予批评教育，必要时予以治安管理处罚，情节恶劣构成犯罪的，依法立案侦查。对于监护人性侵害、出卖、遗弃、虐待、暴力伤害农村留守儿童导致其身心健康严重损害的；将留守儿童置于无人监管和照看状态导致其面临危险且经教育不改的；或者拒不履行监护职责六个月以上导致留守儿童流离失所或者生活无着的；有吸毒、赌博、长期酗酒等恶习无法正确履行监护职责或者因服刑等原因无法履行监护职责，且拒绝将监护职责部分或者全部委托给他人，致使农村留守儿童处于困境或者危险状态的；胁迫、诱骗、利用农村留守儿童乞讨，经公安机关和未成年人救助保护机构等部门三次以上批评教育拒不改正，严重影响农村留守儿童正常生活和学习的；或者教唆、利用农村留守儿童实施违法犯罪行为，情节恶劣的，其近亲属、村(居)民委员会、县民政部门等有关人员或者单位要依法向人民法院申请撤销监护人资格，另行指定监护人。

5. 建立重点时段排查机制。实施重点时段农村留守儿童伤害综合干预行动计划，采取严密措施预防控制留守儿童意外伤害。针对寒暑假、放学后，学校、村(居)委会要开展专门的安全教育，督促监护人负起假期安全责任。民政、公安、教育、交通等有关部门要建立完善重点时段留守儿童伤害风险排查、防控、报告等制度，加强检查考核，加大监管力度。通过多种形式，建立农村留守儿童应急处置、救助干预等保护机制，有效预防和控制农村留守儿童溺水、交通事故、烫伤、坠落、中毒等主要伤害事故发生，保护农村留守儿童健康成长。

6. 建立信息共享管理机制。发挥电子信息管理功能，健全信息报送机制，建立农村留守儿童信息数据库。要依托现有的民政部门救助管理信息系统、教育部门中小学生学籍管理系统、卫生计生部门妇幼卫生信息系统、公安部门人口基础信息系统，完善农村留守儿童信息管理功能，实现信息在省、市、县、乡四级间纵向贯通，在民政、教育、公安、司法、共青团、妇联等部门间横向互联。各地要设立留守儿童关爱保护热线电话，畅通诉求渠道，落实好跟踪处置工作。将个案受理、转接处置、心理援助、家庭监护指导等纳入其中，对农村留守儿童的求助申请实行即时在线接听和登记受理。通过两个信息平台的建设，实现对留守儿童的动态管理和全天候服务，做到精准定位到村、精准识别到户、不留死角、不漏一人。

（三）建立农村留守儿童源头治理机制

1. 推动农民工均等享受公共服务。要加快推进城镇化，发展壮大城市，深化户籍制度改革，积极为农民工家庭提供更多帮扶支持，大力推进农民工市民化，为其监护照料未成年子女创造更好条件。支持和帮助农民工携带子女进城定居，使农民工在子女入学、医疗卫生、社会福利、住房保障等方面与城市居民享受同等待遇。符合落户条件的要有序推进其本人及家属落户，符合住房保障条件的要纳入保障范围，通过实物配租公共租赁住房或发放租赁补贴等方式，满足其家庭的基本居住需求。要保障农民工合法权益，加大对《中华人民共和国劳动合同法》等现有法律法规执行力度，用工单位要制订并落实农民工带薪休假等制度，切实保障他们更好地履行监护责任。

2. 推进农民工子女就近入学。公办义务教育学校要普遍对农民工未成年子女开放，通过政府购买服务等方式支持农民工未成年子女接受义务教育，完善和落实符合条件的农民工子女在输入地参加中考、高考政策。加强城市中小学校建设，积极改善办学条件，提高学位承载能力，保障适龄农村留守儿童基本教育公共权利，全面落实农民工子女就地就近入学政策，使其真正融入城市学习生活。

3. 引导扶持农民工返乡创业就业。各级各部门要全面贯彻落实国务院、省政府和市政府关于支持农民工返乡创业就业的一系列政策措施，从源头上逐步减少留守儿童数量。积极承接经济发达地区产业转移，开展就业和创业技能培训，强化农村基本公共服务，提高农村各种公共服务资源投放规模和利用效率，吸引更多的农村外出务工人员返乡创业就业。

4. 倡导和谐的婚姻家庭关系。各地要积极开展婚前教育，增强新婚夫妇的法律意识和家庭责任感；认真开展婚姻家庭辅导和家庭纠纷调解工作，减少因家庭矛盾处理不当造成未成年人监护缺失的现象；积极倡导湖湘好家风，营造和谐家庭关系。

四、强化农村留守儿童关爱保护工作的保障措施

1. 加强组织领导，落实工作责任。建立政府主导，民政牵头，教育、公安、司法、卫计等部门和妇联、共青团等群团组织参加的农村留守儿童关爱保护工作领导机制，县人民政府成立由分管民政工作的领导担任召集人的组织协调机构，建立未成年人（农村留守儿童）关爱保护工作部门联席会议制度，明确各部门职责，定期研究解决工作中的困难和问题，统筹协调未成年人（农村留守儿童）关爱保护工作。

2. 强化能力建设，夯实基层基础。要充分发挥政府、市场和社会的作用，切实加强救助管理机构、福利机构、未成年人保护中心、寄宿制学校、留守儿童之家等农村留守儿童关爱服务机构和阵地建设。采取争取上级资金支持、本级财政配套、民政福彩公益金资助、社会力量援助、建设单位自筹等方式，大力开展乡镇农村留守儿童关爱保护中心和村（社区）农村留守儿童之家建设，力争到2020年基本实现农村留守儿童关爱服务机构全覆盖，达到有统一标牌、有固定场所、有完善设备、有管理人员，有儿童档案、有活动计划、有活动台账、有经费保障的目标。依托各级救助管理站成立未成年人保护中心，到2020年，实现未成年人保护机构覆盖全县所有乡镇。乡镇人民政府和村（居）会要抓住乡镇、村（居）合并的机会，依托部分闲置的村（居）民委员会办公用房、个人空置房等建设农村留守儿童关爱保护设施。加强农村学前和义务教育投入，结合留守儿童分布情况，合理布局农村中小学寄宿制学校。充分利用现有资源建设“留守儿童之家”“爱心家园”“阳光庭院”“儿童驿站”“快乐学校”之类的关爱服务阵地。各乡镇、各部门要加强关爱服务队伍建设，配备专职或兼职工作人员，安排必要的工作经费。也可通过政府购买岗位、购买服务方式，在县、乡（镇）、村（居）配备农村留守儿童专职工作人员，确保事有人干、责有人负。要创新关爱方式，综合采取学校寄宿、社会托管、家庭代管等管护形式，从根本上解决留守儿童成长过程中存在的突出问题。

3. 严格考核问责，确保工作落实。各级各部门要建立和完善工作考核以及责任追究机制，将留守儿童关爱保护工作纳入各级政府对有关部门社会综合治理和工作绩效考核范围，实行奖优罚劣。对工作不力、措施不实、失职渎职、造成严重后果的，要通报批评，责令限期整改，并追究有关领导和工作人员的责任。对在留守儿童关爱保护工作中做出突出贡献的单位和个人，要给予适当奖励。

4. 抓好宣传引导，营造良好氛围。要加强未成年人保护法律法规和政策措施的宣传，利用宣传栏、墙报、新闻媒体等方式开展形式多样的宣传教育活动，强化政府主导、全民关爱的责任意识和家庭自觉履行监护责任的法律意识。建立健全舆情监测预警和应对机制，理性引导社会舆论，及时回应社会关切，宣传报道先进典型，营造良好社会氛围。

各级各有关部门，要结合本地、本部门实际，制订具体实施方案，明确工作重点，强化工作措施，确保工作落地见效。对本意见的执行情况，县政府将适时组织专项督查。

2016 年中共东安县委重要文件目录

表 5

标题	文号	发布日期
中共东安县委关于转发《中共湖南省委关于印发〈湖南省贯彻〈中国共产党巡视工作条例〉实施办法〉的通知》的通知	东发〔2016〕1 号	2016 年 1 月 15 日
中共东安县委关于印发《中共东安县委2016年度党风廉政建设主体责任清单》的通知	东发〔2016〕2 号	2016 年 3 月 9 日
中共东安县委关于印发《中国共产党东安县第十二次代表大会筹备工作方案》的通知	东发〔2016〕4 号	2016 年 6 月 13 日
中共东安县委、东安县人民政府关于鼓励发展乡村旅游的若干意见	东发〔2016〕5 号	2016 年 9 月 25 日
中共东安县委关于调整议事协调机构及领导小组的通知	东发〔2016〕8 号	2016 年 10 月 10 日
中共东安县委 、东安县人民政府关于鼓励发展微旅游的若干意见	东发〔2016〕9 号	2016 年 12 月 1 日

2016 年东安县人民政府重要文件目录

表 6

标题	文号	发布日期
东安县人民政府关于进一步加强新时期爱国卫生工作的实施意见	东政发〔2016〕1 号	2016 年 3 月 18 日
东安县人民政府关于印发东安县 2016 年创建国家农产品质量安全县工作方案的通知	东政发〔2016〕2 号	2016 年 4 月 5 日
东安县人民政府关于印发东安县品质活力示范乡镇建设暨“十个一”工程竞赛活动实施方案的通知	东政发〔2016〕3 号	2016 年 3 月 29 日
东安县人民政府关于抓好 2016 年全县粮食生产工作的意见	东政发〔2016〕4 号	2016 年 4 月 6 日
东安县人民政府转发永州市人民政府关于全面建立困难残疾人生活补贴和重度残疾人护理补贴制度的实施意见的通知	东政发〔2016〕5 号	2016 年 5 月 11 日
东安县人民政府关于承接落实国务院和省市人民政府取消、调整及下放行政职权的通知	东政发〔2016〕6 号	2016 年 5 月 19 日
东安县人民政府关于印发东安县电子商务进农村实施方案 (2016–2018) 的通知	东政发〔2016〕7 号	2016 年 5 月 21 日
东安县人民政府关于促进我县物业管理健康发展的若干意见	东政发〔2016〕8 号	2016 年 7 月 17 日
东安县人民政府关于公布规范性文件 2016 年清理结果的决定	东政发〔2016〕9 号	2016 年 11 月 28 日
东安县人民政府关于加强农村留守儿童关爱保护工作的实施意见	东政发〔2016〕10 号	2016 年 12 月 28 日

2016 年中共东安县委办公室重要文件目录

表 7

标题	文号	发布日期
中共东安县委办公室、东安县人民政府办公室关于落实 2016 年县委经济工作会议精神的意见	东办发〔2016〕1 号	2016 年 2 月 14 日
中共东安县委办公室关于印发《东安县巡视整改工作责任追究办法》的通知	东办发〔2016〕2 号	2016 年 3 月 28 日
中共东安县委办公室、东安县人民政府办公室关于印发《东安县 2016 年重点财源建设项目（工程）绩效考核办法》的通 知	东办发〔2016〕3 号	2016 年 3 月 25 日
中共东安县委办公室、东安县人民政府办公室关于印发《东安县 2016 年领导干部接访下访活动实施方案》的通知	东办〔2016〕1 号	2016 年 1 月 1 日
中共东安县委办公室、东安县人民政府办公室关于转发《中共湖南省委办公厅湖南省人民政府办公厅关于进一步完善纠正“四风”监督检查机制的意见》的通知	东办〔2016〕2 号	2016 年 1 月 15 日

续表 7

标题	文号	发布日期
中共东安县委办公室东安县人民政府办公室转发《县绩效评估委员办公室关于做好 2015 年全县机关事业单位工作人员年度考核和表彰工作的意见》的通知	东办〔2016〕3 号	2016 年 1 月 25 日
中共东安县委办公室关于党管武装工作先进单位的通报	东办〔2016〕4 号	2016 年 2 月 14 日
中共东安县委办公室转发《县纪委、县委宣传部关于学习宣传贯彻〈中国共产党廉洁自律准则〉和〈中国共产党纪律处分条例〉的实施方案》的通知	东办〔2016〕5 号	2016 年 2 月 17 日
中共东安县委办公室东安县人民政府办公室关于 2015 年度全县安全生产工作考核结果的通报	东办〔2016〕6 号	2016 年 3 月 2 日
中共东安县委办公室关于成立省委巡视第七组巡视东安县反馈意见整改落实工作领导小组的通知	东办〔2016〕7 号	2016 年 3 月 28 日
中共东安县委办公室关于印发《关于落实省委巡视第七组对东安县巡视反馈意见的整改工作方案》的通知	东办〔2016〕8 号	2016 年 3 月 28 日
中共东安县委办公室印发《关于在全县全体党员中开展“学党章党规、学系列讲话，做合格党员”学习教育实施方案》的通知	东办发〔2016〕4 号	2016 年 5 月 13 日
中共东安县委办公室、东安县人民政府办公室关于印发《关于进一步规范借调（借用）人员的管理办法》的通知	东办发〔2016〕5 号	2016 年 5 月 17 日
中共东安县委办公室 、东安县人民政府办公室关于印发《东安县白牙市镇镇党委、人大、政府（行政）职能配置、内设机构和人员编制方案》的通知	东办发〔2016〕6 号	2016 年 5 月 24 日
中共东安县委办公室 、东安县人民政府办公室关于印发《东安县鹿马桥镇镇党委、人大、政府（行政）职能配置、内设机构和人员编制方案》的通知	东办发〔2016〕7 号	2016 年 5 月 24 日
中共东安县委办公室、东安县人民政府办公室印发《关于统筹推进全县农村网格化建设的实施方案》的通知	东办发〔2016〕8 号	2016 年 6 月 6 日
中共东安县委办公室 、东安县人民政府办公室关于印发《东安县“十三五”易地扶贫搬迁实施细则》的通知	东办发〔2016〕9 号	2016 年 6 月 17 日
中共东安县委办公室、 东安县人民政府办公室关于做好 2016 年无偿献血工作的通知	东办〔2016〕9 号	2016 年 4 月 1 日
中共东安县委办公室、 东安县人民政府办公室关于转发《东安县 2016 年“创百”工作实施意见》的通 知	东办〔2016〕10 号	2016 年 3 月 30 日
中共东安县委办公室、东安县人民政府办公室关于表彰 2015 年度招商引资发展开放型经济目标管理考核工作先进单位的决定	东办〔2016〕11 号	2016 年 4 月 5 日
中共东安县委办公室、东安县人民政府办公室关于印发《东安县 2016 年招商引资发展开放型经济目标管理考核办法》的通知	东办〔2016〕12 号	2016 年 4 月 7 日
中共东安县委办公室、东安县人民政府办公室关于调整东安县创建国家卫生县城工作指挥部成员的通知	东办〔2016〕13 号	2016 年 4 月 7 日
中共东安县委办公室、东安县人民政府办公室关于实行县级领导创建国家卫生县城工作包干责任制的通知	东办〔2016〕14 号	2016 年 4 月 7 日
中共东安县委办公室、东安县人民政府办公室关于印发《东安县争取项目绩效考核办法》的通知	东办〔2016〕15 号	2016 年 4 月 7 日
中共东安县委办公室、东安县人民政府办公室关于东安县 2015 年全县民调工作表彰情况通报	东办〔2016〕16 号	2016 年 4 月 5 日
中共东安县委办公室、东安县人民政府办公室关于成立东安农村商业银行不良贷款清收领导小组的通知	东办〔2016〕17 号	2016 年 4 月 7 日
中共东安县委办公室、东安县人民政府办公室关于印发《东安县临时机构财务管理办法（试行）》的通知	东办〔2016〕18 号	2016 年 4 月 21 日
中共东安县委办公室、东安县人民政府办公室关于调整县爱国卫生运动委员会的通知	东办〔2016〕19 号	2016 年 4 月 25 日

续表 7

标题	文号	发布日期
中共东安县委办公室、东安县人民政府办公室关于规范东安县机关事业单位奖金发放的通知	东办〔2016〕20 号	2016 年 5 月 4 日
中共东安县委办公室、东安县人民政府办公室关于印发《东安县“雁过拔毛”式腐败问题专项整治实施方案》的通知	东办〔2016〕21 号	2016 年 5 月 17 日
中共东安县委办公室、东安县人民政府办公室关于印发《东安县创建国家卫生县城考评奖惩办法》的通知	东办〔2016〕22 号	2016 年 5 月 4 日
中共东安县委办公室、东安县人民政府办公室关于印发《东安县创建国家卫生县城工作考评细则》的通知	东办〔2016〕23 号	2016 年 5 月 4 日
中共东安县委办公室关于调整东安县干部教育工作领导小组成员的通知	东办〔2016〕24 号	2016 年 5 月 16 日
中共东安县委办公室、东安县人民政府办公室关于做好《东安年鉴》编纂工作的通知	东办〔2016〕25 号	2016 年 5 月 17 日
中共东安县委办公室、东安县人民政府办公室关于印发《2016 年绩效考核重点项目（工程）指挥部成员一览表》的通知	东办〔2016〕26 号	2016 年 5 月 20 日
中共东安县委办公室、东安县人民政府办公室关于将潇湘第一城等项目纳入 2016 年重点建设项目绩效考核的通知	东办〔2016〕27 号	2016 年 5 月 20 日
中共东安县委办公室、东安县人民政府办公室关于成立东安县旅游工作领导小组和执行小组的通知	东办〔2016〕28 号	2016 年 5 月 25 日
中共东安县委办公室关于印发《关于开展 2016 年度整顿软弱涣散基层党组织工作方案》的通知	东办发〔2016〕10 号	2016 年 6 月 28 日
中共东安县委办公室关于转发《中共永州市委办公室关于印发〈永州市党风廉政建设签字背书实施办法〉等文件的通知》的通知	东办发〔2016〕11 号	2016 年 7 月 7 日
中共东安县委办公室、东安县人民政府办公室印发《关于推进行业协会商会与行政机关脱钩的实施方案》的通知	东办发〔2016〕12 号	2016 年 8 月 5 日
中共东安县委办公室关于印发《县委常委分工安排》和《2016 年四大家县级领导联系乡镇场安排表》的通知	东办发〔2016〕13 号	2016 年 9 月 4 日
中共东安县委办公室、东安县人民政府办公室关于在全县国家机关中实行“谁执法谁普法”责任制的意见	东办发〔2016〕14 号	2016 年 9 月 9 日
中共东安县委办公室、东安县人民政府办公室关于印发《落实县第十二次党代会报告精神工作安排》的通知	东办发〔2016〕15 号	2016 年 9 月 14 日
中共东安县委办公室、东安县人民政府办公室关于转发《中共永州市委办公室、永州市人民政府办公室〈关于规范社区公共服务事项〉的通知》的通知	东办〔2016〕29 号	2016 年 7 月 1 日
中共东安县委办公室、东安县人民政府办公室关于印发《东安县汽车零部件及其相关产业招商引资优惠政策》的通知	东办〔2016〕30 号	2016 年 7 月 1 日
中共东安县委办公室、东安县人民政府办公室关于印发《2016 年东安县农业标准化生产实施方案》的通知	东办〔2016〕31 号	2016 年 7 月 8 日
中共东安县委办公室、东安县人民政府办公室关于转发《中共永州市委办公室、永州市人民政府办公室〈关于继续开展党政机关和领导干部办公用房清理整治督查工作实施方案〉的通知》的通 知	东办〔2016〕32 号	2016 年 4 月 20 日
中共东安县委办公室、东安县人民政府办公室关于印发《东安县 2016 年度乡镇场信访工作责任目标管理考核方案》和《东安县 2016 年度县直及省、市驻县单位信访工作责任目标管理考核方案》的通 知	东办〔2016〕33 号	2016 年 7 月 26 日
中共东安县委办公室、东安县人民政府办公室关于 2016 年上半年全县综治民调工作考核情 况 通 报	东办〔2016〕34 号	2016 年 9 月 4 日
中共东安县委办公室、东安县人民政府办公室关于调整每月 10 日县委书记、县长大接访日活动相关事宜的通知	东办〔2016〕35 号	2016 年 9 月 9 日
中共东安县委办公室关于成立县委统一战线工作领导小组的通知	东办〔2016〕36 号	2016 年 9 月 6 日

续表 7

标题	文号	发布日期
中共东安县委办公室、东安县人民政府办公室关于印发《东安县公务用车制度改革总体方案》的通知	东办发〔2016〕16 号	2016 年 10 月 10 日
中共东安县委办公室、东安县人民政府办公室关于印发《请销假制度和全县性会议纪律规定》等制度的通知	东办发〔2016〕17 号	2016 年 10 月 10 日
中共东安县委办公室关于印发《东安县 2016 年度落实党风廉政建设责任制检查考核实施方案》的通知	东办发〔2016〕18 号	2016 年 10 月 16 日
中共东安县委办公室、东安县人民政府办公室关于印发《东安县干部职工纪律作风考评办法（试行）》等办法、方案的通知	东办发〔2016〕19 号	2016 年 10 月 16 日
中共东安县委办公室、东安县人民政府办公室关于印发《东安县 2016 年重点项目建设考核办法补充意见》的通 知	东办发〔2016〕20 号	2016 年 10 月 24 日
中共东安县委办公室、东安县人民政府办公室关于印发《东安县 2016 年综合考核和重点工作单项考核实施方案》的通知	东办发〔2016〕21 号	2016 年 10 月 24 日
中共东安县委办公室、东安县人民政府办公室关于印发《关于党员干部带头推动殡葬改革的实施意见》的通知	东办发〔2016〕22 号	2016 年 11 月 1 日
中共东安县委办公室、东安县人民政府办公室关于印发《东安县创建省文明县城实施方案》的通知	东办发〔2016〕23 号	2016 年 11 月 2 日
中共东安县委办公室关于印发《县委常委会组成人员和县乡党委（组）班子成员履行 “一岗双责”抓党建工作的实施方案》的通知	东办发〔2016〕24 号	2016 年 11 月 11 日
中共东安县委办公室、东安县人民政府办公室关于印发《东安县 2016 年六件惠民实事和重点民生实事项目实施方案》的通知	东办发〔2016〕25 号	2016 年 11 月 21 日
中共东安县委办公室、东安县人民政府办公室关于美丽乡村建设的实施意见	东办发〔2016〕26 号	2016 年 12 月 15 日
中共东安县委办公室、东安县人民政府办公室关于印发《东安县 2017 年美丽乡村建设实施方案》《东安县美丽集镇建设工作方案》《东安县美丽通道建设工作方案》的通知	东办发〔2016〕27 号	2016 年 12 月 15 日
中共东安县委办公室、东安县人民政府办公室关于印发《东安县 2017 年美丽乡村建设考核办法》的通知	东办发〔2016〕28 号	2016 年 12 月 15 日
中共东安县委办公室印发《关于严禁工作日饮酒的补充规定》的通知	东办发〔2016〕29 号	2016 年 12 月 19 日
中共东安县委办公室、东安县人民政府办公室关于印发《东安县招商引资优惠政策及奖励办法》的通知	东办发〔2016〕30 号	2016 年 12 月 27 日
中共东安县委办公室、东安县人民政府办公室关于印发《关于推进行业协会商会与行政机关脱钩的实施方案》的通知	东办发〔2016〕33 号	2016 年 12 月 30 日
中共东安县委办公室、东安县人民政府办公室关于在全县国家机关中实行“谁执法谁普法”责任制的意见	东办发〔2016〕34 号	2016 年 12 月 30 日
中共东安县委办公室、东安县人民政府办公室关于印发《东安县 2016 年金融产业扶贫工作实施方案》的通知	东办〔2016〕37 号	2016 年 10 月 12 日
中共东安县委办公室、东安县人民政府办公室关于印发《领导干部带队检查安全生产工作方案》的通 知	东办〔2016〕38 号	2016 年 9 月 30 日
中共东安县委办公室、东安县人民政府办公室关于印发《东安县乡镇脱贫攻坚工作考核办法》和《县直和省、市驻县单位扶贫开发责任制考核办法》的通知	东办〔2016〕39 号	2016 年 11 月 8 日
中共东安县委办公室、东安县人民政府办公室关于印发《2016 年东安县城市管理综合整治工作实施方案》的通知	东办〔2016〕41 号	2016 年 11 月 4 日
中共东安县委办公室、东安县人民政府办公室关于印发《东安县城区违禁燃放烟花爆竹责任追究办法（暂行）》的通知	东办〔2016〕42 号	2016 年 11 月 4 日
中共东安县委办公室、东安县人民政府办公室印发《关于在全县机关事业单位中开展创建“美丽机关、美丽庭院”活动实施方案》的通知	东办〔2016〕43 号	2016 年 11 月 4 日

续表 7

标题	文号	发布日期
中共东安县委办公室、东安县人民政府办公室关于成立《永州市志·东安县概况篇》和《舜皇山志》编纂委员会的通知	东办〔2016〕44 号	2016 年 11 月 9 日
中共东安县委办公室、东安县人民政府办公室关于印发《〈永州市志·东安县概况篇〉和〈舜皇山志〉编修实施方案》的通知	东办〔2016〕45 号	2016 年 11 月 21 日
中共东安县委办公室、东安县人民政府办公室关于印发《2016 年东安县综治民调工作考评办法》的通知	东办〔2016〕46 号	2016 年 11 月 25 日
中共东安县委办公室、东安县人民政府办公室关于印发《2016 年全县优化经济环境和机关效能建设工作“满意不满意单位”民主测评实施方案》的通知	东办〔2016〕47 号	2016 年 11 月 29 日
中共东安县委办公室 关于印发《东安县关于开展“周末讲堂”活动的实施方案》的通知	东办〔2016〕48 号	2016 年 12 月 15 日
中共东安县委办公室、东安县人民政府办公室关于印发《东安县县直、省市驻县单位扶贫开发责任制考核补充办法》的通知	东办〔2016〕49 号	2016 年 12 月 15 日
中共东安县委办公室关于调整东安县党政党员领导干部与党外人士联谊交友名单的通知	东办〔2016〕50 号	2016 年 12 月 16 日
中共东安县委办公室、东安县人民政府办公室关于表彰全县乡镇区划调整改革工作先进单位和先进个人的通报	东办〔2016〕51 号	2016 年 12 月 21 日

东安县2016年国民经济和社会发展统计公报

东安县统计局

（2017年3月15日）

2016年，面对经济下行压力加大的严峻形势，县委、县政府带领全县人民主动适应经济发展新常态，坚持稳中求进工作总基调，大力实施“生态立县、工业强县、农业稳县、旅游活县、科教兴县、依法治县”六大战略，攻坚克难、奋力而为，全县经济保持总体平稳，社会事业全面进步，实现了“十三五”良好开局。

一、综合

初步核算，全县实现地区生产总值1645618万元，同比增长5.5％。其中，第一产业增加值372435万元，增长3.6％；第二产业增加值604553万元，增长3.5％；第三产业增加值668630万元，增长8.5％。按常住人口计算，人均地区生产总值29036元，同比增长7.3%。

全县三次产业结构由上年的22.02∶38.68∶39.30转变为22.63∶36.74∶40.63。第一、二、三产业对经济增长的贡献率分别为14.6%、24.9%和60.5%，第三产业贡献率比上年提高10.4个百分点。

省市政府交办的重点民生实事目标任务全面完成。投入精准扶贫资金5500万元，实现8777名贫困人口脱贫。完成农村公路建设134.02千米，完成农村公路安保设施建设24.4千米。农村自来水建设普及率达71.65%。新增城镇就业5271人。建设义务教育合格学校4所、农村公办幼儿园4所。完成农村危房改造竣工1800户、城市棚户区改造520套。新增管输天然气用户312户，县以上城镇市政管网水水质达标。帮助残疾儿童实施抢救性康复21名、救治救助贫困重性精神疾病患者100人。农村适龄妇女“两癌”免费检查5020人。新增社会治安视频监控摄像头50个。建设社区矫正中心1个。新增养老服务床位87张。完成10个行政村通宽带建设，开通农户直播卫星户户通17600户。完成美丽乡村示范村建设1个。

二、农业

全县农林牧渔业总产值完成670877万元，比上年增长3.7%。其中农业产值313693.8万元，增长0.3%；林业产值41175.9万元，增长8%；牧业产值270988.8万元，增长7%；渔业产值35108.5万元，增长5.9%；农林牧渔服务业产值9910万元，增长10%。

粮食总产量38.98万吨，下降1.7%，其中，稻谷产量34.8万吨，下降1.68%。出栏生猪87.54万头，下降4.04%；出栏牛2.4万头，增长0.84％；出栏羊5.32万只，增长1.14％；出笼家禽1065.3万羽，增长2.4%；水产品产量20896吨，增长5.86%。

全县农产品加工企业350家，其中省级龙头企业1家，市级龙头企业24家，共实现加工产值34.1亿元，同比增长12.2%。

全县整治各类水利工程2543处，其中治理重点病险库109座。全年落实农机补贴资金585.55万元，累计推广各种农业机械3590台。年末，全县拥有农业机械总动力14.9万台/68.1万千瓦，同比增长7%。新创办农村清洁工程重点示范村51个，完成省定扶贫开发项目村建设40个。

三、工业和建筑业

全县规模工业企业66家，新增规模以上工业企业5家，规模以上工业企业完成总产值1095505万元，同比增长3.9%。全年实现规模以上工业增加值251355万元，增长4.9%。

规模工业锑金属含量5326吨，水泥191245吨，铁合金81321吨，十种有色金属17555吨，大米18148吨，饲料36851吨，服装53.52万件，电子元件4709万只。全年工业用电量23950万千瓦时，同比下降40.7%。

规模以上工业企业实现主营业务收入1064829万元，实现利税27096万元，其中利润总额11151万元。经济效益综合指数328.55%，其中，工业产品销售率97.2%，总资产贡献率11.71%，资产保值增值率90.1%，资产负债率43.4%，流动资产周转率14.6%，成本费用利润率1.06%，全员劳动生产率206130元/人。

全县建筑业实现增加值107045万元，同比下降0.4%。全县资质以内建筑企业5家，实现建筑业总产值329607.4万元。资质内房屋建筑施工面积342.78万平方米，竣工面积268.43万平方米。

四、固定资产投资

全县完成固定资产投资1554937万元，同比下降7.4%。其中，固定资产投资不含农户完成投资额1409776万元，下降7.6%；房地产固定资产投资完成145161万元，下降5.3%。分产业看，第一产业投资44580万元，下降9.4%；第二产业投资735016万元，增长3.5%；第三产业投资775341万元，下降15.8%。

五、国内贸易和招商引资

全县实现社会消费品零售总额562068万元，同比增长11.2%，其中：城镇完成零售额370522.4万元，增长11.6%；乡村完成零售额191545.6万元，增长10.3%。按行业分，批发业42379.6万元，增长11.3%；零售业478146.3万元，增长11.1%；住宿业1803.9万元，增长14.9%；餐饮业39738.2万元，增长11.9%。

全年承接产业转移、招商引资共引进项目30个，其中内资项目27个，外资项目3个。实际到位内资18.02亿元，同比增长11%；实际到位外资8000万美元，同比增长10%。

六、交通运输、邮电和旅游

全年货运吞吐量510.9万吨，同比增长5%；货物周转量10199.1万吨千米，增长4.8%；客运吞吐量342.5万人，增长5.2%；客运周转量13779.4万人千米，增长5.8%。年末，全县公路通车总里程（含乡村公路）2078.783千米，其中：国道42.15千米，省道186.899千米，县道314.309千米，乡道386.68千米，村道1148.745千米。

全县实现邮电业务总量26816万元，其中：邮政业务总量3772万元，电信业务总量23044万元。年末，全县固定电话用户24977户，其中市内电话用户13384户，农村电话用户11337户，公用电话166户；移动电话用户256995户，宽带网用户47422户。

全年接待入境游客625.1万人次，实现旅游综合收入27.33亿元，舜皇山国家森林公园成功创建AAAA景区。

七、财政和金融

全年完成财政总收入85760万元，比上年增长3.2%，其中一般预算收入完成65515万元，增长2.8%。全年一般预算支出274050万元，增长0.2%，其中一般公共服务支出38414万元，增长0.2%。

年末，全县金融机构各项存款余额1406958万元，比年初增长22.5%，其中个人存款余额1091783万元，比年初增长12.8%。年末金融机构各项贷款余额656933万元，比年初增长24.6%。

八、教育和科学技术

全县拥有普通中小学校76所，其中，小学36所，普通中学34所，职业中学6所。全县在校学生68182人，其中普通中学24794人，职业中学1592人，小学41796人。幼儿园187所，在园幼儿数23392人。普通中小学校共有教职工4957人，其中专任教师4556人。在专任教师中，普通中学1935人，职业中学154人，小学2467人。幼儿园共有教职工1592人。

全县共有乡镇农村科技站17个，农村科技推广小组420个，培养科技示范户200户，全年举办科普培训班315期，培训人员 2.5 万人，引进推广新优品种、新技术、新产品、新成果 40 项（个），申请国家专利 230 件。

九、文化、卫生和体育

全县有县级文化馆 1 个、乡镇文化馆（站）16 个、县级图书馆 1 个、农村图书馆（室）493 个，图书总藏量 9.28 万册。电视台 1 个、电视差转台 2 座，电视综合人口覆盖率 98.6%。全县有线电视用户 30489 户。

年末，全县共有卫生机构 31 个，其中：县级医院 14 个，乡镇卫生院 15 个，疾控中心 1 个，妇幼保健院 1 个。拥有病床 2444 张，其中县级医院病床 1788 张。全县卫生技术人员 1928 人，其中：执业医师 536 人，执业助理医师 311 人，注册护士 736 人，药师（士）109 人，检验技师（士）74 人，摄影技师（士）253 人，其他卫生技术人员 109 人。农村卫生和新型农村合作医疗制度在全县范围内全面铺开，新农合参合人数 47.13 万人，参合率 98.21%。

全县各类体育社会团体发展到 23 个，团体会员 1.8 万人，个人会员 3.5 万人，体育指导站 103 个。全年共举行各项体育比赛 68 次，参赛人数达 5 万人。成功举办了东安县第一届武术文化旅游周暨全县武术比赛，湖南省三人、双人门球比赛。在国际级体育比赛中，运动员蒋芬芬获里约残奥会金牌；第十三届全国武术之乡武术套路比赛中，获金牌 1 枚、银牌 7 枚、铜牌 15 枚；在省级体育比赛中，获金牌 23 枚、银牌 17 枚、铜牌 19 枚。

十、人口、人民生活和社会保障

年末全县总户数 221716 户，总人口 648716 人。其中：城市人口 205565 人，农村人口 443151 人，分别占总人口的 31.69%、68.31%。在总人口中，男性人口 340474 人，女性人口 308242 人。全年共出生 7253 人，出生率 11.23‰；死亡人口 2044 人，死亡率 3.16‰；全年净增人口 5209 人，自然增长率 8.07‰。

全县年末从业人员 29897 人，工资总额 140881 万元，平均工资 47141 元。全县城镇居民人均可支配收入 24965.12 元，同比增长 8.8%；城镇居民人均消费支出 17097.64 元。农村居民人均可支配收入 12287.81 元，增长 7.9%，其中，工资性收入 4430.63 元，经营净收入 4108.11 元，财产净收入 174.71 元，转移净收入 3574.36 元；农民人均生活消费总支出 9853.55 元。全县城乡居民家庭人均住房使用面积分别为 50.28 平方米、55.25 平方米。

全县企业养老保险累计参保人数 12662 人；机关事业单位养老保险参保人数 11900 人；参加基本医疗保险、失业保险、工伤保险人数分别为 66458 人、22362 人、17755 人；城镇居民基本医疗保险参保人数 32642 人。全年共发放各项社会保险金 53582.65 万元，其中企业基本养老保险金 20640 万元、机关事业单位离退休人员养老金 22449.2 万元、医疗保险金 7925 万元、失业保险 25.97 万元、工伤保险 419.48 万元。累计转移农村劳动力 15.1 万人，创造劳务收入 45.06 亿元。

十一、资源、环境和安全生产

2016 年，全县全年完成植苗面积 2.8 万亩，其中完成“三边”造林 0.5 万亩，油茶新造面积 0.6 万亩。油茶低改面积 1 万亩，毛竹低改面积 2 万亩，完成中幼林抚育 6.5 万亩。全县森林覆盖率达 63.5%。

全县废水排放总量 784 万吨，其中工业废水 105 万吨、生活废水 679 万吨；废气排放总量 420118 万标立方米，其中工业废气 420118 万标立方米；工业企业污染物排放达标率：工业废水排放达标率 93.7%，工业废气排放达标率 92%，工业二氧化硫排放量 2014 吨、氮氧化物排放量 152 吨、化学需氧量 225 吨；综合增量因素，二氧化硫消减率 33.98%、化学需氧量消减率 9.21%。建设项目环保“三同时”执行合格率 100%。

全年生产安全事故死亡 2 人；亿元 GDP 生产安全事故死亡人数 0.012 人；全年共发生道路交通事故 66 起，道路交通死亡率 1.90 人 / 万辆。

注：

1. 本公报数据均为初步统计数。

2. 地区生产总值、各产业增加值绝对数按现价计算，增长速度按不变价格计算。

资料来源：本公报中为民办实事数据来自县绩效评估办；农业产业化、农村基础设施建设、新农村建设、森林资源数据来自县农业委；招商引资数据来自县

商粮局；交通运输数据来自县交通运输局、运管所及公路局；邮电通讯数据来自县邮政局、电信公司、移动公司、联通公司、铁通公司；旅游业数据来自县政府办；财政数据来自县财政局；金融数据来自县人民银行；教育数据来自县教育局；科技数据来自县科经委；文化、体育数据来自县文体广新局；卫生数据来自县卫计委；人口数据来自县公安局；社会保障数据来自县人社局；环境保护数据来自县环保局；安全生产数据来自县安监局；其他数据来自县统计局。

索 引

说 明

一、索引采用主题分析法编制，全书各栏目均做索引，其中，“特载”“附录”两个栏目做简略索引，“大事记”等栏目均做详细索引。

二、栏目名标引词用黑体，其他标引词用宋体，以示区别。

三、索引均按标引词汉语拼音升序排列。

四、标引词后的阿拉伯数字表示内容所在页码。

0～9

A

B

C

D

E

F

G

H

J

K

L

M

N

R

S

T

W

Y

Z